2025 최신개정판

이패스
합격예감
유통관리사 2급

(이론+예상문제+최신기출6회차)

김대윤 저

요약 핵심체크집 제공
기초 무역강의 무료

OX퀴즈 100문항 수록
무역강의할인 50%쿠폰 수록

epasskorea

머리말

2025 이패스 유통관리사2급 합격예감

유통은 정보통신기술(ICT)이 아무리 진전되어도 비례적으로 발전되지 않는 인적 지배적인 산업체계입니다. 유통은 사회경제적으로 많은 기여를 하기에 유통분야에 우수한 인재가 필요합니다. 이러한 이유로 정부에서는 신 성장 동력산업의 한 부분으로서 유통과 물류분야를 선정하여 집중적인 투자를 하고 있고, 갈수록 각 산업에서 종사하는 우수한 인재들이 유통관리사가 되고 있습니다.

유통관리사 2급은 국가자격 시험으로서 1년에 3회 정기시험이 있습니다. 대부분의 자격시험도 그렇지만, 유통관리사 2급도 단기간에 효율적으로 학습하여 시험에 합격하기를 원할 것 입니다. 그렇기에 본 교재에서는 과거 자격시험 분석을 통해 기본개념에 주안점을 두고 최신 추가된 이론까지 수록하였습니다. 노하우와 경험을 토대로 집필한 본 교재의 특징은 다음과 같습니다.

1. 기출문제 분석을 통한 핵심이론 및 내용 수록
2. 비전공자도 쉽게 이해할 수 있도록 설명
3. 단기 합격 맞춤 핵심 학습 플랜
4. 각 Chapter 마다 적중 예상문제 수록
5. 시험에 자주 출제되고 핵심적으로 알아야 할 용어 수록 [똑딱 핵심 용어집]

어떠한 교재는 1,000페이지가 넘는 경우가 있습니다만, 타 교재와는 달리 최근 변경된 출제기준에 맞추어 반드시 알아야 하며 출제되는 내용에 대한 언급과 자세한 강의로 수험생 여러분들의 내용에 대한 이해를 돕는 방향으로 집필하였습니다.

본 수험서의 저자는 유통관리사 2급 제1회 시험 합격자이면서 15년이 넘도록 오프라인과 온라인 강의를 해왔고, 수편의 유통관리사 2급 자격시험 수험서를 집필하였으며, 저자 직강이라는 타이틀로 여러분들에게 인사를 드릴 수 있는 기회를 만들었습니다.

유통관리사 2급 자격시험은 경영학 이론으로 구성된 경영학 중심의 문제가 출제되고 있습니다. 경영학 관련 선수과목을 이수하신 분이 합격에 더 유리하지만, 비전공자도 쉽고 빠르게 개념을 이해할 수 있도록 설명하기 때문에 이론과 문제를 성실하게 학습한다면 반드시 합격할 수 있습니다.

끝으로 이 책으로 공부하시는 모든 수험생들이 소기의 목적을 달성하시길 기원합니다. 본서가 유통관리사 시험 최종 합격의 길잡이가 되기를 바랍니다.

감사합니다.

저자 김대윤 드림

시험안내

■ **유통관리사(Distribution Manager) 소개**

유통업체의 전문화, 대형화와 국내 유통시장 개방으로 판매, 유통전문가의 양성이 필수적인 시대가 되었다. 〈유통관리사〉 검정은 소비자와 생산자 간의 커뮤니케이션, 소비자 동향파악 등 판매 현장에서 활약할 전문가의 능력을 평가하는 국가자격 시험이다.

■ **기본 정보**
- 시행기관 : 대한상공회의소 자격평가사업단 (http://license.korcham.net)
- 자격등급 : 1급, 2급, 3급
- 합격결정기준 : 매과목 100점 만점에 과목당 40점 이상, 평균 60점 이상

■ **응시자격**

자격명칭	검정기준
1급	• 유통분야에서 만 7년 이상의 실무경력이 있는 자 • 유통관리사 2급 자격을 취득한 후 만 5년 이상의 실무경력이 있는 자 • 중소기업진흥에 관한 법률 제46조 제1항의 규정에 의한 경영지도사 자격을 취득한 자로서 실무경력이 만 3년 이상인 자
2급 / 3급	• 제한 없음

■ **시험과목별 문항수 및 제한시간**

등급	검정방법	시 험 과 목	문항수	출제방법	시험시간
1급	필기시험	유통경영 물류경영 상권분석 유통마케팅 유통정보	20 20 20 20 20	객관식 100문항 (5지 선다형)	100분
2급	필기시험	유통·물류 일반관리 상권분석 유통마케팅 유통정보	25 20 25 20	객관식 90문항 (5지 선다형)	100분
3급	필기시험	유통상식 판매 및 고객관리	20 25	객관식 45문항 (5지 선다형)	45분

■ **합격 결정기준**

등급	검정방법	합격결정 기준	
		만점	합격점수
1급	필기시험	매과목 100점	매과목 40점 이상, 전과목 평균 60점 이상
2급	필기시험	매과목 100점	매과목 40점 이상, 전과목 평균 60점 이상
3급	필기시험	매과목 100점	매과목 40점 이상, 전과목 평균 60점 이상

출제경향분석

2025 이패스 유통관리사2급 합격예감

▶ 제1과목 : 유통물류일반관리

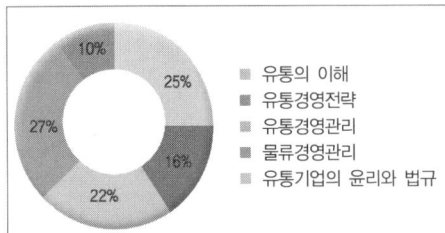

- 유통의 이해
- 유통경영전략
- 유통경영관리
- 물류경영관리
- 유통기업의 윤리와 법규

출제 포인트

총 25문항이 출제되고, 4과목 중 범위가 가장 광범위합니다. 경영학 이론의 전반적 이해가 필요하며, 최근 출제경향을 파악하여 전반적인 이론 내용을 정확하게 이해해야 합니다. 최근 물류경영관리 출제비중이 높아졌기 때문에 더 신경써서 학습해야 합니다. 그리고 법규의 경우 교재 이외의 내용에서 출제될 수 있지만, 상식적으로 접근하면 해결할 수 있습니다.

▶ 제2과목 : 상권분석

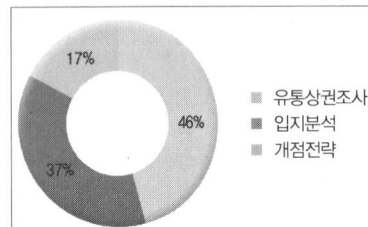

- 유통상권조사
- 입지분석
- 개점전략

출제 포인트

총 20문항이 출제되고, Chapter 1의 출제비중이 가장 높습니다. 상권분석은 반복출제가 특징이므로 빈출내용은 정확하게 이해해야 합니다. 특히 상권분석에 필요한 이론 공식은 암기를 해야 계산문제를 풀 수 있습니다. 출제기준 외에는 기출문제를 통해 정리하면 시간을 줄일 수 있습니다.

▶ 제3과목 : 유통마케팅

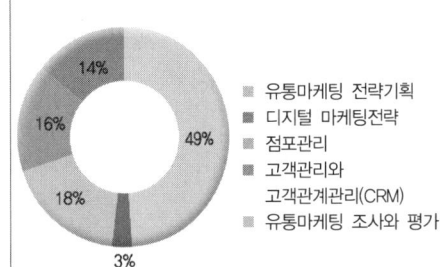

- 유통마케팅 전략기획
- 디지털 마케팅전략
- 점포관리
- 고객관리와 고객관계관리(CRM)
- 유통마케팅 조사와 평가

출제 포인트

총 25문항이 출제되고, Chapter 1 유통마케팅 전략기획이 출제비중이 가장 큽니다. 특히, 마케팅 환경분석, 마케팅 믹스(4P), 유통점포관리에서는 암기해야 할 내용들이 상당합니다. 또한 마케팅은 트렌드에 따라 새로운 내용들이 추가되어 출제되는 경우가 많아서 최근 신조어들도 상식적으로 알아두면 도움이 됩니다. 이 과목은 수험생에 따라 난이도가 천차만별이기 때문에, 기출문제 내용 위주로 집중하고 선택적으로 학습할 필요가 있습니다. * 디지털마케팅전략은 2024년에 추가 반영된 기준으로, 출제비율이 낮게 나타남

▶ 제4과목 : 유통정보

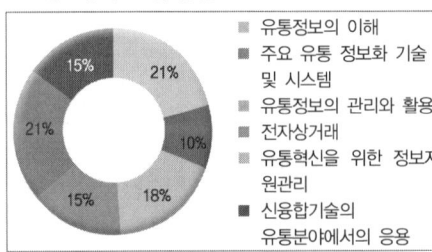

- 유통정보의 이해
- 주요 유통 정보화 기술 및 시스템
- 유통정보의 관리와 활용
- 전자상거래
- 유통혁신을 위한 정보자원관리
- 신용합기술의 유통분야에서의 응용

출제 포인트

총 20문항이 출제됩니다. 이 과목은 ICT(정보통신기술)에 대한 내용이 많고, 새로운 개념이 많이 추가되어 출제되는 경향을 보이고 있습니다. 제1과목과 중복되는 내용이 있어서 연관지어 학습을 한다면 시간을 절약할 수 있습니다. 특히 Chapter 3, 4, 5 내용의 핵심개념을 암기해야 하고 집중해서 학습해야 합니다.

※ 주) 유통관리사 2급 출제비중은 2020년~2024년까지 최근 5년간 기출문제를 분석한 내용입니다. 분석자에 따라 chapter 별 해당문제 선택은 약간의 차이가 있을 수 있습니다.

좀 더 자세한 내용 및 수험정보 등은 당사 홈페이지(www.epasskorea.com) 참조

학습전략

- **제1과목 유통물류일반관리**
  - 포인트1. 제1장 유통의 이해, 제4장 물류경영관리의 경우 출제비중이 높은 편이다. 출제경향을 바탕으로 핵심내용의 집중공략이 필요하다. 빈출 내용만 제대로 숙지한다면 합격점수인 60점은 어렵지 않게 넘길 수 있을 것으로 보인다.
  - 포인트2. 유통경영전략은 마케팅전략과 중복되는 내용이 있고, 제3장 유통경영관리, 제5장 유통기업의 윤리와 법에서는 출제기준 외의 문제가 출제되는 경우가 있기 때문에, 과년도 반복 출제되는 빈출 내용 위주로 학습을 한다면 시간을 절약할 수 있다.

- **제2과목 상권분석**
  - 포인트1. 제1장 유통상권조사가 출제비중이 높아서 제1장을 가장 중점적으로 학습해야한다. 특히 상권분석 제이론을 제대로 공략해야한다.
  - 포인트2. 제2장 도소매입지의 경우 동일한 내용이 반복출제가 되고 있어서 빈출문제를 제대로 숙지해야 한다. 제3장 점포 개점 전략은 출제비중이 높지 않아서 출제된 기출문제 내용 위주로 학습한다.

- **제3과목 유통마케팅**
  - 포인트1. 제1장 유통마케팅전략기획이 마케팅의 기본적인 내용이 중심이 되기 때문에 출제경향을 제대로 파악하여 집중적으로 공략해야 한다. 제1장 출제비중이 50%를 넘는데, 특히 상품관리전략이 출제비중이 비교적 높은 편이기 때문에 명확하게 숙지하고 학습을 해야 한다.
  - 포인트2. 제2장 디지털 마케팅 전략이 출제기준에 추가되었다. 디지털 마케팅 관련 용어와 성과지표를 중심으로 학습하면 되고, 제3장부터 제5장 마케팅조사와 평가 까지는 구체적이고 전체적으로 학습하기 보다는 반복 출제된 기출문제 파악을 통해 기출내용 위주로 학습하면 된다.

- **제4과목 유통정보**
  - 포인트1. 제4목은 전반적으로 용어에 대한 이해와 암기가 필요하다. 또한 제1과목과 중복되는 내용이 일부 있어서 연계하여 학습하는 것이 효과적이다. 마찬가지로 기출내용 위주로 정리하면 된다.
  - 포인트2. 지식경영의 경우, 내용이 많이 축소되어서 기출문제 위주로 학습하는 것이 효과적이다. 제3장 주요 유통정보화 기술도 반복적인 문제가 출제되고 있는데, 특히 최신 정보통신용어가 추가되어서 이 부분 역시 암기가 필요하다. 제4장 유통혁신을 위한 정보자원관리와 제5장 신융합기술의 유통분야에서의 응용에서도 핵심개념 중심으로 반복학습하고 암기하는 것이 중요하다.

합격예감을 현실로 바꾸는 30일 학습플랜

1일	2일	3일	4일	5일
유통산업의 이해~ 유통경제	유통경로 및 구조~ 적중예상문제	유통경영 환경 분석 ~ 유통경영전략의 수립과 실행	유통경영전략의 평가 및 통제~ 적중예상문제	조직의 구성과 관리 ~ 인적자원관리
6일	7일	8일	9일	10일
재무관리~ 적중예상문제	물류경영관리~ 적중예상문제	유통기업의 윤리와 법규~ 적중예상문제	상권의 개요~ 상권분석에서의 정보기술 활용	상권설정 및 분석~ 상권·입지분석의 제이론(1)
11일	12일	13일	14일	15일
상권·입지분석의 제이론(2)	적중예상문제~ 입지별유형	입지선정 및 분석~ 적중예상문제	개점전략~ 적중예상문제	유통마케팅 전략
16일	17일	18일	19일	20일
유통경쟁 전략~ 상품관리 및 머천다이징 전략	가격관리 전략	촉진관리전략~ 적중예상문제	디지털 마케팅 전략~ 적중예상문제	점포관리~ 적중예상문제
21일	22일	23일	24일	25일
상품판매와 고객관리 ~ 적중예상문제	유통마케팅 조사와 평가~ 적중예상문제	유통정보의 이해~ 적중예상문제	주요 유통정보화 기술 및 시스템~ 적중예상문제	유통정보의 관리와 활용~ 적중예상문제
26일	27일	28일	29일	30일
유통혁신을 위한 정보자원관리~ 적중예상문제	신융합기술의 유통분야의 응용(1)	신융합기술의 유통분야의 응용(2)~ 적중예상문제	2023년 기출문제	2024년 기출문제

- 4주 학습플랜은 유통관리사를 처음 공부하는 학습자를 위한 수료과정 플랜입니다.
- 상기 학습 플랜은 하루 3시간 이상 학습자를 기준으로 선정한 플랜입니다.
- 먼저 핵심이론 정리 및 전체적인 흐름을 파악하는 것이 중요합니다.
- 제1과목 유통물류일반관리는 유통정보와 중복되는 내용이 있기에 연계하여 이해하는 것이 필요합니다. 제1과목 학습 후 4과목 유통정보를 하는 것도 좋은 방법입니다.
- 제2과목은 창업자가 된다는 생각으로 학습하면 도움이 될 것입니다. 다른 과목에 비해 출제내용이 많지 않아서 고득점을 획득해야 하는 과목이기도 합니다.
- 제3과목은 마케팅 체계를 숙지하고 개별내용 학습으로 진행하시면 됩니다.
- 적중예상문제는 학습한 내용에 대한 모의고사와 유사합니다. chapter를 마무리하고, 적중예상문제를 풀어보며 출제 유형 및 출제 경향을 파악합니다.
- 마지막으로 기출문제를 학습합니다. 문제를 푼다는 생각보다는 이론공부를 복습한다고 생각하시고, 기억이 안나거나 모르는 내용은 반드시 숙지합니다.
- 자격시험은 예습보다는 복습이 중요합니다. 전날 학습내용을 복습하면 기억력이 좋아집니다.

이패스코리아 유통관리사2급의 특별함

강의력＋실무를 겸비한 저자 직강

본 교재의 저자이며 온라인강의를 진행하는 김대윤강사는 유통관리사 강의 및 집필 15년차인 전문인입니다.
수많은 오프라인 강의경력으로 수험생의 선호도와 실제시험의 적중률 모두 잡은 1타강사입니다.

장별 적중예상문제를 통한 합격 자신감UP

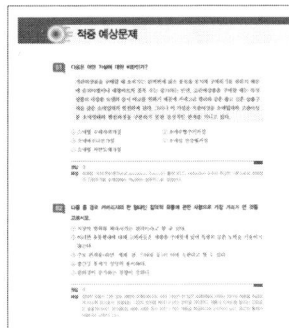

기출문제 출제빈도와 분석을 통해 선별하여 개발한 적중예상문제를 제공합니다. 충분히 연습할 수 있도록 문제를 구성하였으며 무엇보다 자세한 해설이 함께합니다.

궁금한건 언제든지 대답해주는 365일 운영 서비스

이패스코리아 고객센터는 365일 운영됩니다. 주말에 공부할 경우가 많은데 온라인 수강에 불편함이 생기면 당황하시죠? 이패스코리아는 불편함을 제로로 만들어드립니다.

기출문제의 철저한 분석을 통한 핵심내용 반영

- 기출문제 분석을 통해 '빈출 이론'을 선정하여 꼭 필요한 내용만을 수록하였습니다.
- 매 과목 장(Chapter)에 "학습정리"를 수록하였고, 핵심내용을 복습할 수 있도록 하였습니다.
- 적중 예상문제를 통해 충분히 연습하도록 문제를 구성하였고, 자세한 설명이 함께합니다.
- [부록] 빈출 핵심내용 100제를 선정하여 O/X 퀴즈 학습을 통해 실력을 향상시킬 수 있도록 하였습니다.
- [부록] 시험장에 가져갈 수 있는 "핵심용어 똑똑"을 제공합니다.
- [부록] 최신 기출문제 6회분을 수록하였고, 자세한 설명이 함께합니다.

차례

제1과목 유통물류일반관리

제1장 유통의 이해 — 14
- 제1절 유통의 이해 — 14
- 제2절 유통경로 및 구조 — 23
- 제3절 유통경제 — 33

제2장 유통경영전략 — 46
- 제1절 유통경영환경 분석 — 46
- 제2절 유통경영전략의 수립과 실행 — 50
- 제3절 유통경영전략의 평가 및 통제 — 54

제3장 유통경영관리 — 64
- 제1절 조직 관리 — 64
- 제2절 인적자원관리 — 77
- 제3절 재무관리 — 81
- 제4절 구매 및 조달관리 — 85

제4장 물류경영관리 — 96
- 제1절 도소매 물류의 이해 — 96
- 제2절 도소매 물류관리 — 101

제5장 유통기업의 윤리와 법규 — 118
- 제1절 기업윤리의 기본개념 — 118
- 제2절 유통관련 법규 — 122

제2과목　상권분석

제1장　유통 상권조사　134
- 제1절　상권의 개요　134
- 제2절　상권분석에서의 정보기술 활용　139
- 제3절　상권설정 및 분석　144
- 제4절　상권·입지분석의 제이론　150

제2장　입지분석　170
- 제1절　입지의 개요　170
- 제2절　입지별 유형　175
- 제3절　입지선정 및 분석　181

제3장　개점 전략　198
- 제1절　개점계획　198
- 제2절　개점과 폐점　202

제3과목　유통마케팅

제1장　유통마케팅 전략기획　214
- 제1절　유통마케팅 전략　214
- 제2절　유통경쟁 전략　221
- 제3절　상품관리 및 머천다이징 전략　226
- 제4절　가격관리 전략　239
- 제5절　촉진관리전략　244

제2장 디지털 마케팅 260
- 제1절 소매점의 디지털 마케팅 전략 260
- 제2절 웹 사이트 및 온라인 쇼핑몰 구축 265
- 제3절 소셜미디어 마케팅 268

제3장 점포관리 276
- 제1절 점포구성 276
- 제2절 매장 레이아웃 및 디스플레이 279
- 제3절 MD & VMD 286

제4장 상품판매 298
- 제1절 상품판매 298
- 제2절 CRM 전략 및 구현방안 305

제5장 유통마케팅 조사와 평가 316
- 제1절 유통마케팅 조사 316
- 제2절 유통마케팅 성과 평가 322

제4과목 유통정보

제1장 유통정보의 이해 334
- 제1절 정보의 개념과 정보화 사회 334
- 제2절 정보와 의사결정 340
- 제3절 유통정보시스템 345

제2장 주요 유통정보화기술 및 시스템 356
- 제1절 바코드, POS 구축 및 효과 356
- 제2절 EDI, QR 구축 및 효과 361

제3장	유통정보의 관리와 활용	372
제1절	데이터관리	372
제2절	개인정보보호와 프라이버시	378
제3절	고객충성도 프로그램	382

제4장	유통혁신을 위한 정보자원관리	392
제1절	전자상거래 운영	392
제2절	ERP 시스템	396
제3절	CRM 시스템	398
제4절	SCM 시스템	400

제5장	신융합기술의 유통분야의 응용	414
제1절	신융합기술	414
제2절	신융합기술의 개념 및 활용	417

Appendix 부록

OX 퀴즈 100문항	438
핵심용어 똑딱	458
기출문제	494
2023년 제1회 기출문제	494
2023년 제2회 기출문제	518
2023년 제3회 기출문제	542
2024년 제1회 기출문제	566
2024년 제2회 기출문제	590
2024년 제3회 기출문제	612
정답 및 해설	636

2025 이패스 유통관리사2급 합격예감

제1과목

유통물류일반관리

01

제1장　유통의 이해
제2장　유통경영전략
제3장　유통경영관리
제4장　물류경영관리
제5장　유통기업의 윤리와 법규

제1장 유통의 이해

제1절 유통의 이해

1. 유통의 개념

(1) 유통의 개념

① 유통(流通)은 생산자가 상품 등을 소비자에게 판매 하는 것·화폐·정보의 흐름을 뜻한다.
② 유통은 일반적으로 제조업체와 같은 생산자에서 1차 도매업자로 이동하며, 그 후 2차 도매업자, 소매업자를 차례로 거쳐 소비자에게 최종적으로 전달된다.
③ 생산과 소비를 이어주는 중간기능으로, 유·무형의 재화와 서비스의 사회적 이동을 통해 장소적·시간적·소유적·형태적 효용을 창출하는 활동으로 정의되며, 이와 관련된 모든 경제활동을 의미한다.

> **Plus Tip** 더 알고가기
>
> 유통의 4가지 효용
> 1) 시간적 효용 : 보관기능을 통해 생산과 소비간 시간적 차이를 극복
> 2) 소유적 효용 : 생산자와 소비자간 소유권 이전을 통해 효용이 발생
> 3) 장소적 효용 : 운송기능을 통해 생산지와 소비지간 장소적 차이 극복
> 4) 형태적 효용 : 생산된 상품을 적절한 수량으로 분할 및 분배함으로써 효용 발생

(2) 유통의 분류★★

① **상적 유통**(Commercial destitution) : 생산자로부터 소비자로 소유권이 이전되는 것으로 매매거래를 중심으로 하는 활동이다.
② **물적 유통**(physical distribution) : 상적유통에 의해 수반되는 상품의 물리적 이동과정에서 시간 및 장소 효용을 창출하는 활동으로, 재화(財貨)의 보관·수송 및 하역 등을 중심으로 하는 활동이다.
③ **유통조성기능** : 금융, 보험, 정보 통신 등을 통하여 생산자와 소비자에게 자금융통, 위험으로 인한 손해 부담, 시장 정보 제공, 상품의 질 저하 방지 활동 등으로 상품의 흐름을 원활하게 하는 기능을 말한다.

2. 유통의 기능★★

(1) 사회적 불일치 극복(인격적 통일기능)
① 재화를 생산자로부터 소비자에게 사회적으로 유통시켜 인격적으로 이전시키는 기능이 필요한데 이를 인격적 통일 기능이라 한다.
② 인격적 통일 기능은 다수 유통기관의 활동과 수집과 구매, 분산과 판매, 매매거래와 소유권 이전 등의 기능에 의해서 이루어진다.

(2) 보관 기능(시간적 기능)
① 상품의 생산시점에서 소비시점까지 저장함으로써 상품의 효용가치를 창조하는 것이다. 이는 생산·소비의 시간적 간격을 해소하는 기능이며 수급의 시간적 조절 기능이다.
② 시간적 통일 기능은 보관 기능에 의해서 이루어지는데 보관이란 생산과 소비의 시간적 분리를 극복하기 위해서 상품을 생산 시기에서부터 소비 시기까지 안전하게 관리하는 기능이다.

(3) 운송 기능(장소적 기능)
① 경제가 발달하면 할수록 상품 및 재화의 생산과 소비 사이의 공간적·장소적 불일치는 점점 확대된다.
② 이것을 운송에 의해서 극복하고, 사회적 유통을 조성하는 것이 장소적 통일 기능이며 운송이 그 역할을 담당한다.

(4) 수급조절 기능(수요와 공급의 일치)
① 생산자에 의해 대량으로 생산되지만 고객이나 소비자는 소량으로 구매하기 때문에, 유통경로상의 수집과 분배활동을 통하여 생산량과 소비량의 양적 통일기능이 필요하다.
② 생산자의 공급측면의 최적화된 품질과 소비자의 수요측면의 품질은 상이하므로, 기대하는 품질수준에 부합되는 생산자의 상품과 수요자를 이어준다.

(5) 조성 기능
① 표준화 기능 : 수요와 공급의 품질적인 차이를 조절하여 거래과정에서 거래단위, 가격, 지불 조건 등을 표준화시킨다.
② 시장금융 기능 : 생산자와 소비자 간의 경제적 격리가 클수록 상품이전과 화폐이전간의 모순이 격화되어 마케팅의 비원활화가 발생되는 것을 방지하기 위한 기능이다.
즉, 생산자와 소비자의 원활한 마케팅기능을 도모시켜 주는 기능을 말한다.
③ 시장정보 기능 : 기업이 필요로 하는 소비자 정보와 소비자가 필요로 하는 상품정보를 수집 및 제공하여 양자를 가깝게 유도하여 거래촉진을 유도하는 기능이다.
④ 위험부담 기능 : 유통과정에서의 물리적 위험과 경제적 위험을 유통기관이 부담함으로써

소유권 이전과 물적 유통기능이 원활히 이루어지도록 해주는 기능으로 일반적으로 보험업이 전담한다.

3. 유통산업의 개념과 도소매 유통기관

(1) 유통산업의 개념

① 유통산업이란 생산자에서 물건이 나와서 소비자에게 도달하기까지의 과정을 담당하는 산업으로, 유통산업은 크게 상업과 상품의 측면에서 유통과 관련되어 있다. 상업의 측면에서 유통과 관련된 유통산업으로는 도매업, 소매업, 중개업, 무역업 등이 있다.

② **유통산업발전법상 개념** : 농산물, 임산물, 축산물, 수산물(가공 및 조리물을 포함) 및 공산품의 도소매 및 이를 영위하기 위한 보관, 배송, 포장과 이와 관련된 정보 및 용역의 제공 등을 목적으로 하는 산업을 말한다.

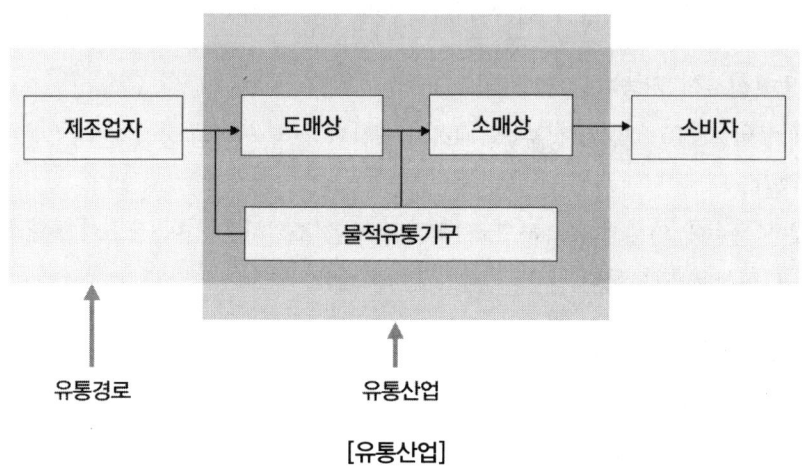

[유통산업]

(2) 도소매 유통기관

① 도매업은 생산자에게 물건을 사서 소매상에게 파는 일로, 생산자와 소매상 사이에는 여러 명의 도매상이 관련되어 있을 수 있다.

② 소매업은 생산자나 도매상에게서 물건을 사서 직접 소비자에게 파는 일을 말한다.

③ 중개업이란 물건을 사고 파는 행위를 중개하는 일이다. 부동산 중개업처럼 이들은 물건을 사고 파는 사람을 연결해 주고 일정한 수수료를 받는다.

④ 무역업이란 외국과 상품 교역을 하는 일이다.

(3) 업종과 업태

① 업종이란 업태 중에서 세분화된 사업의 분류를 뜻한다. 즉, 영업 또는 사업의 소매업 형태로써 '무엇을 판매하고 있는가(What to sell)'를 의미한다.

② 업태란 한국표준산업분류상 영업의 종류 중 대분류에 속하는 것으로 가격대와 집하형식으로 기업을 분류하는 것이다. 즉, 영업 또는 기업의 소매업의 형태로써 '어떠한 방법으로 판매하고 있는가?'의 의미이다.

(4) 소매상의 기능 및 특성★
① 소매상은 여러 공급업자들로부터 제품과 서비스를 제공받아 다양한 상품구색을 갖춤으로써 소비자들에게 제품선택에 드는 비용과 시간을 절감할 수 있게 하고 선택의 폭을 넓혀주기도 한다.
② 소매상은 소매광고, 판매원 서비스, 점포 디스플레이 등을 통해 고객에게 제품관련 정보를 제공하여 소비자들의 제품구매를 돕기도 한다.
③ 소매상의 자체의 신용정책을 통하여 제조업체 대신 소비자와의 거래에서 발생하는 제비용을 부담하거나 고객에게 신용이나 할부판매를 제공함으로써 소비자의 금융부담을 덜어주는 기능을 수행하기도 한다.
④ 소매상은 소매업의 형태, 입지조건, 경영정책 등에 따라 소매업은 배달, 애프터서비스, 신용제공, 반품 허용, 주차시설 등의 서비스를 고객에게 제공한다.
⑤ 소매상은 소비자와 가까운 장소에서 다양한 상품 구색에 대한 재고부담을 함으로써 공급선의 비용감소와 소비자의 구매편의를 돕는다.
⑥ 소매업체들도 소매상 협동조합을 통해 도매행위를 할 수 있다.
⑦ 소매상은 수요자에게 기존상품, 새로운 상품 및 시장의 트렌드에 관한 정보를 고객에게 제공해준다.

4. 소매업태의 분류 및 특징★
(1) 소매업태의 분류
① 가격대별 분류 : 저가격 할인점, 고가격 백화점, 고급 편의점, 하이퍼마켓, 중가격 슈퍼마켓, 콤비네이션 스토어
② 점포의 유무에 따른 분류
　㉠ 점포형 : 백화점, 잡화점, 대형 쇼핑센터, 편의점, 양판점, 전문점, 재래시장, 슈퍼마켓, 상점, 상가 등
　㉡ 무점포형 : 우편판매, 텔레마케팅, TV 홈쇼핑, 전자상거래(인터넷), 자동판매기판매, 방문판매 등
③ 경영규모별 분류 : 편의점, 전문점, 잡화점, 백화점, 쇼핑센터, 창고점, 양판점 등
④ 점포밀집에 의한 분류 : 주거지역, 인근쇼핑센터, 중심상가지역, 아울렛 몰, 지역쇼핑센터 등
⑤ 점포의 통제에 따른 분류 : 프랜차이즈, 거상(브로커), 기업 연쇄점, 소매상협동조합, 소비자협동조합 등

(2) 소매업태별 특징

① 백화점(Department Store)
　㉠ 선매품(選買品)을 중심으로 생활필수품, 전문품에 이르기까지 다양한 상품 계열을 취급하며, 대면판매, 현금정찰판매, 풍부한 인적·물적 서비스로써 판매활동을 전개하는 상품 계열별로 부문 조직화된 대규모 소매기관이다.
　㉡ 고객서비스의 수준이 다른 소매업태에 비해 높은 편이다. 특정매입의 비중이 높기 때문에 경기변동에 민감하며 매출액 변화의 기복도 큰 편이다.
　㉢ 특약매입은 대규모 유통업자가 매입한 상품 중 판매되지 않은 상품을 반품할 수 있는 조건으로 납품업자로부터 상품을 외상 매입하고 상품 판매 후 수수료를 공제한 상품판매대금을 납품업자에게 지급하는 형태의 거래로, 신제품이나 고가의 제품인 경우 주로 이용하는 방식이다.

② 슈퍼마켓(Supermarket)
　㉠ 세분화된 셀프서비스 가게이며, 넓은 범위의 음식과 가정 물품을 제공한다. 크기가 큰 편이며, 일반 식품점보다 선택 범위가 넓다.
　㉡ 주로 식료품, 일용품 등을 취급하며, 염가판매, 셀프서비스를 특징으로 하는 소매업태를 의미한다.

③ 전문점(Specialty Store)
　㉠ 특정 범위 내의 상품군을 전문으로 취급하는 소매점을 말한다. 즉, 전문점이란 상품에 대한 전문적 품종 갖춤과 전문적 서비스를 고객에게 제공하는 점포라고 할 수 있다.
　㉡ 취급하는 제품계열이 한정되어 있으나 해당 제품계열 내에서는 매우 다양한 품목들을 취급한다. 전문점은 가전, 오디오, 의류, 악기, 스포츠용품 등을 판매하는 점포들이 있으며, 취급하는 제품계열의 폭의 정도에 따라 세분화가 가능하다.

④ 편의점(CVS ; Convenience Store)
　㉠ 보통 편리한 위치에 입지하여 장시간 영업을 하며, 한정된 수의 품목만을 취급하는 식품점이다.
　㉡ 편의점은 연중무휴로 장시간의 영업을 하고 소규모의 점포에 있어 주로 식료품, 잡화 등 다수의 품종을 취급하는 형태의 소매점이다.

⑤ 카테고리 킬러(Category Killer)
　㉠ 특정 상품 계열에 대하여 매우 깊이 있는 상품 구색을 갖추어 고객에게 최대한 선택의 기회를 주고자 하는 것이다. 즉, 취급하는 특정 상품계열에 대하여 다양한 상표, 크기, 스타일, 모델, 색상 등을 갖추고 고객의 취향에 맞는 상품을 선택하도록 하는 점포이다.
　㉡ 할인형 전문점으로서 특정한 상품계열에서 전문점과 같은 상품 구색을 갖추고 저렴하게 판매하는 것을 원칙으로 한다.

⑥ 회원제 도매클럽(MWC ; Membership Wholesale Club)
　　　㉠ 창고형 도소매클럽(Membership Warehouse Club)이라고도 하며 회원으로 가입한 고객만을 대상으로 판매하는 업태이다.
　　　㉡ 회원제도는 정기적이고 안정적인 고객층의 확보라는 측면과 회비를 통한 마진의 감소가 가능하다는 장점이 있게 된다.

5. 소매상 진화 발전 이론★★★

(1) 소매상 수레바퀴 이론(Wheel of Retailing)

① 하버드 경영대학원 말콤 맥나이어 교수는 1958년 '소매업 수레바퀴'(wheel of retailing)라는 가설을 발표한다. 소매시장에서 변화하는 고객들의 구매 욕구에 맞추기 위한 소매업자의 노력이 증가함에 따라 다른 소매업자에 의해 원래 형태의 소매업이 출현하게 되는 순환 과정이다.

② 새로운 형태의 소매점은 시장진입 초기에는 저가격, 저서비스, 제한적 제품 구색으로 시장에 진입한다. 그러나 점차 동일 유형의 새로운 소매점들이 진입하여 이들 사이에 경쟁이 격화되면 경쟁적 우위를 확보하기 위하여 보다 세련된 점포 시설과 차별적 서비스의 증가로 성장기에는 고비용, 고가격, 고서비스 소매점으로 위치가 확립된다. 이 결과 새로운 유형의 혁신적인 소매점이 저가격, 저마진, 저서비스로 시장에 진입할 수 있는 여지를 제공하게 되고, 이 새로운 유형의 소매점 역시 위와 동일한 과정을 따르게 된다는 것이다.

③ 한계점 : 신규업태의 태동과 발전에 대해 기존업태의 반응을 무시했고, 고가격·고회전율, 저서비스 특징의 편의점(CVS)은 소매수레바퀴 가설로 설명이 어렵다.

(2) 소매점 아코디언 이론(Retail Accordion Theory)

① 홀랜더(S.C. Hollander) 교수가 주장한 이론으로서 소매점의 진화과정을 소매점에서 취급하는 상품믹스로 설명한다.

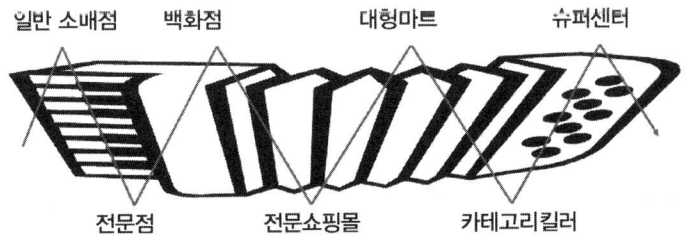

[소매점 아코디언 이론]

② 소매점은 다양한 상품 구색을 갖춘 점포로 시작하여 시간이 경과함에 따라 점차 전문화된 한정된 상품 계열을 취급하는 소매점 형태로 진화하며, 이는 다시 다양하고 전문적인 제품 계열을 취급하는 소매점으로 진화해 가는 것으로 보며, 그 진화과정, 즉 상품믹스의 확대 → 수축 → 확대 과정이 아코디언과 유사하여 이름 붙여진 이론이다.

③ 한계점 : 저관여상품 소매업태와 고관여상품 소매업태의 발전과정을 구분하지 못한 결정적인 한계를 지니고 있다.

(3) 소매상 수명주기이론(Retail Life Cycle Theory)

① 소매상 수명주기이론은 제품 수명주기이론과 동일하게 소매점 유형이 '도입기 → 성장기 → 성숙기 → 쇠퇴기'의 단계를 거치게 된다는 것이다. 즉, 새로운 소매점 유형은 도입 초기에 높은 성장률과 성장 가능성을 보유하게 된다.

② 근래에는 소비자의 욕구 다양화와 경쟁심화로 인해 소매점의 수명주기가 점차 단축되고 있다.

(4) 변증법적 과정이론(Dialectic Process)

㉠ 헤겔의 변증법인 정(thesis) → 반(antithesis) → 합(synthesis)에 기초한 이론으로, 소매점의 진화 과정을 변증법적 유물론에 입각하여 해석하고 있으며, 기스트(Ronald Gist)가 주장한 이론이다.

㉡ 두 개의 서로 다른 경쟁적인 소매업태가 하나의 새로운 소매업태로 합쳐지는 소매업태 혁신의 합성이론을 의미한다.

㉢ 고가격, 고마진, 고서비스, 저회전율 등의 장점을 가지고 있는 백화점(전문점)이 출현하면 이에 대응하여 저가격, 저마진, 저서비스, 고회전율 등의 반대적 장점을 가진 할인점이 나타나 백화점과 경쟁하게 되며, 그 결과 백화점과 할인점의 장점이 적절한 수준으로 절충되어 새로운 형태의 소매점인 할인 백화점으로 진화해 간다는 이론으로 소매점의 진화과정을 정반합과정으로 설명한다.

5. 도매업의 개념과 종류

(1) 도매업의 개념 및 특징

① 도매업은 "소매기관, 상인, 산업적 또는 상업적 사용자들에게 상품을 판매하는 사람이나 기관들에 관련된 행위 등을 의미하며 최종 소비자에게 판매하는 비중이 적어야 한다."고 정의할 수 있다.

② 재판매 또는 사업을 목적으로 구입하는 고객에게 상품이나 서비스를 판매하고 이와 관련된 활동을 수행하는 상인을 말한다. 그러나 유통경로 상의 많은 기관들이 도매활동과 소매활

동을 동시에 수행하고 있기 때문에 혼란이 있을 수 있다.
③ 도매업은 상품을 대량으로 매입하거나 수집하여 다수의 소매상에게 소량으로 분산하여 판매하는 업태로, 거래수량 및 매매단위의 원칙에서 비교적 규모가 큰 유통업태를 지칭한다.
④ 도매상들은 제조업자 제품의 일정 부분을 재고로서 보유하게 되는데, 이렇게 함으로써 도매상들은 제조업자의 재무 부담과 막대한 재고 보유에 따른 제조업자의 위험을 감소시켜주게 된다.
⑤ 고객의 다양한 욕구를 충족시키기 위해 다수 제조업자의 제품을 구비하여 고객에게 제공함으로써 시장을 확대하는 기능을 수행하기도 한다.
⑥ 소매상에 비해 비교적 넓은 상권을 대상으로 하기 때문에, 1회 거래규모가 일반적으로 소매상보다 월등히 크다.

(2) 도매상의 종류

도매기관들은 일반적으로 상인 도매상(Merchant Wholesaler)과 대리 도매상(Agent Wholesaler)으로 분류된다. 두 기관의 차이는 상품을 소유하는 소유권의 유무에 있다.

① 상인 도매상(Merchant Wholesaler)
  ㉠ 상인 도매상(Merchant Wholesaler)은 취급하는 제품에 대해 소유권을 가지는 독립된 사업체의 도매기관을 의미한다.
  ㉡ 상인 도매상은 제조업자들로부터 제품을 구매하고 이 제품이 소매상이나 그 이외의 사람들에게 다시 판매될 때까지 소유권을 가진다.

② 상인도매상의 종류★★
  ㉠ 완전기능 도매기관
    고객들을 위하여 수행하는 서비스 가운데에서 필요한 광범위한 서비스를 제공하는 도매기관이다. 완전기능 도매기관들은 그들이 취급하는 제품의 종류에 따라 종합상인 도매기관과 전문상인 도매기관으로 분류할 수 있다.
  ㉡ 한정기능 도매기관
    한정기능 도매기관은 완전기능 도매기관들과는 달리 도매기관의 기능 중에서 일부만을 수행하는 도매기관들이다.

■ 한정기능 도매기관(도매상)의 종류
① 현금판매-무배달 도매기관(Cash and Carry Wholesaler)
- 현금판매 도매기관은 주로 소매규모의 소매기관에 상품을 공급한다.
- 현금판매 도매기관을 이용하는 소매기관들은 직접 이들을 찾아와서 제품을 주문하고 인수해 간다.

② 트럭 도매기관(Truck Wholesaler)
- 일반적으로 고정적인 판매루트를 가지고 있으며 트럭이나 기타 수송 수단으로 판매와 동시에 상품을 배달하게 된다.
- 머천다이징(Merchandising)과 촉진지원을 한다.
- 취급하는 제품은 취급이 까다롭거나 부패 및 파손 가능성이 높은 것들이다.

③ 직송 도매기관(Drop Shipper)
- 제조업자나 공급자로부터 제품을 구매한 뒤 제품을 제조업자나 공급자가 물리적으로 보유한 상태에서 제품을 고객들에게 판매하게 되면 고객들에게 직접 제품을 직송하게 된다.
- 목재나 석탄 등과 같이 원자재에 해당하는 제품들은 제품의 이동이나 보관이 어렵기 때문에 도매기관이 제품을 구매한다고 하더라도 제품을 직접 보유하지 못하게 된다. 그래서 제조업자나 공급업자가 보유하도록 하고 판매가 이루어지면 제조업자나 공급자가 직접 고객들에게 직송하도록 한다.

④ 선반 도매기관(Rack Jobber)
- 선반 도매기관이란 소매점의 진열선반 위에 상품을 공급하는 도매상을 말한다.
- 선반에 전시되는 상품에 대한 소유권은 도매기관들이 가지고 있으며, 소매기관이 상품을 판매한 뒤에 도매기관에게 대금을 지불하는 일종의 위탁방식이다. 팔리지 않는 상품은 환수한다.

⑤ 진열도매상
- 주로 식료와 잡화류를 취급하는 도매상이며 재고수준에 대한 조언, 저장 방법에 대한 아이디어 제공, 선반 진열 업무 등을 소매상을 대신하여 직접 수행하는 도매상이다.

③ 대리 도매상(Agent)
  ㉠ 제품에 대한 소유권 없이 단지 제조업자나 공급자를 대신해서 제품을 판매하는 도매기관이다.
  ㉡ 대체로 제품을 대신 판매하고 난 뒤 제조업자나 공급자로부터 수수료(Commission)를 받는다.

제2절 유통경로 및 구조

1. 유통경로

(1) 유통경로 개념 및 의의

① 유통경로(Distribution Channel)는 제품이나 서비스가 생산자로부터 소비자에 이르기까지 거치게 되는 통로 또는 단계를 말한다.
② 생산자와 소비자 사이에는 상품유통을 담당하는 여러 종류의 중간상들이 개입하게 된다.
③ 유통경로는 다양한 유형이 존재하고, 사회적·문화적 특성을 반영하므로 각 나라의 상황에 따라 특수한 형태들이 존재한다.
④ 유통경로의 기능은 교환과정의 촉진, 제품구색의 불일치 완화, 거래의 표준화, 생산과 소비 연결, 고객에 대한 서비스 기능 등이 있다.

(2) 유통경로 기능상의 흐름★★

① 전방기능 흐름(Forward stream)
  ㉠ 물적흐름 : 공급자(생산자) → 운송업자 → 제조업자 → 중간상 → 고객
  ㉡ 소유권 : 유통기관으로부터 다른 기관 주체로의 소유권 이전
  ㉢ 촉진 : 광고, 판촉 등 판매촉진 활동의 흐름
② 후방기능 흐름(Backward stream)
  주문이나 대금결제
③ 양방기능 흐름
  거래를 협상하거나 금융·위험부담과 같은 기능

(3) 유통경로(중간상)의 필요성★★★

① 총 거래수 최소화 원칙(Principle of minimum total transaction)
  공급자와 소비자 사이의 중간상의 개입으로 거래의 총량이 감소하게 되어 제조업자와 소비자 양자에게 실질적인 비용 감소를 제공하게 된다. 즉, 중간상의 개입으로 제조업자와 소비자 사이의 거래가 보다 효율적으로 이루어지므로 중간상의 개입이 정당화될 수 있다는 논리이다.
② 집중준비의 원칙(Principle of massed reserve)
  ㉠ 유통경로과정에서 도매상이 개입하여 소매상의 대량 보관기능을 분담함으로써 시장 전체적으로 상품의 보관 총량을 감소시킬 수 있으며, 소매상은 최소량만을 보관하게 된다.
  ㉡ 유통경로상에 가능하면 도매상을 개입시킴으로써 각 경로 구성원에 의해 보관되는 제품

의 수량이 감소될 수 있다는 원리를 집중준비의 원리라고 한다.

③ 분업의 원칙(Principle of division of labor)
다수의 중간상이 분업의 원리로써 유통경로에 참여하게 되면 유통경로 과정에서 다양하게 수행되는 기능들, 즉 수급조절기능, 보관기능, 위험부담기능, 정보수집기능 등이 경제적·능률적으로 수행될 수 있다.

④ 변동비 우위의 원칙
전통적인 고정비 우위의 제조산업에 비해 유통업은 상대적으로 변동의 비중이 크다. 무조건적으로 제조와 유통기관을 통합하여 대규모화하기보다는 각각의 유통기관이 적절한 규모로 역할분담을 하는 것이 비용면에서 훨씬 유리하다는 논리의 중간상의 필요성을 강조하는 원칙이다.

(4) 유통경로의 효용★★

① 시간 효용(Time utility)
소비자가 원하는 시기에 필요한 상품을 구매할 수 있는 편의를 제공하는 것으로 소비자의 편의를 위해 유통기관은 상품의 저장 및 보관기능을 수행하며, 때로는 수요가 계절적인 상품이 연중 꾸준히 제공될 수 있도록 배급의 기능을 수행하기도 한다.

② 장소 효용(Place utility)
소비자가 원하는 장소에서 상품이나 서비스의 구입이 가능하도록 해주는 것으로 생산자는 상품을 중간상에게 배급하고 소비자는 원하는 상품을 구매하기 위하여 도매상이나 소매상 같은 중간상을 접촉 할 수 있어 장소적 편의를 제공 할 수 있다는 것이다.

③ 소유 효용(Procession utility)
유통기관은 소비자로 하여금 상품을 소유할 수 있도록 도와주는 활동을 한다. 즉 상품에 대한 소유권을 생산자로부터 소비자에게 효율적으로 이전될 수 있도록 한다.

④ 형태 효용(Form utility)
상품과 서비스를 고객에게 좀 더 매력 있게 보이도록 그 형태 및 모양을 변경 시키는 여러 가지 활동을 일컫는다.

(5) 유통경로의 유용성

① 교환과정의 촉진 : 시장경제가 복잡해질수록 교환과정 역시 복잡해지므로 교환과정에서 거래 수를 감소시키고 거래를 촉진시킨다.
② 제품구색 불일치의 완화 : 생산자는 규모의 경제를 실현하기 위해 소품종 대량생산을 하는 반면, 소비자는 다양한 제품라인을 요구함에 따라 발생되는 제품구색의 불일치를 유통경로가 완화시킨다.

③ 거래의 표준화 : 제품, 가격, 구입단위, 지불조건 등을 표준화시켜 시장에서의 거래를 용이하게 해준다.
④ 생산과 소비 연결 : 생산자와 소비자 사이에 존재하는 지리적, 시간적, 정보적 장애를 극복하여 거래를 용이하게 한다.
⑤ 고객서비스 제공 : 소비자에게 애프터서비스, 제품의 배달, 설치 및 사용방법의 교육 등과 같은 서비스를 제공한다.
⑥ 정보 제공 : 상품의 판매뿐만 아니라 소비자에게 상품정보, 유행정보 및 생활정보 등과 같은 무형적인 가치도 아울러 제공한다.

2. 유통경로의 유형

(1) 소비재 유통경로

① 제조업자가 소비자에게 직접 판매하는 형태로서 직접 마케팅 경로라고도 한다. 제조업체는 더욱 저렴한 가격으로 소비자에게 상품을 제공하고 채널 유지비용을 절감하며, 고객의 욕구를 정확히 파악할 수 있게 되었다.
② 제조업자와 소비자 사이에 소매상이 중간상으로서 역할을 하는 형태가 있으며, 제조업자와 소비자 사이에 도매상과 소매상이 개입되는 형태로서, 가장 일반적인 유형이다.
③ 소비재 유통업자가 경재우위 확보를 위해 핵심적으로 사용하는 방식은 상품의 넓이(다양성)와 깊이(전문성)를 확대하는 것이다.

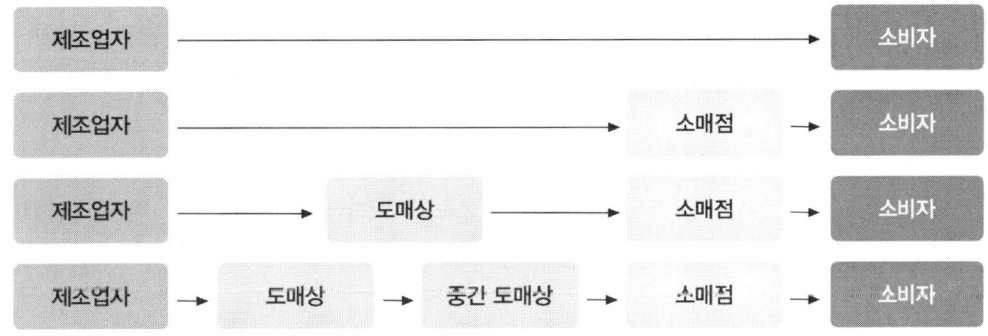

[소비재 유통경로의 유형]

(2) 산업재 유통경로

① 산업재는 소비자에게 직접 판매하는 것이 일반적이며, 간혹 대리인이나 산업재 공급업자들이 이용되기도 한다.
② 산업재 유통업자는 상인도매상의 특수한 형태로 또 다른 생산(제조)업체나 기관을 대상으로 상품을 판매하는 중간상의 형태이다.

> **Plus Tip**
> 더 알고가기
>
> **MRO**
> ① Maintenance(유지), Repair(보수) and Operation(운영)의 약자로, 기업에서 제품 생산에 필수적인 직접 원자재를 제외한 소모성 자재와 간접자재를 의미하며 기업소모성자재 또는 기업운영자재라고도 한다.
> ② 생산 활동과는 직접 관련이 없으나 그것을 위한 생산시설의 유지와 보수 등에 필요한 모든 간접 재화와 서비스를 일컫는다.
> ③ 공구, 모터, 베어링 등 전기 자재와 각종 기계부품, 복사용지와 문구류, 청소용품 등 수많은 종류의 제품을 포함한다.

(3) 복수 유통경로(Multichannel Marketing System)

① 상이한 두 개 이상의 유통경로를 채택하는 것이다. 이는 단일 시장이라도 각기 다른 유통경로를 사용하여 세분화된 개별 시장에 접근하는 것이 더 효과적이기 때문이다.

② 생산자들은 일반적으로 단일 시장 단일 유통경로 원칙을 채택하여 왔으나 경제구조가 복잡해지고 기업간 경쟁이 치열해짐에 따라 복수의 유통경로를 사용하는 경향이 증가하고 있다.

(4) 다단계 유통경로(Multi-Level Marketing)

① 다단계 마케팅(multi-level marketing, MLM)은 "제조업자→도매업자→소매업자→소비자"와 같은 일반적인 유통경로를 거치지 아니하고, 다단계(多段階), 즉 다(많은) 단계의 회사 및 판매원들이 거래에 참여하는 유통방식이다.

② 일반적으로 제조회사 〉 판매회사 〉 다단계판매원으로 간단한 유통구조로 볼 수 있으나, 다단계판매원은 각각의 레벨이 다른 판매원들이 존재하고, 하나의 매출로 하위의 모든 판매원들이 수당배분에 참여되기 때문에, 실질적으론 무한의 유통구조를 가지고 있다.

(5) 옴니채널(omni-channel)

① '모든 것'을 뜻하는 옴니(omni)와 '유통경로'를 뜻하는 채널(channel)의 합성어인 옴니채널은 온라인과 오프라인의 채널을 아울러 고객의 소비 경험을 극대화시키는 신개념 유통형태를 말한다.

② 정보기술을 활용하여 고객들이 이용 가능한 온-오프라인의 모든 쇼핑채널들을 유기적으로 통합하여 연계시켜, 고객들에게 쇼핑에 불편함이 없도록 지원하는 것을 말한다.

③ 다양한 채널이 고객의 경험관리를 중심으로 하나로 통합되었다.

> **Plus Tip**
> 더 알고가기
>
> O2O & O4O
> ① O2O(Online to Offline) : 온라인에서 구매를 하고, 오프라인으로 물건을 받는 것이다. PC나 모바일 앱을 이용해 상품이나 서비스를 구매하면, 지정한 곳에서 해당 서비스(물건)를 받는 것이다.
> ② O4O(Online for Offline) : 오프라인을 위한 온라인의 약자로, 기업이 온라인을 통해 축적한 기술이나 데이터, 서비스를 상품 조달, 큐레이션 등에 적용해 오프라인으로 사업을 확대하는 차세대 비즈니스 모델이다.

3. 유통경로 믹스

(1) 유통경로 설계 중요성

① 유통경로는 다른 마케팅활동에 직접적인 영향을 미친다. 즉, 유통경로가 결정되면 제품, 가격, 촉진 등 마케팅믹스의 다른 요소에 직접적인 영향을 주게 된다.

② 유통경로의 결정과 관리는 신중해야 한다. 왜냐하면, 중간상과의 거래는 일반적으로 장기 계약에 의해 이루어지므로 한번 결정되면 단시일에 바꾸기 어렵다.

③ 유통경로의 길이, 중간상들의 기능 및 능률성, 기업의 합리적 유통경로 결정 등은 기업의 경쟁력에 큰 영향을 주고, 나아가서 국가 경제에도 영향을 미친다.

④ 고객이 원하는 서비스가 많을수록 유통비용이 증가하기 때문에 고객이 원하는 바와 유통비용을 감안하여 적정한 수준으로 설계해야 한다.

⑤ 유통경로를 통해서 고객에게 만족을 줄 수 있는 요소에는 대기시간, 제품의 다양성, 구매가능한 제품의 최소단위, 점포의 숫자와 분포 등이 있다.

(2) 유통경로 커버리지 정책 요인

① 경로관리에서 핵심적인 관점 가운데 하나는 얼마나 많은 수의 점포를 특정지역에 설립해야 하고, 경로 흐름에서 어떤 유형의 경로 구성원이 필요한지를 결정하여 이를 통해 실재고객과 잠재고객의 욕구를 실현하는 것이다.

② 경로 내에 중간상 또는 점포 수가 증가한다고 하여 반드시 시장점유율이나 매출액의 증가가 비례적으로 증가한다고 볼 수 없다.

③ 경로 집약도에 대한 결정은 각각의 개별경로의 형태에 있어서 얼마나 많은 수의 경로 구성원을 활용할 것인가를 결정하는 것이다.

(3) 유통경로 커버리지(Coverage) 정책★★★

① 개방적 유통경로(Intensive Channel Strategy)

㉠ 자사 제품의 판매처를 한정하지 않고 누구나 취급할 수 있도록 개방하는 것이다. 일용품, 편의용품 등과 같이 구매가 편리해야 하는 제품이거나 브랜드에 대한 집착이 약한 제품의 경우, 개방적 유통경로가 효과적이다.

　　　　ⓒ 개방적 유통경로는 소비자에게 제품노출을 최대화할 수 있고 소매상이 많기 때문에 제품의 대량판매가 가능하다.
　　　　ⓒ 유통경로의 통제가 어렵고 유통비용이 증가하며 판매관리가 복잡해지는 단점이 있다.
　　② 전속적 유통경로(Exclusive Channel Strategy)
　　　　㉠ 판매처를 한정하여 자사제품만을 판매하도록 하는 것으로 자동차, 고급의류 등이 제품이 이 같은 유통방식을 택한다.
　　　　ⓒ 판매처의 수가 적으므로 관리가 쉽고 유통비용도 감소하며 제품이미지 관리가 쉽다.
　　③ 선택적 유통경로(Selective Channel Strategy)
　　　　㉠ 일정 지역 내에 일정 수준 이상의 이미지, 입지, 경영능력을 갖춘 소매점을 선별하여 이들에게 자사 제품을 취급하도록 하는 선택적 유통경로전략이다.
　　　　ⓒ 의류, 가구, 가전제품 등이 해당된다.

(4) 유통경로 갈등관리

　　① 유통경로 갈등발생 이유
　　　　㉠ 경로구성원들이 추구하는 목표가 서로 상이함으로 발생한다.
　　　　ⓒ 역할영역 지위역할의 불일치 : 구성원들 간 제품, 시장, 기능 등에 의해 발생한다.
　　　　ⓒ 지각의 차이 : 구성원들이 다른 경험과 배경, 편견, 경로 내 지위 요인 등에 의해 발생한다.
　　　　㉣ 과다한 상호 의존성 : 권력의 불균형 관계 형성으로 갈등이 발생한다.
　　　　㉤ 이념 차이 : 대기업과 소기업의 경영이념의 차이는 서로 갈등을 야기한다.
　　② 수평적 갈등
　　　　수평적 갈등은 동일한 경로단계 상의 구성원들 사이에서 발생하는 갈등을 의미한다.
　　③ 수직적 갈등
　　　　제조업자와 중간상, 또는 도매상과 소매상 간의 갈등과 같이 서로 다른단계의 경로구성원 사이에서 발생하는 갈등을 의미한다.
　　④ 경로갈등과 경로성과 간의 관계
　　　　㉠ 역기능적 갈등(dysfunctional conflict) : 경로구성원 기회주의적 행동을 유발한다.
　　　　ⓒ 순기능적 갈등(functional conflict) : 경로성과 향상을 가져오는 갈등이다.
　　　　ⓒ 중립적 갈등(neutral conflict) : 경로성과에 영향을 미치지 않는 경로갈등이다.

(5) 유통경로상 힘(권력)의 원천★★

　　① 보상적 권력(Reward Power)
　　　　한 경로구성원이 기대하는 어떤 역할을 다른 경로구성원이 수행할 때 그에게 물질적·심리적·보호적 보상을 제공하는 경우에 나타난다.

② 강압적 권력 또는 강권력(Coercive Power)
   ㉠ 한 경로구성원의 영향력 행사에 대해서 구성원들이 따르지 않을 때 처벌이나 부정적 제재를 받을 것이라고 지각할 때 미치는 영향력이다.
   ㉡ 마진폭 인하, 상품공급 지연, 상품결제기일 단축, 전속적(배타적, 독점적) 지역 영업권 철회, 대리점 보증금 인상, 인접지역에 새로운 점포 개설 등
③ 전문적 권력(Expert Power)
   ㉠ 한 경로구성원이 특별한 전문지식이나 경험을 가졌다고 상대방이 인지할 때 가지게 되는 영향력이다.
   ㉡ 종업원에 대한 교육과 훈련, 경영관리에 대한 상담과 조언, 경영정보 및 소비자정보 제공, 상품의 진열 및 전시에 관한 조언 등
④ 준거적 권력(Referent Power)
   ㉠ 한 경로구성원이 여러 측면에서 장점을 갖고 있으면 다른 경로구성원은 그와 일체성을 갖고 한 구성원이 되고 싶어하며 거래관계를 계속 유지하고 싶어할 때 미치는 영향력이다.
   ㉡ 유통업자의 경우 유명제조업자 상품을 취급한다는 긍지와 보람
⑤ 정당성 권력(Legitimate Power)
   ㉠ 다른 구성원들에게 영향력을 행사할 정당한 권리를 갖고 있고 상대방도 당연히 그렇게 해야 한다고 내재적으로 지각할 때 미치는 영향력이다.
   ㉡ 합법적 권력은 합법적인 조직구조나 계약관계에서 오는 영향력(상표등록, 특허권, 프랜차이즈권리, 기타 법률적 권리)

4. 유통경로의 조직

(1) 전통적 유통경로
① 제조업자가 독립적인 유통업자인 도매기관과 소매기관을 통해 상품을 유통시키는 일반적인 유통방법을 의미한다.
② 경로구성원들간의 결속력(commitment)이 매우 약하고 경로구성원들은 공통 목표를 거의 가지고 있지 않거나 미약하다.

(2) 수직적 유통경로 시스템(VMS ; Vertical Marketing System)★★★
① 유통경로상에서 지도자격인 중앙(본부)에서 계획된 프로그램에 의해 경로구성원이 전문적으로 관리되고, 집중적으로 계획된 유통망을 주도적으로 형성하며, 상이한 단계에서 활동하는 경로구성원들을 전문적으로 관리, 통제하는 네트워크 형태의 경로조직이다.
② 생산에서 소비에 이르기까지의 여러 가지 유통활동을 체계적으로 통합·일치·조정시킴으로써 유통질서를 유지하고 경쟁력을 강화시켜 유통 효율성을 증가시키고자 만들어진 시스템이다.

③ 경로구성원들은 거래처의 선택, 거래관계의 유지에 있어서 거래처보다는 자신의 이익을 추구하는 방향으로 행동하므로 경로구성원 상호간의 연계성을 중요하게 인식한 전문적인 경로 선도자에 의해 형성된 유통경로시스템을 수직적 마케팅 시스템이라고 한다.
④ 구매자와 공급자 간의 거래가 일회성에서 그치는 것이 아니라 반복적일 경우 수직적 통합을 선호하게 된다.
⑤ 이 시스템은 경로 내의 유통기관에 대한 통제력을 강화하여 시장영향력이 최대가 될 수 있도록 하며, 물적유통 비용의 절감과 다른 기업과의 판매와 구매과정에서 발생되는 거래비용을 절감할 수 있다.

(3) 수직적 유통경로 시스템의 유형

① 회사형 유통시스템(Corporate System)
유통경로상의 한 구성원이 다음 단계의 경로 구성원을 소유에 의해 지배하는 형태이다. 이때 제조회사가 자사 소유의 판매지점이나 소매상을 통하여 판매하는 전방 통합과 반대로 소매상이나 도매상이 제조회사를 소유하는 후방 통합 형태가 있다.

② 계약형 유통시스템(Contractual System)
㉠ 생산이나 유통활동에 있어서 상이한 수준에 있는 독립적인 유통기관들이 상호 경제적인 이익을 달성하기 위하여 계약을 체결하고 그 계약에 따라 수직적 계열화를 꾀하는 형태의 조직시스템이다.
㉡ 수직적 계열화로 독자적으로 달성할 수 있는 많은 경제성이나 판매효과를 얻기 위하여 계약을 기초로 그들의 마케팅 프로그램을 통합하고자 하는 생산과 유통의 다른 단계에 있는 독립된 회사들로 구성되어 있다.

③ 관리형 시스템(Administrative System)
㉠ 경로 리더에 의해 생산 및 유통단계가 통합되는 형태로, 일반적으로 경로 구성원들이 상이한 목표를 가지고 있으므로 이를 조정·통제하는 일이 어렵다.
㉡ 독립된 각 구성원들의 목표가 조직의 목표보다 우선하므로 수직적 유통경로시스템 중에서 가장 결속력이 낮은 시스템이다.

④ 동맹형 시스템
㉠ 둘 이상의 경로 구성원들이 대등한 관계에서 상호의존성을 인식하고 긴밀한 관계를 자발적으로 형성한 통합된 시스템을 말한다. 이는 제휴시스템이라고도 한다.
㉡ 동맹형 시스템은 계약이나 소유에 의해 통합하는 것이 아니라 서로 대등한 입장에서 상호 의존의 필요에 의해 통합하는 것이다.

> **Plus Tip**
> 더 알고가기
>
> **수직적 통합**
> - 원재료의 획득에서 최종제품의 생산·판매에 이르는 전체적인 공급과정에서 기업이 이 일정 부분을 통제하는 전략으로 다각화의 한 방법이다.
> - 제품의 전체적인 공급과정에서 기업이 일정 부분을 통제하는 전략으로 다각화의 한 방법이며 전방통합과 후방통합으로 구분된다.
> - 전방통합(前方統合) : 원료를 공급하는 기업이 생산기업을 통합하거나 제품을 생산하는 기업이 유통채널을 가진 기업을 통합하는 것.
> - 후방통합(後方統合) : 유통기업이 생산기업을 통합하거나 생산기업이 원재료 공급기업을 통합하는 것.

(4) 수평적 마케팅 시스템(HMS ; Horizontal Marketing System)

① 동일한 경로단계에 있는 두 개 이상의 기업이 대등한 입장에서 자원과 프로그램을 결합하여 일종의 연맹체를 구성하고 공생, 공영하는 시스템을 의미하며 공생적 마케팅(Symbiotic Marketing)이라고도 한다.

② 시스템의 도입 이유
   ㉠ 한 회사만으로 자본, 노하우, 생산 및 마케팅설비를 모두 감당하기 곤란할 때 필요하다.
   ㉡ 기업이 처한 경쟁구조가 점점 어려워지고 내부자원이 빈약할수록 이를 극복해 나갈 수 있는 효과적인 대안이 될 수 있다.
   ㉢ 연맹관계로 상당한 시너지효과를 기대할 수 있을 때이다.

(5) 프랜차이즈(franchise) 시스템*

① 프랜차이즈란 상호, 특허상품, 노하우(know-how)를 소유한 자가 계약을 통해 다른 사람에게 상표의 사용권과 제품의 판매권, 기술 등을 제공하고 그 대가로 가맹비, 보증금, 로열티 등을 받는 시스템을 말한다.

② 상호·상표·노하우 등을 소유한 자를 프랜차이저(franchisor)라 하고, 프랜차이저로부터 상호의 사용권, 제품의 판매권, 기술, 상권 분석, 점포 디스플레이, 관계자 훈련 및 교육지도 등을 제공받는 자를 프랜차이지(franchisee)라고 한다.

③ 프랜차이즈 시스템은 계약형 수직적 경로구조(VMS)로서 주로 합법적 파워에 의해 운영된다.

프랜차이저(franchisor)		프랜차이지(franchisee)
상표권, 판매권 래이아웃, 품질관리 인사관리, 교육	⟺	가맹비, 로얄티 광고비, 각종수수료

[프랜차이즈 계약의 구조]

④ 프랜차이즈 사업계약의 특징
　㉠ 혼합계약 : 라이센스계약, 계속적 상품공급계약, 위임계약 등이 혼합
　㉡ 유상 / 쌍무계약 : 가맹본부와 가맹점사업의 권리와 의무(물품공급 ↔ 가맹금지급의무)
　㉢ 추상성 : 권리와 의무가 추상적, 영업노하우 및 비밀의 문서화 어려움, 계약이 불완전
　㉣ 불평등계약으로서의 성격: 사업경험이 없을 경우, 가맹본부에 의존·지시에 따라 의무를 감수
　㉤ 약관에 의한 계약체결
　㉥ 포괄성과 시스템성

5. 유통경로구조 결정이론★

(1) 연기 – 투기 이론(Postponement-speculation Perspective)

① 경로구성원들 중 '누가 재고보유에 따른 위험을 감수하느냐'에 의해 경로구조가 결정되는 것이다. 고객이 요구하는 시점까지 최종제품의 생산공급을 가능한 한 연기시킴으로써 경로 효율성을 확보할 수 있다.
② 연기란 한 경로구성원이 재고보유에 따른 위험과 불확실성을 다른 구성원에게 전가하는 방법이다. 수요가 보다 확실할 때 구입하거나 재고부담을 하므로 위험과 불확실성이 감소한다.
③ 투기란 처음 생산단계에서부터 차별화를 꾀하는 전략이다. 대량생산에 의한 규모의 경제가 가능하다. 주문횟수를 줄이고 대량주문 및 대량수송에 따른 물류비용과 재고부족으로 인한 부가비용을 감소시킬 수 있다.

(2) 기능위양 이론(Functional Spin-off Perspective)

① 유통경로구조는 기능수행의 경제적 효율성 여부, 즉 기능을 얼마나 효율적으로 수행하는가 여부에 의해 결정된다.
② 업무를 수행하는 데 소요되는 마케팅비용 또는 유지비용을 가장 적게 필요로 하는 유통경로기관이 해당 업무를 수행하는 방향으로 유통경로의 구조가 결정된다고 본다.
③ 기능위양이론의 핵심은 경로구성원들 가운데서, 특정 기능을 가장 저렴한 비용으로 수행하는 구성원에게 그 기능이 위양된다는 것이다.

(3) 거래비용 이론(Transaction Cost Analysis)

① 시장거래에서 수반되는 비용 때문에 거래에 참여하고 있는 구성원들이 그 거래관계를 내부화한다. 수직적 통합(내부조직화)에 드는 비용과 시장거래에서 발생되는 비용간의 상대적 크기에 따라 경로길이의 범위가 결정된다는 이론이다.

② 거래비용은 기업이 시장거래와 관련된 의사결정을 내리는데 필요한 정보를 획득하는데 드는 비용을 의미한다.
③ 거래비용이론에 의하면 거래특유적 자산이 이전될 경우 교환파트너의 기회주의적 행동에 의한 피해 가능성이 높아져, 철저한 감시체계나 타율적 제재 등 권위통제 메커니즘을 통한 보호장치의 필요성을 증가시킴으로써 수직적 통합의 가능성을 높인다.
④ 효율적 시장에서는 외부조달원의 성과를 평가하여 미흡할 시에는 다른 구성원으로 대체함으로써 시스템의 효율성을 높일 수 있지만, 외부조달원의 성과측정이 어려우면 외부조달의 효율성을 감소시키게 되므로 수직적 통합이 촉진된다.

(4) 사용자-대리 이론(Agency Theory)

① 대리인이론에서는 조직을 계약관계(Contractual Relationship)의 연속으로 정의하였고, 특히 계약의 당사자를 주인(Principal)과 조직 내 주어진 직무에서 수행하는 대리인(Agent)으로 구분하였다.
② 대리인 비용 발생 원인
  ㉠ 대리인의 자기중심적인 인간적 성향(Self-opportunism) 때문이다.
  ㉡ 대리인과 주인 사이 정보의 비대칭성(Information Asymmetry)이 존재한다.
③ 효율적인 조직구조(Efficient Form of Organization) : 대리인 비용을 최소화하기 위해 가장 효율적인 통제시스템을 개발하게 되고, 이에 따라 효율적인 조직구조(Efficient Form of Organization)가 설계된다.

제3절 유통경제

1. 경제의 기초 이해

(1) 경제행위

① 경제행위란 인간이 욕구 충족을 위하여 재화나 서비스를 생산·소비·교환·분배하는 행위를 의미한다.
② 생산이란 자원을 활용하여 재화나 서비스를 새로 만들어 내거나 원래의 가치를 증대시키는 활동으로서 생산자의 이윤을 증대시키는 것이 목적이다.
③ 소비는 필요로 하는 재화나 서비스를 구입하거나 사용하는 활동으로서, 소비자의 효용을 증대시키는 것이 목적이다.

(2) 경제주체와 경제객체

① 경제주체란 경제행위를 수행하는 개인이나 집단을 말한다. 가계, 기업, 정부, 외국 등이 여기에 해당된다.

② 경제객체(=생산물)는 경제행위의 대상이다. 경제객체는 효용이 있어야 한다.

> **Plus Tip** 더 알고가기
>
> **경제객체의 구분**
> ① 재화(goods)는 효용이 있는 물건이고, 서비스(service, =용역)는 사람의 유용한 행위이다.
> ② 자유재(free goods)는 자원을 들이지 않고서도 얻을 수 있어 무한하게 사용할 수 있는 생산물이다.
> ③ 경제재(economic goods)는 자원이 희소성에 영향을 받아 대가를 지불하여야만 획득할 수 있는 생산물이다.
> ④ 소비재(consumer's goods)는 본래적 소비에 사용하는 재화이고, 생산재(producer's goods)는 생산자가 생산에 사용하는 재화이다. 같은 재화라도 용도에 따라 소비재가 되기도 하고 생산재가 되기도 하다.

(3) 시장경제

① 개인 또는 공동체가 시장에서 만나 자유경쟁에 의해 형성되는 가격을 지표로 하여 자유롭게 경제활동을 하는 경제체제이다.

② 자본주의 경제 체제하에서는 토지, 노동, 자본 등의 생산 요소가 대부분 사유화되어 상품으로 매매된다.

③ 생산, 교환, 분배, 소비의 모든 경제 활동이 가격기구, 즉 시장기구에 의해 이루어진다.

2. 시장구조와 가격

(1) 시장구조의 이해

① 시장구조란 제품의 특성과 경쟁자의 숫자를 기준으로 시장의 특성을 규정하는 것이다.

② 시장 내의 제품이 차별화가 되어 있는지, 경쟁 기업 숫자가 1개인지, 여러 개인지, 또는 소수인지 등을 기준으로 시장을 구분 짓는 것이다.

(2) 완전경쟁시장

① 가격이 완전경쟁에 의해 형성되는 시장을 말한다. 즉 시장참가자의 수가 많고 시장참여가 자유로우며 각자가 완전한 시장정보와 상품지식을 가지며 개개의 시장참가자가 시장 전체에 미치는 영향력이 미미한 상태에서 그곳에서 매매되는 재화가 동질일 경우 완전한 경쟁에 의해 가격이 형성되는 시장을 말한다.

② 완전경쟁시장에서는 수급이 균형을 이루고 있으며 정상이윤이 존재할 수 있도록 일반균형의 상태가 성립된다. 이 경우 최저평균비용과 가격이 일치하게 되고 그것은 자원이 가장 효율적으로 이용되는 상태로 경제후생적 관점에서 가장 바람직한 상태라고 할 수 있다.

(3) 독점적 경쟁(Monopolistic competition)

① 불완전 경쟁의 한 형태로 완전 경쟁과 독점의 중간적 시장형태이다. 독점적 경쟁 시장에서 단기에는 기업들이 독점과 같이 행동할 수 있지만, 장기에는 다른 기업들이 시장에 진입해 오기 때문에 점점 완전 경쟁의 형태에 가까워져 독점적인 지위를 누릴 수 없게 된다.

② 이 모형은 현실에서 쉽게 발견할 수 있는데, 대도시의 음식점, 숙박업소, 주유소 등과 같은 서비스 산업이나 의류, 신발, 대학교, 휴대용 MP3 플레이어 등 무수히 많은 예시가 있다.

(4) 독점시장(monopoly)

① 독점시장은 오직 한 명의 사람이나 하나의 단체(기업 등)만이 상품이나 서비스를 제공하는 시장을 말한다. 즉, 이는 경쟁이 실종된 상태로, 독점 시장에서는 대체재를 구할 수 없다.

② 또한 독점은 과점 상태에서 서로 무관한 여러 판매자들이 연합을 이루어 만들어지는 카르텔과도 다른 상황이다.

③ 공인된 독점이란 정부가 진입하기 위해 많은 투자가 필요한 사업 등에 대해 독점을 인정하는 경우이다. 이런 사업을 정부가 직접 시행하는 경우는 정부 독점이라 한다.

(5) 과점시장(oligopoly)

① 소수의 생산자가 시장을 장악하고 수요의 대부분을 공급하는 시장형태를 말한다. 특히 시장의 생산자가 둘인 경우 복점(duopoly)라고 하며 이러한 모형에 대하여 여러 경제학 이론이 존재한다.

② 둘 이상의 소수 공급자만이 존재하여 소수의 공급자끼리 서로 경쟁하는 시장을 과점시장이라고 하며 이러한 예로는 국내의 이동통신서비스, 자동차 시장 등이 있다.

3. 수요와 공급

(1) 수요곡선

① 재화의 가격과 수요량의 관계를 그림으로 나타낸 것을 수요곡선이라고 한다. 수요곡선은 우하향하는 음(-)의 기울기를 갖는다.

② 수요(Demand)란 일정기간 동안에 재화나 용역을 구매하고자 하는 욕구를 말한다.

③ '일정기간 동안에는' 유량개념(flow)으로 시점의 개념이 아닌 기간의 개념이다. 여기서 일정기간 동안에의 의미는 유량개념으로 시점의 개념이 아닌 기간의 개념이다.

(2) 정상재와 열등재

① 정상재 : 우등재 또는 상급재라고도 하며 소득이 증가(감소)하면 수요가 증가(감소)하여 수요곡선 자체가 우상향(좌상향)으로 이동한다.

② 열등재 : 소득이 증가(감소)하면 수요가 감소(증가)하며 수요곡선 자체가 좌하향(우상향) 으로 이동한다.
③ 정상재에서 열등재로 바뀐 예의 대표적으로 삐삐(진동기)가 있다. 그건 과학이 발전함에 따라 휴대폰이 나오게 되었고 그로 인해 삐삐가 사라진 것이다. 사람들의 소득이 증가하면 대중교통보다는 자가용을 이용하게 되는 경향이 있어 열등재의 예로 대중교통 수단을 들수 있다.

(3) 수요의 가격탄력성
① 당해 재화의 가격(독립변수)이 변할 때 당해 재화에 대한 수요량(종속변수)이 얼마만큼 민감하게 반응하는가를 나타내는 지표이다.
② 일반적으로 탄력성이 클수록 수요곡선의 기울기는 더욱 완만한 형태로 그려지며, 탄력성이 작을수록 수요곡선의 기울기는 더욱 가파른 형태로 그려진다.
③ 탄력성의 크기

가격변화율에 대한 수요량의 변화율	표현방법
가격이 아무리 변해도 수요량은 불변이다	완전 비탄력적
가격변화율에 비해 수요량의 변화율이 작다	비탄력적
가격변화율과 수요량의 변화율이 같다	단위 탄력적
가격변화율에 비해 수요량의 변화율이 크다	탄력적
가격변화가 거의 없어도 수요량의 변화는 무한대이다	완전 탄력적

(4) 공급곡선
① 일정기간에 성립할 수 있는 가격수준과 이에 대응하는 공급량을 조합하여 그래프상에 표시한 곡선이다.
② 재화의 가격과 공급량의 관계를 그림으로 나타낸 것을 공급곡선이라고 한다. 공급곡선은 우상향하는 양(+)의 기울기를 갖는다.
③ 공급법칙은 단위당 재화의 가격이 상승하면 공급량이 증가하며, 가격이 하락하면 공급량이 증가한다는 법칙이다. 즉, 가격과 공급량과는 정비례관계이며 공급곡선을 우상향하게 한다.

4. 유통비용과 이윤
(1) 유통비용
① 시장경제의 규모가 커짐에 따라 생산자에서 소비자까지 상품이 거래되는 경우 양자 간 제반 비용이 발생하게 되었다.
② 시장경제에서 이윤을 극대화하기 위해서 유통비용과 구조가 다양해지고 있다.

③ 상적 유통비용이란 소비자가 직접 상품을 구매하거나, 유통업자가 제공하는 서비스를 소비자가 간접적으로 구매하게 되는 비용을 말한다.
④ 물적 유통비용이란 상품이 소비에 이르기까지 운송, 보관, 포장, 유통가공 등에 소요되는 총 비용이다.

(2) 이윤

① 기업(企業, enterprise)이란 영리(營利)를 목적으로 재화나 서비스를 생산 및 판매하는 경제주체를 의미한다.
② 기업의 이윤은 판매수입에서 생산비용을 뺀 것으로 정의된다. 즉, '이윤=판매수입-생산비용'이라고 표현할 수 있다.

제1장 학습정리

- **유통** : 상적 유통 이외의 물류 이동을 의미하는 물적 유통과 정보처리 및 광고 통신의 유통인 정보유통, 그리고 금융·보험 등 보조 활동을 포괄하는 상업활동으로 정의할 수 있다.
- **상적 유통(Commercial destitution)** : 생산자로부터 소비자로 소유권이 이전되는 것으로 매매거래를 중심으로 하는 활동이다.
- **물적 유통(physical distribution)** : 상적유통에 의해 수반되는 상품의 물리적 이동과정에서 시간 및 장소 효용을 창출하는 활동으로, 재화(財貨)의 보관·수송 및 하역 등을 중심으로 하는 활동이다.
- **유통조성기능** : 금융, 보험, 정보 통신 등을 통하여 생산자와 소비자에게 자금융통, 위험으로 인한 손해 부담, 시장 정보 제공, 상품의 질 저하 방지 활동 등으로 상품의 흐름을 원활하게 하는 기능을 말한다.
- **유통산업** : 유통과 관련된 산업을 말한다. 즉, 생산자에서 물건이 나와서 소비자에게 도달하기까지의 과정을 담당하는 산업으로, 유통 산업은 크게 상업과 상품의 측면에서 유통과 관련되어 있다. 상업의 측면에서 유통과 관련된 유통 산업으로는 도매업, 소매업, 중개업, 무역업 등이 있다.
- **소매업** : 소비자가 요구하는 필요에 맞추어 다양한 상품의 구색을 갖추도록 노력하고 있으며, 소비 욕구의 개성화·다양화가 진전되고 있는 오늘날에 있어서는 이러한 소매업의 역할이 보다 중요해지고 있다.
- **카테고리 킬러(Category Killer)** : 할인형 전문점으로서 특정한 상품계열에서 전문점과 같은 상품 구색을 갖추고 저렴하게 판매하는 것을 원칙으로 하며, 특정 상품 계열에 대하여 매우 깊이 있는 상품 구색을 갖추어 고객에게 최대한 선택의 기회를 주고자 하는 것이다.
- **소매상 진화 발전 이론** : 소매상 수레바퀴이론(Wheel of Retailing), 소매점 아코디언이론(Retail Accordion Theory), 소매상 수명주기이론(Retail Life Cycle Theory), 변증법적 과정이론(Dialectic Process), 진공지대이론(Vacuum Zone Theory) 등이 대표적이다.
- **소매상 수레바퀴 이론(Wheel of Retailing)** : 소매시장에서 변화하는 고객들의 구매 욕구에 맞추기 위한 소매업자의 노력이 증가함에 따라 다른 소매업자에 의해 원래 형태의 소매업이 출현하게 되는 순환 과정이다.
- **상인 도매상** : 상품을 직접 구매하여 판매하는 기능을 하는 도매상
- **대리 도매상** : 제조업자의 상품을 대신 판매·유통시켜주는 기능을 가지고 있는 도매상

- 한정기능 도매상의 종류 : 현금거래 도매상(cash and carry wholesaler), 트럭 중개상(truck jobber), 직송 도매상(drop shipper), 선반 도매상(rack jobber), 우편주문 도매상(mail-order wholesaler)
- 유통산업의 경제적 역할 : 생산자와 소비자간 매개역할, 고용창출, 물가조정, 산업발전의 촉매역할
- 시장구조 : 제품의 특성과 경쟁자의 숫자를 기준으로 시장의 특성을 규정하는 것이며, 완전경쟁시장과 불완전경쟁시장으로 구분할 수 있다. 불완전경쟁시장에는 독점적 경쟁, 독점시장, 과점시장이 있다.
- 유통경로(Distribution Channel) : 제품이나 서비스가 생산자로부터 소비자에 이르기까지 거치게 되는 통로 또는 단계를 말한다.
- 유통경로 기능상의 흐름 : 전방기능 흐름, 후방기능 흐름, 양방기능 흐름
- 유통경로의 대표적 효용성으로는 시간적 효용(time utility), 장소적 효용(place utility), 소유적 효용(possession utility), 형태적 효용(form utility)이 있다.
- 유통경로전략 : 개방적 유통경로전략(intensive channel strategy), 선택적 유통경로전략(selective channel strategy), 전속적 유통경로전략(exclusive channel strategy)
- 옴니채널(omni-channel) : '모든 것'을 뜻하는 옴니(omni)와 '유통경로'를 뜻하는 채널(channel)의 합성어인 옴니채널은 온라인과 오프라인의 채널을 아울러 고객의 소비 경험을 극대화시키는 신개념 유통형태를 말한다.
- 수직적 마케팅시스템 도입배경 : 대량생산에 의한 대량판매의 요청, 가격 안정(또는 유지)의 필요성, 유통비용의 절감, 경쟁자에 대한 효과적인 대응, 기업의 상품이미지 제고, 목표이익의 확보, 유통경로 내에서의 지배력 획득
- 수평적 마케팅시스템(Horizontal Marketing System) : 동일한 경로단계에 있는 두 개 이상의 기업이 대등한 입장에서 자원과 프로그램을 결합하여 일종의 연맹체를 구성하고 공생, 공영하는 시스템을 의미하며 공생적 마케팅(Symbiotic Marketing)이라고도 한다.
- 수평적 갈등 : 소매상과 소매상, 도매상과 도매상 등 같은 동일단계에 있는 경로구성 원들간에 발생하는 갈등을 말한다.
- 수직적 갈등 : 제조업자와 중간상, 또는 도매상과 소매상 간의 갈등과 같이 서로 다른 단계의 경로구성원 사이에서 발생하는 갈등을 의미한다.
- 체인 사업의 4가지 형태 : 레귤러 체인(regular chain), 볼런터리 체인(voluntary chain), 프랜차이즈 체인(franchisee chain), 조합형 체인
- 유통경로구조 결정이론 : 연기-투기 이론(Postponement-speculation Perspective), 기능위양 이론(Functional Spin-off Perspective), 거래비용 이론(Transaction Cost Analysis), 사용자-대리 이론(Agency Theory)
- 유통경로의 필요성 : 총거래수 최소화 원칙(Principle of minimum total transaction), 집중준비의 원칙(Principle of massed reserve), 분업의 원칙(Principle of division of labor), 변동비 우위의 원칙
- 유통환경 변화에 따른 채널 변화 : 싱글채널 → 듀얼채널 → 멀티채널 → 크로스채널 → 옴니채널

memo.

적중 예상문제

01 다음은 어떤 가설에 대한 비판인가?

> 저관여상품을 구매할 때 소비자는 한꺼번에 많은 품목을 동시에 구매하기를 원하기 때문에 슈퍼마켓이나 대형마트의 품목 수는 증가하는 반면, 고관여상품을 구매할 때는 특정 상품의 다양한 모델의 동시 비교를 원하기 때문에 카테고리 킬러와 같은 좁고 깊은 상품구색을 갖춘 소매업태가 발전하게 된다. 그러나 이 가설은 저관여상품 소매업태와 고관여상품 소매업태의 발전과정을 구분하지 못한 결정적인 한계를 지니고 있다.

① 소매업 수레바퀴가설
② 소매수명주기가설
③ 소매아코디언가설
④ 소매업 변증법가설
⑤ 소매업 자연도태가설

정답 ③
해설 소매점 아코디언이론(Retail Accordion Theory)은 홀랜더(S.C. Hollander) 교수가 주장한 이론으로서 소매점의 진화과정을 소매점에서 취급하는 상품믹스로 설명한다.

02 다음 중 경로 커버리지의 한 형태인 집약적 유통에 관한 사항으로 가장 거리가 먼 것을 고르시오.

① 시장의 범위를 확대시키는 전략이라고 할 수 있다.
② 이러한 유통형태에 대해 소비자들은 제품을 구매함에 있어 특별히 많은 노력을 기울이지 않는다.
③ 주로 편의품(라면, 세제, 껌, 스타킹 등)이 이에 속한다고 할 수 있다.
④ 중간상 통제가 상당히 용이하다.
⑤ 편의성이 증가하는 경향이 강하다.

정답 ④
해설 집약적 유통은 다른 말로 개방적 유통이라고도 하며, 가능한 한 많은 소매상들로 하여금 자사의 제품을 취급하게 하도록 함으로서, 포괄되는 시장의 범위를 확대시키려는 전략을 의미한다. 제품의 인지도를 알리는 것으로는 효율적이지만, 편의품(껌, 세제, 사탕) 등의 마진이 적은 제품을 취급하기에 순이익이 낮고, 중간상 통제가 어렵다는 단점이 있다.

03 다음은 경로갈등에 관한 설명이다. 이 중 가장 적절하지 않은 것은?

① 수직적 갈등은 서로 다른 단계의 경로 사이에서 갈등이 발생되어지는 것을 말한다.
② 수평적 갈등은 유통경로상의 동일한 단계에서 발생되어지는 갈등을 말한다.
③ 역기능적 갈등은 경로 성과에 있어 부정적 영향을 가져다주는 갈등을 말한다.
④ 순기능적 갈등은 경로갈등을 통해서 경로 내의 문제를 발견하고 이러한 문제들을 해결함으로써 경로성과의 향상을 가져다주는 갈등을 말한다.
⑤ 중립적 갈등은 경로성과에 영향을 끼치지 않는 것으로 경로구성원들 간 상호의존 정도가 상당히 낮을 경우에 발생하게 된다.

정답 ⑤
해설 중립적 갈등은 경로성과에 영향을 끼치지 않는 경로갈등으로 경로구성원들 간 상호의존 정도가 상당히 높을 경우에 발생하게 된다.

04 유통경로 구조를 결정하는데 여러 가지 고려해야할 요인들을 반영하여 중간상을 결정하는 방법인 체크리스트법에 대한 연결 요인 중 가장 옳은 것은?

① 시장요인 - 제품표준화
② 제품요인 - 기술적 복잡성
③ 기업요인 - 시장규모
④ 경로구성원요인 - 재무적 능력
⑤ 환경요인 - 통제에 대한 욕망

정답 ②
해설 경로구조를 결정하는데 고려해야 할 요인
　　　　㉠ 시장요인 - 시장규모, 지역적 집중도, 구매빈도, 평균주문량
　　　　㉡ 제품요인 - 크기 / 중량, 부패성, 단위당가치, 세품표준화, 제품라인의 폭 / 깊이, 기술적 복잡성
　　　　㉢ 기업요인 - 규모, 재무적 능력, 경영전문성, 통제에 대한 욕망
　　　　㉣ 경로구성원요인 - 획득가능성, 마케팅 기능 수행의지, 수행하는 서비스 품질 등
　　　　㉤ 환경요인 - 환경 고려요인의 수

05 제조업자로부터 제품을 구매한 도매상이 제조업자로 하여금 제품을 물리적으로 보유하도록 한 상태에서 고객들에게 제품을 판매하여 전달하는 역할을 하며, 주로 목재나 석탄과 같은 원자재를 취급하는 한정기능도매상은 무엇인가?

① 현금판매 - 무배달 도매상(cash and carry wholesaler)
② 트럭도매상(truck wholesaler)
③ 직송도매상(drop shipper)
④ 선반도매상(rack jobber)
⑤ 우편주문도매상(mail order wholesaler)

정답 ③
해설 한정기능 도매상의 종류
① 현금판매 - 무배달 도매상 - 현금거래만 하며, 수송 서비스는 미제공한다.
② 트럭도매상 - 트럭에 제품을 싣고 전국을 돌며 이동판매, 현금판매를 원칙으로 한다. (과일, 야채 등 식료품 위주)
③ 직송도매상 - 제품에 대한 소유권을 갖고 제조업자로부터 제품을 취득하여 소매상에게 바로 직송한다.(석탄, 목재, 곡물 등)
④ 선반도매상 - 비식품 부문의 도매상의 하나로 주로 슈퍼마켓에 있어서 그 가게의 전문 분야가 아닌 상품에 관한 머천다이징을 수행한다.
⑤ 우편주문도매상 - 우편을 통해 카탈로그와 제품주문서 등을 발송하여 주문을 접수하여 제품을 배달한다.(가구, 의류, 액세서리, 보석류 등)

06 아래 글상자 내용은 유통경로의 필요성에 관한 것이다. ㉠~㉤에 들어갈 용어를 순서대로 옳게 나열한 것은?

- 총 거래수 (㉠)원칙 : 유통경로에서는 중간상이 개입함으로써 단순화, 통합화됨
- (㉡)의 원리 : 유통경로 상 수행되는 수급조절, 수배송, 보관, 위험부담 등을 생산자와 유통기관이 (㉡)하여 참여함
- (㉢) 우위의 원리 : 유통분야는 (㉣)가 차지하는 비중이 (㉤)보다 크므로 제조와 유통의 역할을 분담 하는 것이 비용 측면에서 유리

　　　㉠　　㉡　　㉢　　㉣　　㉤
① 최대, 통합, 변동비, 고정비, 변동비
② 최대, 분업, 변동비, 고정비, 변동비
③ 최대, 통합, 고정비, 변동비, 고정비
④ 최소, 분업, 변동비, 변동비, 고정비
⑤ 최소, 분업, 고정비, 변동비, 고정비

정답 ④
해설 유통경로의 필요성에 관한 원칙
- 총거래수 최소화 원칙(Principle of minimum total transaction) : 공급자와 소비자 사이의 중간상의 개입으로 거래의 총량이 감소하게 되어 제조업자와 소비자 양자에게 실질적인 비용 감소를 제공하게 된다.
- 집중준비의 원칙(Principle of massed reserve) : 유통경로과정에서 도매상이 개입하여 소매상의 대량 보관 기능을 분담함으로써 시장 전체적으로 상품의 보관 총량을 감소시킬 수 있으며, 소매상은 최소량만을 보관하게 된다. 유통경로상에 가능하면 도매상을 개입시킴으로써 각 경로 구성원에 의해 보관되는 제품의 수량이 감소될 수 있다는 원리를 집중준비의 원리라고 한다.
- 분업의 원칙(Principle of division of labor) : 다수의 중간상이 분업의 원리로써 유통경로에 참여하게 되면 유통경로 과정에서 다양하게 수행되는 기능들, 즉 수급조절기능, 보관기능, 위험부담기능, 정보수집기능 등이 경제적·능률적으로 수행될 수 있다.
- 변동비 우위의 원칙 : 유통분야는 변동비가 차지하는 비중이 고정비보다 크므로 제조와 유통의 역할을 분담하는 것이 비용 측면에서 유리하다는 논리의 중간상의 필요성을 강조하는 원칙이다.

07 수직적 유통경로관리시스템(VMS ; Vertical Marketing System)에 관한 설명으로 옳은 것은?

① 유통업체를 통제하기 위하여 제조업체가 주도권을 갖고 계열화하는 것을 후방통합(backward integration)이라고 하며, 자동차 제조회사에서 주로 이용한다.
② 제조업체 등과 같은 기업본부에서 계획된 프로그램에 의해 경로 구성원을 전문적으로 관리, 통제하는 경로를 말한다.
③ VMS의 유형 중 기업에서 가장 많이 이용하는 것은 관리형 VMS로 결속력이 강한 특징이 있다.
④ 공생적 마케팅이라고도 하며, 공동생산, 생산시설의 공동이용, 공동상품 및 상표 개발, 공동서비스 등을 통하여 이루어진다.
⑤ 급속하게 변화하는 시장의 욕구를 즉각 충족시킬 수 있고 표준화되지 않은 제품이나 서비스 시장에 효과적이다.

정답 ②
해설 수직적 유통 경로시스템(vertical marketing system)은 생산에서 소비에 이르기까지의 유통 과정을 체계적으로 통합하고 조정하여 하나의 통합된 체제를 유지하는 것을 의미한다.
① 전방통합에 대한 설명이다.
③ 관리형 VMS는 결속력이 약하다.
④ 수평적 유통 경로시스템(horizontal marketing system)에 대한 설명이다.
⑤ VMS는 시장이나 기술의 변화에 대해서 기민한 대응이 곤란하다.

08 아래 글상자에서 공통적으로 설명하는 유통경로의 특성으로 옳은 것은?

> ⊙ 우리나라는 도매상이 매우 취약하고 제조업자의 유통지배력이 매우 강하다.
> ⓒ 미국의 경우 광활한 국토를 가지고 있어 제조업자가 자신의 모든 소매업체를 관리하는 것이 어려워 일찍 부터 도매상들이 발달했다.
> ⓒ 각국의 특성에 따라 고유한 형태의 유통경로가 존재한다.

① 유통경로의 지역성
② 유통경로의 비탄력성
③ 유통경로의 표준성
④ 유통경로의 집중성
⑤ 유통경로의 탈중계현상

정답 ①
해설 유통경로의 지역성 : 유통경로는 각 나라의 고유한 역사적 배경과 시장 환경에 의하여 영향을 받게 되므로 각국의 유통경로는 매우 다른 양상을 보인다.

---

09 아래 글상자 ⊙과 ⓒ에 해당하는 유통경로가 제공하는 효용으로 옳게 짝지어진 것은?

> ⊙ 24시간 영업을 하는 편의점은 소비자가 원하는 시점 어느 때나 제품을 구매할 수 있도록 함
> ⓒ 제조업체를 대신해서 신용판매나 할부판매를 제공함

① ⊙ 시간효용, ⓒ 형태효용
② ⊙ 장소효용, ⓒ 시간효용
③ ⊙ 시간효용, ⓒ 소유효용
④ ⊙ 소유효용, ⓒ 시간효용
⑤ ⊙ 형태효용, ⓒ 소유효용

정답 ③
해설 유통경로의 효용
① 시간 효용(Time utility)
  소비자가 원하는 시기에 필요한 상품을 구매할 수 있는 편의를 제공하는 것이다.
② 장소 효용(Place utility)
  소비자가 원하는 장소에서 상품이나 서비스의 구입이 가능하도록 해주는 것이다.
③ 소유 효용(Procession utility)
  유통기관은 소비자로 하여금 상품을 소유할 수 있도록 도와주는 활동을 한다. 즉 상품에 대한 소유권을 생산자로부터 소비자에게 효율적으로 이전될 수 있도록 한다.
④ 형태 효용(Form utility)
  상품과 서비스를 고객에게 좀 더 매력적으로 보이도록 그 형태 및 모양을 변경 시키는 여러 가지 활동을 일컫는다.

10 유통산업의 환경에 따른 유통경로의 변화를 다음의 다섯 단계로 나누어 볼 때 순서대로 나열한 것으로 옳은 것은?

㉠ 크로스채널 : 온, 오프라인의 경계가 무너지면서 상호 보완됨
㉡ 멀티채널 : 온, 오프라인의 다양한 채널에서 구매 가능 하나 각 채널은 경쟁관계임
㉢ 듀얼채널 : 두개이상의 오프라인 점포에서 구매 가능
㉣ 싱글채널 : 하나의 오프라인 점포에서 구매
㉤ 옴니채널 : 다양한 채널이 고객의 경험관리를 중심으로 하나로 통합됨

① ㉠-㉡-㉢-㉣-㉤
② ㉡-㉤-㉣-㉠-㉢
③ ㉢-㉠-㉡-㉤-㉣
④ ㉣-㉢-㉡-㉠-㉤
⑤ ㉤-㉣-㉡-㉢-㉠

정답 ④
해설 유통환경 변화에 따른 채널 변화
- 싱글채널 : 인터넷이 발달하기 전의 초창기 형태의 오프라인 점포
- 듀얼채널 : 싱글채널에서 지역을 확장시켜나가기 시작하는 형태의 오프라인 점포
- 멀티채널 : 인터넷의 발달로 오프라인, 온라인형태가 공존하는 초반의 유통경로 형태
- 크로스채널 : 기술 발달, 소비자 니즈 확장으로 인한 오프라인, 온라인의 구분이 모호한 상태
- 옴니채널 : 제품의 특성이 따른 여러 유통경로형태로 고객의 편의에 맞춘 경로의 통합

11 다음은 도매상의 역할을 제조업자를 위한 기능과 소매상을 위한 기능으로 나누어 볼 때 그 구분이 다른 하나는?

① 주문처리기능
② 소량분할판매기능
③ 시장포괄기능
④ 재고보유기능
⑤ 시장정보제공기능

정답 ②
해설 '소량분할판매기능'은 도매상이 소매상을 위해 제공하는 기능이고, 나머지는 모두 도매가 제조업자를 위해 제공하는 기능이다.

제2장 유통경영전략

제1절 유통경영환경 분석

1. 유통경영전략의 이해

(1) 경영전략이란

① 자신이 설정한 경영목표를 달성하기 위해서는 기업에 영향을 주는 환경요인들의 변화를 고려하고 그에 대한 대응책을 강구하여야 한다. 기업의 이러한 활동을 경영전략이라 한다.

② 경영전략이란 기업행동에 일정한 방향과 지침을 제공하는 것을 의미한다. 설계도에 비유할 수 있으며, 경영전략이 없다면 조직구성원이 일정한 방향을 향하여 긴밀하게 협력해 가도록 하는 것은 불가능하다.

③ 경영전략이란 격변하는 기업 환경 속에서 기업의 유지와 성장을 위해서 외부 환경의 변화에 대해 전사적인 차원에서 적응 또는 대응하기 위한 방향의 설정과 그 수단의 선택에 관한 의사 결정이라 할 수 있다.

(2) 유통경영전략의 의의

① 유통경영전략이란 유통기업이 자신의 내부역량과 미래 환경변화를 정확히 판단하여 기업이 나아가야 할 방향을 구체적으로 제시하는 것을 의미한다.

② 유통기업 경영전략의 의사결정은 여러 개의 대안 중의 하나를 선택하는 것이 아니라 여러 개의 대안들을 동시에 충족시키기 위한 방안을 강구하는 것이라면 유통기업으로서는 미래의 불확실성을 최소화시킬 수 있을 것이다.

③ 미래에 대한 높은 불확실성을 이유로 환경변화로 인한 위험을 계량적으로 평가하기를 꺼리는 경우가 많다. 미래의 불확실성을 대비하기 위한 다양한 유통경영전략을 수립해야 할 것이다.

(3) 유통경영전략 수립절차

환경분석 → 유통목표의 정립 → 유통경로 구조의 설계 → 경로구성원 → 실행 → 성과평가 → 피드백

2. 유통경영의 비전과 목표

(1) 경영 비전
① 단순한 비전(Vision)이란 '미래에 대한 구상, 또는 미래상'이라고만 짧게 기술되어 있다.
② 기업의 비전(Vision)이란 '앞으로 우리 회사는 어떤 기업이 될 수 있는가'를 결정하는 것으로, 눈에 보이는 현재를 관리하는 것이 아니라 눈에 보이지 않는 먼 미래를 상상하고 예측하는 것을 말한다.

(2) 비전에 의한 목표설정
① 유통경영은 기업가 정신을 바탕으로 뚜렷한 비전을 바탕으로 기업이 정한 목표를 달성하는 것이 최고의 방법이다. 기업의 목표는 이익창출이 우선이지만 소비자들의 효용을 고려한 이익창출이야말로 유통기업의 목표이다.
② 유통경영의 근본은 서비스를 바탕으로 전개를 하는 것이다. 많은 고객들에게 시간이나 장소, 소유 및 형태적인 효용을 창출하면서 소비행위를 영위하는 것이 유통경영의 비전을 통한 경영방식이다.

3. 유통경영환경 분석

(1) 유통경영의 내·외부 환경
① 내부환경
  기업 전체의 목표와 전략 및 자원 등과 기업 내 마케팅 부분을 제외한 제반 타 기능 분야로서 인사, 구매, 생산, 재무 등이 있다.
② 외부환경
  ㉠ 거시환경 : 기업의 외부에 존재하며 기업의 의사결정과 활동에 영향을 미치는 환경으로 인구, 경제, 기술, 사회·문화, 정치·법률 환경으로 구성되어 있다.
  ㉡ 과업환경 : 기업의 경영활동에 직접적으로 영향을 미치는 환경으로 고객, 경쟁자, 유통경로구성원, 정부, 단체로 구성되어 있다.

(2) 가치사슬모형(Michael E. Porter)★★
① 가치사슬모형(Value Chain Model)은 기업의 활동을 여러 세부 활동으로 나누어서 각 활동의 목표 수준과 실제 성과를 분석하면서 내부 프로세스의 문제점과 개선 방안을 찾아내는 기법이다.
② 본원적 활동(핵심 프로세스) : 접적으로 고객 기반을 확충하고 고객 충성도를 높이는 프로세스로 구성되며 고객 가치 창조를 위한 핵심적 프로세스이다. 즉, 제품·서비스의 물리적 가치 창출과 관련된 활동들로써 직접적으로 고객에게 전달되는 부가가치 창출에 기여하는 활동들을 말한다.

③ 보조 활동(지원 프로세스) : 직접적으로 부가가치를 창출하지는 않지만, 가치를 창출할 수 있도록 지원하는 활동들을 말한다.

④ 활용

이 기법은 기업 내부 단위활동과 활동들 간 연결 고리(Linkage) 문제점 및 개선 방안을 체계적으로 찾는 데 매우 유용하며 내부 환경 분석 과정에서 널리 활용된다.

> **Plus Tip 더 알고가기**
> 본원적 활동 & 지원 활동
> ① 본원적 활동 : 물류투입(Inbound Logistics), 운영·생산(Operations), 물류산출(Outbound Logistics), 마케팅 및 영업(Marketing & Sales), 서비스(Services) 활동
> ② 지원 활동 : 기업 인프라(Firm Infrastructure), 인적 자원관리(HRM), 기술개발(Technology Development), 구매조달(Procurement) 활동

(3) Michael E. Porter의 분석틀(5-force모델)★★

특정기업의 과업환경에서 중요한 요인들을 이해하고자 하는 노력을 산업구조분석이라 한다.

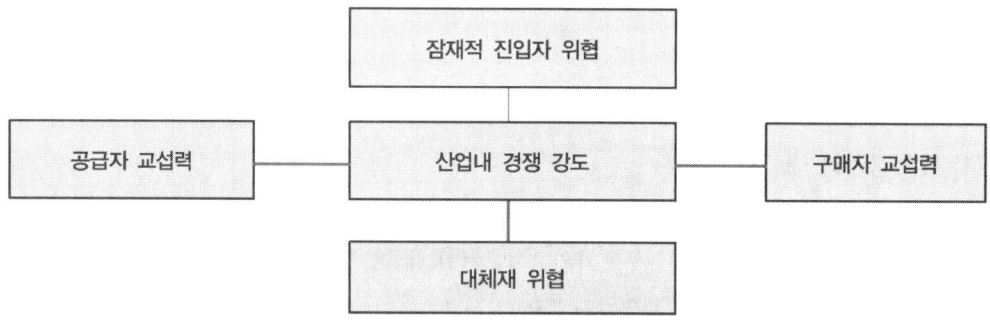

[Michael Porter 분석 틀(5-force모델)]

① 잠재적 진입자 위협(threat of new entrants)
  ㉠ 일반적으로 경쟁자 수가 많아질수록(↑) 수익성은 낮아지므로 새로운 경쟁자들이 쉽게 들어올 수 있는 시장은 매력도가 낮은(↓) 시장이다. 다각화전략과 관련이 높다.
  ㉡ 진입장벽 높낮이가 신규 진입자 위협의 강도를 판단하는 중요한 기준이 된다.
  ㉢ 진입장벽 결정요인 : 규모의 경제, 제품차별화, 규모와 무관한 원가우위, 정부 정책
② 구매자 교섭력(bargaining power of buyers)
  ㉠ 일반적으로 구매자의 교섭력이 높아질수록(↑) 시장 매력도는 낮아진다(↓).
  ㉡ 교섭력이 센 구매자는 가격을 낮추라는 압력을 가하거나 여러 가지 부대서비스를 요구하기 때문에 우리가 얻게 되는 수익성이 낮아진다.
③ 공급자 교섭력(bargaining power of suppliers)
  공급자의 교섭력이 높아질수록(↑) 시장 매력도는 낮아진다(↓).

④ 대체재 위협(threat of substitutes)
  ㉠ 대체재 유용성은 대체재가 기존 제품의 효용이나 가치를 얼마나 상쇄할 수 있는지에 대한 변수이다.
  ㉡ 많은 종류의 대체재가 존재하는 시장에서는 대체재의 존재 때문에 가격을 높이기가 어려워지므로 수익성이 낮아진다. 그러므로 대체재가 많을수록(↑) 시장의 매력도는 낮아진다(↓).
⑤ 산업내 경쟁 강도(rivalry among existing firms)
  ㉠ 치열한 경쟁(↑)이 벌어지는 시장은 경쟁에 따른 여러 가지 비용지출이 많으므로 수익성에는 나쁜 영향을 미치게 된다. 그러므로 시장 매력도는 낮아진다(↓).
  ㉡ 경쟁기업 간의 동질성이 높을수록 암묵적인 담합 가능성이 높아지고 경쟁을 하면서도 서로 협력하는 관계로 발전하여 산업 내 경쟁강도는 낮아진다. 동질성이란 기업들의 전략과 목적 등이 유사한 정도를 의미한다.

(4) STEP – 산업환경분석 모델★

① STEP 모델은 대표적인 산업환경분석 모델로 분석대상영역을 크게 사회문화환경(Socio-cultural), 기술환경(Technological), 거시경제환경(Macro-Economic), 정책규제환경(Political Regulatory) 등 4개 영역으로 나누어 각 단어의 영문 이니셜만 따서 STEP 모델이라 부른다.
② 해당 기업이 속한 산업 또는 시장을 둘러싼 거시적 산업환경에 영향을 끼칠 수 있는 주요 요인들을 도출하고 그 내용을 분석함으로써 전략적 의사결정을 위한 정보로 활용하는 데 그 목적이 있다.
③ 사회문화환경은 소비자의 라이프스타일(life-style), 환경에 대한 사회적 인식변화, 새로운 트랜드(trend) 등을 의미한다.
④ 기술환경에 대한 분석은 산업을 지배하는 기술의 급격한 발전 가능성, 신제품이나 혁신적 제품의 등장 여부, 대체기술의 개발 가능성에 대한 분석을 말한다.
⑤ 거시경제환경은 경제성장률, 인플레이션, 이자율, 환율, 평균임금수준 등 주요 경제지표를 의미하는 것으로 산업과 기업에 즉각적인 영향을 미친다.
⑥ 정책규제환경은 주로 법적 규제와 관련된 환경을 의미한다.

(5) SWOT 분석★

① 기업 환경분석을 통해 강점(strength)과 약점(weakness), 기회(opportunity)와 위협(threat) 요인을 규정하고 이를 토대로 마케팅 전략을 수립하는 기법이다.
② 어떤 기업의 내부환경을 분석하여 강점과 약점을 발견하고, 외부환경을 분석하여 기회와 위협을 찾아내어 이를 토대로 강점은 살리고 약점은 죽이고, 기회는 활용하고 위협은 억제

하는 마케팅 전략을 수립하는 것을 말한다.
③ 4가지 대안적인 전략은 다음과 같다.
㉠ SO전략(강점-기회전략)시장의 기회를 활용하기 위해 강점을 사용하는 전략을 선택한다.
㉡ ST전략(강점-위협전략)시장의 위협을 회피하기 위해 강점을 사용하는 전략을 선택한다.
㉢ WO전략(약점-기회전략)약점을 극복함으로써 시장의 기회를 활용하는 전략을 선택한다.
㉣ WT전략(약점-위협전략)시장의 위협을 회피하고 약점을 최소화하는 전략을 선택한다.

제2절 유통경영전략의 수립과 실행

1. 유통기업의 사업방향 결정

(1) 의의
① 기업의 사업방향 결정은 기업이 이윤과 목표를 이루기 위해 다양한 영향요인들을 분석하여 명확히 하는 작업이 필요하다.
② 유통기업의 사업방향 결정은 경쟁사와 고객, 유통의 정확한 분석이 필요하다.
③ 단기, 중기, 장기전략을 명료화, 활동에 일관성과 통일성을 부여한다.

(2) 유통기업의 사업방향 결정
① 유통기업의 사명 : 현실적이며 구체적인 비전을 제시해야 하고 구성원들에게 동기부여가 필요하다.
② 유통기업은 급변하는 경제 환경에서 생존과 목표를 이루기 위해 사업의 목표와 자원분배 및 기능별 전략이 요구되는 반드시 필요한 전략이다.

2. 기업 수준, 사업부 수준, 기능별 수준의 경영전략★

(1) 전사적 수준 또는 기업수준(Corporate Level)의 전략
① 전사적 수준에서의 전략경영은 전략본부의 책임을 맡고 있는 최고 경영층에 의해 이루어진다.
② 기업의 전체목표를 정의하고, 무슨 사업에 참여하며 어떻게 사업부들 간에 자원을 배분할 것인가를 결정한다.
③ 전사적 수준의 전략경영은 새로운 사업영역의 선택, 기존 사업의 포기, 성장의 우선순위 결정, 장기적 자본조달 방안, 배당 정책 등과 관련된 문제들을 다룬다.

(2) 사업부 수준(Business Level)의 전략
   ① 여러 사업들을 동시에 영위하는 기업의 경우 여러 개의 독자적인 사업부들이 존재한다. 각 사업부는 각기 독자적인 사업영역을 가지고 있으며 생산, 마케팅, 재무, 인사 등 독자적인 경영기능들을 소유하고 있다. 사업부 수준의 전략경영이란 이러한 개별 사업부 안에서 이루어지는 것을 말한다.
   ② 사업부 수준의 전략경영은 미리 정해진 사업영역 안에서 어떻게 경쟁자들과 효과적으로 경쟁해 나갈 것인가의 문제를 주로 다룬다.
   ③ 사업부 수준에서의 전략적 의사결정은 시장 세분화, 유통채널, 원가구조, 공장입지 등과 같이 상대적으로 구체적이고 경쟁우위의 확보와 관련된 것이 대부분이다.

(3) 기능별 수준(Functional Level)
   ① 기능별 전략경영은 궁극적으로 각 경영기능별 경영자들이 담당한다. 이것은 생산, 마케팅, 재무, 인사, 연구개발 등 각 경영기능에서의 단기적 목표와 전략방안들을 강구함을 주내용으로 한다.
   ② 기능별 수준에서의 의사결정은 사업부 수준에서 결정된 전략을 실천하는 것과 직접 관련되어 있다. 따라서 기능별 수준의 전략들은 앞에서 설명한 사업부 수준에서의 전략들과 일관성을 가져야 한다.
   ③ 기능별 수준에서의 전략적 의사결정은 전사적 또는 사업부 전략에 비하여 단기적이며 보다 구체적이다.

3. 경쟁우위와 경쟁전략
(1) 경쟁우위의 의의와 필요성
   ① 경쟁우위가 창출되려면 기업이 보유하고 있는 경영자원이나 핵심역량이 독특하여 경쟁기업이 가지고 있지 않은 것이어야 하며 산업내의 성공요인과 일치해야 한다.
   ② 산업내 주요 성공요인(key success factor)은 한 산업내에서 이윤을 창출하고 성공하기 위해서 기업들이 갖추어야 할 조건을 뜻한다. 주요 성공요인은 산업별로 소비자들이 원하는 것을 파악하고 산업구조와 경쟁구조를 분석함으로써 도출된다.

(2) 경쟁우위의 유형★★★
   ① 원가우위 전략
      ㉠ 원가우위는 생산, 판매, A/S 등 기업의 제반활동에서의 비용이 다른 기업보다 저렴한 데서 오는 우위를 의미한다. (예 상시염가로 파는 대형마트)
      ㉡ 원가우위는 생산규모, 경험에 의한 학습, 공정기술, 저렴한 생산요소의 확보능력, 엄격한 관리와 비용통제, 조직의 효율적 관리 등을 통하여 얻어진다.

② 차별화 전략
  ㉠ 차별화 전략이란 경쟁사들과 차별화된 제품이나 서비스를 제공함으로써 경쟁우위를 누리려는 전략이다.
  ㉡ 차별화 포인트는 품질, 독특한 디자인, 최고의 기술, 마케팅, 브랜드, 기업이미지 등에 의해 추구될 수 있다.
③ 집중화 전략
  ㉠ 집중화 전략이란 특정고객·제품·지역 등 특정한 세분시장에 집중하여 기업의 자원을 투입하는 전략을 말한다.
  ㉡ 원가우위전략과 차별화 전략의 경우에는 '전체시장'을 대상으로 경쟁을 하지만, 집중화 전략은 '특정시장'만을 대상으로 경쟁을 하게 된다.
  ㉢ 집중화 전략은 경쟁자와의 전면적 경쟁이 불리한 기업이나, 보유하고 있는 자원 또는 역량이 부족한 기업에게 적합한 전략이라 할 수 있다.
  ㉣ 예 : 유기농 사과만을 시세보다 항상 저렴(Low)하게 판매하는 과일가게

3. 유통경영전략의 유형★★

(1) 다각화전략(Diversification Strategy)
① 한 기업이 다수의 분야에 걸쳐서 사업을 전개하려는 전략을 말한다.
② 기업을 에워싼 정황은 부단히 변화하고 있으며 특히 신제품, 구입처, 판매처 등에 변동이 있으면 때때로 치명적인 타격을 입게 되는 경우도 있다. 이를 피하기 위해 스스로 신제품을 개발하거나 신규참입·구매처·판매처 등을 자사 지배하에 두기 위해 다각화전략을 채택하게 된다.
③ 유통기업이 보유하고 있는 능력과 자원을 새로운 업태 혹은 다른 업종의 사업에 투자함으로써 기존의 자원과 능력을 확장·발전시키고자 하는 성장전략을 의미한다.

(2) 전략적 제휴(Strategic Alliance)
① 전략적 제휴란 둘 이상의 기업이 경쟁력 제고를 목표로 경영자원을 공유하거나 협력하는 일정기간 동안의 지속적 협력관계를 말한다.
② 기술, 생산, 판매, 자본 등 기업기능의 전 부문에 걸쳐 상호협력을 바탕으로 기술보완, 위험분담, 비용절감, 시장개척 등을 위해 업체간 협조체제를 구축하는 경영전략이다.

(3) 아웃소싱전략(Outsourcing Strategy)
① 아웃소싱(Outsourcing)이란 Out과 Sourcing의 결합어로 일반적으로는 외부의 전문회사를 활용하여 기업활동의 일부를 수행하게 하고 이를 통해 기업의 핵심역량을 강화하여 내부적으로 전략적 이득을 추구하는 활동이라 할 수 있다.

② 아웃소싱을 하는 이유는 기업이 업무나 기능을 자체적으로 제공, 유지하기에는 수익성이 부족하거나 조직 내부갈등을 해결하기 위해 제3자에게 문제를 위임하고 내부적인 전문성은 없지만 당장 그 기능이 필요하여 그 부분을 외부에서 조달하기 위함이다.
③ 아웃소싱을 하는 가장 큰 이유는 조직의 유연성과 민첩성을 제고하는 가장 효과적인 수단 중 하나이기 때문이다.

(4) 합병·인수(M&A : Merger and Acquisition) 전략

① 인수는 하나의 기업이 다른 기업의 경영권을 얻는 것이며, 합병은 둘 이상의 기업들이 하나의 기업으로 합쳐지는 것이다. 합병은 복수의 기업이 법률상 및 실질적으로 결합하여 하나의 기업으로 되는 반면에, 인수는 법인의 형태는 그대로 유지하되 경영권만을 획득한다는 점에서 차이가 있다.
② 인수 및 합병의 중요한 이유로 성장, 제품라인의 확장, 신규시장의 신속한 진출, 기술 및 신경영 기술 확보가 있으며, 또 다른 한편으로는 비용절감, 경쟁 감소, 시장점유율 향상, 중복업무 부문제거, 직원정리해고, 재무구조개편을 통한 주주가치의 극대화 등의 재무적 구조조정을 들 수 있다.

(5) 합작투자(Joint Venture)

① 2개국 이상의 기업·개인·정부기관이 영구적인 기반 아래 특정기업체 운영에 공동으로 참여하는 국제경영방식으로 전체 참여자가 공동으로 소유권을 갖는다.
② 합작에 참가하는 기업들이 소유권과 기업의 경영을 분담하여 자본·기술 등 상대방 기업이 소유하고 있는 강점을 이용할 수 있고 위험을 분담한다는 점에서 상호이익적 해외투자방식이다.
③ 합작투자는 신설방식으로 이루어질 수도 있고 기존 현지법인의 일부 소유권을 취득하는 방식으로 이루어질 수도 있다.

(6) 리엔지니어링(Reengineering = BPR)

① 업무 재설계(Business process reengineering)는 경영혁신기법의 하나로서, 기업의 활동이나 업무의 전반적인 흐름을 분석하고, 경영 목표에 맞도록 조직과 사업을 최적으로 다시 설계하여 구성하는 것이다.
② 비용, 품질, 서비스, 스피드와 같은 핵심부문에서 기업이 획기적인 성과의 향상을 이루기 위하여 업무처리과정(프로세스)을 기본적으로 다시 생각하고 근본적으로 재설계하는 것을 의미한다.

(7) 벤치마킹(Bench marking)
① 조직의 업적 향상을 위해 최고수준에 있는 다른 조직의 제품, 서비스, 업무방식 등을 서로 비교하여 새로운 아이디어를 얻고 경쟁력을 확보해나가는 체계적이고 지속적인 개선활동 과정을 말한다.
② 최고의 경쟁력을 보유한 상대를 정해서 전체 또는 부분적으로 비교하여 상대의 강점을 파악하고 최고와 비교함으로써 동등 이상이 되기 위한 경영혁신 기법이다.

제3절 유통경영전략의 평가 및 통제

1. 유통경영전략 평가

(1) 유통경영전략 평가
① 전략은 환경이 요구하는 기업 내의 필수적 변화를 촉진시킬 뿐만 아니라 기업 내 모든 구성원의 협동 그리고 기업이 나아가야 할 방향 및 기업의 목적을 제공하면서, 기업의 모든 주요한 활동들을 포함하는 다차원적 개념으로 생각할 수 있다.
② 경영전략의 성과나 과정의 마지막 단계는 평가과정이라고 할 수 있다. 평가는 최고경영자가 그들이 선택한 전략이 기업의 목표를 얼마나 달성하는지의 여부를 평가하는 과정이다.

(2) 유통경로성과 거시적 평가★★
① 효과성 : 특정의 유통경로시스템이 유통서비스에 대한 표적고객의 욕구를 충족시키는 정도를 의미한다. 예 고객의 전반적인 만족도, 신시장 개척 건수 및 비율, 중간상의 거래 전환 건수
② 공평성 : 열악한 상태에 있는 고객에게 경로 기능이 얼마나 공평하게 수행되고 있는지를 평가하는 일은 매우 어렵지만 경로관리자가 경로성과를 평가하기 위해서는 필수적으로 확인해야 할 과정이다. 공평한 구매기회의 실현 등이 이에 해당한다.
③ 효율성 : 일정한 비용으로 가능한 한 많은 산출물을 획득하거나, 일정한 산출을 얻기 위해 소요되는 비용을 가능한 한 줄이는 것을 말한다. 최소의 비용으로 최대의 만족을 구한다는 경제행위의 원칙에 의거 생산 또는 소비가 최선으로 이루어졌는가를 평가하는 기준이다.

(3) 유통경로성과 미시적 평가★★
① 유통비용분석(distribution cost analysis)
미시적 평가를 위한 분석방법으로는 유통비용분석이 대표적이다. 각 유통경로 별 수익성을 측정하는데 있어 손익계산서상의 비용항목이 유통경로 별 경로활동에 얼마나 효율적으로

사용되었는지를 비교하는 것이다.
② 전략적 이익모형(SPM ; strategic profit model)
　㉠ 전략적 이익 모형은 여러 가지 재무비율들간의 상호관련성을 탐색하는 방법이다.
　㉡ 순이익률(순이익/순매출액) : 이 비율은 제품과 서비스의 원가, 감가상각을 포함한 영업비용, 차입자금의 비용 등의 비용을 판매수익으로 감당할 수 있는 경영 능력을 나타낸다.
　㉢ 자산회전율(순매출액/총자산) : 총자산에 대한 순매출액의 비율은 자본을 얼마나 잘 활용하는지를 보여주는 지표이며, 자산에 과잉 투자했는지의 여부를 보여준다.
　㉣ 자산수익률(ROA ; 순이익/총자산) : 순이익률은 사용된 자산의 효율성을 간과하고 있으며, 자산회전율은 매출액의 수익성을 반영하지 못한다. 자산수익률(ROA)은 이러한 단점을 보완해준다.
　㉤ 레버리지 비율(총자산/순자본) : 이 비율은 기업이 장단적인 목적으로 자금을 얼마나 차입했는지를 나타내는 지표이다.
　㉥ 투자수익률(ROI ; 순이익/투자비용) : 소유주의 투자에 대한 이익률을 나타낸다.
　㉦ 재고투자 매출 총수익률(GMROI) : 이 비율은 제품 재고에 대한 투자가 총이익을 얼마나 잘 달성하는가를 평가할 수 있는 지표이다.
　㉧ 경로구성원총자산수익률(CMRA ; channel member return on assets)
　　CMRA = 총이윤-(판매촉진, 상품개발, 창고, 운반비용) / 외상매출금+재고

(4) 중간상 포트폴리오 분석★
① 중간상의 특정 제품군에서의 매출성장율과 그 제품군에 대한 중간상 매출액 중 자사제품의 점유율이라는 두 개의 차원상에서 거래 중간상들의 상대적 위치를 토대로 각 중간상에 대한 투자전략을 결정하는 기법이다.
② 거래중간상에 대한 투자전략
　㉠ 특정 제품군에 급속한 매출성장을 보이지만 자사제품의 점유비율이 낮은 중간상 → 공격적 투자전략
　㉡ 특정 제품군에 대한 점포매출액이 급성장하고 자사제품의 점유율이 높은 중간상 → 방어전략
　㉢ 전략적 철수 및 포기전략

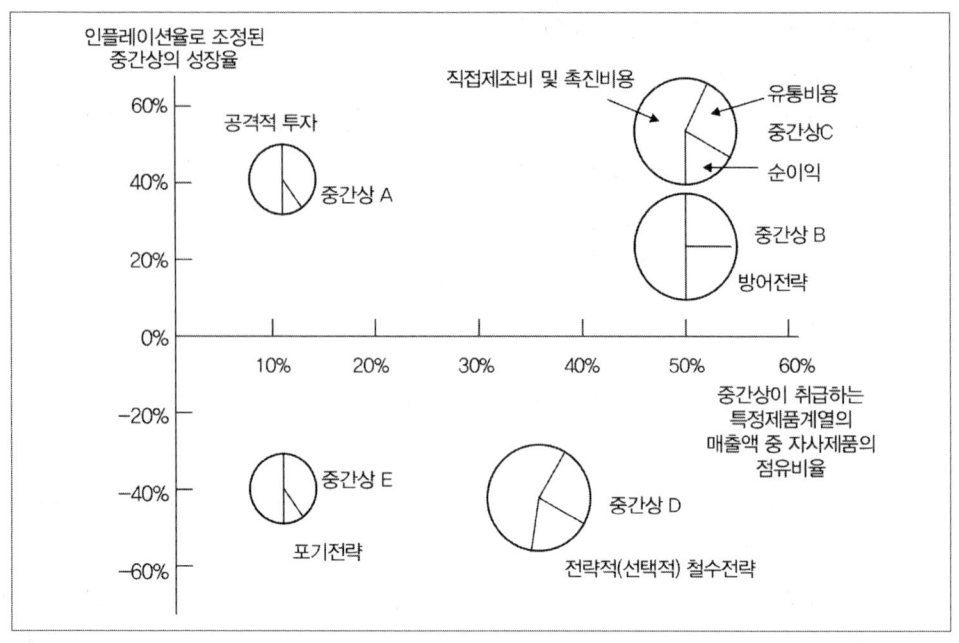

[중간상 포트폴리오 분석]

2. 통제와 성과의 환류

(1) 유통경영전략 통제 성격

① 경영자가 조직의 정책이나 전략이 실제로 준수되고 있는가의 여부를 확인하기 위하여 사용하는 모든 방법과 절차 및 수단을 통제라고 한다.

② 경영자는 조직구성원들 각자가 그들의 임무를 계획대로 수행하고 있는가를 확인할 수 있는 방법을 필요로 하는데 이를 위한 일련의 과정이 바로 통제과정이다.

③ 경영관리 프로세스에는 많은 요소들이 복합적으로 영향을 미친다. 그리고 이를 통해 규모와 환경, 기술, 상호의존성, 전략의 여러 요소들 중에서 통제시스템 설계에 영향을 미치는 주요 요소를 확인할 수 있다.

(2) 성과의 환류(Feedback)

① 환류는 어떤 흐름이 진행되다가 다시 원 상태로 되돌아와 흐르는 현상으로서 행동을 취한 당사자에게 행동의 결과에 대한 정보를 주는 것이다. 이것은 행위의 효과에 대한 보다 객관적인 평가를 가능하게 해주기에 결국 환류는 성공률을 높이기 위해서 진행되고 있는 행동을 결국 수정하게 된다.

② 여러 가지 경영전략으로 기업에 성과가 나타난다. 그 성과는 지속적인 개선과 관리가 필요하게 되므로 결국 환류작업을 수행하게 된다. 이러한 환류는 성과 평가의 결과를 활용하여 새로운 전략 개선의 역할을 수행하기도 한다.

제2장 학습정리

- 경영전략 : 기업행동에 일정한 방향과 지침을 제공하는 것을 의미한다. 설계도에 비유할 수 있으며, 경영전략이 없다면 조직구성원이 일정한 방향을 향하여 긴밀하게 협력해 가도록 하는 것은 불가능하다.
- 유통경영전략 수립절차 : 환경분석 → 유통목표의 정립 → 유통경로 구조의 설계 → 경로구성원 → 실행 → 성과평가 → 피드백
- 내부환경 : 기업 전체의 목표와 전략 및 자원 등과 기업 내 마케팅 부분을 제외한 제반 타 기능 분야로서 인사, 구매, 생산, 재무 등
- 외부환경(거시환경) : 기업의 외부에 존재하며 기업의 의사결정과 활동에 영향을 미치는 환경으로 인구, 경제, 기술, 사회·문화, 정치·법률 환경으로 구성
- 과업환경 : 기업의 경영활동에 직접적으로 영향을 미치는 환경으로 고객, 경쟁자, 유통경로구성원, 정부, 단체로 구성
- Michael E. Porter 가치사슬모형
  - 본원적 활동 : 물류투입(Inbound Logistics), 운영·생산(Operations), 물류산출(Outbound Logistics), 마케팅 및 영업(Marketing & Sales), 서비스(Services) 활동
  - 보조 활동 : 기업 인프라(Firm Infrastructure), 인적 자원관리(HRM), 기술개발(Technology Development), 구매조달(Procurement) 활동
- Michael E. Porter 분석틀(5-force모델) : 잠재적 진입자 위협, 산업내 경쟁 강도, 대체재 위협, 공급자 교섭력, 구매자 교섭력
- STEP 모델 : 사회문화환경(Socio-cultural), 기술환경(Technological), 거시경제환경(Macro-Economic), 정책규제환경(Political Regulatory)
- SWOT 분석 : 기업 환경분석을 통해 강점(strength)과 약점(weakness), 기회(opportunity)와 위협(threat) 요인을 규정하고 이를 토대로 마케팅 전략을 수립하는 기법이다.
- 수준별 유통경영전략 : 전사적 수준 또는 기업수준(Corporate Level)의 전략, 사업부 수준(Business Level)의 전략, 기능별 수준(Functional Level)
- 경쟁우위의 유형 : 원가우위 전략, 차별화 전략, 집중화 전략
- 다각화전략(Diversification Strategy) : 한 기업이 다수의 분야에 걸쳐서 사업을 전개하려는 전략을 말한다. 다각화 전략의 동기로 위험분산, 가치창출, 범위의 경제성 창출, 내부시장의 활용 등을 들 수 있다.
- 전략적 제휴 : 이상의 기업이 경쟁력 제고를 목표로 경영자원을 공유하거나 협력하는 일정기간 동안의 지속적 협력관계를 말한다.
- 아웃소싱(Outsourcing) : Out과 Sourcing의 결합어로 일반적으로는 외부의 전문회사를 활용하여 기업활동의 일부를 수행하게 하고 이를 통해 기업의 핵심역량을 강화하여 내부적으로 전략적 이득을 추구하는 활동이라 할 수 있다.
- 합작투자(Joint Venture) : 2개국 이상의 기업·개인·정부기관이 영구적인 기반 아래 특정기업체 운영에 공동으로 참여하는 국제경영방식으로 전체 참여자가 공동으로 소유권을 갖는다.
- 리엔지니어링(Reengineering=BPR) : 경영혁신기법의 하나로서, 기업의 활동이나 업무의 전반적인 흐름을 분석하고, 경영 목표에 맞도록 조직과 사업을 최적으로 다시 설계하여 구성하는 것이다.
- 벤치마킹(Bench marking) : 조직의 업적 향상을 위해 최고수준에 있는 다른 조직의 제품, 서비스, 업무방식 등을 서로 비교하여 새로운 아이디어를 얻고 경쟁력을 확보해나가는 체계적이고 지속적인 개선활동 과정을 말한다.

적중 예상문제

01 기업의 경쟁전략 중 조직규모의 유지 및 축소 전략으로 옳지 않은 것은?
① 다운사이징
② 집중화전략
③ 리스트럭처링
④ 영업양도전략
⑤ 현상유지전략

정답 ②
해설 축소 또는 현상유지전략
① 다운사이징(downsizing) : 비용절감과 영업효율성 제고를 기대하고 조직 규모를 줄이는 것
② 리스트럭처링(restructuring) : 조직의 효율성을 높이고 성과를 개선하기 위하여 조직의 규모나 운용 내용을 바꾸는 것
③ 영업양도(divestiture) : 비용을 절감하고 영업효율성을 개선하며, 핵심사업에 집중할 목적으로 사업 일부를 매각
④ 현상유지전략(stability strategy) : 새로운 사업진출에 따른 위험부담, 축소전략으로 인한 내부반발을 야기하지 않기 위해 현재의 시장 점유율을 유지하는 영업활동을 하려는 안정전략

02 유통기업의 다각화전략은 기업을 둘러싸고 있는 환경의 변화가 격심해짐에 따라 그 필요성이 더욱 증대되고 있다. 다음 중 유통기업의 다각화전략의 동기와 거리가 가장 먼 것은?
① 기존의 사업을 수행하는 과정에서 발생하는 부산물을 유용하게 활용하고자 하는 욕구
② 기존사업의 성장이 둔화되거나 점차 쇠퇴해 감에 따라 새로운 사업분야로 진출할 필요성 대두
③ 기업이 다양한 사업분야에 진출함으로써 기업 경영상의 유연성 제고와 사업의 포트폴리오 추구
④ 기업이 보유한 경영자원의 희소성을 극복하고자 하는 욕구
⑤ 기업을 에워싼 정황은 부단히 변화하고 있으며 특히 신제품, 구입처, 판매처 등에 변동이 있으면 때때로 치명적인 타격을 입게 되는 경우

정답 ④
해설 다각화(diversification) 성장전략은 기존시장 밖에서 새로운 제품으로 사업을 시작하거나 매입하는 것이다. 즉 기업이 현재 속해있는 산업 밖에서 기회를 발견하고자 하는 전략으로, 기업이 속한 산업이 성장기회를 제공하지 못하는 경우나 산업 외부의 기회가 우수한 경우에 유용하다.
④ 시장경쟁이 치열해지고 있는 현재의 상황에서 기업의 자원이 제한되어 있거나 선도기업의 경쟁우위로 인해 시장침투 가능성이 낮은 경우에는 집중적 성장전략이 바람직하다.

03 경쟁기업을 분석하는 방법으로 전략집단에 대한 가장 올바른 설명은?

① 하나의 산업에 하나의 전략집단만 존재하므로 유통산업 내에서도 하나의 전략집단만이 존재한다.
② 전략집단은 어떠한 전략으로 고객에게 접근할 것인가가 주요 이슈이기 때문에 서로 다른 산업의 기업이라 하더라도 목표고객(층)이 유사/동일하다면 같은 전략집단에 속한다.
③ 복수의 유통기업이 서로 다른 전략으로 시장에 접근한다면 전략집단도 다양해진다.
④ 몇 개의 유통기업이 가격을 담합하여 동일한 가격전략을 취하였다면, 촉진전략이 다르더라도 이들 유통기업들은 동일한 전략집단에 속한다.
⑤ 도매상과 소매상은 생산자와 소비자 사이에서 상품을 전달하는 역할이 유사/동일하므로 동일한 전략집단으로 간주한다.

정답 ③
해설 전략집단이란 특정 산업 내에서 전략의 여러 차원들에 대해 동일하거나 유사한 전략을 취하는 기업집단을 의미한다. 동일한 산업 내에서도 서로 다른 전략집단이 존재한다는 것은 한 산업이 이질적인 하위부문으로 구성되어 있고 각 부문들은 그들 간의 전략의 차이에 의해 명확히 분류될 수 있다는 것이다.
① 하나의 산업에는 여러 전략집단이 존재할 수 있다.
② 전략집단은 특정산업 내에서 성립되는 개념이다.
④ 촉진전략이 다르면 다른 전략집단이 된다.
⑤ 역할이 유사·동일하다고 해서 동일한 전략집단인 것은 아니다.

04 중간상에 대한 상대적 경로성과를 평가하는 중간상 포트폴리오 분석에 대한 바른 설명을 모두 나열한 것은?

가. 인플레이션으로 조정된 중간상의 매출액성장률을 세로축으로 한다.
나. 중간상의 특정 제품군에 대한 매출액 중 자사제품 순이익율을 가로축으로 한다.
다. 각 원의 크기는 제조업자가 각 중간상에게 판매한 특정제품의 매출액에 비례한다.
라. 공격적 투자, 수확, 방어, 전략적 철수, 포기전략으로 구성된다.
마. 각 원은 직접제조비용, 촉진비용, 유통비용, 순이익으로 나누어진다.

① 가, 나, 라   ② 나, 다, 마   ③ 나, 다, 라
④ 가, 다, 마   ⑤ 가, 나, 다, 라, 마

정답 ④
해설 나. 가로축 : 특정 제품군에 대한 매출액 중 자사제품의 점유비율
라. 공격적 투자, 방어, 전략적 철수, 포기전략으로 구성된다.(수확은 해당 안됨)

05 경영전략의 수준에 관한 내용 중 수직적 통합이나 전략적 제휴, 사업의 다각화, 인수합병 등의 문제 등을 다루는 영역은?

① 전사적 전략　　② 사업부 전략　　③ 기능별 전략
④ 운영 전략　　　⑤ 마케팅 전략

정답 ①
해설 전사적 전략은 사업의 영역을 선택하고, 이를 기반으로 사업을 어떻게 효과적으로 관리할 것인가의 문제를 다루는 전략이며 주로 기업의 사업 분야를 기업 전체의 관점에서 어떻게 효과적으로 운영할 것인가의 문제에 초점을 맞추고 있다.

---

06 마이클 포터의 산업 경쟁구조 분석 모델의 요소로 바르지 않은 것은?

① 잠재적 경쟁업자의 진입 가능성　　② 중간상의 협상력
③ 기존 경쟁자 간의 경쟁 정도　　　④ 판매자의 협상력
⑤ 구매자의 협상력

정답 ②
정답 마이클 포터의 산업 경쟁구조 분석 모델
　　① 기존 경쟁자 간의 경쟁 정도　② 대체재의 위협
　　③ 신규 진입자의 위협(잠재적 경쟁업자의 진입 가능성)　④ 구매자의 교섭력　⑤ 공급자의 교섭력

---

07 마이클 포터(M. Porter)의 산업구조분석 모형을 근거로 할 때, 해당 산업에서의 수익률이 가장 높은 경우는?

	진입장벽	공급자의 교섭력	구매자의 교섭력	대체재의 위협
①	낮음	낮음	높음	낮음
②	낮음	높음	높음	높음
③	낮음	낮음	낮음	낮음
④	높음	높음	높음	높음
⑤	높음	낮음	낮음	낮음

정답 ⑤
해설 마이클 포터(M. Porter)의 산업구조분석 모형에 의하면 산업내 경쟁이 낮을수록, 진입장벽이 높을수록, 공급자의 교섭력이 낮을수록, 구매자의 교섭력이 낮을수록, 대체재의 위협이 낮을수록 해당산업의 수익률이 높아지게 된다.

08 프로세스 혁신 기법에 관한 다음의 설명 중 가장 적절하지 않은 것은?

① BPR(business process re-engineering)은 비용이나 품질과 같은 주요 성과지표의 극적인 개선을 위해 업무 프로세스를 기본적으로 다시 생각하고 근본적으로 재설계하는 것이다.
② 아웃소싱(outsourcing)은 기업의 경쟁력 강화를 위해 가치사슬 중 경쟁력이 높은 프로세스는 직접 수행하고, 나머지 프로세스는 외부기업이 수행하게 함으로써 기업이 핵심역량에 집중할 수 있게 한다.
③ 수직적통합이란 기술, 생산, 판매, 자본 등 기업기능의 전 부문에 걸쳐 상호협력을 바탕으로 기술보완, 위험분담, 비용절감, 시장개척 등을 위해 업체간 협조체제를 구축하는 경영전략이다.
④ ERP(enterprise resource planning)는 기업의 목표를 달성하기 위해 기업의 전체 자원과 프로세스를 합리적으로 관리하는 통합정보시스템이다.
⑤ TQM(total quality management)은 고객의 욕구를 만족시키기 위해 전사적으로 자원의 효과적인 이용과 지속적인 개선을 추구하는 기업의 전략이며 철학이다.

정답 ③
해설 전략적 제휴란 둘 이상의 기업이 경쟁력 제고를 목표로 경영자원을 공유하거나 협력하는 일정기간 동안의 지속적 협력관계를 말한다.

09 유통경영전략을 수립하기 위한 환경분석 중 내부환경요인 분석에서 활용되는 가치사슬모형(value chain model)에 대한 설명으로 옳은 것은?

① 기업활동을 여러 세부활동으로 나누어 활동목표 수준과 실제 성과를 분석하면서 외부 프로세스의 문제점과 개선 방안을 찾아내는 기법이다.
② 기업의 가치는 보조활동과 지원활동의 가치창출 활동에 의해 결정된다.
③ 핵심프로세스에는 물류투입, 운영·생산, 물류산출, 마케팅 및 영업, 인적자원관리 등이 포함된다.
④ 지원프로세스에는 기업인프라, 기술개빌, 구매조딜, 시비스 등이 포함된다.
⑤ 기업 내부 단위활동과 활동들 간 연결고리 문제점 및 개선방안을 체계적으로 찾는데 유용한 기법이다.

정답 ⑤
해설 ① 목표 수준과 실제 성과를 분석, 내부 프로세스 문제점과 개선 방안을 찾아내는 기법
② 기업의 가치는 본원적 활동과 지원활동에 의해 결정된다.
③ 핵심프로세스에는 내부물류, 제조 및 생산, 외부물류, 마케팅 및 영업, 서비스 등이 포함된다.
④ 지원프로세스에는 기업 하부구조, 인적자원관리, 기술개발, 조달활동 등이 포함된다.

10 포터(M.E. Porter)의 가치사슬모형에서 본원적 활동(primary activity)에 속하지 않는 것은?

① 기술개발(technology development)
② 운영(operation)
③ 입고물류(inbound logistics)
④ 출고물류(outbound logistics)
⑤ 마케팅 및 판매(marketing & sales)

정답 ①
해설 본원적 활동(핵심 프로세스) : 직접적으로 고객 기반을 확충하고 고객 충성도를 높이는 프로세스로 구성되며 고객가치 창조를 위한 핵심적 프로세스이다. 즉, 제품·서비스의 물리적 가치 창출과 관련된 활동들로써 직접적으로 고객에게 전달되는 부가가치 창출에 기여하는 활동들을 말하며, 여기에는 물류투입(Inbound Logistics), 운영·생산(Operations), 물류산출(Outbound Logistics), 마케팅 및 영업(Marketing & Sales), 서비스(Services) 활동 등이 해당한다.

memo.

제3장 유통경영관리

제1절 조직관리

1. 조직이론

(1) 조직과 조직화

① 조직이란 어떤 기능을 수행하도록 협동해 나가는 체계, 즉 개개의 요소가 일정한 질서를 유지하면서 결합하여 일체적인 것을 이루고 있는 형태를 말한다.

② 베버(M. Weber)는 "조직이란 계속적이고 의도적인 특정한 종류의 활동체제"라고 정의하였다.

③ 조직화란 조직 내에서 목표달성을 위하여 수립된 계획을 수행하기 위하여 개개인이나 부문의 역할체계를 설계하고 유지하는 것이다.

(2) 조직이론

① 개별이론의 등장 순으로 과학적 관리론, 행정관리론, 관료제론, 인간관계론, 후기 인간관계론 그리고 현대이론으로 분류하기도 한다.

② 보편적으로 고전적 조직이론과 신고전적 조직이론 및 현대적 조직이론으로 분류하기도 한다.

(3) 조직화 기본원칙★

① 목표단일성 원칙 : 목표는 조직의 활동을 집중시킬 수 있는 단일성을 가지고 있어야 한다.

② 능률성 원칙 : 비용을 최소한으로 하여 조직의 목표달성에 공헌할 때에만 조직의 유효성이 높고 능률적이라고 할 수 있다.

③ 관리범위 원칙 : 관리범위란 한 사람의 관리자가 효과적이고 능률적으로 통제할 수 있는 부하의 수를 의미한다. 너무 넓은 통제 범위를 가지게 되면 관리자는 많은 부하들을 실제로 관리할 수 없으며, 통제범위가 너무 좁을 경우에는 관리할 부하의 수가 한두 명밖에 안 되어 과잉 관리의 문제가 나타난다.

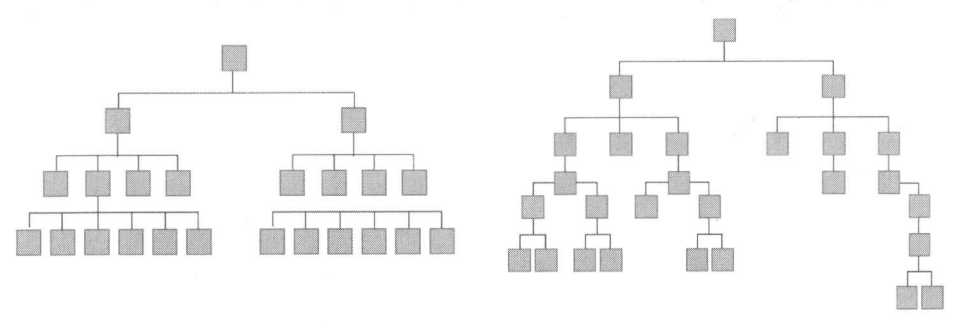

[넓은 통제 범위]   [좁은 통제 범위]

④ 계층 원칙 : 기업은 최고경영자로부터 최하위 감독자와 작업원에 이르기까지 상호관계의 직위로 계층을 이루고 있는데, 이렇게 구성된 계층은 가급적 단축시켜야 한다는 측면에서 '계층단축화의 원칙'이라고도 한다.
⑤ 권한이양 원칙 : 권한이양이란 권한을 보유하고 행사해야 할 조직계층의 상위자가 하위자에게 직무를 위임할 경우 그 직무수행에 있어 요구되는 일정한 권한도 이양하는 것을 말한다.
⑥ 명령일원화 원칙 : 한 사람의 부하는 어떠한 직무수행에 대해서든지 한 사람의 상사로부터 명령·지시를 받아야 한다는 것이다.

2. 조직구조 설계

(1) 조직설계 의의

① 디자인이나 설계를 한다는 것은 존재하지 않는 것을 새로 만들기 위한 또는 지금 있는 그 어떤 것을 다른 것으로 바꾸기 위한 설계자의 의지적 행위를 말한다.
② 조직을 설계한다는 것은 새로 설립되는 조직을 바람직한 모습으로 체계화하거나 또는 비효과적인 기존의 조직을 좀더 효과적으로 새로운 조직으로 바꾸는 것이다.
③ 조직설계는 조직이 조직목표를 달성하는데 필요한 여러 활동들을 통제할 수 있도록 조직구조를 선택하고 관리하는 과정이라고 정의할 수 있다.

(2) 조직구조 설계★

① 부서화는 한 조직이 생산하는 제품, 기능, 고객, 지역 등을 기준으로 이루어진다.
② 통제의 폭을 넓게 하기 위해 한 명의 관리자가 관리하는 종업원의 숫자를 늘려갈수록 상하간의 커뮤니케이션 기회는 줄어든다.
③ 조직구조에서 관리의 범위와 조직계층의 수 사이에는 반비례관계가 있다.
④ 권한의 배분은 공식적 힘의 계층에 따라 수직적으로, 그리고 부서에 따라 수평적으로 이루어진다.

⑤ 전문화의 정도가 높아질수록 작업자 한 사람에게 요구되는 기술의 수준과 폭은 줄어들게 된다.

(3) 조직구조의 구성요소

① 복잡성

　㉠ 수평적 분화 : 조직이 여러 서로 다른 부서나 전문화된 하위 단위를 가지는 정도
　　조직 내에 전문적인 지식이나 기술을 필요로 하는 직무와 직종의 수
　㉡ 수직적 분화 : 조직 내의 계층의 수, 즉 조직계층의 깊이로 과업의 분화가 상하관계인 것

② 공식화

　조직참가자들의 행동을 규제하는 조직운용의 규칙, 정책, 절차가 명문화된 형태의 지침이나 통일적 원칙이 수립된 정도를 의미

③ 집권화

　조직의 의사결정권한을 조직상부에서 소유하고 있고 중간관리자나 하부부문의 참여폭이 제한된 정도를 의미

3. 조직구조 유형★★★

(1) 라인 조직

① 라인 조직은 각 조직구성원이 한 사람의 직속상관의 지휘·명령에 따라 활동하고 동시에 그 상위자에 대해서만 책임을 지는 형태이다.

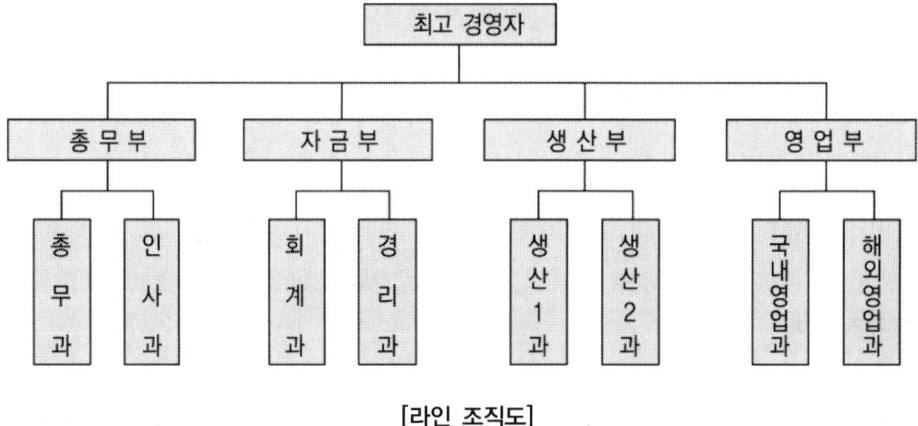

[라인 조직도]

② 관리자와 부하간의 수직적 관계를 보여주는 조직의 형태이다.

(2) 기능별 조직

① 마케팅활동을 관련업무나 수행기능별로 분류한 조직형태로서 제품의 수가 많지 않고 비교적 고객이 분산되어 있을 때 효율적이다.
② 전문화의 원리를 적용하여 각 관리자가 기능적으로 전문화하여 일을 분담하는 조직이다.
③ 기능별 조직은 환경이 비교적 안정적일 때 조직관리의 효율성을 높일 수 있으며, 각 기능별로 규모의 경제를 얻을 수 있다.

(3) 라인 – 스태프 조직(직계 – 참모 조직)

① 라인조직에 스태프를 보강한 조직
② 명령일원화의 원리와 전문화의 원리를 조화시켜 경영의 대규모화, 복잡화에 대응할 수 있도록 만들어진 조직구조이다.
③ 장점은 스태프 조직이 경영전략의 수립과 경영활동에 필요한 정보의 수집과 분석을 담당하여 조정자 역할이 가능해진다.
④ 단점은 스태프 및 라인 조직의 책임과 권한이 명확하지 않을 경우 갈등이 발생할 수 있다.

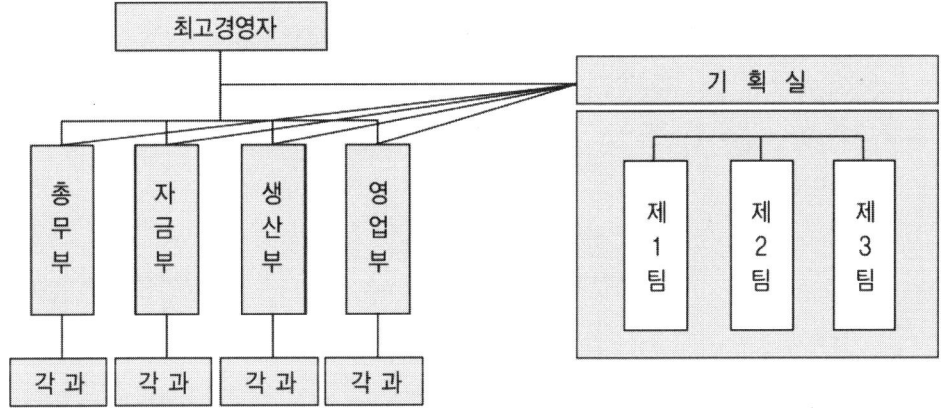

[라인 – 스태프 조직도]

(4) 사업부제 조직

① 사업부 조직은 제품, 고객, 지역, 프로젝트 등을 기준으로 종업원들의 직무를 집단화하여 조직을 몇 개의 부서로 구분하는 것을 말한다.
② 대규모 조직에서 사업부 단위로 조직을 편성하고 각 사업부에서 독자적 생산과 마케팅, 관리 권한을 행사하는 구조를 의미한다.

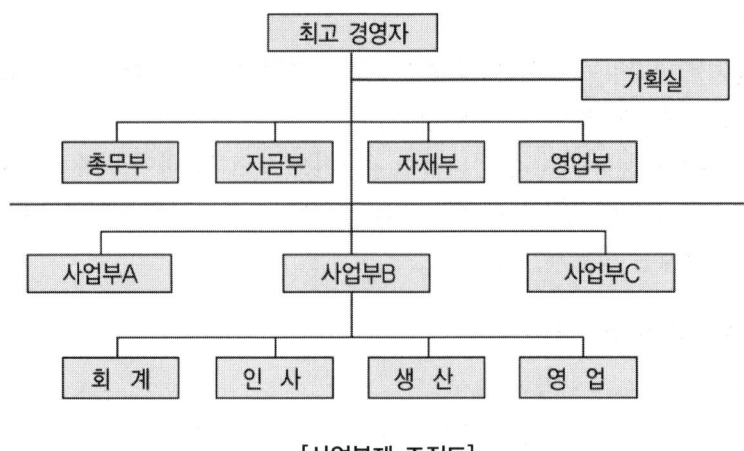

[사업부제 조직도]

③ 각 사업부가 하나의 회사처럼 운영 결과에 책임을 진다.
④ 많은 종류의 제품을 생산하는 대규모 조직에 효율적이다.

(5) 프로젝트(Project)별 조직

① 특별 과업에 따라 관련 부서에서 프로젝트 수행을 위해 인력을 파견하고 프로젝트를 해결한 후 원래 부서로 복귀하는 조직을 의미한다.
② 목표달성을 위해 일시적으로 인적·물적 자원을 결합하고, 해산을 전제로 임시로 편성하는 것이 특징이다.

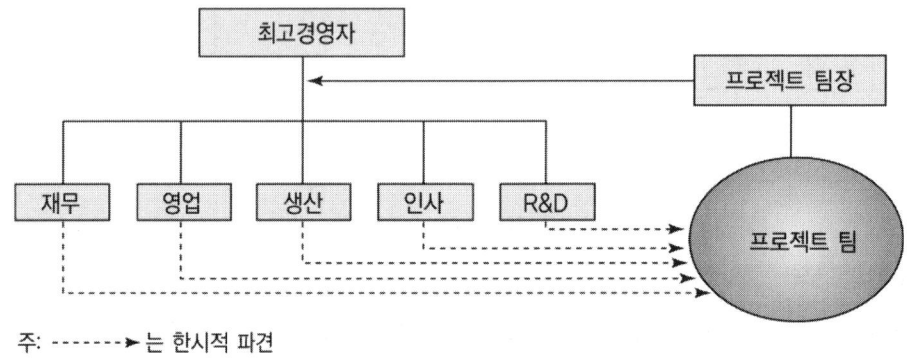

주: -------▶ 는 한시적 파견

[프로젝트 조직도]

(6) 매트릭스(Matrix) 조직

① 전통적인 직능부제 조직과 전통적인 프로젝트 조직을 통합한 형태로, 프로젝트 조직이 직능조직의 단위에 첨가되어 있을 때의 형태이다.

② 매트릭스 조직은 기술과 시간에 좌우되며 고도로 전문화된 재화나 용역을 산출하고 판매하는 고도의 정보처리가 요구되는 불확실성에 직면하고 있는 조직 그리고 인적, 물적 자원의 제약을 다루어야 하는 조직 등에 적용될 때 그 장점이 크게 나타날 수 있다.

③ 개인 입장에서 종적계열로 형성된 원래의 조직 일원임과 동시에 횡적계열에 따르는 매트릭스 조직의 일원으로서의 임무도 함께 수행한다.

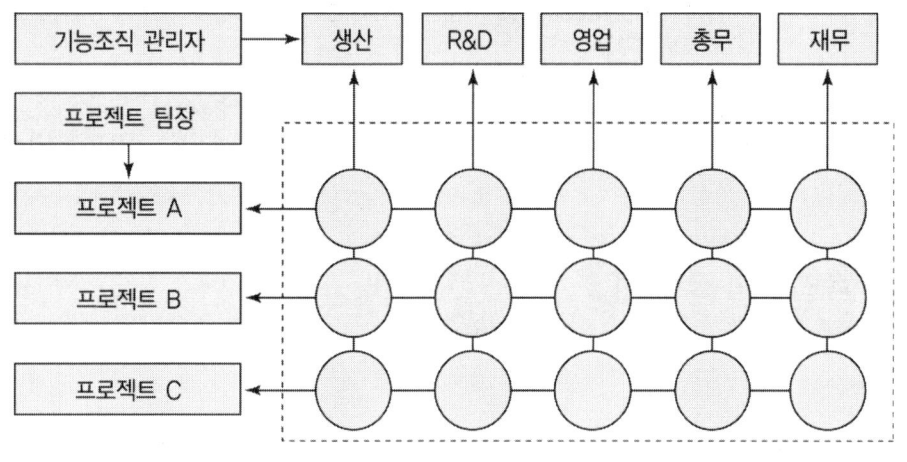

[매트릭스 조직도]

(7) 네트워크 조직

① 현재의 조직기능을 경쟁력 있는 핵심역량(Core Competence) 중심으로 합리화하고 여타 기능은 외부기관과 신뢰의 기반 위에서 상호 전략적 제휴(Strategic Alliance)나 상호 협력적 아웃소싱(Outsourcing) 등의 계약방식 등을 통해 효율적인 목표달성을 추구하는 위계적 조직이 아닌 수평형 유기적 조직이다.

② 다른 조직과의 제휴 등을 통해 시너지효과를 창출하고 상호네트워크 구축효과의 극대화와 상호 신뢰를 꾀하는 조직이다.

(8) 공식적 조직과 비공식적 조직

① 공식적 조직(Formal Structure)
  ㉠ 조직도(Organization Chart)를 통해서 파악
  ㉡ 권한 및 근원적 책임관계가 분명한 구조적 조직
  ㉢ 조직도는 기업조직의 다양한 구성요소, 기본적인 분업, 공식적인 권한과 의사소통 경로를 나타내고 있음

② 비공식적 조직(Informal Structure)
  ㉠ 공식적인 조직도상에는 나타나지 않지만 공식적 조직구조 내의 작업 상황에서 조직 구성원들의 상호 대면접촉을 통해 자생적으로 형성된 집단

ⓒ 공통의 감정, 공토의 태도에 의하여 자연 발생적으로 느슨하게 형성되는 사람과 사람의 관계

> **Plus Tip** 더 알고가기
>
> **민츠버그의 조직 유형**
> - 핵심 운영 부문(operating core) : 현장에서 실제로 제품이나 서비스를 생산해 내는 것을 의미한다.
> - 전략 부문(strategic apex) : 조직에 대해서 전반적으로 책임을 지고 전사적인 관점에서 조직을 관리하는 최고경영층을 의미한다.
> - 중간라인 부문 (middle line) : 핵심운영 부문과 전략부문을 연결시키는 라인에 위치한 모든 중간 관리자를 의미한다.
> - 기술 구조 부문(technostructure) : 조직내의 기술적인 문제를 전문적으로 다루는 부문으로 조직 내의 과업 과정과 산출물이 표준화를 담당하는 분석가들로 구성한다.
> - 지원스태프 부문(support staff) : 조직의 기본적인 과업 외에 발생하는 문제에 대해서 간접적인 지원을 하는 스태프 부서에 속한 전문가들로 구성하다.

4. 조직의 목표관리와 동기부여

(1) 목표관리(MBO ; Management by Objective)★★

① 개념
   ㉠ 맥그리거의 Y이론적 인간관을 기초로 목표설정 시 구성원을 참여시키는 방식이다.
   ㉡ 상사와 부하가 사전에 협의하여 업무목표와 달성기준(평가지표)을 명확히 설정하고 체계적으로 조직성원들의 개개목표 내지 책임을 합의하여 부과하며 그 수행 결과를 사후에 평가하고 환류 시켜 궁극적으로 조직의 효율성 향상에 기여코자 하는 관리체제 내지 관리기법을 의미한다.

② 목적
   회사 목표와 개인 목표와의 연계를 통한 경영 목표의 효율적 달성과 참여에 의한 목표설정과 자율적인 업무 수행으로 동기부여를 통한 업적 향상과 권한과 책임의 명확화와 자율경영 체계의 정착에 있다.

③ 목표관리 특징
   ㉠ 작업에 대한 구체적인 목표를 설정한다.
   ㉡ 종업원들이 계획설정에 참여한다.
   ㉢ 실적평가를 위한 계획기간이 명시 되어있다.
   ㉣ 실적에 대한 피드백(feedback) 기능이 있다.

④ 장점 : 의사소통 원활, 조직은 구성원과 능동적으로 상호작용, 목표권한이 하급자에게 있음, 목표의 질보다 양을 중시, 목표설정과 관리과정을 동시에 강조한다.

⑤ 단점 : 모든 구성원의 참여가 현실적으로 어려움, 단기적 목표 강조, 도입 시간과 비용이 많이 든다.

(2) 동기부여★★

① 내용이론(content theory)

연구자	특징
Maslow	• 생리적 욕구 → 안전욕구 → 소속욕구 → 존경욕구 → 자아실현 욕구 • 하위욕구가 충족되어야 상위욕구가 단계적으로 발생한다는 이론
Alderfer	• Existence, Relatedness, Growth(ERG) • Maslow의 이론을 비판(진행+좌절-퇴행 가능, 욕구의 동시달성 가능)
Herzberg	• 위생요인(hygiene factor) : 임금, 안정된 직업, 작업조건, 지위, 경영방침, 관리, 대인관계 등 → 불만족 요인 • 동기요인(motivator) : 성취감, 인정, 책임감, 성장, 발전, 보람있는 직무내용, 존경과 자아실현 욕구 등 → 만족 요인 • 위생요인과 동기요인을 각각 다른 차원으로 간주(불만족, 무만족, 만족)
McClelland	• 후천적(학습된) 욕구를 대상 : 성취욕구, 권력욕구, 친교욕구
Argyris	• 미성숙상태에서 성숙상태로 계속 성장발달하면서 조직의 효과성에 공헌하는 개인의 변화과정

② 과정이론(process theory)

연구자	특징
Vroom	동기부여 = 기대(expectancy) × 유의성(valence) × 수단성(instrumentality)
Porter & Lawler	보상의 가치, 노력 대 보상의 확률에 대한 지각, 능력과 자질, 역할지각, 성과, 노력, 보상, 공정한 보상에의 지각, 만족감 등
Adams	• 인지부조화 이론(투입과 산출) + 준거인물(reference) • 동기부여 = 불공정의 해소과정
Locke	목표의 구체성, 목표수준, 구성원의 참여, 결과에 대한 피드백, 목표에 대한 수용도 등

③ 인간관(X·Y·Z이론)

	핵심 내용
X이론	• 사람은 일을 싫어하고, 그저 시키는 일만 한다 • 따라서 조직목표 달성을 위해 그들을 통제, 위협, 지시, 강압, 감독의 수단으로 관리.
Y이론	• 자율적 존재(자아 통제) • 인간의 사회적 또는 자아실현욕구와 집단구성원들과의 관계지향적 행동 및 개인의 자아통제기능을 강조 → 인간관계와 행동과학의 자아실현적 인간관을 반영
Z이론	• 인간은 복잡하고 가변성을 가진 존재로서 관리전략에 대응할 능력을 가진 존재라고 바라보는 이론 • X·Y이론에 비해 현실에 적합한 이론으로 평가

> **Plus Tip 더 알고가기**
>
> **동기부여 이론**
> - 프레드릭 허즈버그는 책임감, 인정과 같은 요인이 결핍되면 '직무불만족'을 야기하는 것이 아니라 '직무만족이 되지 않은 상태'를 야기한다고 주장한다.
> - 동기를 부여하는 직무확충전략에는 직무확대와 직무충실화가 있다.
> - X이론에 의하면 사람들은 일하기를 싫어하고 피하려고 노력한다고 가정한다.
> - 공정성이론에 의하면 각 개인은 자신이 기울인 노력에 대한 보상이 적절한가를 판단할 때 절대적인 기준분만 아니라 다른 사람과 비교한 상대적 기준도 중요하게 감안한다는 전에서 출발한 이론이다.
> - 기대이론에 의하면 긍정적 강화요인으로 인정, 임금인상이 있고, 부정적 강화요인으로는 질책, 해고 등이 있다.

5. 조직의 의사전달과 갈등관리

(1) 조직의 의사전달

① 조직 구성원들 간의 정보와 의미 등의 소통이다. 경영자에게서 효율적인 의사전달은 필수적인 요소로 경영자의 중요한 기능 중의 하나이다.

② 의사소통의 원칙명료성의 원칙, 일관성의 원칙, 적당성의 원칙(소통의 양이 적당한가), 적시성의 원칙(알맞은 시기), 분포성의 원칙(관련자에게 모두 전달되는가), 적응성의 원칙(수신자가 잘 적응하는가), 수락성의 원칙(전달정보에 적극적으로 반응하는가) 등이 있다.

(2) 의사소통 네트워크★

① 네트워크는 사람들을 연결시키고 사회적 지위 또는 집단이나 조직을 연결시키는 관계의 묶음이다.

② 의사소통은 집단 내 구성원들을 서로 연결시켜 준다. 조직 내 구성원들은 정보를 얻기 위해 결합되고 그 결과 커뮤니케이션의 연결점이 형성된다.

③ Y자형, 쇠사슬형(수직구조형), 원형, 수레바퀴형(십자형), 전체연결형(스타형) 등이 있다.

　㉠ Y형 : 확고한 중심인은 존재하지 않아도 대다수의 구성원을 대표하는 리더가 존재하는 경우에 나타나는 유형으로써, 라인 및 스태프 등이 혼합되어 있는 집단에서 흔히 나타난다.

　㉡ 쇠사슬형 : 사슬의 중심에 있는 사람이 메시지의 통제자이다. 조직 내의 한 사람 이상과 의사소통을 하는 사람들이 상당 수 있는 형태이다.

　㉢ 원형 : 각 구성원들이 한쪽 방향으로 의사소통을 하게 되며, 구성원간의 상호작용이 집중되어 있지 않다.

　㉣ 수레바퀴형 : 구성원이 한 사람의 감독자에게만 보고하며, 가운데 사람이 의사소통의 중심인물이다. 집단구성원 간에 중심인물이 존재하고 있는 경우에 흔히 나타나는 커뮤니케이션 유형으로서 구성원들의 정보전달이 어느 중심인물이나 집단의 지도자에게 집중되는 패턴이다.

ⓔ 전체연결형 : 가장 분산화 된 네트워크로 각 구성원들이 집단의 다른 모든 구성원들과 의사소통을 할 수 있는 유형이다.

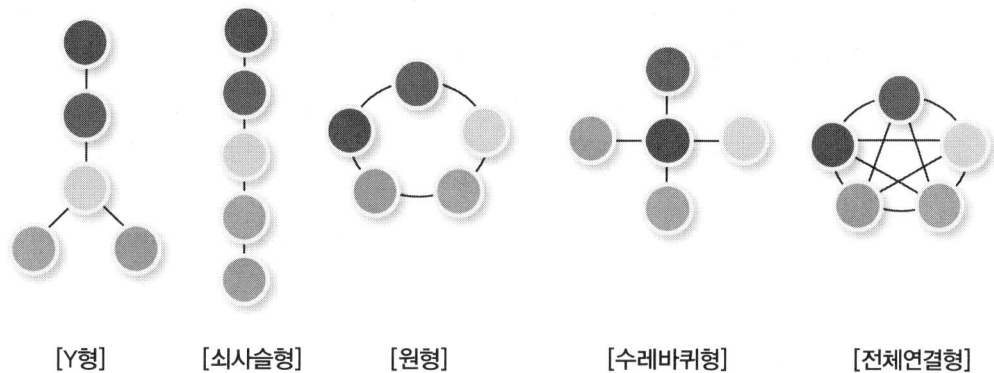

[Y형]　　　[쇠사슬형]　　　[원형]　　　[수레바퀴형]　　　[전체연결형]

(3) 조직의 갈등관리★

① 갈등이란 어떤 개인(집단)의 기대나 목표지향적 행위가 다른 사람(또는 다른 집단)에 의해 좌절되거나 그렇게 될 것으로 지각하는 것을 말한다.
② 조직 내에 갈등이 존재하면 개인과 조직에게 도움이 되기도 하고 오히려 해가 되기도 한다.
③ 순기능 : 조직의 유효성과 능률성을 향상시키며 조직의 학습과 창의성, 능력의 향상 등을 개선하는 데 도움을 준다.
④ 역기능 : 조직성과에 타격을 주게 되어 혁신과 변화를 어렵게 하고, 조직환경의 변화에 효과적으로 적응할 수 없게 하며, 이러한 수준의 갈등이 계속되면 조직의 존속 자체를 위태롭게도 한다.

(4) 갈등에 대한 대응방식(토마스 & 킬만)

㉠ 경쟁(강요/대립) : 권한중심적 대응방식으로서 이 유형은 자신의 입장을 고수하기 위해 자신의 권한을 사용한다. 예를 들어 논쟁하는 능력, 서열, 경제적 제재조치 등을 활용한다.
㉡ 협력 : 두 사람의 요구사항을 모두 충족시킬 수 있는 대안을 찾기 위해 쟁점을 찾아 특정사안을 파고드는 방법이다.
㉢ 타협 : 자신이 추구하는 것을 상대의 목표와 절충, 타협적으로 해결한다.
㉣ 회피 : 갈등상태에 있는 자신의 목표·실익 달성을 추구하지 않는다. 회피형은 갈등에 대한 언급자체를 피한다.
㉤ 양보·순응 : 자신의 이해관계보다는 상대의 요구에 맞춰 갈등해결을 추구한다.

5. 조직문화와 리더십

(1) 조직문화의 의의

① 조직구조가 조직구성원의 행동을 지배하는 공식적 시스템이라면 조직문화 역시 조직구성원의 행동을 지배하는 비공식적 분위기라고 할 수 있다.

② 조직문화는 조직구조와는 다르게 공식적인 조직도에 나타나지는 않지만 구성원들의 대인관계, 업무수행과 관련한 태도와 행동을 결정하는 집단적 가치관이나 보이지 않는 규범이다.

③ 일을 처리하는 일상적 과정 속에서도 관행과 같은 문화적 요소가 배어 있으며 결정과 선택의 순간순간에 옳고 그름에 대한 조직원들의 믿음이 작용하게 된다.

(2) 조직문화의 구성요소(파스칼과 피터스의 모형)★

① 공유가치(shared value) : 기업구성원이 함께 하는 가치관으로서 다른 조직문화의 구성요소에 영향을 주는 핵심요소이다. 따라서 조직문화형성에 가장 중요한 영향을 미치는 요소이다.

② 전략(strategy) : 기업의 장기적인 계획과 이를 달성하기 위한 자원배분과정을 포함하며 기업의 장기적인 방향과 기본성격을 결정하고 다른 조직문화형성에 영향을 미친다.

③ 조직구조(structure) : 기업체의 전략수행에 필요한 틀로서 조직구조와 직무설계 그리고 권한관계와 방침 등 구성원들의 역할과 그들간의 상호관계를 지배하는 공식요소들을 포함한다.

④ 제도(system) : 기업경영의 의사결정과 일상운영의 틀이 되는 보상제도와 인센티브, 경영정보와 의사결정시스템, 경영계획과 목표설정 시스템, 결과측정과 조정·통제 등 경영 각 분야의 관리제도와 절차를 포함한다.

⑤ 구성원(staff) : 기업체의 인력구성과 구성원들의 능력, 전문성, 신념, 욕구와 동기, 지각과 태도, 행동패턴 등을 포함한다.

⑥ 관리기술(skill) : 기업체의 각종 물리적 하드웨어 기술과 이를 작동시키는 소프트웨어 기술 그리고 기업경영에 활용되는 경영기술과 기법 등을 포함한다.

⑦ 리더십 스타일(style) : 구성원을 이끌어 나가는 경영관리자들의 관리스타일로서 이는 구성원의 동기부여와 상호작용 그리고 조직분위기와 나아가서 조직문화에 직접적인 영향을 준다.

(3) 에드거 샤인의 조직 문화 모델(Edgar Schein's Organizational Culture Model)★

① 샤인(Schein, 1992)에 따르면 조직 문화는 3개의 층으로 구성되고, 하단으로 갈수록 조직 외부 사람은 이해하기 어려워진다.

② 첫 번째는 "가시적인 수준"으로서 인공물(artifacts), 테크놀로지(technology), 그리고 행동 방식(behavior patterns)이 있다. 인공물은 문화적 의미를 전달하는 물리적 환경의 측면들이고, 테크놀로지는 조직이 외부 환경으로부터 받아들이는 것들을 조직 내부에 맞게 변환하는 수단을 의미한다. 행동 방식은 단순히 조직 구성원의 행동을 뜻한다.
② 두 번째 수준은 "조직 내의 공유된 가치(Shared values)"다. 조직 내에서의 특출한 가치들은 충성, 고객 만족, 동료애 그리고 자기 보존 등 다양하다. 가치란 외부인에게는 행동 방식보다 더 접근하기 어려운 것으로, 특별한 상징적 수단을 통해 외부인에 의해 추론되는 것이다.
③ 마지막 수준에는 조직의 구성원들이 가진 "기본 신념(basic beliefs)과 가정(assumptions)"이 자리 잡고 있다. 이 기본 신념과 가정은 매우 깊이 자리 잡고 있어서 개인이 당연하다고 받아들이는 것인데, 매우 중요한 요소이기 때문에 조직 문화의 다양한 측면에서 가시적으로 영향을 미친다.

(4) 리더십(leadership)의 의의
① 리더십이란 집단의 목표나 내부 구조의 유지를 위하여 구성원이 자발적으로 집단활동에 참여하여 이를 달성하도록 유도하는 능력을 말한다.
② 리더십은 그 기능의 수행을 피지도자의 자발성에 기대하는 점과 집단의 성질에 따라 그 특성이 반드시 고정적이 아니라는 점에서 지배와 다르다.
③ 리더십은 기능의 방법에 있어서 탄력적이어야 하며, 이를 위해서는 리더에게 통찰력과 적응성이 요구된다.

(5) 리더십이론의 발전과정★
① 특성추구이론(trait theory)
  ㉠ 리더에게는 리더가 아닌 사람과 구별할 수 있는 남다른 특성이 있다고 보고, 이러한 개인적 특성을 추출하고자 한 연구를 말하는데, 특성의 일관성 결여, 상황적 요소와 리더에 대한 설명부족 등의 한계가 있다.
  ㉡ 테드(O.Tead)는 리더가 갖추어야 할 특성으로는 육체적·정신적인 힘, 목적의식과 지도능력, 정열, 친근감과 우호심, 품성, 기술적 우월성, 결단성, 지능, 교육능력, 신념을 제시하였다.
② 행위이론(behavioral theory)
  ㉠ 리더의 행위와 성과간의 관계를 밝히고자 하는 연구로서 리더의 행동을 기준으로 리더십의 유형을 구분하고, 유형간의 차이와 가장 바람직한 유일·최선의 리더십유형을 찾아내려는 데 초점을 두었다.
  ㉡ 효과적인 리더들이 어떠한 행동 스타일 또는 행동 패턴을 보이는가를 규명하여 효과적이라고 입증된 리더십 스타일을 훈련시켜 리더를 양성하고자 하는 것이다. 예를 들면

부하가 문제를 정확히 파악하도록 돕는 방법과 부하에게 자신감을 심어주는 행동을 훈련받은 리더의 경우 그 부하들의 창의성이 증대되었다.
ⓒ 그러나 어떤 상황에서는 특정한 스타일의 리더십이 유효한 것으로 나타나지만, 다른 상황에서는 반대의 결과가 나타나다. 즉, 리더가 처한 변수가 달라짐에 따라 효과적인 리더십유형도 달라진다.

③ 상황적합이론
㉠ 리더십 과정에 작용하는 상황적 요소에 따라 그 성과가 다르게 나타난다는 피들러(Fiedler)의 이론이다.
㉡ 리더십의 결정요인이 리더의 특성에 있는 것이 아니라 리더가 처해 있는 조직적 상황에 있다는 주장이다.
㉢ 이 이론은 리더십에 있어서 각기 다른 상황은 다른 접근방식이 요구된다는 전제 아래 어떤 상황이든 가장 효과적인 리더십을 발휘하기 위해서는 리더의 지위권력, 수행해야 할 과제의 구조와 본질, 리더와 구성원 간의 인간관계 등을 필수적인 요소로 하고 있다.

> **Plus Tip** 더 알고가기
> 리더십 스타일
> - 지시적 리더십 - 과업중심
> - 참여적 리더십 - 양방향 의사소통
> - 위임적 리더십 - 자유, 개방 의사소통
> - 변혁적 리더십 - 카리스마, 영감적 동기부여, 지적 자극, 개인적 배려

(6) 블레이크(Blake)와 머튼(Mouton)의 관리격자모형 연구★

① 과업과 관계성의 두 개념을 그들의 관리망(Managerial Grid) 속에 알기 쉽게 표현하고 조직개발 프로그램에 널리 활용하였다. 관리망에서는 생산(과업)에 대한 관심과 인간(관계성)에 대한 관심에 근거한 다섯 가지의 리더십 유형이, 오하이오 주립대학교에서 개발한 4분도 위에 표현되고 있다.
② 무관심형/무기력형(1-1형): 리더의 생산과 인간에 대한 관심이 모두 낮아서 리더는 조직 구성원으로서 자리를 유지하기 위해 필요한 최소한의 노력만 한다.
③ 인기형/컨트리클럽형(1-9형): 리더는 인간에 대한 관심은 매우 높으나 생산에 대한 관심은 매우 낮다. 리더는 부하와의 만족한 관계를 위하여 부하의 욕구에 관심을 갖고, 편안하고 우호적인 분위기로 이끈다.
④ 과업형(9-1형): 리더는 생산에 대한 관심이 매우 높으나 인간에 대한 관심은 매우 낮다. 리더는 일의 효율성을 높이기 위해 인간적 요소를 최소화하도록 작업 조건을 정비하고 과업수행능력을 가장 중요하게 생각한다.
⑤ 팀형/단합형(9-9형): 인간과 과업 모두에 대한 관심이 매우 높다. 리더는 구성원과 조직

의 공동목표 및 상호의존 관계를 강조하고, 상호간에 신뢰와 존중을 바탕으로 한 관계와 구성원의 몰입을 통하여 과업을 달성한다.
⑥ 중간형(5-5형) : 리더는 생산과 인간에 대해 적당히 관심을 갖는다. 그러므로 리더는 과업의 능률과 인간적 요소를 절충하여 적당한 수준에서 성과를 추구한다.

[블레이크(Blake)와 머튼(Mouton)의 관리격자모형]

제2절 인적자원관리

1. 인사관리의 기초와 개념

(1) 인적자원관리의 의의

① 인적자원관리란 조직의 목적을 달성하기 위하여 인적자원의 잠재적 능력을 육성, 개발함과 동시에 인적자원의 잠재능력이 조직의 전략적 목표를 달성하는 데 기여하도록 체계적으로 운영, 계획, 육성, 활용하는 등의 조직적인 활동이라 할 수 있다.
② 인적자원관리란 조직에서 일하는 사람을 다루는 제도적 체계이며 사람이 사람을 다루는 제도로서 관리의 대상과 주체 모두가 인간이다. 또한 조직체가 보유한 인적 자원의 효율적 이용을 위하여 수행하는 일련의 계획적·체계적 시책이다.

(2) 인적자원관리 기능

① 기본기능 : 직무관리와 인적자원 계획
② 확보기능 : 채용관리(모집, 선발, 배치)와 인사행정(인사이동)
③ 개발기능 : 인사평가(인사고과)와 교육훈련, 개발, 경력관리

④ 보상기능 : 임금관리, 복리후생관리
⑤ 유지기능 : 안전보건관리, 이직관리, 노사관계관리

2. 직무분석과 직무평가★

(1) 직무분석의 의의
① 직무분석이란 특정 직무의 성질을 결정하는 과정으로 합리적 채용기준 마련 및 직무평가를 위한 자료를 얻기 위하여 실시한다.
② 직무에 관련된 정보들과 아울러 직무를 수행할 사람들이 갖추어야 할 요건을 체계적으로 수집하고 정리하는 과정이다.
③ 직무기술서(job description)는 직무의 능률적 수행을 위해 직무에 관한 사실을 직무내용 중심으로 간략하게 정리한 문서를 말한다.
④ 직무명세서(job specification)는 직무를 성공적으로 수행하는데 필요한 인적요건을 명시해 놓은 것이다. 일반적으로 포함되는 정보는 작업자에게 지식, 기술, 적성, 성격, 흥미, 가치, 태도, 경험, 자격요건이다.

(2) 직무분석 목적
① 직무분석의 목적은 인사관리가 일관성 있고, 공정하게 수행될 수 있도록 직무에 관한 객관적 자료를 제공하는 것이다.
② 직무분석은 조직의 합리화를 위한 기초작업으로 권한과 책임의 한계를 명확하게 하고, 합리적 채용·배치·이동의 기준을 제공하며, 업무개선의 기초자료를 제공한다. 또한 종업원 교육훈련과 직무급 등 임금결정의 기초자료로 활용된다.

(3) 직무분석 절차

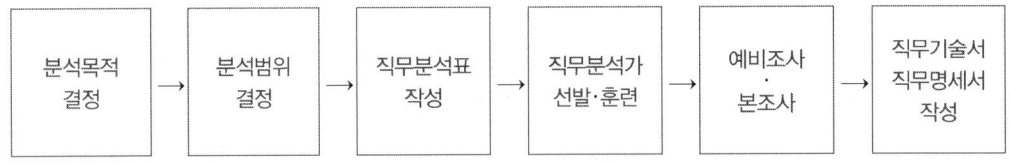

(4) 직무평가(job evaluation)의 의의와 목적
① 직무평가 의의
㉠ 직무평가(job evaluation)란 기업 내에서 각각의 직무가 차지하는 상대적 가치(the relative worth of jobs)를 결정하는 것이므로 각각의 직무가 지니는 책임도, 업무수행상의 곤란도, 복잡도 등도 비교·평가하여 이들에 대한 상대적인 서열을 매기는 기법이다.
㉡ 직무평가는 경영조직에 있어서의 각 직무의 상대적 가치를 결정하기 위한 한 방법이므

로 어디까지나 직무 그 자체의 가치를 판단하는 것이지 결코 직무상의 개개의 인간을 평가하는 것은 아니다.

② 직무평가 목적
　㉠ 각 직무의 질과 양을 평가하여 직무의 상대적인 유용성을 결정하기 위한 자료를 제공한다.
　㉡ 공정타당한 임금편차에 의하여 종업원의 노동의욕을 증진하고 나아가서는 노사간의 관계를 원활하게 한다.
　㉢ 직계제도 내지 직제의 확립과 직무급의 입안 등의 기초가 된다.
　㉣ 동일 노동시장 내의 타기업과 비교할 수 있는 임금구조의 설정에 대한 자료를 제공한다.

(5) 직무평가 방법

① 서열법(Ranking Method)
각 직무의 난이도 및 책임성 등을 평가하여 서열을 매기는 방법이다.

② 분류법(Grading Method)
직무의 가치를 단계적으로 구분하는 등급표를 만들고 직무평가를 그에 맞는 등급으로 분류하는 방법이다.

③ 점수법(Point Method)
직무를 각 구성요소로 분해한 뒤 평가한 점수의 합계로써 직무의 가치를 평가하는 방법이다.

④ 요소비교법(Factor-comparison Method)
객관적으로 가장 타당하다고 인정되는 기준직무를 설정하고, 이를 기준으로 평가직무를 그것에 비교함으로써 평가하는 방법이다.

3. 인적자원의 확보와 개발

(1) 인적자원계획

① 인적자원계획은 현재 또는 장차 기업이 필요로 하는 인력의 양과 적절수준을 양적인 차원에서 사전에 예측하고 결정하는 한편, 이를 충족시킬 수 있는 기업 내외부의 공급인력을 예측하고 계획하는 인적사원기능을 의미한다.
② 인적자원계획은 조직에서 직무분석을 통하여 기업의 목표달성을 위해 업무의 특성을 결정하고 그에 필요한 인적자원을 확보하기 위해 관리하는 과정이다.

(2) 채용·모집 관리

① 채용이란 "모집 → 선발 → 배치"의 과정을 통해 기업의 필요한 인력을 필요한 부서에 배치하는 것을 말한다.
② 모집이란 선발을 전제로 하여 양질의 인력을 조직으로 유인하는 과정이라고 할 수 있다.
③ 모집원은 사내모집원과 사외모집원으로 분류할 수 있는데, 사내모집원은 기능목록이나 인

력배치표 또는 공개모집제도를 통한 것이 있고, 사외모집원으로는 광고활동, 직업소개소, 현직종업원에 의한 추천 등이 있다.

(3) 인적자원개발(Human Resource Development, HRD)
① 개인, 조직, 그리고 사회 전체의 성장과 발전을 목표로 사람의 능력과 잠재력을 개발하는 활동과 프로세스를 의미한다.
② 이는 개인의 직무 능력을 향상시키고 조직의 성과를 증대시키며, 궁극적으로는 사회적, 경제적 발전에 기여하는 중요한 개념이다.

4. 인적자원의 활용과 배치

(1) 인적자원의 활용과 배치
① 기업업무의 효율성을 높이고 기업의 성과와 목표에 맞는 구성원들을 상황에 맞게 활용하는 과정이다.
② 각 직무에 종업원을 배치시키는 것을 배치라고 하고, 일단 배치된 종업원을 필요에 따라서 현재의 직무에서 다른 직무로 바꾸어 재배치하는 것을 이동이라고 한다.

(2) 승진관리
① 경영기능 혹은 조직기능상의 효율적인 승진제도의 확립은 종업원의 입장에서 볼 때 자기발전의 욕구충족과 희망의 계기를 마련함으로써 동기유발을 촉진시키게 된다.
② 승진제도의 유형 : 직계승진제도, 연공승진제도, 대용승진제도 등

5. 인적자원의 보상과 유지

(1) 임금수준관리
① 인적자원의 보상은 구성원의 노력과 노동력에 대한 회사차원의 보상이다. 이는 임금이 대표적이며 진급과 상여금, 후생복지까지 해당된다.
② 임금이란 사용자의 입장에서 보면 노동자가 기업에 제공한 노동에 대해 지불하는 대가이고, 근로자의 입장에서 볼 때는 생활의 원천이 되는 소득이다.
③ 임금수준은 기업이 일정기간 종업원에게 지급되는 평균임금, 즉, 기업전체의 평균임금으로서 사회의 임금수준, 생계비, 기업의 지급능력을 고려하여 결정된다.

(2) 성과보상
성과보상이란 종업원이 조직에게 제공한 근로의 대가를 금전이나 비금전적인 형태로 보상받는 것이다.

제3절 재무관리

1. 재무관리 개요

(1) 재무관리 의의

① 재무관리(financial management)란 기업의 목표를 효율적으로 달성하기 위해 자금을 조달하고, 그 자금을 투자·운용 및 투자자금의 회수 등 일련의 의사결정과 관련된 관리이론이다.

② 기업이 필요로 하는 자금을 합리적으로 조달하고 조달된 자금을 효과적으로 사용하는 관리기능으로 기업가치의 극대화를 궁극적 목표로 한다.

③ 재무관리의 기능은 사업의 종류와 규모를 선택하는 투자결정(Investment Decision) 즉 자산 주로 고정자산을 어떻게 구성할 것인가의 자본예산과 선택한 사업수행에 필요한 자금을 최적의 방법으로 조달하는 자본조달결정(Financing Decision) 으로 이루어진다.

④ 자본조달 원천은 자기자본과 타인자본으로 구분되며 이의 구성비율을 자본구조(Capital Structure)라 한다.

(2) 재무관리의 의사결정

① 투자결정
　조달된 자본을 어떤 자산에 얼마만큼 배분(투자)할 것인지의 의사결정을 말한다.

② 자본조달결정
　투자에 사용될 자본을 어떤 방법으로 얼마만큼 조달할 것인지의 의사결정을 말한다.

③ 배당의사결정
　영업의 결과로 실현된 이익을 어떻게 배분할 것인지의 의사결정이다. 주로 배당과 사내유보와 관련된 의사결정이다.

2. 자본예산과 자본조달

(1) 자본예산(capital budget)

① 투자수익 효과가 장기적으로 실현되는 투자결정에 대한 총괄적인 계획과 평가 과정이다.

② 기업의 가치를 극대화하기 위해 특정 자산에 투자의사를 결정하는 과정이다.

③ 토지, 건물, 생산시설, 신제품개발, 연구개발비에 대한 투자도 포함된다.

(2) 자본예산 의사결정의 중요성

① 자본예산 의사결정(capital budgeting)은 고려하고 있는 신사업투자를 자본예산에 포함시킬 것인지 판단하는 결정으로 사업의 미래수익성이 충분하면 채택하고 충분하지 않으면

기각하는 것을 말한다.
② 기업의 장기적인 경영전략과 자금조달계획, 미래상황에 대한 분석을 토대로 신중하게 이루어져야 한다.
③ 경제환경의 변화, 소비자 취향의 변화, 국가정책의 변화 등 여러 요인을 계획성 있게 분석하여 투자결정을 해야 한다.

(3) 기업의 자본조달
① 팩토링 : 기업 및 기업 사이에 발생하게 되는 매출채권을 매입하는 것을 의미한다.
② 엔젤 : 신설된 벤처기업의 기업화 초기단계에서 필요로 하는 자금을 지원하며, 동시에 경영을 지도해 주는 개인 투자자를 의미한다.
③ 차입 : 은행에서의 장기차입은 대체로 시설투자를 목적으로 차입하게 되며, 단기차입은 운영자금으로 차입한다.
④ 할부금융 : 내구재를 할부 구매한 소비자들에 대한 채권매입을 의미한다.

(4) 투자안의 경제적 평가방법 및 기법★
① 회수기간법
어떤 투자안에 대한 회수기간(payback period)은 투자안에 대한 최초의 현금지출을 회수하는 데 걸리는 년수(年數)를 의미한다.
② 순현재가치법(NPV ; Net Present Value)
  ㉠ 투자에 의하여 발생할 미래의 모든 현금흐름을 알맞은 할인율로 할인하여 계산한 현재가를 기준하여 장기투자를 결정하는 방법
  ㉡ 미래에 발생하는 특정시점의 현금흐름을 이자율로 할인하여 현재시점 금액으로 환산하는 것
③ 내부수익률법(IRR ; internal rate of return method)
  ㉠ 투자 프로젝트에서 얻을 수 있는 예상 수익률을 계산하는 방법
  ㉡ 투자를 함으로써 기대되는 미래의 현금 수입액이 현재의 투자가치와 같아지도록 할인하는 이자율
  ㉢ 현금유입의 현가와 현금유출의 현재가치를 같게 만드는 할인율로 순현재가치법의 관점에서 정의하면 순현가(NPV)를 0으로 만드는 할인율

(4) 포트폴리오 이론(modern portfolio theory)
① 포트폴리오(portfolio theory)는 원래 투자론에서는 하나의 자산에 투자하지 않고 주식, 채권, 부동산 등 둘 이상의 자산에 분산 투자할 경우 그 투자대상을 총칭하는 것으로 경제주체가 보유하고 있는 금융자산 등 각종 자산들의 구성을 의미한다.

② 자산을 분산투자하여 포트폴리오를 만들게 되면 분산투자 전보다 위험을 감소시킬 수 있다는 이론이다.

3. 자본비용(cost of capital)

(1) 자본비용
① 자본비용이란 자금사용의 대가로 부담하는 비용으로서 자본 제공자의 입장에서는 요구수익률로 볼 수 있다.
② 기업이 투자에 필요한 자금을 조달하고 그 자금에 대하여 투자자가 요구하게 되는 최소한의 수익률을 의미한다.

(2) 자본비용의 분류
① 자기자본 비용 : 주주에 대한 배당
② 타인자본 비용 : 차입금에 대한 이자, 사채이자, 채권에 대하여 발행하는 수익률 등

4. 재무분석

(1) 재무제표(financial statement) 분석
① 회계실체의 일정기간(회계기간) 동안의 경제적 사건과 그 기간 말에 있어서의 경제적 상태를 나타내기 위한 일련의 회계보고서이다.
② 회계는 회계실체의 이해관계자에게 회계실체에 관련된 유용한 재무적 정보를 제공하는 수단으로서 회계보고서를 작성·보고하는 것으로서, 재무제표는 이러한 회계보고서의 가장 중심적이고 종합적 체계를 이루고 있다.

(2) 재무상태표(B/S ; Balance Sheet)
① 회사의 자금이 어떻게 조달되었고 어디에 사용되고 있는지를 나타내준다. 대차(貸借)에서 왼쪽이 차를, 오른쪽이 대를 가리키는 말이다
② 차변에서는 필요한 자금이 어떻게 조달되었는지를 나타내게 되는데 은행 등 외부에서 빌린 돈이나 갚지 않은 돈은 부채로 표시하고, 주주들로부터 거둔 자금은 자본으로 표시하는 것이다.
③ 대변에서 조달된 자금이 현재 어떤 형태의 자산에 운용되고 있는지를 보여주는 것이다.

(3) 손익분기점(BEP ; Break Even Point)★
① 손익분기점이란 한 기간의 매출액이 당해 기간의 총비용과 일치하는 점을 말한다. 즉, 이익도 손실도 생기지 않는 매출액을 말한다.
② 매출액이 그 이하로 감소하면 손실이 나며 그 이상으로 증대하면 이익을 가져오는 기점을

가리킨다.
③ 손익분기점 분석에서는 보통 비용을 고정비와 변동비(또는 비례비)로 분해하여 매출액과의 관계를 검토한다.
④ 고정비와 변동비
　㉠ 고정비에는 판매원의 급료, 복리후생비, 차량연료비, 여비교통비, 통신비, 소모품비, 수도·광열비, 광고·선전비, 감가상각비, 수선비, 토지·건물 임차료, 교제비 등이 있다.
　㉡ 변동비에는 매출원가, 지급운임, 지급하역비, 포장재료비, 지급보관료 등이 있다.

> ● 손익분기점 공식
> - 손익분기점 매출액 = 고정비 ÷ [1-(변동비/매출액)]
> - 손익분기점 판매량 = 총고정비 / (단위당 판매가 - 단위당 변동비)
> - 어떤 일정한 매출을 하였을 때에 발생하는 손익액을 산출하는 공식
>   손익액 = 매출액×[1-(변동비/매출액)-고정비]
> - 특정의 목표이익을 얻기 위하여 필요로 하는 매출액을 산출하는 공식
>   필요매출액 = (고정비 + 목표이익) ÷ [1-(변동비/매출액)]

(4) 기업경영분석

① 기업경영분석이란 기업의 재무상태표, 손익계산서 등 재무제표나 각종 경영 관련 자료를 종합하여 기업의 재무상태나 경영성과를 종합적으로 분석하는 것이다.
② 주요 경영분석 지표★

부문	항목	산식	표준
안전성 분석	유동비율	유동자산 / 유동부채×100	200% 이상
	당좌비율	당좌자산 / 유동부채×100	100% 이상
	부채비율	부채 / 자기자본×100	200% 이하
	자기자본비율	자기자본 / 총자본×100	50% 이상
수익성 분석	매출액 순이익율	당기순이익 / 매출액×100	높을수록 양호
	총자산 세전이익율	세전이익 / 총자산×100	높을수록 양호
	자기자본 세전이익율	세전이익 / 자기자본×100	높을수록 양호
활동성 분석	총자산 회전율	매출액 / 총자산	높을수록 양호
	매출채권 회전율	매출액 / 매출채권	높을수록 양호
	재고자산 회전율	매출액 / 재고자산	높을수록 양호
성장성 분석	매출액 증가율	당기매출액 / 전기매출액×100	높을수록 양호
	총자산 증가율	당기말총자산 / 전기말총자산×100-100	높을수록 양호
	자기자본 증가율	당기말자기자본 / 전기말자기자본×100-100	높을수록 양호

[경영분석 지표]

제4절 구매 및 조달관리

1. 구매 및 조달관리의 개념 및 절차

(1) 구매 및 조달관리 개념

① 구매란 기업이 생산에 필요한 자재(원재료, 부분품, 소모 공구, 기구 비품, 기계 설비 등)를 또는 용역(전력, 수송, 통신, 보수 등의 서비스 외주 가공 등의 가치)을 외부로부터 대가를 지불하고 취득하는 것을 뜻하며 판매하기 위한 상품을 취급하는 것과는 구분하고 있다.

② 구매관리란 생산활동의 흐름속에서 생산계획을 달성할 수 있도록 생산에 필요한 자재를 양호한 거래선으로부터 적정한 품질을 확보하여 적절한시기에 필요한 수량만을 최소의 비용으로 입수하기 위한 관리활동을 말한다.

③ 조달관리는 상품 및 서비스를 사는(Buying) 절차는 물론, 공급업체를 탐색하고 선택하여 공급시장을 분석하는 소싱(Soucing) 활동, 업체 선정, 가격 및 지불 조건 뿐만 아니라 계약 및 협상 과정 등을 포함한 전략적인 과정이 포함된다.

(2) 구매 및 조달관리의 절차

조달계획 → 구매요청 → 구매계획 → 구매협상 및 계약 → 발주서 → 납기관리 → 검수 및 입고

(3) 집중구매와 분산구매★

① 집중구매란 본사에서 자재를 집중적으로 구매하는 것이다. 집중구매 품목은 다음과 같다.
  ㉠ 금액 중요도가 높은 품목이다.
  ㉡ 전사적 공통품목 및 표준품목이다.
  ㉢ 대량으로 사용되는 품목이다.
  ㉣ 수입자재 등 구매절차가 까다로운 품목이다.
  ㉤ 수요량, 수요빈도가 높은 품목이다.
  ㉥ 구매량에 따라 가격차가 있는 품목이다.

② 본사 외의 여러 군데의 사업소(공장, 지점)에서 개별 구매하는 방법이다. 분산구매 품목은 다음과 같다.
  ㉠ 시장성 품목이다.
  ㉡ 구매지역에 따라 가격의 차이가 없는 품목이다.
  ㉢ 소량·소액품목이다.
  ㉣ 사무용 소모품 및 수리부속품이다.

2. 구매실무 및 품질관리

(1) 원가계산★
① 목적 : 시장가격의 적정성을 판단하고 적정한 구매가격을 결정하기 위해
② 원가구성 : 재료비(material cost), 노무비(labor cost), 경비(expenses cost)

> • 직접원가(기초원가) = 직접재료비 + 직접노무비 + 직접경비
> • 제조원가(공장원가) = 직접원가 + 제조간접비
> • 총원가(판매원가) = 제조원가 + 판매비와 관리비
> • 판매가격(매가) = 총원가 + 이익

(2) 품질관리의 정의
① 품질관리란 수요자의 요구에 맞는 품질의 제품을 경제적으로 만들어 내기 위한 모든 수단의 체계이다.
② 소비자의 요구에 합치한 품질의 제품 또는 서비스를 경제적으로 만들어 내기 위한 수단의 체계를 품질관리(Quality Control ; QC)라고 한다.
③ 근대적인 품질관리는 통계적인 수단을 채용하고 있기 때문에 통계적 품질관리(Statistical Quality Control ; SQC)라고 한다.

(3) 전사적 품질경영(Total Quality Control ; TQC)
① 제품의 품질과 생산성을 향상시키는 가장 효과적인 방법은 품질과 관련된 근본적인 문제를 발견하고 제기하는 것이다. 이를 위한 하나의 방법으로 전사적 품질경영을 들 수 있다.
② 소비자가 만족할 수 있는 품질의 제품 또는 서비스를 경제적으로 생산하기 위해서, 회사 내의 모든 부문의 활동을 종합해서 관리할 필요가 있다는 것을 강조하고 있다.

(4) 품질관리 비용
① 예방비용(prevention costs) : 불량 발생의 예방활동과 관련한 비용 즉, 품질계획 및 개선, 불량을 사전에 예방하는 활동에 소요되는 비용을 말한다.
② 평가비용(appraisal costs) : 품질확인이나 불량이 없다는 것을 보증하는데 드는 활동비용 즉, 전 생산과정을 통하여 불량품을 가려내기 위한 활동과 관련되는 제 비용을 말한다.
③ 내부실패비용(internal failure costs) : 생산단계에서 발견된 실패에 수반된 비용, 즉 생산공정 및 제품이 고객에 인도되기 전에 품질수준을 충족시키지 못하여 발생하는 비용이다.
④ 외부실패비용(external failure costs) : 고객에게 전달된 이후 발견된 불량과 관련된 제비용 즉, 제품이 고객에게 인도된 후에 품질 불만족으로 야기되는 비용을 말한다.
⑤ 생산준비비용(setup costs) : 특정 제품을 생산하기 위하여 생산공정의 변경이나 기계 및

공구의 교환 등으로 발생되는 비용 즉, 준비시간 중 발생되는 기계의 유휴비용, 준비 인원의 직접 노무비, 공구비용 등이다.

(5) 6시그마★

① 시그마(σ)는 통계학에서의 표준편차(standard deviation)를 의미한다.
② 모토로라에서 시작된 6시그마 운동은 제품의 설계, 제조, 그리고 서비스의 품질편차를 최소화해 그 상한과 하한이 품질 중심으로부터 6σ 이내에 있도록 한다는 것이다.
③ 6시그마에서 품질규격을 벗어날 확률은 1백만 개 중 3.4개(3.4PPM) 수준이다.
④ 6시그마는 기업에서 전략적으로 완벽에 가까운 제품이나 서비스를 개발하고 제공하려는 목적으로 정립된 품질 경영 기법이다.
⑤ 6시그마의 수행단계 : 정의 → 측정 → 분석 → 개선 → 통제

단계	표현방법
정의(define)	고객들의 요구사항과 품질의 중요영향요인(CTQ ; critical to quality), 즉 고객만족을 위해 개선해야 할 중요부분을 인지하고 이를 근거로 개선작업을 수행할 프로세스를 선정하는 단계
측정(measure)	중요 영향요인(CTQ)에 영향을 미치는 프로세스에 대하여 그 업무과정에서 발생하는 결함을 측정하는 단계
분석(analyze)	결함의 형태와 발생원인을 조사하여 중요한 직접적 및 잠재적 변동원인을 파악하는 단계
개선(improve)	결함의 원인을 제거하여 문제나 프로세스를 개선하는 단계
통제(control)	개선효과 분석, 개선프로세스의 지속방법을 모색하는 단계

제3장 학습정리

- 조직 : 어떤 기능을 수행하도록 협동해 나가는 체계, 즉 개개의 요소가 일정한 질서를 유지하면서 결합하여 일체적인 것을 이루고 있는 형태를 말한다.
- 조직구조의 구성요소 : 복잡성, 공식화, 집권화
- 조직설계 : 조직이 조직목표를 달성하는데 필요한 여러 활동들을 통제할 수 있도록 조직구조를 선택하고 관리하는 과정이라고 정의할 수 있다.
- 조직구조 유형 : 라인 조직, 기능별 조직, 라인-스태프 조직, 사업부제 조직, 프로젝트(Project)별 조직, 매트릭스(Matrix) 조직, 네트워크 조직 등
- 프로젝트(Project)별 조직 : 특별 과업에 따라 관련 부서에서 프로젝트 수행을 위해 인력을 파견하고 프로젝트를 해결한 후 원래 부서로 복귀하는 조직을 의미한다.
- 매트릭스(Matrix) 조직 : 전통적인 직능부제 조직과 전통적인 프로젝트 조직을 통합한 형태로, 프로젝트 조직이

직능조직의 단위에 첨가되어 있을 때의 형태이다.
- 목표관리(MBO ; Management by Objective) : 맥그리거의 Y이론적 인간관을 기초로 목표설정 시 구성원을 참여시키는 방식이다. 상사와 부하가 사전에 협의하여 업무목표와 달성기준(평가지표)을 명확히 설정하고 체계적으로 조직성원들의 개개목표 내지 책임을 합의하여 부과하며 그 수행 결과를 사후에 평가하고 환류 시켜 궁극적으로 조직의 효율성 향상에 기여코자 하는 관리체제 내지 관리기법을 의미한다.
- 인적자원관리 : 조직의 목적을 달성하기 위하여 인적자원의 잠재적 능력을 육성, 개발함과 동시에 인적자원의 잠재능력이 조직의 전략적 목표를 달성하는 데 기여하도록 체계적으로 운영, 계획, 육성, 활용하는 등의 조직적인 활동이라 할 수 있다.
- 직무기술서(job description) : 직무의 능률적 수행을 위해 직무에 관한 사실을 직무내용중심으로 간략하게 정리한 문서를 말한다.
- 직무명세서(job specification) : 직무를 성공적으로 수행하는데 필요한 인적요건을 명시해 놓은 것이다. 일반적으로 포함되는 정보는 작업자에게 지식, 기술, 적성, 성격, 흥미, 가치. 태도, 경험, 자격요건이다.
- 직무평가 방법 : 서열법(Ranking Method), 분류법(Grading Method), 요소비교법(Factor-comparison Method), 점수법(Point Method)
- 인사고과(performance assessment) : 종업원의 능력과 업적을 평가하여 그가 보유하고 있는 현재적 또는 잠재적 유용성을 조직적으로 파악하는 방법이다.
- 동기부여이론 : 동기부여가 어떻게 이루어지는가에 대한 과정이론으로, 인간은 어떠한 경우에 열정적으로 조직목표 달성을 위해 움직이는지를 밝히는 이론이다.
- 재무관리(financial management) : 기업의 목표를 효율적으로 달성하기 위해 자금을 조달하고, 그 자금을 투자·운용 및 투자자금의 회수 등 일련의 의사결정과 관련된 관리이론이다.
- 자본예산 : 투자로 인한 수익이 앞으로 1년 이상 걸쳐 장기적으로 실현될 투자결정에 관련된 계획과정의 수립
- 기업경영분석 : 기업의 대차대조표, 손익계산서 등 재무제표나 각종 경영 관련 자료를 종합하여 기업의 재무상태나 경영성과를 종합적으로 분석하는 것이며 재무제표를 이용한 비율분석이 중심을 이루고 있어 기업경영분석을 재무제표분석(financial statement analysis) 또는 재무분석(financial analysis)이라고도 한다.
- 구매 및 조달관리절차 : 조달계획 → 구매요청 → 구매계획 → 구매협상 및 계약 → 발주서 → 납기관리 → 검수 및 입고
- 집중구매 : 본사에서 자재를 집중적으로 구매하는 것
- 분산구매 : 본사 외의 여러 군데의 사업소(공장, 지점)에서 개별 구매하는 방법
- 식스시그마(six-sigma) : 통계학적으로 무결점에 가까운 2PPB(0.002PPM)의 품질수준을 의미하는데, 통상 3.4PPM 정도의 품질수준을 식스시그마의 수준으로 간주하며, 3.4PPM은 제품 1백만 개당 3.4개 이내의 불량수준을 의미한다.

memo.

적중 예상문제

01 다음 중 MBO(Management By Objectives)에 대한 설명으로 가장 거리가 먼 것은?

① 조직은 구성원과 능동적으로 상호작용한다.
② 목표권한이 하급자에게 있다.
③ 도입 시간과 비용이 타 방식에 비해 가장 적게 든다.
④ 의사소통이 원활하다.
⑤ 목표설정과 관리과정을 동시에 강조한다.

정답 ③
해설 MBO(Management By Objectives)는 상사와 하급자 간의 의견조율을 통해 업무량을 결정하고 진행하는 방식으로 이를 효율적으로 운용하기 위해서는 많은 시간 및 비용이 들어가게 된다.

02 다음 리더십의 기능으로 옳지 않은 것은?

① 인적, 물적 자원을 지원 통제한다.
② 조직의 단합과 일체감을 만든다.
③ 조직의 동기부여와 능률을 낮춘다.
④ 목표설정과 구성원의 역할과 책임을 명확히 한다.
⑤ 조직 활동을 통합, 통제, 조정하여 효과적인 목표달성을 이루도록 한다.

정답 ③
해설 조직에서는 리더의 리더십으로 인해 조직의 동기부여와 능률을 높인다.

03 조직 내갈등의 생성단계와 설명으로 가장 옳지 않은 것은?

① 잠재적 갈등 : 갈등이 존재하지 않는 상태를 의미한다.
② 지각된 갈등 : 상대방에 대해 적대감이나 긴장감을 지각하는 것을 말한다.
③ 감정적 갈등 : 상대방에 대해 적대감이나 긴장을 감정적으로 느끼는 상태를 말한다.
④ 표출된 갈등 : 갈등이 밖으로 드러난 상태를 의미한다.
⑤ 갈등의 결과 : 갈등이 해소되었거나 잠정적으로 억제되고 있는 상태를 말한다.

정답 ①
해설 잠재된 갈등은 갈등이 존재하지 않는 것이 아닌 갈등이 잠재되어 있어 언제라도 갈등이 야기될 수 있는 상황을 의미한다.

04 조직 구조와 관련된 기술로서 가장 적합하지 않은 것은?

① 기능별 조직은 환경이 비교적 안정적일 때 조직관리의 효율성을 높일 수 있다.
② 기능별 조직은 각 기능별로 규모의 경제를 얻을수 있다.
③ 라인조직은 각 조직구성원이 한 사람의 직속상관의 지휘 / 명령에 따라 활동하고 동시에 그 상위자에 대해서만 책임을 지는 형태이다.
④ 제품 조직은 제품을 시장특성에 따라 대응함으로써 소비자의 만족을 증대시킬 수 있다.
⑤ 매트릭스 조직은 많은 종류의 제품을 생산하는 대규모 조직에서 효율적이다.

정답 ⑤
해설 매트릭스 조직은 깊이 있는 기술적 지식과 빈번한 신제품 개발 등과 같이 2가지 이상의 중요한 목표가 요구될 경우, 그리고 고도로 전문화된 재화나 용역을 산출하고 판매하는 고도의 정보처리가 요구되는 불확실성에 직면하고 있는 조직, 그리고 인적 / 물적 자원의 제약을 다루어야 하는 조직 등에 적용될 때 그 장점이 크게 나타날 수 있다.

05 동기부여 이론에 관한 설명으로 가장 적절하지 않은 것은?

① 앨더퍼(Alderfer)의 ERG이론에서는 인간의 욕구를 존재욕구, 관계욕구, 성장욕구로 구분하고 있으며, 충족-진행의 원리와 좌절-퇴행의 원리를 제시하고 있다.
② 허쯔버그(Herzberg)의 이요인이론(two factor theory)에 의하면 급여, 성취감과 같은 위생요인이 충족되면 만족도가 증가된다.
③ 핵크만(Hackman)과 올드햄(Oldham)의 직무특성이론에 의하면 성장욕구수준이 높은 사람은 직무정체성이 높은 직무를 수행할 때 동기부여수준이 높아진다.
④ 목표설정이론(goal setting theory)에 의하면 구체적인 목표를 설정할 때 성과가 높아진다.
⑤ 공정성이론(equity theory)에 의하면 허쯔버그(Herzberg)가 제시한 위생요인과 동기요인 모두가 개인이 받는 보상(산출물)에 포함될 수 있다.

정답 ②
해설 허쯔버그(Herzberg)의 2요인이론(two factor theory)에 의하면 위생요인이 충족되면 불만족도가 감소하고 동기요인이 충족되면 만족도가 증가한다. 급여는 위생요인에 해당되고, 성취감은 동기요인에 해당된다.
위생요인(불만족 요인)이란 자기가 하는 일의 주변 환경과 관련된 요인인 임금, 작업조건, 동료관계 등인데 비해 동기부여요인(만족요인)은 자기가 하는 일 그 자체와 관련된 요인인 승진, 인정, 성취감, 일 자체 등을 의미한다.

06 기업의 임금수준을 결정할 때 고려해야 할 요소로서 가장 거리가 먼 내용은?

① 정부의 정책이나 법규
② 기업의 손익분기점
③ 근로자의 평균 근속년수
④ 근로자의 생계비수준
⑤ 사회일반의 임금수준

정답 ③
해설 임금수준(wage level)은 임금의 높낮이를 의미한다. 임금수준의 결정기준으로는 일반적으로 생계비, 기업의 지급능력, 사회일반의 임금수준이 제시된다. 이와 함께 정부의 최저임금제도 임금수준에 중요한 영향을 미친다.

07 다음 중에서 전통적인 조달 / 구매방식과는 달리 공급체인관리(supply chain management)에서의 구매성향을 가장 잘 표현한 것은?

① 가격보다는 품질을 더욱 중시
② 근거리 공급업자 선호
③ 다수의 공급처와의 경쟁입찰 계약
④ 장기적인 협조관계 구축
⑤ 구매자와 독립적인 관계 유지

정답 ④
해설 기업 간의 파트너십을 강화하기 위해서는 단기적인 협조 관계보다는 장기적인 협조관계를 구축해야 한다.

08 아래 글상자의 6시그마 실행 단계를 순서대로 바르게 나열한 것은?

㉠ 개선된 상태가 유지될 수 있도록 관리한다.
㉡ 핵심품질특성(CTQ)과 그에 영향을 주는 요인의 인과관계를 파악한다.
㉢ 현재 CTQ 충족정도를 측정한다.
㉣ CTQ를 파악하고 개선 프로젝트를 선정한다.
㉤ CTQ의 충족 정도를 높이기 위한 방법과 조건을 찾는다.

① ㉣ - ㉡ - ㉢ - ㉤ - ㉠
② ㉤ - ㉣ - ㉢ - ㉡ - ㉠
③ ㉢ - ㉠ - ㉡ - ㉣ - ㉤
④ ㉣ - ㉢ - ㉡ - ㉤ - ㉠
⑤ ㉢ - ㉡ - ㉠ - ㉣ - ㉤

정답 ⑤
해설 식스시그마(six-sigma) 프로젝트를 수행하기 위해 가장 일반적으로 사용하는 방법론이 "DMAIC" 방법론이다. 정의(Define) → 측정(Measure) → 분석(Analyze) → 개선(Improvement) → 관리(Control)를 거쳐 최종적으로 6시그마 기준에 도달하게 되는 것을 의미한다.
CTQ(Critical To Quality)는 고객의 입장에서 볼때 품질에 결정적인 영향을 미치는 요소를 의미한다. 적시 납기, 주문의 정확성, 고객에 대한 예의바름, 송장(invoice)의 적시 송부 등이 주요 사례다.

09 유통기업의 경영성과에 대한 지표로 효과성, 효율성, 수익성 등이 있다. 이에 대한 설명으로 가장 올바르지 않은 것은?

① 효과성은 목표 지향적인 성과측정치로서 유통기업이 표적시장에서 요구하는 서비스성과를 얼마나 제공하였는가를 나타낸다.
② 효율성은 일정한 비용으로 가능한 한 많은 산출물을 획득하거나, 일정한 산출을 얻기 위해 소요되는 비용을 가능한 한 줄이는 것을 말한다.
③ 효과성의 하위 개념인 생산성은 자원의 투입에 의해 생산되는 서비스 성과의 질적 개념으로, 노동력이나 기계장비 등의 물리적 효율성이 아닌 비물리적 효율성을 의미한다.
④ 수익성은 재무적 효율성을 나타내는 지표로서 투자수익률, 유동성, 영업레버리지, 이익증가율 등이 포함된다.
⑤ 유통기업이 제공하는 서비스로 인해 잠재수요의 자극정도가 높아졌다면 이는 효과성이 높아진 것이기 때문이다.

정답 ③
해설 생산성은 자원의 투입에 대한 산출(서비스 성과)를 의미하는 것으로 노동이나 자본 등의 물리적 성과를 측정하는 개념이다.

10 아래 글상자에서 인적자원관리 과정에 따른 구성 내용으로 옳지 않은 것은?

구분	과정	구성 내용
①	확보관리	계획, 모집, 선발, 배치
②	개발관리	경력관리, 이동관리
③	평가관리	직무분석, 인사고과
④	보상관리	교육훈련, 승진관리
⑤	유지관리	인간관계관리, 근로조건관리, 노사관계관리

정답 ④
해설 보상관리에는 임금관리의 내용(임금, 수당, 복리후생 등)이 포함된다. 즉, 보상관리에는 금전적, 비금전적 보상을 어떻게 할 것인지를 결정하게 되는 단계를 의미한다.

11 자본구조에 관련하여 타인자본 중 단기부채로 옳지 않은 것은?

① 지급어음 ② 외상매입금 ③ 미지급금
④ 예수금 ⑤ 재평가적립금

정답 ⑤
해설 단기부채는 유동성이 강한 부채로 빠른 시일 내 상각해야 할 부채로 이에는 외상매입금, 지급어음, 단기차입금, 미지급금, 선수금, 예수금, 미지급비용, 미지급법인세, 유동성장기부채, 선수수익, 부채성충담금 등이 있다. 참고로 재평가적립금은 자산재평가법의 규정에 의하여 자산을 재평가하여 구장부가액과의 차액을 적립하는 것이다.

12 제품의 단위 당 가격이 4,000원이고, 제품의 단위 당 변동비가 2,000원 일 때, 이 회사의 손익분기점은 몇 개일 때인가? (단, 총고정비는 200만원이다.)

① 100개 ② 500개 ③ 1,000개
④ 5,000개 ⑤ 10,000개

정답 ③
해설 손익분기점의 연간판매량 = $\dfrac{\text{고정비}}{\text{판매단가} - \text{변동비}}$ = $\dfrac{2,000,000}{4,000 - 2,000}$ = 1,000개가 된다.

memo.

제4장 물류경영관리

제1절 도소매 물류의 이해

1. 도소매 물류의 기초

(1) 물류의 정의*

① 물류란 소비자의 욕구를 충족시키기 위하여 원초 지점으로부터 소비지점까지 원자재, 중간재, 완성재, 그리고 관련 정보를 이동시키는 것과 관련된 흐름과 저장을 효율적이면서 효과적으로 계획, 수행, 통제하는 과정이다.

② 물류란 넓은 의미로 재화 및 서비스를 최초 생산자부터 최종 소비자에 이르기까지의 물리적인 흐름과 관련된 활동이며, 그 재화 및 서비스를 잠재 사용자에게 필요한 시간과 장소에 전달시키기 위해서는 물류가 가장 중요한 역할을 수행한다.

③ 물류란 유형, 무형의 일체 재화에 대한 폐기와 반품을 포함해서 공급과 수요를 연결하는 공간과 시간의 극복에 관한 물리적인 경제활동으로서 구체적으로는 수송, 보관, 포장, 하역의 물자유통활동과 물적 유통에 관련되는 정보활동을 포함한다.

> **Plus Tip** 더 알고가기
>
> 스마이키(Smykey)의 7R(Right) 원칙
> - 적정한 상품(right commodity), 적절한 품질 (right quality), 적절한 양(right quantity)
> - 적시에 (right time), 적정한 가격(right price), 적절한 인상(right impression)
> - 원하는 장소(right place)
>
> 3S 1L 원칙
> - 신속하게(speedy), 확실하게(surely), 안전하게(safely), 저렴하게(low cost)

(2) 물류의 중요성*

① 물자수송, 보관, 하역, 포장, 재고관리 및 물류정보처리 등 물류관련 경제활동 비중이 GNP나 매출액에서 차지하는 비용이 증대되고 있다.

② 물류의 고객만족을 위한 가치창조, 마케팅의 중요원칙으로서 유연생산체제(FMS)에 걸맞는 차세대 전략요소 또는 제3의 이익원으로서의 잠재력이 충분한 부문이다.

③ 소매업 입장에서는 수송경로, 창고관리, 화물취급, 상품흐름의 통제와 같은 물류정보 상 흐름과 관련된 활동에 직면해 있고, 치열한 경쟁에서 생존을 위한 독특한 물류전략 개발이

긴요하다.

④ 국가경제에서도 물류는 기업의 생산성, 에너지 효율개선에 영향을 미치며 물가안정, 고용증대 등 거시경제효과와 밀접한 관계에 있다.

(3) 물류활동의 범위★★

① 운송활동(transporting)

운송활동이란 자동차, 열차, 선박, 항공기, 파이프라인 등의 시설을 이용하여 재화를 장소적으로 이동시키는 것을 말한다.

② 보관활동(storing)

보관이란 창고를 제공하는 활동과 창고 시설을 사용해서 보관하는 활동을 말한다.

③ 하역활동(handling)

하역이란 보관과 운송의 양단에 있는 물품을 취급하는 활동을 말하며, 하역시설을 제공하는 활동과 그 설비를 이용하여 직접 하역을 행하는 활동을 말한다.

④ 포장활동(packaging)

포장은 생산의 종점인 동시에 물류의 시발점으로 상품의 운송, 보관, 거래, 사용 등에 있어 적절한 재료와 용기 등을 이용하여 그 가치 및 상태를 유지하기 위한 기술 및 보호상태를 말한다.

⑤ 유통가공

물품 자체의 기능을 변화시키지 않고 부가가치만을 부여하는 것이다. 유통과정에서 이루어지는 간단한 가공이나 조립, 재포장, 주문에 따른 소분작업 등의 활동을 말한다.

⑥ 정보유통활동

무형의 물자로서 정보를 유통시키는 경제활동을 총칭하여 정보유통활동이라 하며 구체적으로는 상품의 유통활동을 촉진시키기 위해 필요한 각종 정보를 뜻한다.

> **Plus Tip** 더 알고가기
>
> 보관의 원칙
> - 형상특성의 원칙 : 형상에 따라 보관방법을 변경하며 형상특성에 부응하여 보관하는 원칙
> - 신입신출의 원칙 : 먼저 입고하여 보관한 물품을 먼저 출고하는 원칙
> - 회전대응보관의 원칙 : 입출고 빈도에 따라 보관 위치를 달리하는 원칙으로 입출고빈도

(4) 물류합리화★

① 기업측면에서는 비용절감을 통해 이윤을 극대화하고, 고객측면에서는 적정수준의 서비스를 제공받음으로써, 사회 전체적으로 기업의 이익과 고객서비스 만족이라는 긍정적인 효과를 불러올 수 있도록 물류의 효율성을 높이는 것을 의미한다.

② 물류합리화를 달성하기 위해서는 물류의 표준화, 모듈화, 공동화, 상물분리 등이 함께 수반되어야 한다.

③ 물류합리화는 비용과 서비스 사이의 상충관계(Trade-Off)를 고려하여, 그 수준을 적정하게 조정해야 한다. 물류합리화를 수행하기 위해서는 총비용적인 관점에서 접근하는 사고가 중요하다.

(5) 물류표준화

① 물류표준화는 물류상의 공통기준을 정하여 시행함으로써 모든 분야에서 낭비를 예방하고 이익을 도모하는 활동이다.
② 물류표준화란 포장, 하역, 보관, 수송, 정보 등 각각의 물류기능 및 단계의 물동량 취급단위를 표준규격화하고 이에 사용되는 기기, 용기, 설비 등을 대상으로 규격, 강도, 재질 등을 통일시키는 것을 말한다.
③ 물류표준화의 대상은 규격(치수), 재질, 강도 등이며 이는 규격의 표준화, 통일화되어야 수송, 보관, 하역 등 물류의 제반기능 및 단계에서 일관된 연결 작업이 가능해진다.

(6) 물류공동화

① 물류공동화란 자사와 타사의 물류시스템이 공유되는 것을 말한다. 즉 자사의 물류시스템을 타사의 물류시스템과 연계시켜 하나의 시스템으로 운영하는 것이다.
② 물류공동화는 물류합리화의 한 방법으로, 동종업체나 이종관련 기업들이 전국적, 지역적으로 물류시설을 공동으로 설치·운영하고 관리함으로써 물류시설을 개별적으로 관리하는 것보다 더 적은 비용으로 더 많은 이익을 창출할 수 있다.
③ 물류공동화의 도입과 활용은 물류비 절감과 고객 서비스 향상을 추구하는 물류합리화의 기본이 된다.

2. 물류관리와 고객서비스

(1) 물류관리의 기능*

① 장소적 기능
생산과 소비의 장소적 거리를 조정하는 기능으로 물류활동을 통해 시장에서 생산과 소비의 장소적 거리를 조정하는 기능이 발휘됨으로써 생산자와 소비자 간에 재화의 유통을 원활하게 할 수 있다.
② 시간적 기능
생산과 소비시기의 시간적 거리를 조정하는 기능으로 물류활동은 이 시간적 거리를 조정함으로써 신속하게 재화의 흐름을 주도하여 시장 경제하에서 모든 생산활동과 소비활동을 적기(適期)에 이루어지게 할 수 있다.

③ 수량적 기능

생산과 소비의 수량적 거리를 조정하는 기능으로 생산자의 생산 단위 수량과 소비자의 소비 단위 수량의 불일치는 집하·중계·배송기능 등을 통해 조정할 수 있다.

④ 품질적 기능

생산자가 제공하는 재화와 소비자가 소비하는 재화의 품질적 거리를 조정하는 기능으로 생산자가 제공하는 재화와 소비자가 소비하는 재화의 품질은 가공·조립·포장기능을 통하여 조정할 수 있다.

⑤ 가격적 기능

생산과 소비의 가격적 거리를 조정하는 기능으로 생산자와 소비자를 연결하는 물류부문은 운송에서 정보활동에 이르기까지 이러한 가격조정기능에 관련되어 있다.

⑥ 인격적 기능

생산자와 소비자 사이의 인격적 거리를 조정하는 기능으로 생산자와 소비자를 인격적으로 결합하고 생산, 유통, 소비를 유기적으로 결합하여 조직화함으로써 생산자와 소비자를 더욱 가깝게 접속시키는 동시에 생산자의 대고객서비스도 향상시킬 수 있다.

(2) 물류관리 영역★

① 조달 물류

조달물류는 물류의 시발점으로 물자가 조달처로부터 운송되어 매입자의 물자 보관창고에 입고, 관리되어 생산공정(또는 공장)에 투입되기 직전까지의 물류활동을 의미한다.

② 생산 물류

생산물류는 자재창고의 출고작업에서부터 생산공정으로의 운반 하역, 창고에 입고 작업까지를 말한다.

③ 판매 물류

판매물류는 물류의 최종단계로서 제품을 소비자에게 전달하는 일체의 수·배송활동을 말한다. 즉 제품창고에서 출고하는 과정과 중간의 물류거점인 배송센터까지의 운송, 배송센터 내에서의 유통가공 및 제품분류작업, 각 대리점 및 고객에게 배송하는 작업등이 포함된다.

④ 반품 물류

소비자에게 판매된 제품이나 상품자체의 문제점(상품자체의 파손이나 이상)의 발생으로 상품의 교환이나 반품을 위한 물류활동을 의미한다.

⑤ 폐기 물류

파손 또는 진부화 등으로 제품이나 상품, 또는 포장용기 등이 기능을 수행할 수 없는 상황이나 기능을 수행한 후 소멸되어야 할 상황일 때 제품 및 포장용기 등을 폐기하는 물류활동을 의미한다.

⑥ 회수 물류

제품이나 상품의 판매물류에 부수적으로 발생하는 파렛트, 컨테이너 등과 같은 빈 물류용기를 회수하는 물류활동을 의미한다.

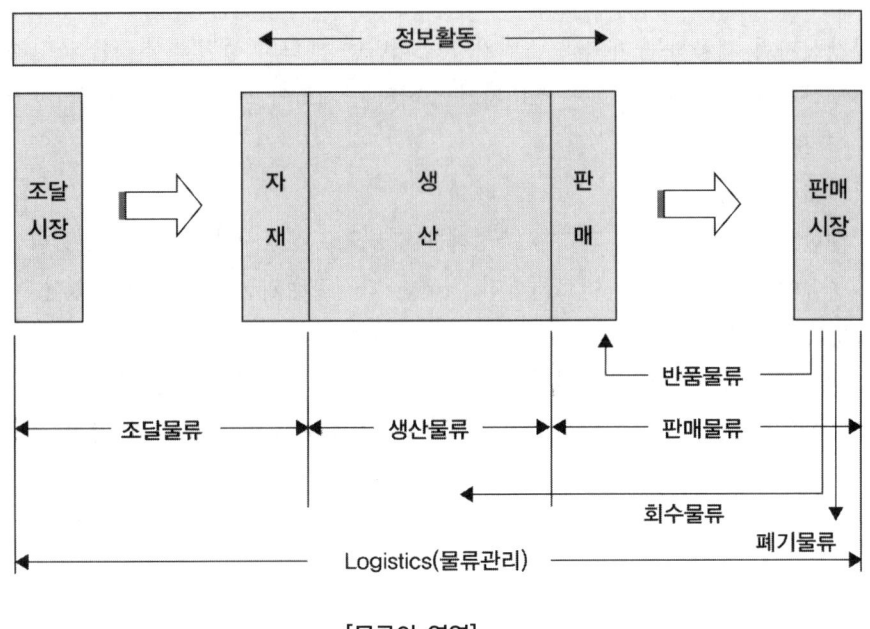

[물류의 영역]

Plus Tip
더 알고가기

역물류(RL ; Reverse Logistics)
- 공급자에서 소비자로 이어지는 순물류의 반대개념이다.
- 반품의 가치를 되찾거나 반품의 적절한 처분을 위한 물류활동이다.
- 소비자에서 시작하는 역로지스틱스의 주요 대상은 과잉재고품이나 유행이 지난 상품 등이다.
- 재고관리가 어렵고, 부정확하다.
- 반품되는 제품의 증가원인으로는 짧아진 제품수명주기, 전자상거래 확대 등에 기인하기도 한다.
- 반환되어서는 안 되는 반품재화를 시스템 진입점에서 검사하는 것을 게이트키핑(Gatekeeping)이라고 한다.

(3) 물류관리 목표로서 고객서비스

① 고객서비스 의의

고객 주문의 접수, 처리, 배송, 대금 청구 및 그에 파생되는 후처리 업무에 필요한 모든 활동이다. 고객서비스란 일반적으로 고객의 요구를 만족시키는 것을 말한다.

② 고객서비스 요소

㉠ 거래 전 요소

우수한 고객서비스를 제공할 수 있는 환경을 만든다.

ⓒ 거래 중 요소

고객에게 제품을 인도하는 데 직접 관련되는 것들로, 재고수준을 설정하고, 수송수단을 선택하며, 주문처리절차를 확립하는 것 등이 그 예이다.

ⓒ 거래 후 요소

현장에서 제품판매를 지원할 필요가 있는 서비스 항목을 나타낸다. 즉, 결함이 있는 제품으로부터 소비자를 보호하고, 재활용이 가능한 빈병, 팔레트 등의 포장 용기를 회수하거나 반품, 소비자 불만, 크레임 처리 등이 모두 여기에 포함된다.

```
                      고객 서비스
    ┌──────────────┬──────────────┬──────────────┐
    거래전 요소      거래중 요소      거래후 요소
    1. 명시된 회사 정책  1. 재고품절 수준   1. 설치, 보증, 변경, 수리, 부품
    2. 회사에 대한 고객의 평가  2. 백오더(back order) 이용가능성  2. 제품추적
    3. 회사조직       3. 주문주기 요소들   3. 고객 클레임, 불만
    4. 시스템의 유연성   4. 시간         4. 제품포장
    5. 기술적인 서비스   5. 환적(transship)  5. 수리 도중 일시적인 제품 대체
                    6. 주문의 편리성
                    7. 제품 대체성
```

[고객서비스 요소]

제2절 도소매 물류관리

1. 물류계획

(1) 수요예측 관리

① 수요관리란 기업의 제품과 서비스에 대한 수요의 발생을 파악하고 수요를 예측하며, 그 기업이 그 수요를 어떻게 충족시킬 것인가를 결정하는 것이다.

② 기업의 제품과 서비스에 대한 수요의 양과 시기를 예측하고 수요예측이 이루어지면 수요를 충족시키기 위해 필요한 자원에 대한 예측을 실시한다.

③ 수요분석을 기초로 각종 예측조사와 시장조사의 결과를 종합해 장래의 수요를 예측하는 일이다. 예측기간에 따라 장기예측, 중기예측, 단기예측 등으로 나누어진다.

(2) 정성적(질적) 수요예측기법★

① 전문가 의견 통합법

전문가들의 판매에 대한 의견을 물어 통합하는 방법

② 판매원 의견 통합법
자사에 소속된 판매원들로 하여금 각 담당지역의 판매예측을 산출하게 한 다음 이를 모두 합하여 회사 전체의 판매예측액을 산출하는 방법
③ 수명주기 유추법
신제품과 비슷한 기존제품의 제품수명주기 단계에서의 수요변화에 관한 과거의 자료를 이용하여 수요의 변화를 유추해보는 방법
④ 델파이기법(Delphi Method)
예측하고자 하는 대상의 전문가그룹을 선정한 다음, 전문가들에게 여러 차례 질문지를 돌려 의견을 수렴함으로써 예측치를 구하는 방법
⑤ 시장조사법(market research)
소비자의 의견조사나 시장조사를 통하여 제품이나 서비스의 수요를 예측하는 기법

(3) 정량적(계량적) 수요예측기법★★

① 시계열 예측법
㉠ 시계열(일별, 주별, 월별 등의 시간간격)을 따라 제시된 과거자료(수요량, 매출액 등)로부터 그 추세나 경향을 알아서 장래의 수요를 예측하는 방법이다.
㉡ 추세변동(trend movement : T), 순환변동(cyclical fluctuation : C), 계절변동(seasonal variation : S), 불규칙변동(irregular movement : I) 등이 있다.

② 이동평균법
㉠ 단순이동평균법
시계열에 계절적 변동이나 급속한 증가 또는 감소의 추세가 없고 우연변동만이 크게 작용하는 경우에 유용하다. 예측하고자 하는 기간의 직전 일정기간 동안의 실제수요의 단순평균치를 예측치로 한다.
㉡ 가중이동평균법
직전 N기간의 자료 치에 합이 1이 되는 가중치를 부여한 다음, 가중 합계치를 예측 치로 사용하는 방법이다.

③ 지수평활법
㉠ 가중평균의 일종으로서 최근 자료에 더 많은 가중을 두어 평활(平滑)시키는 기법이다.
㉡ 단순이동평균법과 가중이동평균법은 많은 분량의 과거자료를 계속적으로 사용하여야 한다는 단점이 있다. 하지만, 이 지수평활법에서는 새로운 자료가 추가되면, 가장 오래된 자료는 버리고 계산한다.

$$F_{t+1} = \alpha A_t + (1-\alpha)F_t$$

* α : 평활상수($0 \leq \alpha \leq 1$) * A_t : 기간 t에서의 실측치 * F_t : 기간 t에서의 예측치

④ 인과형 모형

인과형모형에서는 수요를 종속변수로, 수요에 영향을 미치는 요인들을 독립변수로 놓고 양자의 관계를 여러가지 모형으로 파악하여 수요를 예측하는 기법이다.

⑤ 회귀분석(regression analysis)

수요에 영향을 주는 요인들을 독립변수로 수요를 종속변수로 하고 독립변수에 대한 함수로서 수요를 통계적으로 모형화한 것이다. 모형화된 함수를 회귀방정식이라 하며 독립변수들의 값이 주어지면 회귀방정식을 통하여 수요의 예측값을 산정한다.

2. 재고관리

(1) 재고관리의 목적

① 재고란 원자재, 부품, 재공품 및 반제품으로서 현재 사용되고 있지 않은 경제적 자원을 말하며, 노동 및 자본까지도 포함하고 있다.

② 재고는 기업이익의 최대화를 지향하여 적정 수준의 재고를 유지하여 품절로 발생되는 매출 기회상실에 대비하고 고객서비스를 최대화하는 것을 목적으로 한다.

(2) 재고관리의 기능

재고관리란 생산을 용이하게 하거나 또는 고객으로부터의 수요를 만족시키기 위하여 유지하는 원자재, 재공품, 완제품, 부품등 재고를 최적상태로 관리하는 절차를 말한다.

① 수급적합 기능

품절로 인한 판매기회의 상실을 방지하기 위한 기능으로 생산과 판매의 완충이라는 재고 본래의 기능을 수행하는 것을 말한다.

② 생산의 계획·평준화 기능

재고를 통해 수요의 변동을 완충하는 것으로, 주문이 불규칙적이고 비정기적인 경우 재고를 통해 계획적인 생산의 실시와 조업도의 평준화를 유지하게 하는 기능으로 제조원가의 안정과 가격인하에도 기여한다.

③ 경제적 발주 기능

발주정책의 수립시 재고관련 비용을 최소화하는 경제적 발주량 또는 로트량을 구하고, 이것을 발주정책에 이용함으로써 긴급발주 등에 따른 추가의 비용을 방지 및 최소화하는 기능을 말한다.

④ 수송합리화 기능

재고의 공간적 배치와 관련된 기능으로 어떠한 재고를 어떠한 보관장소에 보관할 것인가에

따라 수송의 합리화가 결정되며, 이것을 재고의 수송합리화 기능이라고 한다. 물류거점별로 소비자의 요구에 부응하는 형태별 분류와 배송을 가능하게 해주는 기능을 말한다.

⑤ 유통가공 기능

다양한 소비자의 요구에 대처하기 위해 제조과정에서 모든 것을 충족시키는 것이 아니고, 유통과정에서 일부의 조립과 포장 등의 기능을 담당하는 것을 말한다.

(3) 정량발주법(Fixed Order Quantity System)

① 발주점법 또는 정량 발주 시스템은 재고량이 일정한 재고수준, 즉 발주점까지 내려가면 일정량을 주문하여 재고관리하는 경제적 발주량 주문방식이다.

② 발주점에 도착한 품목만을 자동적으로 발주하면 되기 때문에 관리하기가 매우 쉽고 초보자도 발주 업무를 수행할 수 있다.

(4) 정기발주방법

① 재고량을 정기적으로 파악하여 기준재고량과 현재고량의 차이를 발주하는 방식이다.

② 가격과 중요도가 높은 품목과 수요변동의 폭이 큰 품목에 적합하다.

③ 주문기간의 사이가 일정하고 주문량을 변동한다.

항목	정량주문법	정기주문법
표준화	표준부품	전용부품
품목수	많음	적음
주문량	고정	변경가능
리드타임	짧다	길다
주문시기	일정하지 않음	일정

[정량주문법과 정기주문법 비교]★

(5) 경제적 주문량(EOQ ; Economic Order Quantity)★★

① 기본 가정 하에서 재고유지비용과 재고주문비용을 더한 연간 재고비용의 최적화를 위한 1회 주문량을 결정하는 데 사용된다.

$$EOQ = \sqrt{\frac{2DC}{H}}$$ Q : 1회 주문량, D : 수요량, C : 1회 주문비, H : 재고유지비

② 경제적 주문량 기본가정(전제조건)

㉠ 단일품목에 대해서만 고려한다.

㉡ 주문량은 전부 동시에 도착한다.

㉢ 연간수요량은 알려져 있다.

㉣ 수요는 일정하며 연속적이다.

ⓜ 주문량이 다량일 경우에도 할인이 인정되지 않는다.
ⓑ 조달기간이 일정하고, 재고부족현상이 일어나지 않는다.
ⓢ 재고유지비는 평균재고량에 비례한다. (단위당 재고유지비용 일정)

(6) ABC 분석기법★

① 관리품목수가 많은 경우 유용하게 사용되는 기법으로, 경제학자 파레토는 인구의 20%가 총 자산의 80%를 가지고 있음을 발견하였는데, 이를 파레토 법칙이라고 부른다. 이 파레토 법칙을 이용한 재고관리가 ABC 분석기법이다.
② 모든 품목에 동일한 재고관리 노력을 기울이는 비합리적인 사고에서 출발한다. 즉 가짓수와 금액상의 비율을 고려하지 않고 같은 방식으로 관리한다.

(7) 재고관리기법의 발전★★

$$MRP \rightarrow MRP\,II \rightarrow ERP \rightarrow Extended\ ERP$$

① MRP(Material Requirement Planning, 자재소요계획)
 ㉠ MRP는 제품의 생산수량 및 일정을 토대로 제품생산에 필요한 원자재, 부품 등의 소요량과 소요시기를 역산해서 자재조달계획 수립 및 일정관리를 수행하는 효율적인 재고관리기법이다.
 ㉡ 최종제품의 독립적 수요를 추정하고, 이 수요에 따라 각 구성부품들의 종속적 수요(dependent demand)를 적시에, 적량을, 적합한 장소에 물자를 공급함으로써 과잉재고와 부족재고 현상을 해결하여 재고비용을 극소화시키는 데 그 목적이 있다.
② MRP Ⅱ 시스템(생산자원 계획)
 ㉠ 원자재뿐만 아니라 생산에 필요로 되는 모든 자원을 효율적으로 관리하기 위한 재고통제시스템으로 MRP가 확대된 개념이다.
 ㉡ 기존의 MRP에 생산능력계획, 직원 임무계획, 물류계획까지 관리하는 시스템이다.
③ ERP(Enterprise Resources Planning, 전사적 자원관리)
 ㉠ 회계, 인사, 판매, 수·배송, 제조, 물류 등 기업운영에 필요한 핵심정보를 처리해 줄 수 있는 응용소프트웨어들이 유연하게 통합된 결집체이다.
 ㉡ 인사·재무·생산 등 기업의 전 부문에 걸쳐 독립적으로 운영되던 각종 관리시스템의 경영자원을 하나의 통합시스템으로 재구축함으로써 생산성을 극대화하려는 경영혁신기법을 의미한다.
④ Extended ERP
 ㉠ 기업 내부, 기업간의 협력적 프로세스, 운영프로세스, 재무 프로세스를 최적화하고 구동

가능케 함으로써 고객과 주주의 가치를 증진 시키는 기업의 전략이자 산업 고유의 어플리케이션의 총체를 의미한다.
   ⓒ ERP + SCM, CRM, EC, SEM 등

3. 포장관리

(1) 포장의 정의
   ① 물류의 수송, 보관, 거래, 사용 등에 있어서 그 가치 및 상태를 유지하기 위한 적절한 재료, 용기 등을 이용하여 보호하는 기술 및 보호한 상태
   ② 단위포장(물품 개개의 포장) : 물품의 상품가치를 높이거나 물품 개개를 보호하기 위하여 적절한 재료 및 용기 등으로 물품을 포장하는 방법 및 포장한 상태
   ③ 내부포장(포장된 화물의 내부포장) : 물품에 가해지는 수분, 습기, 광열 및 충격 등을 방지하기 위하여 적합한 재료 및 용기 등으로 물품을 포장하는 방법 및 포장한 상태
   ④ 외부포장(화물의 외부포장) : 물품을 상자, 자루, 나무통 및 금속 등의 용기에 넣거나 용기를 사용하지 않고 그대로 묶어서 기호 또는 표식을 나타내는 포장

(2) 포장의 목적
   ① 제품의 보호성 : 제품의 보호성은 포장의 근본적인 목적임과 동시에, 제품이 공급자에서 소비자로 넘어가기까지 운송, 보관, 하역 또는 수배송을 함에 있어서 발생할 수 있는 여러 위험요소로부터 제품을 보호하기 위함이다.
   ② 제품의 경제성 : 유통상의 총 비용을 절감한다.
   ③ 제품의 편리성 : 제품취급을 편리하게 해 주는 것을 말한다. 제품이 공급자의 손을 떠나 운송, 보관, 하역 등 일련의 과정에서 편리를 제공하기 위해서이다.
   ④ 제품의 촉진성 : 타사 제품과 차별화를 시키면서, 자사 제품 이미지의 상승효과를 기하여 소비자들로 하여금 구매충동을 일으키게 하는 것을 말한다.
   ⑤ 제품의 환경보호성 : 이는 포장이 공익성과 함께 환경 친화적인 포장을 추구해 나가는 것을 의미한다.

4. 물류비(Physical Distribution Cost)

(1) 물류비(물류원가) 산정
   ① 물류비는 원재료의 조달에서부터 생산과정을 거쳐 완성된 제품이 거래처에 납품되고, 소비자로부터 반품, 회수, 폐기 등에 이르기까지 포장, 운송, 보관, 하역, 정보 및 관리 등의 물류활동에 소요되는 모든 비용을 의미한다.
   ② 물류비를 산정하는 것은 물류활동에 수반되는 원가 자료를 제공하고 물류합리화에 의한

원가 절감이나 서비스 개선에 대한 관리 지표를 제공하는 데 그 의의가 있다.
③ 물류비의 산정은 물류활동의 관리와 물류 합리화의 추진을 효과적으로 수행하기 위하여 물류비의 실체를 명확히 포착하고 관리체계를 확립하는 데 필수적이다.

(2) 물류비 산정의 중요성
① 적정가격의 책정에 필요한 물류비 자료를 제공한다.
② 물류의 기본계획 수립에 필요한 원가정보를 제공한다.
③ 물류비관리는 경영관리자에게 필요한 원가자료를 제공한다.
④ 물류예산의 편성과 통제를 위하여 필요한 원가자료를 제공한다.
⑤ 재무제표 작성 및 관리회계 목적의 원가정보를 제공한다.
⑥ 객관적인 고객정보를 제공하여 타당성이 높고 합리적 경영의사결정을 지원한다.

(3) 재무회계방식과 관리회계방식★
① 재무회계방식(간이기준)
 ㉠ 회계장부와 재무제표로부터 간단하게 추산하는 방식이다.
 ㉡ 재무회계의 작성목적은 외부정보 이용자들에게 효율적인 정보를 제공하는 것을 목적으로 작성된다
 ㉢ 상세한 물류비 정보보다는 개략적인 물류비 정보나 자료 정도로도 만족하는 중소기업 등 비교적 물류비 관리수준이 낮거나 물류비 산정의 초기단계의 기업에서 사용한다.이
② 관리회계방식(일반기준)
 ㉠ 내부 관리자들은 관리회계 내용을 보고 의사결정을 하게 된다.
 ㉡ 물류비를 상세하게 원천적으로 계산하는 방식이다.
 ㉢ 물류원가계산의 관점에서 보면 관리회계방식에 의한 물류비 계산기준이다.
 ㉣ 일반기준은 기업에서 물류비 관리에 필요한 정보 등과 같은 상세한 물류비 정보를 입수하기 위해 사용되는 기준이므로 일정 이상의 물류비 관리수준을 가지고 있는 기업에서 활용된다.

(4) 물류비 분류★★

	과목	영역별	기능별	지급형태별	세목별	조업도별
개정	비목	조달물류비 사내물류비 판매물류비 리버스물류비 (반품, 회수, 폐기)	운송비 보관비 포장비 하역비(유통가공비 포함) 물류정보·관리비	자가물류비 위탁물류비 (2PL, 3PL)	재료비 노무비 경비 이자	고정물류비 변동물류비

(5) 물류비 계산절차★

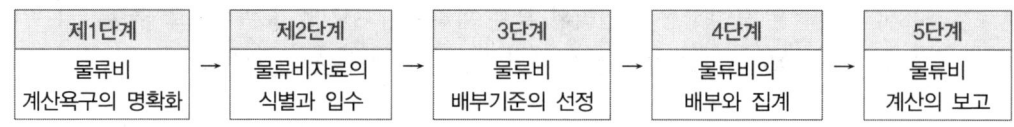

[물류비 계산 절차]

(6) 물류채산분석★
① 현재 실시하고 있는 물류비관리시스템에 대한 구조적인 문제나 업무집행상의 문제와 관련하여 제기된 개선안 등에 대해 채산성 또는 수익성의 여부를 파악하기 위해서 실시되는 것이다.
② 현행 물류업무를 대상으로 단기적인 분석을 한다.
③ 임시적으로 계산하며 할인계산을 한다.

5. 물류 아웃소싱과 3PL, 4PL

(1) 물류 아웃소싱
① 물류 아웃소싱이란 기업이 고객 서비스의 향상, 물류비 절감 등 물류활동을 효율화할 수 있도록 물류기능 전체 혹은 일부를 외부의 전문업체에 위탁·대응하는 업무를 말한다.
② 물류 아웃소싱 효과
  ㉠ 다른 채널의 파트너로부터 규모의 경제효과를 얻을 수 있다.
  ㉡ 아웃소싱을 통해 고정비를 변동비로 전환시켜 비용을 절감할 수 있다.
  ㉢ 아웃소싱 파트너의 혁신 및 신기술 개발의 혜택을 얻을 수 있다.
  ㉣ 분업의 원리를 활용해서 아웃소싱 파트너의 특화를 통해 이득을 얻을 수 있다.

> **Plus Tip** 더 알고가기
> **물류 아웃소싱의 성공전략**
> • 물류 아웃소싱이 성공하려면 반드시 최고경영자의 관심과 지원이 필요하다.
> • 지출되는 물류비용을 정확히 파악하여 아웃소싱 시 비용절감효과를 측정해야 한다.
> • 물류 아웃소싱의 궁극적인 목표는 현재와 미래의 고객만족에 있음을 잊지 말아야 한다.
> • 물류 아웃소싱의 목적은 기업 전체의 전략과 조화로워야 한다.
> • 전반적인 기업물류비용의 절감, 고객 제공 물류서비스 수준의 향상, 기업 고유의 핵심역량에 집중한다.

(2) 제3자 물류(TPL ; Third Party Logistics)★
① 제3자 물류의 개념
  ㉠ 제3자 물류는 화주 기업이 고객 서비스의 향상, 물류 관련 비용의 절감 그리고 물류활동에 대한 운영 효율의 향상 등을 목적으로 공급 사슬(supply chain)의 전체 또는

일부를 특정 물류 전문업자에게 위탁(outsourcing)하는 것을 말한다.
ⓒ 포장, 운송, 보관, 하역, 물류 가공, 물류 정보 처리 등 일련의 공급 사슬에서 요구되는 활동을 외부의 전문업체에게 위탁함으로써 자사의 물류를 효율화하는 방식이다. 여기서 말하는 공급 사슬이란 공급자로부터 생산자와 유통 업자를 거쳐 최종 소비자로 이르는 재화의 흐름을 포함한다.
ⓒ 제3자 물류는 물류전문업체와 화주기업이 물류비 절감과 물류서비스 향상을 공동의 목표로 설정하고 이를 달성하기 위해 양자가 계약을 맺고 정보를 공유하면서 전략적 제휴를 맺는 관계라고도 말할 수 있다.
② 제3자 물류 도입의 기대효과
㉠ 물류산업의 합리화에 의한 물류비용의 절감
㉡ 종합적인 물류서비스의 활성화
㉢ 고품질 물류서비스의 제공으로 화주기업의 경쟁력 강화
㉣ 공급사슬관리의 도입, 확산의 촉진

(3) 제4자 물류(Fourth Party Logistics)

① 제3자 물류에 전문성을 극대화하기 위하여 물류회사, 컨설팅회사, IT회사가 컨소시엄을 구성하여 물류비 절감과 서비스 증대에 주력하는 전략이다.
② 전체적인 공급연쇄 솔루션을 제공하는 서비스 제공자와 함께 기업의 경영자원, 능력, 기술을 관리하고 결합하는 공급연쇄 통합자라고도 불린다.
③ 제4자 물류 체제는 대기업이 물류시장에 새롭게 진출하면서 사이버 물류시스템을 기반으로 기존 주요 운송업계와 VAN사업자가 장악하고 있는 물류정보 서비스를 주도하는 전략이다.

제4장 학습정리

- **물류**: 넓은 의미로 재화 및 서비스를 최초 생산자부터 최종 소비자에 이르기까지의 물리적인 흐름과 관련된 활동이다.
- **물류활동의 범위**: 운송활동, 보관활동, 하역활동, 포장활동, 수요예측, 정보유통활동
- **물류합리화**: 운송, 보관, 하역, 포장 등 물류 하부기능을 통합하여 전체 흐름을 합리화하는 것이다. 물류합리화 방안으로는 물류조직 효율화와 물류시설 가동률 제고 등이 있다.
- **물류의 영역**: 조달 물류, 생산 물류, 판매 물류, 반품 물류, 폐기 물류, 회수 물류
- **물류관리 고객서비스 요소**
  ① 거래 전 요소: 우수한 고객서비스를 제공할 수 있는 환경을 만든다.
  ② 거래 중 요소: 고객에게 제품을 인도하는 데 직접 관련되는 것들로, 재고수준을 설정하고, 수송수단을 선택하며, 주문처리절차를 확립하는 것 등이 그 예이다.
  ③ 거래 후 요소: 현장에서 제품판매를 지원할 필요가 있는 서비스 항목을 나타낸다. 즉, 결함이 있는 제품으로부터 소비자를 보호하고, 재활용이 가능한 빈병, 팔레트 등의 포장 용기를 회수하거나 반품, 소비자 불만, 클레임 처리 등이 모두 여기에 포함된다.
- **정성적(질적) 수요예측기법**: 전문가/판매원 의견 통합법, 델파이기법, 시장실험법, 시장조사법
- **정량적(계량적) 수요예측기법**: 이동평균법, 지수평활법, 회귀분석
- **재고회전율**: 재고의 평균 회전 속도라 말할 수 있다. 재고자산에 투자한 자금을 신속하게 회수하여 재투자하였는가를 측정하여 보다 적은 자본으로서 이익의 증대를 도모하고자 함이 그 목적이다.
- **정량발주법**: 재고량이 일정한 재고수준, 즉 발주점까지 내려가면 일정량을 주문하여 재고관리하는 경제적 발주량 주문방식
- **정기발주법**: 재고량을 정기적으로 파악하여 기준재고량과 현재고량의 차이를 발주하는 방식이다.
- **경제적 주문량**

$$EOQ = \sqrt{\frac{2DC}{H}}$$ Q: 1회 주문량, D: 수요량, C: 1회 주문비, H: 재고유지비

- **ABC 분석기법**: 관리품목수가 많은 경우 유용하게 사용되는 기법으로, 경제학자 파레토는 인구의 20%가 총 자산의 80%를 가지고 있음을 발견하였는데, 이를 파레토 법칙이라고 부른다.
- **재고관리기법의 발전**: MRP → MRPⅡ → ERP → Extended ERP
- **물류비**: 원재료의 조달에서부터 생산과정을 거쳐 완성된 제품이 거래처에 납품되고, 소비자로부터 반품, 회수, 폐기 등에 이르기까지 포장, 운송, 보관, 하역, 정보 및 관리 등의 물류활동에 소요되는 모든 비용을 의미한다.
- **재무회계방식과 관리회계방식**: 기업회계기준(GAAP)에서 재무회계의 작성목적은 외부정보 이용자들에게 효율적인 정보를 제공하는 것을 목적으로 작성된다. 반면에 내부 관리자들은 관리회계 내용을 보고 의사결정을 하게 된다. 관리회계는 비교적 정확하게 물류비 계산을 할 수 있어 관리자의 의사결정에 이용되지만 재무회계는 그렇지 못하는 단점을 가지고 있다.

- 물류비 분류

	과목	영역별	기능별	지급형태별	세목별	조업도별
개정	비목	조달물류비 사내물류비 판매물류비 리버스물류비 (반품, 회수, 폐기)	운송비 보관비 포장비 하역비(유통가공비 포함) 물류정보·관리비	자가물류비 위탁물류비 (2PL, 3PL)	재료비 노무비 경비 이자	고정물류비 변동물류비

- 물류비 절감방안 : 물류경로 단축, 재고량의 적정화, 수송로트의 확대, 물류작업의 생력화
- 물류 아웃소싱 : 기업이 고객 서비스의 향상, 물류비 절감 등 물류활동을 효율화할 수 있도록 물류기능 전체 혹은 일부를 외부의 전문업체에 위탁·대응하는 업무를 말한다.
- 제3자 물류(TPL ; Third Party Logistics) : 화주 기업이 고객 서비스의 향상, 물류 관련 비용의 절감 그리고 물류 활동에 대한 운영 효율의 향상 등을 목적으로 공급 사슬(supply chain)의 전체 또는 일부를 특정 물류 전문업자에게 위탁(outsourcing)하는 것을 말한다.
- 제4자 물류(Fourth Party Logistics) : 제3자 물류에 전문성을 극대화하기 위하여 물류회사, 컨설팅회사, IT회사가 컨소시엄을 구성하여 물류비 절감과 서비스 증대에 주력하는 전략이다.

적중 예상문제

01 물류관리를 위한 정보기술에 대한 내용으로 옳지 않은 것은?

① POS 시스템은 거래업체간에 상호 합의된 전자문서표준을 이용하여 인간의 작업을 최소화한 컴퓨터와 컴퓨터 간의 구조화된 데이터의 전송을 의미한다.
② 바코드기술의 상품에 대한 표현능력의 한계, 일괄인식의 어려움, 물류량 급증 시 대처능력의 저하 등 문제점을 해결할 수 있는 기술이 RFID이다.
③ DPS는 표시장치와 응답을 일체화시킨 시스템으로, 창고, 배송센터, 공장 등의 현장에서 작업지원시스템으로 활용되고 있다.
④ OCR은 광학문자인식으로 팩스를 통해 정보를 보낸 경우 이를 컴퓨터의 스캐닝이 문자를 인식하여 이것을 컴퓨터에 입력하는 기술로 활용될 수 있다.
⑤ 사전에 가격표찰에 상품의 종류, 가격 등을 기호로 표시해두고, 리더 등으로 그것을 읽어 판매정보를 집계하는데 사용되는 기술은 POS이다.

정답 ①
해설 전자문서교환(EDI ; Electronic Data Interchange)이란 거래업체간에 상호 합의된 전자문서표준을 이용하여 인간의 작업을 최소화한 컴퓨터와 컴퓨터 간의 구조화된 데이터의 전송을 의미한다.

02 다음 중 기업적 차원에서의 물류 중요성으로 옳지 않은 것은?

① 미래의 기업경쟁의 승패는 물류혁신에 달려 있다.
② 기업이윤의 원천은 물류의 근대화에 의존한다.
③ 기업지향적인 시스템의 구축이 요구되고 있다.
④ 물류비는 꾸준한 증가추세에 있다.
⑤ 기업의 생산비 절감은 한계점에 이르고 있다.

정답 ③
해설 고객중심의 고객지향적인 시스템의 구축이 요구되고 있다.

03 단위 시간당 필요한 자재를 소요량만큼 조달하여 재고를 최소화하고, 다양한 재고감소 활동을 전개함으로써 비용절감, 품질개선, 작업능률 향상 등을 통해 생산성을 높이는 생산시스템을 무엇이라 하는가?

① 역물류 ② 풀필먼트 ③ JIT
④ 크로스도킹 ⑤ 제3자 물류

정답 ③
해설 JIT(just in time), 즉 적시공급 시스템은 필요한 제품을 필요한 시간에 필요한 양만큼 공급함으로써, 생산활동에 모든 낭비의 근원이 되는 재고를 없애려는 생각에서 출발하였다. 따라서 재고를 줄인다는 면을 강조할 때는 무재고시스템이라고도 한다.

04 할인점에서 기간별 일정수요를 갖고 있는 생활필수품을 BOX 단위로 판매하고 있다. BOX 단위당 단가는 10,000원이고 연간수요의 소비량은 50,000BOX이며 연간재고유지비용은 20%로 추정된다. 1회 주문비용이 2,000원이라고 할 때 경제적 주문량(EOQ)은 몇 BOX인가? (소수점은 버리시오)

① 305 ② 316 ③ 400
④ 415 ⑤ 450

정답 ②
해설 $EOQ = \sqrt{\dfrac{2DO}{H}} = \sqrt{\dfrac{2 \times 2,000 \times 50,000}{10,000 \times 0.2}} = 316$

05 기업이 물류합리화를 추구하는 이유로 가장 옳지 않은 것은?

① 생산비 절감에는 한계가 있기 때문이다.
② 물류비는 물가상승에 따라 매년 증가하는 경향이 있기 때문이다.
③ 물류차별화를 통해 기업이 경쟁우위를 확보할 수 있기 때문이다.
④ 물류에 대한 고객의 요구들은 동일, 단순하여 고객에게 동일한 서비스를 제공할 수 있기 때문이다.
⑤ 각종 기법과 IT에 의해 운송, 보관, 하역, 포장기술이 발전할 수 있기 때문이다.

정답 ④
해설 판매에 있어 소비자들이 만족할 수 있는 가격 및 서비스 등을 제공한다. 즉, 물류에 대한 고객의 욕구는 이질적이며 복잡다단하여 소비자들에게 동일한 서비스를 제공할 수 없다.

06 물류와 관련된 고객서비스 항목들에 대한 설명 중 가장 옳지 않은 것은?

① 주문인도시간은 고객이 주문한 시점부터 상품이 고객에게 인도되는 시점까지 시간을 의미한다.
② 정시주문충족률을 높이면 재고유지비, 배송비가 감소하여 전체적인 물류비는 감소하게 된다.
③ 최소주문량을 낮출수록 고객의 만족도는 높아지지만 다빈도 운송으로 인해 운송비용은 증가한다.
④ 주문의 편의성을 높이기 위해서 주문처리시스템, 고객 정보시스템의 구축이 필요하다.
⑤ 판매 이후의 신속하고 효과적인 고객 응대는 사후서비스수준과 관련이 있다.

정답 ②
해설 정시주문을 하게 되면 공급자 입장에서는 지속적으로 제품을 만들어 보관을 해야 하므로 이를 유지하기 위한 물류비(재고유지비, 배송비, 보관비, 운영비, 인건비 등)는 증가하게 된다.

07 공급사슬관리에 관련된 내용으로 옳지 않은 것은?

① Lean은 많은 생산량, 낮은 변동, 예측가능한 생산환경에서 잘 적용 될 수 있다.
② Agility는 수요의 다양성이 높고 예측이 어려운 생산 환경에서 잘 적용될 수 있다.
③ 재고보충 리드타임이 짧아 지속적 보충을 하는 경우는 Kanban을 적용하기 힘들다.
④ 수요예측이 힘들고 리드타임이 짧은 경우는 QR이 잘 적용될 수 있다.
⑤ 적은 수의 페인트 기본색상 재고만을 보유하고 소비자들에게 색깔관점에서 커스터마이즈된 솔루션을 제공하는 것은 Lean/Agile 혼합전략의 예가 된다.

정답 ③
해설 공급사슬관리(SCM)는 부품 제공업자로부터 생산자, 배포자, 고객에 이르는 물류의 흐름을 하나의 가치사슬 관점에서 파악하고 필요한 정보가 원활히 흐르도록 지원하는 시스템이다.
칸반은 생산 과정에서 효율성과 기민성을 높이기 위한 간소화된 작업 흐름 관리 시스템이다. 이러한 칸반은 리드타임을 측정하고, 리드타임을 가능한 한 짧고 예측 가능하게 만들 수 있도록 프로세스를 최적화한다.
* 간판 : JIT 생산을 실현하기 위한 도구, 직사각형 비닐봉지에 들어 있는 한 장의 카드, 필요한 제품을, 필요한 시기에, 필요한 수량만큼 생산하는 일종의 정보시스템

08 아래 글상자의 ㈀~㈁에 들어갈 용어를 순서대로 나열한 것으로 옳은 것은?

- (㈀)란 물류활동의 범위 내에서 물류조업도의 증감과 관계없이 발생하거나 소비되는 비용이 일정한 물류비를 말한다.
- (㈁)란 생산된 완제품 또는 매입한 상품을 판매창고에서 보관하는 활동부터 고객에게 인도될 때까지의 물류비를 말한다.

① ㈀ 자가물류비, ㈁ 위탁물류비
② ㈀ 위탁물류비, ㈁ 자가물류비
③ ㈀ 물류고정비, ㈁ 판매물류비
④ ㈀ 물류변동비, ㈁ 사내물류비
⑤ ㈀ 사내물류비, ㈁ 판매물류비

정답 ③
해설 자가물류비 : 자사의 설비나 인력을 사용하여 물류활동을 수행함으로써 소비된 비용을 말하며, 다시 재료비, 노무비, 경비, 이자의 항목으로 구분한다.
위탁물류비 : 물류활동의 일부 또는 전부를 타사에 위탁하여 수행함으로써 소비된 비용을 말하며, 물류자회사 지급분과 물류전문업체 지급분으로 구분한다.

09 수배송물류의 기능으로 옳지 않은 것은?

① 분업화를 촉진시킨다.
② 재화와 용역의 교환기능을 촉진시킨다.
③ 대량생산과 대량소비를 가능하게 하여 규모의 경제를 실현시킨다.
④ 문명발달의 전제조건이 되기는 하나 지역간 국가간 유대를 강화시키지는 못한다.
⑤ 재화의 생산, 분배 및 소비를 원활하게 하여 재화와 용역의 가격을 안정시켜 주는 기능을 한다.

정답 ④
해설 수배송물류로 인해 지역 및 국가 간 여러 요소(정치, 경제, 사회, 문화, 기술, 환경)들의 교류로 인해 유대를 강화시키게 된다.

10 물류의 원가를 배분하는 기준에 대한 설명으로 옳지 않은 것은?

① 많은 수익을 올리는 부문에 더 많은 원가를 배분한다.
② 공평성을 기준으로 배분한다.
③ 원가대상 산출물의 수혜 기준으로 배분한다.
④ 자원 사용의 원인이 되는 변수를 찾아 인과관계를 기준으로 배분한다.
⑤ 대상의 효율성을 기준으로 배분한다.

정답 ⑤
해설 물류의 원가를 배분하는 기준
① 많은 수익을 올리는 부문에 더 많은 원가를 배분한다.
② 공평성을 기준으로 배분한다.
③ 원가대상 산출물의 수혜 기준으로 배분한다.
④ 자원 사용의 원인이 되는 변수를 찾아 인과관계를 기준으로 배분한다.

11 ABC재고관리방법에 대해 옳게 기술한 것은?

① 정성적 예측기법을 활용한 재고관리방법이다.
② 마케팅 비용에 따른 수요예측을 근거로 경제적 주문량을 결정한다.
③ A그룹에 포함되는 품목은 대체로 수익성이 낮은 품목이다.
④ C그룹에 포함되는 품목은 단가가 낮아 재고관리가 소홀한 경우가 발생하기도 한다.
⑤ 파레토 법칙과는 상반되는 재고관리방법이다.

정답 ④
해설 ABC 재고관리기법은 기업이 관리하고자 하는 상품의 수가 많아, 모든 품목을 동일하게 관리하기가 어려울 때 사용하는 방법으로써, 보통 어떠한 기준에 의해 품목을 그룹화하고 그러한 그룹에 대해 집중관리를 하는 방식을 의미한다.

memo.

제5장 유통기업의 윤리와 법규

제1절 기업윤리의 기본개념

1. 기업윤리의 기본개념과 사회적책임

(1) 기업윤리의 기본개념

① 도덕적 측면 : 도덕적인 측면에서 기업윤리란 "기업활동에서 직면하는 복잡한 도덕적 문제에 당면하였을 때에 이것을 해결하기 위하여 '선'(옳은 일)과 '악'(옳지 못한 일)을 구분하는 원칙을 정하고 그 원칙을 적용하는 기법"을 말한다.

② 기업적 측면 : 이익추구를 목적으로 하는 기업측면에서 기업윤리란 "윤리에 관계되는 기업문제를 사회적 가치관과 법규의 기본 취지를 지키면서 기업에 가장 유리한 방향으로 처리되도록 하는 기업의 의사결정방법"을 말한다.

③ 개인적 측면 : 개인의 가치관을 중심으로 기업윤리를 정의하면, 기업윤리란 "기업활동에 관련된 의사결정을 할 때에 개인의 가치관을 기준으로 의사결정을 하는 방법"이라고 할 수 있다. 즉, 이 정의에 의하면 기업활동에 종사하고 있는 개인의 주관적인 가치관을 기준으로 해서 자기의 도덕적 기준에 합당하도록 행동하면 윤리적이라고 보는 것이다.

④ 종합적 측면
기업윤리란 기업활동에 관련되면서도 도덕적으로 복잡하게 상충되는 문제들을 검토하고 해결하기 위하여 윤리적 원칙을 적용하는 원리이다. 즉, 기업윤리는 기업활동에 있어서 "무엇이 옳고 그른지, 무엇이 좋은 일이고 무엇이 나쁜 일인지"를 따져서 '윤리적 해결방안'을 모색하는 것이다.

(2) 기업윤리의 중요성

① 기업으로 하여금 영리성·수익성 중심의 이윤추구 행위를 공익성·사회성과 조화시키는 역할
② 정보체계가 발달되고 기업과 사회 간의 상호의존성이 심화된 사회에서 기업에 대한 신뢰는 수익성과 성장성도 증대시키는 역할
③ 기업의 비윤리적 행태로 인해 발생할 수 있는 사회적 제반 비용 부담을 사전에 방지하는 역할 등

(3) 기업의 사회적 책임★

① 윤리경영은 기업이 기업윤리에 입각해서 경영함으로써, 기업의 사회적 책임을 다하는 것이다.

② 윤리경영은 기업이 시장의 윤리, 즉 시장의 질서를 준수하는 동시에 사회적 실체로서 권리와 의무를 다하는 경영을 말한다. 법, 제도의 준수는 물론이고 '기업의 사회적 책임(Corporate Social Responsibility)'을 다하는 경영을 의미한다.

③ 기업의 사회적 책임 중 윤리적인 책임이란 비록 법적으로 공식화되지는 않았지만 사회가 요구하고 기대하는 바를 충족시킬 수 있어야 한다. 즉, 소비자, 노동자, 직원, 투자자등의 기대, 기준, 가치에 합당하는 행동을 할 책임을 말한다.

④ 유통기업의 사회적 책임

　㉠ 이해관계자에 대한 책임은 기업 측면에서 의무로 이해하는 것이 필요

　㉡ 지역사회에 대한 공헌, 인권 보호 및 근무환경개선, 관련 법규 준수 등

　㉢ 캐롤(Carroll) : 기업의 사회적 책임을 경제적, 법률적, 윤리적, 자선적 책임으로 구분

　㉣ 관련 기업 간 협력을 필요로 함 (정보공유, 신뢰를 바탕으로 한 공급망 구축)

(4) 유엔 글로벌 콤팩트(UNGC ; UN Global Compact)★

① 전 세계 기업들이 지속 가능하고 사회적 책임을 지는 기업 운영의 정책을 채택하고 그 실행을 국제기구에 보고 하도록 장려하는 유엔(United Nations)의 국제기구로써, 기업체의 사회적 책임에 대한 역할을 관장 하며, 기업 들에게 동기 부여를 하는 국제 사무소이다.

② 유엔 글로벌 콤팩트 UNGC(UN Global Compact)의 10대 원칙

구분	원칙	내용
인권 (Human Rights)	1	기업은 국제적으로 선언된 인권 보호를 존중하고 지지해야 한다.
	2	기업은 인권 침해에 연루되지 않도록 적극 노력한다.
노동규칙 (Labour Standards)	3	기업은 결사의 자유와 단체교섭권의 실질적인 인정을 지지한다.
	4	모든 형태의 강제노동을 배제한다.
	5	아동노동을 효율적으로 철폐한다.
	6	고용 및 업무에서 차별을 철폐한다.
환경 (Environment)	7	기업은 환경문제에 대한 예방적 접근을 지지한다.
	8	환경적 책임을 증진하는 조치를 수행한다.
	9	환경친화적 기술 개발과 확산을 장려한다.
반부패 (Anti-corruption)	10	기업은 강탈, 뇌물 등을 포함하는 모든 형태의 부패에 반대한다.

2. 유통기업 윤리프로그램의 도입과 관리

최고경영자의 확신	최고경영자가 기업윤리 수준 향상의 필요성을 느끼고, 윤리 수준을 향상시키는 것이 기업을 위해 꼭 필요하다는 것을 인식하여야 한다.
기업윤리 강령 제정	최고경영자의 확신을 기업윤리헌장, 기업윤리강령, 종업원 행동준칙 등의 형태로 구체적, 공식적으로 회사 내, 외부에 공표하여야 한다.
경영계획에 윤리 포함	행동준칙이나 윤리강령을 종업원이 지킬 수 있도록 전략목표의 수립이나 경영계획 또는 인적자원관리 등에 윤리를 포함시켜야 한다.
윤리교육과 윤리의 기업문화화	경영계획에 윤리를 포함시킴과 동시에 사내의 구성원들에게 윤리교육을 시키고, 신입사원의 채용에도 반영하여야 한다. 이와 함께 평상시에도 기업윤리가 기업문화로 정착될 수 있도록 하여야 한다.
윤리담당 조직과 윤리감사	종업원 활동의 윤리문제에 대한 조언을 하고, 윤리 프로그램을 실행에 옮기며 윤리감사를 실시할 수 있도록 윤리담당부서를 설치하고 윤리담당 임원을 임명하는 것이 바람직하다.
평가와 통제	윤리감사 결과와 윤리프로그램의 실행결과를 평가하고 필요한 경우 윤리프로그램을 수정하고 앞으로의 집행관계를 조정한다.

3. 기업환경의 변화와 기업윤리

(1) 대내적 기업환경의 변화

① 내부거래, 불법대출, 부실경영 등의 문제에 대한 사회적 인식이 높아지면서 기업윤리에 대한 관심이 증대되고 있다.

② 주주와 경영진에 의한 기업지배구조가 소액주주와 사회에 부정적인 영향을 미치는 일이 자주 생겼다.

③ 삶의 질에 대해 종업원들의 관심이 높아지는 경향에 대비하려면 기업윤리 수준의 향상이 필수적이라는 것을 기업들이 인식하기 시작하였다.

④ 기업의 비윤리적 행위로 인한 막대한 배상금 지급, 여론과 시민단체의 영향력 증대, 기업 스스로의 각성 등으로 기업윤리가 중요하다는 것을 인식하기 시작하였다.

(2) 국제적 환경의 변화

① 부패 라운드(Corruption Round)
  ㉠ WTO체제하에서 새로운 이슈로 거론되고 있는 국제무역의 부패관행을 퇴치할 국제규칙 마련을 위한 다자간 협상을 의미한다.
  ㉡ 공식명칭은 국제상거래에 있어 외국공무원에 대한 OECD 뇌물방지협약이다. 부패문제가 심화되면서 건전한 국제상거래 질서를 구축하기 위해 OECD가 주축이 되어 체결한 협정이다.

② 윤리 라운드
　㉠ 윤리적 행위를 기업 경영활동에 적용하려는 국제적 시도로서 경제활동의 윤리적 환경과 조건을 세계 각국 공통으로 표준화하려는 움직임을 말한다.
　㉡ 비윤리적인 기업의 제품이나 서비스를 국제 거래에서 규제하자는 것이 대표적인 움직임이다.
　㉢ 무역장벽 철폐를 목적으로 한 우루과이라운드(UR), 환경보호를 위한 그린라운드(GR), 부패추방을 위한 부패라운드(CR)에 이어 21세기 기업의 생존에 필요한 필수 조건으로 자리잡고 있다.

4. 양성평등에 대한 이해

(1) 양성평등기본법의 목적과 용어의 정의

① 이 법은 「대한민국헌법」의 양성평등 이념을 실현하기 위한 국가와 지방자치단체의 책무 등에 관한 기본적인 사항을 규정함으로써 정치·경제·사회·문화의 모든 영역에서 양성평등을 실현하는 것을 목적으로 한다.

② 용어의 정의
　㉠ "양성평등"이란 성별에 따른 차별, 편견, 비하 및 폭력 없이 인권을 동등하게 보장받고 모든 영역에 동등하게 참여하고 대우받는 것을 말한다.
　㉡ "성희롱"이란 업무, 고용, 그 밖의 관계에서 국가기관·지방자치단체 또는 대통령령으로 정하는 공공단체(이하 "국가기관등"이라 한다)의 종사자, 사용자 또는 근로자가 다음 각 목의 어느 하나에 해당하는 행위를 하는 경우를 말한다.
　　• 지위를 이용하거나 업무 등과 관련하여 성적 언동 또는 성적 요구 등으로 상대방에게 성적 굴욕감이나 혐오감을 느끼게 하는 행위
　　• 상대방이 성적 언동 또는 성적 요구에 따르지 아니한다는 이유로 불이익을 주거나 그에 따르는 것을 조건으로 이익 공여의 의사표시를 하는 행위
　㉢ "사용자"란 사업주 또는 사업경영담당자, 그 밖에 사업주를 위하여 근로자에 관한 사항에 대한 업무를 수행하는 자를 말한다.

(2) 성차별과 성인지

① 성차별이란 정치·경제·사회·문화적 생활의 모든 영역에서 인간으로서의 기본적 자유를 인식, 향유하거나 권리를 행사하는데 합리적 이유없이 성별을 이유로 행하여지는 모든 구별, 배제 또는 제한을 의미한다.

② 국가와 지방자치단체는 관계 법률에서 정하는 바에 따라 예산이 여성과 남성에게 미치는 영향을 분석하고 이를 국가와 지방자치단체의 재정운용에 반영하는 성인지(性認知) 예산

을 실시하여야 한다.

(3) 양성평등의 사회적 효과
① 직장에서 성차별이 해소되고 성평등적 일·생활 균형 문화가 확산되면 여성들은 사회·경제적으로 더 많이 참여할 수 있게 된다. 이는 가계소득을 증대시켜 빈곤을 줄이고 자녀양육, 가사 등과 관련한 소비 지출을 촉진시키는 등 경제성장도 견인한다.
② 여성관리자 비율 및 여성임원 수가 많을수록 재무성과도 높으며, 여성임원수와 ROS, ROE 간 상관관계 높은 것으로 나타난다.
③ 선진국의 경우, 여성 고용률이 높은 국가들에서 출산율과 GDP도 높게 나타나는 등 경제성장과 여성인력 활용 비율이 높게 나타나며, 성별격차가 적은 국가들이 삶의 만족도가 높다.

제2절 유통관련 법규

1. 유통산업발전법

(1) 목적
이 법은 유통산업의 효율적인 진흥과 균형있는 발전을 꾀하고, 건전한 상거래질서를 세움으로써 소비자를 보호하고 국민경제의 발전에 이바지함을 목적으로 한다.

(2) 용어의 정의★★★
① "유통산업"이라 함은 농산물·임산물·축산물·수산물(가공 및 조리물을 포함한다) 및 공산품의 도매·소매 및 이를 영위하기 위한 보관·배송·포장과 이와 관련된 정보·용역의 제공 등을 목적으로 하는 산업을 말한다.
② "매장"이라 함은 상품의 판매와 이를 지원하는 용역의 제공에 직접 사용되는 장소를 말한다. 이 경우 매장에 포함되는 용역의 제공장소의 범위는 대통령령으로 정한다.
③ "대규모점포"라 함은 다음 각 목의 요건을 모두 갖춘 매장을 보유한 점포의 집단으로서 대통령령이 정하는 것을 말한다.
　㉠ 하나 또는 대통령령이 정하는 2 이상의 연접되어 있는 건물 안에 하나 또는 여러개로 나누어 설치되는 매장일 것
　㉡ 상시 운영되는 매장일 것
　㉢ 매장면적의 합계가 3천제곱미터 이상일 것

구 분	내 용
백화점	용역의 제공 장소를 제외한 매장면적의 합계가 3,000㎡ 이상인 점포의 집단이다. 다양한 상품을 구매할 수 있도록 현대적 판매시설과 소비자 편익시설이 설치된 점포로서 직영의 비율이 30% 이상인 점포의 집단이다.
대형마트	용역의 제공 장소를 제외한 매장면적의 합계가 3,000㎡ 이상인 점포의 집단으로서 식품, 가전 및 생활용품을 중심으로 점원의 도움 없이 소비자에게 소매하는 점포의 집단이다.
전문점	용역의 제공 장소를 제외한 매장면적의 합계가 3,000㎡ 이상인 점포의 집단으로서 의류, 가전 또는 가정용품 등 특정품목에 특화한 점포의 집단이다.
복합 쇼핑몰	용역의 제공 장소를 제외한 매장면적의 합계가 3,000㎡ 이상인 점포의 집단으로서 쇼핑, 오락 및 업무기능 등이 한 곳에 집적되고, 문화, 관광시설로서의 역할을 하며, 1개의 업체가 개발과 관리 및 운영하는 점포 집단이다.
쇼핑센터	용역의 제공 장소를 제외한 매장면적의 합계가 3,000㎡ 이상인 점포의 집단이다. 다수의 대규모점포 또는 소매점포와 각종 편의시설이 일체적으로 설치된 점포로서 직영 또는 임대의 형태로 운영되는 점포의 집단이다.

④ "준대규모점포"란 다음 각 목의 어느 하나에 해당하는 점포로서 대통령령으로 정하는 것을 말한다.
  ㉠ 대규모점포를 경영하는 회사 또는 그 계열회사(「독점규제 및 공정거래에 관한 법률」에 따른 계열회사를 말한다)가 직영하는 점포
  ㉡ 「독점규제 및 공정거래에 관한 법률」에 따른 상호출자제한기업집단의 계열회사가 직영하는 점포
  ㉢ ㉠,㉡의 회사 또는 계열회사가 직영점형 체인사업 및 프랜차이즈형 체인사업의 형태로 운영하는 점포
⑤ "임시시장"이라 함은 다수의 수요자와 공급자가 일정한 기간 동안 상품을 매매하거나 용역을 제공하는 일정한 장소를 말한다.
⑥ "체인사업"이라 함은 같은 업종의 여러 소매점포를 직영(자기가 소유하거나 임차한 매장에서 자기의 책임과 계산아래 직접 매장을 운영하는 것을 말한다. 이하 같다)하거나 같은 업종의 여러 소매점포에 대하여 계속적으로 경영을 지도하고 상품·원재료 또는 용역을 공급하는 사업을 말한다.

구 분	내 용
직영점형 체인사업	체인본부가 주로 소매점포를 직영하되 가맹계약을 체결한 일부 매점포(가맹점)에 대하여 계속적으로 상품을 공급하며 경영을 지도하는 형태의 체인사업
프랜차이즈형 체인사업	독자적인 상품 또는 판매, 경영기법을 개발한 체인본부가 상호 판매방법, 매장운영 및 광고방법 등을 결정하고 가맹점으로 하여금 그 결정과 지도에 따라 운영하도록 하는 형태의 체인사업
임의가맹점형 체인사업	체인본부의 계속적인 경영지도 및 체인본부와 가맹점간 협업에 의하여 가맹점의 취급품목, 영업방식 등의 표준화사업과 공동구매, 공동판매, 공동시설활용 등 공동사업을 수행하는 형태의 체인사업
조합형 체인사업	동일업종의 소매점들이 중소기업협동조합법 규정에 의한 중소기업협동조합을 설립하여 공동구매, 공동판매, 공동시설활용 등 사업을 수행하는 형태의 체인사업

[체인사업의 형태]

⑦ "상점가"라 함은 일정 범위안의 가로 또는 지하도에 대통령령이 정하는 수 이상의 도매점포·소매점포 또는 용역점포가 밀집하여 있는 지구를 말한다.

⑧ "전문상가단지"라 함은 같은 업종을 영위하는 여러 도매업자 또는 소매업자가 일정 지역에 점포 및 부대시설 등을 집단으로 설치하여 만든 상가단지를 말한다.

⑨ "무점포판매"라 함은 상시운영되는 매장을 가진 점포를 두지 아니하고 상품을 판매하는 것으로 지식경제부령이 정하는 것을 말한다.

⑩ "유통표준코드"라 함은 상품·상품포장·포장용기 또는 운반용기의 표면에 표준화된 체계에 따라 표기된 숫자와 바코드 등으로서 지식경제부령이 정하는 것을 말한다.

⑪ "집배송시설"이라 함은 상품의 주문처리·재고관리·수송·보관·하역·포장·가공 등 집하 및 배송에 관한 활동과 이를 유기적으로 조정 또는 지원하는 정보처리활동에 사용되는 기계·장치 등의 일련의 시설을 말한다.

⑫ "공동집배송센터"라 함은 여러 유통사업자 또는 제조업자가 공동으로 사용할 수 있도록 집배송시설 및 부대업무시설이 설치되어 있는 지역 및 시설물을 말한다.

(3) 유통산업발전법의 시책 방향
① 유통구조의 선진화 및 유통기능의 효율화 촉진
② 유통산업에서의 소비자 편익의 증진
③ 유통산업의 지역별 균형발전의 도모
④ 유통산업의 종류별 균형발전의 도모
⑤ 중소유통기업의 구조개선 및 경쟁력 강화
⑥ 유통산업의 국제경쟁력 제고
⑦ 유통산업에서의 건전한 상거래질서의 확립 및 공정한 경쟁여건의 조성

2. 전자문서 및 전자거래기본법★

(1) 목적

이 법은 전자문서 및 전자거래의 법률관계를 명확히 하고 전자문서 및 전자거래의 안전성과 신뢰성을 확보하며 그 이용을 촉진할 수 있는 기반을 조성함으로써 국민경제의 발전에 이바지함을 목적으로 한다.

(2) 용어의 정의

① "전자문서"란 정보처리시스템에 의하여 전자적 형태로 작성, 송신·수신 또는 저장된 정보를 말한다.
② "정보처리시스템"이란 전자문서의 작성·변환, 송신·수신 또는 저장을 위하여 이용되는 정보처리능력을 가진 전자적 장치 또는 체계를 말한다.
③ "전자거래"란 재화나 용역을 거래할 때 그 전부 또는 일부가 전자문서에 의하여 처리되는 거래를 말한다.
④ "전자거래사업자"란 전자거래를 업(業)으로 하는 자를 말한다.

(3) 영업비밀 보호

① 정부는 전자거래의 안전성과 신뢰성을 확보하기 위하여 전자거래이용자의 영업비밀을 보호하기 위한 시책을 수립·시행하여야 한다.
② 전자거래사업자(정보처리시스템의 운영을 위탁받은 자를 포함한다. 이하 이 조에서 같다)는 전자거래이용자의 영업비밀을 보호하기 위한 조치를 마련하여야 한다.
③ 전자거래사업자는 전자거래이용자의 동의를 받지 아니하고는 해당 이용자의 영업비밀을 타인에게 제공하거나 누설하여서는 아니 된다.
④ 영업비밀의 범위, 보호조치 등에 관하여 필요한 사항은 대통령령으로 정한다.

(4) 전자거래사업자의 일반적 준수사항★

① 상호(법인인 경우에는 대표자의 성명을 포함한다)와 그 밖에 자신에 관한 정보와 재화, 용역, 계약 조건 등에 관한 정확한 정보의 제공
② 소비자가 쉽게 접근·인지할 수 있도록 약관의 제공 및 보존
③ 소비자가 자신의 주문을 취소 또는 변경할 수 있는 절차의 마련
④ 청약의 철회, 계약의 해제 또는 해지, 교환, 반품 및 대금환급 등을 쉽게 할 수 있는 절차의 마련
⑤ 소비자의 불만과 요구사항을 신속하고 공정하게 처리하기 위한 절차의 마련
⑥ 거래의 증명 등에 필요한 거래기록의 일정기간 보존

3. 소비자기본법★

(1) 목적

이 법은 소비자의 권익을 증진하기 위하여 소비자의 권리와 책무, 국가·지방자치단체 및 사업자의 책무, 소비자단체의 역할 및 자유시장경제에서 소비자와 사업자 사이의 관계를 규정함과 아울러 소비자정책의 종합적 추진을 위한 기본적인 사항을 규정함으로써 소비생활의 향상과 국민경제의 발전에 이바지함을 목적으로 한다.

(2) 정의

① "소비자"라 함은 사업자가 제공하는 물품 또는 용역(시설물을 포함한다. 이하 같다)을 소비생활을 위하여 사용(이용을 포함한다. 이하 같다)하는 자 또는 생산활동을 위하여 사용하는 자로서 대통령령이 정하는 자를 말한다.
② "사업자"라 함은 물품을 제조(가공 또는 포장을 포함한다. 이하 같다)·수입·판매하거나 용역을 제공하는 자를 말한다.
③ "소비자단체"라 함은 소비자의 권익을 증진하기 위하여 소비자가 조직한 단체를 말한다.
④ "사업자단체"라 함은 2 이상의 사업자가 공동의 이익을 증진할 목적으로 조직한 단체를 말한다.

(3) 소비자의 기본적 권리

① 물품 또는 용역(이하 "물품등"이라 한다)으로 인한 생명·신체 또는 재산에 대한 위해로부터 보호받을 권리
② 물품등을 선택함에 있어서 필요한 지식 및 정보를 제공받을 권리
③ 물품등을 사용함에 있어서 거래상대방·구입장소·가격 및 거래조건 등을 자유로이 선택할 권리
④ 소비생활에 영향을 주는 국가 및 지방자치단체의 정책과 사업자의 사업활동 등에 대하여 의견을 반영시킬 권리
⑤ 물품등의 사용으로 인하여 입은 피해에 대하여 신속·공정한 절차에 따라 적절한 보상을 받을 권리
⑥ 합리적인 소비생활을 위하여 필요한 교육을 받을 권리
⑦ 소비자 스스로의 권익을 증진하기 위하여 단체를 조직하고 이를 통하여 활동할 수 있는 권리
⑧ 안전하고 쾌적한 소비생활 환경에서 소비할 권리

(4) 소비자의 책무

① 소비자는 사업자 등과 더불어 자유시장경제를 구성하는 주체임을 인식하여 물품 등을 올바르게 선택하고, 소비자의 기본적 권리를 정당하게 행사하여야 한다.
② 소비자는 스스로의 권익을 증진하기 위하여 필요한 지식과 정보를 습득하도록 노력하여야 한다.
③ 소비자는 자주적이고 합리적인 행동과 자원절약적이고 환경친화적인 소비생활을 함으로써 소비생활의 향상과 국민경제의 발전에 적극적인 역할을 다하여야 한다.

제5장 학습정리

- **기업윤리** : 기업활동에 관련되면서도 도덕적으로 복잡하게 상충되는 문제들을 검토하고 해결하기 위하여 윤리적 원칙을 적용하는 원리이다. 기업활동에 있어서 "무엇이 옳고 그른지, 무엇이 좋은 일이고 무엇이 나쁜 일인지"를 따져서 '윤리적 해결방안'을 모색하는 것이다.
- **유엔 글로벌 콤팩트(UNGC)** : 전 세계 기업들이 지속 가능하고 사회적 책임을 지는 기업 운영의 정책을 채택하고 그 실행을 국제기구에 보고 하도록 장려하는 유엔(United Nations)의 국제기구로써, 기업체의 사회적 책임에 대한 역할을 관장 하며, 기업들에게 동기 부여를 하는 국제 사무소이다. 4개 분야(10대 원칙)에 포함되는 것은 인권(Human Rights), 노동규칙(Labour Standards), 환경(Environment), 반부패(Anti-Corruption)이다.
- **양성평등** : 성별에 따른 차별, 편견, 비하 및 폭력 없이 인권을 동등하게 보장받고 모든 영역에 동등하게 참여하고 대우받는 것을 말한다.
- **성차별** : 정치·경제·사회·문화적 생활의 모든 영역에서 인간으로서의 기본적 자유를 인식, 향유하거나 권리를 행사하는데 합리적 이유없이 성별을 이유로 행하여지는 모든 구별, 배제 또는 제한을 의미한다.
- **유통산업발전법** : 유통산업의 효율적인 진흥과 균형있는 발전을 꾀하고, 건전한 상거래질서를 세움으로써 소비자를 보호하고 국민경제의 발전에 이바지함을 목적으로 한다.
- **체인사업의 형태** : 직영점형, 프랜차이즈형, 임의가맹점형, 조합형
- **전자문서 및 전자거래기본법** : 전자문서 및 전자거래의 법률관계를 명확히 하고 전자문서 및 전자거래의 안전성과 신뢰성을 확보하며 그 이용을 촉진할 수 있는 기반을 조성함으로써 국민경제의 발전에 이바지함을 목적으로 한다.
- **소비자기본법** : 소비자의 권익을 증진하기 위하여 소비자의 권리와 책무, 국가·지방자치단체 및 사업자의 책무, 소비자단체의 역할 및 자유시장경제에서 소비자와 사업자 사이의 관계를 규정함과 아울러 소비자정책의 종합적 추진을 위한 기본적인 사항을 규정함으로써 소비생활의 향상과 국민경제의 발전에 이바지함을 목적으로 한다.

적중 예상문제

01 사회적 가치와 기업의 사회적 책임(CSR)에 대한 설명 중 가장 옳지 않은 것은?

① 사회적 가치 관점의 CSR 목표는 사회의 지속가능발전에 기여하는 것이다.
② CSR은 기업 차원에서 사회적 가치를 실현하려는 노력과 관련되어 있다.
③ 사회적 가치는 경제 성장보다 ESG를 우선시한다.
④ ISO 26000은 CSR 경영의 세계적 표준의 하나이다.
⑤ 사회적 가치를 실현하는 사회적책임경영은 민간기업과 더불어 공공기관에도 적용된다.

정답 ③
해설 사회적 가치와 ESG(환경, 사회, 지배구조)는 모두 중요하지만, 사회적 가치는 경제 성장과 상호 보완적인 관계에 있으며, 경제 성장 자체를 우선시하지 않는다고 단정할 수 없다.
④ ISO 26000은 국제표준화기구 (ISO)가 제정한 사회적 책임에 대한 국제 표준이다.

02 유통기업의 윤리에 대한 설명 중 가장 적합하지 않은 것은?

① 선정적인 광고는 소비자의 성적 본능과 감각을 자극함으로써 주의와 시선을 집중시키는 효과는 있지만 상품의 개념에 상당한 혼란을 가져올 수 있다.
② 비교광고는 확인가능한 객관적 자료를 근거로 해야 하고, 근거가 확실한 경우에도 일부 자료로 전체를 비교하는 표현을 하거나 경쟁 상품을 비방하는 표현을 하는 것은 비윤리적인 행위이다.
③ 침투전략은 특별한 원가차이도 없이 같은 제품을 상이한 가격으로 판매하거나 저가로 유인한 뒤 고가품목을 구매하게 하려는 행위이지만 소비자에 실질적 이득을 주므로 비윤리적 행위라 할 수 없다.
④ 경쟁업체와의 수평적 가격담합, 제조업자와 중간상 간의 수직적 가격담합, 그리고 경쟁업체를 시장에서 몰아내기 위해 가격을 내리는 약탈적 가격전략은 비윤리적이다.
⑤ 기업의 가격결정과 가격경쟁은 윤리적 평가가 가장 어려운 문제이며, 가격은 기업의 수익과 직결되는 마케팅믹스요소이므로 비교적 어려운 문제이며 다른 요소에 비해 법적 규제의 강도가 세다.

정답 ③
해설 유통기업은 고객에게 정직과 신용으로 믿을 수 있는 제품을 저렴하게 제공해야 하는데 고객을 저가로 유인한 뒤 고가품목을 구매하게 하려는 행위는 유통기업의 '손실유도 가격전략'에 해당되므로 윤리적 행위기준과는 관련이 없다.

03 다음 유통기업의 윤리에 관한 내용 중 로스의 6가지 의무가 아닌 것은?

① 선행의 의무
② 정의의 의무
③ 신의의 의무
④ 감사의 의무
⑤ 타인향상의 의무

정답 ⑤
해설 나 자신 또는 회사의 장래와 행복을 위해 노력할 의무가 있는 자기향상의 의무이다.

04 소비자단체의 역할 및 자유시장경제에서 소비자와 사업자 사이의 관계를 규정함과 아울러 소비자정책의 종합적 추진을 위한 기본적인 사항을 규정한 법률은?

① 방문판매 등에 관한 법률
② 전자문서 및 전자거래 기본법
③ 소비자 기본법
④ 할부거래에 관한 법률
⑤ 유통산업발전법

정답 ③
해설 이 법은 소비자의 권익을 증진하기 위하여 소비자의 권리와 책무, 국가·지방자치단체 및 사업자의 책무, 소비자단체의 역할 및 자유시장경제에서 소비자와 사업자 사이의 관계를 규정함과 아울러 소비자정책의 종합적 추진을 위한 기본적인 사항을 규정함으로써 소비생활의 향상과 국민경제의 발전에 이바지함을 목적으로 한다.

05 전자문서 및 전자거래 기본법(법률 제18478호, 2021.10.19., 일부개정)에서 명시하고 있는 전자거래사업자의 일반적 준수사항으로 옳지 않은 것은?

① 소비자가 쉽게 접근·인지할 수 있도록 약관의 제공 및 보존
② 소비사가 사신의 주문을 취소 또는 변경할 수 있는 질차의 마련
③ 소비자의 불만과 요구사항을 신속하고 공정하게 처리 하기 위한 절차의 마련
④ 거래의 증명 등에 필요한 거래기록의 일정 기간 보존
⑤ 정부나 기업이 소비자를 위해 마련한 각종 제도를 홍보할 수 있는 절차의 마련

정답 ⑤
해설 ①,②,③,④ 외에 "상호(법인인 경우에는 대표자의 성명을 포함한다)와 그 밖에 자신에 관한 정보와 재화, 용역, 계약 조건 등에 관한 정확한 정보의 제공"도 전자거래사업자의 일반적 준수사항이다.

06 남녀평등에 관한 설명 중 가장 옳지 않은 것은?

① 성별에 따른 차별뿐 아니라 편견, 비하, 폭력을 철폐하여 인권을 남녀에게 동등하게 보장하는 것이다.
② 가정과 사회 영역에 남녀가 동등하게 참여하고 대우받는 것이다.
③ 남성과 여성이 권한뿐 아니라 책임도 분담하는 것을 의미한다.
④ 남성과 여성 사이에 생리적 차이와 사회참여의 차이를 인정하지 아니한다.
⑤ 기회의 평등뿐 아니라 조건과 결과의 평등도 도모한다.

정답 ④
해설 남성과 여성 사이에 생리적 차이와 사회참여의 차이를 인정하지 아니한다.

07 유통기업은 각종 전략이외에도 윤리적인 부분을 고려해야 하는데, 이러한 윤리와 관련된 설명으로 가장 옳지 않은 것은?

① 윤리적인 것은 나라마다, 산업마다 다를 수 있다.
② 윤리는 개인과 회사의 행동을 지배하는 원칙이라 할 수 있다.
③ 회사의 윤리 강령이라도 옳고 그름을 살펴서 판단해야 한다.
④ 윤리는 법과 달리 처벌시스템이 존재하지 않으므로 간과해도 문제가 되지 않는다.
⑤ 윤리적인 원칙은 시간의 흐름에 따라 변할 수도 있다.

정답 ④
해설 윤리가 법과 달리 처벌시스템이 비록 존재하지 않더라도 이를 간과하게 되면 구성원들의 가치관 및 조직의 가치관까지 영향을 미치게 되어 더욱 큰 혼란을 초래하게 되므로 윤리 또한 지켜져야 한다.

08 UNGC(UN Global Compact)는 기업의 사회적 책임에 대한 지지와 이행을 촉구하기 위해 만든 자발적 국제협약으로 4개 분야의 10대 원칙을 핵심으로 하고 있다. 4개 분야에 포함되지 않는 것은?

① 반전쟁(Anti-War) ② 인권(Human Rights)
③ 노동규칙(Labour Standards) ④ 환경(Environment)
⑤ 반부패(Anti-Corruption)

정답 ①
해설 4개 분야에 포함되는 것은 인권(Human Rights), 노동규칙(Labour Standards), 환경(Environment), 반부패(Anti-Corruption) 이다.

09 소비자기본법 상, 소비자중심경영의 인증 내용으로 옳지 않은 것은?

① 소비자중심경영인증의 유효기간은 그 인증을 받은 날 부터 1년으로 한다.
② 소비자중심경영인증을 받은 사업자는 대통령령으로 정하는 바에 따라 그 인증의 표시를 할 수 있다.
③ 소비자중심경영인증을 받으려는 사업자는 대통령령으로 정하는 바에 따라 공정거래위원회에 신청하여야 한다.
④ 공정거래위원회는 소비자중심경영인증을 신청하는 사업자에 대하여 대통령령으로 정하는 바에 따라 그 인증의 심사에 소요되는 비용을 부담하게 할 수 있다.
⑤ 공정거래위원회는 소비자중심경영을 활성화하기 위하여 대통령령으로 정하는 바에 따라 소비자중심경영인증(CCC)을 받은 기업에 대하여 포상 또는 지원 등을 할 수 있다.

정답 ①
해설 소비자 중심 경영 인증의 유효기간은 그 인증 을 받은 날부터 2년으로 한다. 소비자중심경영(CCM)이란 기업이 수행하는 모든 활동을 소비자 관점에서, 소비자 중심으로 구성하고, 관련 경영활동을 지속적으로 개선하고 있는지를 한국소비자원이 평가하고 공정거래위원회가 인증하는 제도이다.

10 성인지예산제도에 관한 설명으로 가장 옳지 않은 것은?

① 2010회계연도부터 우리나라 정부예산에 실제 시행되었다.
② 예산이 남성이 아니라 여성에게 미치는 효과를 분석하여 양성평등을 위한 예산집행을 추구한다.
③ 성인지 예산서에는 성평등 기대효과, 성과목표, 성별 수혜분석 등을 포함하여야 한다.
④ 양성평등을 위한 정책의 결과(성인지예산서 작성)와 과정(예산의 성별 영향 분석과정)을 동시에 추구한다.
⑤ 예산과정에 대한 성 주류화의 적용으로 양성평등을 위한 실질적인 예산배분의 변화를 추구한다.

정답 ②
해설 예산이 여성과 남성에게 미치는 영향을 분석하고 이를 국가와 지방자치단체의 재정운용에 반영하는 성인지(性認知) 예산을 실시하여야 한다.

2025 이패스 유통관리사2급 합격예감

제2과목

상권분석

02

제1장　유통 상권조사
제2장　입지분석
제3장　개점 전략

제1장 유통 상권조사

제1절 상권의 개요

1. 상권의 정의와 유형

(1) 상권의 정의★

① 상권(Trading Area)이란 개별점포가 재화와 서비스의 제공을 통하여 고객을 유인할 수 있는 지역적 범위를 말한다.
② 상권은 한 점포가 고객을 흡인하거나 흡인할 수 있는 지역으로 다수의 상업시설이 고객을 흡인하는 공간적 범위를 말한다.
③ 상권은 시장지역 또는 배후지(背後地)라고도 부르며, 점포와 고객을 상행위와 관련하여 흡수할 수 있는 지리적 영역이다.
④ 배후지
  ㉠ 배후지란 상업상의 상거래가 이루어지는 공간적 범위를 말한다.
  ㉡ 인구밀도가 높을수록 유리하다.
  ㉢ 현재뿐만 아니라 미래 후보지도 고려해야 한다.
  ㉣ 고객의 경제적 수준이 높을수록 양호하다.
  ㉤ 배후지의 범위는 유동적이 가변적이다.

(2) 상권의 범위와 특성★

① 상권범위는 출점하는 업종, 업태와 밀접한 상관관계가 있으며, 고정되어 있는 개념이 아니다. 상권의 범위는 점포의 크기, 업종, 취급하는 상품의 종류나 상업집적도, 교통편의, 가격대, 상품구성, 마케팅 전략, 고객의 라이프스타일 등에 따라서 결정된다.
② 상권은 사회적 요인, 경제적 요인, 행정적 요인 등의 변화에 따라 항상 변할 수 있는 가변적이고 신축적인 개념이다.
③ 고객의 사회적·경제적 수준이 높을수록 유리하며, 교통수단이 편리할수록 유리한 상권이 된다.
④ 구매빈도가 낮은 업종일수록 넓은 상권을 가져야 하고 구매 빈도가 높은 업종일수록 좁은

상권을 가져도 된다.
⑤ 소매상권의 크기는 판매하는 상품의 종류에 따라 다르게 나타나는데, 가격이 비교적 낮고 구매빈도가 높은 편의품의 상권은 좁은 것이 일반적이며, 가격이 비교적 높으며 수요빈도가 낮은 선매품·전문품·내구소비재 등의 상권은 일반적으로 넓다.
⑥ 상권을 규정하는 가장 중요한 요인은 소비자나 판매자가 감안하게 되는 시간과 비용 요인이다.

구분	상권(trading area)	입지(location)
개념	지점이 미치는 영향권의 범위	지점이 소재하고 있는 위치적인 조건
구성요소	유동인구, 배후인구, 소비자, 자사, 경쟁사	가시성, 인지성, 접근성
키워드	BOUNDRY	POINT
분석목적	상권 전체의 성쇠 여부	개별점포의 성쇠 여부
분석방법	구매력 분석, 업종 경쟁력 분석	통행량 분석, 점포분석
평가기준	거리, 유동인구	권리금, 임대료

[상권과 입지의 비교]

(3) 상권 규정 요인

① 상권을 규정하는 가장 중요한 요인은 소비자나 판매자가 감안하게 되는 시간과 비용요인이다.
② 공급측면에서 비용요인이 상대적으로 저렴할수록 상권은 확대된다.
③ 상품가치를 좌우하는 보존성이 강한 재화일수록 오랜 운송에도 견딜 수 있으므로 상권이 확대된다.
④ 재화의 이동에서 사람을 매개로 하는 소매상권은 재화의 종류에 따라 비용 지출이나 시간 사용이 달라지므로 상권의 크기도 달라진다.
⑤ 수요측면에서 고가품, 고급품일수록 상권범위가 확대된다.

(4) 제품 및 업종형태와 상권과의 관계

① 식품은 대부분 편의품이지만, 선물용 식품은 선매품이고 식당이 구매하는 일부 식품은 전문품일 수 있다.
② 선매품을 취급하는 소매점포는 편의품보다 상위의 소매중심지나 상점가에 입지하여 더 넓은 범위의 상권을 가져야 한다.
③ 소비자는 생필품을 구매거리가 짧고 편리한 장소에서 구매하려 하므로 생필품을 취급하는 점포는 주택지에 근접한 입지를 선택하는 것이 좋다.
④ 전문품을 취급하는 점포의 경우 고객이 지역적으로 분산되어 있으므로 그 상권은 밀도는

낮지만, 범위는 넓은 특성을 가진다.
⑤ 동일업종이더라도 점포의 규모나 품목구성에 따라 점포의 상권 범위가 달라진다.

2. 상권의 계층성, 상권의 유형

(1) 상권 경계와 계층성
① 상권 경계는 특정 상권에 속하는 많은 '무관심점(point of indifference)'을 이어놓은 라인을 말한다. 여기에서 무관심점은 소비자가 어느 곳에서 구매하여도 상관이 없는 상권 내 지점을 말한다.
② 티센다각형(Thiessen polygon) 모형★★★
  ㉠ 공간독점접근법에 기반한 상권구획모형의 일종이다.
  ㉡ 상권에 대한 기술적이고 예측적인 도구로 활용할 수 있다.
  ㉢ 소비자들이 유사한 인접점포들 중에서 선택하는 상황을 전제로 상권의 경계를 파악할 때 간단하게 활용하는 모형이다.
  ㉣ 근접구역이란 어느 점포가 다른 경쟁포보다 공간적인 이점을 가진 구역을 의미한다. 접근성이 소비자들의 점포선택의 가장 중요한 결정요소일 때 유용하다.
  ㉤ 일반적으로 티센다각형의 크기는 경쟁수준과 역의 관계를 가진다. 즉, 다각형의 크기는 경쟁수준과 반비례한다. 즉, 인접하는 점포 간의 경쟁수준이 낮을수록 다각형의 크기는 커진다.
  ㉥ 시설 간 경쟁정도를 파악할 수 있다.

(2) 상권의 계층적 분류★
① 일반적으로 상권은 계층적 구조로 형성된 것으로 볼 수 있다.
② 지역 상권(GTA ; General Trading Area)은 가장 포괄적이 상권범위로서 '시' 또는 '군'을 포함하는 넓은 지역범위이며, 도시 간의 흡인범위가 성립하는 범위이다.
③ 지구 상권(DTA ; District Trading Area)은 집적된 상업시설이 갖는 상권의 범위로 '구'를 포함하는 범위이다.
④ 지점 상권(ITA ; Individual Trading Area)은 개별점포 상권이라고 하며, 점포의 후보 입지가 가지는 상권으로 지역상권과 지구상권 내의 개별점포들은 각각의 점포상권을 형성하게 된다.

(3) 1차, 2차, 3차 상권★
상권은 그 수준에 따라 1, 2, 3차 상권으로 나눌 수 있다. 상권의 크기와 모양은 업태, 점포크기, 상품의 다양성, 경쟁점 현황, 도로상황, 마케팅 활동 등에 영향을 받는다.

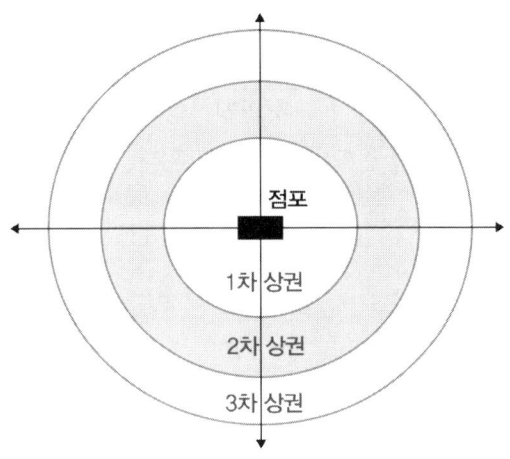

① 1차 상권(primary trading area)
  ㉠ 점포고객의 약 60-70%를 포함하고 있는 지역을 말하는데 점포에 가장 근접해 있고 내점빈도나 매출액에의 비중이 가장 높은 지역이다.
  ㉡ 대부분 그 점포에 지리적으로 인접한 지역에 거주하는 소비자들로 구성되며, 해당 점포의 이용 빈도가 가장 높은 고객층이기 때문에 매출액 비중이 가장 높다.
② 2차 상권(secondary trading area)
  점포고객의 약 15-25%를 포함하고 있는 지역이며 1차상권 외곽에 위치하며 고객접근성이 떨어진다.
③ 3차 상권(Fringe trading area)
  ㉠ 1차 상권과 2차 상권에 포함되지 않은 외곽상권을 둘러싼 고객지역범위를 말한다.
  ㉡ 한계상권 내의 이용고객은 고객들이 매우 광범위하게 분산되어 있으며 점포에 미치는 영향은 미미하다.

(4) 일반적인 상권의 유형★★

① 근린상권
  주거지 근처에 있고 사람들이 일상적으로 자주 쇼핑하거나 외식을 즐기는 상업지를 말한다. 근린상권은 점포인근 거주자들을 주요 소비자로 볼 수 있으며 생활필수품을 취급하는 업종의 점포들이 입지 하는 경향이 있다.
② 도심상권
  도심상권은 중심업무지구(CBD)를 포함하는데 부도심 또는 근린상권보다 상대적으로 상권의 범위가 넓고 소비자들의 체류시간이 길다.
③ 부도심상권
  부도심상권은 도시 내 주요 간선도로의 결절점이나 역세권을 중심으로 형성되는 경우가

많으며 도시전체의 소비자를 유인하지는 못한다.
④ 아파트상권
    단지 내 거주하는 고정고객 비중이 높아 안정적인 수요확보가 가능하지만, 보통 외부고객 유치가 어려워 상대적으로 상권확대 가능성이 낮다.
⑤ 역세권상권
    역세권상권은 지하철역이나 철도역을 중심으로 형성되며 지상의 도로 교통망과 연결되어 지상과 지하의 입체적 상권으로 고밀도 개발이 이루어지는 경우가 많다.

(5) 소비행태별 상권의 유형
① 목적형 상권
    ㉠ 고객의 기대 소비에 따라 목적을 정하여 구매하는 상권을 말한다.
    ㉡ 구매빈도는 높지 않지만 목적 방문에 따른 구매율이 높기 때문에 새로운 경쟁자의 진입이 용이하지 않다.
    ㉢ 목적형 상권에 진입하고자 할 경우에는 가급적 동일 업종보다는 유사 업종군의 틈새를 선택하는 것이 바람직하다.
② 비목적형 상권
    ㉠ 비목적형 상권은 역세권과 같이 사전에 구매의사를 정하지 않고 우연하게 구매가 일어나는 상권을 의미한다.
    ㉡ 대체로 업종간의 연계성이 높지 않기 때문에 구매목적이 있어도 목적을 제대로 달성하기 어렵다. 때문에 단골을 만들기가 쉽지 않아 가급적 유동인구의 많고 적음에 따라 성패가 엇갈린다.
    ㉢ 김밥전문점이나 패스트푸드, 오락게임장, 편의점, 화장품전문점 등이 비목적형 상권에 적합한 대표적인 업종들이다.

제2절 상권분석에서의 정보기술 활용

1. 상권분석과 상권정보시스템

(1) 상권정보와 상권정보정보시스템

① 상권정보는 지역상권 내의 라이프스타일, 시장규모 및 성향, 유사 또는 동종업종 점포 수 등이 있다.

② 상권정보시스템은 업종전환 및 창업을 하고자 하는 사람들의 성공을 위해 업종의 선정과 입지 등을 지원하기 위해 종합적인 상권정보(지역별·업종별)를 전자지도로 제공하는 시스템이다.

③ 중소벤처기업부 소상공인시장진흥공단에서 제공하는 상권정보시스템(sg.sbiz.or.kr)은 예비창업자와 소상공인에게 지역, 영역, 업종 등 입력정보를 기반으로 인구, 주거형태, 주요시설, 유동인구, 매출 정보, 소득수준, 소비수준, 창업 과밀지수, 점포 이력, 평가 등 상권분석에 필요한 다양한 상권분석 정보를 무료로 제공한다.

(2) 상권의 정의를 위한 정보(기초자료)★

① 고객 스포팅 : 점포나 쇼핑센터를 위해 고객의 거주지역을 파악하는 데에 고객 스포팅 기술의 목적이 있으며, 고객에 대한 구체적인 자료는 보통 신용카드, 수표구매, 고객충성도 프로그램 등을 통해 얻을 수 있다.

② 인구통계적 자료 및 지리정보시스템 제공업체 : 소매업체에게 보다 나은 입지선정을 할 수 있는 정보를 전문적으로 제공하는 사설 조사업체를 통하여 인구통계자료 및 지리정보시스템 자료를 얻을 수 있다. 지리정보시스템은 지도 형식으로 고객의 인구통계학적 특징, 구매행동, 다른 자료에 대한 정보를 시각화할 수 있도록 도와준다.

③ 인구센서스 : 가구당 가족 수, 가족관계, 성별, 나이, 결혼 여부 등을 조사한다.

④ 구매력지수 : 주어진 시장의 구매능력을 측정한 것으로 시장 전체의 잠재구매력에 대한 비율로 표현된다. 기본 구매력지수는 모든 시장에 존재하는 세 가지 중요한 요소인 총소득, 총소매매출, 총인구에 가중치를 두고 이를 결합시켜 만든다.

⑤ 경쟁척도 : 경쟁정도를 측정하는 전통적인 방법은 전화번호의 옐로 페이지(yellow page)를 통하는 것이며 경쟁을 측정하는 가장 강력한 방법 중의 하나는 인터넷을 통하는 것이다. 대부분의 웹사이트들은 현재의 모든 입지뿐만 아니라 미래의 입지도 나타내며 다른 국가에서 예상되는 매출을 측정하기 위해 직접 방문해야 할 필요성도 없애준다.

(3) 지리정보시스템(GIS)을 이용한 상권정보 수집
① 지리정보시스템(GIS : Geographical Information System)는 인간생활에 필요한 지리정보를 효율적으로 활용하기 위한 정보시스템의 하나이다.
② 공간상 위치를 점유하는 지리자료(Geographic data)와 이에 관련된 속성자료(Attribute data)를 통합하여 처리하는 정보시스템이다.

(4) 지리정보시스템(GIS)의 특성★
① 컴퓨터를 이용한 지도작성체계와 데이터베이스관리 체계(DBMS)의 결합이다.
② 지도레이어는 점, 선, 면을 포함하는 개별 지도형상으로 구성되어 있다.
③ G-CRM을 실현하기 위한 기본적 틀을 제공할 수 있다.
④ 주제도작성, 데이터 및 공간조회, 버퍼링(Buffering)을 통해 효과적인 상권분석이 가능하다.
⑤ GIS 기법 중 중첩분석은 같은 지역의 여러 자료들을 중첩(Overlay)하여 내가 필요로 하는 정보를 얻어내는 기법으로 주로 최적입지 선정에 이용된다.
⑥ 지역의 중심점과 경쟁점포들 간의 거리측정이 가능하고, 상권의 경계추정 및 표적고객집단을 파악할 수 있으며, IT 기술의 발전으로 GIS를 통해 매출액 추정과정을 시스템화하여 점차 확대하고 있다.

(5) 지리정보시스템(GIS)의 기능★★★
① 버퍼(buffer) : 어떤 지도형상, 즉 점이나 선 혹은 면으로부터 특정한 거리 이내에 포함되는 영역을 의미하며, 면의 형태로 나타나 상권 혹은 영향권을 표현하는데 사용될 수 있다.
② 주제도(thematic map) 작성 : 속성정보를 요약하여 표현한 지도를 작성하는 것이며, 면, 선, 점의 형상으로 구성된다.
③ 중첩(Overlay) : 공간적으로 동일한 경계선을 가진 두 지도 레이어들에 대해 하나의 레이어에 다른 레이어를 겹쳐 놓고 지도 형상과 속성들을 비교하는 기능이다.
④ 위상(topology) : 지도기능의 일종이며, 개별 지도형상에 경도와 위도 좌표체계를 기반으로 다른 지도형상과 비교하여 상대적인 위치를 알 수 있는 기능을 부여하는 역할을 한다.
⑤ 데이터 및 공간조회 : 지도상에서 데이터를 조회하여 표현하고, 특정 공간기준을 만족시키는 지도를 얻기 위해 조회도구로써 지도를 사용하는 것이다.
⑥ 프레젠테이션 지도작업 : 지리적인 형상을 표현한 지도상에 데이터의 값과 범위를 할당하여 지도를 확대·축소하는 등의 기능이다.

2. 상권정보 수집 및 상권조사

(1) 1차 자료와 2차 자료★★

① 1차 자료(Primary Data)
  ㉠ 1차 자료는 연구자가 직접 수집하는 새롭고 원천적인 정보이다.
  ㉡ 특정 연구 목적에 맞게 수집되므로 구체적이고 맞춤형 자료이다.
  ㉢ 데이터 수집 과정이 비용과 시간이 많이 들지만, 최신성과 정확도가 높다.

① 2차 자료(Secondary Data)
  ㉠ 2차 자료는 기존에 이미 수집되고 가공된 데이터를 활용하는 방법이다.
  ㉡ 기존 데이터를 활용하므로 비용과 시간이 절약 되지만, 목적에 완벽히 부합하지 않을 수 있다.

구분	1차 자료	2차 자료
데이터 출처	직접 수집	기존 데이터 활용
비용 및 시간	높음	낮음
정확성	연구 목적에 맞춤, 구체적	목적에 부합하지 않을 가능성
활용 사례	새로운 시장 진입 전략 개발	업계 동향 파악, 경쟁사 분석

[1차 자료와 2차 자료의 비교]

(2) 상권조사

① 상권조사란 입지와 상권조사를 통한 사업타당성여부를 검토하기 위한 기본 분석을 의미하며, 초기 상권범위를 결정하려고 할 경우 일반적으로 기초자료로서 사용되는 요인으로는 인구밀도분포, 개별점포에 접근하는 교통조건, 경쟁상대의 위치를 조사해야 한다.
② 소매점포가 상품이나 서비스를 제공하여야 할 유형, 예상매출액, 신점포 시설의 매장규모의 산정과 부지선정의 기초가 되는 결정을 위한 조사를 하는 것이다.
③ 상권조사의 원칙은 5W2H(who, when, what, where, why, how, how much)에 의기하여 조사 종류의 결정, 조사 방법, 조사 대상 및 표본수, 수집자료 분석방법, 조사 일정, 조사 예산의 수립 등에 대한 다양한 의사결정을 필요로 한다.

(3) 상권조사 내용

① 유동인구 조사
② 지형·교통조건 파악
③ 상권 요소의 업종 분포 조사
④ 배후지 인구 특성 파악
⑤ 매물 조사

⑥ 경쟁점 조사

⑦ 임대가와 권리금

> **Plus Tip**
> 더 알고가기
>
> 경쟁점포 조사항목
> - 시장지위 : 경쟁점포의 시장점유율, 매출액
> - 운영현황 : 영업시간, 종업원 수
> - 상품력 : 맛, 품질, 가격경쟁력
> - 경영능력 : 대표의 참여도, 종업원관리
> - 시설현황 : 점포면적, 인테리어

(4) 상권조사 절차

① 제 1 단계 : 상권 내 지역정보를 수집한다.

② 제 2 단계 : 지역 상권도를 작성한다.

③ 제 3 단계 : 상권 내 지역을 도보로 관찰한다.

④ 제 4 단계 : 그룹 방문에 의한 심층 조사를 실시한다.

(5) 표본조사와 전수조사

① 표본조사(sample survey)

㉠ 표집의 추출은 관찰의 대상을 선정하는 과정

㉡ 조사의 대상자 중에서 일부만을 대상으로 하여 조사하는 방법

㉢ 모집단을 정의하고 표본의 수를 결정한 후에 표본을 추출하는 방식

㉣ 모집단의 특성을 그대로 가지는 대표성 높은 표본 선정이 관건이며, 오늘날 대부분의 조사는 표본조사에 의해 이루어지고 있음

㉤ 모집단(population)은 관심의 대상인 모든 조사 단위들의 집합

② 전수조사

㉠ 전체 조사대상을 조사하는 방법

㉡ 이를 수행하기 위해서는 많은 비용과 시간이 소요

㉢ 조사과정 중 발생하게 되는 문제들로 인해 정확도가 떨어짐

(6) 확률표본 추출방법★★

확률적 확률표본 추출방법은 연구대상이 표본으로 추출될 확률을 미리 알 수 있는 표본추출 방법이다.

① 단순무작위 표본추출 : 각 표본들이 동일하게 선택될 확률을 가지도록 선정된 표본프레임 안에서 각 표본단위들에 일련번호를 부여하여 난수표를 이용해서 선정된 번호에 따라서 무작위로 추출하는 방법이다.

② 층화표본추출 : 모집단을 통제변수에 의해서 서로 배타적이고 포괄적인 소그룹으로 구분한 다음 각 소그룹 별로 단순 무작위 표본을 추출하는 방법이다. 예를 들어, 모집단을 성이라는 통제변수를 통해서 남성과 여성으로 분류하고 각 소그룹에 대해 다시 무작위로 표본을 추출하는 것이 그 예이다.

③ 군집표본추출 : 모집단을 동질적인 여러 소그룹으로 나눈 다음 특정 소그룹을 표본으로 추출하고 선택된 소그룹 전체를 조사대상으로 삼거나 그 소그룹의 상당부분을 표본으로 다시 추출하는 표본추출방법이다.

④ 체계적 표본추출 : 표집 틀에서 처음으로 추출하는 표본만 단순 무작위 표본추출법에 의해 뽑고 이후에 뽑게 될 표본은 매 k번째에 해당하는 표본을 추출하는 방법이다. 예를 들어, 무작위로 선택된 표본이 3번째 표본이고 이를 10 간격으로 표본을 추출한다고 가정하였을 때 표본이 추출되는 순서는 3, 13, 23, 33, 43… 순으로 될 것이다.

(7) 비확률표본 추출방법

비확률적 표본추출방법은 조사대상이 표본으로 추출될 확률을 모르는 상태에서 표본이 선정되는 방법으로서, 추출된 표본이 모집단을 얼마나 잘 대표하는지를 알지 못하므로 분석결과를 일반화시키는 데 한계가 있다.

① 편의표본추출(convenience sampling) : 조사자의 편의대로 표본을 선정하는 방법으로, 신제품을 테스트하기 위해서 시제품 사용에 참여하기를 원하는 지원자를 대상으로 조사를 한다든지 길거리에서 우연히 마주치는 사람에 대해 조사를 행하는 것이 이에 해당한다.

② 판단표본추출법(judgment sampling) : 조사목적에 가장 적합할 것으로 판단되는 특정집단을 표본으로 선정하는 방법이다. 예를 들어, 신제품을 출시하기 전에 제품의 시장성을 조사하기 위해서 제품의 시장잠재력을 가장 잘 반영할 것으로 판단되는 특정도시를 선택하는 것이나 경쟁회사의 영업상태를 파악하기 위해서 자사의 영업사원을 대상으로 조사하는 것 등이 판단표본추출방법의 예라고 볼 수 있다.

③ 할당표본추출(quota sampling) : 모집단의 특성(가령, 나이)을 기준으로 이에 비례하여 표본을 추출함으로써 모집단의 구성원들을 대표하도록 하는 추출방법이다. 예를 들어, 모집단이 30세 이상과 30세 이하로 대별되고 각 집단의 구성비율에 대하여 사전정보를 가지고 있는 경우 그 비율에 따라 표본을 추출하는 것이 대표적인 예라고 할 수 있다.

제3절 상권설정 및 분석

1. 상권설정

(1) 상권설정 필요성
① 구체적 입지계획을 수립하기 위하여
② 잠재적인 수요를 파악하기 위하여
③ 상권규모에 적합한 투자 및 시설규모를 결정하기 위하여
④ 새로운 상업시설을 출점하기 위해 소비자를 흡인할 수 있는 상권범위를 설정할 수 있음
⑤ 해당지역 소비자들의 특성파악을 통해 판촉방향 및 제품구색 갖춤을 파악할 수 있음

(2) 상권설정 특성★
① 상권의 설정이란 특정 점포가 고객을 끌어들이는 지리적 범위가 어느 정도인지를 파악하는 것을 말한다.
② 상권을 미리 설정함으로서 목표고객을 분석·파악하여 업종에 따라 끌어들일 수 있는 고객수 파악이 용이하고, 그에 따른 수익성 평가를 미리 해볼 수가 있을 뿐만 아니라, 향후 적절한 마케팅전략수립이 가능해진다.
③ 점포규모에 비례하여 상권범위가 커진다. 대형 슈퍼와 편의점을 찾는 고객의 상권을 비교해 보면 대형 슈퍼를 찾는 고객의 상권이 더 크다.
④ 선매품(구매시 비교 선택하여 구입하는 상품: 양복, 가전제품 등), 전문품(악기, 고급의류 등) 취급점포의 상권이 편의품 취급점포의 상권보다 크다.
⑤ 점포의 지명도가 높을수록 상권이 더 크다.

(3) 상권설정 절차
① 지도를 준비하여 계획지점을 마크한다.
② 업종과 업태를 고려하여 기본상권의 반경범위를 그린다.
③ 산, 하천, 철도, 도로, 대형시설물 등을 감안하여 현실적 상권범위를 조정한다.
④ 경쟁점의 위치 및 영향권, 도로의 연계상황, 중심방향 등 고려하여 현실적 상권범위를 확정한다.
⑤ 행정구역 단위의 인구(세대수), 사업체수(종업원수), 산업통계지표 등 자료를 입수하여 상권규모를 계량화한다.

(4) 상권설정방법

① 단순원형 상권설정방법

설정한 상권에서 경합도 및 방향도를 산출할 수 있으며, 일반적으로 가장 많이 활용되는 상권설정방법이다.

② 실사상권 설정법

단순원형 상권설정법처럼 지도상에서 행해지는 것이 아닌 현장에 나가서 인간이 갖고 있는 오감(伍感)을 살려 자신의 눈과 발과 행동으로 상권을 파악하는 것이다. 도보에 의한 상권 설정법, 실주행조사에 의한 상권 설정법 등이 있다.

③ 앙케이트를 이용한 상권설정법

앙케이트에 의한 상권설정법은 점포에 찾아온 고객에 대해 직접 물어보고 조사한 뒤 그 결과를 집계 분석하여 상권설정에 활용하는 방법이다.

④ 고객리스트를 통한 상권설정법

상권 설정을 위한 샘플 수집에 특정 점포의 고객 정보를 활용하는 방법이다. 장점은 앙케트 실시에 따르는 시간과 비용이 절감된다는 것이고, 단점으로는 샘플의 신선도가 낮다는 점, 우리 점포의 고객 전체를 나타내는 샘플이 되기 어렵다는 점이 있다.

2. 상권분석 평가방법

(1) 상권분석 개요

① 상권분석이란 상권 전체의 성쇠를 파악하는 것으로 잠재수요를 반영하는 판매예측량을 추정하는 데 필요하고, 상권분석을 통한 상권에 대한 올바른 인식과 파악은 고객지향적인 마케팅 전략의 수립과 전개에 필요하다.

② 상권분석의 상권 전체의 가치에 많은 영향을 주는 요인을 파악하는 것을 말한다. 상권과 입지조건 분석을 동시에 묶어 상권분석이라 한다.

③ 상권 자체가 쇠퇴하면 대부분의 개개 점포도 버지않아 쇠퇴하게 되어, 상권과 점포는 같은 운명에 처해지게 된다. 하지만 개개의 점포 입지가 좋지 않아도 상권 자체가 형성되는 곳에서 자신만의 노하우와 경쟁력만 갖추고 있다면 언제든지 번성하는 데 장애는 없다.

(2) 상권분석의 중요성

① 상권은 소매업 성공의 중요 요인으로 부적절한 입지는 매출에 지대한 영향을 미치기 때문에 상권분석은 자사점포의 수요예측과 마케팅 전략의 수립을 위한 필수적 단계이다.

② 상권분석을 통해 고객수요와 발전가능성이 충분하다고 판단되었으면 상권 내 가장 적합한 입지선정이 뒤따라야 한다.

③ 상권분석을 통해 소비자의 인구통계적·사회경제적 특성을 파악할 수 있으며, 마케팅 활동

의 방향을 명확히 할 수 있고, 시장의 구조와 각 브랜드별 점유율을 파악할 수 있다.

(3) 상권분석의 목적★
① 목표고객과 경쟁사를 파악할 수 있다.
② 마케팅 전략 수립을 위한 기초자료를 수집할 수 있다.
③ 사업의 범위를 결정할 수 있다.
④ 매출추정의 근거를 찾을 수 있다.
⑤ 사업주의 경영능력을 향상시킬 수 있다.
⑥ 투자비용 대비 수익률을 산출할 수 있다.

(4) 상권분석의 범위★
① 실질구매력을 갖고 있는 유효수요가 분포되어 있는 공간으로 공간적 규모에 따라 지역상권, 지구상권, 지점상권으로 구분한다.
② 상권의 특성에 따라 도심, 부도심, 역세권, 주택가, 아파트 단지, 대학가로 세분화 단독, 또는 집적의 상업시설이 고객을 흡인할 수 있는 지리적 범위이다.
③ 상업상의 거래를 행하는 공간적 범위, 도소매 판매지역 범위이다.
④ 거리를 상권으로 하는 방법 : 대상점포의 상권범위, 거리로 표현한다.
⑤ 시간을 상권으로 하는 방법 : 고객이 점포에 오는 시간(분 단위)을 상권범위로 한다.
⑥ 인구 또는 세대수에 의해 상권범위 표현 : 인구대비 객수, 세대수에 의한 상권범위를 설정한다.
⑥ 상권분석의 범위는 크게 공간적 범위, 내용적 범위, 절차적 범위로 구분할 수 있다.

(5) 상권분석의 절차

> 상권후보지의 선정 ▶ 상권분석 및 상권의 선정 ▶ 입지후보지의 선정 ▶ 입지분석 및 입지의 선정 ▶ 점포활성화를 위한 전략 수립

(6) 상권획정 기법★★
① 시장침투법 : 상권이 중첩되어 경쟁이 심한 업종
　　예 백화점, 할인점, 슈퍼마켓
② 공간독점법 : 거리제한을 두거나 면허가 필요한 업종
　　예 주류판매점, 우체국
③ 분산시장접근법 : 특정 수요계층을 대상으로 하는 업종
　　예 고급가구점, 외제승용차점

(7) 상권분석 구분★

① 신규점포에 대한 상권분석
  ㉠ 서술적 방법에 의한 상권분석 : 체크리스트법, 유추법
  ㉡ 규범적 모형에 의한 상권분석 : 중심지이론, 소매중력(인력)법칙
  ㉢ 확률적 모형에 의한 상권분석 : 허프 모형, MNL(Multinomial Logit) 모형
② 기존점포에 대한 상권분석
  ㉠ 기존점포의 상권은 점포 내부 자료와 기타 다른 목적으로 수행된 조사자료 등의 기업 내 2차 자료를 이용하여 측정할 수 있다.
  ㉡ 정부의 인구통계자료, 세무자료, 여러 유통기관 및 연구소에서 발표된 자료들을 각 점포의 필요에 맞게 조정하여 이용할 수 있다.
  ㉢ 기존점포는 신용카드 이용고객과 현금사용고객의 주소를 이용하여 상권을 용이하게 추정할 수 있다.

3. 상권분석 평가 방법★★★

(1) 소매포화지수(IRS ; Index of Retail Saturation)

① 소매포화지수(Index of Retail Szturation)는 특정 시장내에서 주어진 제품계열에 대한 점포면적당 잠재매출액의 크기를 말하며, 이것은 상권분석에 있어서 중요한 소비자 수요와 경쟁 공급량의 비율을 의미한다.

$$IRS = \frac{수요}{특정\ 업태의\ 총매장\ 면적}$$

$$= \frac{특정\ 지역시장의\ 총가구수 \times 가구당\ 특정\ 업태에\ 대한\ 지출액}{특정\ 업태의\ 총매장면적}$$

② 지역시장의 수요잠재력을 총체석으로 측성할 수 있는 지표로서 많이 이용되며, 신규 개점을 위한 수요분석시 주로 사용되는 척도이다.
③ 소매포화지수(IRS)는 소매수요가 아무리 높다고 하더라도 기존 점포들 간의 경쟁이 매우 치열한 상황이라면 지역시장의 매력도는 낮아진다.
④ IRS 값이 적어질수록 점포가 초과 공급되었다는 것을 의미하므로 신규점포에 대한 시장 잠재력은 상대적으로 낮아질 것이다.
⑤ IRS 값이 클수록 시장기회가 커진다. IRS 값은 마케팅 능력의 부족 때문에 다른 지역에서 쇼핑하는 상황을 반영 못한다.
⑥ IRS에서는 점포가 비슷한 전통적인 수퍼마켓 등은 적용이 용이하나 스포츠 용품 또는 가구점 등 전문화된 점포에는 적용이 어렵다.

⑦ 경쟁의 양적인 측면만 고려되고 질적인 측면에 대한 고려가 되고 있지 않다. 미래의 신규수요를 반영하지 못한다.
⑧ 특정상권에서 소매포화지수값이 적어질수록 점포를 출점할 때 신중한 고려가 필요하다는 의미이다.

(2) 시장 확장 잠재력(MEP ; Market Expansion Potential)
① 지역시장이 미래에 신규수요를 창출할 수 있는 잠재력을 반영하는 지표로 거주자들이 지역시장 외에서의 쇼핑정도를 파악할 수 있다.
② MEP는 IRS의 단점을 보완하는 지표로서, 구체적으로는 거주자들이 지역시장 외에 다른 시장에서의 쇼핑 지출액을 추정하여 계산이 가능하다. 이 경우 다른 지역의 쇼핑정도가 높을수록 시장 확장 잠재력은 증가하게 된다.
③ 마케터는 신규점포가 입지할 지역시장의 매력도를 평가할 때, 기존 점포들에 의한 시장 포화 정도뿐 아니라 시장 확장 잠재력을 함께 고려해야 한다.
④ 지역시장 매력도는 IRS와 MEP를 함께 사용하여 평가될 수 있는데, 이러한 경우 시장매력도는 네 가지 유형으로 분류하고 있다.

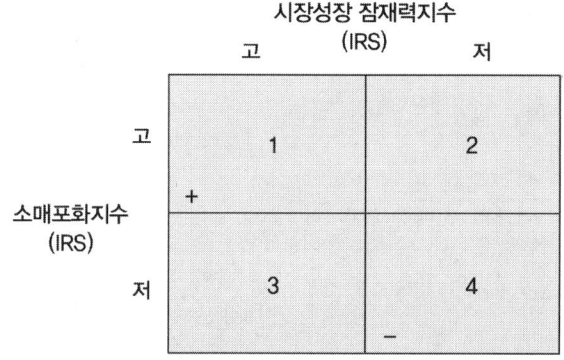

[소매포화지수(IRS)와 시장 확장 잠재력(MEP) 평가]

(3) 구매력 지수(BPI ; Buying power Index)
① 소매점포의 입지분석을 할 때, 해당 지역시장의 구매력을 측정하는 기준으로서 사용되는 것으로, 그 시장에서 구매할 수 있는 능력을 나타내는 것이다.
② 이 지수를 산출하기 위해서는 다음과 같은 3가지 요소에 가중치를 곱하여 합산하는 공식을 사용한다.

> 구매력 지수(BPI) = (인구비 × 0.2) + (소매 매출액비 × 0.3) + (유효구매 소득비 × 0.5)
> - 인구비 : 총인구 대비 지역의 인구비율
> - 소매 매출액비 : 전체 소매매출액 대비 지역의 소매매출액 비율
> - 유효구매 소득비 : 지역의 가처분소득 비율

③ 구매력 지수가 높으면 높을수록 그 시장의 구매력은 크다는 것을 의미한다. 그러나 보편적인 가격으로 판매되는 대중 상품의 구매력을 추정하는 경우에는 BPI의 유용성은 높지만 상품의 성격이 대중시장으로부터 멀어질수록 보다 많은 차별요소(소득, 계층, 연령, 성별 등)를 가지고 BPI를 수정할 필요성이 높아진다.

(4) 중심성 지수(CI ; Centralization Index)

① 중심성지수는 소매업의 공간적 분포를 설명하는 이론으로 중심지 분석에 있어 가장 중요한 요인은 인구라고 할 수 있다. 어떤 지역의 소매판매액을 1인당 평균 구매액으로 나눈 값을 상업인구라하고, 상업인구를 거주인구로 나눈 값을 중심성지수라 한다.

$$중심성지수(CI) = \frac{특정지역의\ 상업인구}{특정지역의\ 거주인구}$$

② 소매업의 공간적 분포를 설명하는데 도움을 주는 지표로써 유출입지수라고도 하며, 어느 지역에서 중심이 되는 공간이 어디인지를 지수로 파악할 수 있다.

③ 중심성지수는 상업인구가 거주인구와 동일할 때 1이 되고, 상업인구가 많으면 많을수록 1보다 큰 값이 된다.

(5) 소비 잠재 지수(SPI ; Spending Potential Index)

① 어떤 특정 상품 혹은 서비스의 가계소비를 분석하는데 사용된다.
② SPI는 '특정 제품에 대한 지역평균소비량/전국평균소비량'로 산출된다.

$$소비잠재지수(SPI) = \frac{지역평균소비량}{전국평균소비량}$$

③ 지수가 100이하인 경우, 제품 소비량이 전국평균보다 낮다고 해석한다.

(6) 판매활동지수(SAI ; Sales Activity Index)

① 타 지역과 비교한 특정 지역의 1인당 소매 매출액을 측정하는 방법이다.
② 인구를 기준으로 해서 소매매출액의 비율을 계산하는 방식이다.

제4절 상권·입지분석의 제이론

1. 서술적 방법

(1) 체크리스트법★★★

① 상권의 규모에 영향을 미치는 요인들을 수집하여 이들에 대한 평가를 통하여 시장잠재력을 측정하는 것이다.

② 특정 상권의 제반특성을 체계화된 항목으로 조사하고 이를 바탕으로 신규점 개설 여부를 평가하는 방법으로 상권분석의 결과를 신규점의 영업과 마케팅 전략에 반영한다.

③ 체크리스트방법의 조사 내용

상권 내 입지의 특성에 대한 평가	• 상권내 행정구역 상황 및 행정구역별 인구통계 • 상권내 자연경계특성(강, 산, 하천, 구릉 등) • 상권내 도로 교통특성(도로, 대중교통노선, 통행량, 주차시설, 접근 용이성 등) • 상권내 도시계획 및 법·행정적 특기사항 • 상권내 산업구조 및 소매시설 현황 및 변화상황 • 상권내 대형건축물, 인구 및 교통유발시설
상권 내 고객들의 특성에 대한 분석	• 배후상권 고객 : 목표고객의 지역경계내에 주거하는 가구 • 직장(학교)고객 : 점포주변에 근무하는 직장인(학생) 고객 • 유동고객 : 점포주변을 왕래하는 유동인구 중에서 흡입되는 고객
상권 경쟁구조 분석	• 위계별 경쟁구조 분석 • 업태별·업태내 경쟁구조 분석 • 잠재경쟁구조 분석 : 진입 가능한 경쟁자에 대한 분석 • 경쟁보완관계

④ 장점 : 이해하기 쉽고 사용하기가 용이하며 비용이 상대적으로 적게 든다. 또한 체크리스트를 수정할 수 있는 유연성이 있다.

⑤ 단점 : 주관성, 변수, 해석의 다양성, 변수 선정의 문제 등은 단점이다.

(2) 유추법★★★

① 유추법은 자사의 신규점포와 특성이 비슷한 기존의 유사 점포를 선정하여 그 점포의 상하 범위를 추정한 결과 자사점포의 신규입지에서의 매출액, 즉 상권규모를 측정하는 데 이용하는 방법이다.

② 유추법에 의한 상권규모 측정은 CST(Customer Spotting) map 기법을 이용하여 이루어진다. William Applebaum(1966)은 소비자들로부터 획득한 직접정보를 이용하여 1차 상권과 2차 상권을 획정하는 기법을 개발했다.

> **Plus Tip** 더 알고가기
>
> **CST(Customer Spotting Technique)**
> - CST란 특정지역, 특정 시설 또는 특정 상가 내지 점포를 방문하는 고객들의 주소를 파악하여 그 주소 위치를 지도상에 표시하는 방법으로서 이 방법을 사용하면 그 지역, 그 상가건물, 그 점포에 방문하는 고객들의 지역별 분포를 명확하게 파악할 수 있다. 이렇게 만들어진 결과물을 'CST Map'이라고 한다.
> - 현재 입지하고 있는 상업시설의 상권분석 또는 새로운 상업시설이 위치할 지역에 대한 판매예측에 많이 활용될 수 있다.
> - 상업시설을 방문한 소비자의 거주지 분포를 지도상에 나타냄으로써 소비자 거주지 분포를 통해 상권을 추정할 수 있다.
> - Quadrat(방격) : 연구 지역을 일정한 크기의 격자(quadrat)로 나누어 각 격자 내에 대상이 몇 개 있는지 조사하는 것이다.

③ CST Map(고객점표법) 절차
  ㉠ 먼저 점포에 출입하는 고객들을 무작위로 인터뷰하여 고객들의 거주지나 출발지를 확인하고 이를 격자도면 상에 표시하여 고객점표도를 작성한다. 고객 점표도에는 대상점포에서 쇼핑을 하는 고객들의 지리적 분포가 나타난다.
  ㉡ 고객점표법의 두 번째 단계는 격자별 인구를 계산하는 일이다. 격자의 크기는 필요에 따라 조절할 수 있다.
  ㉢ 격자별 인구가 계산된 후 격자별로 매출액을 추계한다.
  ㉣ 몇 개의 격자를 그룹화하여 상권을 확정 하는 것이다.

④ 유추법 절차

> 유사점포 선정 → 유사점포 상권범위 결정 → 구역구분 및 1인당 매출액 계산 → 예측값 계산

2. 규범적 모형

많은 연구자들이 특정 지역시장내에서 가장 많은 고객을 끌어들일 수 있는 이상적인 점포입지를 결정하기 위한 규범적 모형을 개발하였으며, 초기의 상권분석모형은 규범적 모형이 주류를 이루었다.

(1) 크리스탈러(Christaller)의 중심지 이론★★★

① 중심지 이론 개요
  ㉠ 독일의 크리스탈러가 1930년대에 개발한 이론으로 그 후 한 지역 내에서 상업중심지 간의 공간구조 및 상권구조를 연구하는 데 기초이론을 제공하였다.
  ㉡ 지역 내의 입지, 규모, 자연 및 공간화에 관한 이론으로서, 소매 입지의 지리적 문제에 관한 여러 가지의 개념적 기초를 제공하고 있다.
  ㉢ 중심지 이론에 의하면 한 지역의 중심지 기능의 수행정도는 일반적으로 그 지역의 인구 규모에 비례하며, 중심 지역을 둘러싼 배후 지역에 대해 다양한 상품과 서비스를 제공하

고 교환의 편의를 도모해 주는 장소를 말하며, 일반적으로 모든 도시는 중심지 기능을 수행한다.

② 중심지 이론 기본 개념

　㉠ 중심지 : 주변 지역에 재화와 서비스(용역)를 공급하는 기능을 가진 지역을 의미한다. 주로 도시가 중심지의 역할을 수행합니다. 왜냐하면 도시는 일반적으로 도·소매업, 행정, 금융, 교육, 병원 등을 통해 개벽적인 하나의 상점을 의미할 수도 있다.

　㉡ 배후지 : 중심지로부터 재화와 서비스를 공급 받는 지역을 의미한다. 즉 중심지의 영향력이 미치는 범위를 의미하는데, 도시 주변 또는 상점 주변 지역이 해당된다.

　㉢ 중심지 기능의 최대 도달거리 : 중심지가 수행하는 상업적 기능이 배후지에 제공될 수 있는 최대·한계거리를 말한다.

　㉣ 최소수요 충족거리 : 상업중심지의 정상이윤 확보에 필요한 최소한의 수요를 발생시키는 상권범위를 말한다.

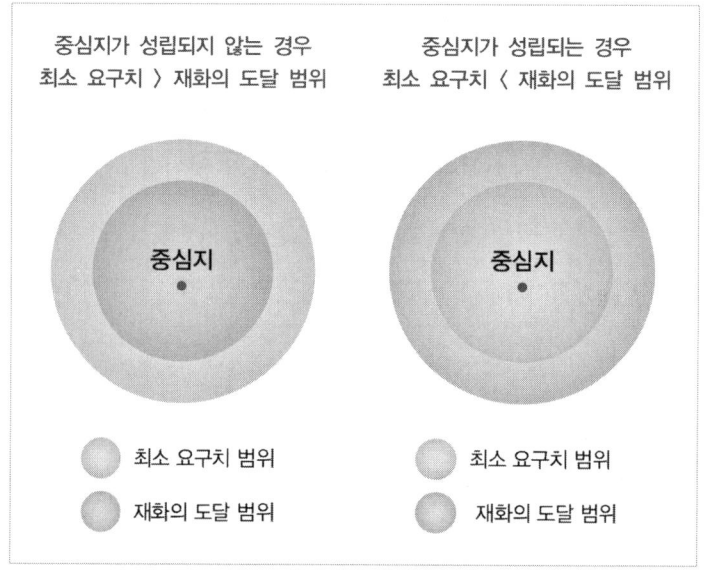

[중심지 성립요건]

> **Plus Tip**
> 더 알고가기
>
> 중심지 이론의 기본가정
> - 지표공간은 균질적 표면으로 되어 있다.
> - 한 지역 내의 교통수단은 오직 하나이다.
> - 운송비는 거리에 비례한다.
> - 인구는 공간상에 균일하게 분포되어 있다.
> - 주민의 구매력과 소비행태는 동일하다.
> - 인간은 합리적인 사고에 따라 의사결정을 하는 경제인으로 최소의 비용과 최대의 이익을 추구한다.

③ 배후지 형태
　㉠ 일정 공간 내에는 또 다른 중심지들이 존재하며 초기에는 서로 중복되지 않는 지점에 입지한다. 그러나 어떤 중심지로부터도 서비스를 제공받지 못하는 공간이 존재하므로 더 많은 중심지들이 새로이 형성되고, 배후지가 서로 중첩되어 중심지들이 서로 경쟁하게 된다.
　㉡ 이와 같은 상황 하에서 가장 합리적인 해결 방안으로 크리스탈러는 가장 원형에 가까우면서도 여백과 중복이 없는 배후지로 정육각형을 고안했다. 즉 동일 계층의 중심지가 여러 개 분포할 경우, 중심지 상호간의 경쟁을 최소화하기 위해 정육각형의 배후지가 형성된다.

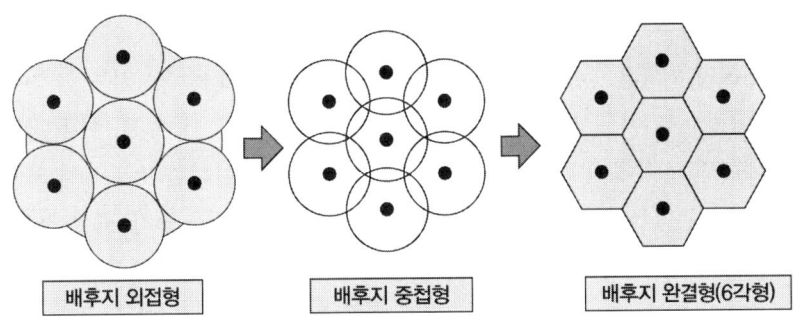

[이상적인 배후지 모형]

③ 중심지의 계층과 포섭원리
　㉠ 소비자들이 요구하는 재화와 용역은 매우 다양하며 각각의 재화와 용역은 각기 다른 최소 요구치와 재화의 도달 범위를 가지고 있으며, 각 기능의 특성에 따라 중심지 범위가 다르게 나타난다.
　㉡ 예를 들면 약국을 이용하는 고객은 가까운 거리에 사는 사람들이지만 병원은 멀리 사는 사람들도 이용하기 때문에 약국이 중심지로서 영향을 미치는 범위는 좁고, 병원 약국보다 그 범위가 훨씬 넓다. 따라서 병원의 세력권 안에 같은 기능을 가진 약국은 여러 개 존재할 수 있으나 병원은 여러 개가 존재할 수 없다. 또한 값이 싸고 자주 구입하는 빵이나 음료와 같은 생필품은 동네 가게에서 구입할 수 있다.
　㉢ 저차위 재화를 제공하는 상점의 수는 매우 많아서 도처에서 쉽게 찾아볼 수 있지만 고차위 재화일수록 그 재화를 제공하는 상점 수는 적다. 이러한 저위 재화뿐 만 아니라 고위 재화까지 제공하는 중심지가 고차위 계층의 중심지이며, 저위 재화만을 제공하는 중심지는 저차위 계층의 중심지이다.
　㉣ 고위 계층의 중심지일수록 중심지 존립을 위한 최소 요구치가 크고 중심 기능의 도달거

리가 크기 때문에 시장 지역(배후지)이 넓고 그 수는 적어 중심지간의 간격은 넓다. 또한 고위 중심지의 시장 지역은 저위 중심지의 시장 지역을 포함한다.
ⓜ 저위 계층의 중심지는 최소 요구치가 작으므로 시장 지역(배후지)은 좁고 그 수가 많아 중심지간의 간격은 좁다. 예를 들면, 도시의 규모가 클수록 그 수는 적고 도시간 거리는 멀어지며 기능도 많다. 도시의 규모가 작으면 그 수는 많으며 도시간 거리는 가깝고 기능은 적다.

(2) 레일리 소매인력의 법칙(Reilly's law of retail gravitation)★★★
① 개요
ㄱ 뉴튼의 만유인력 법칙을 상권이론에 적용한 것이다. 두 중심지 사이에 위치하는 소비자에 대하여 두 중심지가 미치는 영향력의 크기를 설명하는 이론이다.
ㄴ 소매인력 법칙은 점포들의 밀집도가 점포의 매력도를 증가시키는 경향이 있음을 나타내는 법칙으로 이웃 도시 간의 상권 경계를 결정하는 데 주로 이용한다.
ㄷ 소매인력 법칙에 의하면 두 경쟁도시가 그 중간에 위치한 소도시의 거주자들을 끌어들일 수 있는 상권의 규모는 인구에 비례하고, 각 도시와 중간 도시 간의 거리의 제곱에 반비례한다.(도시크기(인구)에 비례, 거리의 제곱에 반비례하여 형성)
ㄹ 소매인력 법칙에 따르면 보다 많은 인구를 가진 도시가 더 많은 쇼핑 기회를 제공할 가능성이 많으므로 먼 거리에 있는 고객도 흡인할 수 있다는 것이다.(A도시가 B도시보다 크다면 B(작은)도시쪽에 가깝게 경계가 형성)
② 레일리(W. J. Reily) 이론의 공식

레일리 이론의 공식 : $\frac{B_a}{B_b} = \left(\frac{P_a}{P_b}\right)\left(\frac{D_b}{D_a}\right)^2$

- B_a : A시의 상권영역(중간도시로부터 도시 A가 흡인하는 소매흡인량)
- B_b : B시의 상권영역(중간도시로부터 도시 B가 흡인하는 소매흡인량)
- P_a : A시의 인구(거주)
- P_b : B시의 인구(거주)
- D_a : A시로부터 분기점까지의 거리
- D_b : B시로부터 분기점까지의 거리

레일리의 소매인력법칙을 적용하여 C 도시 인구의 A 도시로 유인규모, B 도시로의 유인 규모를 구하여라. (C도시 인구 중 비구매자는 없고 A시, B시에서만 구매활동한다고 가정)

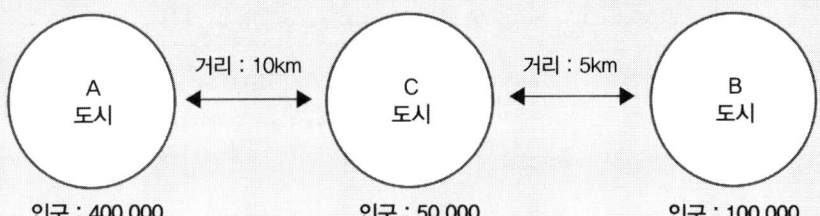

해설: A도시로의 인구 유인 비율(B_a) = 400,000명 / 10^2 = 4,000
B도시로의 인구 유인 비율(B_b) = 100,000명 / 5^2 = 4,000
$B_a : B_b$ = 4,000 : 4,000
비례식으로 나타내면 $B_a : B_b$ = 1 : 1
따라서 A도시로 25,000명이 가고, B도시로 25,000명이 간다.

③ 소매인력 법칙 한계
  ㉠ 특정 상업지구까지의 거리는 주요 도로를 사용하여 측정된다. 그러나, 소비자들이 간선도로나 샛길을 이용하는 경우에는 거리는 보다 길지만 여행시간이 짧게 걸릴 수 있으므로 특정 상업지구까지의 거리보다 여행시간이 더 나은 척도가 될 수 있다.
  ㉡ 소비자에게 편의성 및 서비스가 낮고 혼잡한 점포는 보다 쾌적한 환경의 점포보다 고객에게 생각되는 거리가 더 길 수 있기 때문에 실제거리는 소비자가 생각하는 거리와 일치하지 않을 수도 있다.
  ㉢ 3가지 이상의 상권을 설정할 시에는 적용이 어렵다.
  ㉣ 편의품, 선매품, 전문품 등의 상품유형별 차이를 고려하지 않았다.

(3) 컨버스(Converse) 수정 소매인력법칙★★★
  ① 개요
    ㉠ 컨버스는 두 도시 혹은 두 쇼핑센터 간의 구매영향력이 같은 분기점의 위치를 구하는 방법을 제시할 수 있도록 레일리의 중력모형을 수정하였다. 컨버스의 원리에 의하면 두 상권의 분기점에서의 두 점포에 대한 구매지향력은 같다는 것이다.
    ㉡ 두 도시 사이의 거래가 분기되는 중간지점의 정확한 위치를 결정하기 위해서 레일리의 소매인력이론을 수정하여, 거리가 멀어짐에 따라 구매이동이 줄어드는 현상을 거리 - 감소함수로 파악하여 거리와 구매빈도 사이의 관계를 역의 지수함수의 관계로 도출하였다.
  ② 컨버스 제1법칙
    ㉠ 경쟁도시인 A와 B에 대해서 어느 도시로 소비자가 상품을 구매하러 갈 것인가에 대한 상권분기점을 찾아내는 것이다. 이것은 주로 선매품과 전문품에 적용되는 모델이다.

ⓒ 컨버스 제1법칙의 공식

* Converse의 breaking point(분기점) : 두 도시간의 상대적인 상업매력도가 같은 지역

$$D_a = \frac{D_{ab}}{1+\sqrt{\frac{P_b}{P_a}}} \text{ or } D_b = \frac{D_{ab}}{1+\sqrt{\frac{P_a}{P_b}}}$$

- Da = A시로부터 분기점까지의 거리
- Db = B시로부터 분기점까지의 거리
- Dab = A·B 두 도시(지역) 간의 거리
- Pa = A시의 인구
- Pb = B시의 인구

③ 컨버스 제2법칙

㉠ 소비자가 소매점포에서 지출하는 금액이 거주도시와 경쟁도시 중 어느 지역으로 흡수되는가에 대한 것으로 중소도시의 소비자가 선매품을 구입하는 데 있어 인근 대도시로 얼마나 유출되는지를 설명해 주는 이론이다.

㉡ 컨버스 제2법칙 공식

$$\frac{Q_a}{Q_b} = \left(\frac{P_a}{H_b}\right)\left(\frac{4}{d}\right)^2 \text{ or } Q_b = \frac{1}{\left(\frac{P_a}{H_b}\right)\left(\frac{4}{d}\right)^2 + 1}$$

- Q_a : 외부의 대도시로 유출되는 중소도시 X의 유출량(%)
- Q_b : 중소도시 X에서 소비되는 양(%), 즉 X의 체류량
- P_a : 외부 대도시 Y의 인구
- H_b : 당해 중소도시 X의 인구
- d : 대도시 Y와 중소도시 X와의 거리(mile)
- 4 : 관성인자로(4mile ≒ 6.4km) 적용평균치

3. 상권분석의 확률적 모형

(1) 확률적 모형 개요

① 확률적 모형은 목표상권내에서 구매를 하는 소비자의 공간이용(spatial behavior)패턴을 실증 분석하는 데 이용된다. 즉, 확률적 모형은 해당상권내의 경쟁점포들에 대한 소비자의 지출패턴이나 소비자의 쇼핑여행패턴을 반영함으로써 특정점포의 매출액과 상권규모의 보다 정확한 예측을 가능하게 한다.

② 확률적 점포선택 모델에는 여러 가지가 있는데 소비자의 점포선택이 결정적(deterministic)이 아니라 확률적인 현상으로 보고 있는 점이 공통적이다. 즉, 특정점포에 대한 애호도(loyalty)가 높은 고객이라고 하더라도 항상 한 점포만을 이용하는 것은 아니고, 경쟁점포의 마케팅 전략에 영향을 받아 다른 점포를 방문하기도 한다는 사실을 모형에 반영하고 있다.

(2) 허프(Huff)의 확률모형★★★

① 데이비드 허프(David L. Huff)에 의하여 주창된 이론으로 소비자가 특정 점포에 흡인될 수 있는 확률은 소비자가 구매하려고 하는 점포의 크기와 특정 점포까지의 거리에 의하여 영향을 받는다는 이론이다.

② 허프는 도시 내 소비자의 공간적 수요이동과 각 상업 중심지가 포괄하는 상권의 크기를 측정하기 위해 거리 변수 대신에 거주지에서 점포까지의 교통시간을 이용하여 모델을 전개하였다.

③ 소비자는 구매 장소를 지역 내의 후보인 여러 상업 집적이 자신에게 제공하는 효용이 상대적으로 큰 것을 비교하는 것에 대한 확률적 선별에 대해 '효용의 상대적 크기를 상업 집적의 면적 규모와 소비자의 거주지로부터의 거리에 따라 결정되는 것'으로 전제하여 모델을 작성하였다. 다시 말하면 거리가 가깝고 매장 면적이 큰 점포가 큰 효용을 준다는 것이다.

④ 허프의 상권분석모형에 따르면, 소비자가 특정 점포를 이용할 확률은 경쟁점포의 수, 점포와의 거리, 점포의 면적에 의해 결정된다.

⑤ 허프 확률모델공식

$$P_{ij} = \frac{U_{ij}}{\sum_{j=1}^{n} U_{ij}} = \frac{\frac{S_j}{T_{ij}\lambda}}{\sum_{j=1}^{n} \frac{S_j}{T_{ij}\lambda}}$$

- U_{ij} : 점포 j가 i지구에 있는 소비자에 대해 갖는 흡인력
- P_{ij} : 거주지구 i에 있는 소비자가 점포 j에 구매하러 가는 확률
- S_j : 점포 j의 규모 또는 특정의 상품계열에 충당되는 매장면적
- T_{ij} : 소비자의 거주지구 i로부터 점포 j까지의 시간·거리
- n : 점포의 수
- λ : (특정 상품 구입에 대해) 점포방문 소요시간·거리가 쇼핑에 어느 정도 영향을 주는지를 나타내는 매개변수, 종류별 구매출향(고객이 타지역에서 물품을 구입하는 경향)에 대한 이동시간의 효과를 반영하는 경험적 확정매개변수

⑥ 허프 모형의 한계
  ㉠ 특정 점포의 매력도를 점포의 크기만으로 측정하는 데 문제가 있다.
  ㉡ 점포매력도가 점포 크기 이외에 취급상품의 가격, 판매원의 서비스 등 다른 요인들로부

터 영향을 받을 수 있다는 점을 고려하지 않는다.
⑦ 신규점포 입지 분석 단계 및 예상매출액 추정

> ㉠ 전체시장 즉, 조사할 잠재상권의 범위를 결정한다.
> ㉡ 분석대상 지역을 몇 개의 구역으로 나눈 다음 각 구역의 중심지에서 개별점포까지의 거리를 구한다.
> ㉢ 각 지역(zone)에서 점포까지의 거리를 측정한다.
> ㉣ 점포크기 및 거리에 대한 민감도계수를 추정한다.
> ㉤ 신규점포의 각 지역(zone)별 예상매출액을 추정한다.

(3) 수정 허프모형★★★
① 허프모형은 복수의 상업시설의 고객흡인율을 계산할 수 있으므로 실용성이 크다. 특히 기존 상가 근처에 대규모 상업시설을 계획할 때 고객흡인 가능성을 예측하는 데 유용하다.
② 그러나 허프모델은 매우 어려워 그대로 이용하기 힘들다. 그중에서도 파라미터 λ는 일일이 시장조사를 하지 않으면 산출되지 않는다. 이를 실용성 있게 고친 것이 수정 허프모델인데 여기서는 T^λ 대신에 레일리 법칙의 '거리의 제곱에 반비례한다'를 대입한 것이다.
③ 수정 허프모델은 일본의 통산성이 고안하여 상업 조정에 실제로 이용되고 있는데 이는 '소비자가 어느 상업지에서 구매하는 확률은 그 상업 집적의 매장면적에 비례하고 그곳에 도달하는 거리의 제곱에 반비례한다'는 것을 공식화한 것이다.
④ 수정 허프모델 공식

$$P_{ij} = \frac{\frac{S_j}{D^2_{ij}}}{\sum_{j=1}^{n} \frac{S_j}{D^2_{ij}}}$$

- P_{ij} : i지점의 소비자가 j상업집적에 가는 확률
- S_j : j상업집적의 매장면적
- D_{ij} : i지점에서 j까지의 거리

(4) MNL(Multinomial Logit) 모형★
① 루스(Luce)의 선택공리이론에 근거한 모델로, 소비자의 집합적 선택자료를 이용하여 공간선택의 행동을 설명하려는 것이다.
② MNL모형은 상권 내 소비자들의 각 점포에 대한 개별적인 쇼핑여행에 관한 관측자료를 이용하여 각 점포에 대한 선택확률의 예측은 물론 각 점포의 시장점유율 및 상권의 크기를 추정할 수 있다.

③ 소비자의 점포선택행위는 대체적 점포가 갖는 특성 중에서 소비자가 알고 있는 결정적 요소와 무작위적 요소에 대한 평가로 결정된다.

(5) MCI Model(Multiplicative Competitive Interaction)★

① MCI 모델은 경쟁적 상호작용모델로 허프모델을 근간으로 해서 개발된 모델이다.
② 점포의 효용을 측정하는 데 있어서 점포의 크기와 점포까지의 거리뿐 아니라 다양한 점포 관련 특성을 포함하고 있다.
③ MCI 모델의 유인변수로써 점포 규모 외에도 상품구색, 가격, 분위기, 점포 장식 등과 같은 변수를 추가하고 저항변수에는 교통시간 외에도 교통비용, 교통안전도, 이동 중의 안락감, 교통편의도 같은 질적 특성을 포함하고 있다.
④ MCI 모델 공식

$$Pa = \frac{\text{점포 A의 효용치}}{\text{점포 A의 효용치 + 점포 B의 효용치 + 점포 C의 효용치}}$$

⑤ MCI 모델을 이용한 매력도 분석 사례

구 분	점포구색에 대한 효용치	판매원 서비스에 대한 효용치	점포까지의 거리에 대한 효용치	각 점포의 효용치
점포 A	4	3	10	120
점포 B	5	4	5	105
점포 C	2	4	7	56

풀이) 점포 A의 매력도

$$Pa = \frac{120}{120 + 105 + 56} = 0.43$$

제1장 학습정리

- **상권(Trading Area)**: 개별점포가 재화와 서비스의 제공을 통하여 고객을 유인할 수 있는 지역적 범위를 의미하며, 한 점포가 고객을 흡인하거나 흡인할 수 있는 지역으로 다수의 상업시설이 고객을 흡인하는 공간적 범위를 말한다.
- **배후지**: 상업상의 상거래가 이루어지는 공간적 범위를 말하며, 인구밀도가 높을수록 유리하다.
- **상권범위**는 출점하는 업종, 업태와 밀접한 상관관계가 있으며, 고정되어 있는 개념이 아니다. 상권의 범위는 점포의 크기, 업종, 취급하는 상품의 종류나 상업집적도, 교통편의, 가격대, 상품구성, 마케팅 전략, 고객의 라이프스타일 등에 따라서 결정된다.
- **상권 경계**는 특정 상권에 속하는 많은 '무관심점(point of indifference)'을 이어놓은 라인을 말한다. 여기에서 무관심점은 특정 상권에 따른 영향력의 상관관계에 따라 그 범위가 달리 된다는 전제, 소비자가 어느 곳에서 구매하여도 상관이 없는 상권 내 지점을 말한다.
- **티센다각형(Thiessen polygon) 모형**: 공간독점접근법에 기반한 상권구획모형의 일종이다. 근접구역법으로 소비자들이 가장 가까운 점포를 선택한다고 가정하며, 접근성이 소비자들의 점포선택의 가장 중요한 결정요소일 때 유용하다.
- 상권은 그 수준에 따라 1, 2, 3차 상권으로 나눌 수 있다. 상권의 크기와 모양은 업태, 점포크기, 상품의 다양성, 경쟁점 현황, 도로상황, 마케팅 활동 등에 영향을 받는다.
- **경쟁상황 정도에 따른 상권구분**: 과소지역 상권, 과다지역 상권, 과점지역 상권, 포화지역 상권
- **상권조사**: 입지와 상권조사를 통한 사업타당성 여부를 검토하기 위한 기본 분석을 의미하며, 초기 상권범위를 결정하려고 할 경우 일반적으로 기초자료로서 사용되는 요인으로는 인구밀도분포, 개별점포에 접근하는 교통조건, 경쟁상대의 위치를 조사해야 한다.
- **경쟁점포 주요 항목**: 시장지위, 운영현황, 상품력, 경영능력, 시설현황
- **1차 자료**: 당해 사업목적을 위해 직접적으로 조사하여 수집한 자료를 말하는 것으로 일반적으로 2차 자료 분석 후에 이루어진다. 1차 자료의 수집방법으로는 관찰조사, 설문조사, 실험조사가 있다.
- **2차 자료**: 다른 목적으로 수행된 조사자료나 정부의 인구통계자료, 세무자료, 여러 유통연구소의 발표자료 등을 의미하는 것으로 일반적으로 상권조사를 위해 가장 먼저 시작하는 조사이다. 2차 자료는 다른 목적에 의해 수집된 자료이기 때문에 목적에 맞게 수정 및 보완이 이루어져야 한다.
- **확률적 확률표본 추출방법**: 단순무작위 표본추출, 층화표본추출, 군집표본추출 방법
- **비확률적 표본추출방법**: 편의표본추출, 판단표본추출, 할당표본추출 방법
- **지리정보시스템(GIS:Geographical Information System)의 기능**: 버퍼(buffer), 주제도(thematic map) 작성, 중첩(Overlay), 위상(topology), 데이터 및 공간조회, 프레젠테이션 지도작업
- **상권분석의 절차**: 상권후보지의 선정 – 상권분석 및 상권의 선정 – 입지후보지의 선정 – 입지분석 및 입지의 선정 – 점포활성화를 위한 전략 수립
- **상권획정기법**
  ① 시장침투법: 상권이 중첩되어 경쟁이 심한 업종 예 백화점, 할인점, 슈퍼마켓
  ② 공간독점법: 거리제한을 두거나 면허가 필요한 업종 예 주류판매점, 우체국
  ③ 분산시장접근법: 특정 수요계층을 대상으로 하는 업종 예 고급가구점, 외제승용차점
- **소매포화지수(IRS ; Index of Retail Szturation)**: 특정 시장내에서 주어진 제품계열에 대한 점포면적당 잠재매출액의 크기를 말하며, 이것은 상권분석에 있어서 중요한 소비자 수요와 경쟁 공급량의 비율을 의미한다.
- **시장 확장 잠재력(MEP ; Market Expansion Potential)**: 지역시장이 미래에 신규수요를 창출할 수 있는

잠재력을 반영하는 지표로 거주자들이 지역시장 외에서의 쇼핑정도를 파악할 수 있다.
- 구매력 지수(BPI ; Buying power Index) : 소매점포의 입지분석을 할 때, 해당 지역시장의 구매력을 측정하는 기준으로서 사용되는 것으로, 그 시장에서 구매할 수 있는 능력을 나타내는 것이다.

> 구매력 지수(BPI) = (인구비 × 0.2) + (소매 매출액비 × 0.3) + (유효구매 소득비 × 0.5)

- 중심성지수 : 어떤 지역의 소매판매액을 1인당 평균 구매액으로 나눈 값을 상업인구라하고, 상업인구를 거주인구로 나눈 값을 중심성지수라 한다.
- 체크리스트법 : 상권의 규모에 영향을 미치는 요인들을 수집하여 이들에 대한 평가를 통하여 시장잠재력을 측정하는 것이다.
- 유추법 : 자사의 신규점포와 특성이 비슷한 기존의 유사 점포를 선정하여 그 점포의 상하 범위를 추정한 결과 자사점포의 신규입지에서의 매출액, 즉 상권규모를 측정하는 데 이용하는 방법이다.
- CST : 설문을 통해 실제 점포이용고객의 주소지를 파악한 후 직접 도면에 표시하여 Quadrat Analysis 를 실시한 후 대상지 인근의 토지이용현황, 지형, 지세 등을 고려하여 상권을 파악하는 기법으로 특정 매장에 상품구입을 위하여 내방한 고객을 무작위로 선택하여 각각의 거주지 위치와 구매행태 등의 정보를 획득한다.
- 크리스탈러 중심지 이론 기본 개념 : 중심지, 배후지, 중심지 기능의 최대 도달거리, 최소수요 충족거리
- 레일리 소매인력의 법칙(Reilly's law of retail gravitation) : 두 경쟁도시가 그 중간에 위치한 소도시의 거주자들을 끌어들일 수 있는 상권의 규모는 인구에 비례하고, 각 도시와 중간 도시 간의 거리의 제곱에 반비례한다.(도시크기(인구)에 비례, 거리의 제곱에 반비례하여 형성)
- 컨버스 제1법칙 : 경쟁도시인 A와 B에 대해서 어느 도시로 소비자가 상품을 구매하러 갈 것인가에 대한 상권분기점을 찾아내는 것이다.
- $D_a = \dfrac{D_{ab}}{1+\sqrt{\dfrac{P_b}{P_a}}}$ or $D_b = \dfrac{D_{ab}}{1+\sqrt{\dfrac{P_a}{P_b}}}$
- 컨버스 제2법칙 : 소비자가 소매점포에서 지출하는 금액이 거주도시와 경쟁도시 중 어느 지역으로 흡수되는가에 대한 것으로 중소도시의 소비자가 선매품을 구입하는 데 있어 인근 대도시로 얼마나 유출되는지를 설명해 주는 이론이다.
- 확률적 모형 : 목표상권내에서 구매를 하는 소비자의 공간이용(spatial behavior)패턴을 실증 분석하는 데 이용된다. 즉, 확률적 모형은 해당상권내의 경쟁점포들에 대한 소비자의 지출패턴이나 소비자의 쇼핑여행패턴을 반영함으로써 특정점포의 매출액과 상권규모의 보다 정확한 예측을 가능하게 한다.
- 허프(Huff)의 확률모형 : 미국의 UCLA 대학의 경제학자인 데이비드 허프(David L. Huff)에 의하여 주창된 이론으로 소비자가 특정 점포에 흡인될 수 있는 확률은 소비자가 구매하려고 하는 점포의 크기와 특정 점포까지의 거리에 의하여 영향을 받는다는 이론이다.
- 수정 허프모델 : 일본의 통산성이 고안하여 상업 조정에 실제로 이용되고 있는데 이는 '소비자가 어느 상업지에서 구매하는 확률은 그 상업 집적의 매장면적에 비례하고 그곳에 도달하는 거리의 제곱에 반비례한다'는 것을 공식화한 것이다.
- MNL(Multinomial Logit) 모형 : 상권 내 소비자들의 각 점포에 대한 개별적인 쇼핑여행에 관한 관측자료를 이용하여 각 점포에 대한 선택확률의 예측은 물론 각 점포의 시장점유율 및 상권의 크기를 추정할 수 있다. 소비자의 점포선택행위는 대체적 점포가 갖는 특성 중에서 소비자가 알고 있는 결정적 요소와 무작위적 요소에 대한 평가로 결정된다.

적중 예상문제

01 점포를 이용하는 고객 인터뷰를 통해 소비자의 지리적 분포를 확인할 수 있는 방법은??
① 컨버스(Converse)의 소매인력이론
② 아날로그(analog) 방법
③ 허프(Huff)의 소매인력법
④ 고객점표법(customer spotting technique)
⑤ 라일리(Reilly)의 소매인력모형법

정답 ④
해설 고객점표법은 상권분석이론 중 실무에서 많이 사용되는 방식으로, 윌리암 애플바움(William Applebaum)에 의해 최초로 개발되었다. 소비자분포기법이라고하며, 유사점포접근법 또는 고객점표법 등으로 불리운다.

02 소비자가 어느 상업지에서 구매하는 확률은 그 상업집적의 매장면적에 비례하고, 그곳에 도달하는 거리의 제곱에 반비례한다는 것을 공식화한 것은 어느 것인가?
① 컨버스의 제1법칙
② 컨버스의 제2법칙
③ 레일리의 소매인력법칙
④ 허프모델
⑤ 수정 허프모델

정답 ⑤
해설 수정 허프모델은 레일리 법칙의 거리의 제곱에 반비례한다를 대입한 것이다.

03 상권분석방법으로 소비자들의 구매 이후 행위가 점포까지의 거리보다 점포가 보유하는 흡인력에 의하여 결정된다는 이론으로 옳은 것은?
① 컨버스의 법칙
② 레일리의 소매인력이론
③ 허프의 확률모델
④ 수정 허프모델
⑤ 크리스탈러의 중심지이론

정답 ②
해설 레일리 소매인력이론
소비자들의 구매 이후 행위가 점포까지의 거리보다 점포가 보유하는 흡인력에 의하여 결정된다는 이론으로, 소매인력이론에 따르면 두 경쟁도시가 그 중간에 위치한 소도시의 거주자들을 끌어들일 수 있는 상권의 규모는 인구에 비례하고 각 도시와 중간도시 간의 거리의 제곱에 반비례한다.

04 다음 중 중심지이론의 전제조건으로 옳지 않은 것은?

① 소비자는 합리적으로 의사결정을 하는 경제인이다.
② 인구는 공간상에 균일하게 분포되어 있다.
③ 한 지역 내의 교통수단은 오직 하나이며 운송비는 거리에 비례한다.
④ 주민의 구매력과 소비행태는 일치하지 않는다.
⑤ 지표 공간은 균질적 표면으로 되어 있다.

정답 ④
해설 주민의 구매력과 소비행태는 동일하다.
* 중심지이론의 전제조건
① 지표 공간은 균질적 표면으로 되어 있다.
② 한 지역 내의 교통수단은 오직 하나이며, 운송비는 거리에 비례한다.
③ 인구는 공간상에 균일하게 분포되어 있다.
④ 주민의 구매력과 소비행태는 동일하다.
⑤ 소비자는 합리적으로 의사결정을 하며, 최소비용과 최대의 이익을 추구하는 경제인이다.

05 상권을 정의하기 위한 기초자료 요소로서 가장 거리가 먼 것은?

① 고객 스포팅(CUSTOMER SPOTTING)
② 지리정보시스템 분석자료
③ 표적시장에서의 대고객이미지 분석자료
④ 구매력지수
⑤ 인구센서스

정답 ②
해설 상권의 정의를 위한 기초자료
㉠ 고객 스포팅 : 점포나 쇼핑센터를 위해 고객의 거주지역을 파악하는 데에 고객 스포팅 기술의 목적이 있으며, 고객에 대한 구체적인 자료는 보통 신용카드, 수표구매, 고객충성도 프로그램 등을 통해 얻을 수 있다.
㉡ 인구통계적 자료 및 지리정보시스템 제공업체 : 소매업체에게 보다 나은 입지선정을 할 수 있는 정보를 전문적으로 제공하는 사설 조사업체를 통하여 인구통계자료 및 지리정보시스템 자료를 얻을 수 있다. 지리정보시스템은 지도 형식으로 고객의 인구통계학적 특징, 구매행동, 다른 자료에 대한 정보를 시각화할 수 있도록 도와준다.
㉢ 인구센서스 : 가구당 가족 수, 가족관계, 성별, 나이, 결혼 여부 등을 조사한다.
㉣ 구매력지수 : 주어진 시장의 구매능력을 측정한 것으로 시장 전체의 잠재구매력에 대한 비율로 표현된다. 기본 구매력지수는 모든 시장에 존재하는 세 가지 중요한 요소인 총소득, 총소매매출, 총인구에 가중치를 두고 이를 결합시켜 만든다.
㉤ 경쟁척도 : 경쟁정도를 측정하는 전통적인 방법은 전화번호의 옐로우 페이지를 통하는 것이며 경쟁을 측정하는 가장 강력한 방법 중의 하나는 인터넷을 통하는 것이다. 대부분의 웹사이트들은 현재의 모든 입지뿐만 아니라 미래의 입지도 나타내며 다른 국가에서 예상되는 매출을 측정하기 위해 직접 방문해야 할 필요성도 없애준다.

06 상권 평가 방법에 대한 설명 중 올바르지 않은 것은?

① 시장 구매력을 측정하는 BPI(buying power index)는 인구와 소매매출, 유효소득 등에 대해 전체규모와 특정지역의 규모를 이용하여 계산하는 방법이다.
② SAI(sales activity index)는 다른 지역과 비교한 특정지역의 1인당 소매매출액을 측정하는 방법으로 인구를 기준으로 소매매출액의 비율을 계산하게 된다.
③ IRS(index of retail saturation)를 분석하면 부가적으로 비거주자의 구매력, 특정 기업체의 대량구매, 소수 거주자의 대량 구매 등을 평가할 수 있어 SAI값을 보완할 수 있다.
④ 상권에 영향을 미칠 수 있는 인구와 구매행동, 가구의 소득과 구성, 지역의 발달정도는 상권의 잠재적 수요를 파악할 때 사용할 수 있는 요소가 된다.
⑤ 점포당 면적, 종업원당 면적, 점포의 성장 등의 요소는 시장의 공급요인을 평가할 때 사용할 수 있는 지표로 매출과 연계하면 상권의 포화정도를 설명할 수 있다.

정답 ③
해설 소매포화지수(Index of Retail Szturation)는 특정 시장내에서 주어진 제품계열에 대한 점포면적당 잠재매출액의 크기를 말하며, 이것은 상권분석에 있어서 중요한 소비자 수요와 경쟁 공급량의 비율을 의미한다. 판매활동지수(SAI) 값과는 다른 것이다.

07 괄호 안에 들어갈 학자나 내용을 가장 올바르게 순서대로 나열한 것을 고르시오.

> (a) 은/는 구매의 결정이 점포까지의 거리보다는 점포가 보유하고 있는 질 높은 상품이나 상품구색의 다양성, 저렴한 가격 등과 같은 쇼핑기회에 의해 결정된다고 보았다.
> (b) 은/는 소비자가 특정 쇼핑센터를 선택하는 확률은 점포로부터 얻을 수 있는 효용에 의해 결정되며, 거리가 가깝고 매장면적이 큰 소매기관의 효용이 더 크다고 보았다.
> (c) 은/는 한 지역 내 소비자들의 구매이동행위는 거리에 의해 결정되며, 소비자가 상품을 구매하기 위해 기꺼이 이동하는 최대거리가 범위가 된다고 보았다.

① Reilly, Christaller, Luce
② Converse, Luce, Applebaum
③ Applebaum, Huff의 수정모형(MIC), Lösch
④ Reilly, Huff, Christaller
⑤ Christaller, Lösch, Converse

정답 ④
해설 (a) : 레일리의 소매인력법칙, (b) : 허프의 확률모형, (c) : 크리스탈러의 중심지이론

08 A시의 인구는 20만명이고 B시의 인구는 5만명이다. 두 도시 사이의 거리는 15km이다. Converse의 상권분기점 분석법을 이용할 경우 두 도시간의 상권경계는 A시로부터 얼마나 떨어진 곳에 형성되겠는가?

① 3km
② 5km
③ 7km
④ 9km
⑤ 10km

정답 ⑤
해설 컨버스 제1법칙은 경쟁도시인 A와 B에 대해서 어느 도시로 소비자가 상품을 구매하러 갈 것인가에 대한 상권분기점을 찾아내는 것이다.

$D_a = \dfrac{D_{ab}}{1+\sqrt{\dfrac{P_b}{P_a}}}$ 공식에 주어진 자료를 대입하면, $D_a = \dfrac{15km}{1+\sqrt{\dfrac{50,000}{200,000}}} = 10km$

따라서, 상권경계는 A시로부터 10km 떨어진 곳에 형성된다.

09 상권측정에 대한 설명으로 옳지 않은 것은?

① 고객 흡인력이나 공헌도 등을 기준으로 활용하는 것도 상권범위를 설정하는 좋은 방법이다.
② 점두조사나 방문조사, 드라이브테스트는 일종의 경험적 상권측정 방법에 속한다.
③ 경험적 상권측정을 위해 가장 중요한 것 중 하나는 실사를 통한 심층조사이다.
④ 일반적으로 상권설정에 의한 매출예측은 통계적 기법이나 유사사례 비교법에 의한 방법보다 정확도가 높을 때가 많다.
⑤ GIS를 사용하여 매출추정 과정을 시스템화하고, 이를 통해 매출액을 추정하는 상권측정 방법도 점차 확대되고 있다.

정답 ④
해설 통계적기법이나 유사사례비교법에 의한 매출예측은 일반적으로 상권설정에 의한 방법보다 정확도가 높을 때가 많다.

10 상권설정이 필요한 이유로 가장 옳지 않은 것은?

① 지역내 고객의 특성을 파악하여 상품구색과 촉진의 방향을 설정하기 위해
② 잠재수요를 파악하기 위해
③ 구체적인 입지계획을 수립하기 위해
④ 점포의 접근성과 가시성을 높이기 위해
⑤ 업종선택 및 업태개발의 기본 방향을 확인하기 위해

정답 ④
해설 상권설정의 필요성
① 구체적 입지계획을 수립하기 위하여
② 잠재적인 수요를 파악하기 위하여
③ 상권규모에 적합한 투자 및 시설규모를 결정하기 위하여
④ 새로운 상업시설을 출점하기 위해 소비자를 흡인할 수 있는 상권범위를 설정할 수 있음
⑤ 해당지역 소비자들의 특성파악을 통해 판촉방향 및 제품구색 갖춤을 파악할 수 있음

11 입지후보지에 대한 예상 매출금액을 계량적으로 추정하기 위한 상권분석기법이 아닌 것으로만 짝지어진 것은?

① 유사점포법(analog method), 허프모델(Huff model)
② 허프모델(Huff model), 체크리스트법(Checklist method)
③ 티센다각형(Thiessen polygon)모형, 체크리스트법(Checklist method)
④ 회귀분석(regression analysis)모형, 허프모델(Huff model)
⑤ 다항로짓모델(multinomial logit model), 유사점포법(analog method)

정답 ③
해설 소비자들이 유사한 점포들 중에서 점포를 선택할 때는 가장 가까운 점포를 선택한다는 가정을 토대로 하며, 상권 경계를 결정할 때 티센다각형(Thiessen Polygon)을 활용한다. 따라서, 티센다각형 모형의 경우 예상 매출금액을 계량적으로 추정하기는 어렵다.
〈 티센다각형 모형의 특성 〉
• 상권에 대한 기술적이고 예측적인 도구로 활용할 수 있다.
• 최근접상가 선택가설에 근거하여 상권을 설정한다. 근접구역이란 어느 점포가 다른 경쟁포보다 공간적인 이점을 가진 구역을 의미한다.
• 일반적으로 티센다각형의 크기는 경쟁수준과 역의 관계를 가진다. 즉, 다각형의 크기는 경쟁수준과 반비례한다.
• 시설 간 경쟁정도를 파악할 수 있다.

12 지도작성체계와 데이터베이스관리체계의 결합으로 상권 분석의 유용한 도구가 되고 있는 지리정보시스템(GIS)의 기능에 대한 설명으로 옳은 것은?

① 버퍼(buffer) - 지도상에서 데이터를 조회하여 표현 하고, 특정 공간기준을 만족시키는 지도를 얻기 위해 조회도구로써 지도를 사용하는 것이다.
② 주제도(thematic map) 작성 - 속성정보를 요약하여 표현한 지도를 작성하는 것이며, 면, 선, 점의 형상으로 구성된다.
③ 위상 - 지리적인 형상을 표현한 지도상에 데이터의 값과 범위를 할당하여 지도를 확대·축소하는 등의 기능 이다.
④ 데이터 및 공간조회 - 어떤 지도형상, 즉 점이나 선 혹은 면으로부터 특정한 거리 이내에 포함되는 영역을 의미하며, 면의 형태로 나타나 상권 혹은 영향권을 표현하는데 사용될 수 있다.
⑤ 프레젠테이션 지도작업 - 공간적으로 동일한 경계선을 가진 두 지도 레이어들에 대해 하나의 레이어에 다른 레이어를 겹쳐 놓고 지도 형상과 속성들을 비교 하는 기능이다.

정답 ②
해설 지리정보시스템(GIS)의 기능
① 버퍼(buffer) - 어떤 지도형상, 즉 점이나 선 혹은 면으로부터 특정한 거리 이내에 포함되는 영역을 의미하며, 면의 형태로 나타나 상권 혹은 영향권을 표현하는데 사용될 수 있다.
③ 중첩 - 공간적으로 동일한 경계선을 가진 두 지도 레이어들에 대해 하나의 레이어에 다른 레이어를 겹쳐 놓고 지도 형상과 속성들을 비교하는 기능이다.
④ 데이터 및 공간조회 - 지도상에서 데이터를 조회하여 표현하고, 특정 공간기준을 만족시키는 지도를 얻기 위해 조회도구로써 지도를 사용하는 것이다.
⑤ 프레젠테이션 지도작업 - 지리적인 형상을 표현한 지도상에 데이터의 값과 범위를 할당하여 지도를 확대·축소하는 등의 기능이다.

13 페터(R. M. Petter)의 공간균배의 원리에 대한 내용으로 가장 옳지 않은 것은?

① 경쟁점포들 사이의 상권분배 결과를 설명한다.
② 상권 내 소비자의 동질성과 균질분포를 가정한다.
③ 상권이 넓을수록 경쟁점포들은 분산 입지한다.
④ 수요의 교통비 탄력성이 클수록 경쟁점포들은 집중 입지한다.
⑤ 수요의 교통비 탄력성이 0(영)이면 호텔링(H. Hotelling) 모형의 예측결과가 나타난다.

정답 ④
해설 공간균배의 원리는 수요자의 동질성과 균질분포를 가정 시 경쟁관계에 있는 점포들은 상호경쟁을 통하여 공간을 서로 균등히 분배하여 입지한다는 이론이다.

시장이 좁고 수요의 교통비 탄력성이 작으면 : 집심 입지
• 소비자가 교통비가 드는 데도 불구하고 상품을 구매하고자 할수록 수용의 교통비 탄력성은 비탄력적이 된다.
시장이 넓고 수요의 교통비 탄력성이 크면 : 분산 입지
• 소비자가 상품을 구매하고자 할 때 교통비에 크게 영향을 받을수록 수요의 교통비 탄력성은 탄력적이 된다.

14 상권분석은 지역분석과 부지분석으로 나누어진다. 다음 중 지역분석의 분석항목 만으로 구성된 것은?

① 기후·지형·경관, 용도지역·용적률, 기존 건물의 적합성, 금융 및 조세 여건
② 인구변화 추세, 기후·지형·경관, 도로망·철도망, 금융 및 조세 여건
③ 용도지역·용적률, 기존 건물의 적합성, 인구변화 추세, 도로망·철도망
④ 인구변화 추세, 민원발생의 소지, 토지의 지형·지질·배수, 금융 및 조세 여건
⑤ 민원발생의 소지, 용도지역·용적률, 도로망·철도망, 공익설비 및 상하수도

정답 ②
해설 지역분석은 대상부지와 인근지역 및 주위환경의 제반요인들을 분석하는 것이다.
• 지역분석 : 경제기반분석, 인구분석, 교통(수송)여건, 성장성 분석 등
• 부지분석 : 대상 부지자체의 직접적이고 구체적인 지리적 또는 물리적 요인들을 분석

15 특정 지점의 소비자가 어떤 점포를 이용할 확률을 추정할 때 활용하는 수정Huff모델에 관한 설명 중 옳지 않은 것은?

① 점포면적과 점포까지의 이동거리 등 두 변수만으로 소비자들의 점포 선택확률을 추정한다.
② 실무적 편의를 위해 점포면적과 이동거리에 대한 민감도를 따로 추정하지 않는다.
③ 점포면적과 이동거리에 대한 소비자의 민감도는 '1'과 '-2'로 고정하여 추정한다.
④ 점포면적과 이동거리 두 변수 이외의 다른 변수들을 반영할 수 없다는 점에서 Huff모델과 다르다.
⑤ Huff모델 보다 정확도가 낮을 수 있지만 일반화하여 쉽게 적용하고 대략적 계산이 가능하게 한 것이다.

정답 ④
해설 수정 Huff 모델은 매장(점포)면적과 이동거리 특성을 반영하였다. 허프모형은 모수(마찰계수)가 변동될 을 가정하였던 것과 달리, 수정Huff모델은 모형의 편의를 위하여 거리에 대한 모수는 제곱으로 고정시켰다.

memo.

제2장 입지분석

제1절 입지의 개요

1. 도매입지와 소매입지의 개요

(1) 입지 개요

① 입지의 주체가 정한 일종의 장소이며, 이는 정적이면서도 공간적인 개념이다.
② 점포의 위치나 위치적 조건을 의미하며, 지점(point) 및 부지(site)는 입지를 표현하는 주요한 키워드이다.
③ 입지의 주요 평가 항목
　㉠ 잠재부지의 성장성, 규모확대의 가능성
　㉡ 수익성 및 접근성
　㉢ 부지의 규모와 형태
　㉣ 주변도로로부터 가시성(시계성) : 건물외관, 심벌타워 등
　㉤ 테넌트 믹스(업태 및 업종믹스)★★★

> **Plus Tip** 더 알고가기
> 테넌트 믹스(tenant mix)
> - 최적의 테넌트(임차점포)를 선택하여 계획한 규모, 위치, 콘셉트에 맞게 적정하게 배치하는 노하우를 말한다. 테넌트 믹스는 임차인의 최적 조합이며, 임차인의 특성을 고려하여 전체 상가 수익을 극대화 전략을 추구한다.
> - 머천다이징 정책을 실현하기 위한 최적의 조합을 꾸미는 과정으로, 시설 내 테넌트 간에 끊임없이 경쟁보다는 경합대상 소매점(쇼핑센터)와의 경쟁력 강화에 초점을 맞추어야 한다.
> - 쇼핑센터(SC) 등 복합상업시설에서는 테넌트 믹스(tenant mix)전략이 중요한데, 여기에서 말하는 테넌트는 '임차점포'이다.

(2) 도매입지

① 도매상은 소매상을 대상으로 영업을 하기 때문에 중심상가의 지역이 아니어도 상관없다.
② 일반적으로 임대료가 저렴한 교외지역이나 도시변두리 지역에 입지를 선정하는 경우가 많다.

③ 도매업은 소매업에 비해 점포의 입지는 임대료가 저렴한 지역에 큰 시설투자없이 위치하는 경우가 많았다. 하지만 최근에는 비용절감 및 신속한 서비스의 향상 측면에서 생산구조와 소비구조의 특징에 따라 도매업의 입지유형이 분화되고 있다.
④ 도매업은 입지도 중요하지만 다른 유통기관에 분산(Distribution) 시키는 기능이 중요하기 때문에 상권이 더욱 중요하다.
⑤ 도매상권은 소매상권보다 면적이 넓고 한 상품의 거래량도 많다.
⑥ 영업성과에 대한 입지의 영향은 소매상보다 도매상의 경우가 더 작다.

(3) 소매입지

① 소매점은 '입지산업'이라고 할 만큼 입지조건이 중요한 전략적 결정요인이며 위치에 따라 매출이나 이익이 좌우되기 때문에 점포의 위치는 사업의 성공 여부에 중요한 역할을 한다.
② 기업이 일단 점포의 입지를 결정하게 되면 입지변경을 하기가 쉽지 않고 부적합한 입지로 인한 불이익을 극복하기 어렵다. 또한 막대한 투자를 장기적으로 하여야 하므로 선정되는 입지는 최대한의 투자수익률과 이익을 보장해 줄 수 있어야 한다.
③ 입지의 효용은 영원한 것이 아니다. 한 시기의 좋았던 장소라도 시간이 흐름에 따라 나빠질 수 있다.

(4) 신규출점 시 입지분석 과정★

지역(Region) → 상권(Area) → 특정입지(Site)

㉠ 지역 분석 : 대형 소매점포의 시장잠재력을 조사하기 위한 지역분석
㉡ 지구 분석 : 특정 지역이 선정되면 그 후보지 내에서 최적지구선정을 위한 분석 실시
㉢ 특정입지 분석 : 구입가능한 부지들 중에서 최적의 부지를 점포입지로 선정

(5) 특정입지(부지) 선정

① 잠재적인 상권이 규정되면 소비자의 접근가능성, 교통량, 상권인구의 규모와 분포, 수입, 경제적 안전성, 경쟁 등의 요인에 의해 선택가능한 점포입지가 선정된다.
② 소매점포 입지(retail site)란 소매업을 하는 소매점포의 구체적인 지리적 위치를 의미한다.
③ 점포입지의 가치는 점포들에 대한 선호와 입지 근처에 고객들의 자유로운 이동을 방해하는 자연적 또는 인위적 장벽의 존재 여부에 영향을 받는다.
④ 점포입지의 대안으로는 다른 소매점들과 지리적으로 격리되어 있는 독립입지(isolated site)와 지리적으로 인접하거나 밀집되어 있는 군집입지(clustered site) 등이 있다.
⑤ 일반적으로 의류, 구두, 가구 등의 선매품을 판매하는 점포들은 군집입지에 위치하여야 하나, 전문품을 판매하는 점포는 독립입지에 위치하여도 매출에 큰 영향을 받지 않는다.

(6) 입지선정 분석 시 입지영향요인
① 상권요인 : 상권 내 인구수, 상권규모, 통행량 규모, 경쟁상황, 법적·행정적 규제요인, 지역주민의 구매력, 영업력 등
② 지역요인 : 지역 내 산업의 동향 및 수명주기, 경기변동 사이클(Cycle), 고용의 변동 등
③ 특정 입지요인 : 가시성, 접근성, 인지성, 점포의 위치, 주변 도로상태 등

(7) 동선(動線)★★
① 동선이란 고객들의 이동궤적을 의미하는데 자석(Customer Generator)과 자석을 연결하는 선으로 나타나기도 한다.
② 동선은 주동선, 부동선, 접근동선, 출근동선, 퇴근동선 등 다양한 기준으로 분류할 수 있다.
③ 주동선이란 자석입지(magnet)와 자석입지를 잇는 가장 기본이 되는 선을 말한다. 고객흡입시설인 〈역〉, 〈대규모 소매점〉, 〈대형 교차점〉 등을 연결하는 선을 주동선이라고 말한다.
④ 접근동선이란 동선으로의 접근정도를 가리키는 말이다. 복수의 자석입지가 있는 경우의 동선을 복수동선(複數動線)이라 한다.
⑤ 경제적 사정으로 많은 자금이 필요한 주동선에 입지하기 어려운 점포는 부동선(副動線)을 중시한다. 점포 외부의 동선 즉, 점외동선은 점포의 매출에 영향을 준다. 사람들이 통행하는 뒷골목은 주동선에서 분기되어 통행량의 감소가 두드러지는 부동선 유형에 해당한다.

> **Plus Tip** 더 알고가기
> 입지선택의 주요 원칙(동선의 심리법칙)
> • 사람이 운집한 곳을 선호하는 **인간집합의 원칙**
> • 득실을 따져 득이 되는 쪽을 선택하는 **보증실현의 원칙**
> • 위험하거나 잘 모르는 길을 지나지 않으려는 **안전추구의 원칙**
> • 목적지까지 최단거리로 가려고 하는 **최단거리 추구의 원칙**
> • 자신의 자아이미지에 가장 합당한 공간을 추구하는 **자아일치의 원칙**

2. 업태 및 업종과 입지

(1) 입지의 지리적 특성★★
① 가시성
  ㉠ 가시성이란 점포 전면을 오고 가는 고객이 그 점포를 쉽게 발견할 수 있는지의 "척도"를 의미한다.
  ㉡ 우리가 점포를 지나가 보면 어떤 점포는 눈에 잘 띄고, 어떤 점포는 잘 보이지 않는다. 점포가 소비자의 눈에 얼마나 잘 보이는가 정도는 지리적 특성 중 가장 중요한 요소이다.
  ㉢ 입지 조건상의 우위는 가시성이 좋은 곳이라 할 수 있다.

② 접근성
　㉠ 접근성이란 소비자가 점포를 방문하게 될 가능성이 있는 척도를 의미한다.
　㉡ 접근성의 좋은 사례는 주차장 확충과 대중교통 접근성 개선이다. 접근성이 좋지 못한 경우 고객은 방문을 주저한다.
③ 홍보성
　㉠ 홍보성이란 사업 시작 후 고객에게 어떻게 점포를 알릴 것인가를 의미한다.
　㉡ 점포의 홍보는 입지 결정과 긴밀히 연관된다.
④ 인지성
　㉠ 인지성이란 고객이 점포를 찾아올 때 기억하고 다시 찾는 것을 의미한다.
　㉡ 점포의 인지성은 특정 거리나 랜드마크와의 연관성에 영향을 받는다.
⑤ 호환성
　㉠ 호환성이란 점포의 입지와 가능한 업종의 다양성을 나타내는 척도이다.
　㉡ 쇼핑몰 내 점포는 다양한 업종과 호환성이 높다.

(2) 형태별 입지(이용목적)★★

① 적응형 입지 : 해당 위치(location)를 통행하는 유동인구에 의해 영업이 좌우되는 입지를 의미한다.
② 목적형입지 : 고객의 기대소비에 따라 목적을 정하여 구매하는 상권을 의미하며, 구매빈도는 높지 않지만 목적방문에 따른 구매율이 높기 때문에 새로운 경쟁자의 진입이 용이하지 않다.
③ 생활형입지 : 아파트, 주택가의 지역주민들이 주로 이용하는 식당 등 생활형 점포들이 입지하는 형태로서, 도보 접근성이 양호한 입지에 위치하는 것이 좋다.

(3) 공간균배 원리에 따른 입지유형★★★

　공간균배 원리는 하나의 상권에 동질적인 소비자가 균능하게 분포되어 있다고 가정을 했을 때, 한 점포가 먼저 입지하고 새로운 점포가 입지할 때, 어느 위치에 입지하는 것이 유리한가를 분석하는 원리이다.

① 집심성 입지
　배후지의 중심부에 입지하며 재화의 도달범위가 긴 상품을 주로 취급한다. 백화점, 고급음식점, 보석 가게, 고급의류점, 대형 서점, 영화관 등이 있다.
② 집재성 입지
　업무의 연계성이 크고 상호 대체성이 큰 점포끼리 한곳에 입지한다. 가구점, 중고서점, 전자제품, 기계점, 관공서 등이 있다.

③ 산재성 입지

배후지가 작으므로 분산입지 하는 것이 유리하며 재화의 도달거리가 짧은 상품을 주로 취급한다. 잡화점, 이발소, 세탁소, 대중목욕탕, 소매점포, 어물점 등이 있다.

④ 국부적 집중성 입지

어떤 특정 지역에 동업종끼리 국부적 중심지에 입지하여야 유리하다. 농기구점, 석재점, 비료점, 종묘점, 어구점 등이 있다.

(4) 구매관습에 따른 상점의 분류★

① 편의품점

㉠ 일반인들이 언제 어디서든 시간과 장소에 제약없이 쉽게 구매할 수 있는 생활필수품을 판매하는 점포로, 주로 저차원 중심지에 입지한다.

㉡ 보통 도보로 10분에서 20분 내에 도착할 수 있는 곳에 입지해야 하며, 주로 통행이 많은 길목에 위치하는 것이 좋다.

② 선매품점

㉠ 대부분의 선매품은 고객이 상품의 가격, 스타일 등을 여러 상품과 비교하여 최종 구매를 결정하는 상품을 말한다.

㉡ 선매품을 파는 상점은 원거리에서 찾아 오는 손님도 많으므로, 교통수단과 접근성이 좋아야 한다.

③ 편의품점

㉠ 전문품은 고객이 특수하고, 목표로 한 매력을 찾으려고 하기 때문에 구매에 비용을 아끼지 않는다.

㉡ 전문품에는 고급양복, 고급시계, 고급자동차, 고급보석 등이 해당된다.

㉢ 전문품은 상품의 성격상 구매를 결정할 때 신중을 기하여야 하므로, 구매빈도는 낮으나 이윤율은 높다.

제2절 입지별 유형

1. 지역 공간 구조★

(1) 지역구조의 이해
① 지표면은 여러 가지의 지표로 구성되어 있고, 주택은 기둥, 벽, 지붕 등의 각 부분이 다른 역할을 하지만 이들이 모여서 주택이라는 전체를 이루듯이 복수의 부분 지역들이 모여서 각각 전체 지역을 구성하여 또 다른 기능을 발휘하게 될 경우 이를 지역구조(Regional Structure)라고 한다.
② 단순한 자연적, 사회적, 역사적 기능의 결합관계에 있는 통합체가 아니라 이들이 기능적으로 서로 연계되어 하나의 새로운 기능을 수행할 때 이를 지역구조라고 한다.

(2) 버제스(Burgess)의 동심원 이론
① 1925년 'The Growth of The City'에서 미국 시카고의 실태조사를 통하여 대도시의 성장은 도시의 외연적 확대를 수반하며, 그 확대과정은 5지대로 형성된 동심원상의 형태로 설명하고 있다.
② 각 지대를 내측과 외측으로 나눌 때 내측은 외측 지역으로 침입함으로써 지역을 확대하는 경향이 있다.
③ 도시성장의 확대과정은 집중화(Concentration)와 분산화(Decentralization)이다.

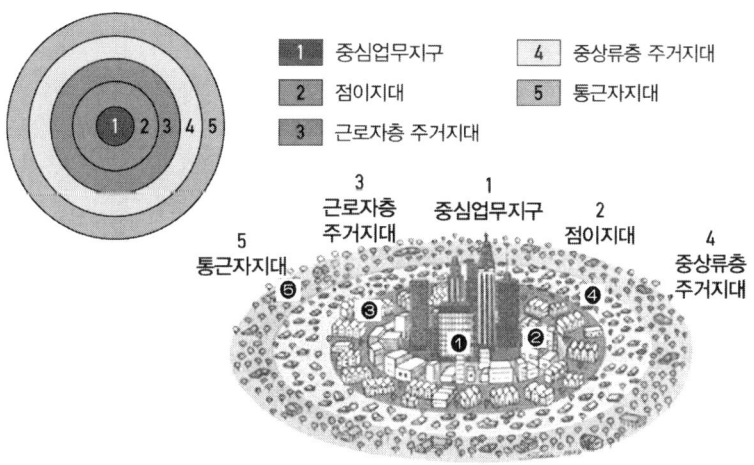

(3) 호이트(Hoyt)의 선형이론
① 호이트는 도심으로부터 교통축을 따라 접근성이 달라지며, 그 결과 지가가 달라진다고 보

왔기 때문에 주택 지대의 구조는 교통축을 따라 선형으로 나타난다고 보았는데 이를 선형이론이라 한다.
② 철도와 고속 도로 등의 교통로가 발달하면 이를 따라 중심 업무 지구, 고급 주택 지구가 부채꼴로 성장하고, 그 주변에 저소득층 주택 지구와 중신층 주택 지구가 발달하는 형식이다.
③ 호이트의 선형이론은 중심업무지구(CBD)로부터 도매·경공업지구, 저급주택지구, 중급주택지구, 고급주택지구가 주요 교통노선에 따라 부채꼴 모양으로 확대되면서 배치된다는 이론 이다.

(4) 다핵심 이론

① 해리스와 울만은 도시토지이용의 패턴은 몇 개의 핵심과 그 주위에 형성된다고 하였다. 여기서 말하는 핵 또는 핵심이란 그 주위에서 도시의 성장이 발생하는 어떤 견인적 요소(주거, 업무, 공업, 기타)를 의미한다.
② 도시의 핵으로 중심상업지구, 도매 및 경공업지구, 주택지구, 소핵심지구, 교외와 위성도시를 들고 있다. 핵의 출현 이유로는 특정위치나 특정시설의 필요성, 동종활동 간의 집적이익, 이질활동 간의 입지적 비양립성, 지대지불능력의 차이 등을 들고 있다.

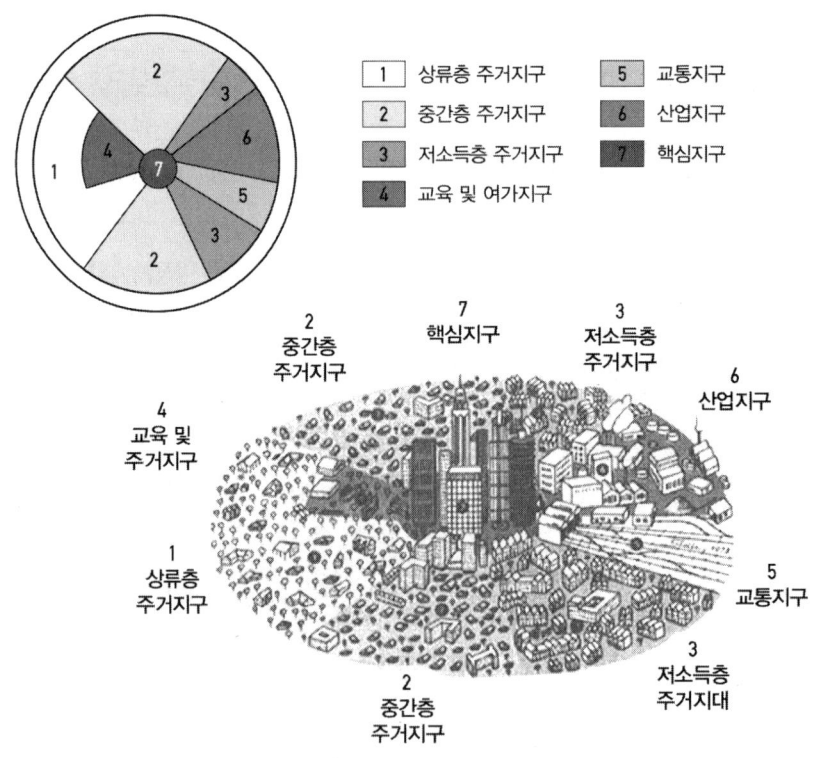

2. 도심입지

(1) 도심입지★★

① 중심상업지역(CBDs ; Central Business Districts)이라고도 하며, 대도시나 소도시의 전통적인 도심 상업지역이다.
② 계획성보다는 무계획성으로 인하여 밀집되어 있는 것이 특징이다.
③ 다양한 상업활동으로 인해 많은 사람들을 유인하며 접근성이 높은 지역이다.
④ 지가(地價)와 임대료가 비싸다.
⑤ 대중교통의 중심지이고 도보통행량이 많다. 또한 교통이 혼잡하다.
⑥ 건물의 고층화, 과밀화로 토지 이용이 집약적이다.

(2) 상업입지

① 상업활동이 이루어지는 장소 또는 그 범위를 말하는 것으로 요즈음에는 상권이나 시장의 세력권과 관련해서 파악하게 되어 그 의미가 확대되었다. 그리고 관광사업 등에 대해서는 관광입지라고 해서 별개로 받아들이는 경우가 많다.
② 상업입지 대상은 도매업에서 소매업까지 백화점, 대형 슈퍼마켓에서 구멍가게까지 다양하다.
③ 상품현물을 취급하지 않는 보험업, 증권업, 광고업이나 공적 성격의 거래소 또 각종 대리점의 입지도 포함한다.
④ 상업입지 조건은 그 땅의 사회적·경제적 성격, 상업 집적(集積)상태, 배후지의 인구와 경제력, 소비자의 생활상태, 교통편의, 자연적·기후적 조건, 장래의 개발 계획 등이다.

3. 쇼핑센터 입지

(1) 쇼핑센터(Shopping center)★

① 도시 주민의 교외로의 이동이라는 이른바 '스프롤(Sprawl)' 현상과 더불어 자가용의 보급에 따라 제2차 세계대전 뒤 미국에서 발전한 집합형 소매상점가를 말한다. 스프롤 현상이란 도시성장이 불규칙, 무질서하게 확대되는 것으로 산발적, 무계획적 확대현상을 말한다.
② 도시 근교에 광대한 토지를 확보하여 백화점·슈퍼마켓 등 대규모 소매점을 중심으로 하여 여기에 연쇄점, 전문점, 소매점 등을 모아 원 스톱 쇼핑이 가능하도록 계획적으로 만들어진 대규모 상점가를 말한다.
③ 쇼핑센터는 도심 밖의 커뮤니티 시설로 계획되는 것이 일반적이며 동일한 개발업자가 계획한 소매업, 음식업, 서비스업 등의 대규모 집단 판매시설을 의미한다.
④ 쇼핑센터 내의 주요 보행동선으로 고객을 각 상점으로 고르게 유도하는 쇼핑 거리인 '몰(Mall)'이 있다는 점에서 백화점이나 다른 상점과 명확한 차이가 있다.

(2) 쇼핑센터 분류

① 입지별 분류

㉠ 교외형 쇼핑센터

특정 상권의 사람들을 구매층으로 하며 비교적 저층이고 대규모 주차장을 갖고 있으며 백화점, 대형 슈퍼마켓 등을 중심으로 하는 경우가 많다.

㉡ 도심형 쇼핑센터

불특정다수의 사람들을 구매층으로 하며 지가가 높은 지역에 입지하기 때문에 면적 효율상 고층이 되는 경우가 많고 주차공간도 집약된다.

② 규모별 분류

㉠ 근린형 쇼핑센터

도보권을 중심으로 한 상권의 슈퍼마켓·드럭스토어를 중심으로 한 일용품 위주의 소규모 쇼핑센터이다.

㉡ 커뮤니티형 쇼핑센터

슈퍼마켓·버라이어티 스토어, 소형 백화점 등을 중심으로 한 실용품 위주의 중규모 쇼핑센터이다.

㉢ 지역형 쇼핑센터

백화점·종합슈퍼·대형 버라이어티 스토어 등의 대형 상점을 중심으로 하고 여러 가지 서비스 기능이나 레저·스포츠 시설 등을 갖춘 대규모 쇼핑센터이다.

(3) 스트립 쇼핑센터 유형*

① 네이버후드 센터(Neighborhood Center)

말 그대로 이웃의 점포라는 뜻으로 소비자와 가장 가까운 지역에서 그들의 일상적인 욕구를 충족시키기 위하여 편리한 쇼핑장소를 제공하도록 설계되었다. 이는 보통 '지역밀착형' 쇼핑센터라고도 불리며, 슈퍼마켓이나 드럭 스토어(drug store)등이 핵심점포를 이루며 약 $10,000m^2$ 미만의 점포면적 안에 출점한다.

② 커뮤니티 센터(Community Center)

지구 중심으로 위치하고 있으며 네이버후드 센터보다는 다양한 범위의 일반적인 상품을 제공하며 센터 내의 주요 소매업태는 일반적인 슈퍼마켓과 대형 드럭 스토어, 할인백화점 등이 있다.

③ 파워 센터(Power Center)

파워 센터는 할인점, 할인백화점, 창고형 클럽 또는 홈디포 등 카테고리 킬러를 포함하는 일부 대형 점포들로 구성된다. 소매업의 업태분류 중 카테고리 킬러, 대형 마트를 핵점포(anchor store)로 유치하는 것이 가장 적절하다.

(4) 쇼핑센터의 다양한 공간구성요소★★

① 중심상점(핵상점)

쇼핑센터의 중심으로서 고객을 끌어들이는 기능을 가지고 있으며 백화점이나 종합슈퍼마켓, 대형 전문점 등이 이에 해당한다.

② 몰(Mall)

쇼핑센터 내의 주요 보행동선으로 고객을 각 상점으로 고르게 유도하는 쇼핑 거리인 동시에 고객의 휴식처로서의 기능도 갖고 있다. 쇼핑센터의 가장 특징적인 요소이다.

③ 코트(Court)

몰의 군데군데에 고객이 머물 수 있는 공간을 마련한 곳을 말한다. 코트에는 분수, 전화박스, 식수, 벤치 등을 설치하여 고객의 휴식처를 조성함과 동시에 정보안내를 제공하며 쇼핑센터를 상징하는 연출장의 기능을 한다.

④ 지표(landmark)

방향을 제시하여 소비자들이 길찾기에 참고하는 물리적 대상

⑤ 에지(edge)

파사드(facade), 난간(parapet), 벽면, 담장 등의 경계선

⑥ 결절점(node)

교차하는 통로를 연결하며, 원형의 광장이나 전시공간 또는 이벤트 장소로 사용됨

4. 기타 입지

(1) 노면독립입지★

① 개념 및 의의

㉠ 여러 업종의 점포가 한곳에 모여 있는 군집(群集)입지와 달리, 전혀 점포가 없는 곳에 독립하여 점포를 운영하는 형태이다.

㉡ 독립지역은 다른 소매업체들과는 지리적으로 떨어진 지역을 의미하며, 통상적으로 독립지역에 위치한 소매점은 다른 소매업체들과 고객을 공유하지 않는다.

㉢ 다른 소매업체와 연결되지 않는 입지이다. 창고클럽 등의 대형 소매업체와 전문점이 종종 독립입지에 입지한다.

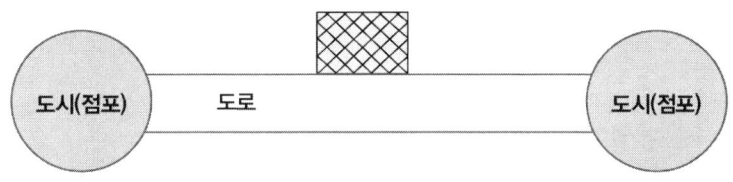

[노면독립입지]

② 노면독립입지에 적합한 업종
　㉠ 다른 업체와 비교우위에 있는 확실한 기술력을 보유하고 있는 전문성이 있는 업종이 적합하다.
　㉡ 다른 업체와 비교하여 뛰어난 마케팅력을 보유하고 있으며, 충분히 능력을 발휘할 자신이 있는 업종이 적합하다.
　㉢ 대규모 자본을 투자하여 다른 업체와 확실한 비교 우위를 설정하여 고객 스스로 찾아올 수 있도록 할 수 있는 서비스와 시설규모가 갖춰진 업종이 적합하다.
　㉣ 할인점이나 회원제 창고형 매장처럼 저비용·저가격 정책을 실시해야 하는 경우 적합하다.
③ 노면독립입지의 장·단점

장점	단점
• 임대료가 저렴하다. • 가시성이 크다. • 직접적인 경쟁업체가 없다. • 주차 공간이 넓다. • 점포확장이 용이하다. • 고객을 위한 편의성이 크다. • 영업시간, 간판, 제품에 대한 규제가 적다.	• 고객의 특성은 오직 그 점포만을 생각하고 방문하기 때문에 고객유치가 곤란하다. • 다른 점포와의 시너지 효과를 얻기 어렵다. • 고객을 지속적으로 유인하기 위해서는 가격, 홍보, 상품, • 서비스 등을 차별화해야 하므로 비용적인 측면에서 가한다.

(2) 복합용도개발지역★

① 개념
　㉠ 복합용도개발(Mixed-use Developments : MXDs) 지역이란 쇼핑센터, 오피스타워, 호텔, 주상복합건물, 시민회관, 컨벤션 센터 등 하나의 복합건물에 다양한 용도를 결합시킨 것을 말한다.
　㉡ 복합용도개발은 Gurney Breckenfeld(1972년)가 처음으로 사용한 용어로 주거와 상업, 업무, 문화, 위락 등 다양한 기능을 밀접하게 연관시켜 편리성과 쾌적성을 제고시킨 건물 또는 건물군의 개발을 이르는 말이다.

② 복합용도개발의 특성
　㉠ 많은 쇼핑객들을 점포로 유인할 수 있어 소매업체에게 인기가 있다.
　㉡ 공간을 생산적으로 사용할 수 있어 개발업체들이 선호한다.
　㉢ 도심지에 주거기능을 도입함으로써 도시 내에서 살고자 하는 사람이나 살 필요가 있는 사람들에게 양질의 주택공급이 가능하며 이로 인하여 도심공동화 현상 방지 및 도심지가 생동감 넘치고 다양한 삶의 장소로 바뀔 수 있다.
　㉣ 도심지 중에서 저밀도로 이용되고 있는 지역을 재개발함으로써 토지이용의 효율성을 제고한다.

제3절 입지선정 및 분석

1. 입지선정의 의의

(1) 입지선정 개요

① 입지(location)는 주택, 공장, 점포 등이 위치하고 있는 장소로서 정적 개념이다. 상권분석이 공간적인 면(面)적인 분석이라고 한다면, 입지분석은 점(点)적인 분석이라고 할 수 있다.
② 입지선정은 입지주체가 추구하는 입지조건을 갖춘 토지를 발견하는 것으로 동적 개념이며 공간적 개념을 말하며 또 주어진 부동산에 관한 적정한 용도를 결정하는 것도 이에 해당된다.
③ 입지 선정이 잘못되면 경영 관리상 노력의 낭비를 가져와 사업의 실패를 초래하게 되므로 입지는 사업의 성패를 결정하는 중요한 변수로 작용하게 되었다.

(2) 입지선정 시 고려요소

안전성	• 사업장의 투자규모와 수익성과의 관계이다. • 사업장의 입지여건이 아무리 좋아보여도 개점에 필요한 투자비용이 수익성을 능가하면 창업은 의미가 없어진다.
균형성	• 균형성은 주변 경쟁점과의 균형에 관한 문제가 된다. • 신규로 영업을 개시할 점주가 선택을 고려하고 있는 사업장의 입지여건이 그 상권 내에 위치하고 있는 유사점포와의 경쟁에서 우위를 차지할 수 있는 기본적인 여건을 갖추기 위한 조건을 말한다
조화성	• 조화성은 예비 개점자가 선택한 아이템과 주변 상권과의 조화를 말한다. • 일반적으로 상권형성의 형태를 살펴보면 유사한 업종이 집중적으로 형성되어 상권을 이루고 있는 것을 볼 수 있는데, 이와 같은 현상은 고객을 유도하기 위한 전략 중 하나이며 고객의 입장에서는 선택의 폭이 그만큼 넓어짐으로써 가급적이면 필요한 상권이 형성된 곳으로 몰릴 수밖에 없을 것이다.

(3) 입지선정절차 및 평가요소

① 입지선정 절차 : 주민과 기존 유통업체의 관련을 고려한 상권 평가 → 정해진 상권 내에서 입지출점의 유형 결정 → 특정 집합 출점입지선정
② 입지의 평가요소
  ㉠ 보행객통행량 : 통행인 수, 통행인 유형
  ㉡ 차량통행량 : 차량통행 대수, 차종, 교통밀집 정도
  ㉢ 주차시설 : 주차장 수, 점포와의 거리, 종업원 주차의 가능성
  ㉣ 교통 : 대중교통 수단의 이용가능성, 주요 도로에의 근접성, 상품배달의 용이성
  ㉤ 점포구성 : 상권 내 점포 수와 규모, 인근 점포와 자사 점포의 유사성, 소매점 구성상의 균형 정도

ⓗ 특정의 부지 : 시각성, 입지 내의 위치, 대지 및 건물의 크기와 모양, 건물의 사용연수
ⓢ 점유조건 : 소유 또는 임대조건, 운영 및 유지비용, 세금, 도시계획과의 관련 여부

(4) 지리적 위치에 따른 입지의 종류
① 일면 입지 & 삼거리코너 입지

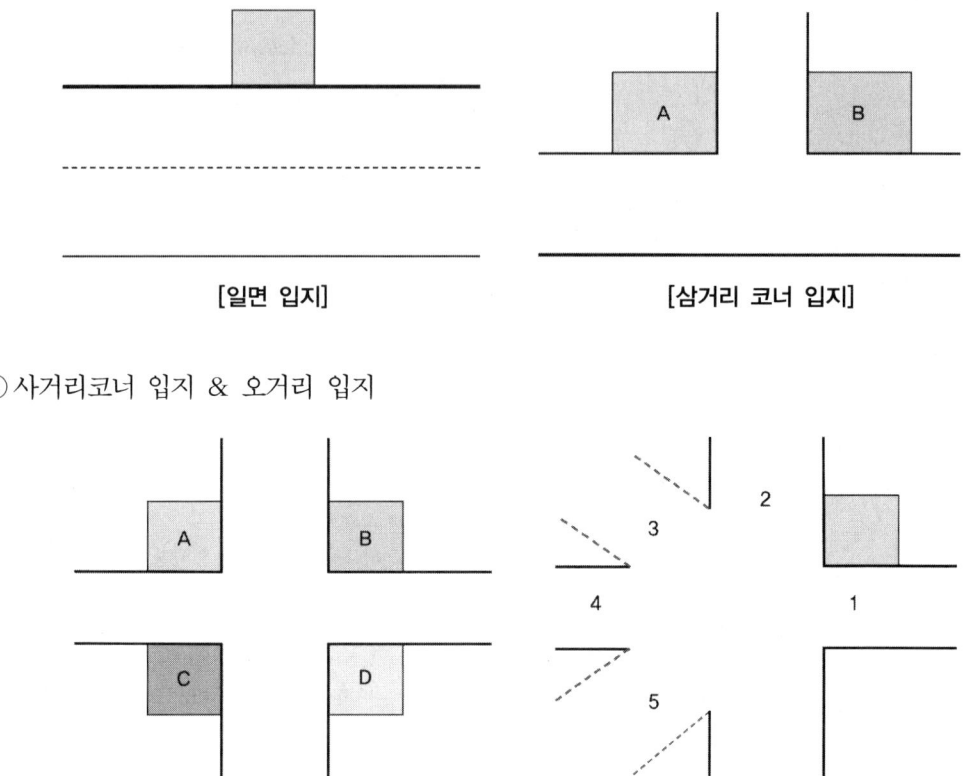

② 사거리코너 입지 & 오거리 입지

(5) 입지설정 포인트★
① 기점(起點)의 문제 : 어디에서 자기점포가 보이는지의 문제다.
② 대상의 문제 : 무엇이 보이는지의 문제다.
③ 거리의 문제 : 어느 정도의 거리에서 점포가 보이는지의 문제다.
④ 주체의 문제 : 건물이 자연스럽게 통행인의 눈에 들어오는 수준이 바람직하다.

(6) 넬슨(R.L Nelson) 소매입지 선정 이론★★★
① 넬슨은 소매인력법칙을 보완하여 매장면적과 거리 외 점포의 물리적 속성에 해당되는 다른 요인도 흡인력에 영향을 미치고 있다고 보았다.

② 넬슨은 최대의 이익을 얻을 수 있는 매출고를 확보하기 위하여 점포가 어디에 위치하고 있어야 하며, 어디에 입지해야 하는지를 알기 위하여 입지 선정을 위한 8가지 평가 원칙을 제시하였다.

③ 입지선정 8가지 평가방법

구 분	내 용
잠재력	• 창업자가 진입한 상권에서 취급을 요하는 상품의 수익성 확보 가능성
접근 가능성	• 관할상권에 있는 고객을 자점으로 끌어들일 수 있는 가능성
성장 가능성	• 인구증가 또는 소득수준 향상으로 시장규모 또는 자점 또는 유통단지의 매출액이 성장할 가능성
중간 저지성	• 기존점포 또는 유통단지가 고객과의 중간에 위치하여 기존 점포로 접근하는 고객을 중간에서 차단할 수 있는 정도
누적적 흡인력	• 점포가 많이 몰려있어 고객을 끌어들일 수 있는 가능성 • 사무실, 학교, 문화시설 등이 인접해 있어 고객을 끌어들일 수 있는 가능성
양립성	• 상호보완관계가 있는 점포가 위치하고 있어 고객이 흡일 될 가능성
경쟁 회피성	• 경쟁점의 입지, 규모, 형태 등을 감안하여 자점이 기존점포와의 경쟁에서 우위를 확보할수 있는 가능성 • 장래 경쟁점이 신규 입점하므로써 자점에 미칠 영향 정도
경제성	• 입지의 가격 및 비용등으로 인한 수익성 및 생산성 정도

(7) 입지매력도 평가원칙★★★

① 점포밀집원칙 : 유사업종의 밀집성은 유사하고 상호보완적인 점포들이 무리지어 있다면 고객을 유인하기에 용이하다는 설명이다. 다만 너무 많은 점포가 밀집되어 있으면 오히려 고객유인을 저해하는 요인이 된다.

② 입지의 경제성 : 점포의 입지를 결정할 때 점포의 생산성과 성장잠재성을 고려하여 초기의 투입비용과 비교한 후 일정수준의 경제성이 확보되어야 점포입지가 용이하다는 설명이다.

③ 보충가능성의 원칙 : 유사하거나 상호보완적인 제품, 또는 판매를 가지고 있는 점포가 인접해 있으면 고객을 공유할 가능성이 높아져 고객을 유인할 수 있다는 점을 설명하는 개념이다.

④ 접근가능성 : 어떤 위치에 도달하는데 소요되는 시간적·경제적·거리적·심리적 부담과 관련되는 개념이다. 접근성은 점포로의 진입과 퇴출의 용이성을 의미한다. 접근성을 평가하려면 도로구조, 도로상태, 주도로로의 진입과 퇴출, 교통량과 흐름, 가시도, 장애물 등은 물론 심리적으로 느끼는 불편함 등을 고려해야 한다.

⑤ 고객차단원칙 : 사무실밀집지역, 쇼핑지역 등은 고객이 특정 지역에서 타 지역으로 이동시 점포를 방문하게 한다.

⑥ 동반유인원칙 : 유사하거나 보충적인 소매업이 흩어진 것보다 군집해서 더 큰 유인잠재력을 갖게 한다.

2. 입지영향인자

(1) 인구통계 및 라이프스타일(Life style)★

① 가구, 인구, 가구당 인구, 연령별 구조를 파악한다.
② 총인구의 증가는 개인의 소득증가와 더불어 유통업 전체의 계속적인 발전가능성을 나타내므로 특정 지역에서 소매점을 개설하는 경우에는 그 지역 내의 총인구의 변화를 면밀히 파악해야 한다.
③ 라이프스타일은 개인이나 가족의 가치관 때문에 나타나는 다양한 생활양식·행동양식·사고양식 등 생활의 모든 측면의 문화·심리적 차이를 전체적인 형태로 나타낸 말로서 최근에는 마케팅과 소비자의 행동 연구 분야에서 관심을 가지게 되었다.
④ 라이프스타일 특성은 연령 또는 소득, 직업과 같이 표준적으로 고정된 차원이 없으며 라이프 스타일을 반영해 주는 AIO의 목록을 직관적으로 개발하여 적용하거나 소비자의 구매목록을 확인하여 라이프스타일을 추론함으로써 측정될 수 있다
⑥ 라이프스타일은 흔히 활동(Activity)과 관심(Interest), 의견(Opinion)을 기준으로 분류되는데, 그 머리글자를 따서 AIO분석이라고 한다. 즉, 소비자가 어떻게 시간 보내고 어떤 일을 중시하며 어떤 견해를 갖고 있는가를 척도로 나타내어 수치화하는 것이다.

(2) 접근성 분석

① 접근성이란 어떤 한 지점이 주위의 다른 지점들로부터 얼마나 쉽게 접근할 수 있는가를 의미한다. 입지 시 점포의 입구, 건널목 상태, 고객의 주요 유동방향 등이 고객흡인에 용이하도록 되어 있는가 확인한다.
② 상업성 유도시설
점포 주변에 사람과 차량이 집중하는 장소, 교통의 요지, 경제적 요지에 있는 집합시설을 말한다. 이 상업성 유도시설은 점포매출에 직간접적으로 영향을 준다.

> **Plus Tip** 더 알고가기
> 단차(段差)의 개념과 사례
> • 실외공간이나 실내공간에서 단차(段差)는 층계나 계단의 사이에서 볼 수 있는 높고 낮음의 차이인 고저차를 의미하는 말이다. 다시 말해 단차(段差)는 바닥의 면이 평평하지 않고 층(層)이져서 약간 상하로 서로 어긋남을 표현하는 말이다.
> • 단차(段差)에 해당하는 몇 가지의 사례를 들어보면 다음과 같다.
>   ▸ 도로에서 차도(車道)와 인도(人道)간 높낮이의 차이
>   ▸ 상가에서 점포 입구와 현관(玄關)간 높낮이의 차이

(3) 법적 조건 체크

① 용도지역(用途地域) : 토지의 이용 및 건축물의 용도·건폐율·용적률·높이 등을 제한함으로써 토지를 경제적·효율적으로 이용하고 공공복리의 증진을 도모하기 위하여 서로 중복

되지 않게 도시·군관리계획으로 결정하는 지역을 말한다.

② 용적률 & 건폐율★★★

㉠ 용적률이란 땅 대비 총건축 가능평수 즉, 부지면적에 대한 건축물 연면적의 비율로 산출한다. 즉, 용적률은 한마디로 "몇 층 높이까지 건물을 지을 수 있나"를 의미한다.

㉡ 건폐율이란 건물을 땅바닥에 앉히는 면적비 즉, 대지면적에 대한 건축면적의 비율을 말한다. 즉, 건폐율은 한마디로 "얼마나 넓게 지을 수 있나"를 의미한다.

㉢ 용적률을 산정할 때는 지하층의 면적, 지상층의 주차용으로 쓰는 면적, 초고층 건축물의 피난안전구역의 면적은 제외한다.

㉣ 용적률과 건폐율 계산식

- 용적률 = (건축연면적(건물바닥면적의 합) ÷ 대지면적) × 100
- 건폐율 = (건축면적 ÷ 대지면적) × 100

③ 근린상업지역 & 일반상업지역 & 유통상업지역

㉠ 근린상업지역은 근린지역에서 일용품 및 서비스의 공급을 위하여 필요한 지역을 말한다.

㉡ 일반상업지역은 일반적인 상업기능 및 업무기능을 담당하게 하기 위하여 필요한 지역을 말한다.

㉢ 유통상업지역은 도시 내 및 지역간 유통기능의 증진을 위하여 필요한 지역을 말한다.

출처 : 서울시

3. 업태별 입지 개발방법

(1) 백화점

① 의류, 가정용 설비용품, 신변잡화류 등의 각종 상품을 부분별로 구성하여 소비자들이 일괄 구매할 수 있도록 한 대규모 소매점포이다.
② 도심지와 부도심지 중심상업지역에서 목적 점포의 입지전략을 펼쳐야 한다.
③ 소비자 흡인율을 높이고, 집객력이 높은 층을 고려한 마케팅 전략이 필요하다.

(2) 아울렛 스토어
① 경미한 하자가 있거나 잘 팔리지 않는 상품, 과잉생산된 상품, 재고품 등을 처분할 목적으로 정상가보다 할인된 가격으로 저렴하게 판매하는 직영소매점을 가리키며, 도심형과 교외형 매장으로 구분된다.
② 제조업체가 중간 유통과정을 거치지 않고 직영한다 하여 팩토리 아울렛(factory outlet)이라고도 부르는데, 최근에는 아울렛 스토어만을 모아놓은 쇼핑센터가 증가하고 있다.

(3) 대형마트
다양한 상품으로 구색을 갖춘 소매점이다. 다양성에서는 백화점과 비슷하지만 저가격, 저수익, 고회전율, 저비용 경영을 추구한다.

(4) 카테고리 킬러
일종의 전문품 할인점이라고 하며, 체인화를 통한 현금 매입과 대량 매입 및 목표 고객을 통한 차별화된 서비스를 제공한다. 체계적인 고객 관리와 셀프 서비스와 낮은 가격 전략을 추구한다.

4. 경쟁점 분석

(1) 경쟁점 분석의 의의
① 경쟁의 개념
  ㉠ 동일한 업종이 모두 경쟁하는 것은 아니다.
  ㉡ 대부분의 업종들은 다른 점포와 경쟁하는 동시에 양립한다. 양립이란 상권 내에 유사 업종이 함께 모여 있음으로써 상호간의 매출이 상승효과를 얻는 것이다.
② 점포의 경쟁개념이 확고해졌다면 경쟁점을 정의하고 그 경쟁점보다 비교 우위를 점할 수 있는 차별화 정책을 모색해야 한다.
③ 왜 고객이 경쟁점을 이용하는지 그 이유를 파악해야 한다. 이런 이유를 파악했다면 경쟁점의 강점과 자기 점포를 비교·분석해서 문제점을 개선해야 한다.

(2) 경쟁점과 창업
① 점포 경영자가 대체성을 판단하기란 쉽지 않다. 이는 입장이 크게 다르기 때문이다.
② 상품, 가격, 기능이 전혀 다른 것이라면 이러한 대체성의 원리는 영향을 미치지 못하게 된다.
③ 자신이 창업하고자 하는 점포의 주력품목의 대체성은 어느 정도이며 주변 점포와의 경쟁점은 어느 정도인가를 잘 생각해야 한다.

(3) 경쟁점의 영향

① 시장규모

  ㉠ 경쟁점의 영향 정도를 결정하는 요소 중 가장 기본이 되는 요소이다.

  ㉡ 시장규모가 큰 경우 경쟁점의 출점 및 퇴점에 따른 영향은 작은 반면, 시장규모가 작은 경우 경쟁점의 출점 및 퇴점에 따른 영향도는 크다.

② 입지특성

  ㉠ 거리가 가까우면 경쟁점의 영향력이 크다.

  ㉡ 같은 동선상이라면 단지 어느 쪽이 중심상권에 가까운가 하는 점으로 우열이 나뉜다.

(4) 경쟁점 분석에서의 고려사항★

① 초점이 되는 조사문제를 중심으로 실시한다.

② 조사목적에 맞는 세부조사항목을 구체적으로 정해서 실시한다.

③ 상권의 계층적 구조에 입각하여 경쟁업체를 분석하는 것이 필요하다.

④ 직접적인 경쟁점포뿐만 아니라 잠재적인 경쟁업체도 고려하여야 한다.

⑤ 상품구성분석은 상품구성기본정책, 상품계열구성, 품목구성을 포함한다.

⑥ 자사점포의 현황과 비교하여 조사결과를 분석한다.

제2장 학습정리

- **테넌트 믹스(tenant mix)** : 최적의 테넌트(임차점포)를 선택하여 계획한 규모, 위치, 콘셉트에 맞게 적정하게 배치하는 노하우를 말한다. 테넌트 믹스는 임차인의 최적 조합 이며, 임차인의 특성을 고려하여 전체 상가 수익을 극대화 전략을 추구한다.

- **앵커 테넌트(Anchor Tenant)'** : 키 테넌트(Key Tenant)라고도 불리운다. 앵커는 '닻'을, 테넌트는 임대계약을 맺고 입점해 영업을 하는 '우량 임차인'을 말하며, 이들은 건물의 가치를 올려주고 임대수익도 안정적으로 지켜준다.
  예 스타벅스

- **마그넷 스토어(Magnet Store)** : 핵상점이라고 한다. 쇼핑센터의 핵으로서 고객을 끌어 들이는 기능을 갖고 있으며, 일반적으로 백화점이나 종합 슈퍼마켓이 이에 해당된다.

- **도매업 입지** : 소매업에 비해 점포의 입지는 임대료가 저렴한 지역에 큰 시설투자 없이 위치하는 경우가 많았다. 하지만 최근에는 비용절감 및 신속한 서비스의 향상 측면에서 생산구조와 소비구조의 특징에 따라 도매업의 입지유형이 분화되고 있다.

- **입지분석 과정** : 지역(Region) → 상권(Area) → 특정입지(Site)

- 입지가 좋으면, 핵점포(anchor stores)에 가까우면, 목적점포(destination stores)에 가까우면, 임대료가 상대적으로 비싸다. 일반적으로 점포에 가까울수록 고객의 밀도가 높고, 점포로부터 멀어 질수록 고객의 밀도가 낮아지는 경향을 보인다(거리감소효과).

- 지역 공간 구조 대표적 이론 : 버제스의 동심원, 호이트의 선형, 해리스와 울만의 다핵심
- 공간균배 원리에 의한 상점 분류 : 집심성 점포, 집재성 점포, 산재성 점포, 국부적 집중성 점포
- 동선이란 고객들의 이동궤적을 의미하는데 자석(Customer Generator)과 자석을 연결하는 선으로 나타나기도 한다. 동선은 주동선, 부동선, 접근동선, 출근동선, 퇴근동선 등 다양한 기준으로 분류할 수 있다.
- 입지대안 평가의 기준이 되는 접근가능성(accessibility)은 어떤 위치에 도달하는데 소요되는 시간적·경제적·거리적·심리적 부담과 관련되는 개념이다. 접근성이란 어떤 한 지점이 주위의 다른 지점들로부터 얼마나 쉽게 접근할 수 있는가를 의미한다.
- 입지매력도 평가원칙 : 점포밀집원칙, 입지의 경제성, 보충가능성의 원칙, 접근가능성, 고객차단원칙, 동반유인원칙
- 각지 : 두(2) 개 이상의 가로각에 접면하는 획지(비슷한 가격대로 묶여있는 토지)를 말한다. 접면하는 각의 수에 따라 2면각지, 3면각지, 4면각지 등으로 일컫는다. 이 각지는 2이상의 가로에 접하므로 접근성이 양호해 지고, 이로 인해 토지의 가치가 상승하기도 한다. 하지만, 소음, 도난, 교통, 재해를 받기 쉽고, 담장 등의 건설비용이 높은 것은 단점으로 지적되고 있다.
- 도심입지 : 중심상업지역(CBDs : Central Business Districts)이라고도 하며, 대도시나 소도시의 전통적인 도심 상업지역이다.
- 쇼핑센터 : 도시 근교에 광대한 토지를 확보하여 백화점·슈퍼마켓 등 대규모 소매점을 중심으로 하여 여기에 연쇄점, 전문점, 소매점 등을 모아 원스톱 쇼핑(One-stop-Shopping)이 가능하도록 계획적으로 만들어진 대규모 상점가를 말한다.
- 노드(node) : 교차하는 통로를 연결하며, 원형의 광장이나 전시공간 또는 이벤트 장소로 사용됨
- 지표(landmark) : 방향을 제시하여 소비자들이 길찾기에 참고하는 물리적 대상
- 에지(edge) : 파사드(facade), 난간(parapet), 벽면, 담장 등의 경계선
- 노면독립입지 : 여러 업종의 점포가 한곳에 모여 있는 군집(群集)입지와 달리, 전혀 점포가 없는 곳에 독립하여 점포를 운영하는 형태이다.
- 복합용도개발(Mixed-use Developments) : 쇼핑센터, 오피스타워, 호텔, 주상복합건물, 시민회관, 컨벤션센터 등 하나의 복합건물에 다양한 용도를 결합시킨 것을 말한다.
- 넬슨의 입지 선정을 위한 8가지 평가 원칙 : 잠재력, 접근 가능성, 성장 가능성, 중간 저지성, 누적적 흡인력, 양립성, 경쟁 회피성, 경제성
- 입지에 영향을 미치는 인자(Factor) : 인구통계 및 라이프스타일(Life style), 비즈니스 환경, 접근성, 경쟁상황, 다점포 경영, 법적 조건 체크
- 용적률과 건폐율 계산식
  ① 용적률 = (건축연면적(건물바닥면적의 합) ÷ 대지면적) × 100
  ② 건폐율 = (건축면적 ÷ 대지면적) × 100

memo.

적중 예상문제

01 입지대안을 확인하고 평가하기 위한 기준에 대한 설명 중 가장 잘못된 것은?

① 유사업종의 밀집성은 유사하고 상호보완적인 점포들이 무리지어 있다면 고객을 유인하기에 용이하다는 설명이다. 다만 너무 많은 점포가 밀집되어 있으면 오히려 고객유인을 저해하는 요인이 된다.
② 입지의 경제성은 점포의 입지를 결정할 때, 점포의 생산성과 성장잠재성을 고려하여 초기의 투입비용과 비교한 후 일정수준의 경제성이 확보되어야 점포입지가 용이하다는 설명이다.
③ 보충가능성의 원칙은 유사하거나 상호보완적인 제품 또는 관계를 가지고 있는 점포가 인접해 있으면 고객을 공유할 가능성이 높아져 고객을 유인할 수 있다는 점을 설명하는 개념이다.
④ 접근가능성의 원칙은 고객이 점포를 방문하기에 용이한 물리적 특성만을 설명하는 개념이다. 고객이 심리적으로 느끼는 접근의 불편함은 객관화의 어려움으로 평가에서 제외된다.
⑤ 누적유인의 원리는 서로 직접 경쟁하는 점포들에게 적용될 수 있으며, 선매품이나 전문품 등의 목적구매품에 적용가능하고, 편의품은 누적유인의 원리와 관계가 가장 적다.

정답 ④
해설 입지대안 평가의 기준이 되는 접근가능성(accessibility)은 어떤 위치에 도달하는데 소요되는 시간적·경제적·거리적·심리적 부담과 관련되는 개념이다. 접근성은 점포로의 진입과 퇴출의 용이성을 의미한다. 접근성을 평가하려면 도로구조, 도로상태, 주도로로의 진입과 퇴출, 교통량과 흐름, 가시도, 장애물 등은 물론 심리적으로 느끼는 불편함 등을 고려해야 한다.

02 한 지역 내에 여러 점포를 동시에 개설하는 형태인 다점포 경영에 대한 설명 중 올바르지 않은 것은?

① 다점포 경영은 촉진과 유통 등의 과정에서 규모의 경제 효과를 얻을 수 있어 많이 사용하게 된다.
② 한 지역 내에 동일한 제품을 판매하는 점포가 많아져 개별점포에서는 판매량이 감소할 수 있다.
③ 동일 제품을 판매하는 점포들이 광고, 원자재 구입 등의 비용을 공유하여 비용절감 효과가 있다.
④ 한 지역 내에 추가적으로 입점하는 점포는 한계이익이 한계비용보다 높을 때까지 입점할 수 있다.
⑤ 동일 지역 내에 점포를 새로 개설할 때마다 점포별 신규 수요를 창출할 수 있어 효과적이다.

정답 ⑤

해설 동일 지역 내에 점포를 새로 개설할 때마다 점포별 신규 수요는 감소하게 된다. 왜냐하면 그 상권의 수요는 일정한데 점포수만 증가하기 때문이다.

---

03 점포의 입지조건을 평가할 때 핵심적 요소가 되는 시계성은 점포를 자연적으로 인지할 수 있는 상태를 의미한다. 시계성을 평가하는 4가지 요소들을 정리할 때 아래 글상자 ㉠과 ㉡에 해당되는 용어로 가장 옳은 것은?

㉠ 보도나 간선도로 또는 고객유도시설 등에 해당되는 것으로 어디에서 보이는가?
㉡ 점포가 무슨 점포인가를 한눈에 알 수 있도록 하는 것으로서, 무엇이 보이는가?

① ㉠ 거리 - ㉡ 주제
② ㉠ 거리 - ㉡ 대상
③ ㉠ 거리 - ㉡ 기점
④ ㉠ 기점 - ㉡ 대상
⑤ ㉠ 기점 - ㉡ 주제

정답 ④

해설 기점(起點)의 사전적 의미는 어떠한 것이 처음으로 일어나거나 시작되는 곳을 의미한다. 시작점 또는 시점과 유사한 의미로 사용된다.
대상(對象)의 사전적 의미는 어떤 일의 상대 또는 목표나 목적이 되는 것을 의미한다. 집도, 업무 기능 밀집도, 상업 및 서비스 시설의 수 등에 의해 상권의 규모가 비례한다.

---

04 일반적인 백화점의 입지와 소매전략에 관한 설명으로 가장 옳지 않은 것은?

① 입지조건에 따라 도심백화점, 터미널백화점, 쇼핑센터 등으로 구분할 수 있다.
② 대상 지역의 수요산업, 인근지역 소비자의 소비행태 등을 분석해야 한다.
③ 선호하는 브랜드를 찾아다니면서 이용하는 소비자가 존재함을 인지해야 한다.
④ 상품 구색의 종합화를 통한 원스톱 쇼핑보다 한 품목에 집중해야 한다.
⑤ 집객력이 높은 층을 고려한 매장 배치나 차별화가 중요하다.

정답 ④

해설 상품 구색의 종합화를 통한 원스톱 쇼핑에 집중해야 한다. 또한, 중심상업지역과 쇼핑센터를 위한 그들만의 유동인구를 창출한다.

05 쇼핑센터의 공간구성요소들 중에서 교차하는 통로를 연결 하며 원형의 광장, 전이공간, 이벤트 장소가 되는 것은?

① 통로(path)
② 결절점(node)
③ 지표(landmark)
④ 구역(district)
⑤ 에지(edge)

정답 ②
해설 Node(결절점)는 '통로'의 교점이고 '랜드마크'를 동반하기도 하며 '구역'이나 '가장자리'를 만들기도 하는 중요한 장소적 특성을 지닌다.

06 계획된 점포 유형과 입지에 맞는 전략을 시행하기 위하여 소매상은 전략에 영향을 미치는 요소를 고려해야 한다. 이에 대한 설명으로 가장 올바르지 않은 것은?

① 전략을 수립하기 위해서 고려해야하는 상황적 요소로는 시장요소, 경쟁요소, 환경요소, 경쟁업체에 대해 상대적인 강점과 약점의 분석 등이 있다.
② 시장요소는 시장의 규모와 성장가능성, 매출규모 등을 고려하게 되는데, 성장중인 시장은 포화상태의 시장보다 경쟁이 적어 매출이익이 높을 수 있다.
③ 소매시장에서의 경쟁은 진입장벽, 공급업체의 교섭력, 경쟁자 등에 의해 영향을 받는데, 높은 진입장벽을 가지고 있는 시장에서 기회획득은 기선점한 기업이 더 유리하다.
④ 전문점은 편의점에 비해 시장포화도와 진입장벽은 더 낮지만 상권의 범위가 좁아 시장 불확실성이 더 높다는 특성을 가진다.
⑤ 기업이 가지고 있는 강점과 약점을 정확히 파악하는 이유는 시장을 분석하였을 때 확인할 수 있는 기회와 위협을 활용하여 기업에게 맞는 경쟁우위를 확립할 수 있기 때문이다.

정답 ④
해설 전문점은 편의점에 비해 시장포화도와 진입장벽이 더 높고, 상권의 범위가 넓어 시장 불확실성에 민감하게 대응할 수 있다.

07 다음 중 지역별 구매력을 나타내는 지표로서 신규 점포의 수요예측과 기존 점포의 실적 평가 시 주로 사용되는 것은?

① 구매력지수
② 소매포화지수
③ 시장확장 잠재력
④ 투자수익률
⑤ 손익분기점

정답 ①
해설 구매력지수(BPI)는 주어진 시장의 구매능력을 측정한 것으로 기본 구매력지수는 모든 시장에 존재하는 세 가지 중요 요소인 총소득, 총 소매매출, 총인구에 가중치를 두고 이를 결합시켜 만들며 각 시장 인구의 구매력을 결정하는 데 사용된다.

08 도시의 내부구조를 토지 이용 측면에서 고찰하려는 목적에서 발전한 토지이용 입지이론에 대한 설명 중 올바르지 않은 것은?

① 토지이용은 지리적 제반여건이나 경제발전의 수준, 사회적 변화, 기술진보 등 자연적, 사회 경제적, 문화적 조건에 의해 변화하고 있다.
② 도시의 토지이용유형은 현재 공간수요의 필요성을 반영한다기보다는 오랜 시간을 통해 누적된 공간수요의 필요성을 반영한다고 본다.
③ 고밀도 토지이용에 의한 높은 임대료를 부담하지 못하게 되면 해당 기능은 점차 도심의 중심부 방향으로 이동하게 된다.
④ C. Colby과 E. Hoover는 도심의 입지적 이점 중 배후지로부터의 근접용이성이 높을수록 입지경쟁을 통해 고밀도 토지이용을 유발한다고 본다.
⑤ 도시적 기능이 집중하려는 현상인 구심력에는 흡인력, 기능적 편의성, 기능적 인력, 기능상 특권, 인간적 교환관계 등의 요인이 있다고 하였다.

정답 ③
해설 고밀도 토지이용에 의한 높은 임대료를 부담하지 못하게 되면 해당 기능은 점차 도심의 중심부 방향에서 멀어지게 된다.

09 상업지 주변의 도로나 통행상황 등 입지조건과 관련된 설명으로 가장 옳지 않은 것은?

① 유동인구의 이동경로상 보행경로가 분기되는 지점은 교통 통행량의 감소를 보이지만 합류하는 지점은 상업지로 바람직하다.
② 지하철역에서는 승차객수보다 하차객수가 중요하며 일반적으로 출근동선보다는 퇴근동선일 경우가 더 좋은 상업지로 평가된다.
③ 상점가에 있어서는 상점의 가시성이 중요하므로 도로와의 접면넓이가 큰 점포가 유리하다고 볼 수 있다.
④ 건축용지를 갈라서 나눌 때 한 단위가 되는 땅을 각지라고 하며 가로(街路)에 접면하는 각의 수에 따라 2면각지, 3면각지 등으로 불린다.
⑤ 2개 이상의 가로(街路)에 접하는 각지는 일조와 통풍이 양호하며 출입이 편리하고 광고선전의 효과가 높으나 소음이 심하며 도난과 재해의 위험이 높을 수 있다.

정답 ④
해설 두(2) 개 이상의 가로각에 접면하는 획지(비슷한 가격대로 묶여있는 토지)를 각지라고 한다. 접면하는 각의 수에 따라 2면각지, 3면각지, 4면각지 등으로 일컫는다. 이 각지는 2이상의 가로에 접하므로 접근성이 양호해 지고, 이로 인해 토지의 가치가 상승하기도 한다. 하지만, 소음, 도난, 교통, 재해를 받기 쉽고, 담장 등의 건설비용이 높은 것은 단점으로 지적되고 있다.

10 다음 중 경쟁점 조사순서로 옳은 것은?

㉠ 조사의 포인트 결정 ㉡ 세부 조사항목 결정
㉢ 자기 점포와 대비분석 ㉣ 시행결과 피드백
㉤ 조사의 목적 수립 ㉥ 현장조사 실시

① ㉠ → ㉡ → ㉢ → ㉣ → ㉤ → ㉥
② ㉠ → ㉡ → ㉤ → ㉥ → ㉢ → ㉣
③ ㉠ → ㉤ → ㉡ → ㉥ → ㉢ → ㉣
④ ㉤ → ㉠ → ㉡ → ㉥ → ㉢ → ㉣
⑤ ㉤ → ㉠ → ㉡ → ㉢ → ㉥ → ㉣

정답 ③
해설 경쟁점 조사절차
조사의 포인트 결정 → 조사의 목적 수립 → 자기 점포의 문제점 정리 → 세부 조사항목 결정 → 현장조사 실시 → 조사결과 정리 → 자기 점포와 대비분석 → 교육 후 현장에 반영 → 시행결과 피드백

11 소매점의 입지 대안을 확인하고 평가할 때 의사결정의 기본이 되는 몇 가지 원칙들이 있다. 아래 글상자의 설명과 관련된 원칙으로 옳은 것은?

> 고객의 입장에서 점포를 방문하기 용이한 심리적, 물리적 특성이 양호하여야 한다는 원칙으로 교통이나 소요 시간과 관련된 원칙이다.

① 가용성의 원칙(principle of availability)
② 보충가능성의 원칙(principle of compatibility)
③ 고객차단의 원칙(principle of interception)
④ 동반유인원칙(principle of cumulative attraction)
⑤ 접근가능성의 원칙(principle of accessibility)

정답 ⑤
해설 접근가능성은 어떤 위치에 도달하는데 소요되는 시간적·경제적·거리적·심리적 부담과 관련되는 개념이다.

12 아래 글상자는 입지의 유형을 점포를 이용하는 소비자의 이용목적에 따라 구분하거나 공간균배에 의해 구분할 때의 입지특성들이다. 아래 글상자의 ㉠, ㉡, ㉢에 들어갈 용어를 순서대로 나열한 것으로 옳은 것은?

> • (㉠) : 고객이 구체적 구매의도와 계획을 가지고 방문하므로 단순히 유동인구에 의존하기 보다는 상권 자체의 고객창출능력에 의해 고객이 유입되는 입지유형
> • (㉡) : 유사업종 또는 동일업종의 점포들이 한 곳에 집단적으로 모여 집적효과 또는 시너지효과를 거두는 입지유형
> • (㉢) : 도시의 중심이나 배후지의 중심지 역할을 하는 곳에 점포가 위치하는 것이 유리한 입지유형

① ㉠ 생활형입지, ㉡ 집심성입지, ㉢ 집재성입지
② ㉠ 적응형입지, ㉡ 산재성입지, ㉢ 집재성입지
③ ㉠ 집심성입지, ㉡ 생활형입지, ㉢ 목적형입지
④ ㉠ 목적형입지, ㉡ 집재성입지, ㉢ 집심성입지
⑤ ㉠ 목적형입지, ㉡ 집재성입지, ㉢ 국지적집중성입지

정답 ④
해설 공간균배의 원리의 따른 분류
- 집심성 점포 : 도시의 중심지에 입지해야 유리하다. 예 백화점, 고급음식점, 보석가게, 고급의류점, 대형서점, 영화관
- 집재성 점포 : 동일 업종이 서로 한 곳에 모여 있어야 유리하다. 예 먹자골목, 약재시장, 가구점, 중고서점, 기계점, 전자제품, 관공서 등
- 산재성 점포 : 서로 분산하여 입지해야 유리하다. 예 이발소, 잡화점, 세탁소, 대중목욕탕, 소매점포 등
- 국부적 집중성 점포 : 어떠한 특정 지역에 동 업종끼리 국부적 중심지에 입지해야 유리하다. 예 석재점, 비료점, 종묘점, 어구점, 농기구점 등

13 넬슨(Nelson)은 소매점포가 최대 이익을 확보할 수 있는 입지의 선정과 관련하여 8가지 소매입지 선정원칙을 제시했다. 다음 중 그 연결이 옳지 않은 것은?

① 경합의 최소성 - 해당 점포와 경쟁관계에 있는 점포의 수가 가장 적은 장소를 선택하는 것이 유리함
② 상권의 잠재력 - 판매하려는 상품이 차지할 시장점유 율을 예측하고 점포개설 비용을 파악하여 분석한 종합적 수익성이 높은 곳이 유리함
③ 양립성 - 업종이 같은 점포가 인접해서 상호보완관계를 통해 매출을 향상시킬 수 있음
④ 고객의 중간유인 가능성 - 고객이 상업지역에 들어 가는 동선의 중간에 위치하여 고객을 중간에서 차단 할 수 있는 입지가 유리함
⑤ 집적 흡인력 - 집재성 점포의 경우 유사한 업종이 서로 한 곳에 입지하여 고객흡인력을 공유하는 것이 유리함

정답 ③
해설 양립성은 상호보완관계가 있는 점포가 위치하고 있어 고객이 흡일될 가능성이 있는 원칙을 의미한다.

14 점포가 위치하게 될 건축용지를 나눌 때 한 단위가 되는 땅의 형상이나 가로(街路)와의 관계를 설명한 내용 중 옳은 것은?

① 각지 - 3개 이상의 가로각(街路角)에 해당하는 부분에 접하는 토지로 3면각지, 4면각지 등으로 설명함
② 획지 - 여러 가로에 접해 일조와 통풍이 양호하며 출입이 편리하고 광고홍보효과가 높음
③ 순획지 - 획지에서도 계통이 서로 다른 도로에 면한 것이 아니라 같은 계통의 도로에 면한 각지
④ 삼면가로각지 - 획지의 삼면에 계통이 다른 가로에 접하여 있는 토지
⑤ 각지 - 건축용으로 구획정리를 할 때 단위가 되는 땅으로 인위적, 행정적 조건에 의해 다른 토지와 구별되는 토지

정답 ④
해설 획지는 건축용으로 구획정리를 할 때 한 단위가 되는 땅을 말한다. 획지 중에서 두 개 이상의 도로에 접한 경우를 각지라고 하며, 각지는 일조와 통풍이 양호하고 출입이 편리하며 광고효과가 높은 특성이 있다. 하지만 상대적으로 소음, 도난, 교통 등의 피해를 받을 가능성이 높다는 단점이 있다.

15 소매점포의 입지조건을 평가할 때 점포의 건물구조 등 물리적 요인과 관련한 일반적 설명으로 옳지 않은 것은?

① 점포 출입구에 단차를 만들어 사람과 물품의 출입을 용이하게 하는 것이 좋다.
② 건축선후퇴는 타 점포에 비하여 눈에 띄기 어렵게 하므로 가시성에 부정적 영향을 미친다.
③ 점포의 형태가 직사각형에 가까우면 집기나 진열선반 등을 효율적으로 배치하기 쉽고 데드스페이스가 발생 하지 않는다.
④ 건물너비와 깊이에서 점포의 정면너비가 깊이보다 넓은 형태(장방형)가 가시성 확보 등에 유리하다.
⑤ 점포건물은 시장규모에 따라 적정한 크기가 있다. 일정 규모수준을 넘게 되면 규모의 증가에도 불구하고 매출은 증가하지 않을 수 있다.

정답 ①
해설 실외공간이나 실내공간에서 단차(段差)는 층계나 계단의 사이에서 볼 수 있는 높고 낮음의 차이인 고저차를 의미하는 말이다. 점포 출입구에 단차를 만들면 사람과 물품의 출입이 어려움이 생긴다.

제3장 개점전략

제1절 개점계획

1. 점포개점의 의의 및 원칙
(1) 점포개점의 의의
   ① 경영자가 자신의 창업환경을 분석 한 후 자신이 가장 잘할 수 있는 또는 가장 하고 싶은 아이템을 선정한 후에 아이템과 가장 적합한 입지를 선정하여 영업을 하기 위한 일련의 과정으로 적합한 업종을 선택한 후에 점포를 구하는 단계를 거친다.
   ② 만약 개점에 대한 이해가 부족하거나 잘못 진행할 경우 불필요한 비용의 손실을 가져 올 뿐만 아니라 창업의 기회를 놓쳐버리는 경우가 발생하며 위험요소를 줄이기 위해서 개점 프로세스에 대한 이해가 필요하다.
   ③ 점포개점은 다른 말로 창업이라고 할 수 있는데, 창업이란 "기업가(Entrepreneur)의 능력을 갖춘 개인이나 단체가 상업의 아이디어를 가지고 사업목표를 세우고 적절한 시기에 자본, 인원, 설비, 원자재 등 경영자원을 확보하여 제품을 생산하거나 용역을 제공하는 것"이다.

(2) 점포개점 프로세스(원칙)★
   ① 1단계
      ㉠ 환경분석(자금, 적성, 시기)
      ㉡ 아이템 선정 : 적성에 맞거나 하고 싶은 일 선택
      ㉢ 사업계획서 작성 : 실질적인 내용 작성
      ㉣ 창업결정(직접, 프랜차이즈)
   ② 2단계
      ㉠ 상권분석 : 자신에게 맞는 상권과 입지 점포를 선택
      ㉡ 입지선정 : 상권이 좋은 지역 선택
      ㉢ 사업타당성 분석 : 목표 매출 달성 가능 여부 확인

③ 3단계
　　㉠ 실내 인테리어
　　㉡ 초도 물품준비
④ 4단계
　　㉠ 홍보계획 : 단기보다는 장기적인 계획으로 수립
　　㉡ 서비스 전략 : 기본에 충실한 전략
　　㉢ 가격책정 : 상품별 원가나 매입가를 기준으로 측정
　　㉣ 인력계획
⑤ 5단계
　　㉠ 매장운영에 필요한 교육 및 인·허가
　　㉡ 개점준비 및 개점

(3) 점포개점 계획 시 고려사항★

① 입지 선정과 상권 분석의 단계에서 예상되는 고객의 특징과 수요량을 파악하면 그에 따라 취급할 상품을 결정한다. 상품의 종류와 재고 수준을 결정할 때에는 자본금의 액수, 점포의 크기 등의 요소도 고려하여야 한다.
② 상점의 외양을 잘 갖추는 것은 고객을 효과적으로 유인하기 위한 것이다. 상점의 외양은 고객들에게 상점의 개방성, 활기, 안정, 일관성이 있다는 인상을 줄 수 있어야 한다.
③ 소요인력, 내부 레이아웃, 소요자금 등도 고려해야 한다.

> **Plus Tip** 더 알고가기
> 점포 입지조건 검토 시 분석해야 할 점포의 건물구조
> - 점포의 정면너비는 시계성 및 점포 출입의 편의성에 크게 영향을 끼침
> - 도시형 점포에서는 출입구의 넓이, 층수와 계단, 단차와 장애물 등을 건물구조의 주요 요인으로 고려해야 함
> - 교외형 점포에서는 주차대수, 부지면적, 정면너비, 점포입구, 주차장 입구 수, 장애물 등을 건물구조의 주요요인으로 들 수 있음
> - 점푸의 형태로 인해 집기나 진열선반을 효율적으로 배치하기 어려운 경우가 있는데 이때 사용하지 못하는 공간을 죽은 공간(dead space)이라 함

2. 투자의 기본계획

(1) 투자 및 투자계획

① 미래에 더 큰 수익을 내기 위해서 현재 자금을 지출하는 것을 말한다.
② 투자대상의 선정기준으로 수익성, 안정성, 유동성 등이 있다.
③ 투자계획에는 자금조달계획, 자금운용계획, 수익계획, 비용계획 등이 있다.

(2) 투자 시 고려사항
① 미래의 현금흐름을 현재가치로 환산
② 기대수익

(3) 매출과 수익성 분석
① 매출이란 사전적으로 물건을 내다 파는 일로 정의하는데 매출은 판매행위로 인해 발생된 재화의 총칭이다.
② 물건을 팔고자 하는 상품과 판매자 그리고 사려는 사람인 구매자가 가격을 두고 이뤄지는 상행위의 결과로서 매출에는 상품, 판매자, 구매자, 가격, 행위의 비용이 포함된다. 매출이 높을수록 수익성도 높을 가능성이 있지만 반드시 그런 것은 아니다.
③ 매출을 높이려는 노력과 동시에 수익성을 높이는 관리가 필요한데 수익성을 저해하는 부분이 어느 부분인지 파악하고 그것을 개선하면 된다.

(4) 수익성 영향요소
① 원재료비의 요소로서 가장 바람직한 것은 최상의 제품을 최저가로 구입하고, 최고가로 파는 것이다.
② 임대료(리스) 요소로서 이 비용은 당연히 임차를 하는 점주에게 적용을 하지만 자가 점포라면 기회비용을 생각해야 한다. 이 비용은 적을수록 유리하다.
③ 관리비·공과금·세금·카드수수료 등도 수익성에 영향을 주는 요소이다. 이 중 관리비는 고정경비지만 나머지는 매출에 따라 변하는 변동경비이다.
④ 매출은 수익의 원천이기 때문에 특별히 신경 써야 한다. 점포 운영 시 매월 손익분기점을 정해 놓고 철저한 매출관리를 통해 안정적인 점포 운영을 할 수 있도록 해야 한다.

3. 개점입지에 대한 법률규제 검토

(1) 상가건물임대차보호법 주요 내용★★
① 목적
이 법은 상가건물 임대차에 관하여 「민법」에 대한 특례를 규정하여 국민 경제생활의 안정을 보장함을 목적으로 한다.
② 적용범위
㉠ 이 법은 상가건물(사업자등록의 대상이 되는 건물을 말한다)의 임대차(임대차 목적물의 주된 부분을 영업용으로 사용하는 경우를 포함한다)에 대하여 적용한다.
㉡ 보증금액을 정할 때에는 해당 지역의 경제 여건 및 임대차 목적물의 규모 등을 고려하여 지역별로 구분하여 규정하되, 보증금 외에 차임이 있는 경우에는 그 차임액에 「은행

법」에 따른 은행의 대출금리 등을 고려하여 대통령령으로 정하는 비율을 곱하여 환산한 금액을 포함하여야 한다.

③ 임대차기간 등
  ㉠ 기간을 정하지 아니하거나 기간을 1년 미만으로 정한 임대차는 그 기간을 1년으로 본다. 다만, 임차인은 1년 미만으로 정한 기간이 유효함을 주장할 수 있다.
  ㉡ 임대차가 종료한 경우에도 임차인이 보증금을 돌려받을 때까지는 임대차 관계는 존속하는 것으로 본다.

④ 계약갱신 요구 등
  ㉠ 임대인은 임차인이 임대차기간이 만료되기 6개월 전부터 1개월 전까지 사이에 계약갱신을 요구할 경우 정당한 사유 없이 거절하지 못한다.
  ㉡ 임차인의 계약갱신요구권은 최초의 임대차기간을 포함한 전체 임대차기간이 10년을 초과하지 아니하는 범위에서만 행사할 수 있다.

⑤ 환산보증금★
  ㉠ 환산보증금이란 임대차 계약상의 차임을 보증금으로 환산한 값이다.
  ㉡ 서울에서 보증금 1억 5천만 원에 월세 300만 원인 상가임대차의 경우 환산보증금은 4억 5천만 원이 적용된다.

$$환산보증금 = 보증금 + (월임차료 \times 100)$$

(2) 권리금
① 권리금이란 "임대차 목적물인 상가건물에서 영업을 하는 자 또는 영업을 하려는 자가 영업시설·비품, 거래처, 신용, 영업상의 노하우, 상가건물의 위치에 따른 영업상의 이점 등 유형·무형의 재산적 가치의 양도 또는 이용대가로서 임대인, 임차인에게 보증금과 차임 이외에 지급하는 금전 등의 대가"를 말한다.
② 권리금의 유형
  ㉠ 바닥권리금 : 장소적 이익(점포위치, 상권 등)을 토대로 형성
  ㉡ 영업권리금 : 점포의 무형자산(영업노하우, 거래처, 신용 등)의 대가
  ㉢ 시설권리금 : 영업시설, 비품 등 유형자산의 대가

(3) 학교보건법
① 학교환경위생정화구역
  교육감이 학교환경위생정화구역(이하 "정화구역"이라 한다)을 설정할 때에는 절대정화구역과 상대정화구역으로 구분하여 설정하되, 절대정화구역은 학교출입문으로부터 직선거리로 50미터까지의 지역으로 하고, 상대정화구역은 학교경계선으로부터 직선거리로 200

미터까지의 지역중 절대정화구역을 제외한 지역으로 한다.

> - 절대보호구역 : 학교출입문으로부터 직선거리로 50미터까지인 지역(학교설립예정지의 경우 학교경계로부터 직선거리 50미터까지인 지역)
> - 상대보호구역 : 학교경계등으로부터 직선거리로 200미터까지인 지역 중 절대보호구역을 제외한 지역

② 정화구역 안에서의 기타 금지시설

컴퓨터게임장, 특수목욕장중 증기탕, 만화가게, 무도학원·무도장, 노래연습장, 담배자동판매기, 비디오물감상실

(4) 임대차시 확인해야 되는 공적서류★★★

① 등기사항전부증명서 : 현 소유주의 취득일과 매매과정, 압류, 저당권 등의 설정, 해당 건물의 특징 등
② 건축물대장 : 건축물의 위치, 면적, 구조, 용도, 층수 등
③ 토지대장 : 토지의 소재, 지번, 지목, 면적, 소유자의 주소, 주민등록번호, 성명 등
④ 토지이용계획확인원 : 지역·지구 등의 지정여부, 지역·지구 등에서의 행위제한내용, 확인도면 등
⑤ 지적도 : 토지의 소재, 지번, 옆 토지와의 경계, 토지의 모양 등

제2절 개점과 폐점

1. 출점 및 개점

(1) 개점을 위해 검토해야 할 내용

① 상권의 현황 파악
② 통행량 조사
③ 유동인구의 흐름 파악
④ 상품별 입지확인

(2) 피해야 할 점포입지

① 상권이 확대되는 곳
② 맞은 편에 점포가 없는 경우

③ 업종이나 주인이 자주 바뀌는 곳
④ 점포주변에 같은 업종의 큰 점포가 있는 곳
⑤ 유동인구가 그냥 흐르는 곳

(3) 출점 기준
① 출점 여부에 대한 판단은 경합영향도와 출점 후 전망에 따라 이루어진다.
② 매출예측치와 시장 규모가 모두 표준 이상이지만 향후 타사 경합이 발생할 경우 매우 위험한 물건(입지면, 시계성, 동선, 점포구조)이라고 판단되었을 때는 출점을 포기하는 것도 훌륭한 전략의 하나이다.
③ 경합 영향도는 작지만 매출 예측치가 낮은 경우에도 원칙적으로는 출점을 포기하는 것이 옳지만 전략적으로 출점해야 하는 경우도 있다.
④ 매출예측은 표준 이하이고 시장규모가 큰 경우 매출을 증가시킬 수 있는 가능성을 타진해 본 이후에 출점을 결정해야 한다.

(4) 점포출점 전략★★
① 시장력 우선전략
　㉠ 출점전략의 기본으로 시장력이 높은 지역부터 출점하도록 한다. 왜냐하면 시장력의 크기에 따라 경합의 영향도가 다르기 때문이다. 시장력이 크다면 경합의 영향도는 작고 반대로 시장력이 작으면 경합의 영향도는 크다.
　㉡ 인지도 확대전략과의 연계가 중요하다.
② 시장력 흡수전략
　㉠ 시장력에 맞는 규모와 형태로 출점한다.
　㉡ 시장의 규모에 맞는 출점을 통해 그 시장이 갖는 잠재력을 충분히 흡수하기 위한 것이다.
　㉢ 시장의 규모가 큼에도 불구하고 점포가 작다면 시장의 잠재수요를 효율적으로 흡수할 수 없고 성공할 기회를 상실하게 된다.
③ 인지도 확대전략
　㉠ 지역에서 인지도를 확대시키고 신규 고객을 유치하기 위해서는 상품이나 체인을 인지시키는 광고뿐만 아니라 점포 그 자체를 인지시킬 수 있도록 고객과 접촉 횟수를 늘리려는 노력이 필요하다.
　㉡ 가장 관건이 되는 것이 자사 경합으로, 타사 경합에 비해 영향도가 매우 크기 때문에 출점시 가장 유의해야 한다.
④ 도미넌트 전략
　일정지역에 다수의 점포를 동시에 출점시켜서 경쟁자의 진입을 억제하는 다점포 전략으로서, 물류비 절감과 매장구성을 표준화를 통해 경쟁력을 유지하는 전략에 해당한다.

2. 업종전환과 폐점

(1) 업종전환

① 사업자등록증상 업태와 종목을 합쳐서 업종이라는 단어로 통용되고 있다. 업종전환이란 제조업, 도·소매업, 서비스업 등의 업태 자체를 바꾸거나 업종을 바꾸는 경우를 말한다.

② 예를 들어, 일반음식점에서 간이음식점, 삼겹살집에서 쌈밥집으로 동종업종에서 동종업종으로 바꾸는 경우와 또는 팬시문구점에서 부대찌개전문점으로 타업종으로 바꾸는 경우가 업종변경의 개념에 포함된다고 볼 수 있다.

③ 상권과 업종의 적합성이 떨어지는 경우, 경쟁점포와의 경쟁력을 상실한 경우 이를 극복하기 힘든 경우에도 새로운 업종을 탐색해야 한다. 신규업종으로의 전환은 과다한 시설비 투자가 수반되므로 신중한 접근이 필요하다.

(2) 업종전환 이유

① 업종전환을 통해 영업부진 점포에 대한 새로운 사업기회를 찾기 위해서이다.

② 업종전환을 통해 기존의 시설을 가급적 활용하면서 재투자비용의 최소화를 통해서 새로운 사업기회를 모색하기 위해서이다.

③ 폐업으로 막대한 손실을 줄이기 위한 방법이라는 측면이 강하다.

(3) 폐점

① 강력한 경쟁점포의 등장으로 인해 현재 점포의 업태 또는 업종으로는 적응하기 어렵다고 판단되는 경우 폐점을 고려할 수 있다.

② 폐업의 결정 시 판단기준
  ㉠ 시장규모와 매출규모의 평가
  ㉡ 시장성장성과 손익분기점 평가

제3장 학습정리

- 점포개점 : 다른 말로 창업이라고 할 수 있는데, 창업이란 "기업가(Entrepreneur)의 능력을 갖춘 개인이나 단체가 상업의 아이디어를 가지고 사업목표를 세우고 적절한 시기에 자본, 인원, 설비, 원자재 등 경영자원을 확보하여 제품을 생산하거나 용역을 제공하는 것"이다.
- 점포개점 절차 : 창업자 환경분석 → 상권분석 → 실내 인테리어 및 점포 꾸미기 → 서비스전략, 홍보계획, 가격책정 → 개점준비 및 개점
- 상가건물임대차보호법 : 상가건물 임대차에 관하여 「민법」에 대한 특례를 규정하여 국민 경제생활의 안정을 보장함을 목적으로 한다. 이 법은 상가건물(사업자등록의 대상이 되는 건물을 말한다)의 임대차(임대차 목적물의 주된 부분을 영업용으로 사용하는 경우를 포함한다)에 대하여 적용한다.
- 환산보증금 계산식 : 보증금 + (월임차료×100)
- 권리금 : 임대차 목적물인 상가건물에서 영업을 하는 자 또는 영업을 하려는 자가 영업시설·비품, 거래처, 신용, 영업상의 노하우, 상가건물의 위치에 따른 영업상의 이점 등 유형·무형의 재산적 가치의 양도 또는 이용대가로서 임대인, 임차인에게 보증금과 차임 이외에 지급하는 금전 등의 대가
- 교육감이 학교환경위생정화구역을 설정할 때에는 절대정화구역과 상대정화구역으로 구분하여 설정하되, 절대정화구역은 학교출입문으로부터 직선거리로 50미터까지의 지역으로 하고, 상대정화구역은 학교경계선으로부터 직선거리로 200미터까지의 지역중 절대정화구역을 제외한 지역으로 한다.
- 임대차시 확인해야 되는 공적서류 : 등기사항전부증명서, 건축물대장, 토지대장, 토지이용계획확인원, 지적도
- 점포출점 전략 : 시장력 우선전략, 시장력 흡수전략, 인지도 확대전략, 도미넌트 전략

적중 예상문제

01 점포개점에 있어 고려해야 할 법적 요소와 관련된 설명 중 가장 옳지 않은 것은?
① 용도지역이 건축 가능한 지역인지 여부를 관련 기관을 통해 확인한다.
② 학교시설보호지구 여부와 거리를 확인한다.
③ 건폐율이란 부지 대비 건물 전체의 층별 면적합의 비율을 말한다.
④ 용적률이란 부지면적에 대한 건축물의 연면적의 비율로 부지 대비 총건축 가능평수를 말한다.
⑤ 용도지역에 따라 건폐율과 용적률은 차이가 발생하기도 한다.

정답 ③
해설 건폐율이란 대지면적에 대한 건축면적의 비율이다. 용적률이란 땅 대비 총건축 가능평수 즉, 부지면적에 대한 건축물 연면적의 비율로 산출한다. 즉, 용적률은 한마디로 "몇 층 높이까지 건물을 지을 수 있나"를 의미한다.

02 다음 중 출점전략의 기본방향과 거리가 먼 것은?
① 시장력 우선전략
② 시장력에 맞는 규모와 형태로 결정
③ 인지도 확대전략
④ 인지도 축소전략
⑤ 시장력에 맞는 출점을 통해 그 시장이 갖는 잠재력을 충분히 흡수하기 위한 것

정답 ④
해설 〈출점 전략의 기본방향〉
• 시장력 우선전략 : 시장력이 높은 지역부터 출점해야 한다.
• 시장력 흡수전략 : ②, ⑤
• 인지도 확대전략 : 전략 상품이나 체인을 인지시키는 광고뿐만 아니라 점포 그 자체를 인지시키는 전략으로 신규고객을 유치하는 데 도움이 된다.

03 소매점 개점을 위한 투자계획에 관한 설명으로 가장 옳지 않은 것은?

① 투자계획은 개점계획을 자금계획과 손익계획으로 계수 화한 것이다.
② 자금계획은 자금조달계획과 자금운영계획으로 구성된다.
③ 손익계획은 수익계획과 비용계획으로 구성된다.
④ 자금계획은 투자활동 현금흐름표, 손익계획은 연도별 손익계산서로 요약할 수 있다.
⑤ 물가변동이 심하면 경상가격 대신 불변가격을 적용 하여 화폐가치 변동을 반영한다.

정답 ④
해설 자금계획은 일정기간의 현금지출의 적부 외에 현금이 어디에 지출되며 어디에서 수입되는지를 계획하는 것을 말한다.

04 다음 주어진 보기를 이용하여 출점 순서대로 나열한 것은?

㉠ 창업자의 환경분석　　㉡ 상권분석
㉢ 인테리어　　　　　　㉣ 홍보계획, 가격책정
㉤ 개점

① ㉠ → ㉡ → ㉢ → ㉣ → ㉤
② ㉡ → ㉢ → ㉣ → ㉤ → ㉠
③ ㉠ → ㉢ → ㉡ → ㉣ → ㉤
④ ㉢ → ㉠ → ㉡ → ㉣ → ㉤
⑤ ㉣ → ㉠ → ㉢ → ㉡ → ㉤

정답 ①
해설 점포개점 단계
1단계 : 창업사 환경분석 → 2단계 : 상권분석 → 3단계 : 실내 인테리어 및 점포 꾸미기 → 4단계 : 서비스전략, 홍보계획, 가격책정 → 5단계 : 개점준비 및 개점

05 소매점 출점 형태 중 자산가치 상승과 영업에 대한 안정, 점포 내부·외부 외관에 대한 계획성 있는 조정 등의 장점은 있지만 초기 투자비용이 높고 상권변화에 대한 대응이 문제가 되는 형태는 무엇인가?

① 부지매입
② 부지임차
③ 건물임차
④ 기존점포 인수
⑤ 전략적 제휴

정답 ①
해설 점포 출점시 기본적으로 영업점부지로써의 적격성을 분석해야 한다. 부지매입을 위해서는 다양한 평가가 이루어져야 하고 인테리어와 엑스테리어뿐만 아니라 향후 미래가치도 고려해야 한다.

06 점포출점이나 기존 점포의 진단시 많이 활용하는 방법 중 하나가 소비자 FGI(Focus Group Interview)기법이다. FGI에서 파악할 수 있는 내용으로 거리가 먼 것은?

① 소비자가 어떤 점포를 가장 많이 이용하고 얼마만큼의 쇼핑빈도를 갖고 있는지 파악할 수 있다.
② 분석대상점포의 서비스 수준을 경쟁 점포와 비교할 수 있다.
③ 분석대상점포를 이용하는 소비자의 불만과 기대사항을 파악할 수 있다.
④ 경쟁점의 내점 고객수를 효과적으로 파악할 수 있다.
⑤ 소비자가 왜 분석대상점포를 이용하는지 파악할 수 있다.

정답 ③
해설 FGI는 탐색조사로서 점포를 이용하는 소비자의 불만과 기대사항을 파악하는 것에는 한계가 있다.

07 특정 지역에 다수의 점포를 동시에 출점시켜 매장관리 등의 효율을 높이고 시장점유율을 확대하는 전략으로 가장 옳은 것은?

① 다각화 전략
② 브랜드 전략
③ 프랜차이즈전략
④ 도미넌트출점전략
⑤ 프로모션전략

정답 ④
해설 도미넌트 전략은 일정지역에 다수의 점포를 동시에 출점시켜서 경쟁자의 진입을 억제하는 다점포 전략으로서, 물류비 절감과 매장구성의 표준화를 통해 경쟁력을 유지하는 전략에 해당한다.

08 점포 신축을 위한 부지매입 또는 점포 확장을 위한 증축 등의 상황에서 반영해야 할 공간적 규제와 관련된 내용들 중 틀린 것은?

① 건폐율은 대지면적에 대한 건축연면적의 비율을 말한다.
② 대지에 건축물이 둘 이상 있는 경우에는 이들 건축 면적의 합계로 건폐율을 계산한다.
③ 대지내 건축물의 바닥면적을 모두 합친 면적을 건축 연면적이라 한다.
④ 용적률 산정에서 지하층·부속용도에 한하는 지상 주차용 면적은 제외된다.
⑤ 건폐율은 각 건축물의 대지에 여유 공지를 확보하여 도시의 평면적인 과밀화를 억제하려는 것이다.

정답 ①
해설 건폐율이란 건물을 땅바닥에 앉히는 면적비 즉, 대지면적에 대한 건축면적의 비율을 말한다. 건폐율이 높을수록 건축할 수 있는 면적이 많아져 건축밀도가 높아지므로, 적정 주거환경을 보장하기 위하여 건폐율의 상한선을 지정한다.

09 체인점의 도미넌트(dominant) 출점전략에 대한 설명으로 옳지 않은 것은?

① 주요 간선도로를 따라 출점하는 선적전개와 주택지역 등을 중심으로 전개하는 면적전개로 구분할 수 있다.
② 도미넌트 출점전략의 효과를 높이기 위해서는 점포 규모의 표준화가 필요하다.
③ 도미넌트 출점전략의 효과를 높이기 위해서는 상품구색과 매장구성의 표준화가 필요하다.
④ 여러 지역에 걸쳐서 점포를 분산출점시킴으로써 단기간에 전체 시장에 진입하려는 전략이다.
⑤ 도미넌트 출점전략은 인지도 향상, 물류비 감소, 경쟁자의 출점가능성 감소 등의 장점을 갖는다.

정답 ④
해설 도미넌트 전략은 일정지역에 다수의 점포를 동시에 출점시켜서 경쟁자의 진입을 억제하는 다점포 전략으로서, 물류비 절감과 매장구성의 표준화를 통해 경쟁력을 유지하는 전략에 해당한다.

10 대형소매점을 개설하기 위해 대지면적이 1,000㎡인 5층 상가건물을 매입하는 상황이다. 해당 건물의 지상 1층과 2층의 면적은 각각 600㎡이고 3~5층 면적은 각각 400㎡이다. 단, 주차장이 지하1층에 500㎡, 1층 내부에 200㎡, 건물외부(건물부속)에 300㎡ 설치되어 있다. 건물 5층에는 100㎡의 주민공동시설이 설치되어 있다. 이 건물의 용적률로 가장 옳은 것은?

① 210%   ② 220%   ③ 240%
④ 260%   ⑤ 300%

정답 ①

해설 용적률 = (건축연면적 ÷ 대지면적) × 100
연면적 : (2×600) + (3 × 400) − 200 − 100 = 2,100㎡
대지면적 : 1,000㎡
용적률 = $\frac{2,100}{1,000} \times 100 = 210\%$

memo.

2025 이패스 유통관리사2급 합격예감

제3과목

유통마케팅

03

제1장 유통마케딩 전략 기획
제2장 디지털 마케팅
제3장 점포관리
제4장 상품판매
제5장 유통마케팅 조사와 평가

제1장 유통마케팅 전략기획

제1절 유통마케팅 전략

1. 마케팅(Marketing)의 기초

(1) 마케팅의 개념 및 의의

① 마케팅(marketing)이란 기업이 생존과 성장을 위해서 소비자의 필요와 욕구를 충족시킬 상품과 서비스를 생산하여 시장에서 현금을 받고 교환하는 일련의 과정이라고 정의할 수 있다. 즉 마케팅은 기업이 소비자의 욕구를 확인 규명하여 이윤을 창출하면서 욕구를 충족시키는 것이다.

② 제품뿐만 아니라 서비스·아이디어 등 교환가치가 있는 것이면 모두 마케팅의 대상이 될 수 있다.

③ 필립 코틀러(Philip Kotler)의 마케팅 정의는 "다른 사람과 함께 가치 있는 상품과 서비스를 창조하고, 제공하며 또한 자유롭게 교환함으로써 개인과 집단이 요구하고 필요로 하는 것을 획득할 수 있도록 하는 사회적 과정이다"라고 정의하고 있다.

(2) 시장(Market)의 이해

① 시장은 판매자와 구매자가 동시에 존재하면서 교환과정이 일어나는 장소이다.

② 판매자는 본인의 제품이나 서비스를 판매하고자 하며 구매자는 이를 화폐를 주고 구매한다. 이들을 둘러싼 정보의 흐름에는 판매자는 구매자에게 제품 판매에 대한 촉진을 돕는 다양한 정보를 제공하고, 구매자는 자신의 욕구를 밝혀 구매에 도움을 받고자 한다.

③ 이러한 시장은 환경적 요소에 의해 영향을 크게 받는데 시장의 구조를 이해함으로써 마케팅적 관점을 높여야 한다.

(3) 마케팅 믹스(Marketing Mix)

① 마케팅은 월등한 가치를 약속함으로써 새로운 소비자를 끌어들이고 만족을 전달함으로써 현재 소비자를 유지하는 것을 주요한 목적으로 한다. 이러한 마케팅을 전략적으로 활용하기 위해 우리는 마케팅믹스라는 전략을 사용한다.

② 마케팅믹스(Marketing Mix)란 흔히 4P라고도 부르는데, 마케팅의 중요한 4가지 요소를 잘 배합함으로써 소비자를 만족시킬 수 있는 프로그램을 개발하는 것을 의미한다.
③ 마케팅 믹스
　㉠ 제품(PRODUCT)
　　소비자의 필요와 욕구를 만족시키는 재화, 서비스 혹은 아이디어를 말한다. 고객은 제품 특징과 품질, 서비스 믹스와 품질, 가격의 적절성 등 네 가지 요소에 의해 제공물을 평가하므로 마케터는 각 제품의 특징, 혜택, 품질의 수준을 잘 살펴보아야 한다.
　㉡ 가격(PRICE)
　　제품을 얻기 위해 지불하는 것으로 마케터들은 기업, 마케팅 전략, 목표시장 및 브랜드 정위화, 고객, 경쟁 등 수많은 요소를 고려하여 가격을 책정해야 한다.
　㉢ 촉진(PROMOTION)
　　구매자와 판매자 간 커뮤니케이션의 수단으로 제품 판매에 도움을 주는 활동을 의미한다. 촉진은 광의의 의미로는 통합적 마케팅 커뮤니케이션이다. 이러한 마케팅 커뮤니케이션 프로그램에는 광고, 판매촉진, 행사 및 경험, PR 및 홍보, 인적 판매, 직접마케팅 등이 있다.
　㉣ 유통(PLACE)
　　협의의 의미로는 소비자가 제품을 구매하는 장소를 의미하지만 광의의 의미로 유통은 중간상들의 마케팅 경로가 구성되어 제조업부터 소비자에 이르는 데 필요한 모든 조직들의 활동을 의미한다.

2. 시장 세분화★★★

(1) 시장 세분화(market segmentation)의 개념
① 비슷한 욕구를 갖고 있는 고객들의 집단을 세분시장이라고 부른다. 이 시장을 여러 개의 세분시장으로 나누는 것을 시장 세분화(market Segmentation)라고 한다.
② 각 세분 시장의 욕구에 맞는 상품만을 마케팅 하는 것을 세분시장 마케팅(Segment marketing)이라고 부른다.

(2) 시장세분화 효과
① 마케팅기회의 발견 : 고객의 욕구에 따라 세분화된 시장은 고객이 원하는 바를 보다 분명하게 파악 기업은 보다 쉽게 마케팅기회를 발견할 수 있다.
② 정확한 욕구충족 : 세분시장의 구분을 통해 고객들의 욕구에 맞게 제품을 비롯한 마케팅믹스를 개발함으로써 그들의 욕구를 더 정확히 충족시킬 수 있다.

③ 브랜드 충성도(brand loyalty) : 소비자들의 욕구를 정확히 충족시킴으로써 자사의 브랜드에 대한 충성도를 높일 수 있다.
④ 경쟁우위 확보 : 자사가 가지고 있는 강점을 최대로 활용할 수 있는 세분시장에만 자사의 마케팅노력을 투입하므로 경쟁우위를 확보할 수 있다.
⑤ 적합한 마케팅 프로그램 개발 : 기업은 자사제품에 대한 시장 전략을 수립 적절히 조정하며, 특정 세분시장에 맞는 마케팅 프로그램과 소요예산을 수립할 수 있다.

(3) 시장세분화 요건

① 측정 가능성 : 세분 시장의 크기, 구매력, 기타 특성을 측정할 수 있어야 한다.
② 경제성(충분한 규모) : 세분시장이 너무나 작아서는 안 된다. 즉 그 세분시장만을 타겟으로 마케팅 활동을 해도 이익이 발생할 수 있는 정도의 규모를 갖고 경제성이 있어야 한다.
③ 접근 가능성 : 세분 시장에 속하는 고객들에게 효과적이고 효율적으로 접근할 수 있어야 한다. 즉 고객들이 어떤 대중매체를 주로 보는지, 또는 고객들이 주로 어느 지역에 사는지 등과 같은 정보를 알고 있어야 한다.
④ 세분시장 내 동질성과 세분시장 간 이질성 : 같은 세분 시장에 속하는 고객들끼리는 최대한 비슷하여야 하고 서로 다른 세분시장에 속한 고객들끼리는 최대한 달라야 한다.
⑤ 실행가능성 : 세분시장은 동질성에 따라 분류된 시장이므로 세분시장을 유도하고, 그 세분시장에 재화와 서비스를 제공할 수 있도록 효과적인 마케팅 프로그램의 실행이 가능해야 한다.

(4) 시장세분화 기준 변수

① 지리적 변수 : 지역, 도시규모, 기후, 인구밀도 등
② 인구통계적 변수 : 나이, 성별, 가족규모, 소득, 직업, 교육수준, 종교 등
③ 심리분석적 변수 : 라이프 스타일, 개성 등
④ 구매 행동적 변수 : 편익, 사용량, 가격민감도 등

> ● 심리묘사적 세분화
> 소비자의 라이프스타일, 사회계층 등에 관한 자료를 토대로 고객들의 성격, 구매행동, 관심, 가치, 태도 등을 근거로 소비자를 서로 다른 몇 개의 집단으로 세분화시키는 것이다.

3. 목표시장 선정★

(1) 목표시장 선정(Targeting)

① 일단 시장을 세분화한 다음엔 발견된 세분시장들을 여러 가지 기준으로 평가하여 가장 바람직한 한 개 또는 그 이상의 세분 시장을 찾아내야 한다. 이렇게 찾아진 세분시장을

표적시장이라 부른다.
② 표적시장의 선정(targeting)은 여러 개의 세분시장들 중에서 경쟁제품보다 고객의 욕구를 더 잘 충족시킬 수 있는 세분시장을 선정하는 것이다.

(2) 목표시장의 선정

① 전체시장 공략(full market coverage) : 비차별적 마케팅 전략이라고도 한다. 어떤 기업은 전체시장을 목표시장으로 선정하여 동일한 제품을 시장에 공급하는 마케팅전략을 펼 수도 있고, 어떤 기업은 전체시장을 대상으로 마케팅을 하되 세분시장마다 다른 제품과 서비스를 제공하여 고객을 확보하는 전략을 펴기도 한다.

② 집중적 마케팅(concentrated marketing) : 소매점이 자원의 제약을 받을 때 특히 유용하다. 대규모 시장에서 낮은 점유율을 추구하는 대신에 한 두 개의 세분시장에서 높은 점유율을 추구하는 전략이다.

　㉠ 선택적 전문화(selective specialization) : 선택적 전문화의 경우 여러 개의 세분시장을 선택함으로써 집중화에 따른 위험을 분산하고 다각화를 시도하려는 전략으로, 기업의 목표와 재정상태, 시장의 수익성 등이 조화를 이루어야 한다. 다각화에 따른 시너지는 기대하기 어려우나 리스크회피는 가능한 장점이 있다.

　㉡ 제품 전문화(product specialization) : 하나의 제품으로 복수의 세분시장을 소구하는 전략으로, 한 제품분야에 집중하여 명성을 얻게 되면 이후 유사분야로 판로를 개척하는 전략에 해당한다. 예컨대, 온라인을 통해 판매하던 회사가 성공적인 런칭을 거둔 이후 대형마트 또는 백화점 등에 제품을 납품하는 전략을 들 수 있다.

　㉢ 시장 전문화(market specialization) : 시장 전문화는 기업이 특정 소비자 집단만을 대상으로 그들의 다양한 욕구를 충족시키는 형태의 마케팅 전략을 의미한다. 예컨대, 명품 가방을 제조하는 특정 기업이 명품을 소비하는 고객군만을 대상으로 가방뿐만 아니라 의류, 화장품 등을 생산하여 판매하는 것을 예로 할 수 있다.

③ 차별적 마케팅 전략 : 전체 시장을 여러 개의 세분시장으로 나누고, 이들 모두를 목표시장으로 삼아 각기 다른 세분시장의 상이한 욕구에 부응할 수 있는 마케팅믹스를 개발하여 적용함으로서 기업 조직의 마케팅 목표를 달성하고자 하는 것을 말한다.

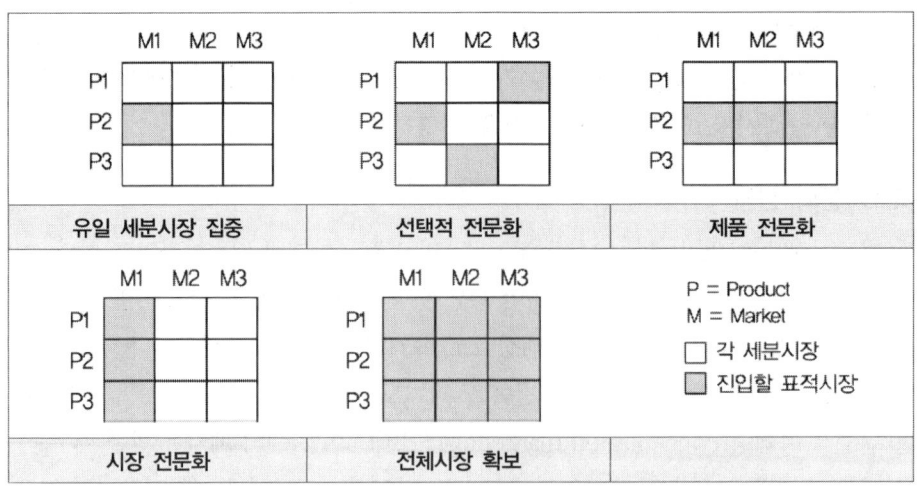

[표적시장의 선정유형]

4. 포지셔닝 전략★★★

(1) 포지셔닝 전략의 개념 및 의의

① 제품이나 소매점의 포지션(position)이란 그 제품이나 소매점이 소비자들에 의해 중요한 속성에 따라 어떻게 정의되느냐 하는 것이다. 즉, 제품이나 소매점이 경쟁제품이나 경쟁점과 비교하여 소비자들의 마음속에 차지하게 되는 위치를 의미한다.

② 포지셔닝(Positioning) 전략은 소비자의 마음속에 경쟁상표와 비교하여 경쟁우위를 제공하는 위치에 자사상표를 구축하려는 노력을 말하며, 기업의 경쟁력과 관련하여 중요성이 큰 전략이다.

③ 소매점 경영자는 특수한 제품 속성 및 소매점 특성에 따라 포지셔닝을 할 수 있으며, 제품이나 소매점이 제공하는 편익에 따라서도 포지셔닝을 할 수 있다.

④ 고객의 특정 계층에 따라 포지셔닝을 할 수도 있으며, 경쟁 제품이나 경쟁점과 직접 대비함으로써 포지셔닝을 할 수 있다.

⑤ 어떤 소매점이 선택한 목표 시장에 대해 더 우수한 가치를 제공하여 포지셔닝함으로써 경쟁 우위를 확보할 수 있다. 구체적으로 경쟁자보다 저가격으로 제공하거나 또는 고가격을 정당화할 수 있는 더 많은 편익을 제공하는 것 등이다.

(2) 포지셔닝의 유형

① 제품속성(효용)에 의한 포지셔닝

표적소비자들이 중요하게 생각하는 제품속성에서 자사제품이 차별적 우위를 갖고 있음을 직접적으로 강조하는 방법이다. 예 롯데제과의 자일리톨 껌 - 충치예방, 볼보 - 안전성

② 이미지 포지셔닝

제품이 지니고 있는 추상적인 편익을 소구하는 방법이다. 고급성이나 독특성처럼 제품이나 점포가 지니고 있는 추상적인 편익으로 소구하는 방법을 말한다. 예 맥심커피 – 가슴이 따뜻한 남자

③ 경쟁제품에 의한 포지셔닝

소비자의 마음속에 강하게 인식하게 있는 경쟁제품에 비한 자사제품의 차별점을 제시하는 방법이다. 소비자의 지각 속에 위치하고 있는 경쟁사와 명시적 혹은 묵시적으로 비교하게 하여 자사제품이나 점포를 부각시키는 방식이다. 예 코카콜라 & 칠성사이다의 Un-cola(무색소, 무카페인)

④ 사용상황에 의한 포지셔닝

제품이 사용될 수 있는 적절한 상황과 용도를 자사제품과 연계시키는 방법이다. 제품이나 점포의 적절한 사용상황을 묘사하거나 제시함으로써 소비자에게 부각시키는 방식이다.
예 파워레이드 – 운동 후 갈증해소를 위한 음료

⑤ 품질 및 가격에 의한 포지셔닝

제품 및 점포를 일정한 품질과 가격수준으로 포지셔닝하여 최저가격 홈쇼핑이나 고급전문점과 같이 차별적 위치를 확보하는 방식이다. 예 농심 – 고급라면(신라면 블랙)을 개발

(3) 포지셔닝 맵(Positioning Map)

① 포지셔닝 맵은 소비자들의 마음속에 있는 제품과 경쟁제품의 위치를 2-3차 공간에 작성한 지도로 고객지각에 의해 도표화된 각 상표의 위치를 도표상에 나타낸 것이다.
② 소비자욕구 파악 및 이를 근거로 한 시장의 세분화 표적소비자들이 원하는 이상적 제품(ideal product)의 위치를 통해 소비자가 원하는 제품특성을 파악하고 이를 통해 세분시장을 파악하는 것이다.
③ 포지셔닝 맵을 통해 소비자들에게 지각된 각 상표들의 상대적 자사 상표가 제대로 포지셔닝 되었는지 판단하는 것이다.

(4) 재포지셔닝(Repositioning)

① 경쟁사와 비교해 차별화된 우월한 장점으로 소비자의 인식에 포지셔닝 된 이후에도 소비자의 욕구와 경쟁을 포함한 마케팅환경은 지속적으로 변화하므로, 마케팅관리자는 이를 지속적으로 조사·분석하여 자사의 제품이 목표한 위치에 적절하게 포지셔닝이 되었는지를 확인하여야 한다.
② 마케팅환경의 변화로 제품의 포지션이 소비자의 욕구와 경쟁제품에 비추어 보아 적절하지 않은 경우에는, 자사제품의 목표 포지션을 재설정하고 적절한 포지션으로 이동시키는바, 이를 재포지셔닝(repositioning)이라고 한다.

(5) 포지셔닝 분석방법

① 컨조인트 분석(Conjoint Analysis)
  ㉠ 컨조인트 분석은 제품 및 서비스가 갖고 있는 속성에 대해 고객이 선호하는 형태를 측정함으로써 그 고객이 어떤 제품을 선택할 것인지 예측하는 기법이다.
  ㉡ 어떤 제품이나 서비스에 대해서 여러 대안이 있을 경우, 그 대안들에 부여하는 소비자들의 선호도를 측정하여 소비자가 각 속성들(attributes)에 부여하는 상대적 중요도(relative importance)와 각 속성수준의 효용(utility)을 측정하는 분석방법이다.
  ㉢ 컨조인트 분석은 제품 속성의 중요도 파악 및 시장세분화에 의한 고객 특성 파악을 통해 신제품아이디어를 도출하기 위해 실시한다.
  ㉣ 각 세분 시장별로 제품에 대한 시뮬레이션을 통하여 시장점유율(market share)을 예측하고, 가장 선호도가 높은 제품을 결정하기 위한 것이다.

② 다차원척도법(Multi-Dimensional Scaling : MDS)
제품의 특성에 대하여 소비자들이 인지하고 있는 상태를 그래프상의 여러 차원(dimension)으로 표시해 시각적으로 포지션을 파악하는 기법이다. 이러한 그래프 공간 내의 각 차원은 소비자가 구매할 경우 기준하는 가장 중요한 속성을 의미한다.

(6) Kotler & Armstrong의 포지셔닝 전략

① More for More(우수한 혜택을 더욱 비싸게 : 많은 이점의 고가) 전략
최상의 제품이나 서비스를 제공하며 높은 원가를 충족하기 위해 고가로 책정한다. (명품, 웰빙, 로얄석 등)

② More for the Same(많은 이점에 같은 가격) 전략
비교적 좋은 품질에 많은 이점을 제공하는 제품이나 서비스를 경쟁자와 같은 가격에 제공한다.(차별화)

③ Same for Less(동일한 이점에 저가격) 전략
도서를 할인하는 온라인 서점, 홈쇼핑의 염가, 인터넷 판매 등(물류비용, 마케팅, 판매비용 등이 많이 들지 않기 때문)

④ Less for Much Less(적은 이점에 최저가) 전략
다소 낮은 성능의 제품을 저가격으로 하는 전략(천 원 하우스, southwest 항공이 기내식 폐지 후에 국내 항공료를 20% 인하)이다.

⑤ More for Less(많은 이점을 저가격으로) 전략
대부분의 기업이 이 방법이라고 주장하지만 지속적으로 달성하기는 어렵다.(신규진입자, 시장침투 시)

제2절 유통경쟁 전략

1. 유통경쟁의 개요 및 형태

(1) 기업의 경쟁전략의 기본원리

① 경영자원 분석

자사의 경영자원을 분석하고, 자사의 장점과 단점을 평가하여 경쟁적 특성을 가진 독자적인 능력이나 노하우를 확인해야 한다.

② 정보수집

새로운 시장기회를 발견하기 위해 시장, 제품의 라이프사이클, 경쟁환경, 기술동향에 대한 정보수집이 필요하다. 시장조사, 제품의 라이프사이클 조사, 경쟁환경 조사, 기술동향 조사 등이 있다.

(2) 경쟁전략의 유형

① 시장점거율 확대전략

시장점거율이 높을수록 수익성이 높아지므로, 점거율의 확대를 목적으로 한 전략이다.

② 시장세분화전략

제품이 성숙기에 접어들면, 시장을 세분화하여 각 세분시장에 고유한 경쟁전략을 추진한다.

③ 이익관리전략

사용자본 이익률의 확대를 도모하기 위한 이익관리전략을 추진한다.

④ 시장집중화전략

자사의 독특한 능력에 가장 적합한 특정 세분시장을 선택하여, 집중적으로 판매촉진을 전개한다.

(3) 유통경쟁의 형태*

① 수평적 경쟁

수평적 경쟁은 유통경로의 동일한 단계에 있는 경로구성원들 간의 경쟁을 의미한다.

② 업태(형태) 경쟁

㉠ 업태 내 경쟁 : 유사한 상품을 판매하는 서로 동일한 형태의 소매업체 간 경쟁(편의점vs편의점)

㉡ 업태 간 경쟁 : 유사한 상품을 판매하는 서로 상이한 형태의 소매업체 간 경쟁(백화점vs대형마트)

③ 수직적 경쟁
  ㉠ 서로 다른 경로 수준에 위치한 경로 구성원 간의 경쟁
  ㉡ 수직적 경쟁이 치열해질수록 횡적·수평적 관계로 경쟁을 완화하려는 욕구가 높아짐
  ㉢ 유통업자 vs 제조업자 간의 경쟁도 포함
④ 경로 시스템 경쟁
  ㉠ 수직적 유통경로 시스템과 수평적 유통경로 시스템 간의 경쟁
  ㉡ 체인 간의 경쟁, 협동조합과 프랜차이즈 간의 경쟁

2. 사업포트폴리오 전략과 성장전략

(1) 사업포트폴리오 분석·전략

① 포트폴리오 분석 : 복수의 사업(또는 제품, 이하 같음) 영위하고 있는 다각화기업의 전략분석의 수법으로서, 다수의 사업 중에서 신장시켜야 할 것, 축소시켜야 할 것, 그리고 현상유지를 도모해야 할 것 등을 선별하기 위한 기법이다.
② 사업포트폴리오(portfolio) 전략 : 자사가 속한 시장의 경쟁상황에서 자사의 주요 사업부분인 전략적 사업단위(SBU : Strategic Business Unit)가 현재 어느 위치에 있고, 그 상황에서 어떤 의사결정을 해야 하는지에 대한 전략을 의미한다.

(2) BCG 성장 – 점유 매트릭스★★★

① 기업의 전략사업단위를 시장성장률과 상대적 시장점유율이라는 두 변수를 양축으로 하는 2차원 공간상에 표시하여 각 사업의 상대적 매력도를 평가하고 새로운 전략을 제시해주는 모델이다.
② 수직축인 시장성장률은 제품이 판매되는 시장의 연간성장률로서 시장매력척도이며, 수평축은 상대적 시장점유율로서 시장에서 기업의 강점측정척도이다.
③ 이러한 분석을 통해 경영자는 회사가 처한 시장 상황에 대한 인식을 할 수 있으며 앞으로의 전략을 수립하기 위한 중요한 자료로 삼을 수 있다.
④ 전략사업단위 평가와 자원배분
  ㉠ 물음표(question mark)
    ⓐ 시장성장률은 높으나 상대적 시장점유율이 낮은 영역의 사업단위이다.
    ⓑ 사업초기의 사업단위로서 시장점유율 높이기 위해 많은 자금이 소요된다.
    ⓒ 경쟁력이 있는 사업단위는 시장점유율 증대를 위해 현금을 지원 "별"의 방향으로 이동시킬 것인가, 아니면 경쟁력이 낮은 사업단위는 철수할 것인가를 결정해야 한다.
  ㉡ 별(star)
    ⓐ 높은 시장성장률과 높은 상대적 시장점유율도 높은 사업단위이다.

ⓑ 자체사업을 통해 많은 현금을 벌어들이지만, 급속히 성장하는 시장에서 시장점유율을 유지·증대시키기 위해 많은 자금이 필요하다.
　　ⓒ 어느 시점에 가서 성장률이 둔화됨에 따라 '자금젖소'의 위치로 진입한다.
ⓒ 자금젖소(cash cow)
　　ⓐ 시장성장률은 낮지만 상대적 시장점유율이 높은 영역이다.
　　ⓑ 시장 성숙기에서 쇠퇴기 초기에 속한 사업단위로 많은 이익을 창출할 수 있다.
　　ⓒ 기업의 다른 사업들에 자금을 공급한다.
　　ⓓ 시장점유율이 높기 때문에 이익창출은 높은 반면, 시장성장률 낮기 때문에 자금투자를 많이 하지 않는다.
ⓒ 개(dog)
　　ⓐ 시장성장률이나 시장점유율이 모두 낮은 영역이다.
　　ⓑ 대체로 수익성이 낮고 시장전망이 어둡다.
　　ⓒ 시장쇠퇴기에 속하며 이익도 크지 않고 투자자금도 많이 필요하지 않다.

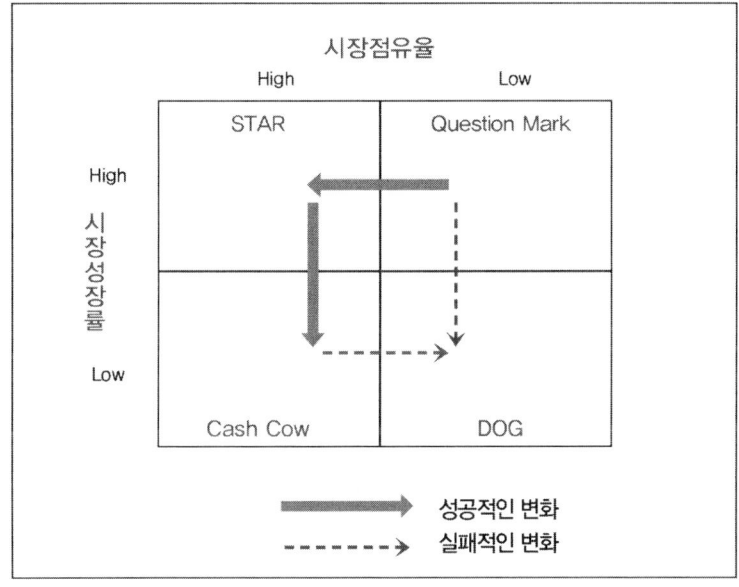

[BCG 성장 – 점유율 매트릭스]

(3) GE / McKinsey(맥킨지) 모형★

① 시장의 가능성, 규모, 매력성, 사업의 현재 위치 등 보다 다양한 정보를 포함하여 보다 효과적이고 정확한 의사결정을 도울 수 있다.
② 전략산업단위가 속해 있는 산업의 매력도와 시장에서의 사업 강점이라는 두 가지 기준으로 평가하는 분석모델이다.

㉠ 산업 매력도(Market Attractiveness) : 시장의 규모, 시장성장률, 이익률, 수요변동 상황, 규모의 경제 등 기업외부요인들을 평가하여 결합된다.
㉡ 사업강점(Business Strength) : 시장점유율, 가격경쟁력, 품질, 판매효율성, 고객에 관한 정보 등 기업내부요인들을 평가하여 결합된다.

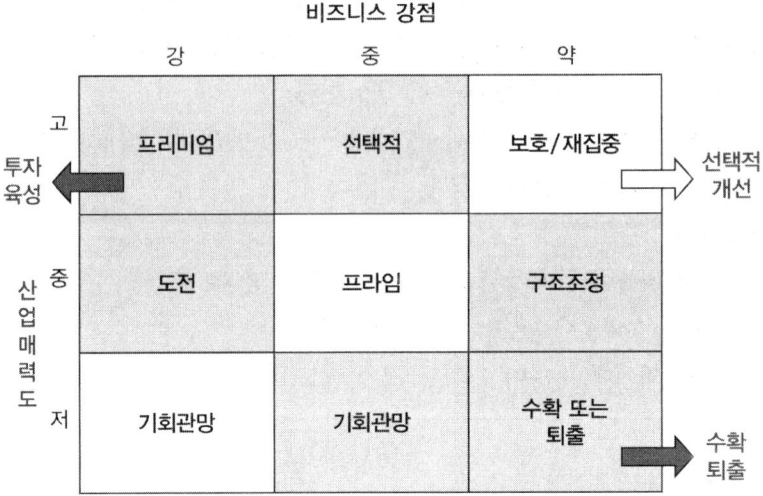

(4) 성장전략

① 내부성장전략과 외부성장전략
  ㉠ 내부성장전략은 신제품을 자사(自社)의 연구개발부문에서 개발하고 기업의 기성 판매경로와 경영인재를 이용하여 다변화를 이루어 성장하는 방식이다.
  ㉡ 내부성장전략은 현재 가지고 있는 부문과의 사이에 시너지효과가 큰 성장기회에 대하여는 비용과 타이밍의 양면에서 보아 유리한 성장방식이라고 할 수 있다.
  ㉢ 외부성장전략은 기업의 내부자원에 의존하지 않고 외부자원을 이용한 성장전략으로서 타 회사와의 기술제휴, 개발이 끝난 신제품의 취득, 타 회사의 흡수·합병 등의 방법이 있다.

② 앤소프 제품/시장 확장그리드를 이용한 네가지 성장전략

구분	기존제품	신제품
기존시장	시장침투 전략	제품개발 전략
신시장	시장개발 전략	다각화 전략

[Ansoff의 제품 / 시장 확장 그리드]

㉠ 시장침투 전략 : 기존시장 + 기존제품의 경우로 어떤 형태로든 제품을 변경시키지 않고 기존고객들에게 보다 많이 판매하도록 하는 전략수립이다.
㉡ 시장개발(개척) : 신시장 + 기존제품의 경우로 시장개척의 가능성을 고려하는 전략수립이다. 경쟁사와의 경쟁이 어렵거나, 시장점유율이 정체 또는 쇠퇴하는 경우에 활용되는 전략이다.
㉢ 제품개발 전략 : 기존시장 + 신제품의 경우로 기존시장에 신제품 또는 수정된 제품을 공급하는 전략수립이다. 제품이 진부화되어 고객의 욕구를 총족시키기 어렵거나, 새로운 기술력이 향상되는 경우에 사용한다.
㉣ 다각화 전략 : 신시장 + 신제품의 경우로 기존의 제품이나 시장과는 완전히 다른 새로운 사업을 시작하거나 인수하는 전략수립이다. 다각화는 수직적 다각화, 수평적 다각화, 집중적 다각화, 복합적 다각화의 네가지 방법으로 구성되어 있다.

3. 서비스 마케팅(Service Marketing)

(1) 서비스 개요
① 미국 마케팅학회(AMA)의 정의에 따르면 서비스란 "판매목적으로 제공되거나 또는 상품판매와 연계되어 제공되는 모든 활동, 편익, 만족"이라고 정의하고 있다.
② 서비스는 물적인 제품이나 구조물이 아니며, 일반적으로 생산되는 시점에서 소멸되고, 구매자에게 편리함, 즐거움, 적시성, 편안함, 또는 건강과 같은 무형적인 형태의 부가가치를 제공하는 모든 경제적인 활동이다.

(2) 서비스의 4대 특성*
① 무형성(Intangibility)
서비스의 가장 독특한 특성은 무형성이다. 왜냐하면 서비스는 객체라기보다는 행위이고 성과이기 때문에 우리가 유형적 제품처럼 보거나, 느끼거나, 맛보거나, 만질 수도 없다. 서비스는 무형성과 추상성을 지니므로 서비스를 제공받기 전에는 서비스의 형태나 가치를 파악하거나 평가하기가 어렵다.
② 이질성(Heterogeneity)
서비스는 대부분 사람의 행위에 의해 생산되는 성과이기 때문에 정확히 똑같은 서비스란 존재하기 어렵다. 서비스는 제공 주체마다 상이하고 비표준적이며 가변적이다. 따라서 서비스는 이질성에 기인하여 고객에게 제공하는 서비스의 표준화가 어렵다.
③ 비분리성(Inseparability)
서비스는 먼저 판매되고, 생산과 소비가 동시에 일어난다. 따라서 유형제품의 경우와 달리 서비스는 누리거나 즐길 뿐 가질 수는 없다(생산과 소비의 동시성).

④ 소멸성(Perishability)

서비스는 제공시 즉시 사용되지 않으면 존재하지 않으므로, 재고형태로 저장할 수 없고, 재판매할 수도, 돌려받을 수도 없는 성질을 가지고 있다. 생산에 있어 시간적인 면에 기초하고, 저장이 어려운 관계로 소멸의 가능성이 무척 높다고 할 수 있다.

(3) 서비스 품질관리(RATER) : SERVQUAL모형

① 서비스 기업이 고객의 기대와 평가를 이해하는 데 사용할 수 있는 다문항 척도(multiple - item scale)이다.

② 10개 차원에서 신뢰성(Reliability), 확신성(Assurance), 유형성(Tangibles), 공감성(Empathy), 반응성(Responsiveness)의 5개 차원으로 축약되어 RATER이라고도 한다.

③ RATER의 내용★

　㉠ 신뢰성(Reliability) : 약속된 서비스를 정확히 수행하는 능력

　㉡ 확신성(Assurance) : 보장성(warranty)이라고도 하며, 서비스 직원의 지식과 정중함, 신뢰와 자신감 그리고 확신을 심어주는 능력

　㉢ 유형성(Tangibles) : 물리적 시설, 직원, 장비, 커뮤니케이션 자료의 외향

　㉣ 공감성(Empathy) : 보살핌, 고객에게 주어지는 개별적 관심, 서비스로의 접근 용이성(가용성), 원활한 의사소통(커뮤니케이션), 고객에 대한 충분한 이해(고객이해)

　㉤ 응답성(Responsiveness) : 고객을 돕고 신속한 서비스를 제공하려는 의지

제3절 상품관리 및 머천다이징 전략

1. 머천다이징 개요

(1) 머천다이징 개념 및 의의★

① 머천다이징(MD ; Merchandising)이란 기업의 마케팅목표를 실현하기 위하여 특정의 상품·서비스를 장소·시간·가격·수량별로 시장에 내놓을 때 따르는 계획과 관리로서 일반적으로는 마케팅의 핵심을 형성하는 활동이라고 정의된다.

② 상품화 계획이라고도 하며, 마케팅활동의 하나이다. 이 활동에는 생산 또는 판매할 상품에 관한 결정 즉 상품의 기능·크기·디자인·포장 등의 제품계획, 상품의 생산량 또는 판매량, 생산시기 또는 판매시기, 가격에 관한 결정을 포함한다.

③ 소매업자는 상품, 업태 및 유행의 동태적 변화 속에서 대상이 되는 고객의 니즈를 만족시켜

주기 위해 다종다양한 상품을 통해 경영활동을 전개하고 있다. 이를 위해서 고객의 시장반응을 분석하고 주력상품의 상품특성을 인식하여 경쟁상대를 제압하는 효율적인 마케팅 활동의 실천이 필요하다.

④ 상품 매입시기와 판매시기는 일정한 시간적인 격차가 있어 상품의 매입과 관리 및 판매를 통해 최적의 이익을 얻을 수 있는 것인가에 대한 계획을 세우는 마케팅 활동이 필요한데 이것이 머천다이징이다.

(2) 머천다이징 전략★★★

① 가격중심 머천다이징

머천다이징의 개념 정의에 따라 적정가격으로 유통함에 있어서 전략적으로 가격을 수단으로 표적고객을 공략하는 전략을 말한다.

② 혼합식 머천다이징

제품정책에 따른 제품의 다양성과 전문성을 고려하여 양자의 구성을 확대해나가는 전략을 말한다.

③ 선별적 머천다이징

소매업, 2차 상품 제조업자, 가공업자 및 소재 메이커가 수직적으로 연합하여 상품계획을 수립하는 머천다이징 방식을 말한다. 시장 세분화를 통해 파악된 한정된 세분시장을 목표 고객으로 하여 이들에 알맞은 상품화 전략을 전개하는 것이다. 이는 흔히 유행상품의 상품화, 즉 패션 머천다이징(fashion merchandising)에 이용된다.

④ 인스토어 머천다이징(Instore merchandising)

소매점포가 자신의 독자적인 콘셉트를 토대로 하여 상품을 구색하고 판매하는 것을 의미한다.

⑤ 스크램블드 머천다이징(Scrambled merchandising)

소매상에서 상품 품목을 고려하여 취급 상품을 조합하여 재편성하는 것을 말한다. 취급상품의 재편성에 적용하는 관점은 제품 용도, 고객층, 가격대, 브랜드, 구매동기, 구매습관별 등을 고려하여 재편성하게 된다.

⑥ 크로스 머천다이징(Cross merchandising)

상품의 분류에 구애받지 아니하고 관련성이 있는 상품들을 한데 모아 진열함으로써 판매액을 향상시키는 머천다이징 방법을 의미한다.

⑦ 세그먼트 머천다이징(Segment merchandising)

세분시장 대응 머천다이징인데, 동일한 고객층을 대상으로 하되 경쟁점과는 달리 그들 고객이 가장 희구하는 품종에 중점을 두거나, 가격대에 대응하는 상품이나 품질을 차별화하는 방향으로 전개하는 머천다이징이다.

2. 상품관리 개요

(1) 상품관리 개요*

① 상품(Product)이란 '소비자의 필요와 욕구를 충족시키기 위해 시장에 제공되는 욕구충족 수단'이라 할 수 있다.

② 마케팅관리자는 소비자의 필요와 욕구를 충족시키기 위해서 제품에 대한 다양성, 품질, 특성, 디자인 상표명, 포장, 크기, 서비스, 보증, 반품 등의 적절한 조합이 필요하다.

③ 상품관리(Merchandiser Management)는 어떠한 제품이 팔리고 있는지를 통계적으로 파악해서 제품의 판매, 재고량 등을 효율적으로 관리하고자 하는 것을 말한다. 이때, 상품관리의 목적으로는 적절한 매입계획의 수립, 합리적 판매계획의 수립을 하기 위한 것이다.

④ 상품관리는 상품재고 통제뿐만 아니라 통상 재고 통제의 영역을 초월하여 음미되는 상품의 매입, 디스플레이, 매가설정, 판매촉진, 판매 등의 여러 가지 기능을 포함하며 또한 상품재고에 관한 투자규모 및 구성에 대한 계획도 포함하고 있다.

(2) 상품의사 결정

① 품질결정

㉠ 품질(quality)이란 기능적 및 상징적 속성과 지원서비스 상에서 상품이 갖는 구체적인 값들이 소비자의 기본적인 욕구나 문제를 해결하는데 기여하는 정도이며, 상품가치와 유사한 의미를 갖는다.

㉡ 품질은 상품의 특성이 소비자들의 필요와 욕구를 충족시킬 수 있는 정도를 의미하며, 마케팅관리자는 품질 결정에 있어서 총체적 품질관리뿐만 아니라 고객지향적인 품질까지 고려하는 통합적 관점에서 결정하여야 한다.

② 브랜드(Brand) 결정

㉠ 브랜드란 '특정 판매업자나 판매집단이 제품이나 서비스를 확인하고 경쟁자들의 제품과 차별화할 목적으로 사용되는 이름(name), 말(term), 기호(sign), 상징(symbol), 디자인(design) 또는 이들의 조합'이라고 미국마케팅학회(AMA)는 정의하고 있다.

㉡ 따라서 브랜드 개발의 핵심은 하나의 제품을 특징짓고 그 제품을 다른 제품들과 차별화시키기 위한 이름, 로고, 상징, 패키지 디자인 또는 다른 속성들을 선택하는 것이다. 즉 브랜드는 동일한 욕구를 충족시키기 위해 디자인된 다른 제품이나 서비스와 차별화시키기 위한 것이다.

㉢ 브랜딩(branding)은 제품과 서비스에 힘을 부여하고, 제품들 간에 차이를 조성하는 모든 것이다. 제품이나 서비스를 브랜드화하기 위해서는 그 제품이나 서비스가 '누구'의 것인지 소비자에게 알리는 것이 필요하다.

③ 포장결정

포장(packaging)이란 어떤 특정한 제품의 용기를 디자인하고 제조하는 제반 활동이라 할 수 있다. 잘 설계된 포장은 브랜드 자산을 구축하기도 하고 판매를 유도하기도 한다. 포장은 제품에서 구매자가 처음으로 대면하는 것이며 또한 구매자를 전환시키거나 거부하게도 한다.

(3) 수준별 상품 분류★

① 핵심상품(core product)
㉠ 핵심상품은 가장 기초적인 수준의 상품을 말하며 소비자가 상품을 소비함으로써 얻을 수 있는 핵심적인 효용을 핵심상품이라 한다.
㉡ 소비자들이 제품을 구입할 경우 그들이 실제로 구입하고자 하는 핵심적인 혜택(Benefit)이나 문제를 해결해 주는 서비스를 말한다.

② 실제상품(tangible product)
㉠ 실제상품(유형제품)은 상품의 핵심이 눈으로 보고, 손으로 만져볼 수 있도록 구체적으로 드러난 물리적인 속성 차원에서의 상품을 말한다.
㉡ 실제상품은 소비자가 실제로 느낄 수 있는 수준의 상품이다. 흔히 상품이라고 하면 이러한 차원의 상품을 말한다.
㉢ 핵심상품에 품질과 특성, 상품, 디자인, 포장, 라벨 등의 요소가 부가되어 물리적인 형태를 가진 상품을 말한다.

③ 확장상품(augumented product)
㉠ 확장상품은 실제상품의 효용가치를 증가시키는 부가서비스 차원의 상품을 말한다.
㉡ 실제상품의 보증, 반품, 배달, 설치, 애프터 서비스, 사용법 교육, 신용, 상담등의 서비스를 추가하여 상품의 효용가치를 증대시키는 것이다.
㉢ 상품 차별화를 할 수 있다.

(4) 소비재 분류★

① 편의품(convenience goods)
㉠ 고객이 제품에 대하여 완전한 지식이 있어 최소한의 노력으로 적합한 제품을 구매하려는 행동의 특성을 보이는 제품으로 식료품·약품·기호품·생활필수품 등이 여기에 속한다.
㉡ 구매를 하기 위하여 사전에 계획을 세우거나 점포 안에서 여러 상표를 비교하기 위한 노력을 하지 않으므로 구매자는 대체로 습관적인 행동 양식을 나타낸다.
㉢ 편의품은 다시 소비자가 정규적으로 구매하는 필수품, 소비자가 사전 계획이나 정보탐색의 노력 없이 구입하는 충동제품, 긴급할 때 구입하는 긴급품으로 나누어진다.

② 선매품(shopping goods)
  ㉠ 제품을 구매하기 전에 가격·품질·형태·욕구 등에 대한 적합성을 충분히 비교하여 선별적으로 구매하는 제품으로 제품에 대한 완전한 지식이 없으므로 구매를 계획하고 실행하는 데 많은 시간과 노력을 소비하며 여러 제품을 비교하여 최종적으로 결정하는 구매행동을 보이는 제품이다.
  ㉡ 선매품은 편의품에 비하여 구매단가가 높고 구매횟수가 적은 것으로 가구, 의류, 중고자동차 및 주요가전 제품이 이에 속한다. 따라서 소매점의 중요성이 높고 선매품을 취급하는 상점들이 서로 인접해 하나의 상가를 형성하며 발전한다.
③ 전문품(specialty goods)
  ㉠ 상표나 제품의 특징이 뚜렷하여 구매자가 상표 또는 점포의 신용과 명성에 따라 구매하는 제품으로 비교적 가격이 비싸고 특정한 상표만을 수용하려는 상표집착(Brand Insistence)의 구매행동 특성을 나타내는 제품으로 고가품이 여기에 속한다.
  ㉡ 구매자가 기술적으로 상품의 질을 판단하기 어려우며 적은 수의 판매점을 통해 유통되어 제품의 경로는 다소 제한적일 수도 있으나 빈번하게 구매되는 제품이 아니므로 마진이 높다.

3. 머천다이징과 브랜드

(1) 계층에 따른 브랜드

① 기업 브랜드 : 일반 기업 브랜드, 특정 기업 브랜드를 말한다. (산업군이 연상 되는 경우)
② 패밀리 브랜드 : 기업 브랜드만으로는 기업에서 생산하는 모든 제품에 적용하기 어려운 경우 동일한 범주 또는 동일한 아이덴티티를 갖는 다수의 개별 브랜드(제품별 브랜드)를 하나로 묶어주는 브랜드를 말한다.
③ 개별 브랜드 : 제품이 가지는 성분, 속성, 특성, 편익, 등급 등이 독특하여 기업 브랜드나 패밀리 브랜드와 같은 통합 브랜드의 보증적 역할에 의존하지 않는 브랜드를 말한다.
④ 브랜드 수식어 : 다른 브랜드의 보조를 위해 부착되는 것으로 제품의 특징을 묘사하는 역할을 한다.

보 증	계층구조	사용범위
통합브랜드 (Integrating Brand)	기업브랜드	모든 제품
	패밀리 브랜드	제품군
차별브랜드 (Differential Brand)	개별 브랜드	제품라인
	브랜드 수식어	속성, 특성, 등급

브랜드 계층 업체별	기업브랜드	공동브랜드	개별브랜드	브랜드 수식어
(주)대상	대상	청정원	순창찰고추장	순한맛

[브랜드 계층에 따른 분류 및 사례]

> **Plus Tip**
> 더 알고가기
>
> 브랜드 관련 용어
> - 유사 브랜딩(parallel branding) : 선도 제조업체 브랜드의 상호 자체에 대한 모방이 아니라, 상호나 상품특성을 매우 흡사하게 모방하고 제조업체 브랜드가 아니라는 것을 명확히 하는 유통업체의 브랜딩을 의미한다.
> - 하우스 브랜드 : 메이저 생산자가 마케팅하는 브랜드(NB)의 상대 개념으로서, 제품의 품질은 NB제품과 동등하고, 값은 싼 제품 브랜드를 의미한다. 즉, 브랜드 가치는 낮은 제품군이나 제품의 질은 우수하고, 유통업체의 지명도가 제품에 대한 기본적인 신뢰도가 부여되는 저가제품을 말한다. 관련 개념으로는 Generic 제품과 PB 등이 있다.

(2) 제조업체 브랜드(NB)와 유통업자 브랜드(PB) 전략★

① NB(National Brand)
  ㉠ 제조업체 자신이 상표명을 소유하며, 생산된 제품의 마케팅전략을 제조업자 자신이 직접 통제하는 상표전략을 의미한다.
  ㉡ 브랜드 사용권, 브랜드 신청 및 획득권, 소속상품의 특성을 구성하고 변형할 수 있는 권한이 제조업자에게 있으면 제조업자 브랜드, 유통업자에게 있으면 유통업자 브랜드라고 할 수 있다.

② PB(Private Brand)
  ㉠ 유통업자가 생산업체에 제품생산을 의뢰하고 생산된 제품에는 유통업체의 상표를 부착하는 마케팅전략으로, 유통업자들이 제품에 대한 마케팅전략을 통제한다.
  ㉡ PB제품은 유통업체에서 개발하고 관리하는 브랜드로서 NB제품에 비해 가격이 저렴한 장점이 있으나, 제품의 품질(quality)과 브랜드 인지도 등의 고객신뢰도가 낮다는 단점이 존재한다.

(3) 브랜드 전략

① 개별상표전략(Individual brand name strategy)은 동일제품범주에서 여러 개의 브랜드제품을 도입하는 경우를 의미한다.
② 공동상표전략(blanket family name strategy)은 생산된 모든 종류의 제품에 기존의 단일한 제품명 또는 상표명을 부착하는 전략
③ 혼합상표전략 : 개별상표전략과 공동상표전략을 조합하여 사용하는 브랜드 전략
④ 복수상표전략 : 동일한 상품에 대해 두 개 이상의 상이한 상표(브랜드)를 설정하여 별도의

품목으로 차별화하는 전략이다. 이러한 복수상표(브랜드)전략은 자칫 자기잠식현상을 야기할 수 있으나 첫째 시장을 방어하고, 둘째 세분시장의 욕구를 충족시킨다는 점, 셋째 전체 매출액의 제고 측면에서는 유용성이 있다고 볼 수 있다.

⑤ 브랜드확장(brand extensions) : 높은 브랜드 가치를 갖는 특정 브랜드의 네임을 다른 제품군에 속하는 신제품 브랜드에 확장하여 사용하는 전략을 의미한다.

(4) 브랜드 자산(Brand Equity)★

① 브랜드 자산이란 고객이 어떤 상표에 대하여 호감을 갖게 됨으로써, 그 상표를 붙이고 있는 상품의 가치가 증가된 부분을 의미한다.

② 어떤 브랜드를 가진 제품이 브랜드가 없는 경우에 비하여 그 브랜드가 부착됨으로서 획득하게 되는 차별적 마케팅 효과를 의미한다.

③ 제품과 서비스에 브랜드를 부여하여 브랜드가 없을 때보다 더 높은 매출액과 이익을 창출하며 경쟁자에 비해 지속적이고 차별화된 우위를 제공해 주는 효과나 가치의 증가분을 무형자산으로 측정한 것이다.

④ 브랜드 자산 관리

㉠ 브랜드 인지도(brand awareness) : 소비자가 한 제품범주에 속한 특정 브랜드를 재인(recognition)하거나 회상(recall)할 수 있는 능력

㉡ 브랜드 재인(recognition) : 브랜드회상보다 상대적으로 강도가 약하며 소비자에게 한 제품범주내의 여러 브랜드명들을 제시하고 각 브랜드명을 과거에 보거나 들어본 적이 있는지를 조사하여 측정함

㉢ 브랜드 회상(recall) : 브랜드재인보다 강도가 강하며 기억속에 저장되어 있는 특정브랜드의 정보를 인출할 수 있는 능력을 말함

4. 업태별 상품기획

(1) 상품 구성

① 개요

㉠ 소매점이 판매하는 모든 상품의 종류와 조합을 상품구색 또는 상품구성이라 한다. 이는 다시 상품계열(Merchandise Line)과 상품품목(Merchandise Item)으로 구성된다.

㉡ 상품계열은 유사한 성능을 가지거나 동일한 고객층이나 용도를 가지거나 동일한 가격대에 속하는 등 서로 관련성이 있는 상품군으로서 소매업자의 상품믹스 개발을 쉽게 하기 위해 관련성의 정도에 따라 세분화 할 수 있다.

㉢ 상품 카테고리는 소비자의 욕구를 충족시키기 위해서 소비자가 상호 연관된 것 또는 대체할 수 있다고 인지하는 명확하게 관리 가능한 상품·서비스의 그룹을 말한다.

㉣ 상품품목은 각 제품계열 내에 포함되는 개개의 단품(SKU ; Stock Keeping Unit)을 의미하고, 품목구성은 단품의 스타일·가격·재질·사이즈 등 조건을 달리한 상품품목의 조합을 의미한다.

② 상품구성계획
㉠ 기업이 판매목표를 효과적으로 실현하기 위하여 소비자의 욕구·구매력 등에 합치되도록 제품의 개발·가격·품질·디자인·포장·상표 등을 기획·결정하는 활동을 말한다. 머천다이징(Merchandising : 상품화계획)과 유사한 뜻으로 사용되고 있다.
㉡ 판매목표액에 도달하기 위한 상품의 적절한 구성을 계획하는 것이다.
㉢ 전체 판매이익률이 가장 높도록 상품판매구성 비율을 결정하는 것이다.

(2) 상품 믹스★★★

① 상품 믹스(product mix)란 구매자가 이용할 수 있도록 하기 위하여 기업이 취급하고 있는 제품 계열, 제품 품목, 상표의 구성 패턴 등의 집합으로 제품 구색(product assortment)이라고도 한다.

② 상품 믹스 용어
㉠ 폭(Variety) : 기업이 생산하는 서로 다른 제품 계열의 수이다. 점포가 취급하는 비경합적 상품 계열의 다양성이나 수를 나타낸다. 전문점은 좁고 백화점이나 할인점은 넓다.
㉡ 깊이(Depth) : 각 제품계열 내의 품목 수이다. 동일한 상품계열내에서 이용 가능한 변화품이나 대체품과 같은 품목의 수를 말한다. 전문점은 폭은 좁으나 깊이가 깊다.
㉢ 길이(length) : 특정 제품계열 내에 있는 제품의 수이다.
㉣ 일관성(Consistency) : 취급하는 상품계열의 상호 관련성의 정도를 말한다.

세수비누	세탁비누	화장품	휴지	치약
솔포, 서퍼	크린업, 화이트	세시봉, 소렌도	콤보	후리보노, 2080
핸디	파워큐	멜로시		
	수퍼앨, 클로라	레녹스		

① 제품믹스의 깊이(Depth) : 특정 제품에 대한 선택의 다양성으로 각 계열별 세로에 해당하며 세수비누 3, 세탁비누 5, 화장품 4, 휴지 1, 치약 2이다. 즉, 다양한 제품을 생산하는 이 기업은 세탁비누의 전문성이 가장 크며(가장 깊다), 휴지의 전문성이 가장 낮다(가장 얇다).
② 제품믹스의 넓이(Width) : 각 계열별 가로에 해당하며 세수비누, 세탁비누, 화장품, 휴지, 치약 등 넓이는 5이다.
③ 제품의 길이(제품믹스의 총합) : 각 계열별 깊이의 총계로서 3+5+4+1+2=15 이다.

(3) 제품계열 길이 의사결정

① 제품계열 내에 새로운 품목을 추가하거나 기존 품목의 일부를 철수 시키는 것과 관련된 의사결정을 말한다.

② 계열의 길이를 늘이는 전략을 계열 길이 확대전략이라고 하고 줄이는 경우를 계열 길이 축소전략이라고 한다.

제품계열 길이 확대전략	제품계열 길이 축소전략
• 더 많은 이익기회가 있다고 판단될 때 • 잉여설비를 활용하기 위한 목적에서 • 빠져 있는 품목에 대한 대리점주의 불안을 해소하기 위해 • 완전 제품계열을 확보하여 전체 시장을 공략하기 위해	• 계열 내 품목들 중 일부품목의 매출액이 낮거나 상호간 경쟁이 심화되어 이익기여도가 낮다고 판단될 때 • 매출액이 낮은 품목에 제조 및 유통관련자원이 과다하게 할당되었을 때 • 제품품질향상으로 기존품목들이 진부화되었을 때

[제품 계열 길이 의사결정]

(4) 제품계열 넓이 의사결정★

① 제품계열 확장

　㉠ 제품계열의 확장(product line stretch)은 특정기업이 제품계열을 기존의 범위 이상으로 확장하는 것을 말한다.

　㉡ 계열의 넓이를 현재의 품목보다 저가격·낮은 품질의 제품의 추가하여 연장하는 전략을 하향확장이라고 하고 고가격·고품질의 제품을 추가하여 연장하는 전략을 상향확장이라고 한다.

② 확장 의사결정 유형

　㉠ 하향 확장전략(Downward Stretch) : 초기에는 고품질 고가제품을 출시시켰다가, 제품계열 길이를 확장시키면서 저가신제품을 추가시키는 전략이다.

　㉡ 상향 확장전략(Upward Stretch) : 초기에는 저가, 저품질의 상품을 출시시켰다가 제품계열 길이를 확장시키면서 고가신제품을 추가시키는 전략이다.

　㉢ 쌍방 확장전략(Two-way Stretch) : 기존 제품계열 내 품목추가를 통한 제품 확장전략이다. 잉여설비 활용, 매출증대, 세분시장 침투 등의 긍정적 효과를 가져 올 수 있다.

③ 계열충원전략(line filling)

　계열충원전략은 계열확충전략이라고도 하며 기존의 제품계열 내에서 새로운 제품을 추가시킴으로써 제품계열의 깊이(depth)를 확대하는 것을 의미한다.

(5) 마진율과 회전율에 의한 업태별 상품기획

① 소매점포는 최종소비자에게 제품이나 서비스를 제공하는 점포로서 이윤을 극대화하기 위한 소매전략을 업태별로 결정하게 된다.

② 특히 업태별로 상품계획을 세울 때 기준이 되는 두 가지요소가 마진율(이익률)과 회전율로서 마진율은 제품원가와 가격의 차이이며, 회전율은 제품의 판매가능 여부와 관련이 되며 매출액 대비 당해 평균자산가액으로 산정된다.
③ 마진율과 회전율에 따른 소매상 유형은 크게 4가지로 분류할 수 있다.
　㉠ 전문점형(백화점)
　　고마진율·저회전율 위주의 제품정책을 가지고 있으며, 소비자는 고관여도 및 제품상표에 대한 애호도가 높은 수요층에 속한다.
　㉡ 편의점형
　　고마진율·고회전율의 제품을 구성하고 있으며, 이는 제품의 구성뿐만 아니라 점포의 입지(location)가 중요한 역할을 하게 된다.
　㉢ 대형마트형
　　대형마트의 중요 제품정책은 저마진율·고회전율 위주의 생활용품을 통해 수익성을 확보하는 전략이다.
　㉣ 문제형 점포
　　문제형 점포는 저마진율·저회전율이 발생하는 점포로서 손실이 발생할 가능성이 높은 점포이므로, 이에 대한 마케팅전략으로서 철수 및 업태, 업종의 전환이 요구된다.

(6) 신제품 개발
① 신제품이 기업의 매출증대와 이익에 직접적인 영향을 미치므로 적절한 시점에 지속적으로 신제품을 개발해야 한다.
② 경제가 발전하고, 소비자의 소득수준이 향상되고, 소비자의 기호가 빠른 속도로 변화하고, 소비자의 기대수준이 상승함에 따라 마케팅관리자는 소비자의 이러한 새로운 열망에 부응하기 위해 신제품을 개발해야 한다.
③ 신제품 개발을 위한 이러한 환경요인과 소비자들은 끊임없이 신제품 개발을 촉구하고 있으며 오늘날 신상품은 기업의 생존과 성장을 위해 필수적인 요건이다.
④ 신제품 개발과정

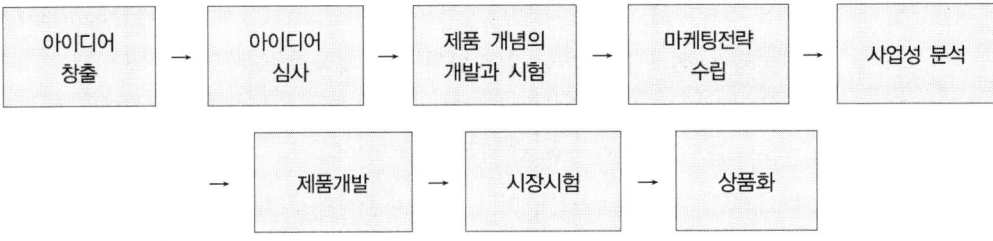

> **Plus Tip**
> 더 알고가기
>
> 신제품 수용자의 유형
> - 혁신 소비자 : 신제품 수용에 수반되는 위험을 기꺼이 감수하려는 성향
> - 조기 수용자 : 소속 집단의 존경의 대상, 의견 선도자 역할 수행
> - 조기 다수자 : 신중한 성향을 지니며, 보통 사람들보다는 신제품을 수용하려는 경향
> - 후기 다수자 : 다소 회의주의의 경향이 강하며, 평균적으로 사회적 지위가 낮은 계층
> - 최후 수용자 : 남들이 구매한 뒤에 신제품을 수용하는 보수적인 경향이 강함

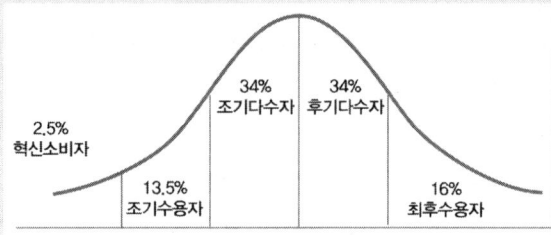

5. 수명주기별 상품관리전략★★★

상품수명주기(PLC ; Product Life Cycle)란 하나의 제품이 시장에 도입된 후 성장과 성숙과 정을 거쳐 결국은 쇠퇴하여 시장에서 사라지는 과정을 의미한다.

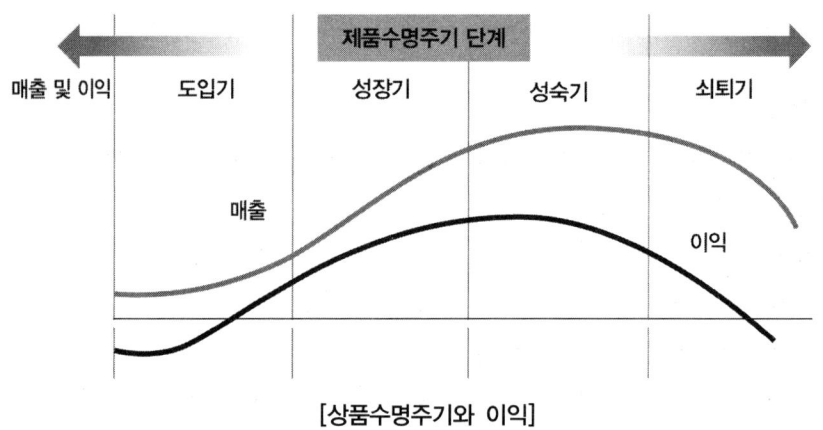

[상품수명주기와 이익]

(1) 도입기

① 도입기란 상품을 개발하고 도입하여 판매를 시작하는 단계로서 매출이 완만하게 증가하는 시기이다. 이는 낮은 신제품에 대한 인지도와 기존제품의 소비습관 때문이다.
② 높은 유통개척비용과 광고 및 판촉비용의 지출로 인한 손실이 발생하거나 이익이 매우 낮다.
③ 표적시장의 고객층은 의견선도층과 혁신소비자층이다.
④ 마케팅믹스 전략으로는 상품은 기본형의 상품을 제공하게 되며, 일반적으로 원가가산 가격전략을 사용하든지 고가격전략을 사용하게 되며, 상대적으로 높은 광고비와 판매촉진비가 투입되며, 유통경로 전략은 점포 수를 제한하는 선택적 유통전략을 사용하게 된다.

(2) 성장기

① 어떤 상품이 도입기를 무사히 넘기고 나면 그 상품의 매출액은 늘어나게 되고 시장도 커지게 되는 시기이다.
② 성장기에는 수요량이 증가하고 가격탄력성도 커지며 초기설비는 완전히 가동되고 증설이 필요해지기도 하며 조업도의 상승으로 수익성도 호전한다.
③ 성장기에 가장 조심하여야 할 점은 장사가 잘 되면 그만큼 경쟁자의 참여도 늘어나게 된다는 것이다.
④ 혁신소비자층과 조기수용자층(early adopters) 등의 호의적 구전(word of mouth)이 시장확대에 매우 중요한 역할을 수행한다.
⑤ 성장기에서의 유통경로 전략은 급속한 시장의 성장에 맞추어 가능한 한 점포수를 확대하는 집약적 유통 구축을 해야 하며 판매촉진 비는 도입기와 동일하거나 약간 높은 수준으로 설정해야 하기 때문에 수요확대에 따른 판매촉진 비용은 감소하게 된다.

(3) 성숙기

① 성숙기에는 대량생산이 본 궤도에 오르고 원가가 크게 내림에 따라 상품단위별 이익은 정상에 달하지만, 경쟁자나 모방상품이 많이 나타난다.
② 대다수의 잠재적 구매자에 의하여 상품이 수용됨으로써 판매성장이 둔화되는 기간이다. 이때 이익은 최고수준에 이르지만 이후부터는 경쟁에 대응하여 상품의 지위를 유지하기 위한 비용이 늘어나 이익은 감소하기 시작한다.
③ 성숙기 제품에 대한 방어전략
  ㉠ 시장개발
    자사제품에 대한 매출을 증가시키기 위해 새로운 소비자의 유인, 사용빈도의 증가 유도, 새로운 용도 개발을 도모해야 한다.
  ㉡ 제품개선
    제품의 품질, 특성, 스타일 등을 수정해야 한다.
  ㉢ 마케팅믹스의 수정
    정체된 매출의 증대를 위해 가격할인정책, 공격적인 판촉활동(경품이나 컨테스트), 비교광고 시행, 할인 유통업체와의 거래, 다양한 서비스를 제공해야 한다.

(4) 쇠퇴기

① 어떤 상품이 시장에서 쇠퇴하게 되는 이유는 여러 가지가 있는데 기술발달로 인하여 대체품이 나오거나 소비자의 기호변화 등으로 그 상품에 대한 소비자의 욕구가 사라지는 경우이다.

② 쇠퇴기에는 수요가 경기변동에 관계없이 감퇴하는 경향을 나타낸다. 광고를 비롯한 여러 판매촉진도 거의 효과가 없으며 시장점유율은 급속히 떨어지고 손해를 보는 일이 많아진다.

6. 단품관리 전략

(1) 단품관리개요

① 단품(SKU ; Stock Keeping Unit)
  ㉠ 상품의 최소 관리단위이며, 고객이 구입하게 되는 단위 또는 묶음으로서 상품주문 및 판매의 최소단위이다. 예 편의점 음료코너의 콜라, 사이다 등
  ㉡ 하나하나씩 별개로 독립되어 있어 저마다 객체성을 갖고 있는 상품 또는 어떤 규격이나 무늬, 소재, 가격 등의 분류에 있어 더 이상의 세분화가 이루어질 수 없는 단계에 까지 이른 상품을 말한다.

② 단품관리의 필요성
  ㉠ 적정한 발주를 하고 발주한 상품이 적시, 적량, 적소에 지체 없이 입점, 진열, 판매 여부를 관리하는 일련의 활동을 의미한다. 상품을 품목, 단위별 수량관리를 통해 더 이상 분류할 수 없는 데까지 최소 단위로 분류해서 그 단위 품목을 결정하는 방식이다.
  ㉡ 고객 니즈 및 불만을 파악해서 점포의 매출과 이익을 확대하는 가장 중요한 업무로서 정확한 상품군 구성의 개념과 유지관리 및 개선에 대한 이해가 필요하다.
  ㉢ 단품관리는 고객니즈 및 불만을 파악해서 점포의 매출과 이익을 확대하는 가장 중요한 업무이다. 따라서 정확한 상품군구성의 개념과 유지관리 및 개선에 대한 이해가 필요하다.

③ 단품관리 기대효과★
  ㉠ 매장의 적절한 규모 파악 : 단품별 진열 면적 할당이 가능
  ㉡ 매장의 효율성 향상 : 각 단품들이 잘 팔리고 안 팔리는지 판단하여 매장의 효율적 관리
  ㉢ 책임소재의 명확한 파악 : 단품별 기여도를 명확히 파악
  ㉣ 비용절감 : 불필요한 재고관리비용 절감

(2) 단품관리 관련 이론★

① 풍선효과(ballon) 이론 : 어떤 문제를 해결하면 다른 문제가 또 불거지는 현상을 말하는 것으로 이는 마치 풍선을 누르면 다른 쪽이 부풀어 오르는 현상과 비슷하다고 하여 생긴표현이다.
② 20 : 80 이론 : '전체 결과의 80%가 전체 원인의 20%에서 일어나는 현상'을 말하는 것으로 예를 들어, 20%의 고객이 백화점 전체 매출의 80%에 해당하는 만큼 쇼핑하는 현상을 설명할 때 이 용어를 사용한다.
③ 욕조마개(bathtub) 이론 : 품목별 진열량을 판매량에 비례하게 하면 상품의 회전율이 일

정화되어 품목별 재고의 수평적 감소가 같아짐을 의미한다.

> Space 효율 개선 → 품절 최소화 → 상품보충 빈도 최소화 → 매대 생산성 증가

④ 카테고리 관리 : 유통업체와 공급업체가 소비자의 구매형태를 토대로 같이 협동하여 카테고리를 관리하는 것으로 업무를 개선시키고자 한다.

제4절 가격관리 전략

1. 가격관리의 개요

(1) 가격의 개념 및 의의
① 자신에게 필요한 것을 제공 받는 사람이 반대급부로 거래상대방에게 주는 유형적 및 무형적 가치의 총합'이며, 대체로 화폐금액으로 표시된다.
② 기업이 제조, 판매하는 제품이나 서비스를 구매하는 대가로서 구매자가 기업에게 지불하는 화폐 금액을 말한다.
③ 가격이 중요한 이유는 가장 빠르고 효과적으로 이익을 극대화할 수 있는 방법이기 때문이다.

(2) 가격 결정 요인
① 소비자(Consumer)
  소비자들이 자사제품에 대해 어느 정도의 가치를 부여하고, 가격변화에 대해 어떻게 반응하는지에 따라 기업은 가격을 결정하며, 제품에 대한 소비자의 지각된 가치는 가격의 상한선을 결정한다.
② 원가(Cost)
  원가는 제품가격의 하한선을 결정한다.
③ 경쟁(Competition)
  기업 간의 경쟁도 가격을 결정하는 요인이다. 만약 경쟁사와 유사한 제품 판매 시 가격을 더 높게 책정하면 고객을 잃을 것이고, 반대로 가격을 낮게 책정하면 고객이 늘어난다.
④ 정부의 규제(Government Regulation)
  일반적으로는 기업이 자율적으로 가격을 결정하지만, 정부의 정책이나 규제로 인해 가격 결정에 영향을 끼칠 수 있다.

2. 가격설정의 방법★★★

(1) 원가가산 가격결정법
① 원가가산 가격결정법(markup pricing)은 제품원가에 표준이익을 가산해 가격을 결정하는 방법이다.
② 표준수익률을 적용해 가격을 결정하는 원가가산 가격결정법은 현재의 수요와 지각되는 가치 그리고 경쟁을 무시한 가격결정 방법으로 최적가격이라고 볼 수 없다.

(2) 목표수익률 가격결정법
① 목표수익률 가격결정법(target return pricing)은 마케팅관리자가 투자에 대한 목표수익률(ROI)을 달성할 수 있도록 가격을 결정하는 방법이다.
② 목표수익률 가격결정법은 원가와 예상판매량이 정확히 실현되면, 목표 투자수익률을 달성할 수 있을 것이다.

(3) 지각적 가치 가격결정법
① 많은 기업들이 제품에 대한 가격을 지각적 가치를 기준으로 결정하고 있다. 지각적 가치는 그 제품의 성능에 대한 구매자의 이미지, 전달할 수 있는 경로, 품질 보증, 고객지원 그리고 공급업자의 평판, 신뢰성, 존경 등과 같은 불확실한 속성 등 여러 가지 요소로 구성된다.
② 지각적 가치 가격결정법(perceived value pricing)에서 중요한 것은 경쟁사보다 더 많은 가치를 전달하는 것이며 또한 더 많은 가치를 예상 잠재고객에게 제시하는 것이다.

(4) 경쟁사 모방 가격결정법(going-rate pricing)
① 가격결정의 기초를 주로 경쟁사 가격에 두는 것이다. 기업은 주요 경쟁사의 가격과 동일하게 가격을 책정하거나, 경우에 따라서 높게 또는 낮게 책정할 수 있다.
② 경쟁사 모방 가격결정법은 원가측정이 어려운 경우, 경쟁사의 반응이 불확실한 경우에 경쟁사의 현행 가격을 모방하여 가격을 결정한다.

3. 가격설정 정책

(1) 가격정책 의의★
① 기업이 존속하고 발전하기 위해서는 반드시 그 기업이 취급하거나 생산하는 상품을 판매하여 이윤을 얻어야 한다. 그러므로 기업은 이윤을 얻을 수 있는 범위 안에서 적당한 가격을 선택하여야 한다. 이 선택을 어떻게 할 것인지가 기업의 가격정책이다.
② 기업은 특히 신제품을 개발한 경우나 생산·수요의 조건이 크게 변동한 경우에는 여기에 적응하기 위한 가격결정, 곧 가격전략(價格戰略)이 필요하다.

> **Plus Tip** 더 알고가기
>
> 준거가격(reference price)
> - 소비자가 어떤 제품을 구입하고자 할 때 심리적으로 적정하다고 생각하는 수준의 가격을 의미한다. 소비자가 제품 가격의 고저를 평가할 때 비교 기준으로 사용한다.
>
> 유보가격(Reservation Price)
> - 소비자가 마음속으로, '이 정도까지는 지불할 수도 있다고 생각하는 가장 높은 수준의 가격'을 의미한다.

(2) 가격할인과 공제 정책★

① 할인은 고객들에게 요구하는 시장가격 자체를 낮추는 가격결정이다.

② 공제(allowance)란 재판매업자로 하여금 특별한 프로그램에 참여하도록 하기 위해 계획된 특별한 지급방법으로 시장가격을 그대로 유지하면서 단지 일정한 조건하에서 대금 일부를 감면해 주는 가격결정이다.

	내 용
현금할인	대금을 즉시 지불시 가격 인하
수량할인	대량구매시 가격 할인
기능할인	판매, 보관, 장부정리 같은 중간상기능 수행하는 경로구성원에게 제조업자가 가격할인
거래공제	신형모델을 구입할 때 구형모델을 반품하면, 그에 해당하는 만큼 가격을 공제
촉진공제	제조업자가 소매상에게 자기의 상품을 좋은 위치에 진열해 주면 일부 금액을 공제

[가격할인과 공제]

(3) 촉진적 가격정책★

① 기업들은 소비자들에게 초기 구매를 촉진시키거나 점포의 내점객을 증대시키기 위해 한시적으로 여러 가지 가격결정 방법을 이용한다.

가격 유형	내 용
고객유인손실 가격정책	슈퍼마켓과 백화점은 추가적 고객 유치하기위해 잘 알려진 상표의 가격 인하
특별행사 가격정책	특징계절에 판매입자 사용 (예를 들어 매8월 개학시 할인 판매)
심리적 가격 할인	특정제품 의도적으로 고가격 책정 후 얼마후 할인 가격으로 판매
미끼 가격결정	한정된 일부상품을 최저가격으로 허위 또는 오도하는 광고로 소비자를 점포 내로 끌어들이는 가격전략

[촉진적 가격정책]

(4) 차별적 가격정책

	내 용
고객세분시장 가격결정	동일한 제품 또는 서비스를 상이한 집단별로 상이한 가격
계열화 가격결정	동일 상품군에 속하는 상품들에 다양한 가격대를 설정 하는 가격전략
이미지별 가격 결정	이미지의 차이를 기준으로 상이한 수준에 따라 가격 책정
경로별 가격결정	동일한 제품에 대해 경로별로 가격을 달리 책정
위치별 가격 결정	상이한 장소별로 상이한 가격 책정
시간별 가격 결정	계절별, 일별, 시간별로 상이하게 책정

[차별적 가격정책]

(5) 신제품 가격정책 관리★★★

① 초기 고가격전략(skimming pricing policy)
  ㉠ 초기에 그 시장의 고소득층으로부터 많은 이익을 얻기 위해 높은 가격을 설정 하는 방법 이다.
  ㉡ 신상품이 처음 나왔을 때, 아주 높은 가격을 매긴 다음 시간이 흐름에 따라 점차 가격을 낮추는 가격정책으로서 신제품 개발을 위해 투자된 자금의 조기 회수를 꾀하는 가격정책이다.

② 시장침투 가격전략(penetration pricing policy)
  ㉠ 신제품을 시장에 도입하는 초기에 저가격을 책정하여 빠른 속도로 시장에 깊게 침투한다.
  ㉡ 많은 구매자를 신속하게 끌어들여 높은 시장점유율을 확보하는 전략이다. 대중적인 제품이나 수요의 가격탄력성이 높은 제품에 많이 사용된다.

(6) 소매업의 다양한 가격전략★★

① 단계별 가격
  조건에 따라서 여러 단계의 가격이 제시되는 방법이다. 10개까지는 10%할인, 50개까지는 25%할인 등으로 가격을 차등 적용하는 방식이다.

② 혼합(묶음)가격
  세트를 구성하여 책정하는 가격으로서 가격경쟁이 심할 때 이를 우회적으로 피해갈 때 사용하는 전략이다. 순수묶음 가격은 여러 상품을 묶어 판매하는 경우를 말하고, 혼합묶음 가격은 상품을 번들링하여 판매하는 방식이다.

③ 경매가격

경매에 응한 사람들 간의 경쟁 정도에 따라 결정되는 가격 전략이다.

④ 공동구매 가격

공동구매하는 물량에 따라 가격이 단계별로 결정되는 전략을 취한다.

⑤ 세일가격

정상적인 가격을 특정 시기에 할인하여 파는 전략이다. 할인가는 일상적인 가격 파괴이지만 세일 가격은 특정 이벤트나 시기에 한정하여 이용되는 특성을 갖고 있다.

⑥ 노획(종속) 가격(captive pricing)

노획가격은 주변기기 소모품을 구입해야만 본 제품을 계속 사용할 수 있는 경우에 일반적으로 쓰이며 본 제품의 가격은 저렴하게 결정하고 이에 대한 이익은 주변기기 소모품의 가격을 다소 높임으로써 상쇄한다.

⑦ 묶음 가격(price bundling)

세트를 구성하여 책정하는 가격으로서 가격경쟁이 심할 때 이를 우회적으로 피해갈 때 사용하는 전략이다.

⑧ 이분가격(two-part pricing) : 가격을 구분하여 차등 적용하는 것으로, 고정요금과 변동요금이 있다.

(7) EDLP(상시저가)와 HILO(고저가격) 관리★★

① EDLP(Every Day Low Price) 전략

㉠ 일시적인 가격할인이 아니라 언제나 저렴한 가격으로 판매하는 전략이다.

㉡ 특정한 기간에 파격적인 가격으로 바겐세일을 할 바에야 매일 싸게 판매하는 게 소비자에게도 이익이 되고 유통업체에도 유리하지 않겠느냐고 생각해서 구사하게 된 전략이다.

㉢ 가격이 자주 변하지 않기 때문에 카탈로그의 변경주기도 길어지는 등 촉진비용을 절약할 수 있다.

㉣ 안정적인 수요의 예측은 평균재고의 감소를 통해 회전율을 향상시키는 전략이다.

② HILO(High-Low)가격 전략

㉠ 일반적으로 저가격을 지향하기 보다는 품질이나 서비스를 강조하는 가격정책이다.

㉡ 보통 EDLP(Every Day Low Price) 정책보다 높은 가격정책을 추구한다.

㉢ 많은 소비자들을 유인하기 위하여 필요한 시기에 적극적으로 할인된 낮은 가격으로 제공하는 정책을 말한다. High-Low 가격정책은 가격세일행사를 빈번하게 하기 때문에 세일시기와 비세일시기 사이의 수요의 변동이 크다.

제5절 촉진관리전략

1. 촉진관리전략의 개요

(1) 촉진

① 촉진(Promotion)전략은 기업의 목표인 이윤극대화를 달성하기 위하여, 소비자들에게 제품 및 서비스에 대한 구매 욕구를 유도하기 위한 정보를 제공하거나 설득하는 모든 마케팅 활동을 말한다.

② 마케팅커뮤니케이션(marketing communication)이라고도 한다. 이는 기업이 판매하는 제품과 상표에 대해 직접 또는 간접적으로 소비자들에게 정보를 제공하고, 설득하며 또한 생각하도록 시도하는 수단들이다.

③ 촉진 또는 마케팅 커뮤니케이션 도구에는 광고, PR(Public Relations), 판매촉진(SP), 인적판매의 4가지가 있다.

(2) 푸시 전략과 풀 전략★★★

① 푸시 전략(push strategy)

제조업자가 광고에는 많은 노력을 기울이지 않고, 판매원에 의한 인적 판매를 통하여 그 제품을 소비자에게 밀어붙이면서 판매하는 정책이다. 광고 활동보다는 인적 판매를 통한 밀어붙이기 판매 정책, product-out strategy 라고도 한다.

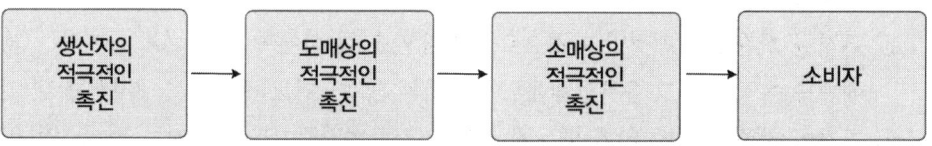

② 풀 전략(pull strategy)

제조업자의 광고를 통하여 이미지가 형성된 소비자가 스스로 특정 제품을 지명 구매하도록 하는 즉 끌어당기면서 구매하도록 하는 고차원적 정책이다. 광고 활동을 통하여 소비자가 직접 찾아와서 지명 구매하는 형태의 판매 정책으로 market-in strategy라고도 한다.

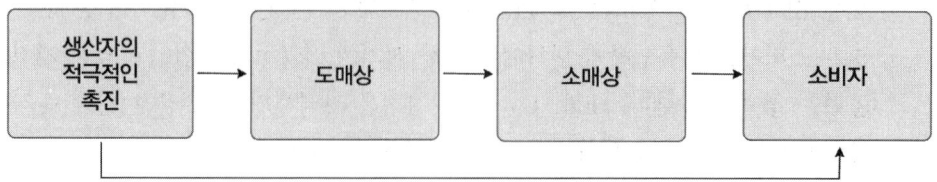

(3) 촉진예산 결정★

① 가용 예산법(affordable method) : 기업의 여유 자금에 따라 예산을 결정하는 방법이다. 이 방법은 경영자의 주관적 판단과 경험을 근거로 하기 때문에 단순하고 용이하지만 장기적인 시장 개발을 하기에는 부적당하다.

② 매출액 비율법('percentage-of-sales' method) : 과거의 매출액이나 예측된 미래의 매출액을 근거로 예산을 결정하는 방법인데 가장 보편적인 방법으로서 대체적으로 위의 식과 같이 표시된다. 이 방법은 '과거 매출액 비율법'과 '미래 매출액 비율법'으로 나누어지며 이해하기가 용이하나 미래 매출액의 산출과 일정률의 결정에는 어려움이 있다.

③ 단위당 고정 비용법('fixed-sum-per-unit' method) : 가격 변동이 심한 제품의 경우 판매 또는 생산 단위에 적용한다는 점에서만 매출액 비율법과 상이하다.

④ 경쟁 대항법(competitive parity method) : 경쟁상의 촉진 예산 규모에 대응하기 위하여 경쟁자와 같은 절대액 또는 비율을 근거로 하여 예산을 결정하는 방법이다.

⑤ 목표 과업법(objective and task method) : 촉진 목표를 설정하고 이를 달성하기 위한 과업을 분석하여 예산을 결정하는 방법이다.

2. 촉진믹스

(1) 광고(Advertising)

① 기업이나 개인, 단체가 상품·서비스·이념·신조·정책 등을 세상에 알려 소기의 목적을 거두기 위해 투자하는 정보활동을 말한다. 광고에는 글·그림·음성 등 시청각매체가 동원된다.

② 광고란 누구인지를 확인할 수 있는 광고주가 하는 일체의 유료형태에 의한 아이디어, 상품 또는 서비스의 비인적(Nonpersonal) 정보제공 또는 판촉활동이다.

③ 기업이나 개인이 특정 목적달성을 위해 대금을 지불하고 제품, 서비스, 정책, 아이디어 등을 널리 알리고 촉진하는 모든 형태의 비대면직 커뮤니케이션 수단을 말한다.

④ 광고 기본원칙(AIDMA)

단 계	내 용	
주의(Attention)	• 주목 • 개인에게 소구 • 사람의 눈을 끌 수 있는 효과	
흥미(Interest)	• 고객에게 주는 이익 • 기본적인 욕망에 대한 소구	
욕망(Desire)	• 상품보장 • 경합품에 대한 우위성	• 양질이라는 설명 • 사지 않으면 손해본다는 생각
기억(Memory)	• 점포(상호)의 식별 • 기분좋은 연상	• 어디서 살 수 있는가 제시 • 기억에 남는 구성과 삽화
행동(Action)	• 곧 보러 가고 싶은 행동요청 • 순서가 정연한 표현	• 곧 보러 가야 한다는 행동명령 • 문자의 크기에 의한 소구강조

(2) 홍보(PR ; Public Relations)★

① 홍보란 정부, 정당, 기업, 개인 등의 마케팅 주체가 대중(공중)과의 호의적인 관계를 위해 하는 모든 활동을 지칭한다.

② 기업, 단체 또는 관공서 등의 조직체가 커뮤니케이션 활동을 통하여 스스로의 생각이나 계획·활동·업적 등을 널리 알리는 활동을 말한다.

③ 홍보 특징
  ㉠ 어떤 점포 혹은 그 취급상품에 대한 정보가 신문의 기사라든가 TV의 뉴스로서 나올 경우에는 그 정보는 공정한 제3자로서의 보도기관이 취급하여 유출시키고 있을 뿐 기업 자체의 주관적인 주장이 들어있지 않다고 판단하기 때문에 받는 측은 그것을 저항 없이 그대로 받아들이는 것이 보통이다.
  ㉡ 홍보는 기업측에서 본다면 무료광고라고도 말할 수 있으며 또 그 효과는 광고보다 더하기 때문에 기업은 이를 판매촉진의 수단으로 이용하려 한다(홍보용 자료배포 등).

(3) 판매촉진(Sales Promotion)

① 판매촉진 개요
  ㉠ 판매촉진이란 잠재적인 고객에게 상품에 대한 정보 및 그 편익을 제공하고 설득하는 마케팅 수단으로서, 소비자나 유통경로 기관들로 하여금 보다 신속하고 대량으로 구매하도록 유인하기 위한 판촉수단이다.
  ㉡ 판매촉진 수단은 특정 제품이나 서비스에 대하여 매출을 단기적으로 보다 신속하고 대량으로 증대시킬 목적으로 이루어지며, 소비자의 구매행위를 촉진시키는 다양한 인센티브수단이라 할 수 있다.

② 효과
  ㉠ 상표전환 : 판매촉진이 없었다면 A상표를 구매한 소비자가 판매촉진이 실행중인 B상표로 구매하게 되는 현상이다.
  ㉡ 구매 가속화 : 판매촉진의 효과로 소비자가 재고가 있음에도 불구하고 판매촉진 기간 중 선호하는 제품을 미리 구매하거나 구매시점을 앞당기는 현상 또는 판매촉진에 의해 대량으로 구매하는 현상을 의미한다.
  ㉢ 재구매 : 소비자의 학습과정에 의해 특정상표를 반복구매하거나 특정점포를 반복선택하게 되는 구매습관을 의미한다.
  ㉣ 제품군 확장 : 제품에 대한 폭이나 깊이를 모두 확장하는 것으로, 일종의 신제품의 출시에 의하여 성취가능하다.

(4) 판매촉진의 유형★★

소비자 판촉수단들은 잠재구매자들의 구입가격을 인하시키는 효과를 갖는지를 기준으로 가격수단과 비가격 수단으로 구분할 수 있다.

① 비가격 판매촉진
   ㉠ 프리미엄(premium) : 소비자에게 혜택을 주는 판매촉진활동의 하나로서, 말 그대로 무엇인가 가치 있는 것을 추가적으로 소비자들에게 제공하는 활동
   ㉡ 시연(demonstration) : 고객에게 상가나 쇼핑몰 같은 장소에서 제품을 직접 작동해 보게 하거나 경험할 수 있게 해줌으로써 고객의 소비욕구를 높이는 판촉방법을 말한다.
   ㉢ 샘플링(sampling) : 상품에 대한 대가를 지불하지 않고 제공되는 시제품
   ㉣ 콘테스트(contest) : 소비자가 추첨이나 추가적인 노력을 통해 상품이나 현금 등을 취득할 수 있는 기회를 제공하는 것
   ㉤ 프라이스 팩(price packs) : 구매시점에 추가비용을 받고 제품과 함께 프리미엄을 제공하는 것을 의미한다.

② 가격형 판매촉진
   ㉠ 쿠폰(coupon) : 소비자들이 어떤 특정상품을 구매할 때 절약할 수 있도록 해주는 하나의 징표로 소비자에게 가격혜택을 제공하기 위한 수단
   ㉡ 현금 환불(cash refunds) : 고객이 구매하는 장소에서 곧바로 가격할인이 제공되는 제도
   ㉢ 콘티뉴어티 : 단골고객 보상제도라고 하며, 제품충성도가 높은 고객을 대상으로 마일리지, 적립금액 등을 적립해 주거나 경품을 제공하는 판매촉진 수단
   ㉣ 리베이트(rebate) : 상품을 구매하는 시점이 아니라 구매 후에 가격을 인하시켜 환불해 주는 제도
   ㉤ 가격할인(off label) : 한정된 수량의 특정상품에 대해서 제조업자 측에서 특별 할인하는 것으로 가격할인을 강조하여 상품구매와 연결시키는 촉진전략

> **Plus Tip** 더 알고가기
> **중간상 판매촉진 실시 이유**
> • 소매상이나 도매상에게 자기 상표를 취급하도록 하기 위해서
> • 소매상이나 도매상으로 하여금 다른 상품이나 서비스보다 더 많이 취급하도록 하기 위해서
> • 소매상으로 하여금 특성화, 전시, 가격인하 등을 통해 자기 상표를 촉진하도록 유인하기 위해
> • 소매상과 그 종업원에게 자기 상품이나 서비스를 더 많이 판매하도록 위해서
> • 중간상에 대한 촉진수단 : 협력광고, 공제(allowance), 푸시 지원금(push-money), 광고 판촉물 지원 등이 있다.
> • 공제(allowance) : 광고와 판매지원 프로그램에 참여하는 유통상인에게 보상의 일환으로 일정 금액을 지급하거나 구매제품의 일정 부분을 할인해 주는 것

(5) 인적 판매(Personal Selling)

① 인적 판매란 사람이 하는 판매활동으로 판매원에 의해 이루어지는 양방향 커뮤니케이션

수단이라고 할 수 있다.
② 인적 판매는 판매원이 고객과 직접 대면하여 대화를 통하여 자사의 제품이나 서비스의 구매를 설득하는 촉진활동이다.
③ 인적 판매는 판매원이 고객의 표정과 같은 반응에 맞추어서 즉석에서 대응할 수 있는 촉진수단이라는 장점이 있고 소비자와의 인간적인 유대관계를 형성해 장기적인 고객과의 관계를 구축하는 데 효과적이다.
④ 고객과의 개별접촉을 하여야 하므로 촉진의 속도가 느리고 비용도 상대적으로 많이 소요되는 단점이 있다.

제1장 학습정리

- **마케팅(marketing)** : 기업이 생존과 성장을 위해서 소비자의 필요와 욕구를 충족시킬 상품과 서비스를 생산하여 시장에서 현금을 받고 교환하는 일련의 과정이라고 정의할 수 있다. 즉 마케팅은 기업이 소비자의 욕구를 확인 규명하여 이윤을 창출하면서 욕구를 충족시키는 것이다.
- **세분시장** : 비슷한 욕구를 갖고 있는 고객들의 집단
- **시장 세분화(market Segmentation)** : 시장을 여러 개의 세분시장으로 나누는 것
- **세분시장 마케팅(Segment marketing)** : 각 세분 시장의 욕구에 맞는 상품만을 마케팅 하는 것
- **시장세분화 조건** : 측정가능성, 접근가능성, 유지가능성, 실행가능성, 세분시장 내 동질성, 세분시장 간 이질성
- **표적시장의 선정(targeting)** : 여러 개의 세분시장들 중에서 경쟁제품보다 고객의 욕구를 더 잘 충족시킬 수 있는 세분시장을 선정하는 것이다.
- **포지셔닝(Positioning) 전략** : 소비자의 마음속에 경쟁상표와 비교하여 경쟁우위를 제공하는 위치에 자사상표를 구축하려는 노력을 말하며, 기업의 경쟁력과 관련하여 중요성이 큰 전략이다.
- **컨조인트 분석(Conjoint Analysis)** : 제품 및 서비스가 갖고 있는 속성에 대해 고객이 선호하는 형태를 측정함으로써 그 고객이 어떤 제품을 선택할 것인지 예측하는 기법이다.
- **다차원척도법(Multi-Dimensional Scaling : MDS)** : 제품의 특성에 대하여 소비자들이 인지하고 있는 상태를 그래프상의 여러 차원(dimension)으로 표시해 시각적으로 포지션을 파악하는 기법이다. 이러한 그래프 공간 내의 각 차원은 소비자가 구매할 경우 기준하는 가장 중요한 속성을 의미한다.
- **Kotler & Armstrong의 포지셔닝 전략** : More for More, More for the Same, Same for Less, Less for Much Less, More for Less
- **사업포트폴리오(portfolio) 전략** : 자사가 속한 시장의 경쟁상황에서 자사의 주요 사업부분인 전략적 사업단위(SBU : Strategic Business Unit)가 현재 어느 위치에 있고, 그 상황에서 어떤 의사결정을 해야 하는지에 대한 전략을 의미한다.
- **BCG 성장-점유 매트릭스(growth-share matrix)** : 기업의 전략사업단위를 시장성장률과 상대적 시장점유율이라는 두 변수를 양축으로 하는 2차원 공간상에 표시하여 각 사업의 상대적 매력도를 평가하고 새로운 전략을 제시해주는 모델
- **GE/McKinsey(맥킨지) 모형** : BCG 매트릭스의 한계점을 보완하고자 개발된 포트폴리오이다. 시장의 가능성, 규모, 매력성, 사업의 현재 위치 등 보다 다양한 정보를 포함하여 보다 효과적이고 정확한 의사결정에 도움을 주는 모형

- 앤소프의 제품/시장 확장그리드를 이용한 네가지 성장전략

구분	기존제품	신제품
기존시장	시장침투 전략	제품개발 전략
신시장	시장개발 전략	다각화 전략

- 서비스 4대 특성 : 무형성(Intangibility), 이질성(Heterogeneity), 비분리성(Inseparability), 소멸성(Perishability)
- SERVQUAL모형 : 신뢰성(Reliability), 확신성(Assurance), 유형성(Tangibles), 공감성(Empathy), 응답성(Responsiveness)
- 수준별 상품은 핵심상품(core product), 실제상품(tangible product), 확장상품(augumented product)으로 분류할 수 있고, 소비재는 편의품, 선매품, 전문품, 비탐색품으로 분류할 수 있다.
- 상품구색 : 소매점이 판매하는 모든 상품의 종류와 조합을 의미하고, 상품구색은 다시 상품계열(Merchandise Line)과 상품품목(Merchandise Item)으로 구성된다.
- 상품계열 : 유사한 성능을 가지거나 동일한 고객층이나 용도를 가지거나 동일한 가격대에 속하는 등 서로 관련성이 있는 상품군으로서 소매업자의 상품믹스 개발을 쉽게 하기 위해 관련성의 정도에 따라 세분화 할 수 있다.
- 상품 믹스 (product mix) : 구매자가 이용할 수 있도록 하기 위하여 기업이 취급하고 있는 제품 계열, 제품 품목, 상표의 구성 패턴 등의 집합으로 제품 구색 (product assortment)이라고도 한다.
- 상품수명주기(PLC ; Product Life Cycle) : 하나의 제품이 시장에 도입된 후 성장과 성숙과정을 거쳐 결국은 쇠퇴하여 시장에서 사라지는 과정을 의미한다.(도입기, 성장기, 성숙기, 쇠퇴기)
- 단품관리 관련 이론 : 풍선효과(ballon), 20:80, 욕조마개(bathtub), 카테고리 관리(CM)
- 가격설정 방법 : 원가가산 가격결정법(markup pricing), 목표수익률 가격결정법(target return pricing), 경쟁사 모방 가격결정법(going-rate pricing)
- 초기 고가격전략(skimming pricing policy) : 초기에 그 시장의 고소득층으로부터 많은 이익을 얻기 위해 높은 가격을 설정 하는 방법이다. 시장침투 가격전략(penetration pricing policy)은 신제품을 시장에 도입하는 초기에 저가격을 책정하여 빠른 속도로 시장에 깊게 침투한다.
- 촉진(Promotion)전략 : 기업의 목표인 이윤극대화를 달성하기 위하여, 소비자들에게 제품 및 서비스에 대한 구매 욕구를 유도하기 위한 정보를 제공하거나 설득하는 모든 마케팅활동을 말한다. 촉진믹스는 광고, 판매촉진, 공중관계(PR), 인적판매가 있다.
- 푸시 전략(push strategy) : 제조업자가 광고에는 많은 노력을 기울이지 않고, 판매원에 의한 인적 판매를 통하여 그 제품을 소비자에게 밀어붙이면서 판매하는 정책이다. 광고 활동보다는 인적 판매를 통한 밀어붙이기 판매 정책, product-out strategy 라고도 한다.
- 풀 전략(pull strategy) : 제조업자의 광고를 통하여 이미지가 형성된 소비자가 스스로 특정 제품을 지명 구매하도록 하는 즉 끌어당기면서 구매하도록 하는 고차원적 정책이다. 광고 활동을 통하여 소비자가 직접 찾아와서 지명 구매하는 형태의 판매 정책으로 market-in strategy라고도 한다.
- 광고 기본원칙(AIDMA) : 주의(Attention), 흥미(Interest), 욕망(Desire), 기억(Memory), 행동(Action)
- 비가격 판매촉진 : 프리미엄(premium), 시연(demonstration), 샘플링(sampling), 콘테스트(contest) 등
- 가격형 판매촉진 : 쿠폰, 현금 환불, 리베이트, 가격할인 등

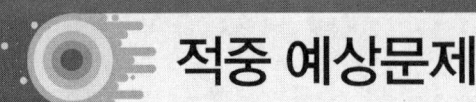

적중 예상문제

01 다음 시장세분화의 조건으로 가장 거리가 먼 것은?

① 측정가능성　　　　　② 접근가능성
③ 유지가능성　　　　　④ 실행가능성
⑤ 세분시장 내 이질성

정답 ⑤
해설 시장세분화 시에는 동일한 시장 내 구성원들은 동질성을 나타내야 하며, 타 시장의 구성원들과는 이질성을 나타내야 한다.

02 다음의 사례를 참조하여 관련한 내용으로 보기 가장 어려운 것은?

- A사 자동차
- 배기량에 따른 구분 : 5,000cc, 4,000cc, 3,000cc
- 크기에 따른 구분 : 대형, 중형, 소형

① 자사의 제품 및 서비스 등에 대한 고객들의 식별 정도를 높이고, 나아가 반복 구매를 유도해 내려는 것이다.
② 제품 및 광고 판촉 등을 제공하기 위한 비용이 증가하게 된다.
③ 소비자 욕구를 보다 정확히 이해하고 그에 맞는 제품과 서비스를 제공함으로서 전문화의 명성을 얻기 위함이다.
④ 주로 자원이 풍부한 기업에 많이 쓰이는 전략이다.
⑤ 전체 시장의 매출은 증가한다.

정답 ③
해설 사례의 내용은 차별적 마케팅 전략에 대한 내용이다. 하나의 시장을 여러 개의 세분시장으로 나누고 각기 다른 세분시장의 상이한 욕구에 부응할 수 있는 마케팅믹스를 개발하여 적용함으로서 기업 조직의 마케팅 목표를 이루고자 하는 전략이다.
③은 집중적 마케팅 전략에 대한 내용이다.

03 소매상의 소비자 판촉도구에 대한 설명으로 옳지 않은 것은?

① 쿠폰 - 명시된 제품을 구매할 때 구매자에게 할인을 제공해 준다는 증빙서
② 리베이트(현금환불) - 구매시점에 구매하는 장소에서 가격할인을 제공
③ 프리미엄 - 제품의 구매를 유도하기 위한 인센티브로, 무료 또는 낮은 비용으로 제공되는 상품
④ 보너스팩 - 정상가격으로 보다 많은 양의 제품을 제공하기 위해 큰 용기나 몇 개의 기존 용기를 묶어 판매하는 경우
⑤ 추첨 - 소비자에게 운이나 추가노력으로 현금, 여행, 제품과 같이 무엇인가를 받을 수 있는 기회를 제공

정답 ②
해설 리베이트(rebate) : 상품을 구매하는 시점이 아니라 구매 후에 가격을 인하시켜 환불해 주는 제도

04 촉진믹스의 구성요소 중 인적판매의 단점으로 가장 옳은 것은?

① 촉진의 속도가 느리며 비용이 과다하게 소요된다.
② 전달할 수 있는 정보의 양이 제한적이다.
③ 고객별 전달정보의 차별화가 곤란하다.
④ 경쟁사의 모방이 용이하여 촉진효과가 짧다.
⑤ 통제가 곤란하며 촉진의 효과를 측정하기 어렵다.

정답 ①
해설 고객과의 개별접촉을 하여야 하므로 촉진의 속도가 느리고 비용도 상대적으로 많이 소요된다.

05 사업별 매력도분석에서 BCG의 성장-점유율 행렬에 대한 설명으로 가장 거리가 먼 것은?

① 시장 성장률은 특정한 시장 내의 산업매출액이 최근 변화한 비율
② 상대적 시장점유율은 동일상품에 있어서 최대경쟁자의 매출액에 대한 자사 상품의 매출액 비율
③ 의문표(question mark)는 성장전망은 미약하거나 어둡지만 상대적 시장점유율이 높은 사업단위를 포괄하는 범주로 자금을 회수하는 전략을 추구
④ 개(dogs)는 투자를 중단하고 적극적으로 자금을 회수하려는 전략을 추구
⑤ 별(stars)은 성장전망이 밝고 상대적 시장점유율도 높은 사업단위를 포괄하는 범주로 사업을 유지하는 전략을 추구

정답 ③
해설 물음표(question mark) : 시장성장률은 높으나 상대적 시장점유율이 낮은 영역의 사업단위로 사업초기의 사업단위로서 시장점유율 높이기 위해 많은 자금이 소요된다.

06 표적시장 선정전략 혹은 시장표적화 전략에 대한 설명으로 가장 올바르지 않은 것은?

① 판매자는 거시마케팅을 이용하여 세분시장 간 차이를 무시하고 넓은 표적시장을 선정할 수 있다. 이는 모든 고객에게 같은 방식으로 같은 제품을 대량으로 생산, 유통, 촉진하는 것을 포함한다.
② 서로 다른 욕구, 특징 혹은 행동을 가진 상이한 고객집단으로 분류하는 것을 시장 세분화라고 하며, 이 때 각 고객집단은 서로 다른 제품 혹은 마케팅믹스를 요구할 때만 시장세분화의 의의가 있으며 세분화 된 시장 중 하나 또는 소수의 세분시장에 초점을 맞추는 것을 틈새마케팅 혹은 집중마케팅이라고 한다.
③ 특정 개인과 지역의 기호에 맞도록 제품과 마케팅 프로그램을 적응시키는 활동을 미시마케팅이라고 하며, 이 때 미시마케팅은 지역 마케팅과 개인 마케팅을 포함한다.
④ 시장을 세분화하는 단 한 가지 방법은 존재하지 않으므로 마케터는 어떤 것이 시장 세분화 기회를 가장 잘 제공하는가를 파악하기 위해 다양한 변수를 검토해야 하며, 여러 개의 세분시장을 위해 서로 다른 시장 제공물을 개발하는 차별화 마케팅을 채택할 수 있다.
⑤ 고객의 특정 계층에 따라 포지셔닝을 할 수도 있으며, 경쟁 제품이나 경쟁점과 직접 대비함으로써 포지셔닝을 할 수 있다.

정답 ①
해설 세분시장 간 차이를 무시하고 넓은 표적시장을 선정하여 모든 고객에게 같은 방식으로 같은 제품을 대량으로 생산, 유통, 촉진하는 것은 대량 마케팅(mass marketing)이다.

07 제조업체가 가격을 표시하지 않고 최종 판매자인 유통업체가 가격을 책정하게 하여 유통업체 간 경쟁을 통해 상품가격을 전반적으로 낮추기 위한 가격정책을 무엇이라고 하는가?

① 오픈 프라이스(open price)
② 클로즈 프라이스(close price)
③ 하이로우 프라이스(high-low price)
④ EDLP(every day low price)
⑤ 단위가격표시제도(unit price system)

정답 ①
해설 가격을 표시하는 주체가 제조업자나 수입업자가 아니라 최종 판매업자가 되는 것이다. 실제 판매가보다 부풀려서 가격을 표시한 뒤 할인해주는 기존의 할인판매 폐단을 근절하기 위한 가격정책이다.

08 유명 브랜드 상품 등을 중심으로 가격을 대폭 인하하여 고객을 유인한 다음, 방문한 고객에 대한 판매를 증진시키고자 하는 가격결정 방식은?

① 묶음가격결정(price bundling)
② 이분가격결정(two-part pricing)
③ 로스리더가격결정(loss leader pricing)
④ 포획가격결정(captive pricing)
⑤ 단수가격결정(odd pricing)

정답 ③
해설
① 묶음가격결정(price bundling) : 묶음가격(bundling)은 여러 가지 상품들을 묶어서 판매하는 가격정책을 말하는 것으로 여기서 묶음으로 판매되는 상품들은 컴퓨터와 프린터 처럼 서로 보완재인 경우가 대부분이다.
② 이분가격결정(two-part pricing) : 가격은 기본 서비스로 고정요금(주력 제품)+서비스 정도에 따른 추가 요금(종속제품)을 말한다.
④ 포획가격결정(captive pricing) : 주제품과 함께 사용되어지는 종속제품에 대한 가격설정을 말한다. 면도기와 함께 사용하는 면도날이나 카메라에 넣는 필름 등은 종속제품의 대표적인 예이다.

09 아래 글상자에서 설명하는 단품관리 이론으로 옳은 것은?

> 품목별 진열량을 판매량에 비례하게 하면 상품의 회전율이 일정화되어 품목별 재고의 수평적인 감소가 같아진다는 이론

① 풍선효과(ballon) 이론
② 카테고리(category) 관리이론
③ 20 : 80 이론
④ 채찍(bullwhip) 이론
⑤ 욕조마개(bathtub) 이론

정답 ⑤
해설 ① 풍선효과(ballon) 이론 – 어떠한 문제를 해결하면 다른 문제가 또 불거지게 되는 현상을 말한다. 이는 마치 풍선을 누르면 다른쪽이 부풀어 오르는 현상과 비슷하다고 하여 생긴 표현이다.
② 카테고리(category) 관리이론 – 중간상과 제조업자가 협력해 상품별 카테고리를 관리하는 기법을 말하는 것으로 개개의 상품을 관리하는 것이 아닌 카테고리 수준에서 상품을 관리하는 기법이다.
③ 20 : 80 이론 – 전체 결과의 80%가 전체 원인의 20%에서 일어나는 현상을 말한다.
④ 채찍효과(Bullwhip effect) – 공급사슬의 구성은 공급자, 생산자, 도매상, 소매상, 소비자로 볼수 있다. 공급자로 갈수록 상류(upstream)이고 소비자 쪽으로 갈수록 하류(downstream). 공급사슬에서 최종소비자로부터 멀어지는 정보는 정보가 지연되거나 왜곡되어 수요와 재고의 불안정이 확대되는 현상을 말한다.

10 상품믹스에 대한 설명으로 가장 옳지 않은 것은?
① 상품믹스(product mix)란 기업이 판매하는 모든 상품의 집합을 말한다.
② 상품믹스는 상품계열(product line)의 수에 따라 폭(width)이 정해진다.
③ 상품믹스는 평균 상품품목(product item)의 수에 따라 그 깊이(depth)가 정해진다.
④ 상품믹스의 상품계열이 추가되면 상품다양화 또는 경영다각화가 이루어진다.
⑤ 상품믹스의 상품품목이 증가하면 상품차별화의 정도가 약해지게 된다.

정답 ⑤
해설 상품믹스의 품목들이 많아지게 되면 이를 취급하는 회사(점포)의 입장에서는 경쟁사들과는 차별화된 제품차별화의 정도가 강해지게 된다.

11 소매점에 대한 소비자 기대관리에 대한 설명으로 옳지 않은 것은?

① 입지편리성을 판단할 때 소비자의 여행시간보다 물리적인 거리가 훨씬 더 중요하다.
② 점포분위기는 상품구색, 조명, 장식, 점포구조, 음악의 종류 등에 영향을 받는다.
③ 소비자는 상품구매 이외에도 소매점을 통해 친교나 정보획득과 같은 욕구를 충족하고 싶어 한다.
④ 소비재는 소비자의 구매노력에 따라 편의품, 선매품, 전문품으로 구분할 수 있다.
⑤ 신용정책, 배달, 설치, 보증, 수리 등의 서비스는 소비자의 점포선택에 영향을 준다.

정답 ①
해설 결국 소비자가 점포를 이용할 시의 입지를 편리하게 이용할 수 있는 입장에서 보면 점포를 운영할 사람은 자신들의 점포가 역, 관공서 등과 가깝게 보는 물리적인 거리보다는 소비자의 입장에서 판단했을 때 그들의 여행시간을 더욱 중요하게 고려해야 한다.

12 마케팅 관리자들은 전형적으로 여러 가지 제품 특성을 기초로 소비재 제품을 분류한다. 소비재 분류 중 네모 안에 설명된 내용과 가장 밀접한 것은?

> 고객이 여러 상품들의 적합성, 품질, 가격, 스타일 등을 기준으로 특징적으로 비교하고 선택하고 구매하는 제품으로 가구, 의류, 주요 가전제품이 이에 속한다.

① 편의품(convenience goods)
② 선매품(shopping goods)
③ 전문품(speciality goods)
④ 비탐색품(unsought goods)
⑤ 충동품(impulse goods)

정답 ②
해설 소비재의 일반적 분류
- 편의품 : 보통고객이 최소한의 노력으로 빈번하고 즉각적으로 구매하는 제품
- 선매품 : 고객이 여러 상품들의 적합성, 품질, 가격, 스타일 등을 기준으로 특징적으로 비교하고 선택하고 구매하는 제품
- 전문품 : 충분한 고객집단이 상당한 구매노력을 기울이며 독특한 특성을 보유하고 있거나, 상표식별이 가능한 제품
- 비탐색품 : 소비자가 알지 못하거나 알고 있더라도 일반적으로 구매하지 않는 제품
- 충동제품 : 사전계획이나 정보탐색의 노력 없이 구입하는 제품

13 경제성의 가격 이미지를 제공하여 구매를 자극하기 위해 구사하는 정책으로 상품가격이 1,000원에 비해 990원이 훨씬 싸다고 지각되게 하는 가격정책은 무엇인가?

① 명성가격정책
② 단수가격정책
③ 개수가격정책
④ 특별염가정책
⑤ 미끼가격정책

정답 ②
해설 단수가격정책은 경제성의 가격 이미지를 제공하여 구매를 자극하기 위해 구사하는 정책으로 상품 가격이 1,000원에 비해 990원이 훨씬 싸다고 지각되게 하는 가격정책이다.
③ 개수가격정책 – 품질이 고급일 것이라는 이미지로 구매를 자극하기 위하여 우수리가 없는 가격을 제시하는 가격 결정 방법이다.
④ 특별염가정책 – 특정한 상표의 매출액을 높이기 위하여 생산자가 일시적으로 제품 가격을 내리는 정책이다.

14 소매업의 포지셔닝 전략에 대한 설명으로 가장 옳지 않은 것은?

① 다른 점포와의 차별화를 위해 물품의 구색을 갖추고 판매방법을 수립하는 전략이라 할 수 있다.
② 소비자의 마음속에 경쟁업자와 차별되는 자기 점포의 이미지를 어떻게 창조할 것인가에 관한 것이다.
③ 목표고객에게 가격, 서비스, 품질, 편리성 등을 맞추는 전략이다.
④ 우호적인 이미지를 창조하는 것이 중요하므로 타깃 소비자의 욕구와 좋아하는 이미지를 파악해야 한다.
⑤ 경쟁업자에 맞춘 포지셔닝전략은 소비자에 초점을 맞추기보다는 특정의 경쟁업자를 모방하거나 회피하려는 전략이다.

정답 ①
해설 포지셔닝(Positioning)전략은 소비자의 마음속에 경쟁상표와 비교하여 경쟁우위를 제공하는 위치에 자사상표를 구축하려는 노력을 말한다.

15 마케팅관리자가 상표결정 분야에 관련된 상표정책과 상표전략에 관한 의사결정을 하는데, 상표확장전략에 대해 가장 올바르게 설명하고 있는 것은?

① 신상품이 시장에 도입되기 전 상표의 포지션을 잠재고객의 기호나 마케팅 환경변화의 요인에 의해 상표 포지션을 변화시키는 전략
② 본질적으로 동일한 상품에 대해 두 개 이상의 상이한 상표를 설정하여 별도의 품목으로 차별화하는 전략
③ 이미 시장에 성공을 거둔 기존상품의 상표명을 신상품이나 개선된 상품에 활용하는 전략
④ 품목별 특성과 품질이 매우 상이할 때 이용되는 전략
⑤ 품목들이 유사한 특성과 품질을 가질 때 적합한 전략으로 촉진비용을 절감할 수 있고, 신상품의 시장도입이 용이

정답 ③

해설 상표전략
- 상표확장전략 : 이미 시장에 성공을 거둔 기존상품의 상표명을 신상품이나 개선된 상품에 활용하는 전략
- 복수상표전략 : 본질적으로 동일한 상품에 대해 두 개 이상의 상이한 상표를 설정하여 별도의 품목으로 차별화하는 전략
- 개별상표전략 : 품목별 특성과 품질이 매우 상이할 때 이용되는 전략

17 기업이 선택하고 실행할 수 있는 다양한 성장전략 가운데서 특히 기존 유통으로 기존 고객에게 보다 많이 판매하여 점유율을 높여서 성장을 추구하는 전략을 무엇이라고 하는가?

① 제품개발(product development)전략
② 시장개척(market development)전략
③ 시장침투(market penetration)전략
④ 전방통합(forward integration)전략
⑤ 시장다각화(market diversification)전략

정답 ③

해설 집중적 성장(intensive growth)
- 시장침투 전략 : 기존시장 + 기존제품의 경우로 어떤 형태로든 제품을 변경시키지 않고 기존고객들에게 보다 많이 판매하도록 하는 전략
- 시장개발(개척) : 신시장 + 기존제품의 경우로 시장개척의 가능성을 고려하는 전략
- 제품개발 전략 : 기존시장 + 신제품의 경우로 기존시장에 신제품 또는 수정된 제품을 공급하는 전략
- 다각화 전략 : 신시장 + 신제품의 경우로 기존의 제품이나 시장과는 완전히 다른 새로운 사업을 시작하거나 인수하는 전략

18 상품수명주기이론상 상품의 성장기에 해당하는 기업이 취할 수 있는 보편적인 전략으로 가장 옳은 것은?

① 새로운 소비자를 찾거나 기존 소비자를 위한 제품의 새로운 용도를 개발한다.
② 기존제품의 품질이나 특성 등을 수정하여 신규고객을 유인하거나 기존고객의 사용빈도를 늘인다.
③ 상품의 매출액은 늘어나게 되고 시장도 커지게 되는 시기로 시장점유율을 증대시키기 위해 가능한 한 점포수를 확장한다.
④ 판촉활동의 강화에 주력한다.
⑤ 기존 마케팅믹스를 수정하여 가격할인을 시도하거나 공격적인 비교 광고를 시행한다.

정답 ③
해설 상품수명주기이론상 상품의 성장기의 보편적인 전략은, 치열한 경쟁에 따른 시장점유율을 증대시키기 위한 시장침투가격전략과 집중적 유통 및 대량의 광고전략이 중요하고 제품라인의 확대와 서비스의 향상이 필수적이다.

19 포터(M. E. Porter)는 경쟁우위의 원천과 경쟁영역의 범위를 기준으로 4가지의 경쟁전략을 제시하였다. 어떤 유통업체가 경쟁업체에 비해 상품을 저렴한 가격으로 매입할 수 있으면서 동시에 경쟁영역의 범위가 좁은 경우에는 어떠한 전략적 대안을 선택하는 것이 가장 바람직한가?

① 집중적 원가우위전략
② 차별적 경쟁우위전략
③ 비용경쟁우위전략
④ 집중적 차별화전략
⑤ 차별적 원가우위전략

정답 ①
해설 포터의 경쟁우위 전략
- 원가우위전략 : 특정 산업 내에서 비용상의 우위를 목표로 하는 여러 가지 정책을 이용함으로써 전체적으로 경쟁적 비용우위를 확보하려는 전략
- 차별화전략 : 자사의 제품이나 서비스를 특정 산업 내 다른 회사의 제품이나 서비스와 구별되는 독특한 특징으로 고객들에게 인식시키는 전략
- 집중화전략 : 특정 구매자집단이나 생산라인부문 또는 지역시장을 집중적으로 공격하는 전략

20 상시저가전략(EDLP)과 비교한 고저 가격전략(high-low pricing)의 장점으로 가장 옳지 않은 것은?

① 고객의 가격민감도 차이에 기반한 가격차별화를 통해 수익증대가 가능하다.
② 할인행사에 대한 고객 기대를 높이는 효과가 있다.
③ 광고 및 운영비를 절감하는 효과가 있다.
④ 동일 상품을 다양한 고객층에게 판매할 수 있다.
⑤ 제품수명주기의 변화에 따른 가격설정이 용이하다.

정답 ③
해설 HILO(High-Low)가격 전략은 일반적으로 저가격을 지향하기 보다는 품질이나 서비스를 강조하는 가격정책이다. 가격할인행사와 소비자를 유인하기 위한 차별화정책을 사용하기 때문에 광고 및 운영비가 상시저가전략보다 많이 든다.

제2장 디지털 마케팅

제1절 소매점의 디지털 마케팅 전략

1. 디지털 마케팅에 대한 이해

(1) 디지털 마케팅의 개념
   ① 디지털 마케팅(digital marketing)은 전자기기나 인터넷을 사용한 모든 마케팅 활동을 포괄하는 개념이다.
   ② 디지털 기술과 매체를 기반으로 기업의 상품과 서비스를 고객에게 인지, 체험, 판매하고 나아가 고객과 관계를 구축하는 총체적인 활동을 의미한다.
   ③ 디지털 마케팅은 비즈니스 및 브랜드 인지도에 있어 매우 중요하므로 최근에는 거의 모든 브랜드가 웹 사이트를 운영하면서 최소한 소셜 미디어나 디지털 광고 전략을 활용하고 있다.
   ④ 디지털 마케팅은 디지털 채널을 통해 실행하는 모든 마케팅 행위를 의미하며, 디지털 광고는 디지털 채널에서 일어나는 광고를 가리킨다.

(2) 디지털 마케팅의 유형★★
   ① 검색엔진 최적화(Search Engine Optimization, SEO)
      ㉠ 검색엔진 결과 페이지에서 웹 사이트가 상위에 위치하도록 하여 웹 사이트로 유입되는 트래픽의 양을 늘리는 방법이다.
      ㉡ 검색엔진 최적화를 수행하는 채널은 웹 사이트뿐만 아니라 블로그와 인포그래픽도 포함되며, 검색엔진 최적화를 실행하는 방법은 다양하다.
   ② 콘텐츠 마케팅(Content Marketing)
      ㉠ 브랜드 인지도, 트래픽 증가, 잠재고객 생성, 고객 확보 등의 목적을 위해서 콘텐츠를 생성하고 홍보한다.
      ㉡ 블로그 게시물, 이북 및 백서, 인포그래픽 등이 대표적이다.
   ③ 소셜 미디어 마케팅(Social Media Marketing)
      ㉠ 브랜드 인지도 향상, 트래픽 증가, 잠재고객 발굴을 위해서 브랜드와 콘텐츠를 홍보하는

데 활용된다.
ⓒ 다수의 소셜 미디어 플랫폼을 사용하는 경우 허브스팟(HubSpot) CRM과 같은 도구를 사용해서 링크드인이나 페이스북과 같은 채널을 한 곳에서 연결할 수 있다.

④ 네이티브 광고(Native Advertising)
㉠ 해당 웹 사이트에 맞게 고유한 방식으로 기획 및 제작된 광고를 말한다. 기존 광고와는 달리 웹 사이트 이용자가 경험하는 콘텐츠 일부로 작동하여 기존 광고보다 사용자의 관심을 적극적으로 끄는 형식을 사용한다.
㉡ 광고가 아닌 게시물 사이에 자연스럽게 위치하여 이용자들의 반감을 낮추고, 관심을 끄는 효과를 가진 광고이다.

⑤ 오가닉 마케팅(Organic Marketing)★
㉠ 유료 광고를 집행하지 않고 트래픽을 생성하는 마케팅을 의미한다. 대표적인 오가닉 마케팅 방법으로는 블로그 게시물, 페이스북 게시물, 인스타그램 게시물, 인터넷 카페 게시물 등이 있다.
㉡ 특정 미디어에 올린 특정 게시물의 트래픽을 높이기 위해 비용을 들이지 않는 마케팅을 의미한다.
㉢ 오가닉 트래픽(Organic Traffic)은 검색엔진 최적화(SEO)의 성과지표 중 하나로, 검색엔진을 통해 웹사이트에 유입된 방문자 수치를 의미한다.

(3) 디지털 마케팅의 효과
① 잠재고객의 발굴 & 마케팅 타깃 확대
② 경제성
③ 고객과의 실시간 상호작용 가능
④ 콘텐츠의 다양화 & 개인화
⑤ 정량적 효과 측정 가능

2. 온라인 구매결정과정에 대한 이해★

(1) AISAS 모델
① AISAS 모델은 인터넷을 통한 정보통신의 발달로 흥미를 지닌 고객들은 바로 검색을 통해 구매 정보를 획득하고 구매를 결정한 다음 구매경험을 공유하는 행동을 묘사 한 것이다.
② 최근 제품을 구매할 때 대부분 사람들은 인터넷에서 검색과정을 거친 후에 가격을 비교하고 후기를 자세하게 살펴보는 경향이 있다. 세계 최대의 광고회사인 덴츠(Dentsu)에서 새로운 소비자 행동 모델인 AISAS 모델을 제시하였다.
③ Attention(주의) → Interest(흥미) → Search(검색) → Action(구매) → Share(공유)의

단계로 이루어진다.

| A
Attention
주의 | I
Interest
흥미 | S
Search
검색 | A
Action
구매 | S
Share
공유 |

[AISAS 모델]

- ㉠ Attention(주의) : 소비자의 주의를 끌기 위해 마케팅이나 광고는 먼저 소비자의 관심을 끌어야 한다.
- ㉡ Interest(관심) : 주목을 받은 후에는 소비자의 관심을 유도해야 한다.
- ㉢ Search(검색) : 소비자가 관심을 가지면 추가 정보를 얻기 위해 검색을 시작하는데, 이때 소비자는 제품이나 서비스에 대한 더 자세한 정보를 얻기 위해 온라인 검색이나 다양한 정보 수집 수단을 활용할 수 있다.
- ㉣ Action(행동) : 소비자가 충분한 정보를 얻은 후에는 특정한 행동을 취하게 된다. 이 행동은 보통 구매, 가입 신청, 또는 다른 원하는 행동일 수 있다.
- ㉤ Share(공유) : 상품 및 체험을 인터넷으로 공유한다. 사진을 찍어 SNS에 올리거나 입소문 사이트에 사용편의 리뷰를 투고할 수 있다.

④ AIDMA 모델에서는 '소비자에게 어떻게 기억될 것인가'에 대해서 중요하게 여겼다면, AISAS 모델에서는 '검색(Search)'과 '공유(Share)'를 더욱 더 강조하고 있다.

(2) 온라인 쇼핑몰 고객여정 단계[1)

① 인지 단계
  - ㉠ 인지 단계는 고객이 기업을 처음 접할 때를 의미한다. 고객이 기업을 접할 수 있는 채널은 다양하다.
  - ㉡ 인지 단계에서 온라인 쇼핑몰은 최대한 많은 트래픽을 확보하는 것이 목표이다.

② 고려 단계
  - ㉠ 흔히 온라인 쇼핑의 3가지 요소라고 할 때 가격·상품 구색·서비스를 말한다.
  - ㉡ 고객이 생각할 때 가격이 합리적이고, 원하는 기능이나 디자인이 반영된 상품일 때, 그리고 빠른 배송이나 다양한 혜택과 같은 서비스가 제공될 때 구매하기 때문이다. 고려 단계는 고객이 이 3가지 요소를 모두 고민해보는 단계이다.

③ 구매 단계
  - ㉠ 구매 단계는 고객이 제품을 결제하는 단계로서 빠르고 편한 결제 프로세스와 UI를 제공

---

1) 오픈서베이

하는 것이 중요하다.
ⓒ 결제 프로세스를 편하게 만드는 방법으로는 다양한 결제 수단 제공하기, 쿠폰 사용 조건을 상세히 안내하기, 버튼 위치 개선하기 등이 있다.

④ 제품 사용 단계
㉠ 제품 사용 단계는 제품을 배송 받아 사용하는 단계로서 고객 입장에서는 제품의 만족도를 직접적으로 확인할 수 있다.
ⓒ 기대하고 있는 기능과 디자인을 갖추고 있는지, 제품에 하자가 있는지 등 제품이 나의 기대치와 니즈에 부합하는지를 확인하는 단계이다.

⑤ 서비스 단계
㉠ 서비스 단계는 모든 고객이 거치는 단계는 아니지만, 제품을 이용하면서 문제나 어려움이 생겼을 때 CS 지원을 받는 단계이다.
ⓒ 문제가 발생하면 고객의 어려움을 신속하게 해결하는 것이 이 단계에서 가장 중요하다.

⑥ 로열티 단계
㉠ 로열티 단계는 고객 충성도와 추후 재구매 의향이 있는지를 보는 단계이다.
ⓒ 고객이 앞선 고객 여정 단계에서 CX(고객경험)가 전반적으로 만족스러웠다면 나중에 필요할 때 재구매할 수도 있고, 주변에 비슷한 니즈가 있는 지인에게 쇼핑몰을 추천할 수 있다.

3. 디지털 마케팅의 목표결정과 타겟 고객층 파악

(1) 디지털 마케팅의 목표와 성과지표★★★

① 광고비용 대비 매출률(수익률)(Return of Ad Spend, ROAS)
㉠ 투입된 광고비에 비해 얼만큼의 매출이 창출되었는지 계산하는 지표이다.
ⓒ [광고를 통한 매출/투입 비용 × 100] 으로 계산되며 기업에게 가장 효율적인 광고 방식을 평가하는데 활용될 수 있다.

② 마케팅 투자수익률(Return of Investment, ROI)
㉠ 마케팅 캠페인을 통해 광고 비용을 제외하고 얻은 매출액을 의미한다.
ⓒ 투자기업의 순이익을 투자액으로 나눈 값을 의미하며, 마케팅에서 가장 널리 활용되는 성과 측정 기준 중의 하나이다.

③ 전환율(Conversion Rate, CVR)
㉠ 얼마나 많은 사람들이 콘텐츠를 보고 행동을 '전환'하였는지를 측정하는 지표이다.
ⓒ 주로 구매나 회원가입, 다운로드, 링크 클릭 같이 마케터가 유인하는 '행동'으로 이어진 정도를 측정하는 데 사용된다.

④ 클릭율(Click Through Rate, CTR)
  ㉠ 콘텐츠의 노출 대비 클릭한 사람의 비율을 의미한다.
  ㉡ 광고 클릭수를 노출수로 나누어 100을 곱하여 백분율로 나타낸다. 예를 들어 광고가 50,000회 노출되었고, 500번 클릭되었다면 CTR은 1%가 된다.
⑤ 클릭당 비용(Cost Per Click, CPC)
  ㉠ 유저가 1번 클릭 했을 때의 비용, 즉 1회 클릭당 비용을 의미한다.
  ㉡ CPC가 낮을수록 비용 대비 많은 유입이 있었다고 볼 수 있다.
⑥ CPM(Cost Per Mille)
  ㉠ Cost per mille의 약자로 웹 페이지에서 광고가 1,000번 노출됐을 때의 비용을 의미한다.
  ㉡ 1,000회 노출에 따른 금액을 책정 다른 한편 에서는 월 정액제 광고를 의미한다.
⑦ CPV(Cost Per View)
  ㉠ 광고 시청당 비용을 뜻하며, 배너 광고의 경우 배너의 노출 1회 당 가격을 측정하는 것을 의미한다.
  ㉡ 최근에 인기 있는 동영상 플랫폼의 경우 동영상 광고가 노출되면 무조건 과금되는 방식이 아닌 일정시간 이상 광고를 시청해야 과금 되는 것을 의미하기도 한다.

(2) 타겟 고객층 파악
① 디지털 광고 시장이 퍼포먼스 중심으로 변화하며 고객 타겟팅의 중요성은 크게 증가하였다.
② 실제 전환이 어떤 고객 세그먼트에서 주로 발생할지 정확히 예측하기 어렵기 때문에, 처음부터 세밀한 타겟팅을 설정하는 것은 효율 저하의 원인이 될 수 있다. 캠페인 집행 초기에는 도달 범위를 넓게 잡고 캠페인 성과에 따라 대상을 좁혀나가는 전략이 현실적이다.
③ 타겟팅 전략[2]
  ㉠ 특정 소비자를 타겟으로 하는 제품군을 위한 DMP 활용 구매 유저 타겟팅
    • DMP(Data Management Platform)란 소비자 관련 데이터를 수집·분류·저장·선별하여 광고 목표에 부합하는 유저만을 타겟팅할 수 있도록 돕는 플랫폼
  ㉡ 데이터의 실시간 활용을 위한 API 타겟팅
    • API란 프로그램들이 서로 상호작용하는 것을 도와주는 인터페이스
  ㉢ 오프라인 매장을 보유한 브랜드를 위한 실시간 매장 반경 타겟팅
  ㉣ 반응률 높은 타겟 모수 확대를 위한 유사고객 타겟팅
  ㉤ 앱 광고주를 위한 자동 최적화 광고
    • AI, 머신러닝을 활용해 각 유저마다 관련성이 높은 광고를 보여주고 행동을 유도하는 자동 최적화 광고를 활용

---
[2] 매조미디어

4. 경쟁분석과 마케팅 포지셔닝

(1) 경쟁분석

① 경쟁이란 고객에게 양질의 상품을 싼 가격에 공급하는 시장의 원리인 동시에 혁신의 원동력이다.

② 경쟁은 상품 형태에 의한 경쟁, 상품 범주에 의한 경쟁, 본원적 효익에 의한 경쟁, 고객의 예산 내에서 어느 부문에 지출하는가에 따른 경쟁 등 다양한 차원에서 이루어지며 유형에 따라 기존경쟁자, 잠재 경쟁자, 대체 경쟁자로도 나눌 수 있다.

(2) 마케팅 포지셔닝

① 경쟁사 대비 강점파악
  ㉠ 소비자들은 일반적으로 가장 큰 가치를 전달해 주는 제품, 서비스를 선택한다.
  ㉡ 따라서 기업이 자사의 제품과 서비스를 성공적으로 판매하기 위해 경쟁사들보다 더 큰 가치를 전달할 수 있어야 한다.

② 적절한 경쟁우위 선택
  ㉠ 기업이 경쟁사 대비 차별점을 파악했다면 그다음 단계는 몇 개의 차별점을 가지고 포지셔닝을 할 것인지, 어떤 차별점으로 포지셔닝을 할 것인지 결정해야 한다.
  ㉡ 마케터는 오직 하나의 차별점을 가지고 포지셔닝할 수도 있고, 몇몇 차별점을 이용하여 많은 수의 세분시장을 한 번에 공략할 수도 있다. 차별점의 수가 결정되면 어떤 차 별점으로 포지셔닝해야 할지 결정해야 한다.

제2절 웹 사이트 및 온라인 쇼핑몰 구축

1. 사용자 경험(UX)에 대한 이해

(1) 사용자 경험(UX)의 개념 및 의의

① UX(User Experience)는 사용자가 웹 사이트, 애플리케이션 또는 실제 제품과 같은 제품 또는 서비스와 상호 작용하는 동안 갖게 되는 전반적인 경험을 의미한다.

② 여기에는 인식, 감정, 태도 및 행동을 포함하여 사용자 경험의 모든 측면이 포함되며 디자인, 기능, 유용성, 접근성 및 미학과 같은 요소의 영향을 받는다.

③ 좋은 사용자 환경은 쉽고 직관적이며 즐겁고 사용자의 요구와 기대를 충족하는 환경이다. 사용자가 좌절이나 혼란 없이 빠르고 효율적으로 목표를 달성할 수 있도록 해야 한다.

(2) 사용자 경험(UX)의 구성요소
① 유용성
② 접근성
③ 사용자 중심 디자인
④ 시각 디자인
⑤ 사용자 피드백 및 테스트

2. 온라인 쇼핑몰 및 결제시스템

(1) 온라인 쇼핑몰
① 온라인 쇼핑몰이란 무점포 판매방식의 소매업 형태로서 최종소비자를 대상으로 상품을 판매하기 위해 컴퓨터 통신망상에 개설한 가상점포이다.
② 수많은 판매자가 자신이 판매하고자 하는 제품이나 재화, 서비스를 온라인을 통해 고객에게 제시하고, 이 정보를 수많은 이용자(구매자)가 온라인에 접속하여 검색하고, 상품을 선택하고, 주문과 결제를 행함으로써 거래가 진행되는 가상의 시장을 말한다.

(2) 온라인 쇼핑몰의 이점
① 고객 측면
  ㉠ 고객은 직접 상점을 방문하지 않아도 쉽게 원하는 상품을 찾고 구매할 수 있다.
  ㉡ 실제 상점과 달리 365일 24시간 언제나 개점되어 있으므로 고객은 원하는 때 언제나 구매할 수 있다.
  ㉢ 고객은 전세계의 많은 상품을 가격, 품질 등에 따라 비교 구매할 수 있다.
  ㉣ 상점을 이리저리 돌아다니지 않아도 원하는 상품을 한자리에서 살 수 있다.
  ㉤ 오프라인 매장보다 비교적 저렴하게 살 수 있다.
② 운영자(기업) 측면
  ㉠ 실제 매장을 갖추는데 비해 비교할 수 없을 만큼 구축비용이 저렴하다.
  ㉡ 시간적 공간적 제약이 없다.
  ㉢ 매장 관리비용과 건물 임대료 등의 운영비도 크게 줄일 수 있다. 따라서 상품가격의 인하가 가능하다.
  ㉣ 웹을 이용한 광고는 TV나 대중 매체를 이용하는 것보다 저렴하며 고객에게 맞는 제품에 대한 정보를 더 많이 전달하여 추가 수요를 창출할 수 있다.

(3) 온라인 쇼핑몰 결제시스템★

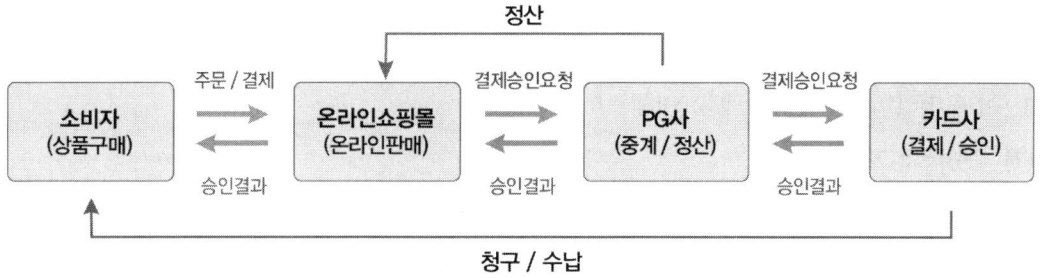

[PG사 통합결제 서비스 흐름도]

① PG(Payment Gateway) 서비스란 쇼핑몰 등의 온라인 중소 업체와 카드사 등의 금융권 사이에서 온라인 결제 서비스를 가능케 해주는 중개 서비스이다.
② 결제승인
  ㉠ 소비자(사이트 이용자)가 결제 정보를 입력한다.
  ㉡ 사이트는 이 결제 정보를 PG 사에 넘긴다.
  ㉢ PG 사는 VAN 사에 승인을 요청한다.
  ㉣ VAN 사는 국내 신용카드사에 승인을 요청한다.
  ㉤ 신용카드사부터 소비자까지 역방향으로 승인 결과가 전달된다.
③ 신용카드의 PG(Payment Gateway) 서비스
  ㉠ 대표가맹점 서비스는 PG업체가 중소형 온라인 쇼핑몰을 대표하여 신용카드사와 대표가맹점계약을 체결하고 거래승인, 매입, 정산 등의 업무를 대행하는 서비스이다.
  ㉡ 자체가맹점 서비스는 온라인 쇼핑몰이 신용카드사와 가맹점 계약을 직접 체결하고 PG업체는 결제정보를 중계한다.
  ㉢ 자체가맹점 서비스에서의 정산은 신용카드사가 온라인 쇼핑몰과 함께 직접 처리한다.
  ㉣ 온라인 쇼핑몰은 대표가맹점 서비스보다 자체가맹점 서비스를 이용할 때 보다 신속하게 판매대금을 받을 수 있다.
  ㉤ 쇼핑몰이 구매자의 신용카드 정보를 볼 수 없고, 직접 PG 서버에서 처리를 하기 때문에 거래의 안정성과 신뢰성이 보장된다.

제3절 소셜미디어 마케팅

1. 소셜미디어 플랫폼에 대한 이해

(1) 플랫폼의 개념

① 플랫폼은 구획된 땅이라는 'Plat'과 형태라는 뜻의 'Form'을 합성한 말이다.
② 플랫폼은 공급자와 수요자가 직접 참여해서 각자 얻고자 하는 가치를 거래할 수 있도록 만들어진 환경으로 정의할 수 있다.

(2) 소셜 미디어의 개념 및 특성

① 소셜 미디어란 사람들의 의견, 생각, 경험, 관점 등을 서로 공유하기 위해 사용하는 온라인 툴과 플랫폼을 말한다. 이러한 소셜 미디어는 텍스트, 이미지, 오디오, 비디오 등의 다양한 형태를 취하고 있다.
② 소셜 미디어는 정보, 전자적인 매체(인터넷), 소셜 인터페이스의 3대 구성요소로 이루어진다.
③ 소셜 미디어의 특성

구 분	해 설
참여 (Participation)	소셜 미디어는 관심 있는 모든 사람들의 기여와 피드백을 촉진하며 미디어와 오디언스의 개념을 불명확하게 함
공개 (Openness)	대부분의 소셜 미디어는 피드백과 참여를 통해 이뤄지며 투표, 피드백, 코멘트, 정보 공유를 촉진하는 등 콘텐츠 접근과 사용에 대한 장벽이 거의 없음
대화 (Conversation)	전통적인 미디어가 'Broadcast'이고 콘텐츠가 일방적으로 오디언스에게 유통되는 반면 소셜 미디어는 쌍방향성을 띔
커뮤니티 (Community)	소셜 미디어는 빠르게 커뮤니티를 구성하게 하고 커뮤니티로 하여금 공통의 관심사에 대해 이야기하게 함
연결 (Connectedness)	대부분의 소셜 미디어는 다양한 미디어의 조합이나 링크를 통한 연결을 통해서 번성

2. 소셜 미디어 마케팅 전략과 콘텐츠 제작

(1) 소셜 미디어 마케팅의 필요성

① 소셜 미디어 마케팅이란 페이스북, 인스타그램과 같은 다양한 소셜 미디어 플랫폼에서 제품이나 서비스를 홍보하는 콘텐츠를 만드는 것을 의미한다. 제작할 콘텐츠는 고객 전환율을 높여주고 브랜드 인식을 올려주도록 할 수 있어야 하며, 각각의 플랫폼에 따라 다른 마케팅 전략이 이루어져야 합니다.

② 소셜 미디어는 이용자들이 이미 오프라인에서 친분이 있거나 또는 관심사가 흡사한 이용자들의 상호작용과 관계 속에서 콘텐츠가 생산되고 확대되는 구조를 갖추고 있기 때문에 이용자들이 오히려 기존 미디어보다 소셜 미디어에 대해 더 많은 신뢰감을 느낀다.

(2) 소셜 미디어 마케팅 전략

① 구매자 페르소나와 청중 이해하기*
  ㉠ 소셜 미디어 마케팅 전략을 위한 첫 번째 단계는 구매자 페르소나와 청중이 누구인지 정하는 것이다. 누구인지 알아야 그들의 니즈와 흥미에 맞추어 타겟 청중을 정할 수 있다.
  ㉡ 페르소나(persona)는 실제 사람은 아니지만 시장과 기존 고객 데이터를 기반으로 만들어낸 가상의 인물을 말한다. 어떤 제품 혹은 서비스를 사용할 만한 목표 인구 집단 안에 있는 다양한 사용자 유형들을 대표하는 가상의 인물을 말한다.
    • 고대 그리스 가면극에서 배우들이 썼다가 벗었다가 하는 가면에서 유래되었다.

② 대상고객 파악하기
  ㉠ 세분화 : 공통의 특성을 기반으로 대상 고객을 더 작은 그룹으로 나눈다. 이를 통해 각각의 고객에게 더욱 개인화된 메시지를 전달하여 전환율을 높일 수 있다.
  ㉡ 피드백 메커니즘 : 댓글 섹션, 직접 메시지 및 이메일 피드백을 사용하여 직접적인 인사이트를 얻을 수 있다.
  ㉢ 경쟁자 분석 : 경쟁자의 팔로워와 소통 방식을 살펴보고 나의 잠재적인 대상 고객의 행동에 대한 인사이트를 얻을 수 있다.

③ 플랫폼 선택과 소셜 미디어 전략 만들기
  ㉠ 제작한 콘텐츠를 '어디에' 올릴지 결정하는 것은 매우 중요하다.
  ㉡ 어떤 플랫폼을 이용해야 가장 효과적으로 대중에게 도달 될 수 있는지를 고려해야 한다.

④ 공감하고 참여할 수 있는 콘텐츠 제작하기
  ㉠ 콘텐츠를 구성할 시, 대중이 공감할 수 있는 콘텐츠를 만들어 참여도를 높이는 것을 목표로 한다.
  ㉡ 정보 제공, 매력적인 영상 또는 눈에 띄는 그래픽과 같이 타겟으로 하는 대중에게 필요한 가치를 줄 수 있어야 한다.

⑤ 브랜드 인지도 높이기
  ㉠ 브랜드 인지도는 고객의 구매 결정에 큰 영향을 미치며, 브랜드의 시장 점유율을 높이는 데 중요한 역할을 한다.
  ㉡ 브랜드 인지도 제고를 위한 전략으로는 소셜 미디어 활용, 콘텐츠 마케팅 전략, PR 활동 등이 있다.

3. 소셜 미디어 광고

(1) 소셜 미디어 광고 형태
① 노출형 광고 : 이미지 및 동영상으로 메시지 전달
② 전환 유도 광고 : 이벤트 광고, 투표(Poll), 모바일앱 설치, 상담신청 혹은 구매, 팔로워 신청 등
③ 간접 광고 : 해당 광고에 반응한 소셜미디어 친구의 활동 노출 등

(2) 타겟팅 광고와 리타겟팅 광고
① 타겟팅 광고
  ㉠ 타겟팅은 광고를 특정 대상 그룹에게 전달하는 전략이다.
  ㉡ 마케터는 광고 대상의 특성을 고려하여 정확한 타겟팅을 수행한다.
② 리타겟팅 광고
  ㉠ Re와 Targeting의 합성어로 직역하면 '다시 한번 타겟팅을 진행한다'는 의미이다. 이는 마케팅 단계에서 일차적으로 광고를 집행한 대상, 또는 광고를 접한 대상을 타겟으로 한번 더 광고를 집행하는 것을 의미한다.
  ㉡ 리타겟팅은 관심 있는 대상에게 다시 관심을 불러일으키며 구매 결정을 촉진하거나 브랜드 인식을 강화하는데 도움을 준다.

제2장 학습정리

- **디지털 마케팅**: 전자기기나 인터넷을 사용한 모든 마케팅 활동을 포괄하는 개념이다. 디지털 기술과 매체를 기반으로 기업의 상품과 서비스를 고객에게 인지, 체험, 판매하고 나아가 고객과 관계를 구축하는 총체적인 활동을 의미한다.
- **검색엔진 최적화(Search Engine Optimization, SEO)**: 검색엔진 결과 페이지에서 웹 사이트가 상위에 위치하도록 하여 웹 사이트로 유입되는 트래픽의 양을 늘리는 방법이다.
- **AISAS 모델**: Attention(주의) → Interest(흥미) → Search(검색) → Action(구매) → Share(공유)
- **온라인 쇼핑몰 고객여정 단계**: 인지 → 고려 → 구매 → 제품 사용 → 서비스 → 로열티
- **디지털 마케팅의 주요 성과 지표(KPI)**: ROAS, ROI, 전환율(Conversion Rate, CVR), 클릭율(Click Through Rate, CTR), 클릭당 비용(Cost Per Click, CPC), CPM(Cost Per Mille), CPV(Cost Per View)
- **UX(User Experience)**: 사용자가 웹 사이트, 애플리케이션 또는 실제 제품과 같은 제품 또는 서비스와 상호 작용하는 동안 갖게 되는 전반적인 경험을 의미한다.
- **UI(USER INTERFACE)**: 사용자 인터페이스라고 하며 사용자가 제품·서비스를 사용할 때, 마주하게 되는 면이다. 즉, 사용자가 제품·서비스와 상호작용할 수 있도록 만들어진 매개체이다.
- **온라인 쇼핑몰**: 무점포 판매방식의 소매업 형태로서 최종소비자를 대상으로 상품을 판매하기 위해 컴퓨터 통신망상에 개설한 가상점포이다.
- **PG(Payment Gateway) 서비스**: 쇼핑몰 등의 온라인 중소 업체와 카드사 등의 금융권 사이에서 온라인 결제 서비스를 가능케 해주는 중개 서비스이다.
- **소셜 미디어**: 사람들의 의견, 생각, 경험, 관점 등을 서로 공유하기 위해 사용하는 온라인 툴과 플랫폼을 말한다. 소셜 미디어는 텍스트, 이미지, 오디오, 비디오 등의 다양한 형태를 취하고 있다.
- **페르소나(persona)**: 실제 사람은 아니지만 시장과 기존 고객 데이터를 기반으로 만들어낸 가상의 인물을 말한다. 어떤 제품 혹은 서비스를 사용할 만한 목표 인구 집단 안에 있는 다양한 사용자 유형들을 대표하는 가상의 인물을 말한다.
- **타겟팅**: 광고를 특정 대상 그룹에게 전달하는 전략이다. 마케터는 광고 대상의 특성을 고려하여 정확한 타겟팅을 수행한다. 이를 위해 다양한 데이터와 도구를 활용하여 대상 그룹의 인구 통계, 관심사, 행동 패턴 등을 분석한다.

적중 예상문제

01 다음에서 설명하는 광고로 알맞은 것은?

- 실시간 광고를 관리할 수 있는 장점이 있음
- 광고성과에서 노출수, 클릭수, 구매수를 모두 확인 할 수 있는 장점이 있음
- 관심 있는 타깃 고객을 대상으로 광고하기 때문에 광고효과는 높음
- 광고상품 종류로는 파워링크, 비즈사이트, 프리미엄링크, 스페셜링크 등이 있음

① 바이럴광고　　　　② 검색광고　　　　③ 컨텍스트광고
④ 막간광고　　　　　⑤ SNS광고

정답 ②
해설 검색광고는 인터넷 검색사이트에 특정 키워드를 검색한 사람들을 대상으로 광고주의 사이트가 노출되도록 하는 광고 기법이다.

02 150만원 광고비로 300만원 매출이 발생할 때의 ROAS는?

① 75%　　　　② 150%　　　　③ 200%
④ 250%　　　　⑤ 300%

정답 ③
해설 광고비용 대비 매출률(수익률)(Return of Ad Spend, ROAS)
[광고를 통한 매출 / 투입 비용 × 100] = 300만 / 150만 × 100 = 200%

03 디지털 마케팅(digital marketing)에 대한 설명으로 가장 옳지 않은 것은?

① 디지털 마케팅은 전자기기나 인터넷을 사용한 모든 마케팅 활동을 포괄하는 개념이다.
② 디지털 광고는 디지털 마케팅의 상위 개념이다.
③ 디지털 기술과 매체를 기반으로 기업의 상품과 서비스를 고객에게 인지, 체험, 판매하고 나아가 고객과 관계를 구축하는 총체적인 활동을 의미한다.
④ 디지털 마케팅은 비즈니스 및 브랜드 인지도에 있어 매우 중요하므로 최근에는 거의 모든 브랜드가 웹사이트를 운영하면서 최소한 소셜 미디어나 디지털 광고 전략을 활용하고 있다.
⑤ 디지털 마케팅(digital marketing)을 단순한 디지털 광고(digital ads)와 혼동하지 않도록 주의해야 한다.

정답 ②
해설 디지털 광고는 디지털 채널에서 일어나는 광고를 가리킨다. 디지털 광고는 디지털 마케팅의 하위 개념이다.

04 검색엔진 결과 페이지에서 웹사이트가 상위에 위치하도록 하여 웹사이트로 유입되는 트래픽의 양을 늘리는 방법은 무엇인가?
① 검색엔진 최적화(SEO)
② 콘텐츠 마케팅
③ 소셜 미디어 마케팅
④ 제휴 마케팅
⑤ 네이티브 광고

정답 ①
해설 검색엔진 최적화(Search Engine Optimization, SEO) : 검색엔진 결과 페이지에서 웹사이트가 상위에 위치하도록 하여 웹사이트로 유입되는 트래픽의 양을 늘리는 방법이다. 검색엔진 최적화를 수행하는 채널은 웹사이트뿐만 아니라 블로그와 인포그래픽도 포함되며, 검색엔진 최적화를 실행하는 방법은 다양하다.

05 다음 중 검색광고와 SNS광고의 특징에 대한 설명으로 틀린 것은?
① 검색광고는 온라인광고 영역에서 가장 많은 광고주가 이용하는 광고이다.
② 검색광고는 클릭당과금 으로만 비용을 지불하는 방식이다.
③ SNS광고는 페이스북, 인스타그램, 카카오스토리 등 SNS 매체에 노출되는 광고이다.
④ SNS광고는 네이티브 광고라고 하며, 정보성으로 인식되는 장점을 가지고 있다.
⑤ 검색광고는 관심 있는 타깃 고객을 대상으로 광고하기 때문에 광고효과가 높은편이다.

정답 ②
해설 PPC(Pay Per Click) : 광고를 클릭할 때마다 광고 비용을 지불하여 기업의 웹사이트로 트래픽을 유인하는 방법이다.

06 콘텐츠의 노출 대비 클릭한 사람의 비율을 무엇이라고 하는가?

① CPC　　　② CPM　　　③ CTR
④ CVR　　　⑤ CPV

정답 ③
해설 클릭율(Click Through Rate, CTR) : 콘텐츠의 노출 대비 클릭한 사람의 비율을 의미한다.

07 다음에서 설명에서 괄호안에 공통으로 들어갈 단어는 무엇인가?

> • 디지털 기술 덕분에 소비자들은 컨슈머(consumer)에서 (　　)로 진화하게 된다.
> • (　　)는 시장의 주도권이 생산자에서 소비자에게로 넘어가면서 발전된 개념이다.

① nomad　　　② executive
③ native　　　④ marketer
⑤ prosumer

정답 ⑤
해설 프로슈머(prosumer) 또는 생비자(生費者)는 생산자와 소비자의 역할을 동시에 하는 사람을 나타내는 말이다. 생산 소비자 또는 참여형 소비자라고도 한다.

08 인터넷과 스마트폰 등이 발달되면서 소비자는 기업이 일방적으로 전하는 메시지에만 의존 하지 않게 되었다. 이에 새로운 구매행동이론이 대두 되었는데 (괄호)에 들어갈 알맞은 용어는 무엇인가?

> 주목(Attention) ▶ 흥미(Interesting) ▶ (　　) ▶ 구매(Action) ▶ 공유(Share)

① Serach　　　② Memoery
③ Conviction　　　④ Identify
⑤ Desire

정답 ①
해설 AISAS모델은 'Attention(주의) → Interest(흥미) → Search(검색) → Action(구매) → Share(공유)'의 단계로 이루어진다.

09 다음에서 설명하는 것은 무엇인가?

광고를 클릭하고 돌아온 사용자가 지정 된 행위(회원가입, 이벤트 참가, 구매 등)를 할 경우마다 지불하는 광고비, 또는 그러한 광고비를 지불하는 방식이다.

① CPC ② CPA ③ CTR
④ CVR ⑤ CPV

정답 ②
해설 CPA(Cost Per Action) : 내가 원하는 사용자의 액션(회원가입, 설치 등)을 하게 하는데 사용된 비용

10 사용자가 하이퍼링크를 클릭했을 때 사용자에게 제일 처음 보여주고 싶은 페이지에 이름 그대로 착륙하게 하여 보여주는 첫 페이지를 무엇이라고 하는가?

① 상세페이지 ② 홈페이지 ③ 랜딩페이지
④ 스마트페이지 ⑤ 웹페이지

정답 ③
해설 랜딩페이지(landing page)란 사용자가 사이트를 클릭했을 때 제일 먼저 보이는 페이지를 말한다.

11 온라인 쇼핑몰 고객여정 단계에 대한 설명으로 가장 옳지 않은 것은?

① 인지 단계는 고객이 기업을 처음 접할 때를 의미한다. 고객이 기업을 접할 수 있는 채널은 다양하다.
② 고려 단계는 해당 쇼핑몰에 좀 더 관심이 생겨 적극적으로 탐색해보는 단계로서 구매 여부를 결정하는 아주 중요한 단계이다.
③ 구매 단계는 고객이 제품을 결제하는 단계로서 빠르고 편한 결제 프로세스와 UI를 제공하는 것이 중요하다.
④ 구매 단계는 제품을 배송 받아 사용하는 단계로서 고객 입장에서는 제품의 만족도를 직접적으로 확인할 수 있다.
⑤ 서비스 단계는 모든 고객이 거치는 단계는 아니지만, 제품을 이용하면서 문제나 어려움이 생겼을 때 CS 지원을 받는 단계이다.

정답 ④
해설 제품 사용 단계는 제품을 배송 받아 사용하는 단계로서 고객 입장에서는 제품의 만족도를 직접적으로 확인할 수 있다.

제3장 점포관리

제1절 점포구성

1. 점포구성의 개요

(1) 점포구성 개념
① 점포란 다수의 최종소비자를 대상으로 상품 혹은 서비스를 판매하기 위해 유통활동을 전개하는 장소를 말하며, 즉 점포는 유통경로를 통하여 공급된 상품을 고객에게 판매하는 곳을 의미한다.
② 점포구성은 점포 내에서 제품과 서비스를 수익성과 경쟁자와의 관계, 점포 콘셉트 등을 고려하여 매출액을 높일 수 있도록 배치·배열·구성하는 과정을 의미한다.

(2) 점포 컨셉트
① 고객은 필요한 상품을 구매하기 위해 판매하는 곳의 존재를 인식하고 구매 행동에 나설 때가 있고 매장에서 즉각적으로 상품 구매를 결정할 때가 있다. 따라서 이와 같은 과정을 이해하는 것이 매우 중요하다.
② 고객은 원하는 상품이나 서비스가 다양하게 갖춰져 있고 많은 상품 가운데서 선택하고 싶어 한다. 따라서, 소매 점포는 고객들이 점포를 쉽게 이해하고 구매 행동에 올바른 정보가 전달되도록 해야 한다.
③ 소매 점포는 각기 고유한 특징이 있다. 따라서 내 점포가 무엇을 판매하고 누구를 위한 점포인지를 명확하게 해야 한다. 그래야 고객들이 점포의 존재를 인식하고 점포를 찾는다.
④ 점포의 개념, 영업 전략의 기획, 전략 수립의 배경, 타겟 고객, 점포의 문제점, 문제의 해결 방안, 전략의 당위성 등이 체계화되어야 한다.

2. 점포구성과 설계★

(1) 점포구성 요소
① 상품 및 상품구색
② 점포의 입지조건, 점포의 외관, 매장의 배치

③ 기본 설비와 시설, 진열용 집기
④ 내부 장식, 점포분위기

(2) 점포 설계와 공간관리

① 점포설계의 목적
  ㉠ 점포설계는 소매업체의 브랜드 이미지를 형성하고 강화하는데 중요한 역할을 한다.
  ㉡ 점포 시설공사와 실내 인테리어 및 내부 장식은 투자계획에 따라 예상투자비가 초과하지 않는 범위 내에서 추진하되 점포시설은 전문 업체와 일괄계약이 유리하며 체인점이나 대리점인 경우는 본사에 직접 의뢰하거나 본사에서 제공하는 설계에 따라야 한다.
② 점포 공간
  ㉠ 점포 공간 생산성을 증진시키기 위해서는 공간을 최대한 적절하게 배치하기 위하여 상품 진열 계획을 수립해야 한다.
  ㉡ 점포 면적이나 공간은 매장 부문과 비매장 부문으로 구성된다. 업종, 취급하는 상품, 점포의 규모에 따라 매장과 비매장의 비율의 차이가 있다.

3. 점포 디자인

(1) 점포디자인 계획

① 점포디자인 계획은 목표고객의 성별, 연령에 따라 차별화된 계획이 필요하다.
② 점포디자인 예산은 인테리어비용(내·외부), 간판, 기타 비용 등으로 구분하여 계산하며, 특히 공간별 면적과 레이아웃에 신경을 써야 하고 동선처리 여부는 업무효율에 영향을 주므로 이에 유의해야 한다.

(2) 점포 외장 디자인 전략

① 점포의 외관은 점두(storefront)와 진열창(show window)으로 구성된다. 이는 통행인이나 자동차 승객들의 눈에 잘 띨 수 있는 시각성(visibility)이 있어야 한다.
② 점포의 외관 디자인은 고객이 노력하지 않고도 쉽게 발견할 수 있도록 구성해야 한다.
③ 고객 흡입형 점포는 고객이 외부에서 점포 내의 분위기를 느낄 수 있도록 설계하여 고객흡인기능을 중시하여야 한다.

(3) 점포 내장 디자인 전략

① 점포의 내부는 매력적인 요인이 있어야 한다. 넓은 통로와 적당한 조명, 환상적이고 잘 기획된 진열은 대체로 혼잡한 통로, 밋밋한 형광등 조명 및 잡탕식의 비관련적인 진열보다는 좋은 점포이미지를 심어 준다.
② 내부 디자인은 고객의 구매욕구를 높이기 위해 점포 내의 분위기를 즐겁게 상품을 보다

매력적으로 느낄 수 있도록 설계하며 내부면적의 배분은 매장 및 비매장면적의 비율과 매장면적을 상품구색별로 구분하여 가장 효율적인 비율로 구성하는 것에 주의해야 한다.

③ 점포 안의 조명은 고객으로 하여금 상품에 시선을 끌게 하여 품질과 가격 검토에 도움을 주어 구매의욕을 일으키게 설계하는 등 상품을 돋보이게 하는 색채 배합과 상품의 분위기에 맞는 상점 색채를 선정하여 고객의 구매심리를 적극적으로 유발시키는 것이 중요하다.

(4) 점포디자인 4대 요소

① 내부디자인(interior) : 벽, 천장, 바닥, 파이프, 빔, 진열장, 창고 등의 매장 설비물
② 외장디자인(exterior) : 점두, 윈도, 간판시설, 출입구의 숫자와 크기 등
③ 진열부분 : 디스플레이, VMD, POP광고물, 선반, 쇼케이스 등
④ 레이아웃 : 고객동선, 종업원 동선, 공간의 효율성과 생산성 등

4. 매장 환경관리★

(1) 점포 공간관리

① 점포공간은 고객들의 구매가 이루어지는 공간이면서 판매행위를 행하는 종업원들의 업무가 이루어지는 공간이므로, 효율적이고 쾌적한 편의성이 고려되어야 한다.
② 일반적으로 고층 점포는 위층으로 올라갈수록 공간가치가 낮아지고, 고객의 출입 편의성이 좋은 1층의 가치가 가장 높다.
③ 고객접근이 가장 편리한 점포 앞쪽에는 ABC관리에 따라 매장 내 수익성이 큰 업종이 배치되며, 고객서비스 코너는 혼잡성이 있을 수 있으므로 점포 앞쪽에 배치하지 아니한다.
④ 가구, 실내 장식품 등 전문품과 같이 공간을 많이 차지하는 상품의 경우, 사람들의 왕래가 지나치게 많지 않아 고객의 주의집중이 용이한 곳에 위치하는 것이 바람직하다.

(2) 점포 내·외부 환경관리

① 조명은 물건을 돋보이게 하며 스포트라이트를 사용할 경우 진열된 상품을 강조하는 효과가 있다는 점을 명심해야 한다.
② 색채란 빛의 자극에 의해 생기는 시각(視覺)의 일종으로써 소매상에서는 색채 배색과 조절을 통해 고객의 주의를 끌어들임으로써 구매의욕을 환기시켜 쾌적한 공간을 형성하게 된다.
③ 집기는 상품의 판매 진열 저장 보호 등에 이용되는 내구재로, 진열장, 캐비닛, 상자, 선반, 카운터 테이블 등이 있다.
④ 점포 외부환경은 가격, 상품 구색, 머천다이징과 더불어 자기 점포로 흡인하기 위한 가장 큰 매력 포인트가 되기 때문에 디자인이 실패하지 않도록 충분한 사전 검토 작업이 필요하다.

제2절 매장 레이아웃 및 디스플레이

1. 매장 레이아웃의 개요

(1) 매장 레이아웃 개요*

① 매장 레이아웃(Lay-out)이란 고객이 매장을 자유롭고 효율적으로 이동할 수 있고, 판매되는 제품의 노출을 효율적으로 하여 점포의 생산성을 높이는 점포의 설계를 의미한다.
② 보다 효율적인 매장 구성이나 상품진열, 고객동선, 작업동작 등을 위한 일련의 배치작업을 말한다.
③ 고객의 심리를 파악하고 무의식적으로 점포 안을 자유롭게 많이 걷게 함으로써 보다 많은 상품을 보여주고 구매하도록 하는 기술을 말한다.
④ 점포 레이아웃의 전제 조건은 부문별로 상품을 적정하게 할당·배치하고, 전체적인 레이아웃을 결정하며, 각 매장에 할당된 공간의 규모를 결정해야 한다.

(2) 매장 레이아웃 기본원칙*

① 매장 레이아웃은 소비자의 본능적 행동양식과 업종 및 업태 그리고 점포규모에 따라 적절하게 응용하여 조화를 이루도록 원칙에 유의하여 매장을 배치해야 한다.
② 매장의 입구 쪽에는 가격단가가 낮은 상품을 안쪽으로 들어갈수록 가격단가가 높은 상품을 배치하는 것이 일반적이다.
③ 상품배치의 다양한 관점과 기준들 중 특히 소비자 관점에서 본 상품 간 관련성을 고려하여 상품을 배치하는 것이 중요하다.
④ 매장의 입구 쪽에는 구매빈도가 높은 상품과 구매시간 단축상품을 배치하고 안쪽부분은 상대적으로 구매빈도가 낮은 상품을 배치한다.
⑤ 고객이 점포에 머무르는 시간이 실어지도록 고객의 동선을 극대화해야 한다.

> **Plus Tip**
> 더 알고가기
>
> 점포 내 고객동선을 결정 시 고려사항
> • 주 통로와 부 통로를 구분한다.
> • 고객이 점포에 머무르는 시간이 길어지도록 고객의 동선을 극대화한다.
> • 시선집중을 위한 포인트를 설정한다.
> • 사각이 없도록 한다.
> • 상품탐색이 용이하도록 한다.

(3) 매장 레이아웃 계획 및 관리**

① 근접성 계획
   상품 라인의 근접 배치 여부를 매출과 직접 연결하여 계획을 수립하는 것을 말한다.

② 버블(Bubble)계획
　⊙ 버블계획은 전반적으로 제품을 진열하는 매장 공간, 고객서비스 공간, 창고 등과 같은 점포의 주요 기능공간의 규모와 위치를 간략하게 보여주는 것을 말한다.
　ⓒ 이러한 계획은 소매상의 전략적 목표를 표현할 수 있어야 한다. 즉, 소매상이 매장에서 강조하고자 하는 부분을 고객의 눈에 잘 보이는 곳에 배치한다.
③ 블록(Block)계획
　⊙ 버블(bubble)계획에서 간략하게 결정된 배치를 매장의 각 구성부문의 실제 규모와 형태까지 세부적으로 결정하며 고객서비스 공간, 창고 공간, 기능적 공간 각각은 기능적 필요나 크기에 따라 배치한다.
　ⓒ 블록계획은 거품계획이 완성된 후 실제 매장의 전체 영업 면적을 그린 배치도의 작성계획을 말한다. 따라서 점포를 기본 계획 원칙에 따라 레이아웃을 하기 위해서는 점포의 특징에 따라 몇 가지 회전력에 맞추면 된다.
④ 플래노그램(Planogram)
　⊙ 플래노그램이란 점포 매장 내 상품의 종류 및 상품별 배치방법을 통하여 매장의 수익성을 극대화시킬 수 있도록 시스템으로 만든 매장 내 진열관리 프로그램(지침서)을 의미한다.
　ⓒ 플래노그램(planogram)은 점포에 진열되는 제품들이 각각 어디에 어떻게 놓여야 하는지 알려주는 지침서나 계획서, 혹은 지도라고 할 수 있다.
　ⓒ 상점의 선반마다, 통로마다 플래노그램은 어디에 어떻게 제품들을 진열해야 사람들이 더 많이 사가게 만들 수 있을지 정의해 준다.

(4) 매장 레이아웃 유형★★★
① 격자형(Grid Type) 레이아웃
　⊙ 격자형 배치는 평행한 통로 양쪽으로 선반이 있고, 그 위에 상품을 진열 놓는 것으로 계산대는 상점의 출구나 입구에 위치하고 있다. 또한 쇼 케이스, 진열대, 계산대, 곤돌라 등 진열기구가 직각 상태로 되어 있다.
　ⓒ 격자형 배치는 미적으로 그다지 매력적인 배치법은 아니지만 매장 전체를 둘러보고 자기가 원하는 물건을 쉽게 찾기를 바라는 고객들에 적합하다.
　ⓒ 격자형 배치는 동일하게 규격화된 비품들을 사용하기 때문에 비용면에서 효과적이며, 표준화된 집기배치가 가능해 고객이 익숙해지기 쉽다.
　ⓔ 고객의 동일 제품에 대한 반복구매 빈도가 높은 소매점, 즉 슈퍼마켓이나 디스카운트스토어의 경우에 주로 사용되는 유형이다.

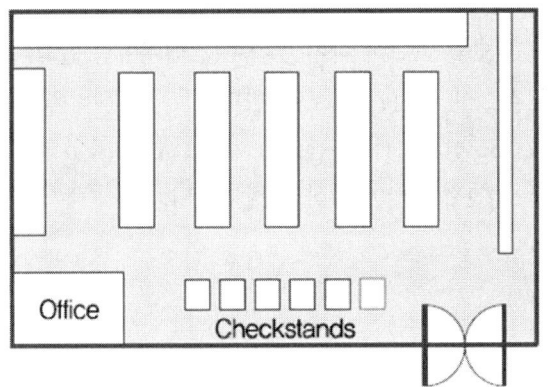

[격자형 레이아웃]

② 자유형(Free-flow Type) 레이아웃
  ㉠ 자유형 배치는 비품과 통로를 비대칭적으로 배치하는 방법이다. 이는 패션 지향적인 점포에서 쓰이는 유형으로서 이는 모양이 같지 않은 집기를 사용하고, 통로를 굴려 의식적으로 획일성(uniformity)을 없애려 하고 있다.
  ㉡ 자유형 배치는 고객이 자유롭게 이동하면서 모든 상품을 구경할 수 있는 백화점과 전문점, 고급 의류점 같은 점포에 적합하다.
  ㉢ 자유형 배치는 고객이 자유롭게 이동하면서 모든 상품을 구경할 수 있다. 고객이 자유로운 쇼핑과 충동적인 구매를 기대하는 매장에 적격인 점포배치이다.

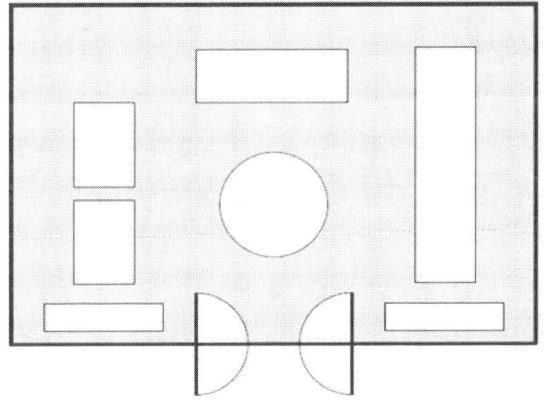

[자유형 레이아웃]

③ 경주로형(Racetrack Type) 레이아웃
  ㉠ 경주로형 배치는 loop형 또는 부티끄형이라고도 하며, 주된 통로를 중심으로 여러 매장 입구가 연결되어 있어 고객들이 여러 매장들을 손쉽게 둘러 볼 수 있도록 배려한 점포 배치 방법이다.

ⓒ 경주로형 배치는 고객들이 다양한 매장의 상품을 봄으로써 충동구매를 유발하는 목적으로 만들어 진다. 통로를 보면서 다니는 격자형 배치와는 달리, 고객들이 큰 통로를 지나가면서 다양한 각도의 시선을 갖도록 한다.

ⓒ 경주로형 배치는 고객들을 매장 안으로 자연스럽게 유인하여, 주된 통로를 중심으로 여러 매장 입구가 연결되게 배치하는 방법이다.

2. 진열의 개요

(1) 진열(Display)의 개념

① 점포진열이란 점포 내 판매설비 및 조명, 쇼윈도의 위치에 따라 상품을 배치(lay-out)하여 고객으로 하여금 구매욕구(desire)를 자극시키는 기법을 의미한다.

② 진열은 판매대의 설비 및 배치, 조명의 배려에 따라 상품을 배열하여 고객의 구매의욕을 자극시키기 위한 판매 기술이다.

(2) 진열의 목적

① 내점객수를 늘린다(고객수의 증가).
② 1인당 매출단가를 늘린다(적정이익의 증가).
③ 계속적으로 판다(계속거래).
④ 적정한 이익을 확보한다(적정이익의 확보).
⑤ 점포의 직장환경의 향상을 꾀한다(종업원의 판매의욕증진).

(3) 상품진열의 품목 구성순서

① 그룹핑(Grouping) : 연관 상품의 묶음
   개별상품 중에서 공통점이 있는 품목이나 관련 상품끼리 묶는 과정으로서, 고객의 쇼핑관점에서 상품의 탐색과 선택 시 의사결정 기준을 생각해서 구성한다. 그 후에 상품의 배치를 결정한다.

② 조닝(Zoning) : 그룹핑한 품목의 공간 배치
   그룹핑한 품목을 어느 위치에 배치할 것인가를 결정하고, 그룹핑한 제품군을 ABC분석에 따른 매출액과 연관성 등에 따라 공간적인 할당을 정하는 절차이다.

③ 페이싱(Facing) : 페이스 수와 진열위치 결정
   페이스(face)는 상품이 진열을 통해 소비자에게 보여 지는 정면 얼굴로 특정, 상품이 소비자에게 노출되는 페이스의 수를 페이싱(facing)이라고 부른다.

④ 상품진열의 원칙★
   레이아웃(layout) → 그룹핑(grouping) → 조닝(zoning) → 페이싱(facing)

(4) 진열의 원칙(AIDCA)

① A(Attention)

상점의 중점 상품을 효과적으로 디스플레이해서 사람의 눈을 끌고, 가격은 고객이 잘 알아볼 수 있도록 명기하고, 잘 보이도록 전시하여야 한다.

② I(Interest)

눈에 띄기 쉬운 장소를 골라, 그 상품의 세일즈 포인트를 강조해서 관심을 갖게 하고, 디스플레이상품을 설명한 표찰을 붙인다.

③ D(Desire)

'어떻게 해서든지 사고 싶다.'는 욕망을 일으키게 해서 구매의사를 일으키도록 한다.

④ C(Confidence)

사는 것이 유익하다는 확신을 갖게 하고, 고객에게 그 상품구입에 대한 안심과 만족감을 주는 동시에 우월감을 줄 수 있는 디스플레이가 되도록 연구한다.

⑤ A(Action)

충동적인 구매행동을 일으키게 한다.

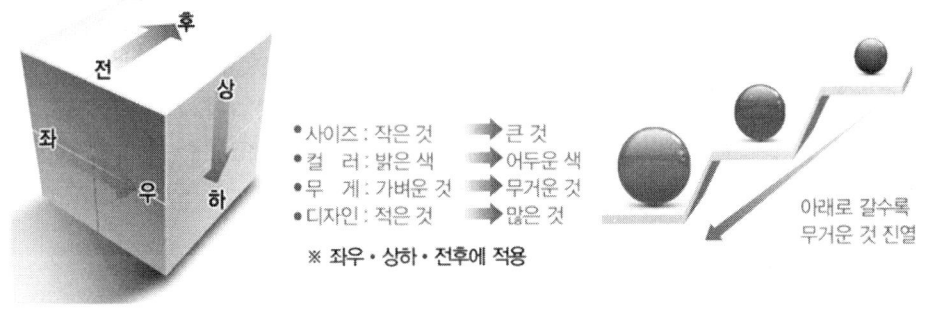

[상품진열의 기본원리]

3. 진열의 형식★

(1) 윈도진열(Window display)

① 윈도진열은 점포에 대한 흡인력(吸引力)을 창조하고 점포의 품격을 향상시키는 것을 주목적으로 하고 있다. 따라서 특선품 구역이라 할 수 있다.

② 통행객 및 아이 쇼핑(eye-shopping) 고객을 점포 내로 끌어들여 고객별로 그 점포의 수준과 성격을 파악하게 하는 역할을 수행한다.

(2) 점두진열(Store-front display)

① 점두진열은 일반적으로 통행객이나 아이 쇼핑 고객에 대하여 그 점포의 판매상품과 제공

서비스가 훌륭하다는 신뢰감을 갖게 하고 구매하려는 분위기를 조성하는 기능을 가지고 있다. 따라서 충동구매상품을 배치하는 것이 좋다.

② 점두진열은 매력 있는 진열, 신뢰감을 갖는 진열, 빈틈없는 진열이라는 세 가지 요인을 충분하게 고려하여야 한다. 따라서 특선품 구역으로 간주할 수 있다.

(3) 수직 진열(Vertical display)

① 수직적 진열이란 동일 상품군이나 관련 상품을 최상단부터 최하단까지 종으로 배열하는 것을 말한다. 이는 일반적으로 고객의 시선이 수평으로 흐르는 경향이 있으므로 상품을 수직적으로 배열하면 고객시선을 멈춰 상품이 눈에 띄도록 하는 효과가 있다.

② 수직적 진열은 벽이나 곤돌라를 이용하여 상품을 진열하는 것을 말한다.

(4) 전진 입체(FIFO ; First In First out) 진열

① 매력적인 매장을 만들기 위해 적은 수량의 상품이라도 앞으로 내어 쌓는 진열을 말한다.

② 적은 양의 상품을 갖고도 풍부한 진열감을 연출할 수 있다. 제조일자가 빠른 상품과 오래된 상품은 앞으로 내어 진열한다.

(5) 선반진열

① 샌드위치 진열 : 진열대 내에서 잘 팔리는 상품 곁에 이익은 높으나 잘 팔리지 않는 상품을 진열해서 판매를 촉진하는 진열이다.

② 라이트 업(right up)진열 : '좌측보다 우측이 잘 팔린다'는 개념에서 출발한다. 사람의 시선은 상품명을 읽기 위해 좌측에서 우측으로 움직이기 때문이다. 우측에 고가격, 고이익, 대용량 상품을 진열하고, 새로 보충하는 상품은 좌측에 진열한다.

③ 브레이크업(break up) 진열 : 진열라인에 변화를 주어 고객시선을 유도하여 상품과 매장에 주목하도록 하는 진열이다.

④ 트레이팩 진열 : 하단 부분을 팔레트 또는 받침대로만 처리하고 진열 상품의 박스 하단 부분을 트레이 형태로 커트해 박스째 쌓아 올려 진열한다. 섬진열(island display), 벽면 진열 모두 활용되며 주로 할인점이나 슈퍼마켓 매장에서 대량으로 캔 맥주, 콜라 등 페트 음료 등을 쌓아 진열하는 경우에 이용된다.

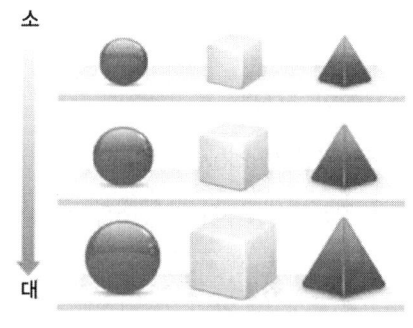

[수직진열]

4. 상품 진열 및 배열기법

(1) 구체적인 상품 진열방법

① 용도별 진열방법

용도별 진열이란 상품을 품종별, 용도별로 분류해 손님이 쉽게 구매할 수 있도록 하는 진열방법이다. 최근 대형 점포의 상품진열 방식이 용도별로 변하고 있는데, 가정용품 매장의 경우 주방용품, 식탁용품, 세탁용품, 목욕용품 등으로 구분하는 것이 좋은 예이다.

② 색상별 진열방법

색상에 따라 상품을 분류하는 방식이다. 의복이나 액세서리 및 가정용품에 이르기까지 폭넓게 행해진다.

③ 가격별 진열방법

선물용품, 특가품 진열에 효과적이다. 선물용이나 특가품을 고를 때에는 가격이 우선이다.

④ 대상별 진열방법

상품을 사용하는 대상에 따라 분류하는 방법이다. 베이비코너, 유아코너, 하이틴코너 등으로 분류할 수 있다.

⑤ 사이즈별·디자인별 진열방법

사이즈별로 분류해서 다시 디자인별로 분류할 수 있고 반대의 경우도 가능하다. 신사용 양복은 디자인별·색상별 분류를 기본으로 하고, 다시 사이즈별·가격별로 진열하면 효과적이다.

(2) 집기 종류에 따른 기본 진열★★★

① 곤도라 진열

㉠ 곤돌라(gondola) 진열은 대량의 상품을 고객들이 충분히 잘 볼 수 있도록 함과 동시에, 고객들로 하여금 보다 풍요함을 직접 느끼게 하면서 상품을 가장 편안하게 집어들 수 있도록 고안된 일종의 입체식 진열을 말한다.

㉡ 이 진열은 소매업에 있어서 가장 널리 쓰이는 진열방법 가운데 하나다. 기본적인 진열방식이며 대부분 가공식품, 비식품은 곤돌라에 진열한다.

② 엔드 진열

㉠ 매장에서 가장 눈에 잘 띄므로 항상 정리정돈이 되어 있어야 한다.

㉡ 주로 많이 팔리는 상품 또는 프로모션 중인 상품 등을 진열하여 매출을 높여야 한다.

㉢ 고객이 3면에서 상품을 보는 것이 가능하고, 손으로 집기도 편리하다.

③ 행거진열

㉠ 행거진열은 주방용품이나 잡화용품 진열에 많이 사용하는 진열 방법이며, 반드시 걸고리가 있는 걸이대에 진열해야 한다.

ⓒ 진열량이 적어도 양감 있는 느낌을 준다.
　④ 측면진열
　　　㉠ 측면(Side) 진열은 엔드 진열의 한쪽 측면 등을 활용하여 엔드 진열한 상품과 관련성을 강조하는 진열 방법이다.
　　　ⓒ 엔드 측면에 진열하여 상품의 상호 연관성을 나타내 고객의 구매 욕구를 자극할 수 있다.
　⑤ 섬 진열
　　　㉠ 주 통로 인접한 곳에 섬 모양의 진열로서 팔고자 하는 정책상품 등을 진열할 때 주로 활용한다.
　　　ⓒ 매장 레이아웃상 섬 진열 매대가 설치되어 있는 경우 고객의 통행에 불편을 줄 수 있으므로 주의가 요구된다.
　⑥ 벌크(bulk) 진열
　　　㉠ 단일 품목을 대량 판매하기 위해 사용하는 진열로서 가격이 저렴하다는 인식을 줄 수 있다. 그만큼 대량 진열과 판촉 행사가 병행되면 효과가 크다.
　　　ⓒ 쇠퇴기 상품을 대량 진열시 과다재고가 있을 위험이 크므로 신상품이나 인기 상품, 또는 계절적 성수기 상품을 선정해야 효과가 크다.
　⑦ 점블 진열(Jumble Display)
　　　㉠ 바스켓 진열이라고 하며, 과자·라면 등의 스낵 같은 상품들을 아무렇게나 뒤죽박죽으로 진열하는 방식이다.
　　　ⓒ 소비자들에게 제품에 대해 깨끗하지 못한 느낌, 흐트러진 느낌을 전달해서 제품의 할인 행사를 진행한다는 것을 연상시켜 소비자들의 시선을 잡는 방식이다.

제3절 　MD & VMD

1. 머천다이징(MD)의 개요

(1) 머천다이징(Merchandising)의 개념*

　① 기업의 마케팅목표를 실현하기 위하여 특정의 상품·서비스를 장소·시간·가격·수량별로 시장에 내놓을 때 따르는 계획과 관리로서 일반적으로는 마케팅의 핵심을 형성하는 활동이다.
　② 상품화 계획이라고도 하며, 마케팅활동의 하나이다. 이 활동에는 생산 또는 판매할 상품에 관한 결정 즉 상품의 기능·크기·디자인·포장 등의 제품계획, 상품의 생산량 또는 판매량, 생산시기 또는 판매시기, 가격에 관한 결정을 포함한다.

(2) 머천다이징 필요성

① 고객의 시장반응을 분석하고 주력상품의 상품특성을 인식하여 경쟁상대를 제압하는 효율적인 마케팅 활동의 실천이 필요하다.
② 상품 매입시기와 판매시기는 일정한 시간적인 격차가 있어 상품의 매입과 관리 및 판매를 통해 최적의 이익을 얻을 수 있는 것인가에 대한 계획을 세우는 마케팅 활동이 필요하다.

(3) 상품카테고리 관리(CM ; Category Management)★

① 카테고리관리란 기업의 이윤창출 및 소비자의 가치를 창출하기 위해 유통업체와 공급업체가 협업을 통하여 영업 결과를 증대시킬 수 있도록, 상품의 카테고리를 전략적 비즈니스 단위로 관리하는 프로세스를 의미한다.
② 넓은 의미의 카테고리관리는 유통업체들과 거래파트너 공급업체들이 함께 모여 소비자 중심의 카테고리 계획을 창출하고 관리하는 쌍방향 비즈니스 프로세스로 설명할 수 있다.
③ 일반적으로 카테고리는 소비자의 요구를 충족시키기 위해 상호 연관되었거나 대체할 수 있다라고 소비자가 인지하는 상품의 범주로, 유통기업 측면에서 명확하게 관리 가능한 상품 또는 서비스의 그룹을 말한다.

2. 비주얼 머천다이징(VMD)

(1) 비주얼 머천다이징(VMD)

① VMD란 비주얼(Visual)과 머천다이징(Merchandising)의 합성어이다.
② 시각적 머천다이징의 중요 요소로는 색채, 재질, 선, 형태, 공간 등을 들 수 있다.
③ 상품의 기획의도, 상품의 잠재적 이윤보다는 포장형태나 인테리어와의 전체적 조화 등을 중점적으로 고려하여 이루어진다.

(2) 비주얼 프리젠테이션(visual presentation) 개요

① 상품의 진열이나 윈도 기타 쇼윙 디스플레이에 의해서 취급되는 상품의 콘셉트나 가치를 소비자에게 효과적이며 시각적으로 호소해서 제안해 가는 것이다.
② 비주얼은 고객이 어느 곳에서든 볼 수 있는 장소에 상품을 배치하여, 그 상품의 장점과 매력을 고객에게 시각적으로 호소하기 위한 것을 의미한다.
③ 프리젠테이션의 사전적 의미는 '발표, 소개, 표현'등의 뜻을 가지고 있으며, 프리젠테이션은 직접 눈으로 보는 시각을 이용하여 청중을 이해시키는데 다른 어떠한 정보흡수 매체보다 그 효과가 탁월하다고 할 수 있다.

(3) 비주얼 프리젠테이션의 전개★★★

① VP(Visual Presentation)
  ㉠ 쇼윈도 또는 점의 스테이지로 점의 이미지를 대표할 수 있는 곳이다.
  ㉡ 테마 공간으로 연출하거나 브랜드의 이미지를 표현하는 공간으로 고객의 시선이 처음 닿는 곳이다.
  ㉢ 고객에게 상품의 콘셉트나 가치를 시각적으로 호소한다.
  ㉣ VP는 머천다이징을 시각적으로 표현하는 것이므로 상품 기획단계의 컨셉이 표현되어야 한다.

② PP(Point of Sale Presentation)
  ㉠ PP는 벽면 또는 집기류의 상단으로 분류된 상품의 포인트를 알기 쉽게 강조하여 보여주는 것이다.
  ㉡ 주력상품의 이미지를 표현하거나 상품을 연출하는 공간으로 상품진열계획의 포인트를 제안하여 판매를 유도한다.
  ㉢ 상품의 포인트를 소구 매장내의 상품정보를 소구하여 관련 상품과의 자연스러운 코디네이트로 상품을 제안한다.

③ IP(Item Presentation)
  ㉠ 행거, 선반, 쇼케이스 등 주로 상품이 걸려 있건 진열되어 있는 곳이다.
  ㉡ 실제 판매가 이루어지는 곳으로 매장면적의 대부분을 차지하는 부분이다.
  ㉢ 쾌적한 매장구성 상품을 분류, 정리하여 관리하며, 일관성 있는 연출법으로 고객이 쉽게 알아볼 수 있도록 진열한다.
  ㉣ IP진열은 점내의 모든 상품을 보여주기 위해 아이템별로 알맞은 방법을 선택하여 고객이 사기에 편하도록 정리, 진열하여 보여주는 VM의 기본이다.
  ㉤ 대부분의 소매점 내에서는 상품의 VP나 PP연출보다는 IP진열이 대부분을 차지한다.

3. POP 광고★★★

(1) POP 광고의 개요

① POP(Point Of Purchase Advertsing)은 고객의 구매시점에 행하여지는 광고로서 고객의 쇼핑을 위한 상품의 정보를 점두, 점내에 게시하는 표시물을 말한다.
② 가격, 용도, 소재, 규격, 사용법, 관리법 등을 알려주어 판매원을 대신하고, 매장에 행사나 시즌의 분위기 연출에 기여함으로써 상품판매를 증대시키는 요소이다.
③ 마케팅의 목표 달성을 위한 판매촉진전략 중의 한 가지로 그 전략을 시각화·정보화하여 고객의 욕구를 자극하는 전술이라고 할 수 있다.

(2) POP 기능

① 충동을 통한 상품의 판매와 기억판매를 도와준다.
② 전국적인 광고를 소매경로에 연결시키는 것이다.
③ 상점거래를 창출하고 상점 내에서 소비자의 주의를 끄는 것이다.
④ 보다 좋은 상품전시를 보장하는 것이다.
⑤ 소매점의 좋은 호의와 협력을 구하는 것이다.
⑥ 상표인식과 촉진에 도움이 된다.

(3) POP 역할

① 분위기 연출 : 배너, 사인물 등으로 행사 또는 시즌을 장식한다.
② 상품 설명 : 상품의 특징, 가격, 소재 등을 알려 주어 신뢰감을 높인다.
③ 행사 안내 : 판촉계획에 의한 점내 행사를 알리고 안내한다.
④ 매장 안내 : 찾고자 하는 매장으로 안내하는 표식 기능을 한다.
⑤ 셀프 판매 : 판매원의 도움 없이 POP만으로 구매가 가능하도록 한다.
⑥ 광고 효율 증대 : TV, 라디오, 신문, 잡지, 전단광고 등에서 얻은 정보의 이해가 쉽도록 도와준다.

(4) POP 광고의 특징

① POP 광고는 판매원 대신 상품의 정보(가격, 용도, 소재, 규격, 사용법, 관리법 등)를 알려주기도 한다.
② POP 광고는 매장의 행사 분위기를 살려 상품 판매의 최종단계까지 연결시키는 역할을 수행해야 한다.
③ POP 광고는 판매원의 도움을 대신하여 셀프 판매를 가능하게 한다.
④ POP 광고는 찾고자 하는 매장 및 제품을 안내하여 고객이 빠르고 편리하게 쇼핑을 할 수 있도록 도와주어야 한다.
⑤ 계산대 옆에 설치하여 각종 정보나 이벤트를 안내하기에 효과적이다.

제3장 학습정리

- **점포 레이아웃(Lay-out)** : 고객이 매장을 자유롭고 효율적으로 이동할 수 있고, 판매되는 제품의 노출을 효율적으로 하여 점포의 생산성을 높이는 점포의 설계를 의미한다.
- **버블(Bubble)계획** : 전반적으로 제품을 진열하는 매장 공간, 고객서비스 공간, 창고 등과 같은 점포의 주요 기능공간의 규모와 위치를 간략하게 보여주는 것을 말한다.
- **블록(Block)계획** : 거품계획이 완성된 후 실제 매장의 전체 영업 면적을 그린 배치도의 작성 계획을 말한다.
- **플래노그램(Planogram)** : 점포 매장 내 상품의 종류 및 상품별 배치방법을 통하여 매장의 수익성을 극대화시킬 수 있도록 시스템으로 만든 매장 내 진열관리 프로그램(지침서)을 의미한다.
- **매장 레이아웃 유형** : 격자형(Grid Type), 자유형(Free-flow Type), 경주로형(Racetrack Type)
- **상품진열의 원칙** : 레이아웃(layout) → 그룹핑(grouping) → 조닝(zoning) → 페이싱(facing)
- **대표적인 진열 방법** : 샌드위치 진열, 라이트 업(right up)진열, 브레이크업(break up) 진열, 트레이팩 진열, 점블 진열(Jumble Display), 엔드 캡(end caps) 진열 등
- **스크램블드 머천다이징(Scrambled merchandising)** : 소매상에서 상품 품목을 고려하여 취급 상품을 조합하여 재편성하는 것을 말한다. 취급상품의 재편성에 적용하는 관점은 제품 용도, 고객층, 가격대, 브랜드, 구매동기, 구매습관별 등을 고려하여 재편성하게 된다.
- **크로스 머천다이징(Cross merchandising)** : 상품의 분류에 구애받지 아니하고 관련성이 있는 상품들을 한데 모아 진열함으로써 판매액을 향상시키는 머천다이징 방법을 의미한다.
- **VMD** : 비주얼(Visual)과 머천다이징(Merchandising)의 합성어이다.
- **비주얼 프리젠테이션(visual presentation)** : 상품의 진열이나 윈도 기타 쇼윙 디스플레이에 의해서 취급되는 상품의 콘셉트나 가치를 소비자에게 효과적이며 시각적으로 호소해서 제안해 가는 것이다.
- **VMD·비주얼 프리젠테이션의 구성요소** : VP(Visual Presentation), PP(Point of Sale Presentation), IP(Item Presentation)
- **POP(Point Of Purchase Advertsing)** : 고객의 구매시점에 행하여지는 광고로서 고객의 쇼핑을 위한 상품의 정보를 점두, 점내에 게시하는 표시물을 말한다.

memo.

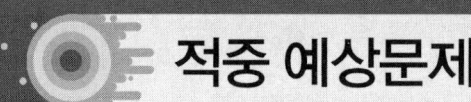

적중 예상문제

01 매장외관(exterior) 관리에 대한 설명으로 가장 옳지 않은 것은?
① 매장의 외관은 기업의 이미지에 매우 중요한 영향을 미치므로 사전에 면밀히 계획되어야 한다.
② 매장의 외관은 매장의 이미지를 상징적으로 표현할 수 있도록 디자인되어야 한다.
③ 매장 입구는 입구의 수, 형태, 그리고 통로를 고려해서 설계해야 한다.
④ 매장의 외관은 플래노그램(planogram)을 통해 효과성을 평가해야 한다.
⑤ 매장의 외관을 꾸미는 데있어서 중요한 목적은 고객의 관심을 유발하는 것이다.

정답 ④
해설 플래노그램이란 점포 매장 내 상품의 종류 및 상품별 배치방법을 통하여 매장의 수익성을 극대화시킬 수 있도록 시스템으로 만든 매장 내 진열관리 프로그램(지침서)을 의미한다.
④ 매장의 외관은 플래노그램(planogram)과 관련이 없다.

02 다음 선반진열의 여러 가지 형태 중 무형의 광고 효과가 있으므로 진열대 내에서 사각 공간을 무력화시키는 효율 높은 진열방법은?
① 트레이 팩 진열방식
② 전진입체 진열방식
③ 샌드위치 진열방식
④ 라이트 업 진열방식
⑤ 브레이크 업 진열방식

정답 ③
해설 샌드위치 진열은 진열대 내에서 잘 팔리는 상품 곁에 이익은 높으나 잘 팔리지 않는 상품을 진열해서 판매를 촉진하는 진열이다.
① 트레이팩 진열 : 하단 부분을 팔레트 또는 받침대로만 처리하고 진열 상품의 박스 하단 부분을 트레이 형태로 커트해 박스째 쌓아 올려 진열한다. 섬진열(island display), 벽면 진열 모두 활용되며 주로 할인점이나 슈퍼마켓 매장에서 대량으로 캔 맥주, 콜라 등 페트 음료 등을 쌓아 진열하는 경우에 이용된다.
④ 라이트 업(right up)진열 : '좌측보다 우측이 잘 팔린다'는 개념에서 출발한다. 사람의 시선은 상품명을 읽기 위해 좌측에서 우측으로 움직이기 때문이다. 우측에 고가격, 고이익, 대용량 상품을 진열하고, 새로 보충하는 상품은 좌측에 진열한다.
⑤ 브레이크업(break up) 진열 : 진열라인에 변화를 주어 고객시선을 유도하여 상품과 매장에 주목하도록 하는 진열이다.

03 다음 진열방법 중 소비자들에게 제품에 대해 깨끗하지 못한 느낌, 흐트러진 느낌을 전달해서 제품의 할인 행사를 진행한다는 것을 연상시켜 소비자들의 시선을 사로잡는 진열방식을 무엇이라고 하는가?

① 후크 진열방식　　② 섬 진열방식　　③ 변화 진열방식
④ 점블 진열방식　　⑤ 관련 진열방식

정답　④
해설　점블 진열방식은 스낵류, 즉석식품류, 통조림류에서 자주 활용되는 형태로써, 임의적으로 제품을 무질서하게 진열하여 소비자들로부터 시선을 잡기 위한 진열방식이다.

04 편의점 등 중소 규모의 점포는 매장의 면적이 협소하므로 상품배치가 한눈에 들어와야 한다. 다음 중 중소 규모의 점포에 가장 적합한 레이아웃 기본유형은?

① 격자형(grid)　　　　　　　② 경주로형(racetrack)
③ 자유형(free form)　　　　 ④ 특선품 구역형(feature areas)
⑤ 혼합형(hybride)

정답　①
해설　격자형은 반복적인 직사각 형태의 배치로 어떤 형태의 배치보다도 판매 공간을 효율적으로 사용할 수 있어, 재고 및 안전관리를 쉽게 할 수 있는 점과 함께 비용측면에서도 장점이 있는 방법이다. 이는 효율적으로 공간을 활용해야 하는 대형 할인마트나 편의점, 드럭스토어 등에서 쉽게 볼 수 있는 유형이다.

05 엔드 매대(end cap)에 대한 아래의 설명 중에서 가장 옳지 않은 것은?

① 통로 맨 끝에 배치된 매대를 말한다.
② 주로 충동구매상품을 엔드 매대에 많이 배치한다.
③ 대개 엔드 매대에 배치된 상품은 매출이 떨어지므로 벤더들은 자신의 상품이 이 곳에 배치되는 것을 꺼린다.
④ 소매점에서는 특별 판촉제품들을 엔드 매대에 배치하는 경우가 많다.
⑤ 쇼윈도나 계산대 옆의 POP구역과 함께 고객의 관심을 끌기 위해 설치하는 특선품 구역 (Feature area)의 하나이다.

정답　③
해설　엔드 캡(end caps)은 진열대(곤돌라) 양쪽 끝을 의미한다. 엔드 캡에 상품을 진열하면 통행고객수가 많고 접근성이 뛰어나기 때문에 매출을 크게 높일 수 있다.

06 진열대의 영역별로 진열에 적합한 상품에 대한 설명 중 가장 올바르지 않은 것은?

① 구부려야 닿을 수 있는 높이의 경우 크고 무거운 제품을 보충진열 하는데 활용한다.
② 허리 아래 무릎높이 정도에는 고객이 찾는 제품이지만 저마진 제품을 진열한다.
③ 가장 집기 쉬운 높이의 황금구역은 집중판매나 수익확보를 위하여 고마진 상품을 진열한다.
④ 손이 닿기 어려운 높이의 보관구역의 경우 보충진열이나 홍보를 목적으로 진열한다.
⑤ 매대에서 가장 높은 전시구역의 경우 제품구색을 보이고 싶은 고마진·고회전율 제품을 보충진열하기 위해 활용한다.

정답 ⑤
해설 매대에서 가장 높은 전시구역의 경우 제품구색을 보이고 싶은 고마진-저회전율 제품을 진열하기 위해 활용한다.

07 점포 레이아웃의 형태 중 자유형 배치와 가장 거리가 먼 것은?

① 진열 쇼케이스, 진열대, 계산대, 집기 등이 자유롭게 배치되어 고객의 시선을 끄는 배치형태이다.
② 고객들이 원하는 제품을 찾기 위해 소비하는 시간이 오래 걸려 전체적인 쇼핑시간은 길어진다.
③ 제품진열공간이 적어 제품 당 판매비용이 많이 소요되는 형태다.
④ 충동구매를 유도하여 매장의 매출을 증가시키는장점이 있다.
⑤ 단조로운 구성으로 인해 소비자가 쇼핑과정에서 지루함을 느낄 수 있다.

정답 ⑤
해설 자유형(Free-flow Type)는 패션 지향적인 점포에서 쓰이는 유형으로서 이는 모양이 같지 않은 집기를 사용하고, 통로를 굴려 의식적으로 획일성(uniformity)을 없애려 하고 있다. 단조로운 구성으로 인해 소비자가 쇼핑과정에서 지루함을 감소시킨다. 고객이 자유로운 쇼핑과 충동적인 구매를 기대하는 매장에 적격인 점포배치이다.

08 점포구성에 대한 설명으로 가장 옳지 않은 것은?

① 점포는 상품을 판매하는 매장과 작업장, 창고 등의 후방으로 구성된다.
② 점포를 구성하는 방법,배치 방법을 레이아웃이라 한다.
③ 점포 구성 시 고객의 주동선, 보조 동선, 순환동선 모두를 고려해야 한다.
④ 점포 레이아웃 안에서 상품을 그룹핑하여 진열 순서를 결정하는 것을 조닝(zoning)이라 한다.
⑤ 명확한 조닝 구성을 위해 외장 출입구 및 점두 간판의 설치 위치를 신중하게 결정해야 한다.

정답 ⑤

해설 조닝(zoning)은 상품 그룹별 진열 스페이스에서 배분 및 배치를 결정한다. 기획 또는 컨셉트를 우선으로 하고 고객에게 보여주고 싶은 곳을 중심으로 조닝을 계획한다. 통상적으로 한정된 공간 안에 창고, 계산대, 준비실, 주방, 통로, 화장실 등의 배치를 점검해야 한다.

09 점포 내 레이아웃관리를 위한 의사결정의 순서로 가장 잘 나열된 것은?

① 판매방법 결정 – 상품배치 결정 – 진열용 기구배치 – 고객동선 결정
② 판매방법 결정 – 진열용 기구배치 – 고객동선 결정 – 상품배치 결정
③ 상품배치 결정 – 고객동선 결정 – 진열용 기구배치 – 판매방법 결정
④ 상품배치 결정 – 진열용 기구배치 – 고객동선 결정 – 판매방법 결정
⑤ 상품배치 결정 – 고객동선 결정 – 판매방법 결정 – 진열용 기구배치

정답 ⑤

해설 점포 내 레이아웃 관리를 위한 의사결정의 순서
상품배치의 결정 → 고객 동선의 결정 → 판매방법의 결정 → 진열용 기구의 배치

10 점포 설계의 목적과 관련된 설명으로 가장 옳지 않은 것은?

① 점포는 다양하고 복잡한 모든 소비자들의 욕구와 니즈를 충족할 수 있도록 설계해야 한다.
② 점포는 상황에 따라 상품구색 변경을 수용하고 각 매장에 할당된 공간과 점포 배치의 수정이 용이하도록 설계하는 것이 좋다.
③ 점포는 설계를 시행하고 외관을 유지하는데 드는 비용을 적정 수준으로 통제할 수 있도록 설계해야 한다.
④ 점포는 고객 구매 행동을 자극하는 방식으로 설계해야 한다.
⑤ 점포는 사전에 정의된 포지셔닝을 달성할 수 있도록 설계해야 한다.

정답 ①

해설 모든 소비자들의 욕구와 니즈를 충족시킬 수 있으면 좋지만, 개별 점포의 경우 물리적인 한계로 인해 모든 소비자들의 욕구 및 니즈를 충족할 수 있도록 설계하는 데에는 한계가 있다.

11 매장 내 상품진열의 방법을 결정할 때 고려해야 할 요인으로서 가장 옳지 않은 것은?

① 상품들간의 조화
② 점포이미지와의 일관성
③ 개별상품의 물리적 특성
④ 개별상품의 잠재적 이윤
⑤ 보유한 진열비품의 활용가능성

정답 ⑤
해설 점포 내 상품진열 시에는 디스플레이 될 상품과 점포와의 연계성, 이익의 발생 등이 고려 되어야 한다. 보유한 진열비품의 활용가능성은 상품진열 방법 결정과는 관련이 없다.

12 상품매입관리의 목적으로 가장 거리가 먼 것은?

① 적정한 재고
② 적정한 납기
③ 적정한 장소
④ 적정한 가격
⑤ 적정한 품질

정답 ①
해설 상품매입의 원칙(7R)
① Right quality(적정한 품질)
② Right quantity(적정한 수량)
③ Right commodity(적정한 제품)
④ Right time(적정한 납기)
⑤ Right place(적정한 구매처 = 거래처)
⑥ Right price(적정한 가격)
⑦ Right impression(적정한 인상)

13 다음 중 점포 분위기(atmospherics)에 대한 설명으로 가장 거리가 먼 것은?

① 분위기는 시각적 커뮤니케이션, 조명, 색상, 음악, 향기를 통해 고객에게 제공되는 환경 디자인을 말한다.
② 분위기는 인지적이고 감성적인 감각 기관들을 자극하여 고객의 구매행동에 영향을 주기 위함이다.
③ 조명은 상품을 돋보이게 하고, 점포에 좋은 인상을 주기 위해 사용되지만 점포 공간 장식은 안 된다.
④ 시각적 커뮤니케이션은 상품에 대한 정보를 제공하고 특정품목이나 특정 구매를 제안함으로써 매출을 높이는데 기여한다.
⑤ 음악은 색상 및 조명과 어울려 분위기 조성 시 도움을 주기도 하지만, 반대로 품위를 손상시킬 수도 있다.

정답 ③
해설 조명은 상품을 돋보이게 하고, 공간을 연출하며, 점포에 좋은 인상을 주기 위해 사용된다.

14 상품연출이라고도 불리는 상품진열이 가지는 고객 서비스 관점의 의미로 가장 옳지 않은 것은?

① 진열은 빠른 시간에 상품을 찾을 수 있게 해주는 시간 절약 서비스이다.
② 진열은 상품선택 시 다른 상품과의 비교를 쉽게 해주는 비교서비스이다.
③ 진열은 상품종류를 쉽게 식별하게 해주는 식별서비스이다.
④ 진열은 상품이 파손 없이 안전하게 보관되도록 하는 보관서비스이다.
⑤ 진열은 무언의 커뮤니케이션으로 상품정보를 제공해 주는 정보서비스이다

정답 ④
해설 진열이란 점포 내 판매설비 및 조명, 쇼윈도의 위치에 따라 상품을 배치(lay-out)하여 고객으로 하여금 구매욕구(desire)를 자극시키는 기법을 의미한다. 상품의 파손 없이 안전하게 보관되도록 하는 보관서비스와는 구분되어야 하며, 고객 서비스 관점의 의미와 가장 관련이 없다.

15 레이아웃의 영역에 해당하지 않는 것은?

① 상품 및 집기의 배치와 공간의 결정
② 집기 내 상품 배치와 진열 양의 결정
③ 출입구와 연계된 주통로의 배치와 공간 결정
④ 상품품목을 구분한 보조통로의 배치와 공간 결정
⑤ 상품 계산대의 배치와 공간결정

정답 ②
해설 집기 내 상품 배치와 진열 양의 결정은 레이아웃(배치) 영역이 아니라 디스플레이(진열)의 영역에 해당한다.

제4장 상품판매

제1절 상품판매

1. 상품판매의 개요

(1) 상품판매관리

① 상품판매관리란 소매점포의 판매관련 활동인 영업 및 마케팅부문의 경영활동측면을 평가하는 것을 의미한다.
② 소매점포의 경영활동이 포함된 영업실적 관련계획, 실시된 실적을 평가하고 피드백하는 과정인 것이다.

(2) 상품판매관리의 평가대상

① 판매방법 측면
  ㉠ 소매업태의 종류 및 전략에 따라서 풀서비스(full-service)의 지향이 적정한지 셀프서비스를 해야 하는지의 측면을 고려하여 평가한다.
  ㉡ 수익률 재고를 위해 최근 유통혁신에 따른 무점포소매업을 기존의 오프라인 판매채널에 추가하는지의 여부에 대한 평가를 한다.
② 상품의 구성측면
  ㉠ 제품의 매장 내 구성을 위한 판매품목의 넓이와 깊이를 고려한다.
  ㉡ 제품의 판매성과를 위한 소매점포의 기여도에 따른 품목 배치를 ABC기법을 적용한다.
③ 유통경로 및 프로모션 측면
  ㉠ 유통경로상의 성과측정을 통해 유통경로정책의 전환 여부를 검토한다.
  ㉡ 판매성과 분석을 위해 프로모션별 비용 대비 수익성을 검토하여 프로모션 도구의 적합성과 기간적인 측면을 평가한다.

(3) 상품판매관리의 성과평가 기준★★★

① 효율성과 효과성
  ㉠ 효율성(efficiency)은 일정한 비용으로 가능한 한 많은 산출물을 획득하거나, 일정한

산출량을 얻기 위해 소요되는 비용을 가능한 한 줄이는 것을 말한다.
ⓒ 효과성(effectiveness)은 목표지향적인 성과측정치로서, 유통기업이 표적시장이 요구하는 서비스성과를 얼마나 제공하였는가를 나타낸다.

② 형평성과 생산성
㉠ 형평성은 개별유통기업들이 해결하기 매우 어려우므로 정부의 정책에 의한 해결이 더 바람직할 수 있다. 성과분배에 있어서 형평성과 효율성은 상충관계(trade-off)에 해당한다.
ⓒ 생산성이란 총투입량에 대한 산출량의 비율을 말한다(산출량/총투입량). 즉, 생산을 위해 투입된 노동, 자본, 토지 등을 이용해서 산출된 부가가치가 얼마나 되는가를 측정하는 기준에 해당한다.

③ 수익성
유통기업의 경로상 수익성을 평가하기 위해서는 유통비용분석과 재무비율분석의 분석 및 제품별 직접수익 등의 측정방법을 필요로 한다.

(4) 상품판매관리 성과평가*

① ABC분석
ABC분석기법은 파레토법칙에 따라 유통상이 취급하는 상품을 전체 수익에 대한 기여도(contribution)에 따라 A, B, C로 분류한 후 분류된 상품의 재고 수준을 각기 달리함으로써 재고비용 절감 및 수익성을 향상시킬 수 있는 방법으로, 일반적으로 POS를 통해서 재고관리가 이루어진다.

② 판매과정분석(Sell-through analysis)
조기 감산치 적용이 필요한지 또는 수요에 맞추어 상품이 더 필요한지를 결정하기 위해서 실제 매출과 계획된 매출을 비교하여 매입계획을 수정하는 것을 판매과정분석이라고 한다.

③ 다중속성모형(multiple attribute model)
다중속성모델은 공급업체를 평가하기 위해 기준속성별 가중평균방식을 적용하는 것을 말한다.

④ 재고자산투자수익률(GMROI ; gross margin return on investment)
재고자산투자수익률은 매출액이익률과 재고자산회전율의 산정을 통해 기업의 전반적인 영업성과(performance)를 측정하는 유용한 평가지표이다.

$$재고투자수익률(GMROI) = \frac{총이익}{평균재고자산} \times 100 = \frac{총이익}{매출액} \times \frac{매출액}{평균재고자산} \times 100$$
$$= 매출액이익률 \times 재고자산회전율$$

2. 판매서비스

(1) 판매서비스 개념
① 판매행위는 마케팅믹스 4P를 통해서 고객에게 인지된 상품이 매출로 연결되는 경제행위를 의미한다.
② 이러한 판매는 상품과 대금의 교환활동으로 마케팅전략에 따른 전술적 마케팅믹스의 결과물이라 할 수 있으며, 최종적인 상품판매가 이루어지기 위해서는 판매원의 대인적 커뮤니케이션과 설득과정인 판매서비스가 수반되어야만 판매행위가 종결(closing)된다.

(2) 판매활동(販賣活動)
① 판매활동의 본질은 대금과 상품의 교환거래를 실현시키는 활동이다. 즉, 구매자로 하여금 교환하도록 용단을 내리게 하기 위한 설득활동을 그 내용으로 하고 있는 것이다.
② 판매활동이란 상품의 효용을 고객에게 알림으로써 고객이 구매활동을 하도록 설득하는 행동이다.
③ 판매활동은 알리는 활동이라고 할 수 있으며 고객에게 그 상품의 효용을 알려 구입하도록 설득한다.

3. 상품 로스(Loss) 관리

(1) 기본 개념
① 로스란 영업기간중에 다양한 이유로 인하여 재고조사 결과 '장부상의 매출액'과 '실제 매출액과'의 차이를 말한다. (장부재고 - 실재고)
② 상품 판매시 '가격인하'나 '폐기'로 인해 정가에 판매하지 못해 생긴 매출 감소분을 '로스'라고 한다. 영업 매장에서 불필요하거나, 손해를 본다는 의미이다.
③ 로스율 : 해당 영업기간의 매출액에 대한 로스액의 율을 말한다. (로스액/매출액×100)

(2) 로스 발생 원인
① 대부분 관계자 부주의와 잘못, 교육미흡 등에서 기인한다.
② 품질관리 소홀, 재고 정리 소홀, 마진율 착오, 부적절한 매입량, 발주지연, 발주오류, 검품 로스, 도난 로스, 상품파손 로스, 계산상의 착오로 인한 로스 등 이다.
③ 로스에 대한 무관심은 매장의 매출저하 초래와 로스율을 염두에 둔 점주는 판매가를 올려 소비자들에게 피해를 전가하고 결국 판매 부진으로 매출 감소를 겪게 된다.

(3) 로스 방지 대책
① 수시로 단품 재고 조사 및 재고 체크(Check) 후 실재고를 조정하여 재고가 일치되도록 단품 관리가 정착화되어야 한다.

② 의심가는 고객에게 말을 걸어 미연에 손실을 방지한다.
③ 적정 재고를 유지하여 매입초과에 따른 상품손실을 막는다.

4. 고객관리의 개요

(1) **고객의 이해**
   ① 고객(顧客)
      ㉠ 생활을 영위하기 위한 상품과 서비스를 구매하는 사람을 의미한다.
      ㉡ 교환에 있어서 마케팅관리자의 상대방을 말하며 자신에게 제공되는 것을 수용하고 마케터가 원하는 것을 반대급부로서 기꺼이 제공하는 측이다.
   ② 소비자(消費者)
      ㉠ 소비자(Consumer)란 상품과 서비스, 가격, 영업전략, 판매사원의 태도 등에 결정적인 영향을 미치는 일정 상권범위 내 불특정 다수의 사람들을 말하며 최종 소비자를 의미한다.
      ㉡ 상품과 서비스, 가격, 영업전략, 판매사원의 태도 등에 결정적인 영향을 미치는 사람들을 말한다.

(2) **고객관리**
   ① 기존의 생산중심의 기업중심 마케팅에서 사회의 변화에 따라 소비자지향적 마케팅이 중요시 되고 있음에 발맞추어 기업에서도 고객관리에 있어서 고객만족(CS)에 대한 관심이 높아지고 있다.
   ② 이는 기업이 판매를 통한 이윤창출 뿐만 아니라 고객만족을 통해서 고객을 유지하고 확대하는 것이 중요함을 인지한 결과라 할 수 있다.

(3) **고객관리와 고객 분석**
   ① 고객관리란 고객에 관한 정보를 수집하여 분류·정리하고 가공·활용하는 일을 말한다.
   ② 고객에 대해서는 고객이 바라고 있는 서비스를 파악하여 철저히 대비해야 하며, 고객의 정보수집이나 활용에 그치는 것이 아니라 고객에게 도움을 주는 고객관리를 하여 대리점의 이미지를 높여주고 더불어 판매신장을 도모해야 한다.
   ③ 고객 분석(Customer Analysis)은 기업의 지속적인 경쟁우위 개발과 투자수준과 표적시장의 결정을 위한 제반전략의 구축은 제품구매의 주체인 고객을 분석(시장특성, 구매형태, 구매결정요인 등)하는 것이다.

5. 고객정보의 수집과 활용

(1) 고객정보의 수집★

① 판매시점 정보관리(POS ; Point Of Sales)
  ㉠ 고객정보를 수집함에 있어서 유통기업들이 일반적으로 활용하고 있는 방법은 고객을 대상으로 직접 면접을 통하는 경우와 판매시점 정보관리(POS : Point Of Sales)시스템을 이용하는 방법을 통해 이루어진다.
  ㉡ POS는 기존 단품별로 이루어졌던 정보들을 일괄적으로 전산처리하여 각 부문이 유용하게 data를 활용할 수 있도록 가공, 전달하는 체계를 말한다.

② 고객데이터베이스
  ㉠ 거래정보 : 고객에 의해 만들어진 구매에 대한 완벽한 기록, 즉 구매일자, 구매한 단품(SKU) 지불한 가격, 이익, 특별 촉진이나 마케팅 활동에 따른 구매여부 정도가 이에 해당한다.
  ㉡ 고객접점 : 고객이 소매업체와 접촉한 기록, 즉 소매업체의 웹사이트 방문, 점포 내 키오스크(kiosk), 소매업체 콜센터, 카탈로그 그리고 우편물 등을 통해 고객과 접촉한 기록이 이에 해당한다.
  ㉢ 기술정보 : 시장세분화에 활용되는 고객 인구통계 그리고 심리적 변수데이터가 이에 해당한다.

(2) 고객정보의 활용★

① 상품정보관리
  ABC관리는 판매상품의 공헌이익(Contribution margin)에 따른 분류로서, 이는 POS를 통해 쉽게 분석가능하며 이 밖에 상품의 배치에 있어서도 장바구니분석을 통해 마진(margin)을 높일 수 있다.

② CRM(고객관계관리)의 강화
  고객화(customization)를 통해 저마다 다른 마케팅을 적용하는 기법으로, 고객정보 데이터베이스를 통하여 고객의 성향 및 중점구매 품목 등의 자료 분석을 통해 고객관계관리의 성공할 수 있는 근거가 된다.

③ 고객충성도 제고
  수집된 고객정보를 중심으로 고객화를 하는 경우 이에 만족한 고객들은 CRM기법에 의해 장기적인 고객으로 발전하게 되고, 기업에서 원하는 충성도(loyalty) 높은 고객이 된다.

6. 소비자 구매행동의 이해

(1) 소비자 행동

① 소비자행동이란 개인 및 조직이 제품이나 서비스 구매와 관련한 일련의 모든 행동 및 심리적 의사결정 과정으로 정의한다. 또는 의사결정자가 어떤 시점에서 제공물의 소비와 관련하여 내리는 의사결정들의 집합으로 정의할 수 있다.

② 소비자행동은 제품, 서비스, 활동 및 아이디어 등의 다양한 제공물에 대해 이루어지고, 제품이나 서비스의 획득, 사용, 처분 등의 소비 유형을 포괄한다.

③ 소비자행동은 획득, 소비, 처분이 일정한 기간에 걸쳐 순차적으로 발생되는 동태적 특징을 가지고 있다.

④ 소비자행동은 정보 수집자, 영향력 행사자, 의사결정자, 구매자, 사용자 등의 다양한 역할을 맡은 개인들을 포함한 의사결정 단위를 갖는다.

(2) 소비자 구매의사결정 과정★★

① 문제(욕구)인식
  ㉠ 욕구는 소비자행동의 동기에 있어서 중요한 역할을 한다. 왜냐하면 소비자행동을 유발시키는 동기의 직접적인 원인을 제공하는 것이 바로 욕구이기 때문이다.
  ㉡ 욕구란 '어떤 사람이 추구하는 바람직한 상태와 실제상태와의 차이'라고 할 수 있다. 그리고 '바람직한 상태'와 '실제상태'와의 차이의 정도에 따라 욕구의 강도가 결정되는데, 이것은 행동을 유발하는 동기에 영향을 미친다.

② 정보탐색
  ㉠ 정보탐색이란 소비자가 점포, 제품 및 구매에 대해 더 많은 것을 알고자 하는 의도적 노력이라고 할 수 있다.
  ㉡ 정보탐색은 내부탐색과 외부탐색이 있다.
  ㉢ 내부탐색은 가장 기본적인 정보탐색수단으로, 장기 기억장치에 보관된 제품에 대한 과거경험이나 지식을 살피는 것이다. 소비자의 지식이 구매결정에 충분하거나 질적으로 우수하면 외부탐색과정을 거치지 않고 내부탐색에 그친다. 또한 먼저 사용한 제품에 대한 만족도가 클 경우도 내부탐색만으로 족할 수 있는데 이 경우의 구매를 습관적 의사결정이라고 한다.

③ 대안평가
  ㉠ 최종적으로 도출된 고려상표군에 속한 각 선택대안을 평가하고 소비자의 욕구에 합치하는 특정대안을 선택하는 과정이다.
  ㉡ 최선택대안의 통합과정의 유형은 보완적방식과 비보완적 방식이 있다.
  ㉢ 보완적(보상적) 평가모형(Compensatory rule) : 각 대안이 갖는 속성들의 중요도에

그 속성의 평가치를 곱하여 산출된 각 속성의 값을 모두 합하여 그 값이 가장 큰 대안을 선택하는 방법이다. 즉, 소비자의 대안 평가에 있어서 한가지 속성에서 낮은 점수를 받은 대안이 다른 속성에서 점수를 만회할 수 있는 평가 모형이다.

ⓔ 비보상적(비보완적) 평가 모형(Non-compensatory rule) : 대안이 각 평가기준과 속성별로 충족시켜야 하는 허용기준을 설정해 놓고 이 기준을 최적으로 통과하는 대안을 선택하는 방법이다. 한 속성의 단점이 다른 속성의 장점에 의해 보완이 되지 않는 대안 평가 모형이다.

> **Plus Tip**
> 더 알고가기
>
> 비보완적 평가 모형
> - 사전 편집식(lexicographic rule) : 가장 중요하다고 생각되는 속성에서 가장 점수가 높은 것을 대안으로 선택하고, 성적이 비슷한 대안들이 있다며, 그 다음 중요한 속성에서 점수가 높은 대안을 선택하는 방식이다. 예를 들어 자동차의 경우 안정성이 가장 중요한 속성이라고 판단한 경우, 해당 속성이 우수한 차를 선정할 것이고, 만약 동일한 점수의 대안이 더 있다면, 그 다음 중요한 속성(예를 들면, 성능)에 대하여 평가하여 선정하는 방식이다.
> - 순차적 제거식(sequential elimination Rule) : 중요하게 생각하는 특정 속성의 최소 수용기준을 설정하고, 그 속성에서 수용기준을 만족시키지 못하는 대안을 제거해 나가는 방식이다. 즉, 한 가지 속성으로 최적안이 결정되지 않으며, 그 다음으로 중요한 속성면에서 기준치에 미달하는 대안들을 제거해 나가는 방식이다.
> - 결합식(conjunctive rule) : 'and'의 방식으로 대안 수용을 위한 기준을 마련한 후, 각 대안들의 속성이 최소한의 수용기준, 즉 '최저 기준치(minimum cutoff level)'를 만족시키는가에 따라 선택하는 방식이다. 모든 속성을 동시에 고려하기 때문에 결합형이라고 부르며, 하나의 속성에서 미달하는 점수를 받으면 대안에서 탈락시키는 방식이다. 결국 최저기준치를 낮추면 대안이 많아지고, 높이면 대안이 적어지기 때문에, 최저 기준치의 수준이 중요한 관건이다.
> - 분리식(disconjunctive rule) : 'or'의 방식으로 특히 중요한 한 두가지 속성에서 최소 수용기준을 정하여, 그 기준 중 적어도 하나 이상 만족시키는 대안들을 선택하는 방식이다. 결합식과 마찬가지로 '최저 기준치(minimum cutoff level)'이 중요하고, 이 기준치가 낮으면 너무 많은 대안들이 선택될 가능성이 있으므로 대개 높은 수준으로 결정하게 된다.

④ 구매결정
  ㉠ 소비자들은 대안 평가 후 가장 선호하는 제품을 구매하려는 의도를 가지게 되고 실제 구매 행동으로 이어지게 된다. 하지만, 구매 의도의 형성과 실제 구매 결정 사이에는 주변인의 권유나 예기치 못한 상황 발생 등으로 실제 구매 행동이 일어나지 않을 수 있다.
  ㉡ 구매의 유형 : 충성도, 관성추구, 다양성 추구, 충동구매 등이 있다.

⑤ 구매 후 행동
  ㉠ 소비자들은 일단 구매를 하고 나서는 구입한 제품에 대한 평가 및 자신의 구매의사결정에 대한 평가를 한다.
  ㉡ 인지부조화는 "혹시 잘못된 선택을 한 것은 아닐까?"하는 의구심이 구매 당시의 확신과 심리적 부조화현상을 일으키는 경우다.

ⓒ 실제 제품성과가 기대보다 컸을 경우에 만족하게 되고, 그 반대의 경우에는 불만족을 가진다.
② 소비자 불평행동은 제품의 실제성능이 기대에 못 미쳐 구매불만족이 발생했을 때 그것이 행동으로 나타난 것이다.

제2절 CRM 전략 및 구현방안

1. CRM의 개념 및 장점

(1) CRM의 배경
① 과거 공급자 위주의 매스마케팅 시대에는 밀어내기(PUSH) 전략으로 기업은 원하는 만큼의 이윤을 창출할 수 있었다.
② 그 이후 시장에서의 경쟁이 심화되고 고객의 필요와 욕구 등의 의식수준이 향상되면서 시장을 세분화해서 목표고객을 대상으로 하는 마케팅의 시대가 도래했고, IT정보기술의 발달은 필연적으로 고객의 구매 및 신상에 대한 마케팅 자료를 데이터베이스로 축적할 수 있는 수준에 이르렀다
③ CRM은 진정으로 기업에 수익을 주는 고객에게 보다 정교한 대응을 하는 차별화 된 마케팅 전략을 구사하는 것이다. 즉, 질적으로 우수한 고객과의 관계를 지속적으로 유지함으로써 다른 비즈니스 기회가 창출될 수 있도록 하는 데 주안점을 두고 있다.

(2) CRM의 정의★
① 고객관계관리(CRM ; Customer relationship management)란 마케팅인식에 있어서 종전의 기업중심적인 마케팅사고에서 벗어나 database를 기초로 개별고객의 욕구를 파악하여 맞춤형 서비스를 제공함으로써 고객의 생애가치를 극대화시킬 수 있는 마케팅전략을 말한다.
② CRM은 소비자들과 관련된 기업 조직의 내·외부 자료를 분석 및 통합하고 고객들의 특성에 기초한 마케팅 활동을 수립할 수 있도록 지원하는 시스템을 의미한다.

(3) CRM 장점 및 특성★★
① 신규고객 창출도 중요하지만 이에 앞서 기존 고객이 이탈하지 않도록 유지관리에 중점
② 단기적인 이익창출보다는 장기적인 고객 생애가치 극대화를 통한 이익창출에 중점
③ 기업의 마케팅 성과지표가 시장점유율 향상보다는 고객점유율(이용률) 향상에 있음
④ 기존 고객과의 관계를 충성도 높은 옹호자 단계에서 동반자관계로 확장시킴

⑤ 고객충성도의 향상으로 애호고객의 구전을 통한 신규고객의 창출
⑥ CRM의 관심영역의 확장내용으로 고객확보와 고객 발굴(교차판매, 상향판매)
⑦ CRM은 고객과의 직접적인 접촉을 통해 쌍방향 커뮤니케이션을 지속

2. CRM의 역할 및 고객서비스 방법

(1) CRM 역할

① 기업의 마케팅 부서에서 자신들의 최고 고객을 식별해 내고 명확한 목표를 가지고 그들을 겨냥한 마케팅 캠페인을 추진할 수 있게 하며 판매팀을 이끌기 위한 품질을 만들어내는데 도움을 준다.
② 다수의 직원들이 최적화된 정보를 공유하고, 기존의 처리절차를 간소화(예를 들어 무선 단말기를 사용하여 주문을 받는 등)함으로써 통신판매, 회계 및 판매관리 등을 개선하기 위한 조직을 지원한다.
③ 고객만족과 이익의 극대화를 꾀하고 회사에 가장 도움이 되는 고객들을 식별해내며 그들에게 최상의 서비스를 제공하는 등 고객들마다 선별적인 관계의 형성을 허용한다.
④ 고객에 관해 알아야 하고 고객들의 요구가 무엇인지를 이해하고 회사와 고객기반 그리고 배송 파트너들과의 관계를 효과적으로 구축하기 위해 꼭 필요한 정보와 처리절차를 직원들에게 제공한다.

(2) CRM 고객서비스 방법★

① 고객화 접근법(Customization approach)
  고객화 접근법이란 개별 소비자 각각의 구매 성향에 맞게 서비스를 조정하는 방법으로, 예컨대 목표고객에 대하여 축적된 데이터를 활용하여 게스트 서비스 프로그램을 실시하거나, 목표고객별로 1:1 마케팅을 활용하여 양질의 서비스를 제공하는 것을 들 수 있다.
② 표준화 접근법(Standardization approach)
  표준화 접근법은 전체 고객집단에 대하여 동일한 서비스를 제공하는 전략으로, 내부에서 정해진 규칙과 절차를 토대로 지속적으로 이행할 수 있게 하며, 서비스의 불안정한 요인은 최소화 하는 방법이다.

3. CRM의 유형

(1) 분석(Analytical) CRM

① 영업·마케팅·서비스 측면에서 고객정보를 활용하기 위해 고객 데이터를 추출, 분석하는 시스템이다.
② 이를 통해 사업에 필요한 고객/시장 세분화, 고객 프로파일링, 제품 컨셉의 발견, 캠페인 관리, 이벤트 계획, 프로모션 계획 등의 기회 및 방법에 대한 아이디어가 도출될 수 있다.

(2) 운영(Operational) CRM
① CRM의 구체적인 실행을 지원하는 시스템이다.
② 분석적 CRM에서 얻은 결과를 대고객 마케팅 활동에 직접 활용하여 고객과 기업간의 상호작용을 촉진시키는 기능을 말한다.

(3) 협업(Collaborative) CRM
① 협업은 분석과 운영 시스템의 통합을 의미한다.
② e-비즈니스 환경에서 각 고객별로 차별화된 서비스를 제공하는 웹 개인화 서비스 시스템이 대표적인 예이다.

4. CRM 구현 및 구축 단계

(1) CRM 구현 단계
① 데이터 수집
② 데이터 정제 과정
③ 데이터 웨어하우스 구축
④ 고객분석 & 데이터 마이닝
⑤ 마케팅채널과의 연계
⑥ Feedback 정보 활용
마케팅활동의 결과를 판단하여 의미 있는 정보를 마케팅 자료로 활용하기 위해 Feedback 된다.

> ● 고객관계관리모델에 필수적인 5가지 단계
> 데이터베이스의 구축 → 데이터베이스의 분석 → 목표고객 설정 → 관계마케팅 실행 → 고객관계관리 평가

(2) CRM 구축 단계
① 관계형성 및 신규고객 확보
② 고객충성도 제고 및 유지
③ 구매활성화 및 고객확장

> **Plus Tip**
> 더 알고가기
>
> **크로스 셀링 & 업 셀링**
> • 크로스셀링(cross-selling) : 기존 상품을 구입하였던 고객이 다른 연관된 상품의 구매로 이어질 수 있도록 하는 마케팅 방법을 말한다. 기업은 기존의 구매 고객에게 다른 상품의 구매를 제안하거나, 고객이 구입한 특정 상품과 연관성이 높은 상품을 연계하여 판매한다.
> • 업셀링(up-selling) : 격상판매 또는 추가판매라고도 하며 특정 상품 범위 내에서 상품 구매액을 늘리도록 업그레이드 된 상품의 구매를 유도하는 판매활동의 하나이다. 교차판매는 연결판매라고도 하며 기존 상품을 구입했던 고객이 다른 연관된 상품의 구매로 이어질 수 있도록 하는 마케팅 방법이다.

제4장 학습정리

- **상품판매관리** : 소매점포의 판매관련 활동인 영업 및 마케팅부문의 경영활동측면을 평가하는 것을 의미하는데, 소매점포의 경영활동이 포함된 영업실적 관련계획, 실시된 실적을 평가하고 피드백하는 과정을 의미한다.
- **효율성(efficiency)** : 일정한 비용으로 가능한 한 많은 산출물을 획득하거나, 일정한 산출량을 얻기 위해 소요되는 비용을 가능한 한 줄이는 것을 말한다.
- **효과성(effectiveness)** : 목표지향적인 성과측정치로서, 유통기업이 표적시장이 요구하는 서비스성과를 얼마나 제공하였는가를 나타낸다.
- **형평성** : 개별유통기업들이 해결하기 매우 어려우므로 정부의 정책에 의한 해결이 더 바람직할 수 있다. 성과분배에 있어서 형평성과 효율성은 상충관계(trade-off)에 해당한다.
- **생산성** : 총투입량에 대한 산출량의 비율을 말한다(산출량/총투입량). 즉, 생산을 위해 투입된 노동, 자본, 토지 등을 이용해서 산출된 부가가치가 얼마나 되는가를 측정하는 기준에 해당한다.
- **판매과정분석(Sell-through analysis)** : 조기 감산치 적용이 필요한지 또는 수요에 맞추어 상품이 더 필요한지를 결정하기 위해서 실제 매출과 계획된 매출을 비교하여 매입계획을 수정하는 것을 판매과정분석이라고 한다.
- **다중속성모형(multiple attribute model)** : 공급업체를 평가하기 위해 기준속성별 가중평균방식을 적용하는 것을 말한다.
- **재고자산투자수익률(GMROI ; gross margin return on investment)** : 매출액이익률과 재고자산회전율의 산정을 통해 기업의 전반적인 영업성과(performance)를 측정하는 유용한 평가지표이다.
- **로스** : 영업기간중에 다양한 이유로 인하여 재고조사 결과 '장부상의 매출액'과 '실제 매출액과'의 차이를 말한다. (장부재고 - 실재고)
- **고객관계관리(CRM ; Customer relationship management)** : 마케팅인식에 있어서 종전의 기업중심적인 마케팅사고에서 벗어나 database를 기초로 개별고객의 욕구를 파악하여 맞춤형 서비스를 제공함으로써 고객의 생애가치를 극대화시킬 수 있는 마케팅전략을 말한다.
- **CRM 필요성** : 시장점유율보다는 고객점유율에 비중, 고객획득보다는 고객유지에 중점, 제품판매보다는 고객관계(Customer Relationship)에 중점
- **소비자 구매의사결정 과정** : 문제인식 → 정보탐색 → 대안평가 → 구매결정 → 구매 후 행동
- **고객관계관리모델에 필수적인 5가지 단계** : 데이터베이스의 구축→데이터베이스의 분석→목표고객 설정→관계마케팅 실행→고객관계관리 평가
- **크로스셀링 (cross-selling)** : 기존 상품을 구입하였던 고객이 다른 연관된 상품의 구매로 이어질 수 있도록 하는 마케팅 방법을 말한다. 기업은 기존의 구매 고객에게 다른 상품의 구매를 제안하거나, 고객이 구입한 특정 상품과 연관성이 높은 상품을 연계하여 판매한다.
- **업셀링(up-selling)** 은 격상판매 또는 추가판매라고도 하며 특정 상품 범위 내에서 상품 구매액을 늘리도록 업그레이드 된 상품의 구매를 유도하는 판매활동의 하나이다. 교차판매는 연결판매라고도 하며 기존 상품을 구입했던 고객이 다른 연관된 상품의 구매로 이어질 수 있도록 하는 마케팅 방법이다.
- **CRM 프로그램의 유형** : 프리퀀시 마케팅(frequency marketing), 애프터 마케팅(after marketing), 서비스 보증, 스탬프(stamp) 제도, 회원제도

memo.

적중 예상문제

01 다음 중 CRM의 필요성으로 바르지 않은 것은?

① 고객관계 강화를 위해 격상판매를 통해 거래액과 횟수를 증가시킨다.
② 고객관계 강화를 위해 교차판매를 통해 거래제품의 수를 늘리도록 한다.
③ 고객생애주기는 크게 고객획득단계, 고객유지단계, 충성고객단계로 구분된다.
④ 전사적으로 공급자 지향적이어야 한다.
⑤ 기존 유치 고객이 지속적으로 자사제품을 구매하도록 관계를 유지한다.

정답 ④
해설 CRM은 고객의 니즈를 찾아 이를 만족시켜 줄 수 있도록 하며, 이로 인해 고객들과의 장기적인 관계를 유지하는 데 그 목적이 있다. 그러므로 CRM은 공급자가 아닌 소비자 지향적이어야 한다.

02 소비자의 구매동기는 부정적인 상태를 제거하려는 동기와 긍정적인 상태를 추구하려는 동기로 나뉘어진다. 아래 글상자 내용 중 부정적인 상태를 제거하려는 동기로만 짝지어진 것으로 가장 옳은 것은?

> ㉠ 새로운 제품(브랜드)의 사용방법을 습득하고 싶은 동기
> ㉡ 필요할 때 부족함 없이 사용하기 위해 미리 구매해 놓으려는 동기
> ㉢ 제품(브랜드)사용과정에서 즐거움을 느끼고 싶은 동기
> ㉣ 제품(브랜드)을 구매하고 사용함으로써 자긍심을 느끼고 싶은 동기
> ㉤ 당면한 불편을 해결해 줄 수 있는 제품(브랜드)을 탐색하려는 동기

① ㉠, ㉡
② ㉠, ㉢
③ ㉡, ㉢
④ ㉡, ㉤
⑤ ㉢, ㉣

정답 ④
해설 ㉡ 필요할 시에 부족함이 발생하게 되면 이는 부정적인 상태가 발생하게 되는 것으로 사전에 구매함으로써 발생 가능한 부정적인 상태를 제거하는 것이다.
㉤ 구매하고자 하는 동기로 인해 구매했을 시 제품에 대한 기능적 측면으로 인해 불편을 느껴 부정적인 상태가 될 수 있으므로 불편을 느낄 수 있는 부정적 상태를 제거(불편을 해결해줄 수 있는 제품탐색)를 하는 것이다.

03 다음 중 CRM의 이점으로 바르지 않은 것을 고르시오

① 제품개발 및 출시과정에 소요되는 시간의 절약이 가능하다.
② 특정 소비자들의 욕구에 초점을 맞춤으로써 표적화가 더욱 용이해진다.
③ 소비자채널의 사용률을 개선시킴으로써 개별소비자와의 접촉을 최대한으로 활용이 가능하다.
④ 광고비를 줄인다.
⑤ 서비스가 아닌 가격을 통해 자사의 경쟁력 확보가 가능하다.

정답 ⑤
해설 CRM은 가격이 아닌 서비스를 통해 자사의 경쟁력 확보가 가능해진다. CRM은 단순한 저가로 승부하는 것이 아닌 목표로 하는 고객들의 욕구를 충족시켜줌으로써 자사의 이익을 얻고, 고객들과 장기적으로 관계를 유지할 수 있다는 것을 기억해야 한다. 그렇게 함으로써 고객과의 관계가 돈독해지고 새로운 제품에 대한 프로모션을 하게 될 경우에도 적은 비용으로 최대의 효과를 누릴 수 있다.

04 아래 글상자에서 설명하는 용어로 옳은 것은?

> 판매사원이 제품을 판매할 때 고객과 장기 지향적인 관계를 유지하기 위해 고객의 필요와 욕구에 초점을 두고 고객이 만족스러운 구매결정을 할 수 있도록 마케팅 컨셉을 수행하는 판매행동을 말한다.

① 고객지향적 판매행동
② 제품지향적 판매행동
③ 판매지향적 판매행동
④ 관리지향적 판매행동
⑤ 시스템지향적 판매행동

정답 ①
해설 고객의 필요와 욕구에 초점을 두고 고객이 만족스러운 구매결정을 할 수 있도록 마케팅 컨셉을 수행하는 판매활동은 '고객지향적 판매행동'을 말한다.

05 ABC분석에 대한 다음의 설명 가운데 가장 옳지 않은 것은

① 실제 매출과 계획된 매출을 비교하여 적정재고수량을 파악하고 조절함으로써 재고비용을 줄이기 위해 주로 사용하는 방법이다.
② 상품구성계획(assortment plan)의 성과를 평가하기 위해 활용할 수 있다.
③ 분석 결과 A그룹으로 분류된 상품은 안전재고 수준을 가장 높게 유지한다.
④ 유통상은 수익성이 높은 제품계열에 한정해서 제품구색을 갖추기 위한 수단으로 ABC분류법을 사용하여 상품구색관리를 할 수 있다.
⑤ 소매업자에게 재고부족은 바로 손실을 의미하기 때문에 재고부족을 피하고 일정한 재고수준을 정해 놓고 유지하기 위한 유용한 도구가 바로 ABC분석이다.

정답 ①
해설 판매과정분석(sell-through analysis)은 다중속성방식과 함께 상품기획 성과분석 방법 중의 하나로서, 실제 매출과 계획된 매출을 비교하여 적정재고수량을 파악하고 조절함으로써 재고비용을 줄이기 위해 주로 사용하는 방법이다.

06 다음 중 고객별 수익기여도 분석에 관한 설명으로 가장 옳지 않은 것은?

① RFM(Recency Frequence Monetary)분석은 최근성, 구매빈도 및 구매량을 이용하여 고객의 로열티를 측정하는 방법이다.
② HPM(고객실적평가법)은 고객이 지금까지 기업의 수익성에 어느 정도 기여해 왔는지를 측정하는 방법이다.
③ LTV(고객생애가치)는 고객이 향후 예측되는 수익이 어느 정도인지를 측정하는 방법이다.
④ HPM(고객실적평가법)은 우량고객이 될 가능성이 있는 고객이 누구인지를 명확하게 측정할 수 있다.
⑤ RFM분석기법은 개별고객별 이익기여도를 직접적으로 측정하지 못한다는 단점이 있다.

정답 ④
해설 고객별 수익기여도 분석방법
- 고객실적평가법(HPM : Historical Profitability Measurement) : 고객이 지금까지 특정 기업의 수익성에 어느 정도 기여해 왔는가를 과거 실적을 통해 평가하는 기법
- RFM법 : 최근성(Recency), 구매빈도(Frequency) 및 구매량(액)(Monetary)을 구분하여 측정하여 우량고객을 발굴할 수 있는 방법
- 고객생애가치(LTV) : 한 고객이 한 기업의 고객으로 존재하는 전체기간 동안 기업에게 제공할 것으로 추정되는 잠재적이고 재무적인 공헌도의 총합계

07 고객생애가치(CLV ; customer lifetime value)에 대한 설명으로 가장 옳지 않은 것은?

① CLV는 어떤 고객으로부터 얻게 되는 전체 이익흐름의 현재가치를 의미한다.
② 충성도가 높은 고객은 반드시 CLV가 높다.
③ CLV를 증대시키려면 고객에게 경쟁자보다 더 큰 가치를 제공해야 한다.
④ CLV 관리는 단속적 거래보다는 장기적 거래관계를 통한 이익에 집중한다.
⑤ 올바른 CLV를 정확하게 산출하려면 수입흐름 뿐만 아니라 고객획득비용이나 고객유지비용 같은 비용 흐름도 고려해야 한다.

정답 ②
해설 고객생애가치(customer lifetime value)는 한 고객이 평균적으로 기업에게 기여하는 미래수익의 현재가치를 말한다. 충성도가 높아도 구매력이 낮다면 CLV는 높지 않다.

08 고객관계관리(CRM) 프로그램에서 사용하는 고객유지방법에 대한 설명으로 가장 옳지 않은 것은?

① 다빈도 구매자 프로그램 : 마일리지 카드 등을 활용하여 반복구매행위를 자극하고 소매업체에 대한 충성도를 제고할 목적으로 사용하는 방법
② 특별 고객서비스 : 수익성과 충성도가 높은 고객을 개발하고 유지하기 위해서 높은 품질의 고객 서비스를 제공하는 방법
③ 개인화 : 개별 고객 수준의 정보 확보와 분석을 통해 맞춤형 편익을 제공하는 방법
④ 커뮤니티 : 인터넷 상에서 고객들이 게시판을 통해 의사소통하고 소매업체와 깊은 관계를 형성하는 커뮤니티를 운영하는 방법
⑤ 쿠폰제공 이벤트 : 신제품을 소개하거나 기존제품에 대한 새로운 자극을 만들기 위해 시험적으로 사용할 수 있는 양만큼의 제품을 제공하는 방법

정답 ⑤
해설 ⑤는 샘플(sample)에 대한 설명이다. 샘플(sample)은 소량의 상품을 무료로 제공하는 것이다. 샘플은 잠재소비자에게 상품을 무료로 사용해 볼 수 있는 기회를 주기 때문에 신상품의 경우에는 효과가 높은 방법이다.

09 판매원의 고객서비스와 판매업무활동에 대한 설명으로 가장 옳지 않은 것은?

① 판매원의 판매업무활동은 고객에게 상품에 대한 효용을 설명함으로써 구매결정을 내리도록 설득하는 것을 의미한다.
② 개별 소비자의 구매 성향에 맞게 고객서비스를 조정하는 고객화 접근법(customization)은 최소화된 비용으로 고객을 설득 시킬 수 있는 직접적 판매활동이다.
③ 전체 고객집단에 대하여 동일한 고객서비스를 제공하는 것을 표준화 접근법(standardization)이라 한다.
④ 판매업무 활동의 마지막 단계는 고객의 니즈에 부합하면서 판매가 만족스럽게 이루어지도록 하는 판매종결(closing)기능이다.
⑤ 고객으로부터 얻은 정보를 기업에게 전달하는 역할도 판매업무 활동의 하나이다.

정답 ②
해설 고객화 접근법은 결과적으로 고객에게 더 나은 서비스를 제공한다는 장점이 있지만, 서비스 자체가 공급자의 판단과 능력 여하에 따라 달라짐으로 지속적이지 않을 수도 있다. 또한 숙달된 서비스 공급자와 복잡한 소프트웨어가 필요하기 때문에 비용이 드는 단점도 있다.

10 소비자 구매행동 유형 중 부조화 감소 구매행동(dissonance – reducing behavior)과 가장 거리가 먼 것은?

① 소비자의 관여도가 높은 제품을 구매할 때 주로 발생한다.
② 구매 후 결과에 대하여 위험부담이 높은 제품에서 빈번하게 발생한다.
③ 주로 고가의 제품이나 전문품을 구매할 때 빈번하게 발생한다.
④ 각 상표 간 차이가 미미한 제품을 구매할 때 빈번하게 발생한다.
⑤ 주기적, 반복적으로 구매해야 하는 제품을 구매할 때 빈번하게 발생한다.

정답 ⑤
해설 인지부조화(cognitive dissonance) : 소비자는 구매 이후에 자신이 선택한 제품이 선택하지 않은 제품보다 더 나은 것인가에 대한 심리적 불편 또는 불안감을 느낄 수 있는데 이를 구매 후 인지부조화라 한다. 인지부조화는 주로 관여도가 높고 빈번히 구매하지 않는 고가의 전문품 또는 선매품의 구매 후에 발생한다.
⑤ 주기적, 반복적으로 구매해야 하는 편의품에는 비교적 인지부조화가 발생하지 않는다.

memo.

제5장 유통마케팅 조사와 평가

제1절 유통마케팅 조사

1. 유통마케팅 조사의 개요

(1) 유통마케팅 조사(marketing survey)

① 유통마케팅 실행을 위한 객관적인 자료를 체계적으로 수집·분석하여 실무적인 해석을 통하여 향후 기업의 전략방향과 시사점을 제공하는 과정을 의미한다. 조사의 신뢰성을 담보하기 위한 객관성과 체계성을 키워드로 할 수 있다.

② 객관성(Objectivity)은 기존에 개발되어 정립·검증된 개념과 이론들을 사용하여 마케팅 조사를 수행한다는 것을 의미한다.

③ 체계성(Systematization)은 정해진 마케팅조사 절차에 의해 조사를 수행한다는 것을 의미한다.

(2) 유통마케팅 조사의 중요성

① 고객에 대한 이해
고객지향적인 마케팅 활동을 전개하기 위해서는 고객의 심리적 특성과 행동적 특성을 정확하게 파악하는 것이 선행되어야 한다.

② 전략경영의 필수 요소
시장환경의 변화와 경쟁의 심화로 인해 전략의 중요성이 높아지고 있는데 효과적인 전략을 수립하고 실행하기 위해서 시장 환경에 대한 정확한 정보의 수집과 분석이 선행되어야 한다.

③ 의사결정의 기대가치 제고
타당성과 신뢰성 높은 정보의 제공을 통해 의사결정의 불확실성을 낮춤으로써 의사결정의 기대가치를 높일 수 있는 수단이 되었다.

④ 한정된 자원의 효율적 활용
정확한 시장정보와 경영활동에 대한 효과분석은 기업 목표의 달성에 공헌할 수 있는 자원의 배분과 한정된 자원의 효율적인 활용을 가능하게 한다.

2. 유통마케팅 조사의 방법과 절차

조사문제의 정의 → 마케팅조사 설계 → 자료의 수집과 분석 → 보고서 작성★

(1) 조사문제의 정의
① 탐색조사
  ㉠ 기업의 마케팅 문제와 현재의 상황을 보다 더 잘 이해하기 위해서, 조사목적을 명확히 정의하기 위해서, 필요한 정보를 분명히 파악하기 위해서 시행하는 예비조사이다.
  ㉡ 특정 문제가 잘 알려져 있지 않은 경우에 적합한 조사방법. 즉, 문제의 규명이 목적이다.
② 기술적 조사
  ㉠ 마케팅 현상의 특징이나 마케팅변수들 간의 관련성여부를 파악하기 위해 실시된다.
  ㉡ 제품의 시장잠재력, 소비자의 자사제품 및 경쟁제품에 대한 태도, 인구 통계적 특성에 대한 조사가 기술적 조사의 예다.
③ 인과관계 조사
  ㉠ 마케팅변수들 간의 인과관계에 관한 가설을 조사하는 것이다.
  ㉡ 예를 들어, 제품 가격을 5% 인하하였을 때 매출액이 그 이상으로 증가할 것인지를 조사하는 경우를 말한다.

(2) 마케팅조사 설계
① 마케팅조사 문제와 조사목적이 결정되면, 조사자는 마케팅조사 문제의 해결에 필요한 자료를 수집·분석하기 위한 조사계획을 수립해야 한다.
② 마케팅조사 설계 과정에서 조사는 먼저 수집되어야 할 자료의 유형을 결정해야 하는데, 자료의 유형은 1차 자료와 2차 자료로 나누어진다.
③ 1차 자료 수집방법★
  ㉠ 관찰법
    조사대상을 관찰하여 자료를 수집하는 것으로, 자료는 조사자가 직접 관찰하거나 기계를 이용하여 수집될 수 있다.
  ㉡ 표적집단면접법(F.G.I)
    소수의 응답자(일반적으로 6명에서 12명으로 구성됨)를 한 장소에 모이도록 한 다음 자유스러운 분위기 속에서 사회자(moderator)가 제시하는 주제와 관련된 정보를 대화를 통해 수집하는 방법이다.
  ㉢ 심층면접법
    조사자와 응답자 간의 1:1 대면접촉에 의해 질문과 응답이 이루어지는 방법이다. 심층

면접법은 질문항목이 미리 정해져 있지 않으며 응답자의 응답에 따라 질문이 변경될 수 있다. 심층면접법은 일반적인 설문조사가 밝혀내기 어려운 소비자의 잠재적 욕구 및 동기를 파악하는 데 적절한 조사방법이다.

ⓔ 서베이조사법

설문지를 이용하여 표본으로 선정된 조사대상자들로부터 자료를 수집하는 방법이다. 서베이조사는 1차 자료 수집에 가장 널리 사용되는 방법이다.

ⓜ 투사기법(projective technique)

응답자 자신의 행동을 직접 설명하게 하기보다는 다른 사람의 행동을 해석하게 하여 응답자의 동기, 신념, 태도 등을 간접적으로 파악하려는 기법이다.

> **Plus Tip** 더 알고가기
>
> 투사기법(projective technique)
> - 꼴라쥬(collage) : 모니레이터가 제시하는 주제에 따라 포커스 그룹 참가자가 잡지, 신문, 전단지와 같은 것을 이용하여 표현한 전시물을 통해 소비자를 이해하는 기법
> - 그림 그리기(drawing a picture) : 참석자들에게 백지와 연필을 나누어 주고 모더레이터가 제시하는 주제에 대해 그림을 그리라고 하며, 그 그림에 대한 설명을 통해 소비자 형태에 대한 인사이드를 얻거나 브랜드에 대한 연상이미지를 파악하는 기법
> - 의인화(using personification) : 참석자들에게 사람이라 가정하게 하고 어떤 사람일지에 대해 얘기해 보게 하는 방법을 통해 소비자들을 이해하는 기법
> - 문장 완성법(completing sentence) : 문장이 적힌 프린트들을 미리 준비하여 나누어 주고, 몇 분 동안 작성하게 한 뒤에 서로 왜 그렇게 생각하는지를 이야기하게 하는 기법
> - 유추법(creating analogies) : 우리의 주제가 다른 주제와 얼마나 비슷한지를 물어보는 방법

(3) 자료의 수집과 분석

① 조사원들을 선발하여 교육 시키고, 조사원들이 표본계획에 맞는 응답자들을 찾아 다양한 방법으로 실제로 자료를 수집한다.

② 수집된 자료의 처리과정을 거쳐 분석 가능한 상태로 편집한 후에 그 자료들을 계량화하여 분석한다.

(4) 보고서 작성

① 조사의 과정은 최종 결과 보고서 작성으로 종결되는데 조사자는 보고서에서 경영자에게 조사의 발견점을 제시하고 그에 따른 시사점과 대책을 추천하게 된다.

② 보고의 형태로는 전화로부터 차트, 슬라이드, 강연 등에 이르기까지 다양하며, 슬라이드나 차트를 통해 발표회를 하는 것이 보편적으로 채택되는 방법이다.

③ 보기 쉽고 이해하기 쉬운 형식으로 조사내용을 수치나 그래프로 나타낼 수 있도록 하며, 어느 때라도 이용할 수 있도록 보관에도 신경을 써야 한다.

3. 표본설계와 측정

(1) 표본추출계획

① 조사대상의 모집단을 정의한다. 여기서 모집단이란 조사대상이 되는 소비자, 제품, 기업, 지역 등의 집합체를 말한다. 예를 들어, 대통령후보의 지지도에 대한 여론조사에서 모집단은 투표권을 가지고 있는 대한민국의 모든 사람을 의미한다.

② 표본을 추출하는 데 사용될 표본프레임(sample frame)을 선정한다. 표본프레임이란 모집단 내에 포함된 조사대상자들의 명단이 수록된 목록을 말한다. 전화번호는 마케팅조사에서 흔히 이용되는 표본프레임의 한 예이다.

③ 표본추출과정

● 표본추출과정
모집단의 설정 → 표본프레임의 결정 → 표본추출방법의 결정 → 표본크기의 결정 → 표본추출

(2) 표본추출 방법★★★

① 비확률적 표본추출방법

㉠ 편의표본추출 : 조사자의 편의대로 표본을 선정하는 방법으로, 신제품을 테스트하기 위해서 시제품 사용에 참여하기를 원하는 지원자를 대상으로 조사를 한다든지 길거리에서 우연히 마주치는 사람에 대해 조사를 행하는 것이 이에 해당한다.

㉡ 판단표본추출법 : 조사목적에 가장 적합할 것으로 판단되는 특정집단을 표본으로 선정하는 방법이다. 예를 들어 신제품을 출시하기 전에 제품의 시장성을 조사하기 위해서 제품의 시장잠재력을 가장 잘 반영할 것으로 판단되는 특정도시를 선택하는 것이나 경쟁회사의 영업상태를 파악하기 위해서 자사의 영업사원을 대상으로 조사하는 것 등이 판단표본추출방법의 예라고 볼 수 있다.

㉢ 할당표본추출 : 모집단의 특성(가령, 나이)을 기준으로 이에 비례하여 표본을 추출함으로써 모집단의 구성원들을 대표하도록 하는 추출방법이다. 예를 들면 모집단이 30세 이상과 30세 이하로 대별되고 각 집단의 구성비율에 대하여 사전정보를 가지고 있는 경우 그 비율에 따라 표본을 추출하는 것이 대표적인 예라고 할 수 있다.

② 확률표본 추출방법

㉠ 단순무작위 표본추출 : 각 표본들이 동일하게 선택될 확률을 가지도록 선정된 표본프레임 안에서 각 표본단위들에 일련번호를 부여하여 난수표를 이용해서 선정된 번호에 따라서 무작위로 추출하는 방법이다.

㉡ 층화표본추출 : 모집단을 통제변수에 의해서 서로 배타적이고 포괄적인 소그룹으로 구분한 다음 각 소그룹 별로 단순 무작위 표본을 추출하는 방법이다. 예를 들면 모집단을

성이라는 통제변수를 통해서 남성과 여성으로 분류하고 각 소그룹에 대해 다시 무작위로 표본을 추출하는 것이 그 예이다.
ⓒ 군집표본추출 : 모집단을 동질적인 여러 소그룹으로 나눈 다음 특정 소그룹을 표본으로 추출하고 선택된 소그룹 전체를 조사대상으로 삼거나 그 소그룹의 상당부분을 표본으로 다시 추출하는 표본추출방법이다.
ⓔ 체계적표본추출 : 전체 모집단에서 무작위 시작점을 선택하고 일정한 간격으로 표본에 사용할 수 만큼 선택하는 표본추출방법이다. 예를 들어, 조사 전문가가 300,000명의 인구가 있는 도시의 모든 주민 명단을 가지고 있다면 명단에서 100번째 사람마다 설문을 보내 무작위 표본을 생성할 수 있다. 이 경우 3,000명이 설문에 참여하게 된다.

(3) 측정과 척도★

① 측정이란 일정한 규칙에 따라 변수에 숫자를 부여하는 것이고, 척도란 측정을 위해 사용되는 도구이다. '명목척도 → 서열척도 → 등간척도 → 비율척도' 순으로 설문응답이 어렵다.
② 명목척도
  ㉠ 변수의 특성을 식별하기 위하여 숫자 사용
  ㉡ 측정대상의 특성을 분류하거나 확인할 목적으로 숫자를 부여하는 과정
  ㉢ 예) 성별, 혈액형 등
③ 서열척도
  ㉠ 속성에 따라 순서대로 배열하는 척도로서, 측정대상간의 순서관계를 밝혀 주는 것
  ㉡ 예) 학교 성적 등급, 스포츠 경기 순위 등
④ 등간척도
  ㉠ 측정대상의 속성에 숫자를 부여하되 숫자사이의 간격을 동일하게 측정하는 것 즉, 각 서열간의 거리가 동일한 척도, 사실은 서열척도와 비슷
  ㉡ 등간척도는 측정대상이 갖는 속성의 양적인 정도의 차이를 나타내 주며 해당속성이 전혀 없는 상태인 '절대 영점'은 존재하지 않음 → 임의적인 영점은 존재 ⇒ 체온, 온도
  ㉢ 예) 온도, 물가지수 등
⑤ 비율척도
  ㉠ 등간측정이 갖는 특성에 추가적으로 측정값 사이의 비율계산이 가능
  ㉡ 예) 몸무게, 나이, 길이 등

3. 유통마케팅 자료 분석기법

(1) 자료분석의 의의
① 실사를 통하여 수집된 자료들은 수치화되어 컴퓨터에 입력된다. 입력된 자료들은 조사목적과 수집된 자료의 특성에 맞는 분석기법에 의하여 분석된다.
② 분석은 수집된 자료를 가공하여 어떤 의미를 전달할 수 있도록 해준다.

(2) 자료 분석기법★★★
① 군집분석(Cluster Analysis)
  ㉠ 군집분석은 유사한 특성을 갖는 조사대상자들을 묶어주는 통계기법
  ㉡ 예) 맥주의 구매 행태 - 순한 맛을 좋아하는 집단, 가격을 중시하는 집단 등
② 상관관계분석(Correlation Analysis)
  매출액 변화와 광고비 변화의 관계와 같이 두 변수들 간의 연관의 정도를 측정하는 분석
③ 분산분석(Analysis of variance, ANOVA)
  ㉠ 집단들 간에 특정 변수의 평균값이 서로 차이가 있는지를 검정하는 통계기법
  ㉡ 예) 남녀 간에 선호하는 청바지의 가격대에서 차이가 있는지를 검증
④ 요인분석(Factor Analysis)
  ㉠ 조사에 사용된 여러 가지 변수들을 유사한 변수들끼리 한 요인으로 묶어서 적은 수의 요인으로 축소시키는 데 사용되는 통계기법
  ㉡ 예) 백화점 선택 기준 - 주차공간의 편리함, 취급제품의 신뢰성, 매장의 분위기, 백화점의 유명도 등의 여러 가지 변수가 있다면, 이러한 변수들 가운데서 관련성이 높은 것들끼리 묶어서 소수의 요인으로 줄이는 데 사용
⑤ 회귀분석(Regression Analysis)
  ㉠ 둘 이상의 독립변수가 하나의 종속변수에 미치는 영향의 정도와 방향을 파악하기 위해서 사용되는 분석기법
  ㉡ 예) 광고비의 증감과 가격변하가 매출액 증가에 미지는 영향
⑥ 결합분석(Conjoint Analysis)
  제품을 구매할 때 소비자가 중요시하는 제품의 속성과 각 속성수준에 대해 소비자들이 부여하는 효용치를 파악하여 최상의 신제품을 개발하는 데 사용하는 방법
⑦ 다차원척도법(Multi - Dimensional Scaling : MDS)
  제품의 특성에 대하여 소비자들이 인지하고 있는 상태를 그래프상의 여러 차원(dimension)으로 표시해 시각적으로 포지션을 파악하는 기법

제2절 유통마케팅 성과 평가

1. 유통마케팅 성과평가의 개요

(1) 마케팅 성과평가의 모형

① 마케팅 성과평가(Marketing Performance Assessment)란 마케팅 활동의 결과를 상충적 관계에 놓여 있는 효율성 및 효과성의 측면에서 평가하는 것이다.
② 마케팅 목표를 얼마만큼 달성했는지를 측정하는 효과성 평가가 필요하다.(=마케팅 감사)
③ 투입한 마케팅 자원에 대비해 달성된 성과를 평가하는 효율성 측면의 마케팅 생산성 평가가 있다.

(2) Ambler의 마케팅 성과지표 분류

① 혁신성 : 신제품의 개수 및 매출의 비중, 마진에 따른 지표
② 재무성과 : 마진, 매출, 영업이익
③ 타사와의 비교지표 : 타사 대비 소비자 및 제품 품질에 대한 만족도
④ 소비자행동지표 : 충성도, 소비자 수, 재구매율, 소비자 유지율
⑤ 소비자들의 주관적 태도 : 제품의 품질, 소비자 만족도, 인지도, 차별화

(3) 유통마케팅 목표의 평가

① 마케팅 목표는 기업 전체의 목표 및 전략과 깊은 연관 관계를 지녀야 한다.
② 해당 목표의 긴급성과 마케팅 이후의 기업에 미칠 수 있는 영향력을 기반으로 우선순위를 정해야 한다.
③ 기업 목표를 인지한 후 마케팅 기획의 초반부터 해당 목표가 확실하게 규명되어야 한다.
④ 유통마케팅 목표에 대한 성과평가는 '매출액, 순이익, 판매수량, 객단가 증대, 시장점유율' 등의 정량적인(quantitative) 목표치들을 활용한다.

2. 유통경로의 성과 평가

(1) 개요

① 유통경로의 성과 평가는 유통경로 수익성 평가 방법인 유통비용분석(distribution cost analysis), 전략적 수익모형(strategic profit model), 직접제품이익(DPP) 기법 등을 주로 사용하고 있다.
② 유통경로 성과의 평가척도

정성적 평가 척도	정량적 평가 척도
• 경로조정 및 갈등수준의 정도 • 경로역할에 대한 의견의 차이 정도 • 경로리더십의 개발 정도 • 경로에 대한 몰입의 정도	• 단위당 총유통비용 • 재고부족방지비용 • 재고부족비율 • 주문 처리의 오류횟수

(2) 유통비용분석

① 유통비용분석은 현재 유통경로 상에 참가하고 있는 경로수익성을 평가하는 도구이며, 이는 손익계산서상의 비용항목들이 각 유통경로별 경로활동에 얼마나 효율적으로 투입되었는지를 측정하여 각 유통경로의 수익성을 측정하는 방법이다.

② 경로관리자는 유통비용분석을 통해 기존 경로의 수익성을 평가하고 이를 토대로 현재의 경로에서 어떤 경로를 변경하고 교체, 수정할지를 분석할 수 있게 된다.

(3) 전략적 수익모형(strategic profit model)★

① 자산회전율(= 순매출액 / 총자산)

자산회전율은 기업이 투입자본을 얼마나 잘 활용하였는지를 측정하는 척도이다.

② 순이익률(= 순이익 / 순매출액)

기업이 매출에서 발생한 비용(운영 비용, 세금, 이자 등)을 제외하고 실제로 얼마나 이익을 남겼는지 보여주는 척도이다.

③ 자산수익률(= 순이익 / 총자산, ROA)

기업이 보유한 자산을 얼마나 효율적으로 활용하여 이익을 창출했는지를 나타내는 재무지표로서, 기업은 기존자산에 대한 회전율을 증가하거나 순이익률을 증가시킨다면 자산수익률을 향상시킬 수 있다. (ROA, Return on Assets)

④ 레버리지비율

레버리지비율은 장·단기 운영을 위해 기업이 차입자금에 얼마나 의존하는지를 나타낸다. 레버리지비율의 값이 낮을수록 이는 기업이 자금운영과정에서 부채보다 경영주의 자본에 더 의존함을 의미한다.

⑤ 투자수익률(= 순이익 / 순자본, ROI)

특정 투자에서 발생한 이익을 측정하여 투자 효율성을 평가하는 지표이다. ROI는 기업, 개인 투자자, 프로젝트 평가 등 다양한 분야에서 사용되며, 투자로부터 얼마나 수익을 얻었는지 확인하는 데 중요한 역할을 한다.

(4) 직접제품이익(DPP ; direct product profit)★★

① 소매업체의 제품수익성을 평가하는 중요한 측정도구 중의 하나로 회계상 손익계산서를

유통기업에 맞추어 수정하는 방법으로, 각 경로대안의 제품수익성을 평가하여 직접제품이익이 가장 높은 경로대안을 선택하게 된다.
② 제품평가에 있어서 고정비용을 제외하는 반면 제품별 영업활동이나 상품 머천다이징 활동에 의해 발생하는 직접비용만을 분석대상으로 삼고 있다.
③ 구매자 입장에서 특정 공급자의 개별품목 혹은 재고관리단위(SKU) 각각에 대해 평가하는 기법이다.
④ 주요 계산 항목 : 총마진(매출총이익), 기타직접수익 , 창고비, 수송비, 직접점포비용

(5) 균형성과표(BSC ; Balanced Scorecard)★★★
① 개념
  ㉠ 카플런(R. Kaplan)과 노턴(D. Norton)의 균형성과표(BSC : Balanced Score Card)는 전 조직원이 전략을 공유하고 전략방향에 따라 행동하도록 유도함으로써 회사의 가치창출을 보다 효과적이고 지속적으로 이루기 위한 성과측정 방법이다.
  ㉡ 과거지향적·재무적 관점에 국한되었던 기존 측정 기준에서 고객관점, 내부 프로세스 관점, 학습과 성장관점으로 확대하여 전체 성과를 측정하는 기법이다.
② 내용
  ㉠ 균형성과표는 조직의 전략을 성과측정이라는 틀로 바꾸어서 전략을 실행할 수 있도록 도와 준다.
  ㉡ 균형성과표의 측정지표는 구성원들에게 목표달성을 위한 올바른 방향을 제시해 준다.
  ㉢ 균형성과표는 재무 관점, 고객 관점, 내부 프로세스 관점, 학습과 성장 관점에서 성과지표를 설정한다.
  ㉣ 균형성과표는 성과측정, 전략적 경영관리, 의사소통의 도구로 사용된다.

제5장 학습정리

- 유통마케팅 조사(marketing survey) : 유통마케팅 실행을 위한 객관적인 자료를 체계적으로 수집·분석하여 실무적인 해석을 통하여 향후 기업의 전략방향과 시사점을 제공하는 과정을 의미한다.
- 마케팅조사의 구분 : 탐색적 조사, 기술적 조사, 인과관계 조사
- 자료 수집 유형 : 1차 자료와 2차 자료
- 1차 자료 수집방법 : 관찰법, 표적집단면접법(F.G.I), 심층면접법, 서베이조사법, 실험조사법, 투사기법(projective technique)
- 표본추출과정 : 모집단의 설정 → 표본프레임의 결정 → 표본추출방법의 결정 → 표본크기의 결정 → 표본추출
- 척도 : 명목척도 → 서열척도 → 등간척도 → 비율척도 순으로 설문응답이 어렵다.
- 비확률적 표본추출 방법 : 편의표본추출, 판단표본추출, 할당표본추출
- 확률적 표본추출 방법 : 단순무작위 표본추출, 층화표본추출, 군집표본추출, 체계적표본추출
- 군집분석(Cluster Analysis) : 유사한 특성을 갖는 조사대상자들을 묶어주는 통계기법으로 시장 세분화에 많이 사용되어진다.
- 상관관계분석(Correlation Analysis) : 매출액 변화와 광고비 변화의 관계와 같이 두 변수들 간의 연관의 정도를 측정하는 분석기법이다.
- 분산분석(ANOVA) : 집단들 간에 특정 변수의 평균값이 서로 차이가 있는지를 검정하는 통계기법이다.
- 요인분석(Factor Analysis) : 조사에 사용된 여러 가지 변수들을 유사한 변수들끼리 한 요인으로 묶어서 적은 수의 요인으로 축소시키는 데 사용되는 통계기법이다.
- 회귀분석(Regression Analysis) : 둘 이상의 독립변수가 하나의 종속변수에 미치는 영향의 정도와 방향을 파악하기 위해서 사용되는 분석기법이다.
- 결합분석(Conjoint Analysis) : 제품을 구매할 때 소비자가 중요시하는 제품의 속성과 각 속성수준에 대해 소비자들이 부여하는 효용치를 파악하여 최상의 신제품을 개발하는 데 사용하는 방법이다.
- 다차원척도법(MDS) : 제품의 특성에 대하여 소비자들이 인지하고 있는 상태를 그래프상의 여러 차원(dimension)으로 표시해 시각적으로 포지션을 파악하는 기법으로, 그래프 공간 내의 각 차원은 소비자가 구매할 경우 기준하는 가장 중요한 속성을 의미한다.
- 전략적 수익모형(strategic profit model) : 자산회전율, 순이익률, 자산수익률, 레버리지비율 등
- 제품별 직접이익(DPP ; direct product profit) : 소매업체의 제품수익성을 평가하는 중요한 측정도구 중의 하나로 회계상 손익계산서를 유통기업에 맞추어 수정하는 방법으로, 각 경로대안의 제품수익성을 평가하여 직접제품 이익이 가장 높은 경로대안을 선택하게 된다. 구매자 입장에서 특정 공급자의 개별품목 혹은 재고관리단위(SKU) 각각에 대해 평가하는 기법이기도 하다.
- 균형성과표(BSC) : 전 조직원이 전략을 공유하고 전략방향에 따라 행동하도록 유도함으로써 회사의 가치창출을 보다 효과적이고 지속적으로 이루기 위한 성과측정 방법이다. 재무적 관점, 고객관점, 내부 프로세스 관점, 학습과 성장관점으로 확대하여 전체 성과를 측정하는 기법이다.

적중 예상문제

01 설문조사를 위한 표본 추출 방법 중 확률적 표본추출에 해당하는 것은?
① 편의 표본 추출
② 단순 무작위 표본 추출
③ 판단 표본 추출
④ 할당 표본 추출
⑤ 자발적 표본 추출

정답 ②
해설 확률적 확률표본 추출방법은 연구대상이 표본으로 추출될 확률을 미리 알 수 있는 표본추출방법으로서, 추출된 표본 및 모집단을 얼마나 잘 대표하는지를 알 수 있음으로 표본분석 결과를 일반화 할 수 있다. 단순무작위 표본추출, 층화 표본 추출, 군집표본추출 등이 있다.

02 다음 중 특정 문제가 잘 알려져 있지 않은 경우에 적합한 조사방법은?
① 의미조사
② 문헌조사
③ 정성조사
④ 탐색조사
⑤ 기술조사

정답 ②
해설 탐색조사는 기업의 마케팅 문제와 현재의 상황을 보다 더 잘 이해하기 위해서, 조사목적을 명확히 정의하기 위해서, 필요한 정보를 분명히 파악하기 위해서 시행하는 조사방법을 의미한다.

03 유통마케팅 조사과정 순서로 가장 옳은 것은?
① 조사목적 정의 - 조사 설계 - 조사 실시 - 데이터분석 및 결과해석 - 전략수립 및 실행 - 실행결과 평가
② 조사목적 정의 - 조사 실시 - 조사 설계 - 데이터분석 및 결과해석 - 전략수립 및 실행 - 실행결과 평가
③ 조사목적 정의 - 조사 설계 - 조사 실시 - 전략수립 및 실행 - 데이터분석 및 결과해석 - 실행결과 평가
④ 조사목적 정의 - 실행결과 평가 - 전략수립 및 실행 - 조사 실시 - 데이터분석 및 결과해석 - 대안선택 및 실행
⑤ 조사목적 정의 - 조사 실시 - 데이터분석 및 결과해석 - 조사 설계 - 전략수립 및 실행 - 실행결과 평가

정답 ①
해설 마케팅 조사과정은 '조사목적 정의 → 조사 설계 → 조사 실시 → 데이터분석 및 결과해석 → 전략수립 및 실행 → 실행결과 평가' 과정으로 이루어진다.

04 유통마케팅 목표달성을 위해 자금을 효율적으로 지출하는지를 확인할 수 있는 유통마케팅 성과 평가 분석으로 가장 옳은 것은?

① 시장점유율 분석
② 자금유지율 분석
③ 고객만족도 분석
④ ROI 분석
⑤ 경로기여도 분석

정답 ④
해설 자금을 효율적으로 지출하는지를 확인할 수 있는 지표는 투자수익률(ROI)이다. 소매업의 전반적인 성과를 측정하는 중요한 지표 중의 하나이다.

05 유통마케팅 성과 평가에 대한 설명으로 가장 옳지 않은 것은?

① 유통마케팅 성과측정 방법은 크게 재무적 방법과 마케팅적 방법으로 나눌 수 있다.
② 재무적 방법은 회계 데이터를 기초로 성과를 측정한다.
③ 마케팅적 방법은 주로 고객들로부터 수집된 데이터를 이용하여 성과를 측정한다.
④ 마케팅적 방법은 과거의 성과를 보여주지 못하지만 미래를 예측할 수 있다는 장점이 있다.
⑤ 재무적 방법과 마케팅적 방법을 상호보완적으로 활용하여 측정하는 것이 효과적이다.

정답 ④
해설 마케팅적 방법은 자료 분석을 통해 과거의 성과를 보여줄 수 있지만, 미래를 예측하는 것은 어렵다.

06 아래 글상자의 상황에서 A사가 선택할 수 있는 분석방법으로 가장 옳은 것은?

> 공기청정기를 판매하는 A사는 다양한 판매촉진을 통해 매출 부진에서 벗어나고자 한다. 가격인하와 할인쿠폰행사 그리고 경품행사가 매출향상에 효과적인가를 판단하기 위해 각 판촉방법 당 5개 지점의 자료를 표본으로 선정하여 판촉유형이 매출에 미치는 효과 여부에 관한 조사를 실시하기로 했다.

① 요인분석(factor analysis)
② 회귀분석(regression analysis)
③ 다차원척도법(MDS, Multi-Dimensional Scaling)
④ 표적집단면접법(FGI, Focus Group Interview)
⑤ 분산분석(ANOVA, analysis of variance)

정답 ⑤
해설 분산분석(ANOVA, analysis of variance)은 세 개 이상의 모집단이 있을 경우에 여러 집단 사이의 평균을 비교하는 검정방법이다. 문제에서 '각 판촉방법 당 5개 지점의 자료'에서 분산분석임을 알 수 있다.
① 요인분석 : 조사에 사용된 여러 가지 변수들을 유사한 변수들끼리 한 요인으로 묶어 적은 수의 요인으로 축소시키는 데 사용되는 통계기법이다.
② 회귀분석 : 둘 이상의 독립변수가 하나의 종속변수에 미치는 영향의 정도와 방향을 파악하기 위해서 사용되는 분석기법이다.
③ 다차원척도법 : 군집분석과 같이 개체들을 대상으로 변수들을 측정한 후, 개체들 사이의 '유사성 / 비유사성'을 측정하여 개체들을 2차원 또는 3차원 공간상에서 점으로 표현하는 분석법을 말한다.
④ 표적집단면접법(FGI) : 목적에 따라 모여진 소수의 응답자와 집중적인 대화를 통하여 정보를 찾아내는 소비자 분석 방법이다.

07 마케팅조사에 이용되는 척도 중 크기 등의 차이를 수량적으로 비교할 수 있도록 표지가 수량화된 척도는 다음 중 무엇인가?

① 명목척도
② 서열척도
③ 등간척도
④ 비율척도
⑤ 순위척도

정답 ③
해설 크기 등의 차이를 수량적으로 비교할 수 있도록 표지가 수량화된 척도는 등간척도 이다.

08 마케팅조사를 할 때, A라는 상표를 소비하는 전체 모집단에 대해 구매량을 중심으로 빈번히 구매하는 사람(heavy users)과 가끔 구매하는 사람(light users)으로 분류하고, 각각의 집단에서 무작위로 일정한 수의 표본을 추출하는 표본추출방식으로 가장 옳은 것은?

① 할당표본추출
② 주관적 표본추출
③ 체계적 표본추출
④ 판단 표본추출
⑤ 층화표본추출

정답 ⑤
해설 층화표본추출이란 전체 모집단을 통제변수에 따라 배타적이고 포괄적인 각각의 소집단으로 분류하고 다시 각각의 소집단에서 무작위로(random) 표본을 추출하는 방법이다.
① 할당표본추출 : 전체 모집단을 하나의 변수를 기준으로 일정량씩 할당(quota)하여 집단을 대표하는 표본을 추출하는 방법

09 다음은 소매업자가 고객에게 제공한 서비스자료를 수집하는 방법 중 하나이다. 가장 옳은 것은?

> 고객의 구매행동에 대한 내면적 동기나 심리 등을 파악하기 위한 정성적 조사의 대표적인 방법의 하나로서, 자유로운 분위기에서 6명에서 12명 정도로 원하는 제품의 특징이나 현 점포운영에 대한 제안이나 점포설계에 대한 의견 등 어떤 특정 주제나 문제를 이야기하는 방식

① 실험법
② 서베이법
③ 패널조사법
④ 표적집단면접법
⑤ 심층면접법

정답 ④
해설 1차 자료를 수집하는 방법으로는 관찰법, FGI, 심층면접법, 실험법, 설문지조사법(survey법) 등이 있으며 관찰법, FGI, 심층면접법 등은 탐색조사(exploratory survey)에 쓰이는 방법에 해당한다.

10 개인 또는 여러 개체 중에서 유사한 속성을 지닌 대상을 몇 개의 집단으로 그룹화한 다음 각 집단의 성격을 파악함으로써 데이터 전체의 구조에 대해 이해하고자 하는 탐색적 분석 기법에 대한 설명으로 가장 옳은 것은?

① 군집분석
② 상관관계분석
③ 회귀분석
④ 분산분석
⑤ 요인분석법

정답 ①
해설 군집분석 : 개인 또는 여러 개체 중에서 유사한 속성을 지닌 대상을 몇 개의 집단으로 그룹화한 다음 각 집단의 성격을 파악함으로써 데이터 전체의 구조에 대해 이해하고자 하는 탐색적 분석 기법

11 마케팅 정보자료의 획득에 관한 일반적인 설명으로 가장 옳지 않은 것은?

① 2차 자료는 활용을 위해 수정·보완의 필요성이 있다.
② 2차 자료란 이미 존재하고 있는 자료들이며 상대적으로 손쉽게 구할 수 있는 장점은 있지만, 필요한 정보에 대한 근접성면에서 떨어지는 단점이 있다.
③ 1차 자료란 개별기업이 직면한 문제를 해결하기 위하여 특별히 수집하는 자료를 의미한다.
④ 정보수집 및 평가작업은 우선 2차 자료의 수집 및 평가작업으로부터 시작하는 것이 일반적이다.
⑤ 주문 및 결제데이터, POS데이터 및 고객데이터베이스, 판매사원 활동보고서 등은 기업 내부 자료로서 1차 자료의 중요한 원천이다.

정답 ⑤
해설 주문 및 결제데이터, POS데이터 및 고객데이터베이스, 판매사원 활동보고서 등은 기업 내부 자료는 2차 자료이다.

memo.

2025 이패스 유통관리사2급 합격예감

제4과목

유통정보

04

- 제1장 유통정보의 이해
- 제2장 주요 유통정보화 기술 및 시스템
- 제3장 유통정보의 관리와 활용
- 제4장 유통혁신을 위한 정보자원관리
- 제5장 신융합기술의 유통분야의 응용

제1장 유통정보의 이해

제1절 정보의 개념과 정보화 사회

1. 정보와 자료의 이해
(1) 정보(Information)★

　① 정보란 어떤 행동을 취하기 위한 의사결정을 목적으로 하여 수집된 각종 자료를 처리하여 획득한 지식이다.

　② 정보란 어떤 사물, 상태 등 관련된 모든 것들에 대해 수신자에게 의미 있는 형태로 전달되어 불확실성을 감소시켜 주는 것과 같이 수신자가 의식적인 행위를 취하기 위한 의사결정, 선택의 목적에 유용하게 사용될 수 있는 데이터의 집합을 의미한다.

(2) 자료(Data)★

　① 자료는 인간이 이해할 수 있고 유용한 형태로 처리되기 전 있는 그대로의 사실이거나 기록이다.

　② 어떤 현상이 일어난 사건이나 사실 그대로 기록한 것으로 숫자, 기호, 문자, 음성, 그림, 비디오 등으로 표현된다.

　③ 자료는 그 자체로는 의미가 없으며 이용자의 의도에 맞게 유용한 형태로 전환되고 가치를 지니고 있어야 의미를 가지게 된다. 이렇게 자료가 의미 있는 형태로 처리되었을 경우 비로소 우리는 정보라고 부른다.

(3) 바람직한 정보의 특성★

　① 정확성(Accuracy) : 정보는 데이터의 의미를 명확히 하고 정확하게 편견의 개입이나 왜곡 없이 전달해야 한다.

　② 완전성(Completion) : 중요한 정보가 충분히 포함되어 있어야 한다.

　③ 경제성(Economical) : 필요한 정보를 산출하기 위해서는 경제성이 있어야 한다.

　④ 신뢰성(Reliability) : 정보는 신뢰할 수 있어야 한다.

　⑤ 관련성(Relevancy) : 양질의 정보를 취사선택하는 최적의 기준은 관련성이다. 관련성 있

는 정보는 의사결정자에게 매우 중요하다.
⑥ 단순성(Simplicity) : 정보는 단순해야 하고 지나치게 복잡해서는 안 된다.
⑦ 적시성(Timeliness) : 양질의 정보라도 필요한 시간대에 이용자에게 전달되지 않으면 가치를 상실한다.
⑧ 입증가능성(Verifiability) : 정보는 입증 가능해야 한다.

(4) 정보의 집권화와 분권화★

① 정보의 집권화 : 의사결정의 권한이 조직의 상층부에 집중되어, 발생된 정보는 개별 발생처에서의 분산처리 없이 모두 중안, 본부, 상급기관으로 모이게 되는 현상이다.
② 정보의 분권화 : 의사결정의 권한과 책임이 하부로 위양되어 발생되는 정보는 중앙, 본부, 상급기관으로의 집중 없이 개별정보 발생처에서 분산처리된다.

요인	집권화가 유리한 조건	분권화가 유리한 조건
정보전달비용	정보의 가치에 비해 정보전달비용이 낮을 때	정보의 가치에 비해 정보전달비용이 높을때
의사결정정보	원거리정보를 사용하는 것이 의사결정에 가치가 높을 때	원거리정보의 사용가치가 낮을 때 권한을 가진 현장관리자가 중앙정보 접근, 자체의사결정이 높을때
신뢰	중안 의사결정자가 현장의 의사결정자에 대한 신뢰성이 낮을 때	중앙 의사결정자가 현장의 사결정자에 대한 신뢰성이 높을 때
동기유발	업무가 단순하고 Top-down 방식의 명령체계가 효과적일 때(전통적)	자율적 의사결정체계가 보다 자발적이고 생산적일 때(미래지향적)

[정보의 집권화와 분권화]

2. 지식(Knowledge)★

(1) 개념

① 지식이란 이와 같은 동종의 정보가 집적되어 일반화된 형태로 정리된 것으로, 어떤 특정목적의 달성에 유용한 추상화되고 일반화된 정보라고 할 수 있다.
② 광의로는 사물에 관한 개개의 단편적인 실제적(實際的)·경험적 인식을 뜻하고, 엄밀한 뜻으로는 원리적·통일적으로 조직되어 객관적 타당성을 요구할 수 있는 판단의 체계를 말한다.

(2) 지식(Knowledge)의 분류

① 형태에 따른 분류
  ㉠ 형식지식 : 도표 등 서류화, 데이터베이스화되어 형태화가 용이한 지식이다. 특허, 데이터베이스, 규정, 업무처리 프로세스, 매뉴얼 등이 있다.

ⓒ 암묵지식 : 경험에 의해 습득된 주관적 지식이기 때문에 형태화하기 어려운 지식이다. 개인의 감, 개인적 이해 등이 있다.
　② 형태에 따른 분류
　　㉠ 경험지식 : 경험을 통해서 얻어진 지식이다.
　　㉡ 분석지식 : 자료의 분석을 통해 얻어진 지식이다.

(3) 지식 포착 기법
① 인터뷰 : 지식개발자들이 전문가의 질의에 대한 응답을 수집함으로써 지식을 포착하는 기법니다. 이는 개인의 암묵적 지식을 형식적 지식으로 전환하는데 사용한다.
② 현장관찰 : 관찰대상자가 문제를 해결하는 행동을 할때 관찰, 해석, 기록하는 프로세스이다.
③ 브레인스토밍 : 문제에 대하여 둘 이상의 구성원들이 자유롭게 아이디어를 생산하는 비구조적 접근방법이다.
④ 스토리 : 조직학습을 증대시키고, 공통의 가치와 규칙을 커뮤니케이션하고, 암묵적 지식의 포착, 코드화, 전달을 위한 뛰어난 도구이다.
⑤ 델파이 방법 : 다수 전문가의 지식포착 도구로 사용되며, 일련의 질문서가 어려운 문제를 해결하는데 대한 전문가의 의견을 수렴하기 위해 사용된다.

3. 정보화 사회의 특징과 문제점

(1) 정보화 사회(情報化社會)
① 보가 경쟁력의 원천이 되는 사회로서 컴퓨터기술과 전자기술 및 정보·통신기술 등을 통해 가치 있는 정보가 창출·활용되고, 이러한 모든 생활영역에서 핵심이 되며, 사회구성원의 욕구를 충족시키는 데 정보가 중추적인 역할을 수행하는 사회를 의미한다.
② 정보화 사회는 정보를 가공, 처리, 유통하는 활동이 활발하여 사회 및 경제의 중심이 되는 사회이다.

(2) 정보화 사회의 특성
① 초연결성 : IoT(사물인터넷), 5G/6G 네트워크를 기반으로 모든 기기와 시스템이 실시간으로 연결됨.
② 데이터 중심의 경제 : 빅데이터와 AI 기술을 활용한 데이터 분석과 예측이 경제 및 의사결정의 핵심으로 작용.
③ 플랫폼 중심 사회 : 디지털 플랫폼(예 : 소셜 미디어)이 경제, 사회, 문화 활동의 중심 역할.

(3) 정보화 사회의 문제점
① 개인의 일상, 위치, 의사소통 기록 등이 무단으로 수집되며, 프라이버시 보호가 어려워짐.

② 기술 발전 속도가 빨라지면서 사회적 구조, 일자리, 교육 체계 등이 지속적으로 변형되고 재구성됨.
③ 정보격차 심화와 정보 접근성과 디지털 기술 활용 능력에 따른 사회적, 경제적 불평등 확대.
④ 범죄를 실행하기위한 관련기술에 누구나가 간단히 다가갈 수 있게 되어 인터넷을 통한 범죄가 늘어나 치안이 악화된 사회.

> **Plus Tip**
> 더 알고가기
>
> 정보화 사회의 역기능
> - 프라이버시 침해, 문화 지체(cultural lag), 정보불평등과 정보격차(information gap)
> - 정보과잉 현상, 컴퓨터 범죄의 증가, 가치관의 혼란
> - 인간관계에 있어서의 폐쇄적 지향의 증가, 극단적인 군중심리화.

(4) 디지털 경제
① 디지털 통신 네트워크, 컴퓨터, 소프트웨어, 기타 정보기술에 기반한 경제를 의미한다.
② 디지털 네트워킹과 통신인프라는 사람과 조직이 상호 교류하고 통신하며, 협력 및 정보를 찾기 위한 글로벌 플랫폼을 제공한다.
③ 정보와 지식에 기반한 지식기반 경제(knowledge-based economy)도 디지털경제에 포함된다.
④ 디지털경제는 새로운 경제적인 체계, 사회적 변혁, 그리고 새로운 비즈니스 모델 등이 요구된다.

(5) 디지털 경제 법칙★
① 무어(Moore's Law)의 법칙
반도체 칩의 정보처리 능력, 18개월마다 2배로 증가
② 멧칼프(Metcalf's Law)의 법칙
네트워크의 가치는 해당 네트워크 구성원수의 제곱에 비례
③ 서프의 법칙
데이터베이스가 인터넷에 연동되어 조회 및 입력이 가능할 때 데이터베이스의 가치가 급증
④ 단절의 법칙
무어의 법칙, 멧칼프의 법칙, 서프의 법칙 등이 결합되어 기존의 사회와는 전혀 다른 모습의 사회가 대두되는 상황
⑤ 길더의 법칙(Gilder's Law)
광섬유를 통한 데이터의 전송속도는 매 1년마다 3배로 증가
⑥ 수확체증의 법칙
제품 생산 시 투입량을 점차 늘리면 투입단위 당 산출량은 증가한다는 이론으로, 일부 전자상거래나 지식서비스 산업의 경우 생산량이 증가하더라도 추가비용이 거의 들지 않는 전형

적인 특성이 발생한다.

⑦ 롱테일(The Long Tail)

롱테일 현상은 파레토 법칙을 그래프에 나타냈을 때 꼬리처럼 긴 부분을 형성하는 80%의 부분을 일컫는다. 인터넷과 새로운 물류기술의 발달로 인해 이 부분도 경제적으로 의미가 있을 수 있게 되었는데 이를 롱테일이라고 한다.

4. 유통정보혁명의 시대

(1) 유통혁명

① 유통혁명이란 상품이 유통되고 거래되는 방식이 이전과는 완전히 새롭게 변화하는 것을 말한다.

② 유통혁명은 운수, 포장, 보관 등에서도 이루어지고 있다. 화물을 수송할 때 컨테이너를 사용하거나 식품의 신선도를 떨어뜨리지 않고 저온으로 수송하는 방식 등을 예로 들 수 있다.

③ 정보통신기술의 발전에 따라 국내외 유통산업에서 생산성 증대 및 산업구조 변화가 이루어지는 '4차 산업혁명'이 진행되고 있으며, 최근 이머커스 시장으로 온라인플랫폼들의 사업확대가 경쟁적으로 이루어지며 경쟁이 더욱 치열해지고 있다.

(2) 유통혁명시대의 특징

① 정보가 빠르게 진전되고 소비자의 욕구가 증대됨에 따라 제조업 위주의 시장지배체제로부터 유통업체 위주의 시장지배체제로 전환되었다.

② 새로운 유통업체들은 고객의 요구에 능동적으로 대응함으로써 막강한 구매력을 확보하였고, 이를 통해 가격, 포장단위 등과 같은 중요한 시장지배요인을 결정하는 주도권을 확보하게 되었다.

③ 국민소득수준의 향상, 정보·통신기술의 진전·고객욕구의 다양화에 기인한 유통혁신시대에 유통업계에 요구되는 관점이다.

④ 소비자는 엄청난 정보 속에서 자신의 목적에 맞는 상품 정보를 쉽게 접할 수 있게 되었으며 이에 따른 소비자의 시장 참여가 다양하게 변화되었다.

(3) 4차 산업과 유통 ★

① 1차 산업은 기계장치를 통한 제품생산, 2차 산업은 전기기관의 발명으로 인한 대량생산체제 구축, 3차 산업은 정보통신기술로 인한 생산라인의 자동차, 4차 산업혁명은 AI, 빅데이터, 클라우드 등을 통한 기술융합으로 사람·사물·공간이 초연결되거나 초지능화 되는 것을 의미한다.

② 4차 산업혁명은 인공 지능, 사물 인터넷, 빅데이터, 모바일 등 첨단 정보통신기술이 경제·사회 전반에 융합되어 혁신적인 변화가 나타나는 차세대 산업혁명이다.

③ 4차산업혁명의 다양한 기반 기술이 백화점, 대형마트, 편의점, 홈쇼핑, 온라인·모바일 쇼핑 등의 유통업태에 접목되었고, 인공지능, IoT, AR·VR, 로보틱스 등과 같은 첨단 기술로 인해 유통 환경 전반에 걸쳐 다양한 변화가 이루어지고 있다.

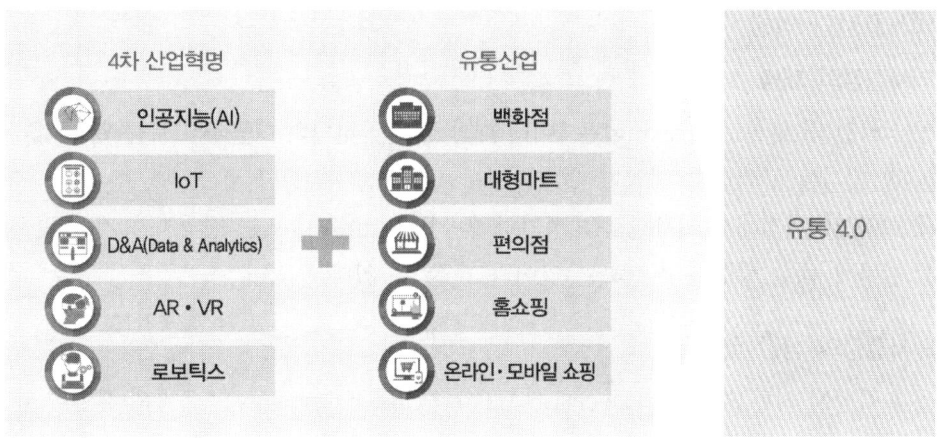

[4차 산업혁명과 환경 변화]

출처 : 삼정KPMG 경제연구원

(4) 리테일 테크

① 리테일 테크는 '소매'를 뜻하는 '리테일(Retail)'과 '기술(Technology)'이 결합된 용어이다. 무인 편의점, 로봇카페 등이 리테일테크의 한 사례라고 볼 수 있다.
② 대표적으로 O2O 서비스, 제품 추적 기능, 빅데이터 기반 맞춤형 서비스 제공, 실감형 VR 스토어, 무인 쇼핑 등이 꼽힌다.
③ 새롭게 등장하는 플랫폼 기반 유통 채널과 유통산업으로 진입하는 ICT 기업들이 유통산업에 파장을 일으키고 있다.

(5) 라스트마일*

① 영화로도 나왔었던 〈그린마일〉의 의미와 유사하게 사용되는 라스트마일은 사형수가 마지막으로 걷는 길을 의미한다.
② 라스트마일은 "소비자에게 상품이나 서비스가 전달되는 마지막 거리"를 뜻한다.
③ 유통·물류산업계에서는 배송 상품을 고객의 문앞 심지어 손에까지 배달하는 모든 과정을 의미하기도 한다.
④ e-비즈니스와 모바일 비즈니스의 확대로 인해 물동량 증가가 고객이 주문한 주문상품을 문제 없이 전달하는 것이 유통업체에게는 경쟁력 요인으로 떠올랐다.
⑤ 도심 내 작은 물류 센터를 운영하여 배송 시간을 단축하고 효율성을 증대하는 것이 최신 트렌드이다.

제2절 정보와 의사결정

1. 의사결정의 이해

(1) 의사결정의 개념

① 의사결정(decision making)은 "여러 대안 중에서 하나의 행동을 고르는 일을 해내는 정신적 지각활동"이라고 정의할 수 있다.

② 기업경영관점에서 의사결정을 정의하면, 기업의 소유자 또는 경영자가 기업 및 경영상태 전반에 대한 방향을 결정하는 일이라고 할 수 있다.

(2) 의사결정의 상황 및 기준

① 확실성에 의한 의사결정(Decision Making Under Certainty) : 문제의 본질이 알려져 있을 때 여러 대안 중의 하나를 선택하는 것이다.

② 위험도가 있는 상태에서의 의사결정(Decision Making Under Risk) : 기업간 위험도와 기업 내 위험도에 대한 경험적 확률을 근거로 한 의사결정이다.

③ 불확실성에 의한 의사결정(Decision Making Under Uncertainty) : 생길 수 있는 결과의 확률을 알지 못하고 있을 경우에 주관적 확률에 따르는 의사결정이다.

2. 의사결정의 종류와 과정

(1) 조직계층에 따른 의사결정★

① 전략적 의사결정

㉠ 주로 기업의 외부문제, 즉 외부환경과의 관계에 관한 비정형적 문제를 다루는 의사결정이다.

㉡ 그 기업이 생산하려는 제품믹스와 판매하려는 시장의 선택 등 기업의 구조에 관련된 의사결정으로서 이는 기업의 성격을 기본적으로 좌우하는 중요한 의사결정이다.

㉢ 전략적 의사결정은 미래의 조직과 환경의 변화를 예측하여 미래의 환경에 적합한 조직을 구축하기 위한 의사결정으로 주로 경영진에 의해 실행되는 의사결정이다.

② 관리적(통합적) 의사결정

㉠ 전략적 의사결정을 구체화하기 위하여 기업의 제 자원을 활용함에 있어서 그 성과가 극대화될 수 있는 방향으로 조직화하는 전술적 의사결정이다.

㉡ 경영활동이 조직의 전략적 의사결정에 따라 정해진 정책과 목적에 부합되는가를 판단하는 중간관리자에 의한 의사결정이 이에 해당된다.

③ 업무적(일상적) 의사결정
  ㉠ 전략적·관리적 의사결정을 구체화하고 동시에 일상적으로 수행되는 정형적 업무에 관한 의사결정 형태로서 주로 일선 감독층이나 실무자에 의해 이루어진다.
  ㉡ 생산, 판매, 인사, 재무 등과 관련된 하위부문에서 이루어지는 각종 의사결정이 이에 해당된다.

(2) 업무형태에 따른 의사결절정

① 정형적(Structured, Programmed) 의사결정
  ㉠ 일상적이고 반복적으로 일어나며, 의사결정을 해야 할 때마다 새로운 절차를 거치지 않도록 의사결정과정이 구조화되어 있거나 프로그램화되어 있다.
  ㉡ 주로 시스템에 의해서 의사결정이 자동적으로 이루어진다.
② 비정형적(Unstructured, Nonprogrammed) 의사결정
  ㉠ 정형적 의사결정과는 달리 비반복적(일회적)이며, 구조화되지 않은 예외적 의사결정으로 의사결정자가 문제정의에 대하여 나름대로의 판단, 평가, 통찰을 해야 한다.
  ㉡ 신규사업으로의 진입, 돌발사태에 관한 결정 등에 직면했을 때의 의사결정으로, 과거의 전례가 없어 참고할 수 있는 모델이 없는 경우가 많다.

(3) 의사결정과정

① 의사결정과정은(decisionmaking process)는 기업이 정해진 목표를 달성하기 위하여 대안을 찾고 여러 가지 대안(alternative) 중에서 최적의 대안을 선택하는 과정이다.
② 합리적인 의사결정과정

③ 의사결정에 활용되는 시뮬레이션 절차

(4) 의사결정상의 전형적인 오류들

① 문제에 대한 과소 평가 오류(Underestimating uncertainty bias)
  문제와 관련하여 환경 변화가 있었는데도 이를 제대로 감지하지 못하는 경우이다.
② 선택적 지각 오류(Selective perception bias)
  객관적인 사실을 인정하지 않고 자신의 개인적 경험과 지위에 따라 주관적인 판단을 우선하는 경향이다.

③ 최근성 오류(Recency bias)

과거로부터 축적되어 온 정보보다 최근의 정보에 현혹되는 오류를 의미한다. 정보 수집자가 최신정보에 지나치게 집착할 경우 문제 해석의 오류는 더욱 크게 확대되게 된다.

④ 동일시 오류(Illusory correlations bias)

경영자가 실제로는 다른 문제인데도 과거에 해결했던 문제와 같은 문제로 인식할 때 생길 수 있는 오류다.

⑤ 정당화 추구 오류(Search for supportive evidence bias)

한번 자신이 선택한 대안이 최적 안이라는 것을 증명하기 위한 증거만을 찾아나서는 오류이다.

⑥ 단기적 성과 지향 오류(Preoccupation with the short term bias)

단기적인 성과를 지향하는 조직에서는 올바른 선택을 하고도 부정적인 결과에 민감한 나머지 섣부르게 판단하는 경우가 있다.

4. 의사결정지원시스템

(1) 의사결정지원시스템(DSS ; decision support system)★

① DSS란 사용자들이 기업의 의사결정을 보다 쉽게 할 수 있도록 하기 위해 사업 자료를 분석해주는 컴퓨터 응용프로그램을 말한다.

② 의사결정지원시스템은 정보를 도식화하여 나타내줄 수 있으며, 경우에 따라 전문가시스템이나 인공지능 등이 포함될 수도 있다. 이를 통해 기업의 최고경영자나 다른 의사결정그룹들에게 도움을 줄 수 있다.

(2) 중역정보시스템(EIS ; executive information system)★

① 의사결정 지원 시스템의 일종이며, 기업의 임원에게 주요성공요인(CSF)에 관련된 기업 내, 외부 정보에 쉽게 접근할 수 있도록 해주는 시스템이다.

② 사용자가 사용하기 쉬운 인터페이스가 필요하다.

③ 중역정보시스템의 기능

㉠ Drill Up(개괄정보 보기) : 요약된 정보를 중요성이 높은 순으로 정렬하여 전체적인 시간으로 개별부분들을 파악할 수 있도록 해준다.

㉡ Drill Down(상세정보 보기) : 요약된 정보를 기반으로 상세정보를 원할 때 보여주는 기능을 한다.

㉢ Exception Reporting(예외보고) : 기대성과치를 기준이하면 빨간색, 초과하는 항목은 초록색, 주의요망은 노란색 표기하여 예외사항을 확인토록 지원한다.

㉣ Trend Analysis(추세분석) : 성과지표들의 변동하는 추세들을 정기적으로 분석한다.

5. 지식경영과 지식관리시스템

(1) 지식경영의 개념

① 지식경영은 지식을 획득하고 획득된 지식을 활용하여 새로운 부가가치를 창출하는 모든 경영 활동을 말한다.
② 쉽게 표현하자면, 보유 지식의 활용이나 새로운 지식의 창출을 통해 수익을 올리거나 미래에 수익을 올릴 수 있는 역량을 구축하는 모든 활동을 말한다.
③ 지식경영은 조직이 지니는 지적자산 뿐 아니라 개개인의 지식이나 노하우를 체계적으로 발굴하여 조직 내부의 보편적 지식으로 공유하고, 이의 활용을 통해 조직 전체의 경쟁력을 향상시키는 경영이론이다.

(2) 지식의 변환과정

① **지식의 유형**★
  ㉠ 형식지(explicit knowledge) : 형식지는 시험답안에 옮긴 지식처럼 언어나 기호로 표현될 수 있는 지식으로 교과서에서 배우는 지식이 대표적이다.
  ㉡ 암묵지(tacit knowledge) : 암묵지는 기호로 표시되기가 어렵고 주로 사람이나 조직에 체화되어 있는 지식을 말한다.
② **지식의 변환과정** : 암묵지와 형식지가 서로 변환되는 과정을 의미하는 것으로 '사회화 → 외재화 → 종합화 → 내면화'의 단계를 거친다.

사회화	• 경험을 통해 말로 설명하기 어려운 지식을 생각 속에 공유하는 과정 • 이 과정을 통해 창출되는 지식은 상황지로, 애정·신뢰와 같은 감정적 지식, 제스처와 같은 신체적 지식, 열정·긴장과 같은 활력적 지식, 즉 흥성과 같은 율동적 지식 등
외재화	• 암묵지를 형식지로 표출하는 과정 • 이 과정을 통해 창출되는 지식은 개념지로, 기업의 브랜드 이미지, 신제품 개념, 디자인 기술서 등
종합화	• 개인과 집단이 각각의 형식지를 합쳐서 새로운 지식을 창출하는 과정 • 이 과정을 통해 창출되는 지식은 시스템지로, 제품 사양서, 기술사양서, 매뉴얼, 시장동향보고서 등
내면화	• 형식지가 암묵지로 변화되는 과정 • 이 과정을 통해 창출되는 지식은 일상지로 문화, 노하우, 기능적 스킬 등

(3) 노나카 이쿠지로의 SECI모델★★★

① 지식경영의 세계적인 대가인 노나카 이쿠지로 교수는 지식창조과정이 '나선형 프로세스(spiral process)'라고 설명하고 있다.
② 노나카 이쿠지로의 SECI 모델
  ㉠ 사회화 : 암묵지가 또 다른 암묵지로 변하는 과정

ⓒ 표출화 : 암묵지가 형식지로 변환하는 과정
ⓒ 종합화 : 형식지가 또 다른 형식지로 변하는 과정
ⓒ 내면화 : 형식지가 암묵지로 변환하는 과정

[노나카의 SECI 모델]

모델	구성	내용
암묵지 → 암묵지 사회화 | 외부화 내면화 | 종합화 형식지 → 형식지	사회화 Socialization	경험을 통한 지식습득
	외부화/외재화 Externalization	지식을 말이나 글로 표현
	종합화/조합화 Combination	새로운 형식지 창출, 조합
	내면화/내재화 Internalization	형식지 이해, 습득

(4) 지식관리시스템(Knowledge Management System)

① 지식관리시스템은 "개인과 조직이 지식을 기반으로 해서 지식의 생성·활용·축적에 이르는 일련의 활동을 원활하게 할 수 있도록 정보기술을 통해 지원하는 것"으로 정의할 수 있다.

② 지식관리시스템은 이러한 정보기술을 활용하여 개인적인 차원의 지식공유와 관리가 아닌 조직적인 차원에서의 지식 관리를 수행할 수 있도록 전체 조직원 입장에서 지식을 체계화(지식지도)하고 관리할 수 있도록 지원하게 되었다.

③ 조직의 인력 이동이 매우 심하게 나타나 인적자원이 떠나게 되면 그가 갖고 있던 지식자원도 함께 떠나가고 기업의 지적자원이 소실된다는 관점에서 지식경영의 중요성이 대두되었다.

④ 이러한 문제의식에 따라 정보기술을 활용하여 지식의 조직적 관리와 공유를 지원할 수 있도록 하기 위해 지식관리시스템이 출발하였다고 할 수 있다. 즉, 조직내외의 정형 정보만이 아닌 인적자원이 소유하고 있는 지적자산을 기업 내에 축적, 활용할 수 있도록 하자는 것이다.

(5) 지식경영 프로세스의 단계★

① **지식의 창출** : 지식원천으로부터 재발견된 개인과 기업이 가지고 있는 암묵적 지식 혹은 비체계적 지식을 구체적인 관리와 활용이 가능한 명시적이고 체계적인 지식으로 변환하는 과정을 말한다. 이러한 과정은 조직 구성원 개인의 능력뿐만 아니라 그러한 능력을 극대화할 수 있는 기업의 노력이 반드시 필요하다.

② **지식의 공유** : 민주적이며 열린 조직문화가 선행되어야 한다. 수직적인 조직구조보다는 수평적 조직구조가 지식경영을 위해 바람직하며, 성과측정을 통해 개인을 평가할 수 있는

성과시스템이 연공서열에 의한 제도보다 바람직한 모델이 된다.
③ **지식의 저장** : 지식경영에서 소극적 의미의 지식관리시스템을 통해 가능하다. 지식관리시스템(KMS)은 이전의 데이터베이스 시스템과 달리 특정 목적과 단일화된 인터페이스를 제공하는 것이 아닌 이전의 경영지원 시스템을 통합하며, 각 개인 수준에서 필요로 하는 지식을 개인화할 수 있는 지능적 인터페이스를 제공해야 한다.
④ **지식의 활용** : 한 번에 그치는 것이 아닌 기업이 존재하는 동안 계속되는 영속적 활동이므로 지식의 재활용 혹은 재창출이라는 의미로 받아들일 수 있다.

제3절 유통정보시스템

1. 유통정보시스템의 이해

(1) 유통정보시스템의 개념
① 정보시스템이란 특정 응용분야의 활동과 관련된 자료를 수집·분석·처리하여 의사 결정자가 의사결정을 하는 데 필요로 하는 정보를 제공해 줄 수 있는 인간과 컴퓨터 시스템의 구성요소들로 이루어진 시스템을 의미한다.
② 유통정보시스템은 기업의 유통활동 수행에 필요한 정보의 흐름을 통합하는 기능을 통해 전사적 유통(Total Marketing) 또는 통합유통(Integrated Marketing)을 가능하게 하는 동시에 유통계획, 관리, 거래처리 등에 필요한 데이터를 처리하여 유통 관련 의사결정에 필요한 정보를 적시에 제공하는 정보시스템이다.

(2) 유통정보시스템의 분류
① **전략적 기획시스템** : 유통기업의 장기적인 경영전략 수립
② **전술적·운영적 계획시스템** : 유통믹스 등을 통한 유통업체의 기획 및 운영계획 수립
③ **통제·현황보고시스템** : 영업의 결과로 산출되는 각종 정보의 조작·이용 등 유통관리 지원
④ **거래처리시스템** : 유통업체에서 발생하는 거래자료 처리, 고객들과 일어나는 다양한 업무 처리

(3) 유통정보시스템이 지원해야 할 업무
① **계획수립업무** : 시장조사, 제품기획, 판매예측, 가격결정, 채널계획(구성원 및 네트워크), 판촉계획 등
② **거래처리업무** : 주문처리, 송장처리, 물류처리, 불만처리 등
③ **관리업무** : 판매성과, 물류성과, 소비자 분석, 경쟁자 분석, 수익성 분석 등

(4) 유통정보시스템의 구성
① 구매관리시스템 : 원자재의 구매정보, 구매선에 관련한 정보를 제공한다.
② 주문처리시스템 : 고객의 조회, 주문입력, 재고확인, 여신체크 및 주문확정 시까지의 정보를 제공한다.
③ 출하·재고관리시스템 : 주문을 분류하여 출하지시서를 발급하고, 출하작업을 관리하는 정보와 갱신된 재고정보를 제공한다.
④ 실적관리시스템 : 판매실적과 광고 및 판촉실적 등 영업 전략의 핵심정보를 제공한다.
⑤ 수요예측시스템 : 수요를 예측하여 장단기 판매 전략에 필요한 정보를 제공한다.
⑥ 수배송관리시스템 : 주문품의 수배송계획과 관련한 핵심정보를 제공한다.
⑦ 대금관리시스템 : 고객이 지불할 대금과 거래실적에 따른 여신한도 정보를 제공한다.
⑧ 연계시스템 : 효율성 제고를 위해 하위시스템간의 연계를 돕는다.

(5) 유통정보시스템 기술의 도입을 통한 혜택
① 공급자와 소비자가 직접 의사소통을 하므로 유통채널이 단순해진다.
② 유통비용을 절감할 수 있다.
③ 서류작업 등 업무가 간단해진다.
④ 제조, 운송 사이클의 속도를 증가시킬 수 있다.
⑤ 유통 흐름을 촉진시킬 수 있다.

2. 유통정보시스템의 구축

(1) 고객 데이터베이스 분석 및 관리
① 고객 데이터의 수집 : 고객 데이터의 수집활동은 고객관리의 가장 기본적인 활동이다. 기업은 데이터를 수집하기 위해 신규회원이나 고객모집활동을 전개하거나 멤버십을 부여함으로써 고정 고객으로 유도하기 위하여 노력한다.
② 고객 데이터 수집시 고려사항 : 기업의 현재상황, 기업의 미래상황, 고객관리방법의 개선방향이나 동향, 정부 및 단체의 제도변경 등
③ 고객 데이터의 내용 : 회원등록정보, 신용카드정보, 제품구매정보, 외부 데이터베이스·각종 시장조사결과, 제휴회사의 고객정보, 전자우편 및 텔레마케팅(TM) 센터 접수정보 등

(2) 데이터베이스(DB) 구축
① 기업의 정리된 데이터들을 조합·가공함으로써 정보를 생산할 수 있도록 조직화된 자료들의 집합을 말한다.
② DB는 정보의 Data상 중복을 최소화하고, 조직의 목적달성, 무결성, 보안성 등을 고려하며

동시에 많은 사용자가 동일 데이터에 접근하더라도 이를 보장할 수 있는 디지털 정보 활용에 가장 중요한 인프라이다.

(3) 내부데이터 구축

① 기업의 내부 데이터베이스 : 기업 내에서 기업 활동을 통해 일상적·정기적으로 수집·축적되는 매출실적, 재고동향, 고객서비스 등에 관한 데이터이다.

② 유통 정보를 위한 기업의 내부 데이터베이스는 기업이 주관하는 업무에 관련된 데이터이다.

판매·영업 관련 데이터	조달물류 관련 데이터	상품·생산 관련 데이터	판매물류 관련 데이터	고객서비스 관련 데이터
• 판매예측 • 판매수당 • 외상매출기록	• 원/부자재 재고 • 입찰기록 • 외상매입기록	• 생산계획 • 생산비용 • 품질관리기록	• 재고기록 • 출하기록 • 창고관리기록	• 서비스 기록 • 고객불만사례

[내부 데이터베이스의 유형]

(4) 외부 데이터베이스 구축

① 유통 기업을 중심으로 비즈니스와 관련된 여러 연구기관 및 기업환경과 관련된 데이터로서 협력업체, 경영정보, 서비스 제공정보, 연구결과, 시장분석, 소비자분석, 정치·경제환경 분석, 사회문화 정보 등으로 광범위 하다.

② 외부 데이터의 유형 : 기술 정보, 경제환경 정보, 고객 정보, 경쟁사 정보, 사회문화 정보, 정치환경 정보 등이 있다.

제1장 학습정리

- **정보(Information)**: 어떤 사물, 상태 등 관련된 모든 것들에 대해 수신자에게 의미 있는 형태로 전달되어 불확실성을 감소시켜 주는 것과 같이 수신자가 의식적인 행위를 취하기 위한 의사결정, 선택의 목적에 유용하게 사용될 수 있는 데이터의 집합을 의미한다.
- **자료(Data)**: 정보 작성을 위해 필요한 데이터로 아직 특정 목적에 대하여 평가되지 않은 단순한 사실의 집합이다.
- **지식(Knowledge)**: 정보가 축적되어 체계화되고, 한층 더 농축된 상태로 원리적·통일적으로 조직되어 객관적 타당성을 요구할 수 있는 판단의 체계를 말한다.
- **지식 포착 기법**: 인터뷰, 현장 관찰, 브레인스토밍, 스토리, 델파이 방법 등이 있다.
- **정보의 바람직한 특성**: 정확성, 완전성, 신뢰성, 관련성, 경제성, 단순성, 적시성, 입증 가능성, 형태성, 접근성 등
- **디지털 경제**: 디지털 통신 네트워크, 컴퓨터, 소프트웨어, 기타 정보기술에 기반을 둔 경제를 의미한다.
- **주요 디지털 경제의 법칙**: 무어의 법칙, 멧칼프의 법칙, 서프의 법칙, 단절의 법칙, 길더의 법칙, 수확 체증의 법칙, 롱테일 법칙 등
- **롱테일 현상**: 파레토 법칙을 그래프에 나타냈을 때 꼬리처럼 긴 부분을 형성하는 80%의 부분을 의미
- **유통 혁명**: 상품이 유통되고 거래되는 방식이 이전과는 완전히 새롭게 변화하는 것을 말한다.
- **4차 산업 혁명 핵심기술**: 빅데이터(Big data), 가상현실(VR), 사물인터넷(IOT), 증강현실(VR), 인공지능(AI) 등
- **의사결정지원시스템(DSS)**: 사용자들이 기업의 의사결정을 보다 쉽게 할 수 있도록 하기 위해 사업자료를 분석해주는 컴퓨터 응용프로그램을 말한다.
- **중역정보시스템(EIS)**: 의사결정 지원 시스템의 일종이며, 기업의 임원에게 주요성공요인(CSF)에 관련된 기업 내, 외부 정보에 쉽게 접근할 수 있도록 해주는 시스템이다.
- **지식경영**: 조직이 지니는 지적자산 뿐 아니라 개개인의 지식이나 노하우를 체계적으로 발굴하여 조직 내부의 보편적 지식으로 공유하고, 이의 활용을 통해 조직 전체의 경쟁력을 향상시키는 경영이론이다.
- **형식지(explicit knowledge)**: 시험답안에 옮긴 지식처럼 언어나 기호로 표현될 수 있는 지식으로 교과서에서 배우는 지식이 대표적이다.
- **암묵지(tacit knowledge)**: 기호로 표시되기가 어렵고 주로 사람이나 조직에 체화되어 있는 지식을 말하는데, 머리 속에 잠재되어 있는 지식을 말한다.
- **노나카 이쿠지로의 SECI모델**: 암묵지(tacit knowledge)와 형식지(Explicit knowledge)라는 두 종류의 지식이 사회화(암묵지가 또 다른 암묵지로 변하는 과정), 표출화(암묵지가 형식지로 변환하는 과정), 종합화(형식지가 또 다른 형식지로 변하는 과정), 내면화(형식지가 암묵지로 변환하는 과정)라는 네 가지 변환 과정을 거쳐 지식이 창출된다는 이론
- **지식의 변화과정**: 사회화→외재화→종합화→내재화
- **지식경영**은 조직이 지니는 지적자산 뿐 아니라 개개인의 지식이나 노하우를 체계적으로 발굴하여 조직 내부의 보편적 지식으로 공유하고, 이의 활용을 통해 조직 전체의 경쟁력을 향상시키는 경영이론이다.
- **지식경영 프로세스**: 지식의 창출→지식의 공유→지식의 저장→지식의 활용

memo.

적중 예상문제

01 정보의 특성으로 옳지 않은 것은?

① 정확성　　　　　　② 완전성
③ 신뢰성　　　　　　④ 적시성　　　　　　⑤ 복잡성

정답 ⑤
해설 복잡성은 바람직한 정보의 특성으로 옳지 않다. 의사결정자가 무엇이 중요한 정보인지를 결정하기 위해서는 단순해야 하고 지나치게 복잡해서는 안 된다.
　① 정확성 : 정확한 자료에 근거하여 주관적 편견이 개입되지 않아야 한다.
　② 완전성 : 중요성이 높은 자료가 충분히 내포되어 있어야 한다.
　③ 신뢰성 : 정보의 신뢰성은 데이터의 원천과 수집방법에 달려 있다.
　④ 적시성 : 정보는 사용자가 필요로 하는 시간대에 전달되어야 한다.

02 아래 글상자에서 암묵지에 해당하는 내용만을 모두 나열한 것으로 가장 옳은 것은?

　㉠ 매뉴얼　　　　　　㉡ 숙련된 기술
　㉢ 조직 문화　　　　　㉣ 조직의 경험
　㉤ 데이터베이스　　　㉥ 컴퓨터 프로그램

① ㉠, ㉢, ㉣　　　　　　② ㉠, ㉢, ㉤
③ ㉡, ㉢, ㉣　　　　　　④ ㉡, ㉢, ㉣, ㉥
⑤ ㉢, ㉣, ㉤, ㉥

정답 ③
해설 암묵지(tacit knowledge)는 기호로 표시되기가 어렵고 주로 사람이나 조직에 체화되어 있는 지식을 말하는데, 머리 속에 잠재되어 있는 지식을 말한다.
　㉠, ㉤, ㉥은 형식지에 해당한다. 형식지(explicit knowledge)는 시험답안에 옮긴 지식처럼 언어나 기호로 표현될 수 있는 지식으로 교과서에서 배우는 지식이 대표적이다.

03 의사결정지원시스템(DSS ; Decision Support System)에 관한 설명으로 옳지 않은 것은?

① 기업내부와 외부 환경에 대한 정보를 필요로 한다.
② 구성요인 가운데 가장 핵심적인 요인은 시스템에 투입되는 데이터의 양이다.
③ 의사결정에 손쉽게 활용할 수 있도록 설계된 다양한 모델, 시뮬레이션, 응용사례 등을 포함한다.
④ 의사결정 프로세스에서 의사 결정자에게 도움을 주는 것을 목적으로 하고 있다.
⑤ 여러 운송대안의 평가, 창고위치 결정, 재고수준 결정과 같은 다양한 물류 의사결정을 지원하는데 사용될 수 있다.

정답 ②
해설 의사결정지원시스템(DSS ; Decision Support System)은 경영활동에 있어 의사결정자의 비구조적, 반구조적 문제를 해결하기 위해 정보시스템의 데이터와 의사결정 모델 그리고 인터페이스를 통해 의사결정 능력을 지원해주는 정보시스템이다. DSS에서 데이터베이스의 기능은 의사결정에 필요한 데이터를 저장·관리하는 것이며, 의사결정에 도움을 주는 것이다. 투입되는 데이터의 양이 핵심적인 요인은 아니다.

04 아래 글상자의 내용을 근거로 경영과학 관점의 의사결정 과정을 순차적으로 나열한 것으로 가장 옳은 것은?

㉠ 실행   ㉡ 문제의 인식
㉢ 모형의 구축   ㉣ 자료의 수집
㉤ 실행 가능성 여부 평가   ㉥ 변수의 통제 가능성 검토
㉦ 모형의 정확도 및 신뢰도 검정

① ㉡ - ㉢ - ㉣ - ㉤ - ㉥ - ㉦ - ㉠
② ㉡ - ㉢ - ㉣ - ㉥ - ㉤ - ㉦ - ㉠
③ ㉡ - ㉣ - ㉥ - ㉢ - ㉦ - ㉤ - ㉠
④ ㉡ - ㉣ - ㉥ - ㉦ - ㉢ - ㉤ - ㉠
⑤ ㉡ - ㉣ - ㉦ - ㉤ - ㉢ - ㉥ - ㉠

정답 ③
해설 의사결정과정
문제인식 ▸ 자료 수집 ▸ 변수의 통제 가능성 검토 ▸ 모형 구축 ▸ 모형의 정확도 및 신뢰도 검정 ▸ 실행

05 인터넷과 유통물류 등의 발달로 20:80의 집중현상에서 발생확률이나 발생량이 상대적으로 적은 부분도 경제적으로 의미가 있게 되었다는 것으로, 아마존닷컴이 다양한 서적을 판매한 사례를 갖고 있는 법칙을 무엇이라고 하는가?

① 무어(Moore's Law)의 법칙
② 멧칼프(Metcalf's Law)의 법칙
③ 서프의 법칙
④ 하인리히법칙
⑤ 롱테일 법칙

정답 ⑤
해설 ① 무어(Moore's Law)의 법칙 : 반도체 칩의 정보처리 능력, 18개월마다 2배로 증가
② 멧칼프(Metcalf's Law)의 법칙 : 네트워크의 가치는 해당 네트워크 구성원수의 제곱에 비례
③ 서프의 법칙 : 데이터베이스가 인터넷에 연동되어 조회 및 입력이 가능할 때 데이터베이스의 가치가 급증
④ 하인리히법칙 : 1건의 치명적인 사건사고나 실패 뒤에는 29건의 같은 원인으로 발생한 작은 사건사고나 실패가 있었고, 300건의 관련된 이상 징후가 있었다는 법칙(1:29:300)

06 의사결정시스템에 대한 설명으로 옳지 않은 것은?

① 최고경영층은 주로 비구조적 의사결정에 대한 문제에 직면해 있고, 운영층은 주로 구조적 의사결정에 대한 문제에 직면해 있다.
② 운영층은 의사결정지원시스템을 이용해 마케팅 계획 설계, 예산 수립 계획 등과 같은 업무를 한다.
③ 의사결정지원시스템은 수요 예측 문제, 민감도 분석 등에 활용된다.
④ 의사결정지원시스템을 이용해 의사결정의 품질을 높이기 위해서는 의사결정지원시스템에서 활용하는 데이터의 품질을 개선해야 한다.
⑤ 의사결정지원시스템의 의사결정 품질 개선을 위해 딥러닝(deep learning)과 같은 고차원적 알고리즘(algorism)이 활용된다.

정답 ②
해설 운영층은 경영자원의 획득과 조직, 업무의 구조화, 인적 자원 채용과 같은 업무를 의사결정지원시스템을 이용하여 수행한다. 의사결정지원시스템을 이용한 전략수립, 예산 수립 등의 업무는 최고경영층에서 수행한다.

07 다음 보기의 지식경영 프로세스를 올바르게 나열한 것은?

① 지식의 창출 → 지식의 공유 → 지식의 저장 → 지식의 활용
② 지식의 창출 → 지식의 저장 → 지식의 공유 → 지식의 활용
③ 지식의 공유 → 지식의 저장 → 지식의 활용 → 지식의 창출
④ 지식의 활용 → 지식의 공유 → 지식의 창출 → 지식의 저장
⑤ 지식의 저장 → 지식의 활용 → 지식의 창출 → 지식의 공유

정답 ①
해설 지식경영 프로세스 : 지식의 창출 → 지식의 공유 → 지식의 저장 → 지식의 활용

08 4차 산업혁명 시대에 유통부문에서의 디지털 신기술 활용 특성으로 가장 옳지 않은 것은?

① 컴퓨터 처리 속도, 저장 용량, 에너지 효율성이 기하 급수적으로 개선되었다.
② 동일한 디지털 상품에 대해 다수의 이용자가 동시에 구매 및 사용이 가능해졌다.
③ 디지털 상품은 생산에 따른 한계 비용이 점점 더 증가 하게 되었다.
④ 기업의 디지털 기술을 활용하는 비즈니스에 있어서 승자독식의 강화 현상이 나타났다.
⑤ 플랫폼 기반의 기업과 기업간 네트워크가 중요해졌다.

정답 ③
해설 디지털 상품의 특성상, 초기 생산 비용은 있지만 한 번 생산된 후에는 추가 생산에 따른 한계 비용이 거의 발생하지 않는다. 즉, 디지털 상품은 물리적인 생산과 달리 생산 후 추가적인 비용이 거의 들지 않는 경우가 많다. 따라서 한계 비용이 증가하는 것이 아니라, 오히려 감소하는 경향이 있다.

09 다음 중 지식변환 양식의 과정이 바르게 나열된 것을 고르시오.

　　㉠ 사회화　　　㉡ 외재화　　　㉢ 내재화　　　㉣ 종합화

① ㉠→㉢→㉡→㉣
② ㉠→㉣→㉡→㉢
③ ㉠→㉢→㉡→㉣
④ ㉠→㉡→㉣→㉢
⑤ ㉠→㉡→㉢→㉣

정답 ④

해설 지식의 변화과정
'사회화 → 외재화 → 종합화 → 내재화'의 과정을 거친다.

모델	구성	내용
암묵지 → 사회화 / 외부화 → 형식지 암묵지 → 내면화 / 종합화 → 형식지	사회화	경험을 통한 지식습득
	외부화	지식을 말이나 글로 표현
	종합화	새로운 형식지 창출, 조합
	내면화	형식지 이해, 습득

10 다음 중 지식관리 시스템에 대한 설명으로 옳지 않은 것은?

① 조직 내 지식자원의 가치를 극대화하기 위하여 통합적인 지식관리 프로세스를 지원하는 정보기술 시스템이다.
② 인적자원이 개별적으로 보유하고 있는 지식은 정형의 형태로 존재한다.
③ 지식관리 시스템은 사용자들이 지식을 창출하여 입력하고, 조회, 편집 및 활용을 할 수 있는 여러 가지 기본기능들을 내포하고 있다.
④ 지식관리 시스템은 원하는 지식을 검색하거나 전문가와 연결을 원할 때는 지식 맵을 이용하게 된다.
⑤ 지식관리 시스템은 조직구성원의 지식자산에 대한 자세, 조직의 지식평가·보상체계, 지식공유 문화 등 조직차원의 인프라와 통신 네트워크, 하드웨어, 각종 소프트웨어 및 도구 등 정보기술 차원의 인프라를 기본 전제로 하고 있다.

정답 ②

해설 지식관리 시스템은 조직 내 지식자원의 가치를 극대화하기 위하여 통합적인 지식관리 프로세스를 지원하는 정보기술 시스템이다. 인적자원이 개별적으로 보유하고 있는 지식은 비정형의 형태로 존재한다. 즉 기업 내 각 개인들은 자신의 지식을 각종 문서 등으로 보유하고 있으며, 이를 바탕으로 관련업무 담당자와 의사교환을 하고 이러한 활동을 기반으로 최종 판단을 하게 되는 것이다.

memo.

제2장 주요 유통정보화기술 및 시스템

제1절 바코드, POS 구축 및 효과

1. 바코드의 개념 및 활용

(1) 바코드(Bar Code)의 개념

① 바코드는 다양한 폭을 가진 Bar(검은 막대)와 Space(흰 막대)의 배열 패턴으로, 정보를 표현하는 부호 또는 부호체계이다.
② 숫자나 문자를 나타내는 Bar(검은 막대)와 Space(흰 막대)를 특정하게 배열하여 0과 1로 바꾸어 이들을 조합하여 정보로 이용하게 된다.
③ 정보를 바코드로 표현하는 것을 바코드 심볼로지(bar code symbology)라고 하며, 이것에는 여러 가지 방법이 있다. 또한 바코드 심볼의 구조는 코드의 종류에 따라 다르다.

(2) 바코드 시스템의 특징★

① 데이터 입력의 간소화 : 사람이 키를 직접 펀치하는 등 수작업으로 인한 번거로움에서 바코드 스캐너가 직접 정보를 입력하므로 데이터 입력이 간소하다.
② 데이터 입력 시 에러율 감소 : 바코드는 각각의 문자가 자체적으로 검사할 수 있도록 고안되어 있으며 정확한 입력으로 인해 에러가 거의 발생되지 않는다.
③ 자료처리 시스템의 구성이 가능 : 바코드는 그 일정한 높이 중 95%가 훼손되더라도 데이터 입력에 지장을 주지 않으므로 사용자가 손쉽게 자료를 이용할 수 있다.
④ 다양한 프린터의 사용 : 바코드는 현재 이용되고 있는 모든 프린팅 기법을 사용할 수 있다.

(3) 바코드의 해독 원리

① 바코드에 있는 정보를 읽어내는 시스템에는 스캐너, 디코더 및 컴퓨터가 포함되어 있다.
② 스캐너에는 레이저 빛을 쏘는 부분과 빛을 검출하는 부분이 있다.
③ 바코드에 빛을 쏘면(①) 검은 막대 부분은 적은 양의 빛을 반사하고, 흰 부분은 많은 양의 빛을 반사한다.
④ (②) 스캐너는 반사된 빛을 검출하여 전기적 신호로 번역되어 이진수 0과 1로 바뀌어 진다.

⑤ (③④⑤) 이는 다시 문자와 숫자로 해석되어진다.
⑥ (⑥) 이는 디코더에 의해 컴퓨터가 바코드를 수집할 수 있는 형태로 변환한 뒤에 호스트컴퓨터로 데이터를 전송하게 된다.

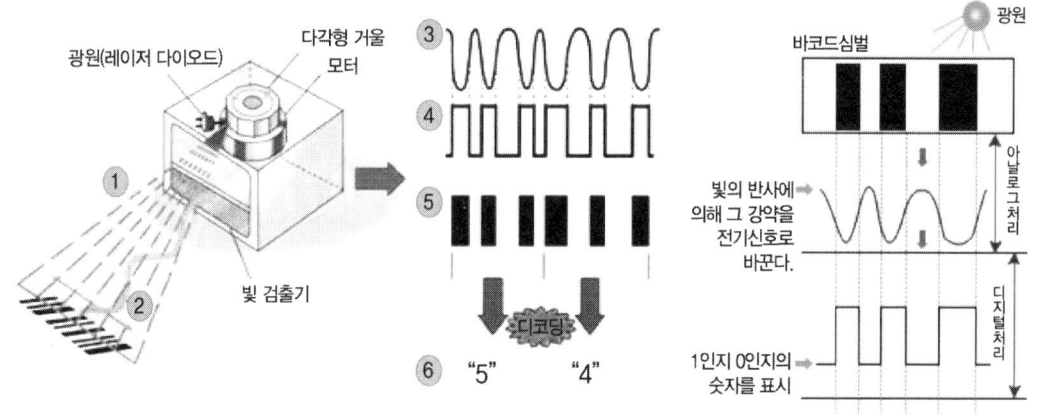

[바코드 해독 원리]

(4) 마킹(Marking)의 유형★

① 소스 마킹(Source marking)
  ㉠ 소스마킹(source marking)은 제조업체 및 수출업자가 상품의 생산 및 포장단계에서 바코드를 포장지나 용기에 일괄적으로 인쇄하는 것을 말한다.
  ㉡ 소스마킹은 주로 가공식품·잡화 등을 대상으로 실시하며, 인스토어마킹과는 달리 전세계적으로 사용되기 때문에 인쇄되는 바코드의 체계 및 형태도 국제적인 규격에 근거한 13자리의 숫자(KAN)로 구성된 바코드로 인쇄해야 한다.

② 인 스토어 마킹(In-store marking)
  ㉠ 인 스토어마킹(in-store marking)은 각각의 소매점포에서 청과·생선·야채·정육 등을 포장하면서 일정한 기준에 의해 라벨러를 이용하거나 컴퓨터를 이용하여 바코드 라벨을 출력, 이 라벨을 일일이 사람이 직접 상품에 붙이는 것을 말한다.
  ㉡ 소스마킹된 상품은 하나의 상품에 고유식별번호가 붙어 전세계 어디서나 동일상품은 동일번호로 식별되지만, 소스마킹이 안 된 제품 즉, 인 스토어마킹이 된 제품은 동일품목이라도 소매업체에 따라 각각 번호가 달라질 수 있다.

(5) 바코드의 종류

① 1차원 바코드
  ㉠ 데이터를 한 축(X축) 한 방향으로 배열하는 방식으로 표현에 한계가 있다.
  ㉡ EAN Code, Code39, Code93, Code128 외 여러 종류가 있다.

ⓒ 바코드 폭은 비율 별로 조절되며, 높이는 원하는 데로 조절이 가능하다.

② 2차원 바코드★★

㉠ 데이터를 양 축(X, Y축) 양 방향으로 배열하는 방식으로 1D 보다 많은 데이터 표현이 가능하다.

㉡ 2차원 심볼로지는 데이터를 구성하는 방법에 따라 크게 다층형 바코드(Stacked Bar Code)와 매트릭스형 바코드(Matrix Bar Code)로 구분된다.

ⓒ QR Code, Data Matrix, PDF417 외 여러 종류가 있다.

ⓒ 바코드의 크기는 비율 별로 폭/높이가 조절한계가 있다.

> **Plus Tip** 더 알고가기
>
> **QR코드**
> ① QR코드는 바코드에 비해 같은 양의 자료를 저장할 때 더 작은 크기로도 충분히 표현할 수 있다.
> ② QR코드는 일부분이 손상되어도 바코드와 다르게 인식 률이 높은 편이다.
> ③ QR코드는 바코드에 비해 저장할 수 있는 정보의 양이 많다.
> ④ QR코드는 숫자, 영문자, 한글, 한자 등 다양한 데이터를 처리하는 것이 가능하다.
> ⑤ QR코드는 360° 어느 방향에서든지 인식이 가능하다.

(6) GTIN(Global Trade Item Number)★

① GTIN은 GS1 표준의 핵심 구성요소로서, 국내 또는 국외로 유통되는 상품을 식별하기 위해 사용하는 유통표준코드이다.

② 8자리(GTIN-8), 12자리(GTIN-12), 13자리(GTIN-13) 또는 14자리(GTIN-14) 숫자로 구성된 코드 체계이며, 주로 소비자에게 판매되는 소매상품이나 물류센터에서 유통되는 박스(box), 팔레트(pallet)를 정확하게 식별하기 위해 사용한다.

③ GTIN-13은 소비자에게 판매되는 소매 상품 식별에 사용하는 13자리 숫자 코드이며, EAN-13 바코드에 입력한다.

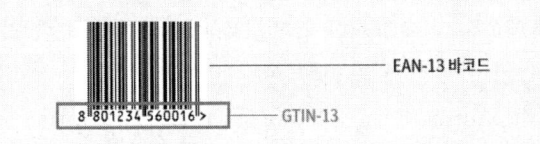

국가코드	업체코드	상품코드	체크디지트
880	123456	001	6
대한민국	가나다제과	꿀시리얼	검증번호

[GTIN-13 체계]

출처 : GS1 Korea

(7) 바코드의 활용

① 유통 관리 : 거래 시점에서 발생하는 판매·주문·수금 등의 업무를 즉각적으로 컴퓨터에 입력함으로써 모든 판매정보를 한눈에 알 수 있다.

② 자재 및 창고 관리 : 자재의 수급 계획부터 자재 청구, 입고, 창고 재고의 재고 파악, 완제품 입고에 이르기까지 자재에 관련된 경로를 추적·관리할 수 있다.
③ 매장 관리 : 판매, 주문, 입고, 재고 현황 등 각 매장의 정보를 신속하게 본사 호스트 컴퓨터로 전송하며 또한 POS 터미널 자체 매장관리도 할 수 있다.
④ 근태 관리 : 정확한 출퇴근 시간 및 이와 관련된 급여자료 산출, 출입에 관한 엄격한 통제가 가능하다.
⑤ 출하 선적 관리 : 제품을 출하하고 창고 입출고 시에 그 정보를 읽음으로써 제품의 수량 파악, 목적지 식별을 신속하게 할 수 있다.

2. POS의 개념 및 활용

(1) POS(point of sales)의 개념*

① POS 시스템이란 판매시점정보관리시스템을 말하는데, 판매장의 판매시점에서 발생하는 판매정보를 컴퓨터로 자동 처리하는 시스템이다.
② POS시스템에서는 상품별 판매정보가 컴퓨터에 보관되고, 그 정보는 발주, 매입, 재고 등의 정보와 결합하여 필요한 부문에 활용된다.
③ POS 시스템은 정보취득을 위해 단말기에 부착된 스캐너로 상품에 부착된 상품정보가 담긴 바코드를 읽는다.
④ POS 시스템 효과 : 계산원 관리 및 생산성 향상, 점포 사무작업 단순화, 가격표 부착작업 절감, 고객 부정방지, 품절방지 및 상품의 신속한 회전

(2) POS 시스템 구성기기**

① POS 터미널(단말기)
- POS단말기는 판매장에 설치되어 있는 POS터미널(Terminal)을 말하며, 금전등록기의 기능 및 통신기능이 있다.
- 단말기는 본체, 키보드, 고객용 표시장치, 조작원용 표시장치, 영수증발행용 프린터, 컬러모니터, 금전관리용 서랍, 매출표시장치 등으로 구성되어 있다.

② 바코드 스캐너(Bar Cord Scanner)
- 스캐너는 상품에 인쇄된 바코드를 자동으로 판독하는 장치로, 고정스캐너와 핸디스캐너가 있다. 판매량이 많은 곳에서는 고정 스캐너를, 판매량이 적은 곳에서는 핸디 스캐너를 사용하는 것이 경제적이다.

③ 스토어 컨트롤러(Store Ccontroller : 메인서버)
- 판매장의 판매정보가 POS터미널로부터 전송되어 보관되는 대용량의 컴퓨터 또는 미니 컴퓨터로 호스트 컴퓨터(Host Computer)이다.

- 여기에 상품 마스터 파일이 있어서 상품명, 구입처, 가격, 구입가격, 구입일자 등에 관련된 모든 정보가 저장되어 있다.

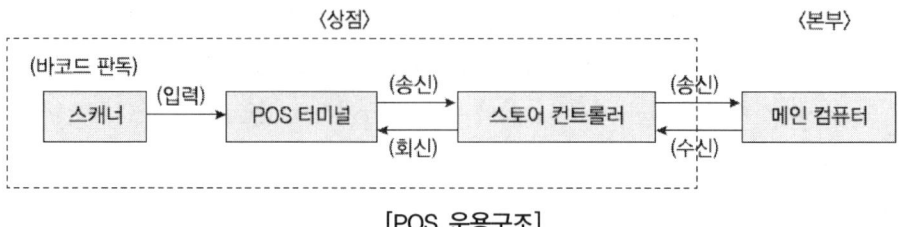

[POS 운용구조]

(3) POS 데이터의 분류

① 상품 데이터와 고객 데이터
  ㉠ 상품 데이터 : 얼마나 많은 양의 상품이 판매되었는가에 관한 금액자료와, 구체적으로 어떤 상품이 얼마나 팔렸는가에 대한 단품자료로 구분해서 수집·분석한다.
  ㉡ 고객 데이터 : 어떤 집단에 속하는 고객인가에 대한 계층자료와 고객 개개인의 구매실적 및 구매성향 등에 관한 개인자료로 구분하여 수정·분석한다.

② 점포 데이터와 패널 데이터
  ㉠ 점포 데이터 : 특정 점포에서 팔린 품목, 수량, 가격 그리고 판매시점의 판촉 여부 등에 관한 자료이다.
  ㉡ 패널 데이터 : 각 가정단위로 구매한 품목의 수량, 가격 등에 대한 자료이다.
    - 고객별 자료는 구매 가정별로 구매한 제품과 관련된 자료이다. 패널 데이터를 가장 많이 활용하는 집단은 체인점들이며 이들은 "ABC 분석"이라고 불리는 기법을 가장 많이 사용한다.

(4) POS 데이터의 적용 및 활용★

활용분야		목적	필요한 가공·분석
상품정보 관리	상품구성 계획	부문별 매출, 매출 총이익 관리, 시간대별 매출관리	시간대별 매출분석 등
	상품구색 계획	PB 상품계획, 잘 팔리는 상품과 안 팔리는 상품관리, 신상품의 도입평가	PB 상품의 동향분석, ABC 분석, 신상품 추세분석 등
	진열관리	페이싱 계획, 매장 배치계획도	장바구니 분석, 플래노그램 분석 등
	발주 재고관리	발주권고, 자동보충발주, 판매량 예측	적정발주량 산출, 판매요인 분석 등
	판촉계획	적절한 판촉활동, 적정매가	판촉효과분석, 매가 탄력성 분석, 판매단가·판매량 상관분석 등

(5) POS 정보를 활용한 ABC 분석*

㉠ ABC 분석은 재고자산의 품목이 다양할 경우 이를 효율적으로 관리하기 위하여 재고의 가치나 중요도에 따라 재고자산의 품목을 분류하고 차별적으로 관리하는 방법이다.

㉡ 각각의 상품이 매출에 기여하는 정보를 A/B/C군으로 분류하여 A상품군을 집중 육성하고 Z상품군의 취급은 중단하여 매장의 생산성을 증대하고자 하는 것이다.

㉢ 매출에 기여하는 인기상품인 동시에 이익에도 기여하는 상품을 통해 기업의 이익을 추구하는 동시에 품절방지에 노력하고, 매출은 높으나 이익은 낮다면 미끼상품(Loss Leader)으로 활용하는 등의 전략적 활용이 필요하다.

> ● 롱 테일(The Long Tail)
> ① 롱테일 현상은 파레토 법칙을 그래프에 나타냈을 때 꼬리처럼 긴 부분을 형성하는 80%의 부분을 일컫는다. 파레토 법칙에 의한 80:20의 집중현상을 나타내는 그래프에서는 발생확률 혹은 발생량이 상대적으로 적은 부분이 무시되는 경향이 있었다. 그러나 인터넷과 새로운 물류기술의 발달로 인해 이 부분도 경제적으로 의미가 있을 수 있게 되었는데 이를 롱테일이라고 한다.
> ② 롱테일 마케팅(long tail marketing)은 인터넷을 통해 수요가 매우 낮을 것 같은 잠재적인 고객들을 저 비용으로 찾아 마케팅하는 것을 말한다. 수요가 낮을 것 같은 고객들을 대상으로 한다는 특징이 있다. 인터넷을 이용해 잠재 고객을 찾는데 비용이 많이 들지 않는다.

제2절 EDI, QR 구축 및 효과

1. EDI의 개념 및 활용

(1) EDI 개념*

① EDI(Electronic Data Interchange)란 전자문서교환이라고 하며 기업 사이에 컴퓨터를 통해서 표준화된 양식의 문서를 전자적으로 교환하는 정보전달방식이다.

② 기업간 거래에 관한 data와 documents를 표준화하여 컴퓨터 통신망으로 거래 당사자가 직접 전송·수신하는 정보전달 체계이다.

③ 주문서·납품서·청구서 등 각종 무역관련 서류를 표준화된 상거래서식 또는 공공서식을 서로 합의된 electronic signal(전자신호)로 변경, 컴퓨터 통신망을 통해 거래처에 전송한다.

(2) EDI 필요성
① 종이서류에 의한 수작업에는 업무의 한계가 있다. EDI를 통해 서류 정리 작업에 필요한 관리자의 수와 인건비 등을 절감할 수 있다.
② EDI는 조직 내부나 조직 간에 일어나는 활동을 관리하기 용이하고 불필요한 활동을 제거함으로써 업무의 효율성을 구축할 수 있다.
③ EDI는 적절한 시기에 빠른 정보를 제공받음으로써 고객에게 서비스 제공시간을 단축할 수 있고, 판매자와 고객 사이의 반품이라든가 주문시간을 줄일 수 있다는 장점이 있다.
④ EDI는 각각의 구성원들이 지속적으로 정보를 교환함으로써 장기적이고 전략적인 동반자의 관계 구축을 실현하여 품질 향상, 부가가치의 증가라는 측면에서 중요하다.

(3) Web/EDI & XML/EDI★
① 웹EDI는 웹 브라우저를 통해 EDI 데이터를 주고받는 방식이다. 사용자 인터페이스(UI)가 웹 기반으로 제공되어, 인터넷을 통해 기업 간에 EDI 메시지를 교환할 수 있다.
② XML(Extensible Markup Language) EDI는 데이터를 표현하는데 있어 구조적이고 유연한 방식을 제공하기 때문에, 다양한 시스템 간에 데이터를 교환하는 데 사용된다.
③ XML / EDI는 단순히 데이터를 교환하는 것으로부터 보다 발전된 B2B 프로세스를 구현하는 것으로 발전할 수 있다.
④ 대기업이나 글로벌 기업에서는 XML EDI를 사용하여 다양한 거래처와의 데이터 통합 및 자동화를 실현하고, 웹EDI보다 보안상으로도 보다 안전하다.

(4) EDI 활용 효과
① 서류작업 및 보관서류를 감소시킬 수 있다.
② 수작업 감소에 의한 업무의 정확도가 증대된다.
③ 주문과 여러 데이터관리를 신속화할 수 있다.
④ 데이터의 입력·보관·발송 등 단순관리작업을 위한 인력 및 비용을 감소시킬 수 있다.
⑤ 구매시간 감축으로 인한 기여도가 높다.
⑥ 구매업무의 감축에 따른 비용 절감효과가 높다.
⑦ 물류정보의 신속한 유통에 따른 정보관리의 강화가 가능하다.
⑧ 업무의 정확성 증대 및 주문사이클 시간의 감소에 의한 재고 감소에 도움이 된다.

2. QR 구축 및 활용
(1) QR(Quick Response) 개념★★
① QR은 1980년대 중반 미국의 섬유산업에서 등장한 것으로 정보기술을 이용하여 제품의 납기를 단축시키고 상품을 적시에 적량만큼 공급하기 위한 시스템으로 ECR(Efficient

Consumer Response)의 모태가 되었다.

② 제조, 유통업체가 상호 협력하여 바코드, EDI, 상품DB 등의 정보기술을 활용하여 생산, 유통기간의 단축, 재고의 감소, 반품으로 인한 손실의 삭감 등 생산, 유통의 각 단계에서 합리화를 실현하여 그 성과를 제조업체, 유통업체, 소비자에게 골고루 돌아가게 하는 섬유·의류산업에 있어서의 혁신 전략을 말한다.

③ 최적의 상품을 최적의 타이밍으로 최적의 가격으로 최적의 고객에게 제공하는 것을 목표로 하여 상호 거래관계에 있는 기업들이 비즈니스 프로세스 전반에 걸쳐 실시하는 리엔지니어링 기법의 일종이다.

(2) QR 시스템 구축에 필요한 요소

① 기업의 환경장비 요소 : GS1, EDI, POS 시스템, SCM, Roll ID(원단의 속성식별 라벨) 등이 도입되어야 한다.

② 경영자의 결단력 : 경쟁사의 정보를 공유할 수 있는 용기와 초기 투자비용에 대한 경영자의 결단력이 필요하다.

(3) QR 시스템 도입효과★

관 점	효 과	관 점	효 과
소매업자 측면	• 매출과 수익의 증대 • 낮은 유지비용 • 고객서비스의 개선, 상품회전율 증대	제조업자 측면	• 주문량에 따라 유연생산 • 공급자수의 감축 • 높은 자산회전율
소비자 측면	• 품질의 개선 • 낮은 가격 • 상품의 다양화 • 소비패턴의 변화	시스템 측면	• 불합리성과 낭비의 제거 • 효율성 증대 • 신속성 증대

[QR 시스템 도입효과]

(5) QR 시스템과 ECR 비교★★

① ECR은 회전율이 높은 상품에, QR은 회전율이 낮은 상품에 적합하다.

② ECR은 크로스도킹 방식의 상품납입이 적합하고, QR은 진열된 상태에서의 상품납입(FRM) 방식이 적합하다.

- FRM(Floor Ready Merchandising)은 의류업체에서 사용하는 공급 방식으로 옷을 매장에 공급하기 전에 물류센터 등에서 옷걸이에 미리 걸어서 공급하며 점포에서 진열작업이 필요 없이 바로 판매할 수 있도록 하는 것

③ ECR은 자동발주 연속보충 상품에, QR은 타이밍에 맞는 보충이 중요한 상품에 적합하다.

④ 수요가 예측가능하고 마진이 낮으며 제품유형이 다양하지 않은 기능적 상품의 경우에는 ECR이 QR보다 적절하다.

⑤ 제품이 비교적 혁신적이고 다양하며 유행에 민감하여 수요가 가변적인 상품은 시장에 대한 신속한 대응이 요구되므로 QR이 ECR보다 적합하다.

[ECR과 QR 비교]

	산업	회전률	필요성	주안점	활용기술
ECR	가공식품	높다	부패성	주문리드타임 단축	Cross Docking
QR	의류/섬유	낮다 (상대적으로)	유행 (불확실성)	정보공유를 통한 수요예측의 정확성향상, 재고수준 절감	FRM

제2장 학습정리

- **바코드**: 두께가 서로 다른 검은 막대와 흰 막대(Space)의 조합을 통해 숫자 또는 특수기호를 광학적으로 쉽게 판독하기 위해 부호화한 것이다.
- **소스마킹(source marking)**: 제조업체 및 수출업자가 상품의 생산 및 포장단계에서 바코드를 포장지나 용기에 일괄적으로 인쇄하는 것을 말한다.
- **인 스토어마킹(in-store marking)**: 각각의 소매점포에서 청과·생선·야채·정육 등을 포장하면서 일정한 기준에 의해 라벨러를 이용하거나 컴퓨터를 이용하여 바코드 라벨을 출력, 이 라벨을 일일이 사람이 직접 상품에 붙이는 것을 말한다.
- **2차원 바코드**: 데이터를 양 축(X, Y축) 양 방향으로 배열하는 방식으로 1D 보다 많은 데이터 표현이 가능하다. 크게 다층형 바코드(Stacked Bar Code)와 매트릭스형 바코드(Matrix Bar Code)로 구분된다.
- **GTIN(Global Trade Item Number)**: GS1 표준의 핵심 구성요소로서, 국내 또는 국외로 유통되는 상품을 식별하기 위해 사용하는 유통표준코드이다. 8자리(GTIN-8), 12자리(GTIN-12), 13자리(GTIN-13) 또는 14자리(GTIN-14) 숫자로 구성된 코드 체계이며, 주로 소비자에게 판매되는 소매상품이나 물류센터에서 유통되는 박스(box), 팔레트(pallet)를 정확하게 식별하기 위해 사용한다.
- **POS**: 판매 시점에서 발생하는 판매 정보를 컴퓨터로 자동 처리하는 시스템
- **POS 시스템 구성 기기**: POS 터미널, 스캐너, 스토어 컨트롤러(Store Ccontroller)
- **POS 정보를 활용한 ABC 분석**: 재고자산의 품목이 다양할 경우 이를 효율적으로 관리하기 위하여 재고의 가치나 중요도에 따라 재고자산의 품목을 분류하고 차별적으로 관리하는 방법
- **EDI(Electronic Data Interchange)**: 전자문서교환이라고 하며 기업 사이에 컴퓨터를 통해서 표준화된 양식의 문서를 전자적으로 교환하는 정보전달방식
- **Web EDI**는 웹 브라우저를 통해 EDI 데이터를 주고받는 방식
- **XML EDI**: 데이터를 표현하는데 있어 구조적이고 유연한 방식을 제공하기 때문에, 다양한 시스템 간에 데이터를 교환하는 데 사용
- **QR**: 소비자 신속대응이라고 하며 생산·유통 관계의 거래당사자가 협력하여 소비자에게 적절한 상품을 적절한 시기에 적절한 양을 적절한 가격으로 적절한 장소에 제공하는 것이 목표이며 소비자의 개성화나 가격지향시대에 적응하기 위해 기업의 거래선과 공동으로 실시하는 리엔지니어링 개념의 물류전략이며 섬유·의류산업에서의 SCM응용전략
- **FRM(Floor Ready Merchandising)**: 의류업체에서 사용하는 공급 방식으로 옷을 매장에 공급하기 전에 물류센터 등에서 옷걸이에 미리 걸어서 공급하며 점포에서 진열작업이 필요 없이 바로 판매할 수 있도록 하는 것

적중 예상문제

01 POS 시스템 구성기기로 적합한 것을 모두 고르시오.

㉠ POS 터미널　㉡ 스캐너　㉢ 스토어 컨트롤러　㉣ 전자서명　㉤ USB 메모리

① ㉠, ㉡, ㉢, ㉤
② ㉠, ㉡, ㉢, ㉣
③ ㉠, ㉡, ㉣
④ ㉠, ㉢, ㉣
⑤ ㉠, ㉡, ㉢

정답 ⑤

해설 POS 시스템 구성기기
① POS 터미널은 매장의 계산대마다 설치되어 있는 것으로 금전등록기의 기능 및 통신기능을 갖춘 컴퓨터 본체와 모니터 그리고 스캐너로 구성되어 있다.
② 스캐너는 상품에 인쇄된 바코드를 자동으로 판독하는 장치로, 고정스캐너와 핸디스캐너가 있다.
③ 스토어 컨트롤러는 매장의 호스트 컴퓨터로 대용량 PC나 미니컴퓨터가 사용되며, 여기에 상품 마스터 파일이 기록되어 있다.

02 POS(Point of Sale) 시스템에 대한 설명으로 옳지 않은 것은?

① 유통업체에서는 POS 시스템을 도입함으로써 업무 처리 속도를 개선하고, 업무에서의 오류를 줄일 수 있다.
② 유통업체에서는 POS 시스템의 데이터를 분석함으로써 중요한 의사결정에 활용할 수 있다.
③ 유통업체에서는 POS 시스템을 통해 얻은 시계열 자료를 분석함으로써 판매 상품에 대한 추세 분석을 할 수 있다.
④ 유통업체에서는 POS 시스템을 도입해 특정 상품을 얼마나 판매하였는가에 대한 정보를 얻을 수 있다.
⑤ 고객의 프라이버시 보호를 위해 바코드로 입력된 정보와 고객 정보의 연계를 금지하고 있어 유통업체는 개인 고객의 구매내역을 파악할 수 없다.

정답 ⑤

해설 ⑤ 고객의 프라이버시 보호를 위해 바코드로 입력된 정보와 고객 정보의 연계가 가능하여 유통업체는 개인 고객의 구매내역을 파악할 수 있다. 스토어 컨트롤러가 그 역할을 하는 것이다.

03 GS1 표준 식별코드에 대한 설명으로 가장 옳지 않은 것은?

① 식별코드는 숫자나 문자(또는 둘의 조합)의 열로, 사람이나 사물을 식별하는데 활용
② 하나의 상품에 대한 GS1 표준 식별코드는 전 세계적으로 유일
③ A아이스크림(포도맛)에 오렌지맛을 신규상품으로 출시 할 경우 고유 식별코드가 부여되어야 함
④ 상품의 체적정보 또는 총중량의 변화가 5% 이하인 경우 고유 식별코드를 부여하지 않음
⑤ 상품 홍보 또는 이벤트를 위해 특정기간을 정하여 판매하는 경우는 고유 식별코드를 부여하지 않음

정답 ⑤
해설 상품 홍보 또는 이벤트를 위해 특정기간을 정하여 판매하는 경우에도 고유 식별코드를 부여한다.

04 바코드 인쇄시 가이드라인에 대한 설명으로 가장 옳지 않은 것은?

① 일반적으로 소매상품의 경우 상품의 뒷면 좌측하단에 바코드를 인쇄한다.
② 바코드 위치는 일반적으로 상품의 가장자리에서 8mm ~ 100mm의 거리를 유지한다.
③ 상품이 원통형인 경우 가능한 바코드를 세워서 인쇄한다.
④ 상품이 매우 얇은 경우 일반적으로 상품의 윗면에 바코드를 인쇄한다.
⑤ 대형상품(중량 13Kg이상, 길이 45Cm이상)의 경우 앞면과 뒷면 2개의 바코드를 인쇄한다.

정답 ①
해설 일반적으로 소매상품의 경우 상품의 뒷면 우측하단에 바코드를 인쇄한다.

05 바상품을 판매하는 시점에서 상품에 관련된 모든 정보를 신속·정확하게 수집하여 발주, 매입, 발송, 재고관리 등 필요한 시점에 정보를 제공하는 시스템은?

① POS(Point of Sales)
② ECR(Efficient Consumer Response)
③ VAN(Value Added Network)
④ TQM(Total Quality Management)
⑤ EDI(Electronic Data Interchange)

정답 ①
해설 판매시점에서 정보가 전달되어 소매업체가 일일이 주문하지 않아도 자동으로 발주되는 시스템이다.

06 유통업체와 제조업체들이 환경에 해로운 경영 활동을 하면서, 마치 친환경 경영 활동을 하고 있는 것처럼 광고하는 경우를 설명하는 용어로 옳은 것은?

① 카본 트러스트(Carbon Trust)
② 자원 발자국(Resource Fotprint)
③ 허브 앤 스포크(Hub and Spoke)
④ 그린워시(Greenwash)
⑤ 친환경 공급사슬(Greeness Supply Chain)

정답 ④

해설 그린워싱(Green-washing)이란 상품의 환경적 속성이나 효능에 관한 표시·광고가 허위 또는 과장되어, 친환경 이미지만으로 경제적 이익을 취하는 경우를 말한다. 그린워시 또는 녹색분칠은 기업이 실제로는 환경에 악영향을 끼치는 제품을 생산하면서도 광고 등을 통해 친환경적인 이미지를 내세우는 행위를 말한다. 이는 환경에 대한 대중의 관심이 늘고, 친환경 제품에 대한 선호가 높아지면서 생겨난 현상이다
① 카본 트러스트(Carbon Trust)는 영국 정부가 2001년 기후 변화 대응 및 탄소 감축 방안의 일환으로 설립한 친환경 인증 기관이다.
② 자원 발자국(Resource Fotprint)은 환경성적표지 제도이다. 남아있는 자원량을 보여주는 지표라고 할 수 있다.

07 POS시스템의 특징에 대한 설명으로 가장 옳지 않은 것은?

① SKU별로 상품 정보를 파악할 수 있는 관리시스템으로 상품 판매동향을 파악할 수 있다.
② 모든 거래정보 및 영업정보를 즉시 파악할 수 있으므로 정보의 변화에 즉각 대응할 수 있는 배치(batch) 시스템이다.
③ 현장에서 발생하는 각종 거래 관련 데이터를 실시간으로 직접 컴퓨터에 전달하는 수작업이 필요 없는 온라인시스템이다.
④ 고객과의 거래와 관련된 정보를 POS시스템을 통해 수집할 수 있다.
⑤ POS를 통해 수집된 정보는 고객판촉 활동의 기초자료로 사용할 수 있다.

정답 ②

해설 모든 거래정보 및 영업정보를 즉시 파악할 수 있으므로 정보의 변화에 즉각 대응할 수 있는 실시간(Real-time) 시스템이다.

08 EDI 시스템의 활용 이점에 대한 설명으로 가장 옳지 않은 것은?

① 데이터의 입력에 소요되는 시간과 오류를 줄일 수 있다.
② 주문기입 오류로 인해 발생되는 문제점 및 지연을 없앰으로써 데이터 품질을 향상시킨다.
③ 문서 관련 업무를 자동화처리함으로써 직원들은 부가가치업무에 집중할 수 있고 중요한 비즈니스 데이터를 실시간으로 추적할 수 있다.
④ EDI는 세계 도처에 있는 거래 당사자와 연계를 촉진시키는 공통의 비즈니스 언어를 제공하기 때문에 새로운 영역 및 시장에 진입을 원활하게 한다.
⑤ EDI는 전자기반 프로세스를 문서기반 프로세스로 대체함으로써 많은 비용을 절약하고 이산화탄소 배출량을 감소시켜 궁극적으로 기업의 사회적 책임을 이행하게 한다.

정답 ⑤
해설 EDI는 종이기반 프로세스를 전자문서기반 프로세스로 대체함으로써 많은 비용을 절약하고 이산화탄소 배출량을 감소시켜 궁극적으로 기업의 사회적 책임을 이행하게 한다.

09 소스마킹과 인스토어마킹에 관련된 설명으로 가장 옳지 않은 것은?

① 인스토어마킹은 소분포장, 진열 단계에서 마킹이 이루어진다.
② 소스마킹은 생산 및 제품 포장 단계에서 마킹이 이루어진다.
③ 소스마킹은 전 세계적으로 공통 사용이 가능하다.
④ 소스마킹은 과일이나 농산물에 주로 사용된다.
⑤ 인스토어마킹은 원칙적으로 소매업체가 자유롭게 표시한다.

정답 ④
해설 스토어마킹(in-store marking)은 각각의 소매점포에서 청과·생선·야채·정육 등을 포장하면서 일정한 기준에 의해 라벨러를 이용하거나 컴퓨터를 이용하여 바코드 라벨을 출력, 이 라벨을 일일이 사람이 직접 상품에 붙이는 것을 말한다.

10 유통업체의 QR 물류시스템(Quick Response Logistics Systems) 도입효과로 가장 옳지 않은 것은?

① 공급사슬에서 효과적인 재고관리를 가능하게 해준다.
② 공급사슬에서 상품의 흐름을 개선한다.
③ 공급사슬에서 정보공유를 통해 제조업체의 효과적인 제품 생산 활동을 지원한다.
④ 공급사슬에서 정보공유를 통해 유통업체의 효과적인 상품 판매를 지원한다.
⑤ 공급사슬에서 제조업의 원재료 공급방식이 풀(pull) 방식에서 푸시(push) 방식으로 개선되었다.

정답 ⑤
해설 제조업의 원재료 공급방식이 푸시(push:밀어내기) 방식에서 풀(pull:끌어당기기) 방식으로 개선되었다.

11 바코드 인쇄시 가이드라인에 대한 설명으로 가장 옳지 않은 것은?

① 일반적으로 소매상품의 경우 상품의 뒷면 좌측하단에 바코드를 인쇄한다.
② 바코드 위치는 일반적으로 상품의 가장자리에서 8mm ~ 100mm의 거리를 유지한다.
③ 상품이 원통형인 경우 가능한 바코드를 세워서 인쇄한다.
④ 상품이 매우 얇은 경우 일반적으로 상품의 윗면에 바코드를 인쇄한다.
⑤ 대형상품(중량 13Kg이상, 길이 45Cm이상)의 경우 앞면과 뒷면 2개의 바코드를 인쇄한다.

정답 ①
해설 일반적으로 소매상품의 경우 상품의 뒷면 우측하단에 바코드를 인쇄한다.

memo.

제3장 유통정보의 관리와 활용

제1절 데이터관리

1. 데이터베이스

(1) 데이터베이스란?

① 데이터베이스란 여러 사람들이 공유하고 사용할 목적으로 통합 관리되는 데이터들의 모임이다.

② 등산할 때 기반이 되는 기지를 베이스캠프라 하듯이 데이터베이스라는 용어도 1950년대 미국에서 데이터의 기지라는 뜻에서 데이터베이스라는 용어를 처음 사용했다고 한다.

③ 특정 조직의 여러 응용 업무를 운용하는데 필요한 데이터를 공동으로 사용할 수 있도록 중복을 최소화하여 통합, 저장한 운영 데이터의 집합을 의미한다.

③ 데이터베이스의 특징★

㉠ 데이터베이스는 통합된 데이터이다.

㉡ 데이터베이스는 저장된 데이터이다.

㉢ 데이터베이스에 있는 데이터는 운영데이터이다.

㉣ 데이터베이스는 공용데이터이다.

(2) 데이터의 분류★★

① 정형 데이터(structured data) : 구조화 된 데이터는 미리 정해진 구조에 따라 저장된 데이터를 말함. 예 엑셀의 스프레드시트, 관계 데이터베이스의 테이블 등

② 반정형 데이터(semi-structured data) : 구조에 따라 저장된 데이터이지만 데이터 내용 안에 구조에 대한 설명이 함께 존재하고, 구조를 파악하는 파싱(parsing) 과정이 필요하며, 보통 파일 형태로 저장. 예 웹에서 데이터를 교환하기 위해 작성하는 HTML, XML, JSON 문서나 웹 로그, 센서 데이터 등

③ 비정형 데이터(unstructured data) : 정해진 구조어 없이 저장된 데이터. 예 소셜 데이터의 텍스트, 영상, 이미지, 워드나 PDF 문서와 같은 멀티미디어 데이터 등

(3) 데이터베이스 관리시스템(DBMS)

① 데이터베이스 관리 시스템(Database Management System, DBMS)은 다수의 사용자들이 데이터베이스 내의 데이터를 접근할 수 있도록 해주는 소프트웨어 도구의 집합이다.
② DBMS는 데이터의 입력, 저장, 추출, 삭제, 수정 등 데이터베이스의 관리를 위한 일반적인 기능을 수행하는 소프트웨어로 데이터베이스를 작동시키는 데 있어 엔진의 역할을 한다는 의미에서 '데이터베이스 엔진'이라고도 불린다.

2. 데이터 웨어하우스

(1) 데이터 웨어하우스(Data Warehouse)★

① 데이터 웨어하우스란 기간 시스템의 데이터베이스에 축적된 데이터를 공통의 형식으로 변환하여 일원적으로 관리하는 데이터베이스로 기업의 각 부분에 산재해 있는 개별 시스템의 데이터들을 활용목적별로 통합하여 유연한 분석이 가능하도록 만들어 놓은, 방대한 양의 데이터를 저장할 수 있는 대형 전자창고(Electronic Warehouse)이다.
② 데이터 웨어하우스는 유용한 분석이나 접근을 위해 다양한 출처로부터 데이터를 획득할 것을 강조하지만 일반적으로 특화되고 때로는 지엽적인 내용의 데이터베이스가 필요할 최종사용자나 지식 노동자의 시각으로부터 출발하지는 않는다. 후자의 경우에 있는 사람들에게 필요한 것은 흔히 데이터 마트(Data Mart)라고 알려진 바로 그것이다.
③ 데이터 마이닝이나 의사결정지원시스템(DSS)은 데이터 웨어하우스의 활용이 필요한 응용프로그램 들이다.

(2) 데이터 웨어하우스의 특징★★

① 주제지향성(Subject Oriented) : 데이터 웨어하우스 내의 데이터는 일정한 주제별 구성을 필요로 한다.
② 통합성(Integrated) : 데이터 웨어하우스 내의 데이터는 고도로 통합되어야만 한다.
③ 접근가능성 : 데이터 웨어하우스는 컴퓨터시스템이나 자료구조에 대한 지식이 없는 사용자들이 쉽게 접근할 수 있으므로 조직의 관리자들은 그들의 PC로부터 데이터 웨어하우스에 쉽게 연결될 수 있어야 한다.
④ 관계형 : 데이터 웨어하우스는 단순한 데이터의 저장창고가 아니라 관계형 데이터베이스를 근간으로 많은 데이터를 다차원적으로 신속하게 분석하여 의사결정에 도움을 주기 위한 시스템이다.

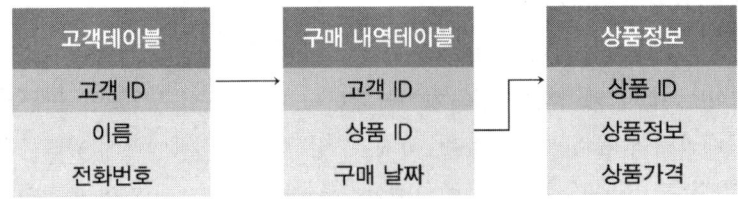

[관계형 데이터베이스 모델 구조]

⑤ 비휘발성(Non-volatile) : 데이터 웨어하우스는 두 가지 오퍼레이션(operation)을 갖는다. 하나는 데이터를 로딩(loading)하는 것이고, 다른 하나는 데이터를 읽는 것, 즉 액세스하는 것이다.

⑥ 시계열성(Time Variant) : 데이터 웨어하우스 데이터는 일정한 시간 동안의 데이터를 대변한다.

(3) 데이터 웨어하우징(Data Warehousing)

① 데이터 웨어하우징은 경영의사결정을 지원하고 경영자정보시스템(EIS)이나 의사결정지원시스템(DDS)의 구축을 위하여 기존의 데이터베이스에서 요약·분석된 정보를 추출하여 데이터베이스, 즉 데이터 웨어하우스를 구축하거나 이를 활용하는 절차나 과정을 말한다.

② 데이터 웨어하우징은 데이터 웨어하우스를 이용하는 사용자의 요구사항에 부응하는 전반적인 시스템의 구축 과정이라 할 수 있다. 데이터 웨어하우스를 구축·유지·운영하는 일련의 과정 및 절차를 의미한다.

③ 데이터 웨어하우징은 단순한 데이터의 저장창고가 아니라 관계형 데이터베이스를 근간으로 많은 데이터를 다차원적으로 신속하게 분석하여 의사결정에 도움을 주기 위한 시스템이다.

④ 데이터 웨어하우징은 기존의 온라인 트랜잭션 처리(OLTP) 지향으로부터 온라인 분석 처리(OLAP) 지향으로 데이터 관리전략을 전환하여, 데이터의 효용성을 극대화하기 위한 일련의 기법을 의미한다.

> **온라인 트랜잭션 처리(Online Transactional Processing)**
> 실시간으로 데이터를 처리하고 관리하는 시스템이다. 주로 데이터의 입력, 수정, 삭제와 같은 단일 트랜잭션 처리를 지원하며, 고객과의 상호작용이 이루어지는 애플리케이션에서 널리 사용된다. 여수신업무, 항공사의 좌석예약업무 등이 전형적인 온라인 트랜잭션 처리에 해당한다.

(4) 온라인 분석처리(OLAP ; Online Analytical Processing)★★★

① 사용자가 동일한 데이터를 여러 기준을 이용하는 다양한 방식으로 바라보면서 다차원 데이터 분석을 할 수 있도록 도와준다.
② OLAP란 최종 사용자가 다차원 정보에 직접 접근하여 대화식으로 정보를 분석하고 의사결정에 활용하는 과정에서 등장하였다.
③ OLAP는 대화 형태로 정보가 분석된다. 대화로 진행되기 때문에 사용자는 명령을 하고 오래 기다리지 않는다. 따라서 신속성이 중요하고, 사용자가 질의했을 때 신속하게 처리해야 한다.
④ OLAP의 분석기능
  ㉠ 피보팅(pivoting) : 분석 차원을 분석자의 필요에 따라 변경해서 볼 수 있는 기능이다.
  ㉡ 필터링(filtering) : 원하는 자료만을 걸러서 추출하기 위해서 이용되는 기능이다.
  ㉢ 분해(slice and dice) : 다양한 관점에서 자료를 분석 가능하게 하는 기능이다.
  ㉣ 드릴링(Drilling) : 데이터 분석 차원의 깊이를 마음대로 조정해 가며 분석할 수 있는 기능이다.
  ㉤ 드릴업(Drill-Up) : 드릴다운과는 반대로 사용자가 정보를 분석하는 것을 말한다.
  ㉥ 드릴다운(Drill-Down) : 요약자료의 상세정보를 확인하게 하는 기능을 말한다.
  ㉦ 리포팅 기능 : 리포트 작성을 지원하는 기능을 말한다.

(5) 데이터 마트(Data Mart)★

① 데이터 마트란 한 부분으로서 특정 사용자가 관심을 갖는 데이터들을 담은 비교적 작은 규모의 데이터 웨어하우스(DW)를 말한다. 즉, 한 두 개의 특별한 영역에 중점을 둔 데이터 웨어하우스이다.
② 데이터 마트란 데이터 웨어하우스로부터 특정한 분야와 관련된 데이터만 특별한 사용자가 이용 가능하게 분리해 놓은 것이다. 개별 부서에서 그 부서의 특징에 맞게 데이터를 검색, 가공, 분석할 수 있도록 해놓은 작은 규모의 전자저장공간이다.
③ 데이터 마트 종류
  ㉠ 관계형 데이터 마트는 2차원 구조이고, 데이터의 입력과 출력이 용이하고 속도가 빠른 편이다.
  ㉡ 다차원 데이터 마트는 데이터의 구조가 매트릭스 형태로 구성되어 있으며, 동일한 data를 다른 여러 View를 통해 분석한다.

구분	데이터 마트	데이터 웨어하우스
목표	특화된 분석지원	잠재적인 모든 유형의 질의에 대처
질의유형	읽기 / 쓰기	읽기
응답속도	일관성, 신속성	질의 유형에 따라 가변적
자료구조	다차원적, 계층적	비정규화, 평면적
데이터량	대량, 상세	초대량, 매우 상세

[데이터 마트와 데이터 웨어하우스의 차이점]

3. 데이터 마이닝(Data Mining)

(1) 개념 및 의미★

① 데이터 마이닝은 데이터베이스로부터 과거에는 알지 못했지만 데이터 속에서 유도된 새로운 데이터 모델을 발견하여 미래에 실행 가능한 정보를 추출해 내고 의사결정에 이용하는 과정을 말한다.

② 거대 규모의 데이터로부터 가치 있는 정보를 찾아내는 탐색 과정 및 방법을 의미한다.

③ 이 용어는 광산에서 광물을 캐내는 것에 비유한 것으로 금광석에 극히 미량으로 포함된 금을 여러 단계를 걸쳐 추출하듯이 수많은 데이터로부터 유용한 정보를 찾아내는 것으로 해석된다.

(2) 데이터 마이닝 기법★★

① 의사결정나무(Decision Tree)
  ㉠ 과거에 수집된 데이터의 레코드들을 분석하여 이들 사이에 존재하는 패턴, 즉 결과값별 특성을 고객속성의 조합으로 나타내는 분류모형을 나무의 형태로 만드는 것이다.
  ㉡ 이렇게 만들어진 분류모형은 새로운 레코드를 분류하고 해당 결과 값을 예측하는 데 사용된다.

② 신경망 분석(Neural Networks)
  ㉠ 인간 두뇌의 복잡한 현상을 모방하여 마디(Node)와 고리(Link)로 구성된 망구조로 모형화 하고 과거에 수집된 데이터로부터 반복적인 학습과정을 거쳐 데이터에 내재되어 있는 패턴을 찾아내는 기법이다.
  ㉡ 예) 신용평가, 카드도용패턴분석, 수요 및 판매예측, 고객세분화 등

③ 연관규칙(Association Rule)
  ㉠ 대규모의 데이터 항목들 중에서 유용한 연관성과 상관관계를 찾는 기법이다. 상품 또는 서비스간의 관계를 살펴보고, 이로부터 유용한 규칙을 찾아내고자 할 때 이용한다.
  ㉢ 상품간의 연관성 정도를 측정하여 연관성이 많은 상품들을 그룹화하는 clustering의 일

종으로서, 동시에 구매될 가능성이 큰 상품들을 찾아냄으로써 장바구니분석(Market Basket Analysis)에서 다루는 문제들에 적용할 수 있다.

④ 군집분석(Clustering)
  ㉠ 어떤 목적변수(target)를 예측하기 보다는 고객수입, 고객연령과 같은 속성이 비슷한 고객들을 묶어서 몇 개의 의미 있는 군집으로 나누는 것을 목적으로 한다.
  ㉡ n개의 개체들을 대상으로 p개의 변수를 측정하였을 때, 관측한 p개의 변수 값을 이용하여 n개 개체들 사이의 유사성 또는 비유사성의 정도를 측정하여 개체들을 유사성의 정도에 따라 그룹화하는 기법이다.

⑤ 사례기반추론(Case-Based Reasoning : CBR)
  ㉠ 주어진 새로운 문제를 과거의 유사한 사례를 바탕으로 주어진 문제의 상황에 맞게 응용하여 해결해 가는 기법이다.
  ㉡ 모든 추론(Reasoning)은 과거에 경험한 것 또는 열심히 연습해서 받아들여진 과거의 사례에 기초해서 이루어진다는 것이다.

4. 데이터 거버넌스

(1) 거버넌스의 개념 및 의의

① 거버넌스의 어원은 그리스어 'kubernao'로 알려져 있다. '배를 조종하다'는 뜻인데, 이게 라틴어 'guberare(guide)'로 변하고, 영어 거버넌스가 됐다는 것이 일반적이다. 거버넌스는 '지배'가 아니라 '협력'으로 이해하는 것이 적합하다.
② 데이터 거버넌스는 전사 차원의 모든 데이터에 대한 정책, 지침, 표준화, 전략을 수립하고 데이터를 관리하는 조직과 프로세스를 구축함으로써 고품질의 데이터를 활용하여 기업의 가치 창출을 지원하는 체계를 말한다.
③ 데이터거버넌스는 데이터 전략, 데이터 정책, 데이터 표준, 데이터 프로세스, 데이터조직의 역할과 책임 등을 포함한다. 데이터 전략은 데이터를 통해서 얻고자 하는 가치를 설명한다.

(2) 데이터 거버넌스 구성요소

원칙[Principle]	데이터를 유지·관리하기 위한 지침과 가이드 - 보안, 품질기준, 변경관리
조직[Organization]	데이터를 관리할 조직의 역할과 책임 - 데이터 관리자, 데이터베이스 관리자, 데이터 아키텍트
프로세스[Process]	데이터 관리를 위한 활동과 체계 - 작업 절차, 모니터링 활동, 측정활동

(3) 데이터 거버넌스 체계
① 데이터 표준화 : 데이터 표준용어 설정, 명명 규칙 수립, Meta Data구축, 데이터 사전 구축, 데이터 생명주기 관리 등의 업무로 구성된다.
② 데이터 관리체계 : 데이터 정합성 및 활용의 효율성을 위해 표준데이터를 포함한 메타 데이터와 데이터 사전의 관리 원칙을 수립한다.
③ 데이터 저장소 관리(Repository) : 메타데이터 및 표준데이터를 관리하기 위한 전사 차원의 저장소를 구성한다.
④ 표준화 활동 : 데이터 거버넌스 체계를 구축한 후 표준 준수 여부를 주기적으로 점검하고 모니터링을 실시한다.

제2절 개인정보보호와 프라이버시

1. 개인정보보호 개념
(1) 개인정보
① 성명, 주민등록번호 및 영상 등을 통하여 개인을 알아볼 수 있는 정보
② 해당 정보만으로는 특정 개인을 알아볼 수 없더라도 다른 정보와 쉽게 결합하여 알아볼 수 있는 정보
③ ① 또는 ②를 가명처리함으로써 원래의 상태로 복원하기 위한 추가 정보의 사용, 결합 없이는 특정 개인을 알아볼 수 없는 정보(가명정보)
④ 개인정보의 주체는 자연인(自然人)이어야 하며, 법인(法人) 또는 단체의 정보는 해당되지 않음

(2) 개인정보 해당 여부 판단 기준
① 개인정보 보호법」 등 관련 법률에서 규정하고 있는 개인정보의 개념은 다음과 같다. 개인정보는 ⅰ) 살아 있는 ⅱ) 개인에 관한 ⅲ) 정보로서 ⅳ) 개인을 알아볼 수 있는 정보이며, 해당 정보만으로는 특정 개인을 알아볼 수 없더라도 ⅴ) 다른 정보와 쉽게 결합하여 알아볼 수 있는 정보를 포함 ⅵ) (살아있는) 자에 관한 정보
② 사망한 자, 자연인이 아닌 법인, 단체 또는 사물 등에 관한 정보는 개인정보에 해당하지 않는다.

(3) 개인정보의 종류

① 개인정보는 개인의 성명, 주민등록번호 등 인적 사항에서부터 사회·경제적 지위와 상태, 교육, 건강·의료, 재산, 문화 활동 및 정치적 성향과 같은 내면의 비밀에 이르기까지 그 종류가 매우 다양하다.
② 사업자의 서비스에 이용자(고객)가 직접 회원으로 가입하거나 등록할 때 사업자에게 제공하는 정보뿐만 아니라, 이용자가 서비스를 이용하는 과정에서 생성되는 통화내역, 로그기록, 구매내역 등도 개인정보가 될 수 있다.

(4) 개인정보보호 개념

① 개인정보보호란 근본적으로 정보주체의 개인정보 자기결정권을 철저히 보장하는 것을 의미한다.
② 개인정보보호관련 법령에서는 개인정보의 유출·오용·남용 등의 방지와 적절한 수집 및 활용을 보장하기 위하여 개인정보를 수집·이용·제공 등을 하는 자에게 일정한 개인정보 수집·이용·제공 상의 제한 및 그에 따른 의무를 준수하도록 하여 개인정보를 보호하면서 동시에 적절하게 개인정보를 수집 및 활용할 수 있도록 하고 있다.

2. 개인정보보호 정책

(1) 개인정보 보호법의 목적과 원칙

① 개인정보의 처리 및 보호에 관한 사항을 정함으로써 개인의 자유와 권리를 보호하고, 나아가 개인의 존엄과 가치를 구현함을 목적으로 한다.
② OECD 개인정보 보호 8원칙★★★
  ㉠ 수집제한의 원칙 : 개인정보의 수집은 합법적이고 공정한 절차에 의하여 가능한 한 정보주체에게 알리거나 동의를 얻은 후에 수집되어야 한다.
  ㉡ 정보 정확성의 원칙 : 개인정보는 그 이용 목적에 부합하는 것이어야 하고, 이용 목적에 필요한 범위 내에서 정확하고 완전하며 최신의 상태로 유지해야 한다.
  ㉢ 수집목적 명확화의 원칙 : 개인정보는 수집 시 목적이 명확해야 하며, 이를 이용할 경우에도 수집 목적의 실현 또는 수집 목적과 양립되어야 하고 목적이 변경될 때마다 명확히 해야 한다.
  ㉣ 이용제한의 원칙 : 개인정보는 정보주체의 동의가 있는 경우나 법률의 규정에 의한 경우를 제외하고는 명확화된 목적 이외의 용도로 공개 되거나 이용되어서는 안 된다.
  ㉤ 안전성 확보의 원칙 : 개인 정보의 분실, 불법적인 접근, 훼손, 사용, 변조, 공개 등의 위험에 대비하여 합리적인 안전보호장치를 마련 해야 한다.
  ㉥ 공개의 원칙 : 개인정보와 관련된 개발·실시·정책에 대하여는 일반적으로 공개하여야

한다. 개인정보의 존재·성질 및 그 주요 이용목적과 함께 개인정보관리자의 신원 및 주소를 확인할 수 있는 수단이 용이하게 이용될 수 있어야 한다.
- Ⓐ 개인참가의 원칙 : 정보주체인 개인은 자신과 관련된 정보의 존재 확인, 열람 요구, 이의 제기 및 정정, 삭제, 보완 청구권을 가진다.
- ⓞ 책임의 원칙 : 개인정보 관리자는 위에서 제시한 원칙들이 지켜지도록 필요한 제반조치를 취해야 한다.

(2) 개인정보 안전조치 의무와 인증제도

① 개인정보처리자는 개인정보가 분실·도난·유출·위조·변조 또는 훼손되지 아니하도록 내부 관리계획 수립, 접속기록 보관 등 대통령령으로 정하는 바에 따라 안전성 확보에 필요한 기술적·관리적 및 물리적 조치를 하여야 한다.

② 개인정보 보호 인증제도
 ㉠ 정보보호 및 개인정보보호 관리체계 인증(ISMS-P)
 ㉡ 정보보호 관리체계 인증(ISMS)

3. 개인정보보호 기술

(1) 데이터 비식별화 조치 방법

특정 개인을 알아볼 수 없도록 암호화 하거나 일부분을 삭제하는 방법이 있다.

〈데이터 비식별화 적용기법〉

처리 방법	설명 (사례)
가명처리	[데이터] 김민재, 44세, 한국대 재학 [가명처리] 홍길동, 40대, 서울소재 대학 재학중
총계처리	데이터를 전체 평균을 내거나 합산하여 표현 (예 30대 직장인 소득 평균 ○○○만원)
데이터삭제	개인정보 관련 데이터를 삭제하거나 범주화하여 숨김 (예 서울거주 40대 여성)
범주화	데이터를 범주화하여 특정 정보를 숨김 (예 김모씨, 전라권 거주)
데이터마스킹	임의의 Noise나 공백 등으로 대체하여 개인정보를 가리는 방법 (예 김○○, 주민번호 : 1*****-******)

(2) 암호화

개인정보보호법에서는 고유의 식별정보나 주민번호의 암호화 적용 등의 조치를 시행할 수 있는 근거가 된다.

저장시	전송시
• 비밀번호, 고유식별번호, 바이오정보 • 계좌번호, 신용카드 정보	• 비밀번호, 고유식별번호, 바이오정보 • 개인정보, 인증정보

4. 주요 보안시스템

(1) 보안시스템

① 정보시스템 보안(Information System Security)이란 정보시스템 운영 및 관리 안정성 등에 반하는 위험으로부터, 정보시스템의 기밀성, 무결성, 가용성, 신뢰성 등을 확보하기 위한 제반 수단과 활동 체계를 말한다.

② 보안솔루션이란 접근통제, 침입차단 및 탐지 등을 수행하여 외부로부터의 불법적인 침입을 막는 기술 및 시스템을 말한다.

(2) 주요 보안시스템

① 방화벽 : 기업이나 조직 내부의 네트워크와 인터넷 간에 전송되는 정보를 선별하여, 수용/거부/수정하는 기능을 가진 침입차단 시스템

② 침입탐지시스템(IDS ; Intrusion Detection System) : 컴퓨터 시스템의 비정상적인 사용, 오용, 남용 등을 "실시간"으로 탐지하는 시스템

③ 침입방지시스템(IPS ; Intrusion Prevention System) : 방화벽과 침입탐지시스템을 결합

④ 데이터유출방지(DLP ; Data Leakage/Loss Prevention) : 내부 정보의 외부 유출을 방지하기 위한 보안솔루션

⑤ 가상 사설 통신망(VPN ; Virtual Private Network) : 인터넷 등 통신 사업자의 공중 네트워크에 암호화 기술을 이용하여 사용자가 마치 자신의 전용 회선을 사용하는 것처럼 해주는 보안솔루션

⑥ 무선 침입 방지 시스템(WIPS ; Wireless Intrusion Prevention System) : 인가되지 않은 무선 단말기의 접속을 자동으로 탐지 및 차단하고 보안에 취약한 무선 공유기를 탐지하는 솔루션이다.

5. 프라이버시 보호 기술

(1) 연합학습(Federated Learning)

기존의 데이터 학습과 달리 중앙에서 데이터를 모아서 학습하는 것이 아니라 모바일 기기 보유자의 디바이스를 이용하여 사용자 기기에서 학습하는 '온디바이스(on-device)' 방식을 통해 생성된 모델을 중앙에서 취합하는 학습모델을 의미한다.

(2) 재현데이터(Synthetic Data)

원본과 최대한 유사한 통계적 성질을 보이는 가상의 데이터를 생성하기 위해 개인정보의 특성을 분석하여 새로운 데이터를 생성하는 기법이다.

(3) PPDM(Privacy Preserving Data Mining)

PPDM은 프라이버시 보존형 데이터마이닝으로 개인정보를 공개하지 않은 상태에서 통계적 처리나 기계학습에 사용될 수 있도록 데이터의 함축적인 지식이나 패턴을 찾아내는 기술을 의미한다.

(4) 동형암호(Homomorphic Encryption)

동형암호(Homomorphic Encryption)의 동형은 대수학(Algebra)의 준동형에서 유래한 단어로 암호화(Encryption)된 데이터를 복호화(Decryption)없이 연산할 수 있는 암호문 상태에서 연산한 결과가 복호화시에 평문(Plain Text)으로 연산한 결과와 동일한 값을 도출하는 4세대 암호기술을 의미한다.

제3절 고객충성도 프로그램

1. 고객충성도 프로그램의 개념과 필요성

(1) 고객충성도의 개념 및 의의*

① 고객충성도(customer royalty)란 기업이 지속적으로 고객에게 탁월한 가치를 제공해 줌으로써 그 고객으로 하여금 해당 기업이나 브랜드에 호감이나 충성심을 갖게 함으로써 지속적인 구매활동이 유지되도록 하는 것이다.

② 높은 수준의 고객충성도로부터 초래되는 경제적 이득은 상당하며, 지속적인 고객 충성도 획득은 그 기업의 매출 및 시장점유율 향상과 고객유지비용의 감소를 가져오며 이를 통한 추가분의 이익을 이용하여 고객가치 증대나 새로운 부문에의 투자, 종업원의 보수 향상

등에 사용할 수 있게 된다.
③ 고객충성도의 구분
   ㉠ 행동적 충성도 : 특정제품이나 서비스에 대한 소비자가 하는 실제행동
      예 이전 구매시 제품에 대한 만족감에 의해 재구매
   ㉡ 태도적 충성도 : 제품이나 서비스에 대해 가지고 있는 소비자의 지각
      예 사용중인 브랜드의 선호도, 애호도, 몰입도

(2) 고객만족도와의 관계
① 고객만족도란 생산품, 소비의 경험, 구매결정경험, 판매자, 상점, 제품이나 서비스에 대한 소비자의 태도, 사전 구매경험 등의 관점에서 본 고객의 기대에 대한 성취도를 의미한다.
② 증가된 고객만족의 즉각적인 효과는 고객불평률의 감소와 고객충성도의 증가로 나타난다.
③ 불평이 발생할 때, 고객은 이탈(경쟁자제품, 서비스구매)을 하거나 보상을 받기 위해서 불평을 토로하는 선택권을 갖게 된다. 따라서 만족의 증가는 불평의 요소를 감소시키고, 고객충성도를 높이게 된다.

2. 고객충성도 프로그램을 위한 정보기술

(1) e-CRM의 개념과 특징★
① e-CRM은 Electronic Customer & Relationship Management의 약자로 e비즈니스 환경 아래에서 전개되는 CRM을 말한다.
② 인터넷을 통하여 e-데이터웨어하우스로 수집된 고객과 관련된 데이터를 웹 마이닝(web mining)으로 분석하는 것을 말한다.
③ 고객을 획득하고(Acquisition) 확보된 고객을 개발하고(Cultivation) 확보된 고객을 어떻게 오래 개발 유지하여(Retention) 고객과의 관계를 지속적으로 강화해 나가는 마케팅 및 경영혁신 활동을 e-Business 환경에서 전개해 나가는 것을 의미한다.
④ 온라인싱의 고객 집촉수단과 원리를 활용하여 쌓이는 기업 내·외부의 고객 관련 정보를 분석하여 고객만족도를 향상시키고 고정 고객화를 통해 고객로열티를 증진시켜 궁극적으로 수익구조를 개선하는 경영관리활동이다.

(2) Front-end Applications & Back-end Applications
① Front-end Applications은 고객접점에서 이루어지는 다양한 서비스 활동부분을 지원한다. E-mail, 채팅, 팩스, 영업사원의 접촉, A/S방문, 고객전화 등으로 고객과 접촉하는 채널을 지원하는 애플리케이션이다.
② Back-end Applications은 고객을 정의하고 관리기준을 설정함으로써 데이터마이닝을 통해 고객에게 제공하는 제품과 서비스의 품질향상을 지원한다.

③ 고객생애가치를 증대시키기 위해 기업활동에서 얻은 데이터를 고객별로 저장·분석·관리하여 원활한 기업활동을 지원한다.
④ 전자상거래 구성에서 Back-end System은 전자결제시스템, 물류배송시스템, 보안 및 인증시스템, e-Biz 기반 시스템으로서 전자상거래 진행과정에서 인증, 지불, 유통, 금융 등과 관련된 시스템을 말한다.

(3) e-CRM을 위한 웹 마이닝★

① 웹 마이닝은 웹상에서 존재하는 모든 데이터(고객 신상정보, 구매기록, 장바구니 정보 등)를 대상으로 웹 데이터간의 상관관계를 밝혀내고, 웹 사용자의 의미 있는 접속행위 패턴을 발견하는 방법이다.
② 웹서버를 통해 이루어지는 내용이나 활동 사항을 시간의 흐름에 따라 기록하는 웹 로그파일을 수집, 분석하여 의미있는 데이터를 추출해 내는 방법이다.
③ 웹 로그파일
  ㉠ 로그파일은 웹 서버를 통해 이루어지는 모든 작업들에 대한 기록이라고 표현할 수 있다.
  ㉡ 우리가 웹 서버에 접속을 하게 되면 그 이후의 모든 작업들은 웹 서버에 미리 정해놓은 위치에 데이터로 남게 된다.
  ㉢ 로그파일에는 웹 서버가 수행한 작업들에 대한 풍부한 정보가 들어있다.
④ 웹 마이닝의 분석 대상인 로그파일은 Access log, Reffer log, Agent log, Error log 등이 있다.
⑤ 로그파일 분석 개념

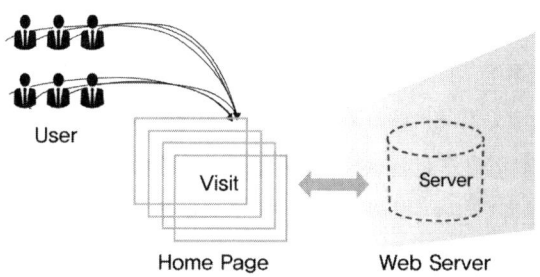

제3장 학습정리

- **데이터베이스** : 여러 사람들이 공유하고 사용할 목적으로 통합 관리되는 데이터들의 모임이다.
- **데이터의 분류** : 정형 데이터(structured data), 반정형 데이터(semi-structured data), 비정형 데이터(unstructured data)
- **데이터 웨어하우스(Data Warehouse)** : 기간 시스템의 데이터베이스에 축적된 데이터를 공통의 형식으로 변환하여 일원적으로 관리하는 데이터베이스로 기업의 각 부분에 산재해 있는 개별 시스템의 데이터들을 활용목적별로 통합하여 유연한 분석이 가능하도록 만들어 놓은, 방대한 양의 데이터를 저장할 수 있는 대형 전자창고(Electronic Warehouse)이다.
- **데이터 웨어하우스의 특징** : 주제 지향성(Subject Oriented), 통합성(Integrated), 접근 가능성, 관계형, 비휘발성(Non-volatile), 시계열성(Time Variant)
- **데이터 마트** : 데이터 웨어하우스로부터 특정한 분야와 관련된 데이터만 특별한 사용자가 이용 가능하게 분리해 놓은 것이다. 개별 부서에서 그 부서의 특징에 맞게 데이터를 검색, 가공, 분석할 수 있도록 해놓은 작은 규모의 전자 저장 공간이다.
- **온라인 분석처리(OLAP)** : 최종 사용자가 다차원 정보에 직접 접근하여 대화식으로 정보를 분석하고 의사결정에 활용하는 과정에서 등장하였다. 사용자는 온라인상에서 직접 데이터에 접근하며, 대화식으로 정보를 분석하므로 사용자가 기업의 전반적인 상황을 이해할 수 있게 하고 의사결정을 지원하는 데 그 목적이 있다고 할 수 있다.
- **OLAP 분석 기능** : 피보팅(pivoting), 필터링(filtering), 분해(slice and dice), 드릴링(Drilling), 드릴업(Drill-Up), 드릴다운(Drill-Down), 리포팅
- **데이터 마이닝(Data Mining)** : 거대 규모의 데이터로부터 가치 있는 정보를 찾아내는 탐색 과정 및 방법을 의미한다. 즉, 데이터베이스로부터 과거에는 알지 못했지만 데이터 속에서 유도된 새로운 데이터 모델을 발견하여 미래에 실행 가능한 정보를 추출해 내고 의사결정에 이용하는 과정을 말한다.
- **데이터 마이닝 기법** : 의사결정나무(Decision Tree), 신경망 분석(Neural Networks), 연관규칙(Association Rule), 군집분석(Clustering), 사례기반추론(Case-Based Reasoning)
- **거버넌스** : 전사 차원의 모든 데이터에 대한 정책, 지침, 표준화, 전략을 수립하고 데이터를 관리하는 조직과 프로세스를 구축함으로써 고품질의 데이터를 활용하여 기업의 가치 창출을 지원하는 체계를 말한다.
- **데이터거버넌스** : 데이터 전략, 데이터 정책, 데이터 표준, 데이터 프로세스, 데이터조직의 역할과 책임 등을 포함한다.
- **개인정보보호** : 정보주체의 개인정부 자기결정권을 철저히 보장하는 것을 의미한다.
- **OECD 개인정보 보호 8원칙** : 수집제한의 원칙, 정보내용 정확성의 원칙, 수집목적 명확화의 원칙, 이용제한의 원칙, 안전확보의 원칙, 공개의 원칙, 개인참가의 원칙, 책임의 원칙
- **데이터 비식별화 조치 방법** : 가명처리, 총계처리, 데이터 삭제, 범주화, 데이터 마스킹
- **고객충성도(customer royalty)** : 기업이 지속적으로 고객에게 탁월한 가치를 제공해 줌으로써 그 고객으로 하여금 해당 기업이나 브랜드에 호감이나 충성심을 갖게 함으로써 지속적인 구매활동이 유지되도록 하는 것이다.
- **e-CRM** : 고객을 획득하고(Acquisition) 확보된 고객을 개발하고(Cultivation) 확보된 고객을 어떻게 오래 개발 유지하여(Retention) 고객과의 관계를 지속적으로 강화해 나가는 마케팅 및 경영혁신 활동을 e-Business 환경에서 전개해 나가는 것을 의미한다.

적중 예상문제

01 데이터 마이닝 프로세스의 순서로 알맞은 것은?

① 데이터 추출 – 데이터 교정 – 데이터 탐색 – 모형화 단계 – 모형 평가
② 데이터 추출 – 데이터 탐색 – 데이터 교정 – 모형화 단계 – 모형 평가
③ 데이터 탐색 – 데이터 추출 – 데이터 교정 – 모형화 단계 – 모형 평가
④ 데이터 탐색 – 데이터 교정 – 데이터 추출 – 모형화 단계 – 모형 평가
⑤ 데이터 교정 – 데이터 주출 – 데이터 탐색 – 모형화 단계 – 모형 평가

정답 ②
해설 데이터 마이닝 프로세스는 "데이터 추출 – 데이터 탐색 – 데이터 교정 – 모형화 단계 – 모형 평가" 과정으로 이루어진다.

02 아래 글상자에서 설명하는 기능으로 가장 옳은 것은?

> A사는 온라인과 오프라인 매장을 동시에 운영하는 코스메틱 유통회사이다. 따라서 창고 환경(온도, 습도 등)과 제품 재고에 대한 실시간 상황 관리가 무엇보다 중요하다고 판단하였다. 창고관리시스템을 구축할 때, 실시간으로 창고 환경과 물품별 재고현황 등을 한 화면에서 파악할 수 있도록 하였다.

① 시스템자원관리 ② 주문처리집계
③ 항온항습센서 ④ 재고관리통계
⑤ 대시보드

정답 ⑤
해설 사전적 의미의 대시보드는 한 화면에서 다양한 정보를 중앙 집중적으로 관리하고 찾을 수 있도록 하는 사용자 인터페이스(UI)기능을 말한다. 대시보드란 복잡한 정보를 알기 쉬운 형식으로 보여주기 위해, 정보를 시각적으로 표현한 것이다.

03 A사는 기업활동에 관련된 내외부자료를 관리 영역별로 각기 수집·저장관리하고 있다. 관리되고 있는 자료를 한 곳에 모아 활용하기 위해서, 자료를 목적에 맞게 적당한 형태로 변환하거나 통합하는 과정을 거쳐야 한다. 수집된 자료를 표준화시키거나 변환하여 목표 저장소에 저장할 수 있도록 도와주는 기술로 가장 옳은 것은?

① ETL(Extract, Transform, Load)
② OLAP(Online Analytical Processing)
③ OLTP(Online Transaction Processing)
④ 정규화(Normalization)
⑤ 플레이크(Flake)

정답 ①
해설 ETL(Extraction, Transformation, Loading)이란 데이터 웨어하우스(DW, Data Warehouse) 구축 시 데이터를 운영 시스템에서 추출하여 가공(변환, 정제)한 후 데이터 웨어하우스에 적재하는 모든 과정을 말한다. 일반적으로 발생하는 데이터 변환에는 필터링, 정렬, 집계, 데이터 조인, 데이터 정리, 중복 제거 및 데이터 유효성 검사 등의 다양한 작업이 포함된다.
④ 정규화(Normalization) - 관계형 데이터베이스의 설계에서 중복을 최소화하게 데이터를 구조화하는 프로세스를 정규화라고 한다.

04 아래 글상자의 ( ) 안에 들어갈 용어로 가장 옳은 것은?

> e-CRM은 단 한 명의 고객까지 세분화하여 고객의 개별화된 특성을 파악하고 이들 고객에게 맞춤 서비스를 제공하는 데 목적을 두고 구현한다. 이를 위해 다양한 정보를 수집하고 분석하여 활용하는데, 고객이 인터넷을 서핑하면서 만들어 내는 고객의 ( )는 고객의 성향을 파악할 수 있는 훌륭한 정보가 된다.

① 웹 로그(Web log)
② 웹 서버(Web Server)
③ 웹 사이트(Web Site)
④ 웹 서비스(Web Service)
⑤ 웹 콘텐츠(Web Contents)

정답 ①
해설 사이트 방문자에 대해 분석하는 작업을 '웹 로그분석'이라고 하고 이런 용도로 제작된 프로그램을 '웹 로그분석 툴'이라고 한다.

05 고객관계관리를 위한 성과지표에 대한 설명으로 가장 옳지 않은 것은??
① 신규 캠페인 빈도는 마케팅 성과를 측정하기 위한 지표이다.
② 고객 불만 처리 시간은 서비스 성과를 측정하기 위한 지표이다.
③ 고객유지율은 판매 성과를 위한 성과지표이다.
④ 신규 판매자 수는 판매 성과를 측정하기 위한 지표이다.
⑤ 캠페인으로 창출된 수익은 마케팅 성과를 측정하기 위한 지표이다.

정답 ③
해설 고객유지율은 고객관점에서 고객가치창출과 차별화에 대한 성과를 측정하기 위한 지표라고 할 수 있다.

06 유통정보시스템의 하위시스템에서 데이터를 분석하는 데 사용되는 특별한 역량과 도구에 대한 설명 중 가장 적절치 못한 것은?
① 데이터 웨어하우스(Data Warehouse)는 기업 전반의 의사결정자에게 관심이 될 만한 제품 제조 및 판매에 대한 현재 및 과거 데이터를 저장하고 추출하여 사용할 수 있도록 지원하는 데이터베이스이다.
② 데이터 마트(Data Mart)는 데이터 웨어하우스의 부분집합으로 제품관리자가 항시 확인해야 하는 데이터를 요약하거나 매우 집중화시켜 제품관리자 집단을 위한 개별적인 데이터베이스를 제공한다.
③ 엄청난 양의 유통정보를 통합/분석/접근할 수 있는 도구를 통칭하여 비즈니스 인텔리전스(BI)라한다. 유통정보DB 쿼리 및 리포팅을 위한 소프트웨어, 제품군별 판매예측과 같은 요약, 다차원분석, 패턴 등을 파악하는 데이터 마이닝(DataMining) 등이 있다.
④ OLTP(OnLine Transaction Processing)는 사용자에게 제품, 가격, 비용, 지역, 기간 등 상이한 정보에 대해 각 차원을 제공함으로써 일정기간 특정지역에서 특정모델 제품의 판매량, 작년 동월대비 판매량, 예상치와 비교 등의 파악에 신속하게 답을 제공해 준다.
⑤ 데이터 마이닝에서 얻을 수 있는 정보 유형에는 연관, 순차, 분류, 군집, 예측 정보 등이 있다.

정답 ④
해설 OLTP(OnLine Transaction Processing)
일반적으로 은행이나, 항공사, 우편주문, 슈퍼마켓, 제조업체 등을 포함한 많은 산업체에서 데이터 입력이나 거래 조회 등을 위한 트랜잭션 지향의 업무을 쉽게 관리해주는 프로그램이다.
OLTP는 단말기의 요청에 따라 호스트가 데이터베이스 검색 등 작업을 수행하고 그 결과를 단말기로 보내는 처리 형태로 네트워크상의 여러 이용자가 실시간으로 데이터베이스의 데이터를 갱신하거나 조회하는 등의 단위 작업을 처리하는 방식이다.

07 데이터마이닝 기법 중의 하나인 신경망모형에 대한 내용중에서 가장 옳지 않은 것은?

① 예측보다는 명쾌하고 쉽게 이해할 수 있는 결과물을 제공함으로서 정확한 설명력을 더욱 중요하게 고려하는 경우에 이용된다.
② 인간이 경험으로부터 학습해 가는 두뇌의 신경망 활동을 모방한 것이다.
③ 고객의 신용평가, 불량거래의 색출, 우량고객의 선정 등 다양한 분야에 적용된다.
④ 자신이 소유한 데이터로부터의 반복적인 학습과정을 거쳐 패턴을 찾아내고 이를 일반화한다.
⑤ 다계층 인식인자의 신경망은 입력계층, 출력계층 그리고 은닉계층으로 구성된다.

정답 ①
해설 설명력(Comprehensibility)보다는 정확한 예측이 중요한 경우에 이용될 수 있다. 데이터 마이닝 기법 중 의사결정나무나 연관성 측정은 명쾌하고 쉽게 이해할 수 있는 결과물을 제공하는데 반해, 신경망 모형은 인간이 어떠한 현상을 인지하게 되는 것처럼 쉽게 설명되지 않는 내부적인 작업을 수행하고 이를 통해 얻어진 결과물을 제공할 뿐 어떠한 변수가 중요한지, 어떻게 상호작용이 이루어져 그러한 결과물을 주게 되는 지에 대한 설명은 하지 않는다.

08 데이터의 깊이와 분석차원을 마음대로 조정해가며 분석하는 OLAP(online analytical processing)의 기능으로 가장 옳은 것은?

① 분해(slice & dice)
② 리포팅(reporting)
③ 드릴링(drilling)
④ 피보팅(pivoting)
⑤ 필터링(filtering)

정답 ③
해설 ① 분해(slice & dice) : 다양한 관점에서 자료를 분석 가능하게 하는 기능이다.
② 리포팅(reporting) : 리포트 작성을 지원하는 기능이다.
④ 피보팅(pivoting) : 분석 차원을 분석자의 필요에 따라 변경해서 볼 수 있는 기능이다.
⑤ 필터링(filtering) : 원하는 자료만을 걸러서 추출하기 위해서 이용되는 기능이다.

09 데이터 분석결과에 대한 이용자이해도를 높이기 위한 데이터 시각화 기술을 무엇이라고 하는가?

① 리포팅
② 쿼리
③ 스코어카드
④ 대시보드
⑤ 피보팅

정답 ③
해설 ① 사실 데이터를 취합하여 체계적인 형태로 제시하는 과정을 말한다.
② 쿼리(Query) : 데이터베이스나 파일의 내용 중 원하는 내용을 검색하기 위하여 몇 개의 코드(code)나 키(Key)를 기초로 질의하는 것을 말한다. 쉽게 말해서, 데이터베이스에 정보를 요청하는 것이다.
③ 주로 핵심성과지표를 시각화하는 데 사용되며, 일부 변수는 비즈니스 또는 활동 영역의 상대적 건강 또는 실적을 측정한다.

10 사용자에게 제품, 가격, 비용, 지역, 기간 등 상이한 정보에 대해 각 차원을 제공함으로써 일정 기간 특정지역에서 특정모델 제품의 판매량, 작년 동월대비 판매량, 예상치와 비교 등의 파악에 신속하게 답을 제공해 주는 데이터 분석 도구는 무엇인가?

① 데이터 마이닝
② 데이터 마트
③ 빅 데이터
④ 온라인 분석처리(OLAP)
⑤ 블록체인

정답 ④
해설 온라인 분석처리(OLAP ; Online Analytical Processing) : 사용자가 동일한 데이터를 여러 기준을 이용하는 다양한 방식으로 바라보면서 다차원 데이터 분석을 할 수 있도록 도와준다.

memo.

제4장 유통혁신을 위한 정보자원관리

제1절 전자상거래 운영

1. 전자상거래의 이해

(1) 전자상거래(EC) 개념 및 의의
① 기업과 기업 간 또는 기업과 개인 간, 정부와 개인 간, 기업과 정부 간, 기업 자체 내, 개인 상호 간에 다양한 전자매체를 이용하여 상품이나 용역을 교환하는 방식을 말한다.
② 전자상거래는 조직과 개인 간 또는 조직과 조직 간에 상품의 유통관련 정보의 배포, 수집, 협상, 주문, 납품, 대금지불 및 자금이체 등 상호간 상거래상의 절차를 전자화된 정보로 전달하는 온라인(On-line) 상거래를 의미한다.
③ 전자거래기본법에서 "전자거래"라 함은 재화나 용역을 거래함에 있어서 그 전부 또는 일부가 전자문서에 의하여 처리되는 거래를 말한다.

(2) 전자상거래의 유형(거래주체별)
① 기업과 기업 간의 전자상거래(B2B ; Business to Business)
  ㉠ 기업과 기업 사이의 부품의 상호조달, 유통망 공유 등을 인터넷을 통하여 처리하는 형태로, 기업업무의 통합성을 향상시킨다.
  ㉡ 정보보안과 거래당사자 보호에 신중을 기하여야 한다.
② 기업과 소비자 간의 전자상거래(B2C ; Business to Customer)
  ㉠ 기업과 개인 간 거래형태로서 웹의 출현으로 인한 인터넷 사용의 급격한 증가로 점차 확산되고 있는 전자상점(Electronic Mall)에서의 소규모 구매를 말한다.
  ㉡ 이러한 소규모 거래로는 인터넷상의 웹을 이용한 광고나 전자목록(e-Catalog)을 보고 주문을 하는 다양한 형태의 상품이나 서비스, 즉 케이크나 와인, 컴퓨터, 꽃배달, 카드배달, 예약 서비스 등이 있다.
③ 기업과 정부 간의 전자상거래(B2G ; Business to Government)
  ㉠ 기업과 정부조직 간의 모든 거래를 포함한다.
  ㉡ 아직까지는 이용이 그다지 많지 않으나, 정부활동에서 경쟁력 강화 등을 위해 전자상거

래를 이용한다면 급속히 성장할 수 있는 부문이다.
ⓒ 전자상거래는 정부의 출자에 대한 투명성을 보장하며, 나아가 EDI와 CALS를 통하여 문서과정을 단축하고 보관 및 취급을 수월하게 할 수 있다.
④ 소비자와 정부 간 전자상거래(C2G ; Customer to Government)
㉠ 향후 거래가 활성화될 것으로 예측된다.
㉡ 개인과 개인 간, 기업과 행정기관 간 거래가 보편화된 후 정부가 생활보호지원금(Welfare payment)이나 자진신고 세금환불(Self-assessed tax returns) 등을 전자적으로 수행하고자 할 때 활용될 수 있는 유형이다.
⑤ 소비자와 소비자 간의 전자상거래
㉠ C2C(Customer to Customer) : 인터넷상에서 소비자끼리 물건을 사고 파는 것으로 중개인이 존재한다.
㉡ P2P(Peer to Peer) : 개인과 개인 간에 네트워크를 연결하여 직접 데이터를 주고 받는 거래를 말한다.

2. 전자상거래 프로세스★

(1) 전자적 커뮤니케이션 단계(e-Communication)
① 구매자 또는 고객은 공급자의 사이트를 방문하여 다양한 제품정보를 얻고 전자적으로 상호 교류한다.
② 공급자가 광고, 카탈로그 등을 통해 자사의 제품과 서비스를 고객에게 알리면 고객은 필요한 제품정보를 수집하고 원하는 제품의 구매를 결정한다.

(2) 제품주문 단계(Ordering)
① 구매자 또는 고객이 전자적인 방법으로 제품 또는 서비스를 주문하는 단계로, 신청서식을 통해 사이트나 상점운영자에게 거래를 요청하는 단계이다.
② 운영자는 인증기관에 거래요청자가 본인이고 신용할 만한 사람인지 가려줄 것을 요구한다. 인증기관은 인터넷 상점 운영자와 소비자의 정당성과 신용을 법적으로 보증해 주는 곳으로 국가의 관리를 받는다.
③ 전자적인 주문처리를 위하여 설계되어진 서버를 전자상거래 시스템 또는 전자상거래 솔루션이라 부른다.

(3) 대금지불 단계(e-Payment)
① 인증기관의 소비자에 대한 신용인증이 떨어지면, 상점운영자는 소비자의 거래요청을 승낙한 뒤 대금을 지불할 것을 요구한다.

② 공급자가 제공한 제품 또는 서비스에 대한 대가를 전자적으로 지불하는 단계로, 구매자의 결제수단에는 무통장입금 방법이나 신용카드, 전자화폐, 인터넷뱅킹을 통한 자금이체, 그리고 소액지불을 위한 i-cash 등이 있다.

(4) 주문처리 및 배송 단계(Fulfillment)
① 대금이 결제된 후 상품을 구매자에게 제공하는 단계로, 물리적 제품과 디지털 제품에 따라 달라진다.
② 소프트웨어나 음악 등의 디지털 제품은 온라인상에서 주문처리가 종결된다. 또 물리적 제품은 배송업체를 통하여 소비자에게 전달된다.

(5) 사후 및 서비스 지원(Service and Support)
① 고객이 제품구매 후 서비스에 대한 추가적인 서비스 또는 지원(A/S, 교환 및 반품 등)을 해야 한다.
② 취향이나 기호를 면밀히 파악하여 새로운 제품개발 및 신규고객 창출에 활용해야 한다.

3. 물류 및 배송관리

(1) 전자상거래와 물류관리
① 전자상거래가 활성화되면서 급증한 상품배달수요 등 이에 따르는 물류부문의 역할이 커지고 있다.
② 전자상거래의 급상승세는 기업의 물류시스템을 변화시킨다. 즉, 저렴한 가격의 직거래 방식으로 물류비용을 절감하는 것이 기업경쟁력의 핵심 요소이기 때문이다.
③ 통합물류의 핵심은 물류 관련 주체간 파트너쉽의 형성과 정보의 공유에 있으며, 업무절차 혁신(BPR), 전사적자원관리(ERP), 신속대응(QR), 효율적 고객대응(ECR) 등과 같은 기업의 경영전략과 밀접한 관련이 있다.

(2) 물류시스템
① 수요예측, 구매, 보관, 포장, 주문에 의한 배송, 반송과 환불, 재고처리에 이르는 전체적인 시스템을 말한다.
② 물류원칙
   ㉠ 적정수요예측의 원칙
   ㉡ 배송기간 최소화의 원칙
   ㉢ 반송과 환불시스템의 원칙
③ 고객 중심의 물류시스템
   ㉠ 당일 배달의 원칙으로 경쟁에 대처한다.

ⓒ 고정비를 줄이기 위해 물류관리 대행업체를 이용한다.
ⓒ 편의점, 슈퍼마켓, 주유소 등을 물류거점시설로 활용한다.
ⓔ 소비자들이 배달기간, 배달조건, 물류업체들을 선택할 수 있게 한다.

4. 전자결제시스템(electronic payment system)

(1) 전자결제시스템 개요
① 판매자나 구매자가 안심하고 인터넷상에서 전자상거래를 할 수 있도록 하기 위해서는 대금결제를 온라인상에서 처리하는 편리하고 효과적인 전자지불시스템이 구축되어야 한다.
② 전자결제시스템의 장점
　ⓐ 편리성
　ⓑ 안전성
　ⓒ 물리적·시간적 편의성

(2) 전자결제 보안★★
① 기밀성(Confidentiality)
전달내용을 제3자가 획득하지 못하도록 하는 것이다. 알 필요성에 근거하여 정당한 권한이 주어진 사용자, 프로세스, 시스템만 접근 가능해야 한다.
② 인증(Authentication)
정보를 보내오는 사람의 신원을 확인하는 것이다.
③ 무결성(Integrity)
전달과정에서 정보가 변조되지 않았는지 확인하는 것이다. 네트워크를 통해 송수신되는 정보의 내용이 임의로 생성, 변경, 삭제가 일어나면 안 된다.
④ 부인방지(Non-repudiation)
메시지의 송신이나 수신에 대해 보내거나 받지 않았다고 부인하는 것을 방지하는 보안기술이다.

(3) 암호화 알고리즘(encryption Algorithm)★
① 대칭형 또는 비밀 키 암호화방식(Symmetric Key cryptosystem)
송수신자가 암호화나 복호화를 할 때 같은 키를 쓰는 알고리즘이다. 알고리듬 내부 구조가 간단한 치환과 순열 조합으로 되어 있어, 운용이 쉽고 데이터 처리량이 높다.
② 비대칭형 또는 공개 키 방식(public key cryptosystem)
데이터의 암호화(encryption)에는 공개키가 사용되고 복호화(decryption)에는 비밀키가 사용되는 암호 시스템이다.

제2절 ERP 시스템

1. ERP의 개념과 요소기술

(1) ERP(Enerpris Resource Planning)의 개념★

① ERP는 기존 자재관리, 생산관리 기능만을 갖던 MRPⅡ에서 재무, 회계, 영업, 인사 등의 기업내 경영지원 기능까지 포함하여, 경영목표를 달성하기 위한 기업 내부의 모든 자원을 실시간으로 관리할 수 있도록 한 전사적 자원관리 시스템이다.

② 전사적 자원관리는 기업 전체를 최적화시키고 의사결정을 신속하게 내릴 수 있도록 지원하는 시스템이다. 이러한 정보시스템의 혁신은 업무프로세스의 혁신(BPR)과 동반하여 이루어진다.(재고관리영역 + 생산관리영역 + 경영관리영역 = 전사적 영역)

③ ERP 시스템의 발전과정★★

　㉠ 제1단계 : 자재소요계획(MRP ; Material Requirement Planning)
　㉡ 제2단계 : 제조자원계획(MRP Ⅱ ; Manufacture Resource Planning)
　㉢ 제3단계 : 전사적자원관리(ERP ; Enterprise Resource Planning)
　㉣ 제4단계 : 확장형 ERP(Extended Enterprise Resource Planning)

(2) ERP 요소기술

① 4세대 언어

　㉠ ERP 시스템은 기존의 프로그래밍 방식에서 벗어나 새로운 4세대 언어(4GL)와 CASE (Computer Aided Software Engineering) 도구에 의한 개발방식을 취하고 있다.
　㉡ 대표적인 4세대 언어는 Visual Basic, C++, Delphi, Java 등이 있다.

② 클라이언트 서버(Client/Server Environment) 시스템

　㉠ ERP 시스템은 과거 중앙 집중식 메인프레임에서 모든 데이터 처리가 가능했던 정보시스템과는 달리, 다양한 규모의 시스템이 고유의 기능을 지원하는 클라이언트 서버 시스템으로 구성되어 있다.
　㉡ 개별 PC를 통해 ERP 시스템과의 상호작용을 통해 업무를 처리할 수 있게 되었다.

③ 전자문서교환(EDI ; Electronic Data Interchange)

　ERP 시스템은 표준화된 데이터 표현양식을 사용함으로써 인터넷을 이용해 데이터의 전송, 교환, 공유가 가능하게 되었다.

④ 객체지향기술(OOT ; Object Oriented Technology)

　ERP 시스템의 다양할 모듈은 각각 독립적으로 운용될 수도 있고, 통합적으로 운영될 수도 있다.

⑤ 관계형 데이터 베이스(RDBMS ; Relational Data Base Management System)
ERP시스템은 대부분 관계형 데이터베이스 구조를 채택하고 있다. 이는 기존의 파일처리 시스템은 다양한 데이터의 독립성과 종속성에 문제가 발생하기 때문이다.

⑥ 데이터 웨어하우스(Datawarehouse) & 네트워크
ERP 시스템은 많은 데이터를 처리하고 있다. 데이터웨어하우스는 다양한 데이터를 분류, 분석, 가공해주는 기능을 제공해주고 있다. 클라이언트와 서버간의 연결, 동일지역 또는 원격지에 있는 동일 기종 또는 이기종 시스템간의 물리적 연결을 위해 사용된다.

⑦ 웹(Web) 기술
오늘날의 기업정보 시스템은 백오피스 뿐만 아니라 프런트 오피스의 기능이 요구된다. 웹 기술을 ERP 시스템에 적용시키는 것은 매우 중요한 기능이 되었다.

2. ERP 구축 및 활용

(1) ERP의 구축

① 분석(analysis)
 ㉠ 분석단계에서는 As-Is(현상)에 대한 현황파악을 하는 것이다. 이는 기업의 현주소를 명확히 하는 것으로서, 옷을 맞출 때 자기의 몸과 체질에 맞추는 것과 같이 ERP 패키지를 도입하기 전에 자기의 몸과 체질 등을 진단하는 과정이다.
 ㉡ 고려해야 할 사항 : 프로젝트팀 구성, 세부 추진일정, 경영전략 및 비전도출, 주요 성공요인 도출, 목표와 범위의 설정, H/W 또는 S/W 등의 시스템 설치 등

② 설계(design)
 ㉠ 설계단계는 분석한 결과를 구축하기 위한 준비 과정이라고 볼 수 있다. 이 단계에서는 ERP 프로젝트의 핵심요인인 To-Be(신업무)프로세스를 도출해야 하며, 현재의 업무와 ERP를 구축한 후의 업무내용과 잘 조화될 수 있도록 하는 것을 고려해야 한다.
 ㉡ 그리고 To-Be 프로세스와 ERP 프로세스와 비교하여 차이점을 발견하는 과정인 격차분석(sap analysis)이 이루어져야 한다.

③ 구축(construction)
 ㉠ 분석단계와 설계단계를 거치고 나서 개발단계가 필요하다.
 ㉡ 이 단계에서는 영업, 생산, 구매, 자재, 회계, 인사급여, 등 모든 업무에 대한 재설계를 한 결과를 가지고 ERP 패키지의 각 모듈과 비교하여 꼭 필요한 모듈만을 조합시켜 시스템으로 구축시킨 후 테스트를 해 본다.

④ 실행(implementation)
 ㉠ 시스템의 구축이 끝나면 실제 시스템을 운용해보게 되는데, 본격적인 시스템의 가동에 앞서 시험적으로 운영해보는 과정이 필요하다.

ⓒ 만약 문제점이 발생하면 피드백을 바탕으로 개선점을 찾아 보완된 새로운 시스템을 구축하게 된다.

(2) 유통분야에서의 ERP 활용

시스템	내용
시스템 관리	환경설정, 프로그램관리, 사용자관리, 코드관리
인사급여	인사, 근태, 급여, 총무
회계관리	예산관리, 전표, 세무회계, 자금관리, 결산
영업관리	판매계획, 견적, 수주, 출하, 정산, 반품, 영업분석, 모바일(출고관리)
구매관리	구매요청, 발주, 가입고, 정산, 모바일(입고관리)
자재관리	입고, 출고, 재고, 실사, 결산, 모바일(재고관리)

제3절 CRM 시스템

1. CRM의 개념과 요소기술

(1) CRM(Customer Relationship Management)의 개념★

① 마케팅인식에 있어서 종전의 기업중심적인 마케팅사고에서 벗어나 database를 기초로 개별고객의 욕구를 파악하여 맞춤형 서비스를 제공함으로써 고객의 생애가치를 극대화시킬 수 있는 마케팅전략을 말한다.

② CRM은 선별된 고객으로부터 수익을 창출하고 고객관리를 가능케 하는 고객관계 마케팅을 말한다.

③ 현재의 고객과 잠재 고객에 대한 정보 자료를 정리, 분석해 마케팅 정보로 변환함으로써 고객의 구매 관련 행동을 지수화하고, 이를 바탕으로 마케팅 프로그램을 개발, 실현, 수정하는 고객 중심의 경영 기법을 의미한다.

(2) CRM 요소기술

① 정보계
  ㉠ 데이터웨어하우스
  ㉡ 데이터 마트
② 기능영역
  ㉠ 운영적 CRM 기능

ⓒ 분석적 CRM 기능
  ⓒ 협업적 CRM 기능

2. CRM 구축 및 활용

(1) CRM 구현 단계
① 데이터 수집
  - 기업의 내부와 외부 자료를 수집하는 과정이다.
② 데이터 정제 과정
  - 데이터에 존재하는 이상치나 중복성을 제거한다. 특히 누락데이터(Missing Data)와 블랭크 데이터(Blank Data)의 문제 등이 중요하다.
③ 데이터 웨어하우스 구축
  - 지속적인 고객관리를 위해서 필요하다. 이때 자주 분석될 데이터에 대해서는 데이터 마트로 관리하며, 데이터 웨어하우스에 대한 비용지출이 어려울 때는 데이터 마트만 운영할 수 있다.
④ 고객분석 & 데이터 마이닝
  - 고객의 선호도나 요구에 대한 분석을 바탕으로 고객 행동을 예측하고 고객별 수익성·가치성을 측정한다.
⑤ 마케팅채널과의 연계
  - 분석된 결과를 가지고 영업부서나 고객서비스 부서 등에서 활용하여 마케팅활동의 자료로 활용할 수 있다.
⑥ Feedback 정보 활용
  - 마케팅활동의 결과를 판단하여 의미 있는 정보를 마케팅 자료로 활용하기 위해 Feedback 된다.

(2) CRM 구축★★
① 관계형성 및 신규고객 확보
  ㉠ 고객과의 관계를 구축하고 유지하기 위해서는 고객에게 필요한 적절한 가치(value)를 제공하고 고객이 만족할 수 있도록 여러 가지 혜택을 제공해야 한다.
  ㉡ 고객이 제품을 구매할 때에는 여러 가지 브랜드를 고려하게 되는데, 이러한 고려 브랜드 중에서 자신에게 가장 많은 가치나 혜택을 제공해 주는 브랜드를 선택하게 된다.
② 고객충성도 제고 및 유지
  ㉠ 고객만족은 지속적인 재구매로 이어지게 된다. 재구매율이 높은 고객을 충성도(loyalty)가 높은 고객이라고 하는데, 충성도가 높은 고객은 재구매율뿐만 아니라 가격에 덜 민감

하게 반응한다.
ⓒ 고객충성도(customer loyalty)가 높은 고객이 많으면 많을수록 기업은 더 많은 수익을 창출할 수 있다.
③ 구매활성화 및 고객확장
㉠ 충성도가 높은 고객을 유지하면서 구매량 또는 구입횟수를 늘리는 것도 매우 중요하다. 기업은 구매활성화, 교차판매 등을 통해 고객의 구매량 또는 구입횟수를 늘릴 수 있는 기회를 얻을 수 있다.
ⓒ 구매활성화는 신상품이 출시되었을 때, 관련 정보 또는 카탈로그 등을 제공하여 고객에게 구매를 촉진시킴으로써 이루어진다.

제4절 SCM 시스템

1. SCM의 개념과 요소기술

(1) SCM(Supply Chain Management)의 개념

① SCM은 기업 내부 자원뿐만 아니라 자사와 연결되어 있는 공급업체, 제조업체, 유통업체, 창고업체 등을 하나의 연결된 체인으로 간주하여 이들 간의 협력과 정보교환에 기초한 확장·통합 물류와 최적 의사결정을 통한 비용절감 및 효율성 증대로 상호이익을 추구하는 관리체계를 의미한다.
② 공급사슬관리는 기업 간 또는 기업내부에서 제품의 생산자로부터 사용자에 이르는 공급체인에 대하여 불필요한 시간과 비용을 절감하려는 관리기법이다.

(2) SCM 요소기술★★★

구분	설명
ERP	전사적 자원 관리(Enterprise Resource Planning) - 내부 기능 부서간의 운영 업무 통합
EC	인터넷 기반의 전자상거래 - 고객, 공급자 등의 트레이딩 파트너와의 거래 처리 및 의사소통
DW/DM	Datawarehouse/Data Mart - 수집되는 고객 및 거래 Data를 분석하고 의사결정을 지원
EDI	Electronic Data Interface - 서류 형태의 정보교환을 없애는 전자정보 교환

바코드, RFID	재고관리, 물류관리에 대한 무선 식별 시스템 연동
ABC	ABC(Activity Based Costing) - 공급망 내에 활동별 원가 유발 원인을 파악하고 분석하여 성과측정 및 분석에 활용
APS	APS(Advanced Planning and Scheduling) - APS는 MRP나 ERP와 같이 생산관리 관련 프로그램으로 생산 계획을 수행하는 프로그램을 통칭한다.
ATP	ATP(Available To Promise) - 고객주문에 대하여 공급망에 있는 모든 가용 가능한 자재와 용량을 실시간으로 분석하여 주문 접수의 납기를 고객에게 확정해 주는 기능을 한다.
ASN	ASN(Advanced Shipping Notice) - 제조업체와 도매업체가 상품을 실제로 창고에서 출하한 시점에서 그 상품에 관한 자세한 정보를 전송하는 것을 말한다.

2. SCM 구축 및 활용

(1) SCM 구축

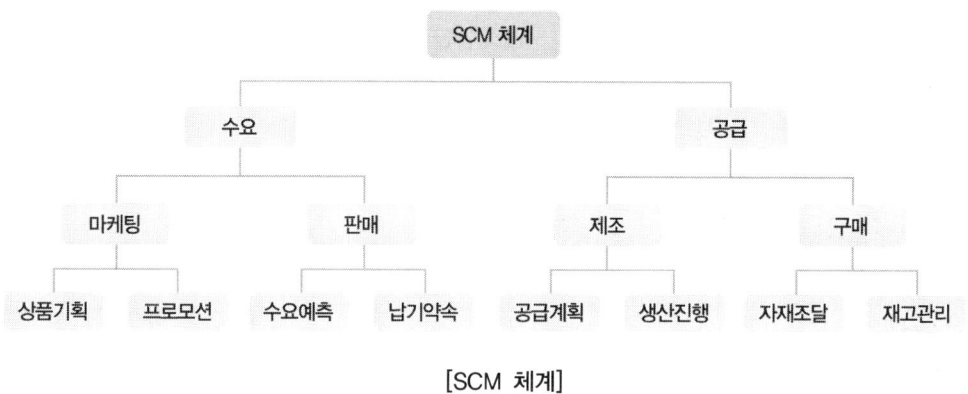

[SCM 체계]

① 전략(Supply Chain Strategy)
  ㉠ SCM의 최상위 레벨로 각 기업들이 전사적으로 중장기적인 물류 최적화 전략을 수립하는 단계이다. 이를 지원하는 SCM IT 솔루션으로 '공급망 설계 최적화(Supply Chain Network Optimization)'가 있다.
  ㉡ 기업은 해당 솔루션을 통해 물류 네트워크의 소싱, 생산, 능력, 자재, 분배 등 다양한 비용과 제약을 고려하여 주어진 고객 서비스 수준을 충족하는 최소 비용 혹은 최대 이익을 산출하기 위한 물류 네트워크의 최적화 구성을 도출할 수 있다.
  ㉢ 대표적인 예로 전 세계 영업 Channel 및 복잡한 자동차 산업의 Supply Chain을 보유하고 있는 대표적인 자동차 회사인 BMW와 같은 경우, SC Network Optimization을 통해 최적화된 Sourcing 전략을 구현해서 신제품에 대해 10% 이상의 수익성을 향상시켰다.

② SCP(Supply Chain Planning)
　㉠ 공급사슬 관점에서 수요와 공급의 균형을 맞추기 위한 계획을 수립하는 역할을 함
　㉡ SCP는 경영전략, 연간예산, 자재조달, 수요예측, 재고계획, 생산계획 등을 주별 계획 이상의 계획(Plan)을 수립하는 영역이다.
③ SCE(Supply Chain Execution)
　㉠ SCE는 창고·보관 업무, 수·배송 관리 등 주로 현장 물류의 업무를 일별 이하의 계획을 실행하는 부분이다.
　㉡ 운송관리시스템(TMS), 창고관리시스템(WMS)과 같은 실행 시스템과 바코드, RF 등을 사용해서 물류 실행 업무를 효율화하는 데 목적이 있다.

(2) 수요–공급에 적합한 SCM 전략★

① 효율적 공급사슬(Efficient Supply Chain)
　㉠ 제조기업 중 제품수명주기가 길어 수요가 안정적이고 예측가능한 경우 비용절감 및 효율적 운영을 위해 취하는 공급사슬기법을 말한다.
　㉡ 높은 가동률, 최저재고수준 유지, 원가상승 억제 등의 전략을 채택하는 공급망이다.
② 반응적 공급사슬(Responsive Supply Chain)
　㉠ 의류와 같이 제품의 수명주기가 짧고 고객의 수요변동성이 큰 경우와 같이 시장수요 변화에 대해 민감하게 반응하도록 설계된 공급사슬로 혁신적 공급사슬이라 한다.
　㉡ 여유생산능력과 완충재고, 리드타임 감축 등을 통해 수요변동에 대비하고자 하는 전략을 취하는 공급망이다.
③ 린(Lean) 공급사슬 : 불규칙한 수요에 맞춰서 생산량을 조절할 수 있는 유연하면서 효율성 높은 생산방식을 말한다.
④ 민첩(애쥐얼, Agile) 공급사슬 : 주문이 다양하면서도 그 수요를 예측하기가 힘든 상황에 잘 맞는다.

(3) 유통분야에서의 SCM 활용★★★

① CRP(Continuous Replenishment Programs)
　㉠ 지속적인 상품보충으로서 실제 판매된 판매데이터와 예측된 수요를 근거로 하여 상품을 보충시키는 방식(Pull 방식)이다.
　㉡ CRP는 적기에 필요로 하는 유통소매점의 재고를 보충하기 때문에 운영비용과 재고수준을 줄인다.
　㉢ CRP에서는 POS 데이터와 이를 근거로 한 판매예측데이터를 기초로 하여 창고의 재고 보충주문과 선적을 향상시킨다.

- VMI & CMI
    ① VMI(Vender Managed Inventory) : VMI는 공급자 주도에 의한 재고관리로 소매업의 재고관리를 소매업체를 대신해서 공급자인 제조업과 도매업이 하는 것을 말한다.
    ② CMI(Co-Managed Inventory) : CMI는 공동재고관리로 전반적인 업무처리의 구조는 VMI(공급자 재고관리)와 같은 Process이나, CMI의 경우에는 제조업체와 유통업체 상호간 제품정보를 공유하고 공동으로 재고관리를 하는 것이다.

② CPFR(Collaborative Planning Forecasting and Replenishment)
  ㉠ 협업설계예측 및 보충이라고 하며, 유통과 제조업체가 정보교환협업을 통하여 One-number 수요예측과 효율적 공급계획을 달성하기 위한 기업간의 Work flow이다.
  ㉡ Internet 상에서 실시간 공유되는 판매 관련 정보와 소비자 및 시장 관련 정보는 제조업체의 생산관리 스케줄에 신속히 반영되어 Supply Chain 상에서 변화에 대한 적응력이 상당히 높아진다.
  ㉢ CPFR은 소매업자 및 도매업자와 제조업자가 고객서비스를 향상하고 업자들간에 유통 총공급망(SCM)에서의 정보의 흐름을 가속화하여 재고를 감소시키는 경영전략이자 기술이다.

③ 크로스도킹(Corss-Docking)
  ㉠ 창고나 물류센터로 입고되는 상품을 보관하지 않고 곧바로 소매점포에 배송하는 물류시스템이다. 즉, 보관 단계를 제거하고 창고나 물류센터에서의 체류시간을 줄여 배송기간 단축은 물론 물류비용 절감과 함께 물류의 효율성을 증대시킬 수 있는 방식을 말한다.
  ㉡ 보관 및 피킹(Picking, 필요한 상품을 꺼내는 것)작업 등을 생략하여 물류비용을 절감할 수 있다.
  ㉢ 크로스도킹이 실현되기 위해서는 정확한 주문정보의 사전 입수, 출고될 수량과 상태로 출고시간 전 입고 여부, 입고 후 출고차량별 분류 및 재포장 가능성이 이루어져야 한다.

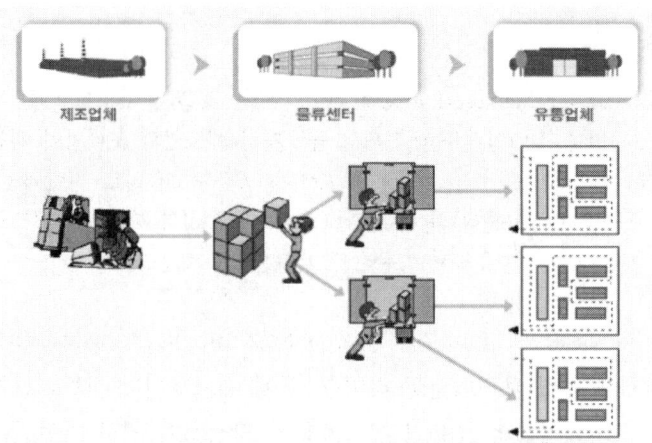

[기포장 크로스토킹]

④ SCOR 모형(Supply Chain Operation Reference-model)
  ㉠ SCC(Supply Chain Council)의 SCOR 모형은 회사 내부의 기능과 회사 간 Supply Chain 파트너 사이의 의사소통을 위한 언어로써 공통의 Supply Chain 경영 프로세스를 정의하고, '최상의 실행', 수행 데이터 비교, 최적 소프트웨어를 적용하기 위한 과정의 표준이다.
  ㉡ SCOR은 공급사슬 프로세스의 모든 범위와 단계를 포괄하는 참조 모델로 공급사슬의 회사 내부의 기능과 회사간 공급사슬 파트너 사이의 의사소통을 위한 언어로써 공통의 공급사슬 경영 프로세스를 정의하고 "최상의 실행(Best Practices)", 수행 데이터 비교, 최적의 지원 IT를 적용하기 위한 표준이다.
  ㉢ SCOR은 계획(Plan), 조달(Source), 제조(Make), 배송(Deliver), 반품(Return)의 다섯 가지 경영관리 프로세스를 가지고 있다. SCOR 프레임워크에서 프로세스란, 공급망 관리에서 통상 발생하는 것들을 가리킨다. 기업에 따라 우선순위가 다를 수 있으며, 일부 단계는 중복되거나 기업의 목적, 목표와 부합하지 않을 수 있다.

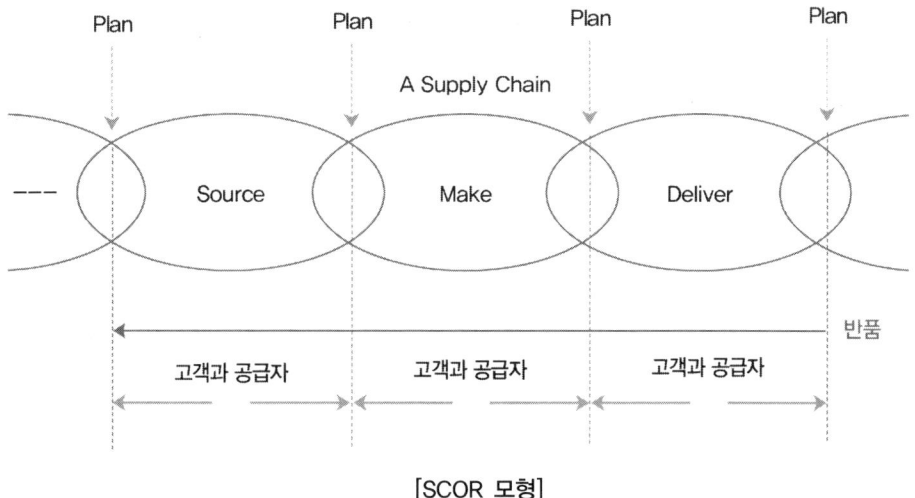

[SCOR 모형]

㉠ 계획(Plan) : 리소스와 요구사항을 결정, 파악하고, 프로세스의 커뮤니케이션 계통을 확립해 기업의 목표와 일치시키는 활동 등이 계획 수립 프로세스다. 공급망을 효율적으로 만드는 베스트 프랙티스를 개발하고, 컴플라이언스(규제 준수)와 운송, 자산, 재고, 기타 공급망 관리의 필수 요소에 대해서도 고려해야 한다.
㉡ 조달(Source) : 계획한 또는 실제 시장 수요를 충족하기 위해 재화와 서비스를 획득하는 것이 조달 프로세스다. 재료 구매와 수령, 검사, 공급 및 공급 관련 계약 등이 이 프로세스와 관련이 있다.
㉢ 제조(Make) : 계획한 또는 실제 시장 수요를 충족하기 위해 완제품을 만들어 시장화를 준비하는 프로세스다.
㉣ 배송(Deliver) : 계획한 또는 실제 수요를 충족하기 위해 완제품과 서비스를 인도하는 프로세스다. 주문, 운송, 유통 관리가 여기에 포함된다.
㉤ 반품(Return) : 공급업체에 제품을 반품하거나, 고객으로부터 제품을 반품 받는 프로세스다. 여기에는 배송 후 고객 지원 프로세스도 포함된다.

제4장 학습정리

- **전자상거래** : Electronic Commerce 또는 EC라고 하며, 상품이나 서비스 거래 행위의 전과정이 전자적 수단과 기법을 이용하여 이루어지는 것을 의미한다. 상품이나 서비스에 대한 정보 제공 및 수집, 주문, 접수, 대금결제, 상품 발송 등 일련의 상거래 흐름이 기존의 서류에 의존하지 않고 인터넷이라는 정보통신기술에 의해 이루어진다.
- **전자상거래의 유형(거래 주체별)** : 기업과 기업 간의 전자상거래(B2B ; Business to Business), 기업과 소비자 간의 전자상거래(B2C ; Business to Customer), 기업과 정부 간의 전자상거래(B2G ; Business to Government), 소비자와 정부 간 전자상거래(C2G ; Customer to Government), 소비자와 소비자 간의 전자상거래(C2C ; Customer to Customer), P2P(Peer to Peer)
- **전자상거래 프로세스** : 전자적 커뮤니케이션 단계(e-Communication) → 제품주문 단계(Ordering) → 대금지불 단계(e-Payment) → 주문처리 및 배송 단계(Fulfillment) → 사후 및 서비스 지원(Service and Support)
- **전자상거래 관련 보안 기능** : 기밀성(Confidentiality), 인증(Authentication), 무결성(Integrity), 부인방지(Non-repudiation)
- **대칭형 또는 비밀 키 암호화방식(Symmetric Key cryptosystem)** : 송수신자가 암호화나 복호화를 할 때 같은 키를 쓰는 알고리즘이다. 알고리듬 내부 구조가 간단한 치환과 순열 조합으로 되어 있어, 운용이 쉽고 데이터 처리량이 높다.
- **비대칭형 또는 공개 키 방식(public key cryptosystem)** : 데이터의 암호화(encryption)에는 공개키가 사용되고 복호화(decryption)에는 비밀키가 사용되는 암호 시스템이다.
- **ERP 시스템의 발전과정**

$$MRP \Rightarrow MRP\,II \Rightarrow ERP \Rightarrow Extended\ ERP$$

- **CRM** : 고객 데이터의 세분화를 실시하여 신규고객 획득, 우수고객 유지, 고객가치 증진, 잠재고객 활성화, 평생 고객화 등과 같은 사이클을 통해 고객들을 적극적으로 관리하고 유도하며 그들의 가치를 극대화시킬 수 있는 전략을 통하여 마케팅을 실행한다.
- **SCM** : 기업 내부 자원뿐만 아니라 자사와 연결되어 있는 공급업체, 제조업체, 유통업체, 창고업체 등을 하나의 연결된 체인으로 간주하여 이들 간의 협력과 정보교환에 기초한 확장·통합 물류와 최적 의사결정을 통한 비용절감 및 효율성 증대로 상호이익을 추구하는 관리체계를 의미한다.
- **ATP(Available To Promise)** : 고객주문에 대하여 공급망에 있는 모든 가용 가능한 자재와 용량을 실시간으로 분석하여 주문접수의 납기를 고객에게 확정해 주는 기능을 한다. ASN(Advanced Shipping Notice)은 제조업체와 도매업체가 상품을 실제로 창고에서 출하한 시점에서 그 상품에 관한 자세한 정보를 전송하는 것을 말한다.
- **CRP(Continuous Replenishment Programs)** 는 지속적 상품보충이라고 한다. 지속적인 상품보충은 유통공급망 내의 주문량에 근거한 상품의 판매 데이터를 근거로 하여 적절한 양을 항시 보충해주는 시스템으로, 경로구성원 간의 정보공유에 의해 공급자가 공급 시점과 양을 결정하는 방식이다.
- **VMI(Vendor-managed inventory)** : 공급자 주도에 의한 재고관리로 소매업의 재고관리를 소매업체를 대신해서 공급자인 제조업과 도매업이 하는 것을 말한다.
- **CMI(Co-Managed Inventory)** : 공동재고관리로 전반적인 업무처리의 구조는 VMI(공급자 재고관리)와 같은 Process이나, CMI의 경우에는 제조업체와 유통 업체 상호 간 제품 정보를 공유하고 공동으로 재고관리를 하는 것이다.

- CPFR : '협력적 예측공급 시스템'이라고 하며, 사업적 신뢰를 바탕으로 한 협력관계의 회사 간에 서로의 계획과 정보를 공유하고 이를 통한 역할을 분담함으로써 각 사의 핵심역량에 집중하여 성공적인 Biz를 이끌어 내기 위한 SCM 기법 중 하나라고 할 수 있다.
- 크로스 도킹 : 창고나 물류센터로 입고되는 상품을 보관하지 않고 곧바로 소매 점포에 배송하는 물류 시스템이다. 즉, 보관 단계를 제거하고 창고나 물류센터에서의 체류시간을 줄여 배송기간 단축은 물론 물류비용 절감과 함께 물류의 효율성을 증대시킬 수 있는 방식을 말한다.
- SCOR 경영관리 프로세스 : 계획(Plan), 조달(Source), 제조(Make), 배송(Deliver), 반품(Return)

적중 예상문제

01 전자상거래 사이트가 포함해야 하는 기본적인 비즈니스 및 시스템기능에 대한 설명 중 가장 옳지 않은 것은?

① 디지털 카달로그: 텍스트와 그래프를 이용하여 사이트에 상품을 전시한다.
② 제품 데이터베이스: 제품설명과 재고번호, 그리고 재고량과 같은 제품정보를 제공한다.
③ 판매 데이터베이스: 이름과 주소, 전화번호, 그리고 이메일 주소와 같은 고객정보를 담는다.
④ 광고서버: 이메일이나 배너광고를 통하여 들어오는 고객들의 행동을 추적한다.
⑤ 쇼핑카트 지불시스템: 주문시스템과 신용카드 결제, 그리고 다른 지불방법을 제공한다.

정답 ①
해설 '판매 데이터베이스'가 아니라 '고객 데이터베이스'에 대한 설명이다. 판매 데이터베이스는 고객번호, 제품, 날짜, 지불, 배송날짜 등이 해당된다.

02 다음 중 협력계획, 예측 및 보충시스템인 CPFR (collaborative planning, forecasting, and replenishment)에 대한 설명으로 부적절한 것은?

① 협업적 계획수립을 위해서는 모든 거래 파트너들이 주문정보에 대한 실시간 접근이 가능해야 한다.
② 모든 참여자들은 공통된 하나의 스케줄에 따라서 운영활동을 수행한다.
③ 모든 참여자들은 그들이 원할 때 적정한 원자재 및 완제품을 가질 수 있도록 계획수립 및 수요예측을 하고자 하는 기법이다.
④ 소매업체들이 협업적 수요예측을 하는 이유는 품절예방, 판매상실 최소화, 재고감축, 긴급배송의 최소화 및 1회 생산량의 최대화 등을 위해서이다.
⑤ 매출의 증가, 조직의 합리화 및 정비, 행정 및 운영상의 효율성 제고, ROA(return on assets) 향상, 현금흐름(cash flow)의 개선을 가능하게 한다.

정답 ④
해설 CPFR은 협력계획, 예측 및 보충시스템이라고 한다. 판매·재고 데이터를 소비자 수요예측과 주문관리에 이용하고, 제조업체와 공동으로 생산계획에 반영하는 등 제조와 유통업체가 예측·계획·상품보충을 공동으로 운영(협업)하고자 하는 업무프로세스이다.
④ 소매업체들이 협업적 수요예측을 하는 이유는 품절 예방, 판매상실 최소화, 재고감축 등에 있고, 긴급배송의 최소화는 물류업체가, 1회 생산량의 최대화는 제조업체가 수요예측을 하는 이유가 된다.

03 다음 중 공개키 암호화 기술에 대한 설명으로 가장 옳지 않은 것은?

① 암호화키와 복호화키가 일치하지 않는다.
② 암호화 및 복호화 속도가 빠르다.
③ 비대칭키 암호화 기술이라고도 한다.
④ 송수신자가 비밀키를 공유할 필요가 없다.
⑤ 키관리가 용이하고 안전성이 뛰어나므로 전자서명이나 신분인증 프로토콜 등에 적용이 용이하다는 장점이 있다.

정답 ②
해설 암호화 방식
공개키 암호화 방식은 그 창안자들의 이름을 따서 RSA 방식이라고 하는데 암호화 및 복호화를 할 때 다른 키를 사용하기 때문에 비대칭이라고 한다.
비대칭키 암호화 방식은 평문을 가진 자가 A의 공개키로 암호화하면 그 암호문을 수신한 사람은 암호화시킬 때 사용한 A의 공개키를 풀기 위해 A 개인키를 사용하여 복호화시킨 뒤 원래의 평문내용을 볼 수 있는 방식이다. 키관리가 용이하고 안전성이 뛰어나므로 전자서명이나 신분인증 프로토콜 등에 적용이 용이하다는 장점이 있지만, 암호화 및 복호화 속도가 느리다.

04 전자상거래 시스템의 구축절차로 올바른 것은?

① 시스템 구축단계 → 전자계약의 체결단계 → 전자인증단계 → 물류, 수송 및 배송단계 → 전자결제단계
② 시스템 구축단계 → 전자계약의 체결단계 → 전자결제단계 → 전자인증단계 → 물류, 수송 및 배송단계
③ 전자계약의 체결단계 → 시스템 구축단계 → 전자인증단계 → 전자결제단계 → 물류, 수송 및 배송단계
④ 시스템 구축단계 → 전자계약의 체결단계 → 전자인증단계 → 전자결제단계 → 물류, 수송 및 배송단계
⑤ 물류, 수송 및 배송단계 → 전자계약의 체결단계 → 전자인증단계 → 전자결제단계 → 시스템 구축단계

정답 ④
해설 전자상거래 시스템의 구축절차
시스템 구축단계 → 전자계약의 체결단계 → 전자인증단계 → 전자결제단계 → 물류, 수송 및 배송단계

05 전자상거래를 하지만 기본적인 사업을 물리적 세계에서 행하는 조직의 형태에 가장 적합한 비즈니스 조직은 무엇인가?

① Click-and-Mortar Organization
② Virtual-and-Mortar Organization
③ Brick-and-Mortar Organization
④ Click-and-Virtual Organization
⑤ Brick-and-Virtual Organization

정답 ①
해설 Click-and-Mortar Organization은 조직은 EC 활동을 수행하고 현실세계에서 근본적으로 오프라인으로 작업한다. 즉, 오프라인 작업과 온라인 작업을 병행한다.
⑤ Brick-and-Virtual Organization은 물리적인 판매자에 의해서 물리적 제품을 팔고, 그들의 비즈니스의 모든 실행을 오프라인상에서 하는 과거의 비즈니스 조직의 형태이다.

06 공급사슬관리 성과측정을 위한 SCOR(supply chain operation reference) 모델은 아래 글상자의 내용과 같이 5가지의 기본관리 프로세스로 구성되어 지는데 이 중 ㉠에 해당되는 내용으로 가장 옳은 것은?

> 계획 – 조달 – (㉠) – 인도 – 반환

① 제품 반송과 관련된 프로세스
② 재화 및 용역을 조달하는 프로세스
③ 완성된 재화나 용역을 제공하는 프로세스
④ 조달된 재화 및 용역을 완성 단계로 변환하는 프로세스
⑤ 비즈니스 목표 달성을 위한 수요와 공급의 균형을 맞추는 프로세스

정답 ④
해설 ㉠은 제조(Make)이다. 제조는 조달된 재화 및 용역을 완성 단계로 변환하는 프로세스이다.

07 e-SCM을 위해 도입해야 할 주요 정보기술로 가장 옳지 않은 것은?

① 의사결정을 지원해주기 위한 자료 탐색(data mining) 기술
② 내부 기능부서 간의 업무통합을 위한 전사적 자원관리(ERP) 시스템
③ 기업내부의 한정된 일반적인 업무활동에서 발생하는 거래자료를 처리하기 위한 거래처리 시스템
④ 수집된 고객 및 거래데이터를 저장하기 위한 데이터 웨어하우스(data warehouse)
⑤ 고객, 공급자 등의 거래 상대방과의 거래 처리 및 의사소통을 위한 인터넷 기반의 전자상거래(e-Commerce) 시스템

정답 ③
해설 기업 내 거래처리시스템뿐만 아니라 공급자, 협력업체, 고객과 관련된 기업 외 거래처리시스템도 필요하다.

08 기업들은 효율적인 공급사슬을 구축하기 위해서 서로간의 전략적 제휴를 추진하고 있다. 다음 중 전략적 제휴의 형태에 대한 설명 중 가장 옳지 않은 것은?

① CMI(Co-Managed Inventory)는 소매업의 재고관리를 소매업체를 대신해서 공급자인 제조업과 도매업이 하는 것을 말한다.
② CRP(Continuous Replenishment Program)는 지속적인 상품보충 시스템을 의미하는 것으로 유통업체 입장에서 소비자의 수요에 따라 상품의 결품이 발생하기 전에 자동적으로 상품을 공급받는 Pull방식의 상품 보충 프로그램이다.
③ ECR(Efficient Consumer Response)은 유통업체와 제조업체가 고객에게 보다 저렴한 가격으로 상품을 제공하고 고객 만족도를 높이기 위하여 공급체인을 Pull방식으로 변화시키며 POS시스템 도입을 통하여 제품을 자동보충하는 전략이다.
④ QR(Quick Response)은 소매업자와 제조업자의 정보공유를 통해 효과적으로 원재료를 충원하고, 제품을 제조하며, 유통함으로써 효율적인 생산과 공급체인의 재고량을 최소화시키려는 전략이다.
⑤ CPFR(Continuous Planning & Forecasting Replenishment)은 제조업체와 유통업체 사이에 판매 및 재고데이터 공유를 통하여 수요예측과 주문관리에 이용하고 효과적인 상품 출원과 재고관리를 지원하는 공급망관리를 위한 모델이다.

정답 ①
해설 CMI는 공동재고관리로 전반적인 업무처리의 구조는 VMI(공급자 재고관리)와 같은 Process이나, CMI의 경우에는 제조업체와 유통업체 상호간 제품정보를 공유하고 공동으로 재고관리를 하는 것이다.

> **09** 공급사슬관리(SCM)를 위해 활용할 수 있는 지연전략(postponement strategy)에 대한 설명으로 가장 옳은 것은?

① 지연전략은 고객의 수요를 제품설계에 반영하기 위해 완제품의 재고보유 시간을 최대한 연장시키는 전략이다.
② 주문 이전에는 모든 스웨터를 하얀색으로 생산한 후 주문이 들어오면 염색을 통해 수요에 맞춰 공급하는 것은 지리적 지연전략이다.
③ 가장 중요한 창고에 재고를 유지하며, 지역 유통업자들에게 고객의 주문을 넘겨주거나 고객에게 직접 배송 하는 것은 제조 지연전략이다.
④ 컴퓨터의 경우, 유통센터에서 프린터, 웹캠 등의 장치를 조립하거나 포장하는 것은 지리적 지연전략이다.
⑤ 자동차를 판매할 때 사운드 시스템, 선루프 등을 설치 옵션으로 두는 것은 결합 지연전략이다.

정답 ⑤
해설 제품의 차별화 지연전략(Postponement)은 최대한 확실한 정보에 근거한 제품만을 생산한다는 것이다. 즉, 고객의 요구가 정확히 알려질 때까지 되도록 생산을 연기하다가 요구가 확실해졌을 때 생산하는 것이다.

> **10** 전자상거래를 이용하는 고객들이 기업에서 발송하는 광고성 메일에 대해 수신거부 의사를 전달하면, 고객들은 광고성 메일을 받지 않을 수 있는데 이를 적절하게 설명하는 용어로 옳은 것은?

① 옵트아웃(opt out)
② 옵트인(opt in)
③ 옵트오버(opt over)
④ 옵트오프(opt off)
⑤ 옵트온(opt on)

정답 ①
해설 옵트인 & 옵트아웃
- 옵트인은 정보주체가 동의를 해야만 개인정보를 처리할 수 있는 방식을 의미한다. 개인정보를 수집, 제공, 이용하거나 광고 메일, SMS 등을 보낼 때 정보주체가 이에 대한 동의를 한 경우에만 개인정보를 처리할 수 있다.(선택적 거부)
- 옵트아웃은 정보주체의 동의를 받지 않고 개인정보를 처리하는 방식이다. 옵트아웃 방식의 대표적인 예로는 광고를 위한 메일을 보낼 때, 수신자가 발송자에게 수신거부 의사를 밝혀야만 메일발송을 금지하고 수신거부 의사를 밝히기 전에는 모든 수신자에게 메일을 보내는 경우가 있다.(선택적 동의)

memo.

제5장 신융합기술의 유통분야의 응용

제1절 신융합기술

1. 신융합기술과 디지털 기술

(1) 신융합기술

① 신융합기술이란 IT가 다른 분야와 결합된 것을 말하며, IT융합이라고도 한다.
② IT(Information Technology), BT(Bio Technology), NT(Nano Technology) 등 최근 급속히 발전하는 신기술 분야의 상승적인 결합(synergistic combination)으로 서로 다른 기술들간의 융합을 통하여 신제품과 새로운 서비스를 창출하거나 기존 제품의 성능을 향상시키는 기술을 말한다.
③ IT는 융합시대의 원천기술로 IT의 네트워크화, 지능화, 내재화의 특성을 통해 기술 및 산업간 융합화를 촉진시키는 역할을 수행한다.

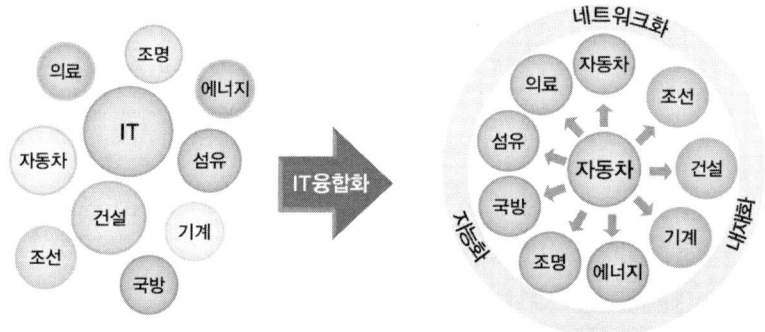

[IT 융합산업 개념도]

출처 : 정보통신연구진흥원

(2) 기술적 측면과 산업적 측면의 IT융합

① 기술적 측면의 IT 융합
  ㉠ 서로 다른 기술 요소들이 결합되어 개별 기술 요소들의 특징들을 살려 IT, BT, NT의 기술간 융합이 그 중심을 이룬다.

ⓒ 이들 개별 기술들은 그 자체만으로도 독자적인 영역에서 성장 발전할 수 있지만 이들이 서로 효과적으로 융합됨으로써 생성하는 제품이나 서비스는 개별 차원의 그것보다는 상당한 경쟁우위를 가질 수 있다.

② 산업적 면의 IT 융합
ⓒ 타 산업의 기술이 기존 산업의 요구를 만족시킬 수 있는 유사성을 가지게 되면서 형성됨
ⓒ 산업 내 융합 : 디지털 기술을 매개로 컴퓨터, 가전, 통신 등의 여러 기기들이 서로 유사한 기능을 가지면서 결합되는 현상
ⓒ 산업 간 융합 : IT 활용 범위가 보다 확대되고 타 산업 분야 기술에 IT의 활용도가 증가되면서 산업 간 경계가 무너지고 산업지도 재편 및 서로 다른 산업간 경쟁이 심화되는 현상을 말함

(3) 디지털 신기술

① 신기술이란 국내에서 최초로 개발된 기술 또는 기존 기술을 혁신적으로 개선·개량한 우수한 기술로서 경제적·기술적 파급효과가 크고 상용화 시 제품의 품질과 성능을 현저히 향상시킬 수 있는 기술을 말한다.

② 신기술은 디지털, 산업기술, 환경·바이오, 미래원천기술의 4개 부문으로 구분할 수 있다.

⟨신기술 분야⟩

부 문	세부 기술 분야
디지털	AI, 빅데이터, 클라우드, IoT, 메타버스, 5G·6G, 일반 SW(블록체인 포함), 사이버보안
산업기술	이차전지, 3D프린팅, 첨단소재, 시스템 반도체, 지능형로봇 + 항공드론, 차세대디스플레이
환경·바이오	바이오헬스, 에코업, 신재생에너지
미래원천기술	수소, 양자, 우주

3. 신융합기술에 따른 유통업체 비즈니스 모델 변화

(1) 비즈니스 모델 캔버스★★

① 비즈니스 모델은 다양한 관점으로 정의될 수 있고, 단순히 돈을 버는 것뿐만 아니라 기업의 활동(가치 창출, 수익, 생산비용), 기업과 고객 사이에서의 활동(가치 전달, 기회 포착)을 모두 포함하고 있다.

② 비즈니스 모델이란 비즈니스를 전개하기 위해 필수적인 구성요소들을 모아놓고 상호 관계를 모델화 시켜놓은 것이다.

7. Key Partners 핵심 파트너	8. Key Activities 핵심 활동	2. Value Proposition 가치 제안	4. Custmoer Rationships 고객 관계	1. Customer Segments 고객 분류
	6. Key Resources 핵심 자원		3. Channels 유통채널	
9. Cost Structure 비용구조			5. Revenue Streams 수익원	

[비즈니스 모델 캔버스]

③ 비즈니스 모델 캔버스 (Business Model Canvas)
  ㉠ 알렉스 오스왈드의 논문을 기반으로 9개의 블록의 조합으로 비즈니스모델을 시각화한 것
  ㉡ 비즈니스 모델 캔버스는 비즈니스의 주요 구성 요소를 간략하게 설명하는 한 페이지 개요 도구
  ㉢ 가치 제안, 고객 세그먼트, 채널, 수익 흐름, 비용, 비즈니스의 주요 파트너 및 활동을 요약하여 새로운 비즈니스 모델을 설계하고 테스트하는 명확하고 간결한 방법을 제공
  ㉣ 목표고객 → 가치제안 → 채널(경로) → 고객관계 → 수익구조 → 핵심자원 → 핵심활동 → 핵심파트너 → 비용구조

(2) 신융합기술을 활용한 혁신적 비즈니스모델

① 4차 산업혁명의 핵심기술이라고 할 빅데이터와 AI, 그리고 블록체인은 데이터의 축적과 분석을 통해 고객의 성향을 파악, 고객 맞춤형 서비스를 안전하고 신뢰 가능한 방식으로 제공할 수 있다.

② 5G 등의 네트워크와 그에 연결된 디바이스의 경우 언제, 어디서, 누구와도 연결되는 기술적 특징으로 인해, 서비스의 특성인 시간적, 또는 공간적 제약을 축소할 뿐만 아니라 비대면 방식의 서비스도 가능하게 하였다.

③ 또한 첨단화된 로봇은 AI와 연계하여 고객 맞춤형 서비스를 제공하고, 가상현실(VR), 증강현실(AR), 또는 홀로그램 등의 실감기술은 가상화를 통해 현실감이 부족한 플랫폼 기반 서비스의 약점을 보완하기도 한다.

제2절 신융합기술의 개념 및 활용

1. **빅데이터와 애널리틱스의 개념 및 활용**
(1) **빅데이터의 개념 및 특징**★★★
   ① 맥킨지(McKinsey)는 빅 데이터를 '전통적인 데이터베이스 S/W를 통해 저장, 관리, 분석할 수 있는 규모를 초과하는 데이터'라 정의하고 있고, IDC는 '대규모의 다양한 데이터들로부터 수집, 검색, 분석을 신속하게 처리하여 경제적인 가치발굴을 수행하도록 설계된 차세대 기술 및 아키텍쳐'라고 정의하고 있다.
   ② 대용량 데이터를 활용, 분석하여 가치 있는 정보를 추출하고, 생성된 지식을 바탕으로 능동적으로 대응하거나 변화를 예측하기 위한 정보화 기술이다.
   ③ 빅 데이터 특징(4V)
      ㉠ Volume : 단순 저장되는 물리적 데이터의 양을 말한다. 빅데이터의 가장 기본적인 특성이라고 할 수 있다.
      ㉡ Velocity : 데이터를 처리하는 속도이다. 배치 분석만을 의미하는 것이 아니라 필요에 따라서 많은 사용자 요청을 실시간으로 처리한 후 처리 결과를 반환해주는 기능도 필요하게 된다.
      ㉢ Variety : 데이터의 다양한 형태를 말하는 것으로, 데이터베이스 데이터처럼 잘 정제되어 있고 의미도 명확한 데이터뿐만 아니라 기업 외부에서 발생하는 SNS, 블로그, 뉴스, 게시판 등의 데이터나 사용자가 업로드 한 파일, 콜 센터의 고객 상담 내용 등 비정형 데이터도 처리할 수 있는 능력이 있어야 한다.
      ㉣ Value : 상대적으로 매우 중요한 요소로서, 전통적으로 분석을 통한 Insight에서 실행(Action)을 통한 기업 및 고객 가치 창출이 가능하다.

(2) **빅데이터 활용**
   ① 금융업
      ㉠ 국내 은행 및 카드사들은 빅데이터 분석을 통해 고객의 연령, 성별대 별로 라이프 스타일을 파악하고 각각의 관심사에 맞는 금융상품을 설계해 출시하고 있다.
      ㉡ 보험회사 또한 보험 사례 빅데이터를 분석해 임산부나 어린 자녀를 둔 부모가 사고를 적게 낸다는 사실을 발견하고 관련 상품을 개발하였다.
   ② 유통업
      ㉠ 판매 전략은 데이터 활용이 가장 활발한 분야라고 할 수 있다. 유통업에서는 점포 위치

선정, 판매 아이템 기획 등 의사결정 단계에서 전사적으로 활용하고 있다.
ⓒ 소비자 및 구매 데이터 분석에 기반을 둔 상품 기획이 있다. 데이터를 분석해 가장 잘 팔리는 상품을 찾아내고, 이를 기반으로 새로운 상품을 개발하는 것이다.

(3) 애널리틱스의 개념*
① 비즈니스의 당면 이슈를 기업 내·외부 데이터의 통계적·수학적인 분석을 이용하여 해결하는 의사결정 방법론을 의미한다.
② 전략적, 전술적, 운영적 비즈니스 의사결정문제를 통계적·수학적, 데이터 프로그래밍, 전문적 지식 기반 데이터 분석 역량을 이용하여 해결하려는 방법이다.
③ 사후판단(Hindsight) 단계 → 통찰(Insight)의 단계 → 예측(Foresight)·행동(Action) 단계로 발전되었다.
④ 소셜 애널리틱스(Social Analytics)는 소셜 네트워크 서비스(SNS)에 올라온 방대한 메시지를 신속하게 분석하는 기술을 말한다.

(4) 애널리틱스의 활용
① 마케팅 애널리틱스
  ㉠ 마케팅 실적을 적절히 평가하고, 고객들의 구매 습관, 시장 트렌드와 니즈에 대한 통찰을 얻고, 증거 기반의 마케팅 결정을 내리는데 도움을 받기 위해 진행
  ㉡ 고객데이터 분석, 가격 및 프로모션 결정 등
② 인적자원(HR) 애널리틱스
  ㉠ HR 애널리틱스 핵심은 예측이다. '어떤 일이 발생할 것이며, 어떻게 대비해야 하는가'에 대한 통찰을 제공한다.
  ㉡ 예측적 애널리틱스(Predictive Analytics)의 대표적 활동으로 전략적 인력계획을 꼽을 수 있다. 전략적 인력계획은 다양한 사업환경과 영향 요인을 시뮬레이션해서 미래에 필요한 인력 수요를 예측한다.

2. 인공지능의 개념 및 활용

(1) 인공지능, 머신러닝, 딥러닝의 개념★★

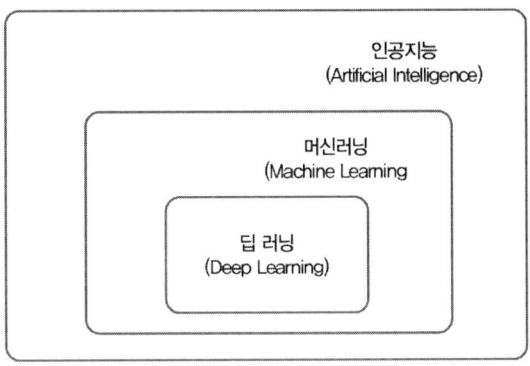

[인공지능, 머신러닝, 딥러닝의 관계도]

① 인공지능(Artificial Intelligence, AI)
   ㉠ 기계가 사람처럼 스스로 생각하고 판단하여 행동하도록 하는 것이다.
   ㉡ 전통적으로 인간 지능이 필요했던 작업들을 컴퓨터로 수행하는 것을 의미하며, 인간의 지능을 기계 등에 인공적으로 구현한 것이다.
   ㉢ 인간이 가지고 있는 인식, 판단 등의 지적 능력을 모델링하여 컴퓨터에서 구현하기 위해 다양한 기술이나 소프트웨어, 하드웨어, 이를 포함한 컴퓨터 시스템을 통틀어 일컫는 말이다.
② 머신러닝(Machine Learning, ML)
   ㉠ 제공된 데이터를 통하여 스스로 학습하는 방법이다.
   ㉡ 알고리즘을 이용해 데이터를 분석, 분석을 통해 학습, 학습을 기반으로 판단과 예측을 수행한다.
   ㉢ 기계의 패턴인식이 반복되어 자신의 오류를 수정하고 반복하면서 정확도를 높여간다.
③ 딥러닝(Deep Learning, DL)
   ㉠ 뇌의 뉴런과 유사한 정보 입출력 계층을 활용해 데이터를 학습한다.
   ㉡ 데이터 세트를 분류하고 데이터간 상관관계를 찾아내어 예측을 더욱 정확하게 만든다.
   ㉢ 이미지 분석, 언어 인식과 같은 직관적이고 고차원적인 사고를 요하는 분야에 강점이 있다.

- 딥러닝 알고리즘
  ① CNN(Convolutional Neural Network) : 합성곱 신경망은 데이터의 특징을 추출하여 특징들의 패턴을 파악 하는 구조이다.
  ② DBN(Deep Belief Network) : 심층 신뢰 신경망은 머신러닝에서 사용되는 그래프 생성 모형으로, 딥러닝에 서는 잠재변수의 다중계층으로 이루어진 심층 신경망을 의미한다.
  ③ RNN(Recurrent Neural Network) : 순환 신경망은 반복적이고 순차적인 데이터(Sequential data)학습에 특화된 인공신경망의 한 종류로써 내부의 순환구조가 들어있다는 특징을 가지고 있다.
  ④ LSTM(Long Short-Term Memory) : LSTM은 기존 RNN을 개선한 모델로 긴 의존 기간(long-term dependency)을 필요로 하는 데이터를 학습하는데 효과적인 모델이다.

(2) 인공지능의 활용 분야

① 이미지·영상 인식 : 얼굴 인식, 물체 감지, 자율 주행 자동차 등
② 데이터 분석 : 비즈니스 프로세스 최적화, 트렌드 파악 등
③ 예측 모델링 : 고객 행동 예측, 제품 수요 예측, 사기 예측 등
④ 사이버 보안 : 사이버 공격을 탐지하고 예방하기 위해 AI를 사용

(3) 산업 별 인공지능 활용

① 마케팅 및 금융
  ㉠ AI 주식 거래, 원자재·주식 가격 예측
  ㉡ 대량의 재무 데이터를 분석하고 패턴과 추세를 기반으로 거래를 수행
② 물류
  ㉠ 물류 분야에서 AI는 수요 예측, 라우팅 계획, 자동화된 창고 관리 등을 포함한 많은 영역에서 적용되며 로봇, 자율차, IoT 등 자동화 장비를 제어
  ㉡ AI를 활용한 물류수요 예측에 따른 최적 물류비용 산정(Uber)

3. RFID와 사물인터넷의 개념 및 활용

(1) RFID의 개념과 구성요소★★

① RFID(Radio Frequency IDentification)는 자동인식기술의 하나로서 스마트카드 또는 바코드와 같은 데이터 입력장치의 일종으로 개발된 무선(Radio Frequence)에 의한 인식기술이다.
② 초소형 반도체에 식별정보를 입력하고 무선주파수를 이용해 이 칩을 지닌 물체나 동물, 사람 등을 판독, 추적, 관리 할 수 있는 기술로서 유비쿼터스 컴퓨팅 기반기술의 하나로 중요성이 커지고 있다.

③ 원거리에서도 인식이 가능하고 여러 개의 정보를 동시에 판독하거나 수정할 수 있는 장점 때문에 바코드를 대체하거나 보완할 수 있는 기술로서 현재 유통분야뿐 아니라 물류, 교통, 보안 가전 분야 등 적용분야가 나날이 확대되고 있다.

④ 구성요소 및 작동원리

구성요소	원리
태그 (Tag)	• 데이터의 저장소 • RFID의 핵심 기능 담당 • 사물에 부착되어 사물 인식
안테나 (Antenna)	• 정의된 주파수와 프로토콜 • 무선주파수를 발사하며 태그로부터 전송된 데이터를 수신하여 리더로 전달함 • 다양한 형태와 크기로 제작 가능하며 태그의 크기를 결정하는 중요한 요소임
리더 (Reader)	• 주파수 발신을 제어하고 태그로부터 수신된 데이터를 해독함 • RFID 태그에 읽기와 쓰기가 가능하도록 하는 장치 • 용도에 따라 고정형, 이동형, 휴대용으로 구분
호스트/서버 (Host)	• 한개 또는 다수의 태그로부터 읽어 들인 데이터를 처리함 • 분산되어 있는 다수의 리더 시스템을 관리함 • 리더에서 수신된 사물에 대한 정보를 활용하여 응용 처리 수행

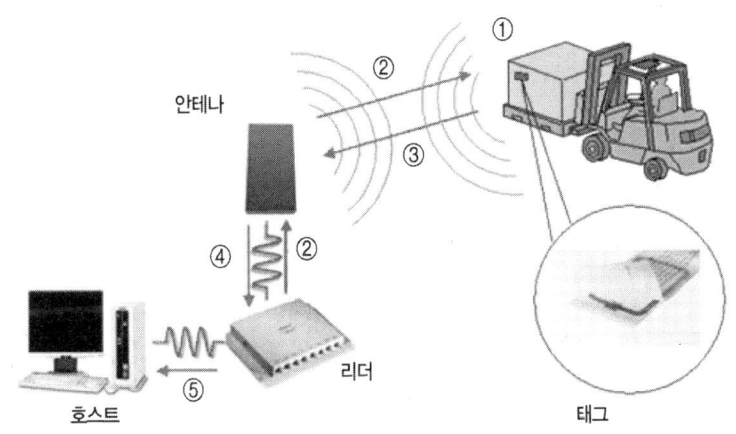

[RFID의 구성요소와 작동원리]

(2) RFID 활용

① 유통·물류 분야

㉠ 보관, 유통에 이르기까지 모든 상품의 유통과정이 인터넷을 통해 실시간으로 관리되기 때문에 판매량에 따른 최소 수준의 재고를 유지하면서 효율적인 관리를 할 수 있다.

㉡ 바코드처럼 각 제품의 개수와 검수를 위해 일일이 바코드 리더기를 가져다 댈 필요 없이 자동으로 대량 판독이 가능하기 때문에 불필요한 리드 타임을 줄일 수 있다.

② 건강관리·식품
  ㉠ 축산업 유통관리 : 가축의 출생시점에 RFID 태그 부착을 권장하여 사육과정 및 도살 후 유통 과정의 정보를 중앙 데이터베이스에 저장
  ㉡ 건강관리 : 제약 위·변조 방지와 시설이용을 위한 식별수단 제공. 알츠하이머 환자 수용시설 및 의약품·의학용 소모품에 부착

(3) 사물인터넷의 개념
① IoT(Internet of Thing)는 사물인터넷이라고 번역하며 각종 사물이 인터넷과 연결되어 있는 상태를 의미한다. 이는 ICT 기술의 획기적인 발전으로 실현 가능해졌는데 네트워크 안에서 사물들이 서로 정보교환 및 상호제어를 하며 부가가치를 생산한다.
② 사물인터넷(IoT)은 인터넷을 통해 데이터를 다른 기기 및 시스템과 연결 및 교환할 목적으로 센서, 소프트웨어, 기타 기술을 내장한 물리적 객체(사물)의 네트워크를 의미한다.

(4) 사물인터넷의 활용
① IoT 애플리케이션을 통해 소매업체는 재고를 관리하고, 고객 경험을 개선하고, 공급망을 최적화하고, 운영 비용을 줄일 수 있다.
② IoT 센서 데이터 덕분에 기상 조건과 차량 또는 운전자 가용성을 기반으로 상품을 실어나르는 자동차, 트럭, 선박, 화물용 기차 등의 경로를 변경할 수 있다.

4. 로보틱스와 자동화의 개념 및 활용
(1) 로보틱스의 개념
① 로보틱스는 로봇의 설계, 조립, 작동, 사용 및 로봇의 제어, 센서 피드백, 정보 처리를 위한 컴퓨터 시스템을 포함한다.
② 로봇은 센서, 엑추에이터, 정보 처리를 통해서 물리적 세상과 상호작용하는 기계이다.
③ 인공지능 로봇은 인공지능을 기반으로 외부환경을 인식하고, 스스로 상황을 판단하여 자율적으로 동작하는 로봇을 의미한다.

(2) RPA의 개념★
① 로봇 프로세스 자동화 (RPA)란 Robotic Process Automation의 줄임 말로 '사람이 수행하던 규칙적이고 반복적인 업무 프로세스를 소프트웨어 로봇을 적용하여 자동화' 하는 것으로 저렴한 비용으로 빠르고 정확하게 업무를 수행하는 디지털 노동을 의미한다.
② 기술 수준에 따른 RPA 기술 발전은 4단계로 구분할 수 있다.
  ㉠ (1단계) "인간의 행동을 모방" 하는 수준
  ㉡ (2단계) "인간의 판단을 향상" 하는 수준

ⓒ (3단계) "인간 지성의 향상" 수준
ⓔ (4단계) "인간의 지성을 본뜬" 수준

(3) 로보틱스의 활용
① 산업용 로봇은 산업 환경에서 제품을 취급, 조립, 가공하는데 사용되는 프로그래밍이 가능한 기계이다.
② 산업용 로봇은 대부분 로봇 팔, 그리퍼, 다양한 센서 및 제어 유닛으로 구성되며, 프로그래밍 된 대로 자율적으로 임무를 수행할 수 있다.

(4) RPA 활용
① 유통
  ⓐ 출하 검사 성적서 위한 고객 시스템 접속 및 제출
  ⓑ 재고관리 입력 및 승인 프로세스 자동화
  ⓒ POS 데이터 입력, 작업 보고서 입력 자동화
② 제조
  ⓐ 판매 코드 기준 데이터 집계 자동화
  ⓑ 자재, 생산관리 물자표(BOM) 데이터 조회 및 ERP 등록
  ⓒ 물품 대금 및 작업비 청구서 프로세스 자동화

5. 블록체인과 핀테크의 개념 및 활용

(1) 블록체인(block chain)의 개념★★
① 관리 대상 데이터를 '블록'이라고 하는 소규모 데이터들이 P2P 방식을 기반으로 생성된 체인 형태의 연결고리 기반 분산 데이터 저장 환경에 저장하여 누구라도 임의로 수정할 수 없고 누구나 변경의 결과를 열람할 수 있는 분산 컴퓨팅 기술 기반의 원장 관리 기술이다.
② 블록체인은 공공거래 장부로 불리는 데이터 분산 처리 기술로서 네트워크에 참여하는 모든 사용자가 모든 거래 내역 등의 데이터를 분산·저장하는 기술을 지칭한다.
③ 거래정보가 기록된 장부를 암호화 및 공유하여 편리성과 안전성(보안성)을 높인 데이터 저장 기술이며, 상품 또는 자산 거래기록을 거래 참가자에게 분산된 장부에 암호화하여 공유하는 기술이다.

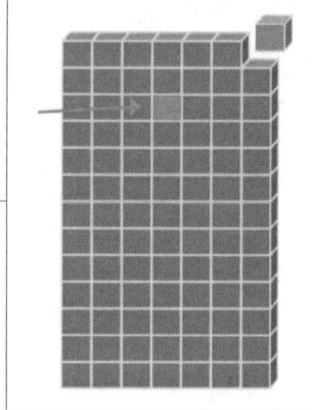

② 악의적인 참가자가 74번 블록에 담긴 거래기록을 조작하고자 함

③ 이를 위해서는 74번부터 91번까지 총 18개의 블록을 형성해야 함

① 모든 참가자들이 91번 블록에 대한 확인 작업을 수행중이라고 가정

④ 다른 참가자가 91번 블록을 형성하는 10분 이전의 짧은 시간에 단독으로 18개의 블록을 형성하기는 거의 불가능함

[블록체인의 안전성 확보 원리]

(2) 블록체인의 활용

① 유통 이력 추적 시스템
  ㉠ 월마트는 블록체인을 활용한 유통 관리 시스템을 도입했다. 월마트에 납품하는 농가부터 창고, 운송 등 모든 경로에 사물 인터넷 센서를 설치했다.
  ㉡ 농가에서는 무엇을 먹였는지, 보관 창고 온도나 습도 상태 등을 블록체인에 실시간 저장하고, 블록체인에서는 데이터가 중앙서버가 아닌 다수의 노드가 보관하기에 위변조가 불가능한 점을 활용해 신뢰성을 높였다.
  ㉢ 월마트는 돼지고기에 문제가 발생했을 때 몇 초 만에 파악할 수 있게 됐고, 실제로 상한 망고를 찾는 데에는 2.2초가 걸렸다.

② 공급망관리 시스템
  ㉠ 블록체인 기술을 사용하면 공급망에서 발생하는 정보의 무결성을 유지할 수 있다.
  ㉡ 블록체인에 거래 정보를 기록하면 정보가 변조되거나 삭제될 수 없다. 이를 통해 제조업체, 유통업체 및 소비자 모두가 제품의 원산지, 생산일자, 유통 경로 등을 추적할 수 있다.

(3) 핀테크의 개념★

① 핀테크(Fintech)는 금융(Finance)과 기술(Technology)의 결합어로 금융과 ICT의 결합을 통해 새롭게 등장한 산업 및 서비스 분야를 통칭하는 용어이다. 핀테크 산업은 크게 송금·결제, 금융데이터 분석, 금융 소프트웨어, 플랫폼으로 분류된다.
② 대형은행, 자산운용사, 투자자문사, 증권사, 보험사, 부동산 금융사 등과 같은 전통적인 금융업계에서도 핀테크를 도입하여 미래 성장동력으로 발전시키려고 하고 있다.

(4) 핀테크의 활용

① 디지털 결제와 송금 서비스
- 간편한 디지털 결제와 신속한 송금 서비스를 제공한다. 이를 통해 송금 시간이 단축되고 수수료까지 절감되어 더욱 효율적인 금융 거래가 가능하다.

② 빅데이터와 인공지능 기반 금융 서비스
- 핀테크 기업들은 빅데이터와 인공지능을 활용하여 개인의 금융 상태를 분석하고 맞춤형 금융 상품을 제공한다. 이를 통해 고객들은 더욱 효과적으로 자신에게 맞는 금융 서비스를 선택할 수 있다.

6. 클라우드 컴퓨팅의 개념 및 활용

(1) 클라우드 컴퓨팅(cloud computing)의 개념과 유형★★★

① 인터넷 기반(cloud)의 컴퓨팅(computing) 기술을 의미한다.

② Cloud Computing은 사용자가 필요한 소프트웨어를 자신의 컴퓨터에 설치하지 않고도 인터넷 접속을 통해 언제든 사용할 수 있으며 동시에 각종 IT 기기로 데이터를 손쉽게 공유할 수 있는 사용환경이다.

③ 클라우드 컴퓨팅의 유형

㉠ SaaS(Software as a Service) : "on-demand software"로도 불리며, 소프트웨어 및 관련 데이터는 중앙에 호스팅되고 사용자는 웹 브라우저 등의 클라이언트를 통해 접속하는 형태의 소프트웨어 전달 모델이다. 클라우드 기반의 응용프로그램을 서비스 형태로 제공하는 것을 말하며, 일반 사용자들이 가장 많이 접하게 되는 형태이다. 세일즈포스닷컴의 CRM, 구글 드라이브, 웹기반 개인용 스토리지 서비스 등이 대표적이다.

㉡ PaaS(Platform as a Service) : SaaS의 개념을 개발 플랫폼에도 확장한 방식으로, 개발을 위한 플랫폼 구축을 할 필요 없이 필요한 개발 요소들을 웹에서 쉽게 빌려 쓸 수 있게 하는 모델이다. 구글의 앱엔진(구글 클라우드 플랫폼)이 대표적이다.

㉢ IaaS(Infrastructure as a Service) : 서버, 스토리지, 네트워크를 가상화 환경으로 만들어, 필요에 따라 인프라 자원을 사용할 수 있게 서비스를 제공하는 형태이다. PaaS와 SaaS의 기반이 되는 가장 기본적인 클라우드 서비스의 형태이다. AWS, 구글 클라우드 등이 대표적이다.

(2) 클라우드 컴퓨팅의 활용

① 온라인 스토리지
㉠ 클라우드 컴퓨팅을 활용하면 기업이나 개인은 인터넷 상에 데이터를 저장하고 관리할 수 있다.

ⓒ 클라우드 서비스 제공업체가 제공하는 온라인 스토리지 서비스를 이용하여 데이터를 저장하고 필요할 때 언제든지 접근할 수 있다.
② 데이터 백업 및 복원
  ㉠ 클라우드 컴퓨팅을 활용하면 데이터를 안전하게 백업하고 복원할 수 있다.
  ㉡ 기업이나 개인은 클라우드 서비스 제공업체가 제공하는 스토리지 서비스를 이용하여 데이터를 백업하고 필요할 때 복원할 수 있다.

7. 가상현실과 메타버스의 개념 및 활용
(1) 가상현실의 개념★★
① 가상현실(VR ; Virtual Reality)이란 컴퓨터 등을 사용한 인공적인 기술로 만들어낸 실제와 유사하지만 실제가 아닌 어떤 특정한 환경이나 상황 혹은 그 기술 자체를 의미한다.
② 이때, 만들어진 가상의(상상의) 환경이나 상황 등은 사용자의 오감을 자극하며 실제와 유사한 공간적, 시간적 체험을 하게 함으로써 현실과 상상의 경계를 자유롭게 드나들게 한다.

(2) 메타버스의 개념★★
① 메타버스(Metaverse)란 가공, 추상을 의미하는 메타(meta)와 현실 세계를 의미하는 유니버스(Universe)의 합성어로 3차원 가상세계를 의미한다.
② 라이프로깅(Lifelogging)은 사물과 사람에 대한 일상적인 경험과 정보를 캡처하고 저장하고 묘사하는 기술이다.
③ 거울세계(Mirror Worlds)는 실제 세계를 가능한 사실적으로, 있는 그대로 반영하되 정보적으로 확장된 가상세계로 구글어스가 대표적 사례라고 할 수 있다.
④ 증강현실(Augmented Reality)은 가상현실의 한 분야로 실제로 존재하는 환경에 가상의 사물이나 정보를 합성하여 마치 원래의 환경에 존재하는 사물처럼 보이도록 하는 컴퓨터 그래픽 기법이다.
⑤ 가상세계(Virtual Worlds)는 현실과 유사하거나 혹은 완전히 다른 대안적 세계를 디지털 데이터로 구축한 것으로, 3차원 컴퓨터 그래픽환경에서 구현되는 커뮤니티를 총칭하는 개념이다.

(3) 메타버스의 활용
① 메타버스 활용 분야는 초기 단순 구조의 게임, 생활 소통 서비스에서 초연결, 초실감 기반 소비와 생산이 공존하는 다양한 플랫폼으로 확산이 시도되고 있으며, 비대면 업무·교육, 공연·홍보, 산업 등 다양한 분야에서 활용되고 있다.

② 메타버스 활용 분야는 표의 내용과 같다.

산업	적용 사례
자동차·제조항공 및 방위	Product design, 디지털 트윈 / 운영, 공장 디자인, 제품 디자인 교육
소매	3D 카탈로그, 가상 매장·디지털 쇼룸, 가상 피팅, 매장 설계 및 디자인
항공, 여행 및 물류	창고 물류 흐름 제약 진단 및 운송 관리

8. 스마트물류와 자율주행의 개념 및 활용

(1) 스마트물류(Smart Logistics)의 개념

① 주문, 생산, 판매, 배송의 다양한 과정에서 IoT, 빅데이터, AI, 클라우드 등 첨단 신기술과 지능화된 소프트웨어를 적용하여 물류시스템을 효율화, 최적화한 시스템을 스마트 물류라고 한다.

② 스마트물류는 신속·정확한 화물 추적과 예측이 가능하고 드론과 자율주행 로봇을 통한 배송이 이뤄질 수 있으며, 빅데이터 활용을 통해 공급사슬의 효율성이 증대되고 물류 관련 위험관리가 가능해진다.

(2) 풀필먼트센터★★

① 풀필먼트에서 인공지능(AI) 기술을 활용하는 사례도 증가하고 있다.

② 풀필먼트(Fulfillment)는 '상품판매 이후 창고(보관)에 입고되어 소비자에게 배송을 위해 출고되는 순간까지 거치는 모든 과정을 포함하는 의미'이다.

③ 물류센터(보관)에 상품들이 입고되어 보관·출고되기까지의 전 과정을 관리하는 시스템이라고 볼 수 있다.

④ UPC라벨이나 RFID를 통해 상품 수령과 검수가 이루어진다.

⑤ 유행에 민감한 패션상품이나 부패가능성이 높은 경우는 저장보다 크로스도킹을 이용한다.

(3) 자율주행차의 개념

① 자율주행차(Self-Driving Car, Autonomous Vehicle)는 자동차 스스로 주변환경을 인식, 위험을 판단, 주행경로를 계획하여 운전자 주행조작을 최소화하며 스스로 안전주행이 가능한 인간친화형 자동차이다.

② 자율주행차는 지능정보기술이 집약된 하나의 작은 사회이자 대표적인 사례이며, 이동수단으로써 자동차 본연의 목적을 궁극적으로 실현한 시스템이다.

③ 자율주행자동차는 센서(IoT), 통신(Mobile 및 Network) 빅데이터, 인공지능 기술이 모두 융합된 객체이다.

④ ADAS(Advanced Driver Assistance System)는 차량에 장착된 각종 센서와 카메라에서 외부환경 정보를 감지하고 이를 통해 운전자에게 적절한 조치를 취하도록 알려주거나, 차량 스스로 주행제어를 수행하며 안전한 운전환경을 제공한다.

(4) 자율주행의 활용

① 자율주행 물류 운송
  ㉠ 고정된 노선에 자율 주행 트럭을 배차하고 물류창고에서 고객 화물을 싣고 운송하게 된다.
  ㉡ 지역 간 대량의 화물을 운송하는 트럭은 운전자의 안전을 확보하고 운행효율성을 향상하는 것을 목적으로 하는 지역 간 화물 운송 서비스 기술개발과 도시 내 생활 물류 서비스를 자율주행 로봇을 적용하는 생활 물류 서비스의 기술개발이 이루어지고 있다.

② 무인자동차를 활용한 무인슈퍼마켓
  ㉠ 세계 최초 자율주행 무인 식료품점인 로보마트는 모바일로 주문하면 무인자동차가 사용자가 있는 위치에 식료품을 배송해주는 서비스이다.
  ㉡ 온디맨드 무인자동차 스토어인 로보마트는 소형자동차형태로 구성되어 있으나 한쪽면이 투명한 디스플레이로 되어 있어 야채와 과일이 진열된 선반이 탑재되어 있고, 선반에는 50~100개 정도의 제품을 진열할 수 있다.

제5장 학습정리

- **빅 데이터** : 전통적인 데이터베이스 S/W를 통해 저장, 관리, 분석할 수 있는 규모를 초과하는 데이터. 대규모의 다양한 데이터들로부터 수집, 검색, 분석을 신속하게 처리하여 경제적인 가치발굴을 수행하도록 설계된 차세대 기술 및 아키텍쳐
- **애널리틱스** : 비즈니스의 당면 이슈를 기업 내·외부 데이터의 통계적·수학적인 분석을 이용하여 해결하는 의사결정 방법론을 의미한다. 전략적, 전술적, 운영적 비즈니스 의사결정문제를 통계적·수학적, 데이터 프로그래밍, 전문적 지식 기반 데이터 분석 역량을 이용하여 해결하려는 방법이다.
- **비즈니스 애널리틱스(analytics)의 유형** : 대시보드(dashboards), 스코어카드, 리포트(reports), 알림(alert)
- **인공지능(Artificial Intelligence)** : 기계가 사람처럼 스스로 생각하고 판단하여 행동하도록 하는 것이다. 흔히 사용하는 인공지능이 가장 큰 범주이며, 머신러닝 딥러닝 순으로 작은 범주에 속하게 된다.
- **RFID(Radio Frequency IDentification)** : 자동인식기술의 하나로서 스마트카드 또는 바코드와 같은 데이터 입력장치의 일종으로 개발된 무선에 의한 인식 기술이다. 초소형 반도체에 식별정보를 입력하고 무선주파수를 이용해 이 칩을 지닌 물체나 동물, 사람 등을 판독, 추적, 관리 할 수 있는 기술로서 유비쿼터스 컴퓨팅 기반기술의 하나로 중요성이 커지고 있다.
- **IoT(Internet of Thing)** : 사물인터넷이라고 번역하며, 각종 사물이 인터넷과 연결되어 있는 상태를 의미한다. 이는 ICT 기술의 획기적인 발전으로 실현 가능해졌는데 네트워크 안에서 사물들이 서로 정보교환 및 상호제어를

하며 부가가치를 생산한다.
- 로보틱스 : 기계 공학, 전기 공학, 컴퓨터 공학 등을 포함하는 공학 및 과학의 한 분야이다. 로봇의 설계, 조립, 작동, 사용 및 로봇의 제어, 센서 피드백, 정보 처리를 위한 컴퓨터 시스템을 포함한다.
- 로봇 프로세스 자동화 (RPA) : Robotic Process Automation의 줄임 말로 '사람이 수행하던 규칙적이고 반복적인 업무 프로세스를 소프트웨어 로봇을 적용하여 자동화' 하는 것으로 저렴한 비용으로 빠르고 정확하게 업무를 수행하는 디지털 노동을 의미한다.
- 블록체인(block chain) : 관리 대상 데이터를 '블록'이라고 하는 소규모 데이터들이 P2P방식을 기반으로 생성된 체인 형태의 연결고리 기반 분산 데이터 저장 환경에 저장하여 누구라도 임의로 수정할 수 없고 누구나 변경의 결과를 열람할 수 있는 분산 컴퓨팅 기술기반의 원장 관리 기술이다.
- 핀테크(Fintech) : 금융(Finance)과 기술(Technology)의 결합어로 금융과 ICT의 결합을 통해 새롭게 등장한 산업 및 서비스 분야를 통칭하는 용어이다. 핀테크 산업은 크게 송금, 결제, 금융데이터 분석, 금융 소프트웨어, 플랫폼으로 분류된다.
- 클라우드 컴퓨팅(cloud computing) : 인터넷 기반(cloud)의 컴퓨팅(computing) 기술을 의미한다. Cloud Computing은 사용자가 필요한 소프트웨어를 자신의 컴퓨터에 설치하지 않고도 인터넷 접속을 통해 언제든 사용할 수 있으며 동시에 각종 IT 기기로 데이터를 손쉽게 공유할 수 있는 사용환경이다.
- 가상현실(Virtual Reality) : 컴퓨터 등을 사용한 인공적인 기술로 만들어낸 실제와 유사하지만 실제가 아닌 어떤 특정한 환경이나 상황 혹은 그 기술 자체를 의미한다.
- 메타버스(Metaverse) : 가공, 추상을 의미하는 메타(meta)와 현실 세계를 의미하는 유니버스(Universe)의 합성어로 3차원 가상세계를 의미한다.
- 스마트 물류 : 주문, 생산, 판매, 배송의 다양한 과정에서 IoT, 빅데이터, AI, 클라우드 등 첨단 신기술과 지능화된 소프트웨어를 적용하여 물류시스템을 효율화, 최적화한 시스템
- 풀필먼트(Fulfillment) : '상품판매 이후 창고(보관)에 입고되어 소비자에게 배송을 위해 출고되는 순간까지 거치는 모든 과정을 포함하는 의미'인데, 물류센터(보관)에 상품들이 입고되어 보관·출고되기까지의 전 과정을 관리하는 시스템이라고 볼 수 있다.
- 자율주행차(Self-Driving Car, Autonomous Vehicle) : 자동차 스스로 주변환경을 인식, 위험을 판단, 주행경로를 계획하여 운전자 주행조작을 최소화하며 스스로 안전주행이 가능한 인간친화형 자동차이다.

적중 예상문제

01 RFID의 작동원리에 대한 설명으로 가장 옳지 않은 것은?

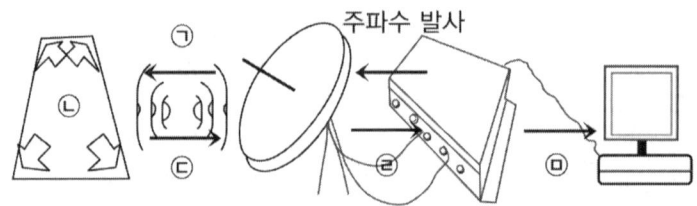

① ㉠ - 리더에서 안테나를 통해 발사된 주파수가 태그에 접촉한다.
② ㉡ - 무선신호는 태그의 자체 안테나에서 수신한다.
③ ㉢ - 태그는 주파수에 반응하여 입력된 데이터를 안테나로 전송한다.
④ ㉣ - RF 필드에 구성된 안테나에서 무선 신호를 생성 하고 전파한다.
⑤ ㉤ - 리더는 데이터를 해독하여 Host 컴퓨터로 전달 한다.

정답 ④
해설 ㉣ - 안테나는 전송받은 데이터를 디지털 신호로 변조하여 리더에 전달한다.

02 사용자가 필요한 소프트웨어를 자신의 컴퓨터에 설치하지 않고도 인터넷 접속을 통해 언제든 사용할 수 있으며 동시에 각종 IT 기기로 데이터를 손쉽게 공유할 수 있는 사용환경을 무엇이라고 하는가?

① IOT
② Big data
③ Cloud Computing
④ block chain
⑤ Artificial Intelligence

정답 ③
해설 ① 사물인터넷(IOT) : IoT(Internet of Thing)는 사물인터넷이라고 번역하며 각종 사물이 인터넷과 연결되어 있는 상태를 의미한다.
⑤ 인공지능(Artificial Intelligence, AI) : 작게는 장치가 더 똑똑해져서 나의 생활 패턴을 이해하고, 스스로 알아서 동작하는 약한 인공지능부터, 생태계 전체의 생활 및 환경으로부터 최적의 해법을 제시하는 강한 인공지능을 이용하여 인간의 생산성을 최대한 올려주는 도구이다.

03 (   )은(는) 공공거래 장부로 불리는 데이터 분산 처리 기술로서 네트워크에 참여하는 모든 사용자가 모든 거래 내역 등의 데이터를 분산·저장하는 기술을 지칭한다. 위 괄호에 들어갈 용어로 가장 옳은 것은?

① 드론(drone)
② 블록체인(blockchain)
③ 핀테크(FinTech)
④ EDI(electronic data interchange)
⑤ 비트코인(bitcoin)

정답 ②
해설 블록체인은 관리 대상 데이터를 '블록'이라고 하는 소규모 데이터들이 P2P 방식을 기반으로 생성된 체인 형태의 연결고리 기반 분산 데이터 저장 환경에 저장하여 누구라도 임의로 수정할 수 없고 누구나 변경의 결과를 열람할 수 있는 분산 컴퓨팅 기술 기반의 원장 관리 기술이다.

04 인간을 대신하여 수행할 수 있도록 단순 반복적인 업무를 알고리즘화하고 소프트웨어적으로 자동화하는 기술이다. 물리적 로봇이 아닌 소프트웨어프로그램으로 사람이 하는 규칙기반(rule based) 업무를 기존의 IT 환경에서 동일하게 할 수 있도록 구현하는 것을 무엇이라고 하는가?

① RPA(Robotic Process Automation)
② 비콘(Beacon)
③ 블루투스(Bluetooth)
④ OCR(Optical Character Reader)
⑤ 인공지능(Artificial Intelligence)

정답 ①
해설 RPA는 컴퓨터 소프트웨어인 "로봇"에 디지털 시스템에 대한 사람의 인터랙션을 손쉽게 에뮬레이션하고 통합하여 로봇을 통해 비즈니스 업무를 실행할 수 있게 해주는 기술이다.

05 NoSQL에 관련된 내용으로 가장 옳지 않은 것은?

① 화면과 개발로직을 고려한 데이터 셋을 구성하여 일반적인 데이터 모델링이라기 보다는 파일구조 설계에 가깝다고 볼 수 있다.
② 데이터 항목을 클러스터 환경에 자동적으로 분할하여 적재한다.
③ 스키마 없이 데이터를 상대적으로 자유롭게 저장한다.
④ 대규모의 데이터를 유연하게 처리할 수 있는 전통적인 관계형데이터베이스(RDBMS)시스템이다.
⑤ 간단한 API Call 또는 HTTP를 통한 단순한 접근 인터페이스를 제공한다.

정답 ③
해설 SQL은 'Structured Query Language'의 약자로, 데이터베이스에서 데이터를 추출하고 조작하는 데에 사용하는 데이터 처리 언어이다. NoSQL이라는 용어는 '비관계형 데이터베이스' 유형을 가리키며 이 데이터베이스는 관계형 테이블과는 다른 형식으로 데이터를 저장한다.

06 유통업체에서 활용하는 비즈니스 애널리틱스(analytics)의 유형에 대한 설명으로 가장 옳지 않은 것은?

① 대시보드(dashboards)는 데이터 분석결과에 대한 이용자이해도를 높이기 위한 데이터 시각화 기술이다.
② 스코어카드(scorecards)는 데이터베이스로부터 정보를 추출하는 주요 매커니즘이다.
③ 데이터 마이닝(data mining)은 대규모 데이터를 분석하여 숨겨진 상관관계 및 트렌드를 발견하는 기법이다.
④ 리포트(reports)는 비즈니스에서 요구하는 정보를 포맷화 하고 조직화하기 위해 변환시켜 표현하는 것이다.
⑤ 알림(alert)은 특정 사건이 발생했을 때 이를 관리자에게 인지시켜주는 자동화된 기능이다.

정답 ②
해설 스코어카드는 주로 핵심성과지표를 시각화하는 데 사용된다. 일부 변수는 비즈니스 또는 활동 영역의 상대적 건강 또는 실적을 측정하는데, 예를 들어 스코어카드는 총 매출, 평균 이탈률, 광고 노출수, 최대 대기 시간, 최소 실패율 등을 요약할 수 있다.

07 사물인터넷 통신기술을 활용해 마케팅을 하고자 할 때, 아래 글상자의 설명에 해당하는 기술로 가장 옳은 것은?

- 선박, 기차 등에서 위치를 확인하는데 신호를 보내는 기술이다.
- RFID, NFC 방식으로 작동하며, 원거리 통신을 지원한다.

① 비콘(Beacon)
② 와이파이(Wi-Fi)
③ 지웨이브(Z-Wave)
④ 지그비(ZigBee)
⑤ 울트라와이드밴드(Ultra Wide Band)

정답 ①
해설 비콘은 원래 봉화나 화톳불 등 위치와 정보를 수반한 전달 수단을 가리키는 말이었고, 사전적 의미로는 등대·경광 등·무선 송신소 등이지만 21세기 초부터는 주로 '무선 표식'을 지칭하는 용어이다.

08 클라우드 컴퓨팅에 대한 설명으로 가장 옳지 않은 것은?

① 인터넷 상의 유틸리티 데이터 서버에 프로그램을 두고 그때 그때 컴퓨터나 휴대폰 등에 불러와서 사용하는 웹에 기반한 소프트웨어 서비스이다.
② SaaS, PaaS, IaaS 등으로 제공되는 특성에 따라 유형을 구분해 볼 수 있다.
③ 사용자는 제공받은 서비스와 관련 IT기술에 대한 전문적인 지식(서버관리, 소프트웨어 유지보수 등)이 반드시 있어야 하나, 자원 활용에는 매우 획기적인 성과를 준다.
④ 웹메일이나 웹하드 서비스 등 사용자의 메일이나 정보를 저장하는 하드디스크 공간을 웹상에 가지고 있으면서 인터넷 접속이 가능한 곳 어디서나 확인할 수 있는 서비스가 클라우드 컴퓨팅 서비스에 속한다.
⑤ SaaS(Software as a Service)는 "on-demand software"로도 불리며, 소프트웨어 및 관련 데이터는 중앙에 호스팅되고 사용자는 웹 브라우저 등의 클라이언트를 통해 접속하는 형태의 소프트웨어 전달 모델이다.

정답 ③
해설 IT기술에 대한 전문적인 지식 없이 쉽게 사용 가능하다.

09 다음 중 데이터를 필요로 하는 사업자를 찾아 데이터를 직접 판매하거나 데이터를 필요로 하는 사업자를 연계시켜주는 비즈니스 모델은?

① 솔루션 관련 비즈니스 모델
② 도구 관련 비즈니스 모델
③ 교육 관련 비즈니스 모델
④ 빅데이터 판매 비즈니스 모델
⑤ 고객정보 판매 비즈니스 모델

정답 ④
해설 기업으로 하여금 수익을 유지하게 하는 일련의 활동을 비즈니스 모델이라고 한다. 데이터를 필요로 하는 사업자를 찾아 데이터를 직접 판매하거나 데이터를 필요로 하는 사업자를 연계시켜주는 비즈니스 모델은 '빅데이터(원시, 분석, 가공) 판매 비즈니스 모델'이다.

10 데이터 바다에서 필요한 데이터를 캐내어 분석하고 활용하고 예측하는 것은?

① 데이터마이닝
② 비즈니스 인텔리전스
③ 애널리틱스
④ 클라우드 컴퓨팅
⑤ 최적화기법

정답 ③
해설 애널리틱스란 비즈니스의 당면 이슈를 기업 내·외부 데이터의 통계적·수학적인 분석을 이용하여 해결하는 의사결정 방법론을 의미한다.

11 유통업계에서 단순 배송의 의미를 넘어, 물류 전문업체가 판매자의 위탁을 받아 제품이 고객에게 배달 완료되기까지의 고객의 전 주문 처리 과정을 대행해주는 서비스를 무엇이라고 하는가?

① 스마트 물류
② 공급망관리
③ 풀필먼트
④ 블록체인
⑤ 자율주행

정답 ③

해설 풀필먼트(Fulfillment)는 사전적 의미로 이행, 수행, 완수 또는 고객의 주문 처리 및 과정을 의미한다. 상품의 입고부터 보관, 제품 선별, 포장, 배송, 교환·환불 서비스 제공까지 통합적으로 관리하여 제공하는 '물류 일괄 대행 서비스'이다.

12 공급망관리(공급망 계획, 조달, 제조, 배송)에 인공지능 솔루션을 활용함으로써 발생하는 변화에 대한 설명으로 가장 옳지 않은 것은?

① 재고관리에 있어서 업무처리 정확도를 높일 수 있다.
② 지나치게 방대한 데이터를 활용함으로써 비생산적 복잡성을 유발한다.
③ 다양한 요구사항을 반영해서 관련 업무를 실시간으로 대응할 수 있다.
④ 창고관리의 운영 효율성을 높일 수 있다.
⑤ 다양한 데이터를 활용한 동적 조건을 반영해서 보다 신속한 공급망 계획 변경이 가능하다.

정답 ②

해설 AI, 빅데이터를 활용하면 공급망 관리에서 방대한 데이터를 처리하더라도 이를 효과적으로 분석하고 예측해 복잡성을 줄일수 있다.

2025 이패스 유통관리사2급 합격예감

부록

- O, X 퀴즈 100문항
- 핵심용어 똑딱
- 기출문제

OX 퀴즈 100문항

01 유통이란 최초의 생산단계에서 이루어진 생산물이 최후의 소비에 이르기까지 연결하는 영역을 유통이라 한다. 즉, 생산자에 의해 생산된 재화가 판매되어 소비자(수요자)에 의하여 구매되기까지의 계속적인 여러 단계에서 수행되는 활동을 말한다. (O, X)

02 방어전략은 핵심역량을 강화하고 가치창조를 활성화하며, 시너지를 창출하여 경쟁우위를 확보하고자 한다. 방어전략의 목표를 설정하기 위해서는 기업의 지속가능한 경쟁우위 능력인 경쟁력 요인들을 분석하는 것이 필요하다. (O, X)

03 도매기관들은 일반적으로 상인 도매상(Merchant Wholesaler)과 대리 도매상(Agent Wholesaler)으로 분류된다. 상인 도매상은 상품을 직접 구매하여 판매하는 기능을 하는 도매기관이며, 대리 도매상은 제조업자의 상품을 대신 판매·유통시켜주는 기능을 가지고 있는 도매상을 의미한다. (O, X)

04 유통산업의 경제적 역할로는 생산자와 소비자간 매개역할, 고용창출, 물가조정, 산업발전의 촉매역할 등이 있다. (O, X)

05 옴니채널(Omni Channel)는 제품이나 서비스가 생산자로부터 소비자에 이르기까지 거치게 되는 통로 또는 단계를 말한다. 상품과 서비스가 생산자로부터 소비자 및 최종사용자에게 이전되는 과정에서 참여하는 모든 개인 및 조직(회사)을 의미한다. (O, X)

06 유통경로 기능상의 흐름 상 주문이나 대금결제와 같이 최종 소비자로부터 소매상·도매상·생산자의 방향으로의 흐름을 전방기능 흐름(Forward stream)이라고 한다. (O, X)

07 기능위양 이론(Functional Spin-off Perspective)은 경로구성원들 중 '누가 재고보유에 따른 위험을 감수하느냐'에 의해 경로구조가 결정되는 것이다. (O, X)

08 SWOT 분석은 기업 환경분석을 통해 강점(strength)과 약점(weakness), 기회(opportunity)와 위협(threat) 요인을 규정하고 이를 토대로 마케팅 전략을 수립하는 기법이다. (O, X)

09 차별화 전략은 생산, 판매, A/S 등 기업의 제반활동에서의 비용이 다른 기업보다 저렴한 데서 오는 우위를 의미한다. (O, X)

10 전방통합(Forward Integration)은 기업이 유통부문에 대한 소유권과 통제능력을 갖는 것이고, 후방통합(Backward Integration)은 기업이 부품과 원료와 같은 투입요소에 대한 소유권을 갖고 통제 능력을 갖는 것이다. (O, X)

11 사업부 조직은 기술과 시간에 좌우되며 고도로 전문화된 재화나 용역을 산출하고 판매하는 고도의 정보처리가 요구되는 불확실성에 직면하고 있는 조직 그리고 인적, 물적 자원의 제약을 다루어야 하는 조직 등에 적용될 때 그 장점이 크게 나타날 수 있다. (O, X)

12 목표관리법(MBO ; management by objectives)은 종업원이 직속상사와 협의하여 작업 목표량을 결정하고, 이에 대한 성과를 부하와 상사가 함께 측정하고 고과하는 방법이다. (O, X)

13 명령일원화의 원리와 전문화의 원리를 조화시켜 경영의 대규모화, 복잡화에 대응할 수 있도록 만들어진 조직이 프로젝트 조직이다. (O, X)

14 전략적 이익 모형은 여러 가지 재무비율들간의 상호관련성을 탐색하는 방법이다. 투자수익률은 기업이 장단적인 목적으로 자금을 얼마나 차입했는지를 나타내는 지표이다. (O, X)

15 Michael E. Porter의 분석틀(5-force모델)에 의하면 다섯 가지 요인에 의해 산업내 경쟁정도나 산업의 수익률이 결정된다고 하였다. 일반적으로 구매자의 교섭력이 높아질수록 시장 매력도는 높아진다. (O, X)

16 직무분석의 내용은 직무 내용, 직무 목적, 작업 방법, 작업 시간, 필요한 기술 등과 직무수행에 필요한 전문지식, 육체적 정신적 노력, 책임 등을 분석한다. (O, X)

17 공급망관리(SCM)은 기업 내부 자원뿐만 아니라 자사와 연결되어 있는 공급업체, 제조업체, 유통업체, 창고업체 등을 하나의 연결된 체인으로 간주하여 이들 간의 협력과 정보교환에 기초한 확장·통합 물류와 최적 의사결정을 통한 비용절감 및 효율성 증대로 상호이익을 추구하는 관리체계를 의미한다. (O, X)

18 손익계산서란 한 기간의 매출액이 당해 기간의 총비용과 일치하는 점을 말한다. 즉, 이익도 손실도 생기지 않는 매출액을 말한다. (O, X)

19 공급자, 생산자, 도매상, 소매상, 고객으로 구성된 공급사슬을 공급자로 갈수록 상류(Upstream), 고객 쪽으로 갈수록 하류(Downstream)라 하면, 하류의 고객주문정보가 상류로 전달되면서 정보가 왜곡되고 확대되는 현상을 채찍효과(Bullwhip Effect) 또는 증폭현상이라고도 한다. (O, X)

20 물류관리 목표로서 고객서비스는 크게 3가지 요소로 구분할 수 있다. 재고품절 수준, 주문의 편리성 등은 거래 전 요소에 해당한다. (O, X)

21 정기발주방법은 재고량이 일정한 재고수준, 즉 발주점까지 내려가면 일정량을 주문하여 재고 관리하는 경제적 발주량 주문방식이다. (O, X)

22 델파이기법은 정량적(계량적) 수요예측기법이다. (O, X)

23 기업회계기준(GAAP)에서 관리회계의 작성목적은 외부정보 이용자들에게 효율적인 정보를 제공하는 것을 목적으로 작성된다. 반면에 내부 관리자들은 재무회계 내용을 보고 의사결정을 하게 된다. 재무회계는 비교적 정확하게 물류비 계산을 할 수 있어 관리자의 의사결정에 이용되지만 관리회계는 그렇지 못하는 단점을 가지고 있다. (O, X)

24 물류경로를 단축함으로써 물류비를 절감할 수 있다. 예를 들어 상·물 분리를 완전하게 실연한 다든지, 창고나 배송센터 등의 물류거점을 신설하는 것도 방안일 것이다. (O, X)

25 제3자 물류는 화주 기업이 고객 서비스의 향상, 물류 관련 비용의 절감 그리고 물류 활동에 대한 운영 효율의 향상 등을 목적으로 공급 사슬(supply chain)의 전체 또는 일부를 특정 물류 전문업자에게 위탁(outsourcing)하는 것을 말한다. (O, X)

26 "성인지"란 성별에 따른 차별, 편견, 비하 및 폭력 없이 인권을 동등하게 보장받고 모든 영역에 동등하게 참여하고 대우받는 것을 말한다. (O, X)

27 "체인사업"이라 함은 같은 업종의 여러 소매점포를 직영(자기가 소유하거나 임차한 매장에서 자기의 책임과 계산아래 직접 매장을 운영하는 것을 말한다. 이하 같다)하거나 같은 업종의 여러 소매점포에 대하여 계속적으로 경영을 지도하고 상품·원재료 또는 용역을 공급하는 사업을 말한다. (O, X)

28 ESG는 경제(Economy), 사회(Social), 지배구조(Governance)의 약자로, 기업 경영활동을 경제 발전, 사회적 책임, 건전하고 투명한 지배구조에 초점을 둔 지속가능성(Sustainability)을 달성하기 위한 기업 경영의 3가지 핵심요소를 의미한다. (O, X)

29 소매상 수레바퀴이론(Wheel of Retailing)은 소매점의 진화과정을 소매점에서 취급하는 상품믹스로 설명한다. (O, X)

30 수평적 유통경로 시스템은 유통경로상에서 지도자격인 중앙(본부)에서 계획된 프로그램에 의해 경로구성원이 전문적으로 관리되고, 집중적으로 계획된 유통망을 주도적으로 형성하며, 상이한 단계에서 활동하는 경로구성원들을 전문적으로 관리, 통제하는 네트워크 형태의 경로조직이다. (O, X)

31 집재성 점포는 배후지의 중심부에 입지하며 재화의 도달범위가 긴 상품을 주로 취급한다. 백화점, 고급음식점, 보석 가게, 고급의류점, 대형 서점, 영화관 등이 있다. (O, X)

32 상권은 그 수준에 따라 1, 2, 3차 상권으로 나눌 수 있다. 상권의 크기와 모양은 업태, 점포크기, 상품의 다양성, 경쟁점 현황, 도로상황, 마케팅 활동 등에 영향을 받는다. (O, X)

33 소비자들이 유사한 인접점포들 중에서 선택하는 상황을 전제로 상권의 경계를 파악할 때 간단하게 활용하는 모형 중 티센다각형(Thiessen polygon) 모형이 대표적인데, 공간독점접근법에 기반한 상권구획모형의 일종이다. (O, X)

34 상권조사란 입지와 상권조사를 통한 사업타당성여부를 검토하기 위한 기본 분석을 의미하며, 초기 상권범위를 결정하려고 할 경우 일반적으로 기초자료로서 사용되는 요인으로는 인구밀도분포, 개별점포에 접근하는 교통조건, 경쟁상대의 위치를 조사해야 한다. (O, X)

35 1차 자료는 다른 목적으로 수행된 조사자료나 정부의 인구통계자료, 세무자료, 여러 유통연구소의 발표자료 등을 의미한다. (O, X)

36 선매품(구매시 비교 선택하여 구입하는 상품)과 전문품 취급점포의 상권이 편의품 취급점포의 상권보다 크다. (O, X)

37 상권설정에 영향을 주는 도로 유형 중 나뭇가지형 도로는 도로가 나뭇가지처럼 사방으로 뻗쳐 있기 때문에, 소매업 경영에 좋지 않은 형태이다. (O, X)

38 상권획정기법 중 시장침투법은 상권이 중첩되어 경쟁이 심한 업종에 주로 사용된다. 백화점, 할인점, 슈퍼마켓에 적합한 기법이다. (O, X)

39 체크리스트법은 자사의 신규점포와 특성이 비슷한 기존의 유사 점포를 선정하여 그 점포의 상하 범위를 추정한 결과 자사점포의 신규입지에서의 매출액, 즉 상권규모를 측정하는 데 이용하는 방법이다. (O, X)

40 어떤 지역의 소매판매액을 1인당 평균 구매액으로 나눈 값을 상업인구라하고 상업인구를 거주인구로 나눈 값을 중심성지수라 한다. (O, X)

41 소매포화지수(Index of Retail Szturation)는 지역시장이 미래에 신규수요를 창출할 수 있는 잠재력을 반영하는 지표로 거주자들이 지역시장 외에서의 쇼핑정도를 파악할 수 있다. (O, X)

42 소매인력 법칙에 의하면 두 경쟁도시가 그 중간에 위치한 소도시의 거주자들을 끌어들일 수 있는 상권의 규모는 인구에 비례하고, 각 도시와 중간 도시 간의 거리의 제곱에 반비례한다. (O, X)

43 컨버스 제2법칙은 경쟁도시인 A와 B에 대해서 어느 도시로 소비자가 상품을 구매하러 갈 것인가에 대한 상권분기점을 찾아내는 것이다. 이것은 주로 선매품과 전문품에 적용되는 모델이다. (O, X)

44 수정 허프모델은 일본의 통산성이 고안하여 상업 조정에 실제로 이용되고 있는데 이는 '소비자가 어느 상업지에서 구매하는 확률은 그 상업 집적의 매장면적에 비례하고 그곳에 도달하는 거리의 제곱에 반비례한다'는 것을 공식화한 것이다. (O, X)

45 시장 구매력을 측정하는 판매활동지수(SAI ; sales activity index)는 인구와 소매매출, 유효소득 등에 대해 전체규모와 특정지역의 규모를 이용하여 계산하는 방법이다. (O, X)

46 테넌트 믹스(tenant mix)는 최적의 테넌트(임차점포)를 선택하여 계획한 규모, 위치, 콘셉트에 맞게 적정하게 배치하는 노하우를 말한다. 테넌트 믹스는 임차인의 최적 조합이며, 임차인의 특성을 고려하여 전체 상가 수익을 극대화 전략을 추구한다. (O, X)

47 입지분석 과정은 '특정입지(Site) → 상권(Area) → 지역(Region)'으로 진행된다. (O, X)

48 "인간은 먼저 득을 얻는 쪽을 택한다. 길을 건널 때에도 최초로 만나는 횡단보도를 이용하려는 성향이 있다."는 원칙은 최단거리 실현의 법칙이라고 할 수 있다. (O, X)

49 마그넷 스토어(Magnet Store)는 핵상점이라고 한다. 쇼핑센터의 핵으로서 고객을 끌어들이는 기능을 갖고 있으며, 일반적으로 백화점이나 종합 슈퍼마켓이 이에 해당된다. (O, X)

50 할인점이나 회원제 창고형 매장처럼 저비용·저가격 정책을 실시해야 하는 경우 노면독립입지에 입지하는 업태로 적합하다. (O, X)

51 도심입지는 중심상업지역(CBD)이라고도 하며, 대도시나 소도시의 전통적인 도심 상업지역이다. 무계획성보다는 계획성으로 인하여 밀집되어 있는 것이 특징이다. (O, X)

52 건폐율이란 땅 대비 총건축 가능평수 즉, 부지면적에 대한 건축물 연면적의 비율로 산출한다. 즉, 용적률은 한마디로 "몇 층 높이까지 건물을 지을 수 있나"를 의미한다. (O, X)

53 쇼핑센터의 공간구성요소들 중에서 교차하는 통로를 연결하며 원형의 광장, 전이공간, 이벤트 장소가 되는 것을 결절점(node)이라고 한다. (O, X)

54 상가건물임대차보호법은 상가건물 임대차에 관하여「민법」에 대한 특례를 규정하여 국민 경제생활의 안정을 보장함을 목적으로 한다. (O, X)

55 시장력 흡수전략은 일정지역에 다수의 점포를 동시에 출점시켜서 경쟁자의 진입을 억제하는 다점포 전략으로서, 물류비 절감과 매장구성을 표준화를 통해 경쟁력을 유지하는 전략에 해당한다. (O, X)

56 거시적 환경(Macro-Environment)이란 기업이 속한 산업의 주요 구성요소들을 의미하는데, 이에는 경쟁자, 소비자, 유통기관, 공급업자, 대중, 기업의 내부환경 등과 같이 기업의 목표달성에 직접적인 영향을 미치는 요인들이 포함된다. (O, X)

57 부정적 수요(Negative demand) 상황에서는 마케터는 소비자들은 그 제품을 싫어하며 어떤 대가를 지불하더라도 그것을 피하고자 하는 것으로 이를 극복하기 위해서는 전환적 마케팅을 통해 수요를 긍정적으로 전환시키는 정책을 펼쳐야만 한다. (O, X)

58 시장개발 전략은 "기존시장 + 기존제품"의 경우로 어떤 형태로든 제품을 변경시키지 않고 기존고객들에게 보다 많이 판매하도록 하는 전략수립이다. (O, X)

59 BCG 성장-점유 매트릭스는 기업의 전략사업단위를 시장성장률과 상대적 시장점유율이라는 두 변수를 양축으로 하는 2차원 공간상에 표시하여 각 사업의 상대적 매력도를 평가하고 새로운 전략을 제시해주는 모델이다. (O, X)

60 심리묘사적 세분화는 소비자의 라이프스타일, 사회계층 등에 관한 자료를 토대로 고객들의 성격, 구매행동, 관심, 가치, 태도 등을 근거로 소비자를 서로 다른 몇 개의 집단으로 세분화시키는 것이다. (O, X)

61 포지셔닝(Positioning) 전략은 소비자의 마음속에 경쟁상표와 비교하여 경쟁우위를 제공하는 위치에 자사상표를 구축하려는 노력을 말하며, 기업의 경쟁력과 관련하여 중요성이 큰 전략이다. (O, X)

62 "서비스는 제공시 즉시 사용되지 않으면 존재하지 않으므로, 재고형태로 저장할 수 없고, 재판매할 수도, 돌려받을 수도 없는 성질을 가지고 있다."는 특성은 소멸성(Perishability)이다. (O, X)

63 다차원척도법(Multi - Dimensional Scaling : MDS)은 제품 및 서비스가 갖고 있는 속성에 대해 고객이 선호하는 형태를 측정함으로써 그 고객이 어떤 제품을 선택할 것인지 예측하는 기법이다. (O, X)

64 POS(Point of Sales)는 상품의 최소 관리단위이며, 고객이 구입하게 되는 단위 또는 묶음으로서 상품주문 및 판매의 최소단위이다. (O, X)

65 수준별 상품은 핵심상품(core product), 실제상품(tangible product), 확장상품(augumented product)으로 분류할 수 있다. 핵심상품은 실제상품의 효용가치를 증가시키는 부가서비스 차원의 상품을 말한다. (O, X)

66 풍선효과(ballon)란 품목별 진열량을 판매량에 비례하게 하면 상품의 회전율이 일정화되어 품목별 재고의 수평적 감소가 같아짐을 의미한다. (O, X)

67 푸시 전략(pull strategy)은 제조업자의 광고를 통하여 이미지가 형성된 소비자가 스스로 특정 제품을 지명 구매하도록 하는 즉 끌어당기면서 구매하도록 하는 고차원적 정책이다. 광고활동을 통하여 소비자가 직접 찾아와서 지명 구매하는 형태의 판매 정책으로 market-in strategy라고도 한다. (O, X)

68 진열(Display)이란 점포 매장 내 상품의 종류 및 상품별 배치방법을 통하여 매장의 수익성을 극대화시킬 수 있도록 시스템으로 만든 매장 내 진열관리 프로그램(지침서)을 의미한다. (O, X)

69 점포 레이아웃(Lay-out)이란 고객이 매장을 자유롭고 효율적으로 이동할 수 있고, 판매되는 제품의 노출을 효율적으로 하여 점포의 생산성을 높이는 점포의 설계를 의미한다. (O, X)

70 블록(Block)계획은 전반적으로 제품을 진열하는 매장 공간, 고객서비스 공간, 창고 등과 같은 점포의 주요 기능공간의 규모와 위치를 간략하게 보여주는 것을 말한다. (O, X)

71 점두진열(Store-front display)은 일반적으로 통행객이나 아이 쇼핑 고객에 대하여 그 점포의 판매상품과 제공 서비스가 훌륭하다는 신뢰감을 갖게 하고 구매하려는 분위기를 조성하는 기능을 가지고 있다. 따라서 충동구매상품을 배치하는 것이 좋다. (O, X)

72 트레이팩 진열은 동일 상품군이나 관련 상품을 최상단부터 최하단까지 종으로 배열하는 것을 말한다. 이는 일반적으로 고객의 시선이 수평으로 흐르는 경향이 있으므로 상품을 수직적으로 배열하면 고객시선을 멈춰 상품이 눈에 띄도록 하는 효과가 있다. (O, X)

73 업셀링(up-selling)은 기존 상품을 구입하였던 고객이 다른 연관된 상품의 구매로 이어질 수 있도록 하는 마케팅 방법을 말한다. 기업은 기존의 구매 고객에게 다른 상품의 구매를 제안하거나, 고객이 구입한 특정 상품과 연관성이 높은 상품을 연계하여 판매한다. (O, X)

74 인과관계조사는 기업의 마케팅 문제와 현재의 상황을 보다 더 잘 이해하기 위해서, 조사목적을 명확히 정의하기 위해서, 필요한 정보를 분명히 파악하기 위해서 시행하는 조사방법을 의미한다. (O, X)

75 확률적 확률표본 추출방법은 연구대상이 표본으로 추출될 확률을 미리 알 수 있는 표본추출방법으로서, 추출된 표본 및 모집단을 얼마나 잘 대표하는지를 알 수 있음으로 표본분석 결과를 일반화 할 수 있다. 단순무작위 표본추출, 층화표본추출, 군집표본추출 등이 있다. (O, X)

76 표적집단면접법(F.G.I)은 소수의 응답자(일반적으로 6명에서 12명으로 구성됨)를 한 장소에 모이도록 한 다음 자유스러운 분위기 속에서 사회자(moderator)가 제시하는 주제와 관련된 정보를 대화를 통해 수집하는 방법이다. (O, X)

77 소셜 미디어란 사람들의 의견, 생각, 경험, 관점 등을 서로 공유하기 위해 사용하는 온라인 툴과 플랫폼을 말한다. 이러한 소셜 미디어는 텍스트, 이미지, 오디오, 비디오 등의 다양한 형태를 취하고 있다. 소셜 미디어는 정보, 전자적인 매체(인터넷), 소셜 인터페이스의 3대 구성요소로 이루어진다. (O, X)

78 UI(USER INTERFACE)는 사용자가 웹 사이트, 애플리케이션 또는 실제 제품과 같은 제품 또는 서비스와 상호 작용하는 동안 갖게 되는 전반적인 경험을 의미한다. (O, X)

79 비정형적 의사결정의 과정은 관습적으로 처리하거나 대부분의 경우 의사결정을 위한 표준절차나 방침이 조직의 내규 또는 규정 등에 문서로 기록되어 있다. (O, X)

80 지식이란 이와 같은 동종의 정보가 집적되어 일반화된 형태로 정리된 것으로, 어떤 특정목적의 달성에 유용한 추상화되고 일반화된 정보라고 할 수 있다. 광의로는 사물에 관한 개개의 단편적인 실제적(實際的)·경험적 인식을 뜻하고, 엄밀한 뜻으로는 원리적·통일적으로 조직되어 객관적 타당성을 요구할 수 있는 판단의 체계를 말한다. (O, X)

81 롱테일현상은 파레토 법칙을 그래프에 나타냈을 때 꼬리처럼 긴 부분을 형성하는 80%의 부분을 일컫는다. 파레토 법칙에 의한 80:20의 집중현상을 나타내는 그래프에서는 발생확률 혹은 발생량이 상대적으로 적은 부분이 무시되는 경향이 있었다. 그러나 인터넷과 새로운 물류기술의 발달로 인해 이 부분도 경제적으로 의미가 있을 수 있게 되었는데 이를 롱테일이라고 한다. (O, X)

82 유통정보시스템 구축효과로는 성과개선 및 수익증가, 리드타임 증가, 확실성 감소 등이 있다. (O, X)

83 웹메일이나 웹하드 서비스 등 사용자의 메일이나 정보를 저장하는 하드디스크 공간을 웹상에 가지고 있으면서 인터넷 접속이 가능한 곳 어디서나 확인할 수 있는 서비스가 클라우드 컴퓨팅 서비스에 속한다. (O, X)

84 암묵지(tacit knowledge)는 서술하기 쉽고 객관적, 논리적인 디지털 지식 등이 포함된다. 제품 사양, 문서, 데이터베이스, 매뉴얼, 화학식 등의 공식, 컴퓨터 프로그램 등의 형태로 표현되는 것은 형식지로 분류된다. (O, X)

85 지식경영 프로세스의 마지막 단계는 '지식의 저장'이다. (O, X)

86 지식의 변화과정은 '내재화→외재화→사회화→종합화'의 과정을 거친다. (O, X)

87 인 스토어마킹(in-store marking)은 제조업체 및 수출업자가 상품의 생산 및 포장단계에서 바코드를 포장지나 용기에 일괄적으로 인쇄하는 것을 말한다. (O, X)

88 POS 시스템은 기업 사이에 컴퓨터를 통해서 표준화된 양식의 문서를 전자적으로 교환하는 정보전달방식이다. (O, X)

89 데이터 웨어하우스(Data Warehouse)란 기간 시스템의 데이터베이스에 축적된 데이터를 공통의 형식으로 변환하여 일원적으로 관리하는 데이터베이스로 기업의 각 부분에 산재해 있는 개별 시스템의 데이터들을 활용목적별로 통합하여 유연한 분석이 가능하도록 만들어 놓은, 방대한 양의 데이터를 저장할 수 있는 대형 전자 창고(Electronic Warehouse)이다. (O, X)

90 군집분석(Clustering)은 어떤 목적변수(target)를 예측하기 보다는 고객수입, 고객연령과 같은 속성이 비슷한 고객들을 묶어서 몇 개의 의미 있는 군집으로 나누는 것을 목적으로 한다. n개의 개체들을 대상으로 p개의 변수를 측정하였을 때, 관측한 p개의 변수 값을 이용하여 n개 개체들 사이의 유사성 또는 비유사성의 정도를 측정하여 개체들을 유사성의 정도에 따라 그룹화하는 기법이다. (O, X)

91 온라인 트랜잭션 처리(OLTP)란 최종 사용자가 다차원 정보에 직접 접근하여 대화식으로 정보를 분석하고 의사결정에 활용하는 과정에서 등장하였다. 대표적인 예로, 사용자가 동일한 데이터를 여러 기준을 이용하는 다양한 방식으로 바라보면서 다차원 데이터 분석을 할 수 있도록 도와준다. (O, X)

92 연합학습(Federated Learning)은 프라이버시 보존형 데이터마이닝으로 개인정보를 공개하지 않은 상태에서 통계적 처리나 기계학습에 사용될 수 있도록 데이터의 함축적인 지식이나 패턴을 찾아내는 기술을 의미한다. (O, X)

93 OECD 개인정보 보호 8원칙 중 수집 시 동의 받은 이용목적의 범위내에서만 이용되어야 한다는 것은 공개의 원칙이다. (O, X)

94 대칭형 또는 비밀 키 암호화방식(Symmetric Key cryptosystem)은 송수신자가 암호화나 복호화를 할 때 같은 키를 쓰는 알고리즘이다. 알고리즘 내부 구조가 간단한 치환과 순열 조합으로 되어 있어, 운용이 쉽고 데이터 처리량이 높다. (O, X)

95 제조업체와 도매업체가 상품을 실제로 창고에서 출하한 시점에서 그 상품에 관한 자세한 정보를 전송하는 기술을 "ATP(Available To Promise)"라고 한다. (O, X)

96 CRM은 질적으로 우수한 고객과의 관계를 지속적으로 유지함으로써 다른 비즈니스 기회가 창출될 수 있도록 하는 데 주안점을 두고 있다. 신규고객 창출도 중요하지만 이에 앞서 기존 고객이 이탈하지 않도록 유지관리에 중점을 두는 전략이다. (O, X)

97 SCOR은 계획(Plan), 조달(Source), 제조(Make), 배송(Deliver), 반품(Return)의 다섯 가지 경영관리 프로세스를 가지고 있다. 계획한 또는 실제 시장 수요를 충족하기 위해 재화와 서비스를 획득하는 프로세스는 '반품(Return)'이다. (O, X)

98 인공지능(Artificial Intelligence, AI)은 기계가 사람처럼 스스로 생각하고 판단하여 행동하도록 하는 것이다. 흔히 사용하는 인공지능이 가장 작은 범주이며, 머신러닝 딥러닝 순으로 큰 범주에 속하게 된다. (O, X)

99 메타버스(Metaverse)란 관리 대상 데이터를 '블록'이라고 하는 소규모 데이터들이 P2P방식을 기반으로 생성된 체인 형태의 연결고리 기반 분산 데이터 저장 환경에 저장하여 누구라도 임의로 수정할 수 없고 누구나 변경의 결과를 열람할 수 있는 분산 컴퓨팅 기술기반의 원장 관리 기술이다. (O, X)

100 SQL(Structured Query Language)은 데이터베이스에서 데이터를 추출하고 조작하는 데에 사용하는 데이터 처리 언어이며, NoSQL이라는 용어는 '비관계형 데이터베이스' 유형을 가리킨다. (O, X)

OX 퀴즈 정답 및 해설

01 정답 O

해설 유통(流通)은 생산자가 상품 등을 소비자에게 판매하는 것, 화폐·정보의 흐름을 뜻한다. 유통은 일반적으로 제조업체와 같은 생산자에서 1차 도매업자로 이동하며, 그 후 2차 도매업자, 소매업자를 차례로 거쳐 소비자에게 최종적으로 전달된다.

02 정답 X

해설 경쟁전략은 핵심역량을 강화하고 가치창조를 활성화하며, 시너지를 창출하여 경쟁우위를 확보하고자 한다. 방어전략의 목표를 설정하기 위해서는 기업의 지속가능한 경쟁우위 능력인 경쟁력 요인들을 분석하는 것이 필요하다.

03 정답 O

해설 도매기관들은 일반적으로 상인 도매상(Merchant Wholesaler)과 대리 도매상(Agent Wholesaler)으로 분류된다. 상인 도매상은 상품을 직접 구매하여 판매하는 기능을 하는 도매기관이며, 대리 도매상은 제조업자의 상품을 대신 판매·유통시켜주는 기능을 가지고 있는 도매상을 의미한다. 두 기관의 차이는 상품을 소유하는 소유권의 유무에 있다.

04 정답 O

해설 유통산업이 발전되어야만 생산자가 만든 좋은 품질의 상품을 소비자에게 값싸고 신속하게 전달할 수 있고, 생산 및 소비의 양과 질을 합리적으로 결정하여 물품의 흐름을 원활하게 할 수 있다.

05 정답 X

해설 유통경로(Distribution Channel)는 제품이나 서비스가 생산자로부터 소비자에 이르기까지 거치게 되는 통로 또는 단계를 말한다. 상품과 서비스가 생산자로부터 소비자 및 최종사용자에게 이전되는 과정에서 참여 하는 모든 개인 및 조직(회사)을 의미한다.

06 정답 X

해설 유통경로 기능상의 흐름 상 주문이나 대금결제와 같이 최종 소비자로부터 소매상·도매상·생산자의 방향으로의 흐름을 후방기능 흐름(Backward stream)이라고 한다.

07 정답 X

해설 기능위양 이론(Functional Spin-off Perspective)에 따르면, 유통경로구조는 기능수행의 경제적 효율성 여부, 즉 기능을 얼마나 효율적으로 수행하는가 여부에 의해 결정된다.

08 정답 O

해설 SWOT 분석은 어떤 기업의 내부환경을 분석하여 강점과 약점을 발견하고, 외부환경을 분석하여 기회와 위협을 찾아내어 이를 토대로 강점은 살리고 약점은 죽이고, 기회는 활용하고 위협은 억제하는 마케팅 전략을 수립하는 것을 말한다.

09 정답 X

해설 원가우위는 생산, 판매, A/S 등 기업의 제반활동에서의 비용이 다른 기업보다 저렴한 데서 오는 우위를 의미한다. 반면, 차별화우위는 경쟁상품과 구별될 수 있는 가격이외의 제품의 질, 기업이미지, 브랜드이미지 등에서 오는 우위를 뜻한다. 기업은 원가우위, 혹은 차별화우위를 획득함으로써 경쟁력을 확보할 수 있다.

10 정답 O

해설 제품의 전체적인 공급과정에서 기업이 일정 부분을 통제하는 전략으로 다각화의 한 방법이며 전방통합과 후방통합으로 구분된다. 전방통합(Forward Integration)은 기업이 유통부문에 대한 소유권과 통제능력을 갖는 것이고, 후방통합(Backward Integration)은 기업이 부품과 원료와 같은 투입요소에 대한 소유권을 갖고 통제 능력을 갖는 것이다.

11 정답 X

해설 매트릭스 조직은 기술과 시간에 좌우되며 고도로 전문화된 재화나 용역을 산출하고 판매하는 고도의 정보처리가 요구되는 불확실성에 직면하고 있는 조직 그리고 인적, 물적 자원의 제약을 다루어야 하는 조직 등에 적용될 때 그 장점이 크게 나타날 수 있다.

12 **정답** O

해설 목표관리법은 상사와 부하가 사전에 협의하여 업무목표와 달성기준(평가지표)을 명확히 설정하고 체계적으로 조직성원들의 개개목표 내지 책임을 합의하여 부과하며 그 수행 결과를 사후에 평가하고 환류시켜 궁극적으로 조직의 효율성 향상에 기여코자 하는 관리체제 내지 관리기법을 의미한다.

13 **정답** X

해설 라인-스태프 조직은 라인조직에 스태프를 보강한 조직으로서, 명령일원화의 원리와 전문화의 원리를 조화시켜 경영의 대규모화, 복잡화에 대응할 수 있도록 만들어진 조직구조이다.

14 **정답** X

해설 레버리지 비율(총자산/순자본) : 이 비율은 기업이 장단적인 목적으로 자금을 얼마나 차입했는지를 나타내는 지표이다.

15 **정답** X

해설 일반적으로 구매자의 교섭력이 높아질수록(↑) 시장 매력도는 낮아진다(↓).

16 **정답** O

해설 직무분석이란 어떤 직무의 내용과 성격을 분석하여 해당 직무가 요구하는 구성원의 지식, 책임, 능력, 숙련 등을 명확히 하는 과정이다. 직무분석의 내용은 직무 내용, 직무 목적, 작업 방법, 작업 시간, 필요한 기술 등과 직무수행에 필요한 전문지식, 육체적 정신적 노력, 책임 등을 분석한다.

17 **정답** O

해설 SCM은 제조, 물류, 유통업체 등 유통 공급망에 참여하는 전 기업들이 협력을 바탕으로 양질의 상품 및 서비스를 소비자에게 전달하고 소비자는 거기에서 극대의 만족과 효용을 얻는 것이 목적이다.

18 **정답** X

해설 손익분기점이란 한 기간의 매출액이 당해 기간의 총비용과 일치하는 점을 말한다. 즉, 이익도 손실도 생기지 않는 매출액을 말한다. 매출액이 그 이하로 감소하면 손실이 나며 그 이상으로 증대하면 이익을 가져오는 기점을 가리킨다.

19 **정답** O

해설 채찍효과(Bullwhip Effect) 개념 : 공급자, 생산자, 도매상, 소매상, 고객으로 구성된 공급사슬을 공급자로 갈수록 상류(Up-stream), 고객 쪽으로 갈수록 하류(Downstream)라 하면, 채찍효과는 하류의 고객주문정보가 상류로 전달되면서 정보가 왜곡되고 확대되는 현상으로서 증폭현상이라고도 한다.

20 **정답** X

해설 거래 중 요소는 고객에게 제품을 인도하는 데 직접 관련되는 것들로, 재고수준을 설정하고, 수송수단을 선택하며, 주문처리절차를 확립하는 것 등이 그 예이다.

21 **정답** X

해설 발주점법 또는 정량 발주 시스템은 재고량이 일정한 재고수준, 즉 발주점까지 내려가면 일정량을 주문하여 재고관리하는 경제적 발주량 주문방식이다. 정기발주방법은 재고량을 정기적으로 파악하여 기준재고량과 현재고량의 차이를 발주하는 방식이다.

22 **정답** X

해설 델파이기법은 예측하고자 하는 대상의 전문가그룹을 선정한 다음, 전문가들에게 여러 차례 질문지를 돌려 의견을 수렴함으로써 예측치를 구하는 방법으로서 정성적(질적)방법에 해당한다.

23 **정답** X

해설 기업회계기준(GAAP)에서 재무회계의 작성목적은 외부정보 이용자들에게 효율적인 정보를 제공하는 것을 목적으로 작성된다. 반면에 내부 관리자들은 관리회계 내용을 보고 의사결정을 하게 된다. 관리회계는 비교적 정확하게 물류비 계산을 할 수 있어 관리자의 의사결정에 이용되지만 재무회계는 그렇지 못하는 단점을 가지고 있다.

24 정답 O

해설 물류비 절감방안 – 물류경로 단축, 재고량의 적정화, 수송로트의 확대, 물류작업의 생력화

25 정답 O

해설 제3자 물류는 포장, 운송, 보관, 하역, 물류 가공, 물류 정보 처리 등 일련의 공급 사슬에서 요구되는 활동을 외부의 전문업체에게 위탁함으로써 자사의 물류를 효율화하는 방식이다.

26 정답 X

해설 "양성평등"이란 성별에 따른 차별, 편견, 비하 및 폭력 없이 인권을 동등하게 보장받고 모든 영역에 동등하게 참여하고 대우받는 것을 말한다.

27 정답 O

해설 유통산업발전법상 용어의 정의에 의하면, "체인사업"이라 함은 같은 업종의 여러 소매점포를 직영(자기가 소유하거나 임차한 매장에서 자기의 책임과 계산아래 직접 매장을 운영하는 것을 말한다. 이하 같다)하거나 같은 업종의 여러 소매점포에 대하여 계속적으로 경영을 지도하고 상품·원재료 또는 용역을 공급하는 사업을 말한다.

28 정답 X

해설 ESG는 환경(Environment), 사회(Social), 지배구조(Governance)의 약자로, 기업 경영활동을 환경 경영, 사회적 책임, 건전하고 투명한 지배구조에 초점을 둔 지속가능성(Sustainability)을 달성하기 위한 기업 경영의 3가지 핵심요소를 의미한다.

29 정답 X

해설 소매점 아코디언이론(Retail Accordion Theory)은 소매점의 진화과정을 소매점에서 취급하는 상품믹스로 설명한다.

30 정답 X

해설 수평적 유통경로 시스템은 동일한 경로단계에 있는 두 개 이상의 기업이 대등한 입장에서 자원과 프로그램을 결합하여 일종의 연맹체를 구성하고 공생, 공영하는 시스템을 의미하며 공생적 마케팅(Symbiotic Marketing)이라고도 한다.

31 정답 X

해설 집심성 점포는 배후지의 중심부에 입지하며 재화의 도달범위가 긴 상품을 주로 취급한다. 백화점, 고급음식점, 보석 가게, 고급의류점, 대형 서점, 영화관 등이 있다.

32 정답 O

해설 상권은 그 수준에 따라 1, 2, 3차 상권으로 나눌 수 있다. 상권의 크기와 모양은 업태, 점포크기, 상품의 다양성, 경쟁점 현황, 도로상황, 마케팅 활동 등에 영향을 받는다.

33 정답 O

해설 소비자들이 유사한 인접점포들 중에서 선택하는 상황을 전제로 상권의 경계를 파악할 때 간단하게 활용하는 모형 중 티센다각형(Thiessen polygon) 모형이 대표적인데, 공간독점접근법에 기반한 상권구획모형의 일종이다. 일반적으로 티센다각형의 크기는 경쟁수준과 역의 관계를 가진다.

34 정답 O

해설 상권조사란 입지와 상권조사를 통한 사업타당성 여부를 검토하기 위한 기본 분석을 의미하며, 초기 상권범위를 결정하려고 할 경우 일반적으로 기초자료로서 사용되는 요인으로는 인구밀도분포, 개별점포에 접근하는 교통조건, 경쟁상대의 위치를 조사해야 한다.

35 정답 X

해설 2차 자료 : 다른 목적으로 수행된 조사자료나 정부의 인구통계자료, 세무자료, 여러 유통연구소의 발표자료 등을 의미하는 것으로 일반적으로 상권조사를 위해 가장 먼저 시작하는 조사이다. 2차 자료는 다른 목적에 의해 수집된 자료이기

때문에 목적에 맞게 수정 및 보완이 이루어져야 한다.

36 정답 ○
해설 선매품(구매시 비교 선택하여 구입하는 상품 : 양복, 가전제품 등), 전문품(악기, 고급의류 등) 취급점포의 상권이 편의품 취급점포의 상권보다 크다.

37 정답 X
해설 나뭇가지형 도로는 도로가 나뭇가지처럼 사방으로 뻗쳐있는 도로형태로, 소매업 경영에 좋은 형태이다.

38 정답 ○
해설 시장침투법 : 상권이 중첩되어 경쟁이 심한 업종
예 백화점, 할인점, 슈퍼마켓

39 정답 X
해설 유추법은 자사의 신규점포와 특성이 비슷한 기존의 유사 점포를 선정하여 그 점포의 상하 범위를 추정한 결과 자사점포의 신규입지에서의 매출액, 즉 상권규모를 측정하는 데 이용하는 방법이다.

40 정답 ○
해설 어떤 지역의 소매판매액을 1인당 평균 구매액으로 나눈 값을 상업인구라고 상업인구를 거주인구로 나눈 값을 중심성지수라 한다. 소매업의 공간적 분포를 설명하는데 도움을 주는 지표로써 유출입지수라고도 하며, 어느 지역에서 중심이 되는 공간이 어디인지를 지수로 파악할 수 있다.

41 정답 X
해설 소매포화지수(Index of Retail Szturation)는 특정 시장내에서 주어진 제품계열에 대한 점포면적당 잠재매출액의 크기를 말하며, 이것은 상권분석에 있어서 중요한 소비자 수요와 경쟁 공급량의 비율을 의미한다.

42 정답 ○
해설 소매인력 법칙에 의하면 두 경쟁도시가 그 중간에 위치한 소도시의 거주자들을 끌어들일 수 있는 상권의 규모는 인구에 비례하고, 각 도시와 중간 도시 간의 거리의 제곱에 반비례한다.(도시 크기(인구)에 비례, 거리의 제곱에 반비례하여 형성)

43 정답 X
해설 컨버스 제1법칙은 경쟁도시인 A와 B에 대해서 어느 도시로 소비자가 상품을 구매하러 갈 것인가에 대한 상권분기점을 찾아내는 것이다. 이것은 주로 선매품과 전문품에 적용되는 모델이다.

44 정답 ○
해설 수정 허프모델은 일본의 통산성이 고안하여 상업 조정에 실제로 이용되고 있는데 이는 '소비자가 어느 상업지에서 구매하는 확률은 그 상업 집적의 매장면적에 비례하고 그곳에 도달하는 거리의 제곱에 반비례한다'는 것을 공식화한 것이다. 수정 허프모델은 레일리 법칙의 거리의 제곱에 반비례한다를 대입한 것이다.

45 정답 X
해설 시장 구매력을 측정하는 구매력지수(BPI ; buying power index)는 인구와 소매매출, 유효소득 등에 대해 전체규모와 특정지역의 규모를 이용하여 계산하는 방법이다.

46 정답 ○
해설 테넌트 믹스(tenant mix)는 최적의 테넌트(임차점포)를 선택하여 계획한 규모, 위치, 콘셉트에 맞게 적정하게 배치하는 노하우를 말한다. 테넌트 믹스는 임차인의 최적 조합이며, 임차인의 특성을 고려하여 전체 상가 수익을 극대화 전략을 추구한다. 머천다이징 정책을 실현하기 위한 최적의 조합을 꾸미는 과정으로, 시설 내 테넌트 간에 끊임없이 경쟁보다는 경합대상 소매점(쇼핑센터)와의 경쟁력 강화에 초점을 맞추어야 한다.

47 정답 X
해설 입지분석 과정은 '지역(Region) → 상권(Area) → 특정입지(Site)'으로 진행된다.

48 정답 X
해설 보증실현의 법칙 : 인간은 먼저 득을 얻는 쪽을 택한다. 길을 건널 때에도 최초로 만나는 횡단보도를 이용하려는 성향이 있다.
* 최단거리 실현의 법칙 : 인간은 최단거리로 목적지에 가려는 심리가 있다.

49 정답 O
해설 마그넷 스토어(Magnet Store) : 핵상점이라고 한다. 쇼핑센터의 핵으로서 고객을 끌어 들이는 기능을 갖고 있으며, 일반적으로 백화점이나 종합 슈퍼마켓이 이에 해당된다.

50 정답 O
해설 노면독립입지는 여러 업종의 점포가 한곳에 모여 있는 군집(群集)입지와 달리, 전혀 점포가 없는 곳에 독립하여 점포를 운영하는 형태이다.

51 정답 X
해설 계획성보다는 무계획성으로 인하여 밀집되어 있는 것이 특징이다.

52 정답 X
해설 용적률이란 땅 대비 총건축 가능평수 즉, 부지면적에 대한 건축물 연면적의 비율로 산출한다. 즉, 용적률은 한마디로 "몇 층 높이까지 건물을 지을 수 있나"를 의미한다. 용적률 = (건축물 연면적 ÷ 대지면적) × 100

53 정답 O
해설 Node(결절점)는 '통로'의 교점이고 '랜드마크'를 동반하기도 하며 '구역'이나 '가장자리'를 만들기도 하는 중요한 장소적 특성을 지닌다.

54 정답 O
해설 상가건물임대차보호법은 상가건물 임대차에 관하여 「민법」에 대한 특례를 규정하여 국민 경제생활의 안정을 보장함을 목적으로 한다. 이 법은 상가건물(사업자등록의 대상이 되는 건물을 말한다)의 임대차(임대차 목적물의 주된 부분을 영업용으로 사용하는 경우를 포함한다)에 대하여 적용한다.

55 정답 X
해설 도미넌트 전략은 일정지역에 다수의 점포를 동시에 출점시켜서 경쟁자의 진입을 억제하는 다점포 전략으로서, 물류비 절감과 매장구성을 표준화를 통해 경쟁력을 유지하는 전략에 해당한다. 시장력 흡수전략은 시장의 규모에 맞는 출점을 통해 그 시장이 갖는 잠재력을 충분히 흡수하기 위한 것

56 정답 X
해설 미시적 환경(Micro-Environment)이란 기업이 속한 산업의 주요 구성요소들을 의미하는데, 이에는 경쟁자, 소비자, 유통기관, 공급업자, 대중, 기업의 내부환경 등과 같이 기업의 목표달성에 직접적인 영향을 미치는 요인들이 포함된다.

57 정답 O

58 정답 X
해설 시장침투 전략은 "기존시장 + 기존제품"의 경우로 어떤 형태로든 제품을 변경시키지 않고 기존 고객들에게 보다 많이 판매하도록 하는 전략수립이다.

59 정답 O
해설 BCG 성장-점유 매트릭스는 기업의 전략사업단위를 시장성장률과 상대적 시장점유율이라는 두 변수를 양축으로 하는 2차원 공간상에 표시하여 각 사업의 상대적 매력도를 평가하고 새로운 전략을 제시해주는 모델이다. 수직축인 시장성장률은 제품이 판매되는 시장의 연간성장률로서 시장매력척도이며, 수평축은 상대적 시장점유율로서 시장에서 기업의 강점측정척도이다.

60 정답 O

61 정답 O

62 정답 O

63 정답 X
해설 컨조인트 분석(Conjoint Analysis)은 제품 및 서비스가 갖고 있는 속성에 대해 고객이 선호하는 형태를 측정함으로써 그 고객이 어떤 제품을 선택할 것인지 예측하는 기법이다. 어떤 제품이나 서비스에 대해서 여러 대안이 있을 경우, 그 대안들에 부여하는 소비자들의 선호도를 측정하여 소비자가 각 속성들(attributes)에 부여하는 상대적 중요도(relative importance)와 각 속성수준의 효용(utility)을 측정하는 분석방법이다.

64 정답 X
해설 단품(SKU ; Stock Keeping Unit)은 상품의 최소 관리단위이며, 고객이 구입하게 되는 단위 또는 묶음으로서 상품주문 및 판매의 최소단위이다. 예 편의점 음료코너의 콜라, 사이다 등

65 정답 X
해설 확장상품은 실제상품의 효용가치를 증가시키는 부가서비스 차원의 상품을 말한다.

66 정답 X
해설 욕조마개(bathtub) 이론에 대한 설명이다. 풍선효과(ballon)란 어떤 문제를 해결하면 다른 문제가 또 불거지는 현상을 말하는 것으로 이는 마치 풍선을 누르면 다른 쪽이 부풀어 오르는 현상과 비슷하다고 하여 생긴 표현이다.

67 정답 X
해설 풀 전략(pull strategy)은 제조업자의 광고를 통하여 이미지가 형성된 소비자가 스스로 특정 제품을 지명 구매하도록 하는 즉 끌어당기면서 구매하도록 하는 고차원적 정책이다. 광고 활동을 통하여 소비자가 직접 찾아와서 지명 구매하는 형태의 판매 정책으로 market-in strategy라고도 한다.

68 정답 X
해설 플래노그램(Planogram)이란 점포 매장 내 상품의 종류 및 상품별 배치방법을 통하여 매장의 수익성을 극대화시킬 수 있도록 시스템으로 만든 매장 내 진열관리 프로그램(지침서)을 의미한다.

69 정답 O

70 정답 X
해설 버블(Bubble)계획은 전반적으로 제품을 진열하는 매장 공간, 고객서비스 공간, 창고 등과 같은 점포의 주요 기능공간의 규모와 위치를 간략하게 보여주는 것을 말한다. 이러한 계획은 소매상의 전략적 목표를 표현할 수 있어야 한다. 즉, 소매상이 매장에서 강조하고자 하는 부분을 고객의 눈에 잘 보이는 곳에 배치한다.

71 정답 O

72 정답 X
해설 수직적 진열은 동일 상품군이나 관련 상품을 최상단부터 최하단까지 종으로 배열하는 것을 말한다. 이는 일반적으로 고객의 시선이 수평으로 흐르는 경향이 있으므로 상품을 수직적으로 배열하면 고객시선을 멈춰 상품이 눈에 띄도록 하는 효과가 있다.

73 정답 X
해설 크로스셀링 (cross-selling) : 기존 상품을 구입하였던 고객이 다른 연관된 상품의 구매로 이어질 수 있도록 하는 마케팅 방법을 말한다. 기업은 기존의 구매 고객에게 다른 상품의 구매를 제안하거나, 고객이 구입한 특정 상품과 연관성이 높은 상품을 연계하여 판매한다.

74 정답 X
해설 탐색조사는 기업의 마케팅 문제와 현재의 상황을 보다 더 잘 이해하기 위해서, 조사목적을 명확히 정의하기 위해서, 필요한 정보를 분명히 파악하기 위해서 시행하는 조사방법을 의미한다. 기술적 조사는 마케팅 현상의 특징이나 마케팅 변수들 간의 관련성여부를 파악하기 위해 실시된다.

75 정답 O

76 정답 O

77 정답 O

78 정답 X
해설 UX(User Experience)는 사용자가 웹 사이트, 애플리케이션 또는 실제 제품과 같은 제품 또는 서비스와 상호 작용하는 동안 갖게 되는 전반적인 경험을 의미한다. UI(USER INTERFACE)는 사용자 인터페이스라고 하며 사용자가 제품과 서비스를 사용할 때, 마주하게 되는 면이다.

79 정답 X
해설 정형적 의사결정의 과정은 관습적으로 처리하거나 대부분의 경우 의사결정을 위한 표준절차나 방침이 조직의 내규 또는 규정 등에 문서로 기록되어 있다.

80 정답 O

81 정답 O

82 정답 X
해설 유통정보시스템 구축효과로는 성과개선 및 수익 증가, 리드타임 감소, 불확실성 감소, 유통망 가시성 확보 등이 있다.

83 정답 O
해설 클라우드 컴퓨팅(Cloud Computing)은 사용자가 필요한 소프트웨어를 자신의 컴퓨터에 설치하지 않고도 인터넷 접속을 통해 언제든 사용할 수 있으며 동시에 각종 IT 기기로 데이터를 손쉽게 공유할 수 있는 사용환경이다.

84 정답 X
해설 형식지(explicit knowledge)는 서술하기 쉽고 객관적, 논리적인 디지털 지식 등이 포함된다. 제품 사양, 문서, 데이터베이스, 매뉴얼, 화학식 등의 공식, 컴퓨터 프로그램 등의 형태로 표현되는 것은 형식지로 분류된다.

85 정답 X
해설 지식경영 프로세스의 마지막 단계는 '지식의 활용'이다.

86 정답 X
해설 지식의 변화과정은 '사회화 → 외재화 → 종합화 → 내재화'의 과정을 거친다.

87 정답 X
해설 소스마킹(source marking)은 제조업체 및 수출업자가 상품의 생산 및 포장단계에서 바코드를 포장지나 용기에 일괄적으로 인쇄하는 것을 말한다.

88 정답 X
해설 EDI(Electronic Data Interchange)란 전자문서교환이라고 하며 기업 사이에 컴퓨터를 통해서 표준화된 양식의 문서를 전자적으로 교환하는 정보전달방식이다.

89 정답 O

90 정답 O

91 정답 X
해설 온라인 분석처리(OLAP ; Online Analytical Processing)란 최종 사용자가 다차원 정보에 직접 접근하여 대화식으로 정보를 분석하고 의사결정에 활용하는 과정에서 등장하였다. 대표적인 예로, 사용자가 동일한 데이터를 여러 기준을 이용하는 다양한 방식으로 바라보면서 다차원 데이터 분석을 할 수 있도록 도와준다.

92 **정답** X

해설 PPDM(Privacy Preserving Data Mining)은 프라이버시 보존형 데이터마이닝으로 개인정보를 공개하지 않은 상태에서 통계적 처리나 기계학습에 사용될 수 있도록 데이터의 함축적인 지식이나 패턴을 찾아내는 기술을 의미한다.

93 **정답** X

해설 이용제한의 원칙이란 수집 시 동의 받은 이용목적의 범위내에서만 이용되어야 한다는 것이다.
OECD 개인정보 보호 8원칙 : 수집제한의 원칙, 정보내용 정확성의 원칙, 수집목적 명확화의 원칙, 이용제한의 원칙, 안전확보의 원칙, 공개의 원칙, 책임의 원칙

94 **정답** O

해설 암호화 알고리즘(encryption Algorithm)에서 암호(cryptography)는 평문을 해독 불가능한 형태로 변형하거나 또는 암호화된 통신문을 해독 가능한 형태로 변환하기 위한 원리, 수단, 방법 등을 취급하는 기술이다
비대칭형 또는 공개 키 방식(public key cryptosystem)은 데이터의 암호화(encryption)에는 공개키가 사용되고 복호화(decryption)에는 비밀키가 사용되는 암호 시스템이다.

95 **정답** X

해설 제조업체와 도매업체가 상품을 실제로 창고에서 출하한 시점에서 그 상품에 관한 자세한 정보를 전송하는 기술을 "ASN(Advanced Shipping Notice)"이라고 한다.

96 **정답** O

97 **정답** X

해설 계획한 또는 실제 시장 수요를 충족하기 위해 재화와 서비스를 획득하는 프로세스는 '조달(Source)'이다.

98 **정답** X

해설 흔히 사용하는 인공지능이 가장 큰 범주이며, 머신러닝 딥러닝 순으로 작은 범주에 속하게 된다.

99 **정답** X

해설 블록체인(block chain)은 관리 대상 데이터를 '블록'이라고 하는 소규모 데이터들이 P2P방식을 기반으로 생성된 체인 형태의 연결고리 기반 분산 데이터 저장 환경에 저장하여 누구라도 임의로 수정할 수 없고 누구나 변경의 결과를 열람할 수 있는 분산 컴퓨팅 기술기반의 원장 관리 기술이다.

100 **정답** O

해설 NoSQL은 RDBMS에 비해 스케일 업(처리 성능을 향상시키기 위해 서버와 스토리지의 대수를 늘려 처리 성능을 향상 시키는 것)에 적합하다고 알려져 있다. NoSQL은 문서나 이미지 등의 비정형 데이터의 처리에는 적합하지만, 숫자 등의 구조화된 데이터, 특히 데이터의 정확성을 중요시하는 처리에는 적합하지 않다.

핵심용어 똑딱

[**핵심용어**만 **똑!** 수록하였고, 이것만 알아도 **딱!** 꿀리지 않는다]

제1과목 유통물류일반관리

가치사슬
- 체계적으로 연계된 가치창출활동을 의미
- 본원적 활동(primary activities) : 물류투입활동, 운영활동, 물류산출활동, 마케팅 및 판매활동, 서비스 활동
- 지원활동(support activities) : 획득(조달)활동, 기술개발활동, 인적자원관리활동, 기업하부구조 활동

경제적 주문량(EOQ ; conomic Order Quantity)
- 자재나 제품의 구입에 따르는 제비용과 재고유지비 등을 고려해 가장 경제적이라고 판단되는 자재 또는 제품의 주문량으로, 주문 비용과 단위당 재고유지비용의 합계가 최저로 되는 점(주문량)

공급체인관리(SCM ; supply chain management)
- 제조, 물류, 유통업체 등 유통공급망에 참여하는 모든 업체들이 협력을 바탕으로 정보기술을 활용, 재고를 최적화하기 위한 솔루션
- 원자재를 공급받아 이를 완제품으로 만들고 최종소비자에게 판매하기까지의 일련의 제품 관련 사업프로세스를 전체의 한 흐름(체인)으로 관리하는 기법

구색형성과정 용어
- 구색(assortment) : 이질적인 것을 모두 다시 모으는 단계
- 분류(sorting out) : 이질적인 것을 동질적 단위로 나누는 과정, 생잔자의 표준화 기능
- 분배(allocation) : 동질적으로 쌓여진 것을 다시 나누는 과정
- 집적(accumulation) : 동질적인 것끼리 다시 모으는 수집기능

구분	산개(나눔)	집중(모음)
이질적 생산물	분류	구색
동질적 생산물	분배	집적

규모의 경제(economies of scale)
- 기업의 생산 규모가 증가할 때 생산량의 증가가 노동, 자본 등 생산요소의 증가보다 더 크게 증가하는 경우를 말함. 즉, 상품을 한 단위 더 생산하는데 있어 소요되는 비용은 점점 줄어들고 이익은 늘어나는 경우를 의미

국제물류주선업
- 타인의 수요에 따라 자기의 명의와 계산으로 타인의 물류 시설·장비 등을 이용하여 수출입화물의 물류를 주선하는 사업을 말하며 이를 업(業)으로 영위하는 자를 국제물류주선업자(Freight Forwarder)라 함

다운사이징(downsizing) & 리스트럭처링(restructuring)
- 다운사이징은 비용절감과 영업효율성 제고를 기대하고 조직규모를 줄이는 것
- 리스트럭처링은 조직의 효율성을 높이고 성과를 개선하기 위하여 조직의 규모나 운용 내용을 바꾸는 것

델파이 방법(Delphi Method)
- 미래환경에 대한 예측 또는 시나리오를 주고 설문형태로 작성하여 전문가들로부터 개별적인 의견을 수집하고, 이 결과를 요약하여 다시 전문가들에게 피드백함으로써 의견을 수정할 기회를 주고 마지막으로 다시 종합하여 최종적인 예측을 하는 환경예측기법

동기부여 이론
- 내용 이론

연구자	특징
Maslow	• 생리적 욕구 → 안전욕구 → 소속욕구 → 존경욕구 → 자아실현 욕구 • 하위욕구가 충족되어야 상위욕구가 단계적으로 발생한다는 이론
Alderfer	• Existence, Relatedness, Growth(ERG) • Maslow의 이론을 비판(진행+좌절-퇴행 가능, 욕구의 동시달성 가능)
Herzberg	• 위생요인(hygiene factor) : 임금, 안정된 직업, 작업조건, 지위, 경영방침, 관리, 대인관계 등 → 불만족 요인 • 동기요인(motivator) : 성취감, 인정, 책임감, 성장, 발전, 보람있는 직무내용, 존경과 자아실현 욕구 등 → 만족 요인 • 위생요인과 동기요인을 각각 다른 차원으로 간주(불만족, 무만족, 만족)
McClelland	• 후천적(학습된) 욕구를 대상 : 성취욕구, 권력욕구, 친교욕구
Argyris	• 미성숙상태에서 성숙상태로 계속 성장발달하면서 조직의 효과성에 공헌하는 개인의 변화과정

- 과정 이론

연구자	특징
Vroom	동기부여 = 기대(expectancy) × 유의성(valence) × 수단성(instrumentality)
Porter & Lawler	보상의 가치, 노력 대 보상의 확률에 대한 지각, 능력과 자질, 역할지각, 성과, 노력, 보상, 공정한 보상에의 지각, 만족감 등
Adams	• 인지부조화 이론(투입과 산출) + 준거인물(reference) • 동기부여 = 불공정의 해소과정
Locke	목표의 구체성, 목표수준, 구성원의 참여, 결과에 대한 피드백, 목표에 대한 수용도 등

디플레이션(deflation)
- 물가가 지속적으로 하락하는 현상을 의미하며, 이는 물가의 지속적 상승을 의미하는 인플레이션에 대응되는 개념

리드타임(Lead Time)
- 구매에서 리드타임은 발주한 후 납품시까지 소요되는 시간을 의미하며, 가장 이상적인 재고는 납품 시 과잉재고와 결품(缺品)이 발생하지 않도록 안전재고를 실현할 수 있는 시간 내에 발주되어야 함

물류표준화
- 운송, 보관, 하역, 포장, 정보 등과 같이 물동량 취급단위를 표준화 또는 규격화하고, 여기에 이용되는 기기, 용기, 설비 등의 규격이나 강도, 재질 등을 통일시키는 것

물류정보시스템
- 물류정보시스템은 원자재 및 부품의 조달에서부터 생산과정을 거쳐 상품의 최종 고객에 이르기까지의 전체 흐름을 용이하게 하는 물자의 운송, 보관, 하역, 포장, 유통가공, 정보활동과 이를 수행하는 인력에 관한 모든 사항들을 계획·조정·통제하여 하나의 독립된 시스템으로 관리함으로써 기업의 경영효율을 극대화하는 것으로 정형적 의사결정에 활용

목표관리법(MBO ; Management By Objectives)
- 상사와 부하가 협조하여 목표를 설정하고, 그러한 목표의 진척상황을 정기적으로 검토하여 진행시켜 나간 다음 목표의 달성여부를 근거로 평가를 하는 제도

발주점법(Fixed Order Quantity System)
- 재고량이 일정한 재고수준 즉, 발주점까지 내려가면 일정량을 주문하여 재고관리하는 경제적 발주량 주문방식

범위의 경제(Economies of scope)
- 하나의 기업이 2가지 이상의 제품을 함께 생산할 경우, 2가지를 각각 따로 다른 기업에서 생산하는 경우보다 생산비용이 적게 드는 현상

복합운송
두 가지 이상의 운송수단을 사용하여 운송하는 방식
- 피기백 시스템(FiggyBack System) : 도로운송 + 철도운송
- 피시백 시스템(FishyBack System) : 해상운송 + 도로운송
- 버디백 시스템(BirdyBack System) : 항공운송 + 도로운송
- 트레인쉽 시스템(TrainShip System) : 철도운송 + 해상운송

상품회전율
- 매출액을 상품평균재고로 나누어 계산하는데 회전율이 높을수록 매출이 증가함을 의미하고, 매출의 증가
- 수익의 증가를 말하므로 회전율이 높을수록 이익이 증가

손익분기점(BEP ; Break-Even Point)
- 제품의 판매로 얻은 수익과 지출된 비용이 일치하여 손실도 이익도 발생하지 않는 판매량이나 매출액을 의미하며, 손익분기점에서는 공헌이익 총액이 고정원가와 일치하여 영업이익이 0(영)이 됨
- 손익분기점은 CVP 분석에서 영업이익이 0(영)이 되는 하나의 점으로 원가·조업도·이익분석(CVP) 분석의 일부분이라고 할 수 있음

선택적 유통채널(selective channel)
- 일정한 기준으로 효율적인 유통이 가능한 업자를 선택하려고 하는 것이며, 구매빈도도 작고 비교적 비싼 가격의 제품으로 브랜드 선호도도 높은 선매품에 많은 타입인데 보다 효과적·효율적인 유통이 가능하고 시장관리도 비교적 용의주도하며 정보의 피드백도 기대할 수 있다는 점

성장전략

구분	기존제품	신제품
기존시장	시장침투 전략	제품개발 전략
신시장	시장개발 전략	다각화 전략

소매수레바퀴 이론
- 새로운 소매상은 초기에 저가격, 저마진, 저서비스의 점포운영방식으로 시장에 진입하지만 신규 소매시장에서 성공한 이후 경쟁이 격화되면 고비용, 고가격, 고서비스의 소매점으로 변질되어 새로운 개념을 가진 신업태에게 그 자리를 양보하고 사라진다는 이론

소비자 요구에 대한 신속 대응(QR ; Quick Response)
- 미국의 패션의류업계가 수입의류의 급속한 시장 잠식에 대한 방어 목적으로 개발한 것으로, 상품을 공급함에 있어서 소비자들이 원하는 시간에 맞추어 공급하고, 불필요한 재고를 없애서 비용을 줄이도록 만드는 시스템

수요의 가격탄력성
- 가격변화 1%에 대응하여 변화되는 수요량 변화%를 의미

수직적 유통경로(VMS ; Vertical Marketing System)
- 상품이 생산에서 소비에 이르기까지의 유통과정을 체계적으로 통합하고 조정하여 하나의 통합된 체제를 유지하는 것을 의미
- 중앙통제적 조직구조를 가지며 유통경로가 전문적으로 관리되고 규모의 경제를 실행할 수 있으며 경로 구성원간의 조정을 기할 수 있는 시스템

스와트 분석(SWOT ; Strength Weakness Opportunity Threat)
- 기업이 경영전략 수립을 위해 내부의 강점과 약점, 기업 외부의 기회와 위협을 분석하는 활동

시장의 실패
- 시장이 최적의 자원배분 기능을 하지 않는 것, 즉 효율적 자원배분이 불가 또는 곤란한 상태

식스시그마(six-sigma)
- 통계학적으로 무결점에 가까운 2PPB(0.002PPM)의 품질수준을 의미하는데, 통상 3.4PPM 정도의 품질수준을 식스시그마의 수준으로 간주하며, 3.4PPM은 제품 1백만 개당 3.4개 이내의 불량수준을 의미

아웃소싱(Outsourcing)
- 기업 내부의 프로젝트나 생산·유통·포장·용역 등 업무의 일부분을 외부 전문업체에게 위탁해 처리하는 경영전략으로, 기업 감량화를 통한 인원절감, 가격경쟁력 확보 및 생산성 향상을 위해 도입

아코디언 이론
- 홀랜더(S. C. Hollander) 교수가 주장했으며, 소매업체들이 다양한 제품을 취급하는 종합점포 유형에서 몇몇 종류의 전문제품에 집중하는 전문업체 유형으로 변했다가 다시 다양한 제품을 취급하는 종합점포로 전환하는 형식으로 발달하는, 즉 상품구색 측면에서 수축과 확장을 반복하면서 업태의 발달과정이 전개되고 있다고 설명하는 소매업 발달이론

오프쇼어링(Offshoring) & 리쇼어링(reshoring)
- 오프쇼어링(Offshoring)은 경영 활동의 일부를 국내 기업에 맡기는 아웃소싱의 범위가 해외의 저비용 이점을 활용하기 위해 해외로 확대된 것인데, 해외최근에는 해외 국가의 인건비 상승과

스마트 팩토리의 확산으로 투자 및 제조활동을 다시 국내로 이전하는 경영 활동
- 리쇼어링(reshoring)은 인건비, 세금 등 비용절감 등을 이유로 생산과정의 일부를 해외로 이전했던 오프쇼어링(off-shoring) 기업이 다시 본국으로 돌아오는 현상을 의미하는데, 일반적으로는 제조업체의 본국으로의 회귀를 의미

유통(Distribution)
- 최초의 생산단계에서 이루어진 생산물이 최후의 소비에 이르기까지 연결하는 영역을 유통이라 한다. 즉, 생산자에 의해 생산된 재화가 판매되어 소비자(수요자)에 의하여 구매되기까지의 계속적인 여러 단계에서 수행되는 활동을 말한다.
- 넓은 의미의 유통은 상적 유통 이외의 물류 이동을 의미하는 물적 유통과 정보처리 및 광고 통신의 유통인 정보유통, 그리고 금융·보험 등 보조 활동을 포괄하는 상업활동

유통채널(Distribution channal)
- 싱글채널 : 인터넷이 발달하기 전의 초창기 형태의 오프라인 점포
- 듀얼채널 : 싱글채널에서 지역을 확장시켜나가기 시작하는 형태의 오프라인 점포
- 멀티채널 : 인터넷의 발달로 오프라인, 온라인형태가 공존하는 초반의 유통경로 형태
- 크로스채널 : 기술 발달, 소비자 니즈 확장으로 인한 오프라인, 온라인의 구분이 모호한 상태
- 옴니채널 : 정보기술을 활용하여 고객들이 이용가능한 온오프라인의 모든 쇼핑채널을 유기적으로 통합하여 연계시켜, 고객들에게 쇼핑에 불편함이 없도록 지원하는 것

유통커버리지
- 지역이나 시장에 대한 유통 네트워크의 범위나 깊이를 나타내는 지표. 특정지역에서 자사 제품을 판매할 소매점의 수

유통경로 효용
- 시간 효용(Time utility) : 소비자가 원하는 시기에 필요한 상품을 구매할 수 있는 편의를 제공하는 것으로, 제품이 필요할 때 제공하여 제품의 가치를 더하는 것
- 장소 효용(Placc utility) : 소비자가 원하는 장소에서 상품이나 서비스의 구입이 가능하도록 해주는 것으로 생산자는 상품을 중간상에게 배급하고 소비자는 원하는 상품을 구매하기 위하여 도매상이나 소매상 같은 중간상을 접촉 할 수 있어 장소적 편의를 제공할 수 있다는 것
- 소유 효용(Possession utility) : 유통기관은 소비자로 하여금 상품을 소유할 수 있도록 도와주는 활동을 하는데, 신용제공을 포함하여 한 쪽에서 다른 쪽으로 소유권을 이전하는데 필요한 모든 것을 하는 것
- 형태 효용(Form utility)상품과 서비스를 고객에게 좀 더 매력 있게 보이도록 그 형태 및 모양을 변경시키는 여러 가지 활동들

재무비율
- 유동비율 : 단기 부채를 갚을 능력이 있는가를 판단하기 위한 지표로, 높을수록 지불능력이 높음
  ▶ 유동비율, 당좌비율
- 수익성비율 : 기업이 이익을 얻기 위해 다양한 자원들을 얼마나 효율적으로 사용하는지 측정하는 비율 ▶ 매출액순이익률, 총자산순이익률, 자기자본순이익률
- 레버리지비율 : 기업이 영업활동을 하는 데 있어 타인 자본에 얼마만큼 의존하고 있는지 측정하는 비율 ▶ 부채비율, 이자보상비율, 고정재무비보상비율
- 활동성비율 : 기업이 자산 사용을 얼마나 효율적으로 했는지 측정하는 비율 ▶ 매출채권회전율, 재고자산회전율, 총자산회전율

적기공급 생산시스템(JIT ; Just In Time)
- 필요한 상품이 필요한 시기에 즉시 도착하기 때문에 재고의 유지가 필요 없거나 극소량의 재고를 유지함으로써 재고관리비용을 획기적으로 줄일 수 있는 시스템

전사적 자원관리(ERP)
- 제조업을 포함한 다양한 비즈니스 분야에서 생산, 구매, 재고, 주문, 공급자와의 거래, 고객서비스 제공 등 주요 프로세스 관리를 돕는 여러 모듈로 구성된 통합 애플리케이션 소프트웨어 패키지

전속적 유통채널
- 특정지역에서 단일의 유통업자와만 거래를 하고 다른 메이커의 상품을 취급하지 못하게 하며 소매업자도 한정하는 것과 같은 경우 ▶ 배타적 유통채널

지연 전략(Postponement Strategy)
- 제품을 생산할 때 일정 수준까지는 같은 스펙으로 제조해놓고, 마지막 단계에서 소비자 취향을 반영해 성능 등에서 차별화하는 것
- 제품의 완성 시점을 지연시킴으로써 다양한 시장 변화와 고객 Needs에 유연하게 대응 가능하도록 공급 프로세스를 설계하는 전략

직무분석(job analysis) & 직무설계(job design)
- 직무분석은 직무의 내용, 맥락, 인적 요건 등에 관한 정보를 수집하고 분석하는 체계적인 방법을 의미
- 직무설계는 업무가 수행되는 방식과 주어진 직무에서 요구되는 과업들을 정의하는 과정

집약적 유통채널(Distribution Channel)
- 이용 가능한 모든 유통업자로 하여금 자가제품을 취급하게 하고 결과적으로 소매점두의 스토어 커버리지를 최대로 하려고 하는 방법
- 소비자가 그다지 구매하러 돌아다니지 않고, 구입빈도가 높고, 비교적 값이 싼 일상용품에 적합

채찍효과(Bullwhip effect)

- 공급사슬의 구성은 공급자, 생산자, 도매상, 소매상, 소비자로 볼 수 있다. 공급자로 갈수록 상류(upstream)이고 소비자 쪽으로 갈수록 하류(downstream). 공급사슬에서 최종소비자에게서 멀어지는 정보는 정보가 지연되거나 왜곡되어 수요와 재고의 불안정이 확대되는 현상

체인(Chain)사업 형태

직영점형 체인사업	체인본부가 주로 소매점포를 직영하되 가맹계약을 체결한 일부 매점포(가맹점)에 대하여 계속적으로 상품을 공급하며 경영을 지도하는 형태의 체인사업
프랜차이즈형 체인사업	독자적인 상품 또는 판매, 경영기법을 개발한 체인본부가 상호 판매방법, 매장운영 및 광고방법 등을 결정하고 가맹점으로 하여금 그 결정과 지도에 따라 운영하도록 하는 형태의 체인사업
임의가맹점형 체인사업	체인본부의 계속적인 경영지도 및 체인본부와 가맹점간 협업에 의하여 가맹점의 취급품목, 영업방식 등의 표준화사업과 공동구매, 공동판매, 공동시설활용 등 공동사업을 수행하는 형태의 체인사업
조합형 체인사업	동일업종의 소매점들이 중소기업협동조합법 규정에 의한 중소기업협동조합을 설립하여 공동구매, 공동판매, 공동시설활용 등 사업을 수행하는 형태의 체인사업

크로스 도킹(Cross Docking)

- 창고나 물류센터로 입고되는 상품을 보관하는 것이 아니라 즉시 배송할 준비를 하는 물류시스템
- 배달된 상품을 수령하는 즉시 중간저장단계가 거의 없거나 전혀 없이 배송지점으로 배송하는 것

팩토링

- 매출채권을 대출담보로 이용하는 대신에 매출채권을 직접 매각하여 채권에 투자된 자금을 회수하는 것

포트폴리오 리테일링(Portfolio Retailing)

- 포트폴리오는 투자자나 기업이 여러 개의 자산투자를 분산하여 투자하는 것을 말하는데, 손해나 이익의 평균화를 추구하는 안전한 투자운용수단
- 포트폴리오 리테일링은 한 개의 업체가 다양한 형태의 소매업태를 동시에 운영하는 것

프랜차이징(Franchising)

- 복수 점포 전략의 한 형태로서 제품의 판매와 서비스에 대한 특권을 가지고 있는 프랜차이즈 본사에서 시장 확대를 위해 체인망을 구성하고, 여기에 가입하는 프랜차이즈 가맹점들과 일정한 계약을 체결하여 특정지역에서 판매를 독점할 수 있는 권한을 주어 브랜드, 표준화된 상품, 서비스, 판매기술, 마케팅 노하우 등을 전수해 주고 대신 일정한 로열티, 보증금, 가입금을 포함한 대금을 받는 영업활동

파레토 최적(20 : 80 법칙)

- 이러한 현상을 나타내는 것으로 매장에 진열되어 있는 20%의 품목이 점포 전체 매출액의 80%를 차지한다는 것을 의미. 소매기업은 품목별로 중점을 두어야 할 품목을 사전에 계획적으로 정하여 관리할 필요가 있으며, 이러한 생각은 구매활동에서부터 적용되어야 함

한정기능 도매상의 종류
- 현금판매 - 무배달 도매상 - 현금거래만 하며, 수송 서비스는 미제공
- 트럭도매상 - 트럭에 제품을 싣고 전국을 돌며 이동판매, 현금판매를 원칙(과일, 야채 등 식료품 위주)
- 직송도매상 - 제품에 대한 소유권을 갖고 제조업자로부터 제품을 취득하여 소매상에게 바로 직송(석탄, 목재, 곡물 등)
- 선반도매상 - 비식품 부문의 도매상의 하나로 주로 슈퍼마켓에 있어서 그 가게의 전문 분야가 아닌 상품에 관한 머천다이징을 수행
- 우편주문도매상 - 우편을 통해 카탈로그와 제품주문서 등을 발송하여 주문을 접수하여 제품을 배달(가구, 의류, 액세서리, 보석류 등)

ABC 관리방식(ABC Control Method)
- 기업이 관리하고자 하는 상품의 수가 많아 모든 품목을 동일하게 관리하기가 어려울 때 이용하는 방법이다. 먼저 어떤 기준에 의해 품목을 그룹화하고 그 그룹에 대해 집중관리한다 이 방식은 재고관리나 자재관리뿐만 아니라 원가관리, 품질관리에도 이용할 수 있다.

Cross Border Trade(CBT)
- 온라인이나 모바일을 통해 해외 고객에게 B2C로 상품을 판매하는 것

CSR(Corporate Social Responsibility)
- 기업의 사회적 책임. 기업활동에 의해 영향을 받거나 영향을 주는 직·간접적 이해관계자들에 대하여 발생 가능한 제반 이슈들에 대한 법적, 경제적, 윤리적 책임을 감당할 뿐 아니라, 기업의 리스크를 줄이고 기회를 포착하여 중장기적 기업가치를 제고할 수 있도록 추진하는 일련의 "이해관계자 기반 경영활동"

ESG
- 환경(Environment), 사회(Social), 지배구조(Governance)의 약자로, 기업 경영 활동을 환경경영, 사회적 책임, 건전하고 투명한 지배구조에 초점을 둔 지속가능성(Sustainability)을 달성하기 위한 기업 경영의 3가지 핵심요소를 의미

X·Y이론의 가정

X이론	• 사람은 일을 싫어하고, 그저 시키는 일만 한다 • 따라서 조직목표 달성을 위해 그들을 통제, 위협, 지시, 강압, 감독의 수단으로 관리
Y이론	• 자율적 존재(자아 통제) • 인간의 사회적 또는 자아실현욕구와 집단구성원들과의 관계지향적 행동 및 개인의 자아통제기능을 강조 → 인간관계와 행동과학의 자아실현적 인간관을 반영

제2과목 상권분석

각지
- 두(2) 개 이상의 가로각에 접면하는 획지(비슷한 가격대로 묶여있는 토지). 접면하는 각의 수에 따라 2면각지, 3면각지, 4면각지 등
- 이 각지는 2이상의 가로에 접하므로 접근성이 양호해지고, 이로 인해 토지의 가치가 상승하기도 하며, 소음, 도난, 교통, 재해를 받기 쉽고, 담장 등의 건설비용이 높은 것은 단점으로 지적

고객 스포팅(CST ; Customer Spotting Technique)
- 소비자분포기법. 특정 소매점이 자기상권에 포함된 사람들의 거주지역과 숫자를 파악하는데 사용하기에 가장 적합한 기법으로서 새로운 점포가 위치할 지역에 대한 판매예측에 많이 활용되는 방법으로서 하버드 비즈니스 스쿨의 윌리엄 애플바움(Applebaum)이 제안

공리선택모형
- '공리'란 수학이나 논리학에서 가장 기본이 되는 명제나 개념으로 증명 없이 받아들여지는 참인 명제를 의미하며 확률모형에서의 공리선택모형은 확률론에서 사용되는 기본적인 공리들을 기반으로 확률을 정의하는 모형

구매력 지수(BPI ; Buying power Index)
- 소매점포의 입지분석을 할 때, 해당 지역시장의 구매력을 측정하는 기준으로서 사용되는 것으로, 그 시장에서 구매할 수 있는 능력을 나타내는 것
- 구매력 지수(BPI) = (인구비 $\times$ 0.2)+(소매 매출액비 $\times$ 0.3)+(유효구매 소득비 $\times$ 0.5)

국부적 집중성점포
- 어떤 특정 지역에 동업종끼리 국부적 중심지에 입지하여야 유리(농기구점, 종묘점, 석재점 등)

권리금
- 임대차 목적물인 상가건물에서 영업을 하는 자 또는 영업을 하려는 자가 영업시설·비품, 거래처, 신용, 영업상의 노하우, 상가건물의 위치에 따른 영업상의 이점 등 유형·무형의 재산적 가치의 양도 또는 이용대가로서 임대인, 임차인에게 보증금과 차임 이외에 지급하는 금전 등의 대가

건폐율 & 용적률
- 건폐율 : 건물을 땅바닥에 앉히는 면적비 즉, 대지면적에 대한 건축면적의 비율. 즉, 건폐율은 한마디로 "얼마나 넓게 지을 수 있나"를 의미. 건폐율 = (건축면적 ÷ 대지면적) $\times$ 100
- 용적률 : 땅 대비 총건축 가능평수 즉, 부지면적에 대한 건축물 연면적의 비율로 산출. 즉, 용적률은 한마디로 "몇 층 높이까지 건물을 지을 수 있나"를 의미. 용적률 = (건축연면적(건물바닥면적의 합) ÷ 대지면적) $\times$ 100

넬슨(Nelson)의 입지 8원칙
- 넬슨은 최대의 이익을 얻을 수 있는 매출고를 확보하기 위하여 점포가 어디에 위치하고 있어야 하며, 어디에 입지해야 하는지를 알기 위하여 입지 선정을 위한 8가지 평가 원칙을 제시
- 상권의 잠재력, 상권의 접근가능성, 성장가능성, 중간저지성, 누적적 흡인력, 양립성, 경쟁의 회피, 용지의 경제성

노면독립입지(Freestanding Sites)
- 여러 업종의 점포가 한곳에 모여 있는 군집입지와 달리, 전혀 점포가 없는 곳에 독립하여 점포를 운영하는 형태

단차(段差)
- 실외공간이나 실내공간에서 단차(段差)는 층계나 계단의 사이에서 볼 수 있는 높고 낮음의 차이인 고저차를 의미

동선(動線)
- 고객들의 이동궤적을 의미하는데 자석(Customer Generator)과 자석을 연결하는 선으로 나타나기도 하며, 주동선, 부동선, 접근동선, 출근동선, 퇴근동선 등 다양한 기준으로 분류

동선 관련 소비자 심리법칙
- 최단거리실현의 법칙 : 최단거리로 목적지에 가려는 심리
- 보증실현의 법칙 : 먼저 득을 얻는 쪽을 선택하려는 심리
- 집합의 법칙 : 군중심리에 의해 사람이 모여 있는 곳에 가려는 심리
- 안전중시의 법칙 : 위험하거나 모르는 길은 가려고 하지 않는 심리

레일리(Reilly)의 소매중력 법칙
- 뉴튼의 만유인력 법칙을 상권이론에 적용. 두 중심지 사이에 위치하는 소비자에 대하여 두 중심지가 미치는 영향력의 크기를 설명하는 이론
- 두 경쟁도시가 그 중간에 위치한 소도시의 거주자들로부터 끌어들일 수 있는 상권규모는 그들의 '인구에 비례하고, 각 도시와 중간 소도시간의 거리 제곱에 반비례' 한다는 법칙

마그넷 스토어(Magnet Store)
- 핵상점. 쇼핑센터의 핵으로서 고객을 끌어 들이는 기능을 갖고 있으며, 일반적으로 백화점이나 종합 슈퍼마켓이 이에 해당

배후지(背後地)
- 상업상의 상거래가 이루어지는 공간적 범위 또는 상업 지역이 끌어들이는 고객이 존재하는 지역적 범위

상권획정기법
- 시장침투법 : 상권이 중첩되어 경쟁이 심한 업종 예 백화점, 할인점, 슈퍼마켓

- 공간독점법 : 거리제한을 두거나 면허가 필요한 업종 예 주류판매점, 우체국
- 분산시장접근법 : 특정 수요계층을 대상으로 하는 업종 예 고급가구점, 외제승용차점

소매포화지수(IRS)
- 특정 시장내에서 주어진 제품계열에 대한 점포면적당 잠재매출액의 크기를 말하며, 이것은 상권 분석에 있어서 중요한 소비자 수요와 경쟁 공급량의 비율을 의미하며, 이 지수의 값이 클수록 수요가 공급에 비해 크다는 것을 의미(즉 과소점포의 상태)하고, 따라서 잠재적으로 고객을 흡인할 기회가 있으므로 그 지역이 매력적이라는 것을 의미

수정 허프모델
- 일본의 통산성이 고안하여 상업 조정에 실제로 이용되고 있는데 이는 '소비자가 어느 상업지에서 구매하는 확률은 그 상업 집적의 매장면적에 비례하고 그곳에 도달하는 거리의 제곱에 반비례한다'는 것을 공식화한 것

시장밀도와 시장지리
- 시장밀도는 지리적 영역단위당 구매자의 수를 말하고, 시장지리는 생산자로부터 소비자까지의 물리적 거리를 말함

시장성장잠재력(MEP ; Market Expansion Potential)
- 지역시장이 미래에 신규수요를 창출할 수 있는 잠재력을 반영하는 지표로 거주자들이 지역시장 외에서의 쇼핑정도를 파악할 수 있음

유추법(Analog method)
- 애플바움이 제안한 것으로 자사의 신규점포와 특성이 비슷한 기존의 유사 점포를 선정하여 그 점포의 상하 범위를 추정한 결과 자사점포의 신규입지에서의 매출액, 즉 상권규모를 측정하는 데 이용하는 방법

입지배정모형(location-allocation model)
- 두 개 이상의 점포 네트워크를 구축하려는 경우 각 점포가 동일 기업 내 점포 네트워크에 미치는 영향과 점포입지 상호작용에 대한 체계적인 평가가 필요한데, 두 개 이상의 점포를 운영하는 경우 소매점포 네트워크의 설계, 신규점포 개설시 기존 네트워크에 대한 영향 분석, 기존점포의 재입지 또는 폐점 의사결정 등의 상황에서 유용하게 활용될 수 있는 분석 방법

점두조사법(instore survey)
- 쇼핑을 마친 고객을 면접해서 주소를 직접 물어 상권 범위를 알아내는 방법

중심상업지역(CBDs ; Central Business Districts)
- 도심입지라고도 하며, 대도시나 소도시의 전통적인 도심 상업지역을 의미하며, 계획성보다는 무계획성으로 인하여 밀집되어 있는 것이 특징

중심지 이론 기본 개념
- 중심지 : 주변 지역에 재화와 서비스(용역)를 공급하는 기능을 가진 지역을 의미
- 배후지 : 중심지로부터 재화와 서비스를 공급 받는 지역
- 최대 도달거리 : 중심지가 수행하는 상업적 기능이 배후지에 제공될 수 있는 최대·한계거리.
- 최소수요 충족거리 : 상업중심지의 정상이윤 확보에 필요한 최소한의 수요를 발생시키는 상권범위

지리정보시스템(GIS : Geographical Information System)
- 인간생활에 필요한 지리정보를 효율적으로 활용하기 위한 정보시스템의 하나. 여기서 의미하는 시스템이란 인간의 의사결정능력의 지원에 필요한 지리정보의 관측과 수집에서부터 보존과 분석, 출력에 이르기까지 일련의 조작을 위한 정보시스템을 의미

지리정보시스템(GIS)의 기능
- 버퍼(buffer) : 어떤 지도형상, 즉 점이나 선 혹은 면으로부터 특정한 거리 이내에 포함되는 영역을 의미하며, 면의 형태로 나타나 상권 혹은 영향권을 표현하는데 사용.
- 주제도(thematic map) 작성 : 속성정보를 요약하여 표현한 지도를 작성하는 것이며, 면, 선, 점의 형상으로 구성
- 중첩 : 공간적으로 동일한 경계선을 가진 두 지도 레이어들에 대해 하나의 레이어에 다른 레이어를 겹쳐 놓고 지도 형상과 속성들을 비교하는 기능
- 데이터 및 공간조회 : 지도상에서 데이터를 조회하여 표현하고, 특정 공간기준을 만족시키는 지도를 얻기 위해 조회도구로써 지도를 사용하는 것
- 프레젠테이션 지도작업 : 지리적인 형상을 표현한 지도상에 데이터의 값과 범위를 할당하여 지도를 확대·축소하는 등의 기능

집심성 점포
- 배후지의 중심부에 입지하며 재화의 도달범위가 긴 상품을 주로 취급. 백화점, 고급음식점, 보석가게, 고급의류점, 대형 서점, 영화관 등

집재성 점포
- 공간균배의 원리에 의한 점포의 분류 중 집재성 점포의 입지조건은 동일상권 내에 동일한 업종이 서로 한곳에 모여 입지하여야 유리하며, 이러한 대상점포로는 은행, 보험회사, 가구점, 중고서점, 전자제품, 기계점 등

체크리스트(checklist)법
- 상권의 규모에 영향을 미치는 다양한 요인들을 수집하여 이들에 대한 목록을 작성하고 각각에 대한 평가를 통해 시장 잠재력과 상권의 구조를 예측해 보는 방법

컨버스의 제1법칙
- 경쟁도시 간에 소비자가 어느 도시로 구매하러 갈 것인가에 대한 상권분기점을 찾아내는 것으로

주로 선매품과 전문품에 적용되는 모델

컨버스의 제2법칙
- 소비자가 소매점포에서 지출하는 금액이 거주도시와 경쟁도시 중 어느 지역으로 흡수되는가에 대한 것으로 중소도시의 소비자가 선매품을 구입하는데 있어 인근 대도시로 얼마나 유출되는가를 설명해주는 이론

테넌트 믹스(tenant mix) & 앵커 테넌트(Anchor Tenant)
- 테넌트 믹스는 최적의 테넌트(임차점포)를 선택하여 계획한 규모, 위치, 콘셉트에 맞게 적정하게 배치하는 노하우를 말하며, 테넌트 믹스는 임차인의 최적 조합이며, 임차인의 특성을 고려하여 전체 상가 수익을 극대화 전략을 추구
- 앵커 테넌트는 키 테넌트(Key Tenant)라고 함. 앵커는 '닻'을, 테넌트는 임대계약을 맺고 입점해 영업을 하는 '우량 임차인'을 말하며, 이들은 건물의 가치를 올려주고 임대수익도 안정적으로 지켜줌

티센다각형(thiessen polygon) 모형
- 근접구역법으로 소비자들이 가장 가까운 점포를 선택한다고 가정하며, 접근성이 소비자들의 점포 선택의 가장 중요한 결정요소일 때 유용

판매활동지수(SAI : Sales Activity Index)
- 타 지역과 비교한 특정 지역의 1인당 소매 매출액을 측정하는 방법으로서, 인구를 기준으로 해서 소매매출액의 비율을 계산하는 방식

환산보증금
- 상가건물임대차보호법에서 보증금과 월임차료 환산액을 합한 금액. 환산보증금 = 보증금+(월임차료×100)

허프모형(Huff Model)
- 데이비드 허프(David L. Huff)에 의하여 주창된 이론으로 소비자가 특정 점포에 흡인될 수 있는 확률은 소비자가 구매하려고 하는 점포의 크기와 특성 점포까지의 거리에 의하여 영향을 받는다는 이론
- 거래 지역을 측정하여 소비자가 귀하의 상점 및 기타 상점을 포함하여 여러 상점 중에서 귀하의 상점에 올 확률을 계산하는 방법
- 소비자가 점포에 대해 가지는 효용은 점포의 매장면적이 클수록 증가하고, 점포까지의 거리가 멀수록 감소

1차 자료
- 당해 사업목적을 위해 직접적으로 조사하여 수집한 자료

2차 자료
- 다른 목적으로 수행된 조사자료나 정부의 인구통계자료, 세무자료, 여러 유통연구소의 발표자료 등을 의미하는 것으로 일반적으로 상권조사를 위해 가장 먼저 시작하는 조사

Node(결절점)
- 쇼핑센터의 공간구성요소들 중에서 교차하는 통로를 연결하며 원형의 광장, 전이공간, 이벤트 장소가 되는 것

MCI Model(Multiplicative Competitive Interaction)
- 점포의 효용을 측정하는 데 있어서 점포의 크기와 점포까지의 거리뿐 아니라 다양한 점포관련 특성을 포함.
- MCI 모델의 유인변수로써 점포 규모 외에도 상품구색, 가격, 분위기, 점포 장식 등과 같은 변수를 추가하고 저항변수에는 교통시간 외에도 교통비용, 교통안전도, 이동 중의 안락감, 교통편의도 같은 질적 특성을 포함

MNL(Multinomial Logit) 모형
- 상권 내 소비자들의 각 점포에 대한 개별적인 쇼핑여행에 관한 관측자료를 이용하여 각 점포에 대한 선택확률의 예측은 물론 각 점포의 시장점유율 및 상권의 크기를 추정할 수 있으며, 소비자의 점포선택행위는 대체적 점포가 갖는 특성 중에서 소비자가 알고 있는 결정적 요소와 무작위적 요소에 대한 평가로 결정

제3과목 유통마케팅

거시환경 & 미시환경
- 거시적 환경(Macro-Environment) : 정치적, 법률적, 경제적, 인구변화 등과 같이 기업이 속한 산업 밖에서 발생하여 기업 활동에 영향을 미치는 요인. 인구통계학적 환경, 경제적 환경(경기변동, 물가상승, 소득수준), 기술적 환경 및 법률적 환경 등
- 미시적 환경(Micro-Environment) : 기업이 속한 산업의 주요 구성요소들을 의미하는데, 이에는 경쟁자, 소비자, 유통기관, 공급업자, 대중, 기업의 내부환경 등과 같이 기업의 목표달성에 직접적인 영향을 미치는 요인들이 포함

구매시점 광고(POP ; Point Of Purchasing)
- 고객의 구매시점에 행하여지는 광고로서 고객의 쇼핑을 위한 상품의 정보를 점두, 점내에 게시하는 표시물

고객관계관리(CRM ; Customer Relationship Management)
- 기업이 고객과의 관계를 관리함으로써 고객의 로열티(충성도)를 높여 마케팅의 효율을 높이려는 방법론 또는 소프트웨어(솔루션)
- 기업의 마케팅 부서에서 고객을 분류, 식별해 내고 고객들마다 선별적인 관계의 형성을 통해 명확한 목표를 가지고 그들을 겨냥한 마케팅 캠페인을 추진할 수 있게 함으로써 고객만족과 이익의 극대화를 추구하는 시스템

고객충성도(customer royalty)
- 특정한 제품에 대한 고객들의 정열적인 관심도. 기업이 지속적으로 고객에게 탁월한 가치를 제공해 줌으로써 그 고객으로 하여금 해당 기업이나 브랜드에 호감이나 충성심을 갖게 함으로써 지속적인 구매활동이 유지되도록 하는 것

곤돌라 진열
- 소비자들이 많은 양의 상품들을 잘 볼 수 있게 하고 풍요함을 직접적으로 느끼게 하면서 상품을 가장 편하게 집을 수 있도록 한 입체식 진열

공제(allowance)
- 재판매업자로 하여금 특별한 프로그램에 참여하도록 하기 위해 계획된 특별한 지급방법으로 시장가격을 그대로 유지하면서 단지 일정한 조건하에서 대금 일부를 감면해 주는 가격결정

관여도(Involvement)
- 특정상황에 있어 자극에 의해 유발되어 지각된 개인적인 중요성이나, 혹은 관심도의 수준으로 이는 개인, 제품, 상황에 따라 관여도가 결정

구매 후 부조화(post-purchase dissonance)
- 소비자가 구매 이후 느낄 수 있는 심리적 불편함. 소비자가 구매후부조화를 감소시킬 수 있도록 구매 이후 판촉광고, 이벤트 등을 통하여 소비자의 구매가 현명하였음을 확인시켜줄 필요가 있음

군집분석
- 목적변수를 예측하기보다는 고객수입, 고객연령과 같이 속성이 비슷한 고객들을 함께 묶어서 몇 개의 의미있는 군집으로 나누는 것을 목적으로 하고, 전체가 너무 복잡할 때에는 몇 개의 군집을 우선 살펴봄으로써 전체를 개관할 수 있다는 데이터마이닝 기법

그로스해킹
- 상품 및 서비스의 개선사항을 수시로 모니터링하고 즉각 반영하여 성장을 유도하는 온라인 마케팅 기법
- 고객의 취향을 파악하고, 더 효과적으로 고객에게 접근해 저비용으로 최고의 광고 효용을 추구하는 마케팅기법

그룹핑(Grouping) & 조닝(Zoning) & 페이싱(Facing)
- 그룹핑은 개별상품 중에서 공통점이 있는 품목이나 관련 상품끼리 묶는 과정(연관 상품의 묶음)
- 조닝은 레이아웃 도면상에 상품배치 존 구분을 표시하는 것(그룹핑한 품목의 공간 배치)
- 페이싱은 각 부문 안에서 어떻게 품목별로 진열 스페이스를 할당하는 지에 대한 것(페이스 수와 진열위치 결정)
- 레이아웃(layout) → 그룹핑(grouping) → 조닝(zoning) → 페이싱(facing)

단수 가격(Odd Price)
- 천 단위, 만 단위로 정확히 끝나는 것보다 그 수준에서 약간 모자란 금액만큼 끝나면 더 싸다고 생각하는 경향을 이용한 가격

단품(SKU ; Stock Keeping Unit)
- 상품의 최소 관리단위이며, 고객이 구입하게 되는 단위 또는 묶음으로서 상품주문 및 판매의 최소 단위. 예 편의점 음료코너의 콜라, 사이다 등

다차원척도법(MDS ; Multi-Dimensional Scaling)
- 제품의 특성에 대하여 소비자들이 인지하고 있는 상태를 그래프상의 여러 차원(dimension)으로 표시해 시각적으로 포지션을 파악하는 기법으로, 그래프 공간 내의 각 차원은 소비자가 구매할 경우 기준 하는 가장 중요한 속성을 의미

대량 마케팅(mass marketing)
- 세분시장 간 차이를 무시하고 넓은 표적시장을 선정하여 모든 고객에게 같은 방식으로 같은 제품을 대량으로 생산, 유통, 촉진하는 것

대체재(Substitute Goods)
- 두 재화가 서로 대체관계에 있는 경우, 한 재화의 가격이 상승하면 대체관계에 있는 다른 재화의 수요는 증가

디스플레이(Display)
- 판매대를 설치하거나 배치하는 것과 조명의 색깔과 밝기 조절에 따라 상품을 배열하는 것

라이프스타일(Life style)
- 환경과 상호작용하여 살아가는 나름대로의 독특한 생활양식 및 행동방식. 동일상권내 소비자들의 라이프스타일을 조사하기 위해 측정해야 할 요소는 AIO, 즉 소비자들의 활동(Activity), 관심사(Interest), 의견(Opinion)

리베이트(Rebate)
- 공급선으로부터 연속적으로 대량구매를 하는 경우 구매대금의 일부를 할인하여 현금으로 되돌려 받는 경우로 리베이트는 소비자가 해당 제품을 구매했다는 증거를 제조업자에게 보내면 구매가격

의 일부분을 소비자에게 돌려주는 것

리펀드(Refund)
- 소비자가 구매하는 시점에서 즉시 현금으로 돌려주는 형태로 이루어짐으로써 신제품을 구매하도록 유도하거나 브랜드 전환을 유도할 목적으로 활용

마케팅관리
- 조직의 목적을 달성하기 위해서 내·외부적 환경변화에 적응해가며 표적고객과의 호혜적인 교환을 창출하고 유지하기 위한 일련의 프로그램을 계획, 실행, 통제하는 것

마케팅 믹스(marketing mix)
- 목표시장에서 기업의 목적을 달성하기 위한 통제 가능한 마케팅 변수를 적절하게 배합하는 것. 이러한 마케팅 믹스로는 제품(product), 가격(price), 유통(place), 촉진(promotion)의 4가지가 있음

마케팅 정보시스템(Marketing Information System)
- 마케팅 의사결정자들의 마케팅 계획수립, 수행 및 통제를 개선할 목적으로 적시에 정확하면서도 적절한 정보를 수집·분류·분석·평가·전달하기 위해서 마련된 인력·시설·절차 등이 계속적으로 상호작용하는 구조

매장 레이아웃
- 격자형(Grid Type) : 평행한 통로 양쪽으로 선반이 있고, 그 위에 상품을 진열 놓는 것으로 계산대는 상점의 출구나 입구에 위치하고 있으며, 쇼 케이스, 진열대, 계산대, 곤돌라 등 진열기구가 직각 상태로 되어 있는 배치 방법
- 자유형(Free-flow Type) : 비품과 통로를 비대칭적으로 배치하는 방법인데, 이는 패션 지향적인 점포에서 쓰이는 유형으로서 이는 모양이 같지 않은 집기를 사용하고, 통로를 굴려 의식적으로 획일성(uniformity)을 없애려 하고 있는 배치 방법
- 경주로형(Racetrack Type) : 경주로형 배치는 loop형 또는 부티끄형이라고도 하며, 주된 통로를 중심으로 여러 매장 입구가 연결되어 있어 고객들이 여러 매장들을 손쉽게 둘러 볼 수 있도록 배려한 점포 배치 방법

매슬로우(Maslow)의 욕구단계설 구조
- 생리적 욕구 - 안전의 욕구 - 사회적 욕구 - 자기존중의 욕구 - 자기실현의 욕구단계로 발전

머천다이징(Merchandising)
- 마케팅 활동의 일종인 상품화 계획. 적정한 상품을 적정한 가격으로 적정시기에 적정수량을 제공하기 위한 계획, 즉 과학적인방법으로 상품을 소비자의 수요에 적합하게 만들기 위한 계획

묶음가격
- 소비자들이 대량 구매하도록 하는 촉진정책의 일환으로 사용하는 가격정책. 이는 개별제품들을 하나로 묶어서 단일제품별로 책정할 때의 가격 총합보다 싸게 해서 소비자들에게 호소하는 측면이 강하고, 판매비율이 낮은 제품을 소비하게 하는 측면이 강하게 작용

바이어(Buyer)
- 매입과정에서 공급자를 선정하고 이들과 매입조건에 대하여 협상과 결정을 할 수 있는 권한을 가진 사람

버블(Bubble)계획 & 블록(Block)계획
- 버블계획은 전반적으로 제품을 진열하는 매장 공간, 고객서비스 공간, 창고 등과 같은 점포의 주요 기능공간의 규모와 위치를 간략하게 보여주는 것
- 블록계획은 버블계획에서 간략하게 결정된 배치를 매장의 각 구성부문의 실제 규모와 형태까지 세부적으로 결정하며 고객서비스 공간, 창고 공간, 기능적 공간 각각은 기능적 필요나 크기에 따라 배치

벤치마킹(Benchmarking)
- 경쟁력 강화를 위해 보다 나은 기업 혹은 모범적·표준적인 기업 및 제품을 연구·분석하여 강점들을 자사에 활용함으로써 혁신방향을 제시하는 방법을

보상력
- 한 경로구성원이 기대하는 어떤 역할을 다른 경로구성원이 수행할 때 그에게 물질적 심리적 보호적 보상을 제공하는 경우에 나타남

보완재(complementary goods)
- 서로 보완적 관계에 있는 재화 또는 서비스. 예를 들면 펜과 잉크, 커피와 설탕 등과 같이 어느 한쪽을 소비하면 다른 쪽도 그만큼 함께 소비하게 되는 재화를 의미

분산분석(ANOVA, analysis of variance)
- 집단들 간에 특정 변수의 평균값이 서로 차이가 있는지를 검정하는 통계기법. 예를 들면 남녀 간에 선호하는 청바지의 가격대에서 차이가 있는지를 검증한다든지, 연령별로 선호하는 자동차의 속성에서 차이가 있는지 등을 검증하는데 사용

브레이크업(break up) 진열
- 진열라인에 변화를 주어 고객시선을 유도하여 상품과 매장에 주목하도록 하는 진열

비주얼 머천다이징(VMD ; Visual Merchandising)
- 비주얼(Visual)과 머천다이징(Merchandising)의 합성어로 비주얼(Visual)은 고객이 어느 곳에 서든 볼 수 있는 장소에 상품을 배치하여, 그 상품의 장점과 매력을 고객에게 시각적으로 호소하기 위한 것

비주얼 프리젠테이션의 전개
- VP(Visual Presentation) : 쇼윈도 또는 점의 스테이지로 점의 이미지를 대표할 수 있는 곳
- PP(Point of Sale Presentation) : 벽면 또는 집기류의 상단으로 분류된 상품의 포인트를 알기 쉽게 강조하여 보여주는 것
- IP(Item Presentation) : 행거, 선반, 쇼케이스 등 주로 상품이 걸려 있건 진열되어 있는 곳

비확률 표본추출 방법
- 조사대상이 표본으로 추출될 확률을 모르는 상태에서 표본이 선정되는 방법으로서, 추출된 표본이 모집단을 얼마나 잘 대표하는지를 알지 못하므로 분석결과를 일반화시키는 데 한계가 있음
- 편의 표본추출, 판단 표본추출, 할당 표본추출(편, 판, 할)

상관관계분석
- 매출액 변화와 광고비 변화의 관계와 같이 두 변수들 간의 연관의 정도를 측정하는 분석기법

상층흡수가격정책(스키밍)
- 초기에 제품도입 시 고가로 설정하여 고소득층을 흡수한 후 점차 가격을 하락시켜 중류 및 하류 소득층에도 판매하는 정책

상품판매관리 성과평가 기준
- 효율성(efficiency) : 일정한 비용으로 가능한 한 많은 산출물을 획득하거나, 일정한 산출량을 얻기 위해 소요되는 비용을 가능한 한 줄이는 것
- 효과성(effectiveness) : 목표지향적인 성과측정치로서, 유통기업이 표적시장이 요구하는 서비스 성과를 얼마나 제공하였는가를 나타냄
- 생산성이 : 총투입량에 대한 산출량의 비율을 말한다(산출량 / 총투입량). 즉, 생산을 위해 투입된 노동, 자본, 토지 등을 이용해서 산출된 부가가치가 얼마나 되는가를 측정하는 기준
- 수익성 : 유통기업의 경로상 수익성을 평가하기 위해서는 유통비용분석과 재무비율분석의 분석 및 제품별 직접수익 등의 측정방법이 필요

상표(Brand)
- 특정 판매업자의 제품이나 서비스를 다른 판매업자들로부터 식별하고 차별화시키기 위하여 사용되는 명칭, 말, 상징, 기호, 디자인, 로고와 이들의 결합체(상표명, 상표마크, 등록상표 등이 있음)

상표 유형
- 개별 상표(Individual Brand) : 제조업체나 유통업체가 생산, 관리하는 모든 제품 각각에 대해서 다른 상표를 붙이는 것
- 공동 상표(Family Brand) : 제조업자나 유통업체가 생산, 관리하는 모든 제품에 대해서 동일한 제품명을 붙이는 것

- 유통업자 상표(Private Brand, PB) : 제조업체상표에 대비되는 것으로 유통업체가 판매하는 상품에 자기상표를 부착하는 것
- 제조업자 상표(National Brand, NB) : 제조업자 자사의 상표를 부착한 것

상표확장전략
- 이미 시장에 성공을 거둔 기존상품의 상표명을 신상품이나 개선된 상품에 활용하는 전략

상층흡수 가격정책(Skimming Pricing Policy)
- 투자액을 조기에 회수할 목적이거나 수요의 가격탄력도가 낮은 제품인 경우에 채택하는 정책. 제품도입 초기에 고가로 설정하여 고소득층을 흡수한 후 점차 가격을 하락시켜 중류 및 하류 소득층에게 판매하는 것

샌드위치 진열
- 진열대 내에서 잘 팔리는 상품 곁에 이익은 높으나 잘 팔리지 않는 상품을 진열해서 판매를 촉진하는 진열

선도가격정책(Leader Pricing)
- 어떠한 특정한 제품의 가격을 정해 놓고 그 가격에 맞추어 다른 제품의 가격도 책정하는 것으로 가격을 특별히 정상가격보다 낮추어 매출을 증가하는 방법으로도 이용

선매품(Shopping Goods)
- 제품을 구매하기 전에 가격·품질·형태·욕구 등에 대한 적합성을 충분히 비교하여 선별적으로 구매하는 제품으로 제품에 대한 완전한 지식이 없으므로 구매를 계획하고 실행하는 데 많은 시간과 노력을 소비하며 여러 제품을 비교하여 최종적으로 결정하는 구매행동을 보이는 제품

손실회피욕구 또는 로스어버전(loss aversion)
- 소비자들은 가격인하보다 가격인상에 훨씬 더 민감하게 반응한다는 개념

쇼윈도(Show-Window)
- 고객을 점포에 흡인하는 역할과 점포품격을 표시하며, 고객의 시선을 점포 내로 유도하는 역할을 함. 고객의 구매결정상 심리적 프로세스로서 AIDMA 원리를 쇼윈도 연구에 응용할 수 있는데 이는 주의(attention), 흥미와 관심(interest), 구매욕망(desire), 기억(memory), 구매행동(action) 등의 5단계를 의미

쇼퍼(Shopper)
- 엑스쇼퍼 : 기존의 소비 행태를 거부하고 개성, 즐거움, 자연, 나이와 성에 대한 관념 거부, 하이테크 선호하는 소비자
- 로열쇼퍼 : 소비의 50% 이상을 한 채널에다 소비하는 소비자
- 멀티쇼퍼 : 다양한 사이트와 매장을 다니면서 비교하여 소비하는 소비자

스크램블드 머천다이징(Scrambled merchandising)
- 소매상에서 상품 품목을 고려하여 취급 상품을 조합하여 재편성하는 것을 말하며, 취급상품의 재편성에 적용하는 관점은 제품 용도, 고객층, 가격대, 브랜드, 구매동기, 구매습관별 등

시장 세분화(market Segmentation)
- 비슷한 욕구를 갖고 있는 고객들의 집단을 세분시장이라고 하며, 이 시장을 여러 개의 세분시장으로 나누는 것을 시장 세분화(market Segmentation)

시장침투 가격전략(penetration pricing policy)
- 신제품을 시장에 도입하는 초기에 저가격을 책정하여 빠른 속도로 시장에 깊게 침투. 많은 구매자를 신속하게 끌어들여 높은 시장점유율을 확보하는 전략

심리묘사적 세분화
- 소비자의 라이프스타일, 사회계층 등에 관한 자료를 토대로 고객들의 성격, 구매행동, 관심, 가치, 태도 등을 근거로 소비자를 서로 다른 몇 개의 집단으로 세분화시키는 것

안테나·파일럿스토어
- 실질적 판매 전 산업태에 대한 시장/수요/광고효과 측정을 위해 운영하는 점포

업셀링(Up-selling) & 크로스셀링(Cross-selling)
- 업셀링은 추가판매로 특정 카테고리 내에서 상품 구매액을 늘리도록 더 고기능의 상품을 추천하는 활동
- 크로스셀링은 금융회사들이 자체 개발한 상품에만 의존하지 않고 다른 금융회사가 개발한 상품까지 판매하는 적극적인 판매방식

엔드 진열(End Display)
- 엔드 매대는 마트 또는 매장의 진열 시에 맨 끝 쪽에 위치하게 되는 매대를 말하며, 최하단 부분이 전방으로 돌출되어 소비자들에게 진열된 상품에 대한 노출도가 가장 큼

엔드 캡(end caps)
- 진열대(곤돌라) 양쪽 끝을 의미. 엔드 캡에 상품을 진열하면 통행고객수가 많고 접근성이 양호함

요인분석(factor analysis)
- 조사에 사용된 여러 가지 변수들을 유사한 변수들끼리 한 요인으로 묶어서 적은 수의 요인으로 축소시키는 데 사용되는 통계기법

욕조마개(bathtub) 이론
- 품목별 진열량을 판매량에 비례하게 하면 상품의 회전율이 일 정화되어 품목별 재고의 수평적 감소가 같아짐을 의미

원가 주도전략
- 비용절감에 주력하는 저 원가 경쟁전략으로 공략대상을 전체시장으로 하며, 효율적이고 과감한 시설증축, 경험효과를 통한 꾸준한 원가절감, 원가 및 간접비의 강력한 통제, 연구개발·서비스·영업 광고 분야에서 경비를 최소화

웨버 법칙(Weber's law)
- 소비자가 가격변화에 대하여 느끼는 정도가 가격수준에 따라 모두 동일한 것이 아니고 차이가 있다는 이론

인지 부조화(Cognitive dissonance)
- 아이디어나 신념, 믿음 등이 서로 조화를 이루지 못하는 것에 불편함을 느끼고, 태도를 바꾸어서라도 이를 해소하고자 하는 경향이 있는 것

장바구니 분석(Market Basket Analysis)
- 하나의 거래나 사건에 포함되어 있는 항목들간에 연관성을 파악하는 것으로 연관성 분석이라고도 함

저관여제품(Low-involvement Product)
- 제품의 중요도에 따라 분류, 제품에 대한 중요도가 낮고, 값이 싸며, 상표 간의 차이가 별로 없고, 잘못 구매해도 위험이 별로 없는 제품을 구매할 때 소비자의 의사결정 과정이나 정보처리 과정이 간단하고 신속하게 이루어지는 제품

점블 진열방식(Jumble Display)
- 바스켓 진열이라고 하며, 과자·라면 등의 스낵 같은 상품들을 아무렇게나 뒤죽박죽으로 진열하는 방식

점포 레이아웃(Lay-out)
- 고객이 매장을 자유롭고 효율적으로 이동할 수 있고, 판매되는 제품의 노출을 효율적으로 하여 점포의 생산성을 높이는 점포의 설계를 의미

점포 방문동기
- 개인적 동기 : 사회적 역할 수행, 기분전환 추구, 욕구 불만 해소, 신체적 활동, 새로운 자극, 유행 및 새로운 경향에 대한 정보 획득 및 학습
- 사회적 동기 : 사회적 경험, 동호인과의 의사소통, 동료집단과의 일체, 가격 흥정의 즐거움, 자신의 지위와 권위의 추구

제품 수명주기(Product Life Cycle)
- 하나의 제품이 시장에 도입된 후 성장과 성숙과정을 거쳐 결국은 쇠퇴하여 시장에서 사라지는 과정

준거가격(reference price)
- 구매자가 어떤 상품을 구매할 때 싸다 또는 비싸다의 기준이 되는 가격

진열(Display)
- 점포진열이란 점포 내 판매설비 및 조명, 쇼윈도의 위치에 따라 상품을 배치(lay-out)하여 고객으로 하여금 구매욕구(desire)를 자극시키는 기법

집단 지성(collective intelligence, group intelligence)
- 정보기술을 활용하여 다양한 주체들이 서로의 경험, 정보, 지식을 공유하면서 새로운 지식을 생산해내는 것을 그 특징으로 함

집중화전략
- 특정 구매자집단이나 생산라인부문 또는 지역시장을 집중적으로 공격하는 전략

차별화 전략
- 소비자에게 독특하게 인식될 수 있는 제품이나 서비스를 만들어 내는 전략으로 공략대상을 전체 시장으로 하며, 차별화 대상으로는 제품의 특성, 디자인, 기술, 고객서비스, 유통, 높은 가격으로 수익증대가 가능

척도(scale)
- 명목척도 : 측정대상의 특성을 분류하거나 확인할 목적으로 숫자를 부여하는 과정
- 서열척도 : 측정대상을 측정하고자 하는 속성으로 판단하여 측정 대상 간에 크고 작음이나 높고 낮음 등의 순위를 부여. 리커트척도(Likert scale)가 대표적
- 등간척도 : 측정대상의 속성에 숫자를 부여하되 숫자사이의 간격을 동일하게 측정하는 것 즉, 각 서열간의 거리가 동일한 척도
- 비율척도 : 등간측정이 갖는 특성에 추가적으로 측정값 사이의 비율계산이 가능

최소인식가능차이(JND ; Just Noticeable Difference)
- 가격변화를 느끼게 만드는 최소의 가격변화폭을 의미 → 가격인하는 JND보다 크게 해야 판매가 늘고, 가격인상은 JND보다 작게 해야 소비자의 저항을 줄일 수 있음

카테고리(category) 관리이론
- 중간상과 제조업자가 협력해 상품별 카테고리를 관리하는 기법을 말하는 것으로 개개의 상품을 관리하는 것이 아닌 카테고리 수준에서 상품을 관리하는 기법

컨조인트 분석(Conjoint Analysis)
- 제품 및 서비스가 갖고 있는 속성에 대해 고객이 선호하는 형태를 측정함으로써 그 고객이 어떤 제품을 선택할 것인지 예측하는 기법

컨시어지
- 원래 '관리인', '안내인'을 뜻하는데 요즈음은 '고객의 요구에 맞추어 모든 것을 일괄적으로 처리해주는 가이드'라는 의미로 쓰이고 있다. 고객이 제일 처음 맞닥뜨리게 되는 일종의 관문 서비스

크로스 머천다이징(Cross merchandising)
- 상품의 분류에 구애받지 아니하고 관련성이 있는 상품들을 한데 모아 진열함으로써 판매액을 향상시키는 머천다이징 방법

탐색조사(exploratory research)
- 기업의 마케팅 문제와 현재의 상황을 보다 더 잘 이해하기 위해서, 조사목적을 명확히 정의하기 위해서, 필요한 정보를 분명히 파악하기 위해서 시행하는 예비조사로서, 특정 문제가 잘 알려져 있지 않은 경우에 적합한 조사방법

투사기법(projective technique)
- 응답자 자신의 행동을 직접 설명하게 하기보다는 다른 사람의 행동을 해석하게 하여 응답자의 동기, 신념, 태도 등을 간접적으로 파악하려는 기법

포지셔닝(Positioning) 전략
- 소비자들이 자사의 제품을 경쟁제품과 비교해서 어떻게 인식하는지를 의미하며, Positioning은 자사의 제품이나 서비스를 소비자들의 마음속에 경쟁사에 대비하여 어떻게 차별적으로 인식시킬 것인가에 대한 전략. 제품속성, 이미지, 경쟁제품, 사용상황, 품질 및 가격에 의한 포지셔닝 등

포획가격결정(captive pricing)
- 주제품과 함께 사용되어지는 종속제품에 대한 가격설정을 말하며, 면도기와 함께 사용하는 면도날이나 카메라에 넣는 필름 등은 종속제품의 대표적인 예

푸시 전략(push strategy)
- 제조업자가 광고에는 많은 노력을 기울이지 않고, 판매원에 의한 인적 판매를 통하여 그 제품을 소비자에게 밀어붙이면서 판매하는 정책

풀 전략(pull strategy)
- 제조업자의 광고를 통하여 이미지가 형성된 소비자가 스스로 특정 제품을 지명 구매하도록 하는 즉 끌어당기면서 구매하도록 하는 고차원적 정책

풍선효과(balloon) 이론
- 어떤 문제를 해결하면 다른 문제가 또 불거지는 현상을 말하는 것으로 이는 마치 풍선을 누르면 다른 쪽이 부풀어 오르는 현상과 비슷하다고 하여 생긴 표현

표적시장의 선정(targeting)
- 여러 개의 세분시장들` 중에서 경쟁제품보다 고객의 욕구를 더 잘 충족시킬 수 있는 세분시장을 선정하는 것

프리미엄(Premiums)
- 광고의 특별한 형태로서 무료 선물이나 해당 제품을 구매할 수 있는 할인 쿠폰 등을 제공하는 것을 말하는데, 자사의 로고(Logo)가 새겨진 컵·펜·마우스 패드와 같은 상품의 형태로도 제공

플래노그램(Plan-o-gram)
- 플래노그램이란 점포 매장 내 상품의 종류 및 상품별 배치방법을 통하여 매장의 수익성을 극대화 시킬 수 있도록 시스템으로 만든 매장 내 진열관리 프로그램(지침서)

확률 표본추출 방법
- 연구대상이 표본으로 추출될 확률을 미리 알 수 있는 표본추출방법으로서, 추출된 표본 및 모집단을 얼마나 잘 대표하는지를 알 수 있음으로 표본분석 결과를 일반화 할 수 있음
- 단순 무작위 표본추출, 층화 표본추출, 군집 표본추출, 체계적 표본추출(단, 층, 군, 체)

회귀분석(regression analysis)
- 종속변수에 영향을 미치는 하나 또는 그 이상의 독립변수를 파악하여 종속변수와 독립변수의 상관관계를 선형관계식으로 나타내는 방법으로서 이를 통해 독립변수가 변화할 때 종속변수에 미치는 영향을 파악

BCG 성장 – 점유 매트릭스(growth-share matrix)
- 기업의 전략사업단위를 시장성장률과 상대적 시장점유율이라는 두 변수를 양축으로 하는 2차원 공간상에 표시하여 각 사업의 상대적 매력도를 평가하고 새로운 전략을 제시해주는 모델

GE / McKinsey(맥킨지) 모형
- BCG 매트릭스의 한계점을 보완하고자 개발된 포트폴리오이다. 시장의 가능성, 규모, 매력성, 사업의 현재 위치 등 보다 다양한 정보를 포함하여 보다 효과직이고 정확한 의사결정에 노움을 주는 모형

제4과목 유통정보

고객별 수익기여도 분석방법

- 고객실적평가법(HPM : Historical Profitability Measurement) : 고객이 지금까지 특정 기업의 수익성에 어느 정도 기여해 왔는가를 과거 실적을 통해 평가하는 기법
- RFM법 : 최근성(Recency), 구매빈도(Frequency) 및 구매량(액)(Monetary)을 구분하여 측정하여 우량고객을 발굴할 수 있는 방법
- 고객생애가치(Customer Lifetime Value) : 고객생애가치는 한 고객이 평균적으로 기업에게 기여하는 미래수익의 현재가치로서, 한 고객이 한 기업의 고객으로 존재하는 전체기간 동안 기업에게 제공할 것으로 추정되는 잠재적이고 재무적인 공헌도의 총합계

국제표준도서번호(ISBN ; International Standard Book Number)

- 국제적으로 표준화된 방법에 의해, 전 세계에서 생산되는 각종 도서에 부여하는 고유한 식별기호
- 국제간 서지정보와 서적유통 업무의 효율성을 높이기 위해 만들어진 국제표준도서번호
- 10자리 숫자로 구성된 바코드 체계로서 출판된 국가, 발행자, 서명식별 번호와 체크 디지트(Check Digit)로 구성

국제표준연속간행물번호(ISSN ; International Standard Serial Number)

- 전 세계에서 생산되는 각종 연속간행물의 식별을 위하여 국제적으로 표준화된 방법에 따라 ISSN이라는 고유번호를 부여하고 그 간행물에 관한 ISSN과 등록표제 등의 서지정보를 ISSN 국제센터에 등록하여 이들 정보를 국제적으로 상호 활용할 수 있도록 하는 제도

균형성과표(BSC ; Balanced Scorecard)

- 성과평가 시스템으로, 데이비드 노턴(David. P Norton)박사와 로버트 캐플런(Robert S. Kaplan) 교수가 공동으로 개발하였으며, 재무측정지표와 운영측정지표 모두를 균형 있게 고려한 새로운 성과측정시스템으로, 과거 성과에 대한 재무적인 측정지표를 통해서 미래성과를 창출하는 측정지표

그린워싱(Green-washing)

- 상품의 환경적 속성이나 효능에 관한 표시·광고가 허위 또는 과장되어, 친환경 이미지만으로 경제적 이익을 취하는 경우를 의미함. 그린워시 또는 녹색분칠은 기업이 실제로는 환경에 악영향을 끼치는 제품을 생산하면서도 광고 등을 통해 친환경적인 이미지를 내세우는 행위를 말함

노나카 이쿠지로의 SECI모델

- 암묵지(tacit knowledge)와 형식지(Explicit knowledge)라는 두 종류의 지식이 사회화, 표출화, 종합화, 내면화라는 네 가지 변환 과정을 거쳐 지식이 창출된다는 이론을 제시
  - 사회화(S ; socialization) : 암묵지가 또 다른 암묵지로 변하는 과정
  - 표출화·외부화(E ; externalization) : 암묵지가 형식지로 변환하는 과정

- 종합화·연결화(C ; combination) : 형식지가 또 다른 형식지로 변하는 과정
- 내면화(I ; internalization) : 형식지가 암묵지로 변환하는 과정

대시보드
- 특정 목표나 비즈니스 프로세스와 관련된 핵심 성과 지표(KPI)를 지능적으로 볼 수 있는 그래픽 사용자 인터페이스의 일종. 대시보드는 데이터 시각화의 형태를 갖춘 일종의 '보고서'라고 할 수 있음

데이터 마트(Data Mart)
- 한 부분으로서 특정 사용자가 관심을 갖는 데이터들을 담은 비교적 작은 규모의 데이터 웨어하우스(DW)

데이터 웨어하우징(Data Warehousing)
- 데이터 웨어하우징은 경영의사결정을 지원하고 경영자정보시스템(EIS)이나 의사결정지원시스템(DDS)의 구축을 위하여 기존의 데이터베이스에서 요약·분석된 정보를 추출하여 데이터베이스, 즉 데이터 웨어하우스를 구축하거나 이를 활용하는 절차나 과정

디지털 아카이브(digital archive)
- 시간 경과에 의해 질이 떨어지거나 소실될 우려가 있는 자료를 장기 보존하는 것인데, 인터넷에 디지털로 이루어진 거대한 문서 저장고이자 콘텐츠 아카이브. 디지털 아카이브는 정보의 생산과 전달, 공유 속도를 극대화하고 지식에 대한 접근성을 향상

롱테일(The Long Tail)
- 롱테일 현상은 파레토 법칙을 그래프에 나타냈을 때 꼬리처럼 긴 부분을 형성하는 80%의 부분을 의미. 파레토 법칙에 의한 80:20의 집중현상을 나타내는 그래프에서는 발생확률 혹은 발생량이 상대적으로 적은 부분이 무시되는 경향이 있었지만, 인터넷과 새로운 물류기술의 발달로 인해 이 부분도 경제적으로 의미가 있을 수 있게 되었는데 이를 롱테일이라고 함

리스크 풀링(Risk Pooling) 효과
- 여러 수요를 통합하여 관리하게 되면 수요의 불확실성이 상대적으로 감소하게 된다는 개념
- 지역별로 다른 수요를 합쳤을 때, 특정 고객으로 부터의 높은 수요 발생을 낮은 수요의 다른 지역에서 상쇄할 수 있기 때문에 가능
- 이 변동성의 감소는 안전재고의 감소를 가져오게 되며 따라서 평균 재고도 감소

매트릭스형(Matrix Code) 바코드
- 정방형의 동일한 폭의 흑백 요소를 모자이크식으로 배열하여 데이터를 구성하기 때문에 심벌은 체크무늬 형태. Data Matrix, QR code, Maxi code, Codeone code 등

머신러닝(Machine Learning) & 딥러닝(Deep Learning)
- 머신러닝은 제공된 데이터를 통하여 스스로 학습하는 방법으로 알고리즘을 이용해 데이터를 분석, 분석을 통해 학습, 학습을 기반으로 판단과 예측을 수행
- 딥러닝은 뇌의 뉴런과 유사한 정보 입출력 계층을 활용해 데이터를 학습하고, 데이터 세트를 분류하고 데이터 간 상관관계를 찾아내어 정확하게 예측 가능

메타버스
- 가공, 추상을 의미하는 메타(meta)와 현실 세계를 의미하는 유니버스(Universe)의 합성어로 3차원 가상세계를 의미하고, 가상현실(VR), 증강현실(AR), 혼합현실(MR) 등의 기술의 발전을 기반으로 함

바코드 심볼로지(Symbology)
- 각 나라마다 고유의 언어가 있듯이 바코드에도 여러 언어가 있는 것. 2차원 심벌로지는 양 축(X방향, Y방향)으로 데이터를 배열시켜 평면화시킨 것으로서, 기존의 1차원 바코드 심벌로지가 가지는 문제점인 데이터 표현의 제한성을 보완하기 위하여 등장

블록체인(Block Chain)
- 관리 대상 데이터를 '블록'이라고 하는 소규모 데이터들이 P2P 방식을 기반으로 생성된 체인 형태의 연결고리 기반 분산 데이터 저장 환경에 저장하여 누구라도 임의로 수정할 수 없고 누구나 변경의 결과를 열람할 수 있는 분산 컴퓨팅 기술 기반의 원장 관리 기술. 구현 사례로 비트코인 등 각종 코인류, 디지털 노트 XDN

비정형 데이터(unstructured data)
- 정해진 구조어 없이 저장된 데이터. 소셜 데이터의 텍스트, 영상, 이미지, 워드나 PDF 문서와 같은 멀티미디어 데이터가 해당

비즈니스 애널리틱스(BA ; Business analytics)
- 기업의 경영활동의 효율성을 제고하기 위해 지원되는 비즈니스 도구로서, 과거 뿐만 아니라 실시간으로 발생하는 데이터에 대하여 연속적이고 반복적인 분석을 통해 미래를 예측하는 통찰력을 제공하는 데에 활용

빅 데이터의 분석방법
- 텍스트 마이닝(Text Mining) : 특허문서에 포함되어 있는 단어를 추출한 후 각 키워드별 빈도를 산출하여 그 결과를 바탕으로 유사한 문서를 클러스터로 표시하는 방식
- 오피니언 마이닝(Opinion Mining) : 웹 사이트와 소셜미디어에 나타난 여론과 의견을 분석하여 실질적으로 유용한 정보로 재가공하는 기술
- 웹 마이닝(Web Mining) : 인터넷상에서 수집된 정보를 기존의 데이터 마이닝 기법으로 분석·통합하는 것으로 고객의 취향을 이해하고 특정 웹 사이트의 효능을 평가하여 마케팅의 질적 향상을

도모하기 위해서 사용
- 소셜 네트워크 분석(Social Network Analysis) : 소셜미디어에 대한 소셜 네트워크 분석은 수학의 그래프 이론에 뿌리를 두고 연결구조와 같은 연결강도 등을 바탕으로 사용자의 영향력을 측정하여, SNS 상에서 정보의 허브 역할을 하는 사용자를 찾는데 주로 활용

소스 마킹(Source Marking) & 인스토어 마킹(In Store Marking)
- 소스마킹은 상표의 제조업체나 판매원이 자사가 생산 또는 출하하는 상표의 포장이나 용기에 바코드를 인쇄하는 것을 말하며, 바코드 판독을 근간으로 하고 있는 POS 시스템이 설치된 점포에서 판매되고 있는 소비재 상품이 주된 대상이나 산업재까지 그 영향이 확대
- 인스토어 마킹은 소매점에서 바코드 프린터 등의 마킹기기를 이용하여 라벨에 바코드를 인쇄하여 상품에 부착하는 것으로, 각각의 소매 점포에서 청과, 생선, 정육 등을 포장하면서 일정한 기준에 의해 라벨러(Labeller)를 이용하여 바코드 라벨을 출력, 이 라벨을 일일이 사람이 직접 상품에 붙이는 것

쇼루밍(Showroming)
- 오프라인에서 상품을 살펴본 뒤 실제 구매는 모바일이나 온라인을 통해 가격을 비교하고 구매를 하는 것

수확체감의 법칙(law of diminishing returns)
- 투입물 한 단위를 증가시킬 때 산출물의 증가분이 줄어드는 법칙

수확체증의 법칙(Increasing Returns to Scale
- 생산요소의 투입을 늘렸을 때 생산량이 생산요소의 증가율보다 큰 비율로 증가하는 것을 말하며, 인터넷 시대에 수확체증의 법칙이 적용되는 전형적인 분야는 지식집약적 산업

스마트팩토리
- 사물인터넷 기반으로 밸류체인의 모든 과정(기획, 설계, 생산, 유통, 서비스 등)에 관여 및 연계활동을 하며, 공장 안팎의 모든 요소가 연계되어 공장의 모든 단계를 자동화, 디지털화 함

스키마(Schema)
- 한 데이터베이스를 구성하는 개체, 속성관계에 대한 정의와 이에 대한 제약조건의 총칭을 말한다.

스코어카드(Scorecard)
- 주로 핵심성과지표를 시각화하는 데 사용되며, 일부 변수는 비즈니스 또는 활동 영역의 상대적 건강 또는 실적을 측정. 예를 들어 스코어카드는 총 매출, 평균 이탈률, 광고 노출수, 최대 대기시간, 최소 실패율 등을 요약할 수 있음

암묵지식 & 형식지식
- 암묵지식 : 경험에 의해 습득된 주관적 지식이기 때문에 형태화하기 어려운 지식. 개인의 감, 개인적 이해 등
- 형식지식 : 도표 등 서류화, 데이터베이스화되어 형태화가 용이한 지식. 특허, 데이터베이스, 규정, 업무처리 프로세스, 매뉴얼 등

옵트인(opt in) & 옵트아웃(opt out)
- 옵트인은 정보주체가 동의를 해야만 개인정보를 처리할 수 있는 방식을 의미. 개인정보를 수집, 제공, 이용하거나 광고 메일, SMS 등을 보낼 때 정보주체가 이에 대한 동의를 한 경우에만 개인정보를 처리할 수 있다.(선택적 거부)
- 옵트아웃은 정보주체의 동의를 받지 않고 개인정보를 처리하는 방식이다. 옵트아웃 방식의 대표적인 예로는 광고를 위한 메일을 보낼 때, 수신자가 발송자에게 수신거부 의사를 밝혀야만 메일발송을 금지하고 수신거부 의사를 밝히기 전에는 모든 수신자에게 메일을 보내는 경우가 있다.(선택적 동의)

웹로봇
- 일반적으로 '로봇'이라고 불리는 기계가 아니라 네트워크에서 작동하는 일종의 프로그램을 의미하며, 스파이더(spider), 에이전트(agent)라는 이름으로 불리기도 함
- 웹로봇은 웹문서를 돌아다니면서 필요한 정보를 수집하고 이를 색인해 정리하는 기능을 수행하며, 주로 검색엔진에서 사용되고 있음

웹 마이닝(Web – Mining)
- 웹상에서 존재하는 모든 데이터(고객 신상정보, 구매기록, 장바구니 정보 등)를 대상으로 웹 데이터간의 상관관계를 밝혀내고, 웹 사용자의 의미 있는 접속행위 패턴을 발견하는 방법

의사결정지원시스템(DSS ; Decision Support System)
- 경영활동에 있어 의사결정자의 비구조적, 반구조적 문제를 해결하기 위해 정보시스템의 데이터와 의사결정 모델 그리고 인터페이스를 통해 의사결정 능력을 지원해주는 정보시스템

인보이스(invoice)
- 송장, 거래 상품의 주요사항을 표기한 문서, 발송인이 수하인에게 보내는 거래상품명세서
- 수출자에게는 대금청구서의 역할을 하고, 수입자에게는 매입명세서로서의 역할을 하여 수입 신고 시 과세가격의 증명자료

인트라넷(Intranet) & 엑스트라넷(Extranet)
- 인트라넷 : 인터넷의 소프트웨어 표준을 기업내 네트워크로까지 확대한 네트워크로 쉽게 말해 개방성이 특징인 인터넷에 보안성을 강화하는 한편 정보흐름을 관리하기 위한 소프트웨어를 부가한 기업전용 네트워크

- 엑스트라넷) : 엑스트라넷은 관련 기업들 간에 보안문제를 걱정하지 않고 전용망처럼 활용할 수 있는 인터넷

지식(Knowledge)
- 상호 연결된 정보패턴을 이용해 예측한 결과물. 개인의 경험 결합해 고유의 지식으로 내재화

지식근로자(knowledge worker)
- 자신의 일을 끊임없이 개선·개발·혁신해 부가가치를 올리는 지식을 소유한 사람으로, 정보를 나름대로 해석하고 이를 활용해 부가가치를 창출해 낼 수 있는 노동자

지식관리시스템(KMS ; knowledge management system)
- 조직 내의 지식을 체계적으로 관리하는 시스템. 개인과 조직이 지식을 기반으로 해서 지식의 생성·활용·축적에 이르는 일련의 활동을 원활하게 할 수 있도록 정보기술을 통해 지원하는 것

크롤링(crawling)
- 무수히 많은 컴퓨터에 분산 저장되어 있는 문서를 수집하여 검색 대상의 색인으로 포함시키는 기술
- 웹 페이지를 그대로 가져와서 거기서 데이터를 추출해 내는 행위

클라우드 컴퓨팅(cloud computing)
- 인터넷 기반(cloud)의 컴퓨팅(computing) 기술
- 사용자가 필요한 소프트웨어를 자신의 컴퓨터에 설치하지 않고도 인터넷 접속을 통해 언제든 사용할 수 있으며 동시에 각종 IT 기기로 데이터를 손쉽게 공유할 수 있는 사용환경
- SaaS(Software as a Service), PaaS(Platform as a Service), IaaS(Infrastructure as a Service)

클릭스트림(clickstream)
- 사용자가 웹 브라우저상에서 마우스를 클릭해 이뤄지는 행동에 대한 기록
- 고객관계관리를 위해 고객이 웹을 이용하는 동안 방문한 사이트, 사이트에 머문 시간, 열람한 광고, 구매한 상품 등의 정보를 기록하고 관리하는 모니터링 기술

판매시점정보(POS ; Point Of Sales)
- 시스템은 주로 소매점포의 판매시점에서 수집한 자료를 이용하여 제품생산관리, 판매관리 등에 실시간으로 빠르게 이용함을 목적으로 하고 있음. 이러한 POS 시스템의 구성기기로는 스캐너, POS 터미널, 스토어 컨트롤러 등이 있음

패킹 슬립(packing slip)
- 포장된 상품의 내용·출하지 등을 기재하여 첨부하는 서류

포카요케 현상(poka-yoke)
- 품질 관리의 측면에서 실수를 방지하도록 행동을 제한하거나 정확한 동작을 수행하게끔 하도록 강제하는 여러 가지 제한점을 만들어 실패를 방지하는 방법

플랫폼(platform)
- 공동 활용의 목적으로 구축된 유무형의 구조물

풀필먼트(Fulfillment)
- 상품판매 이후 창고(보관)에 입고되어 소비자에게 배송을 위해 출고되는 순간까지 거치는 모든 과정을 포함.

핀테크(FinTech)
- 금융(Finance)과 기술(Technology)의 합성어로, 모바일, 빅데이터, SNS 등의 첨단 정보기술을 기반으로 한 금융서비스 및 산업의 변화를 통칭. 예시로 삼성페이, 앱카드, 모바일 뱅킹

하인리히법칙
- 1건의 치명적인 사건사고나 실패 뒤에는 29건의 같은 원인으로 발생한 작은 사건사고나 실패가 있었고, 300건의 관련된 이상 징우가 있었다는 법칙(1:29:300)

학습 조직
- 교육이나 생산 관리 등 어느 한 부분의 특수한 기법으로서가 아니라, 경영 전반의 모든 과정을 다루는 총체적 사고방식과 경영 과정으로 이해되어야 하므로, 다른 많은 혁신 기법들처럼 일시적인 유행 상품이 아니라 기업이 추구하고자 하는 방향성이자 경영 철학

협업설계예측 및 보충(CPFR ; Collaborative Planning Forecasting and Replenishment)
- 유통과 제조업체가 정보교환협업을 통하여 One-number 수요예측과 효율적 공급계획을 달성하기 위한 기업간의 Work flow
- 소매업자 및 도매업자와 제조업자가 고객서비스를 향상하고 업자들간에 유통총공급망(SCM)에서의 정보의 흐름을 가속화하여 재고를 감소시키는 경영전략이자 기술

휴리스틱(heuristic) 기법
- 문제를 해결함에 있어 그 노력을 줄이기 위해 사용되는 고찰이나 과정을 의미하는 것으로 '발견법'이라고도 함. 휴리스틱 접근법은 가장 이상적인 방법을 구하는 것이 아니라 현실적으로 만족할 만한 수준의 해답을 찾는 것

3D 프린팅
- 3차원 모델 데이터로부터 복잡한 형상을 가진 광범위한 구조물을 만들어내기 위해 사용하는 적층 제조(AM, additive manufacturing) 공법

4차 산업혁명
- 인공 지능, 사물 인터넷, 빅데이터, 모바일 등 첨단 정보통신기술이 경제·사회 전반에 융합되어 혁신적인 변화가 나타나는 차세대 산업혁명

BYOD(Bring your own device)
- 개인 소유의 노트북, 태블릿PC, 스마트폰 같은 단말기를 업무에 활용하는 것
- 기업 입장에서는 시간과 공간에 구애받지 않고 업무를 할 수 있어 업무 효율화 및 비용절감을 꾀할 수 있다는 장점이 있지만 동시에 보안이 유지되지 않을 경우 기업의 주요 불안요소가 될 수 있다는 것은 단점

CoP(Community of Practice)
- 특정 주제에 대해 관심있는 사람들이 모여 집단을 구성하고 관심있는 주제나 수행중인 일에 지속적으로 상호작용함으로써 서로를 도우며, 지식을 쌓아나가는 과정 / 지식 경영에서 활용

ETL(Extraction, Transformation, Loading)
- 데이터 웨어하우스(Data Warehouse) 구축 시 데이터를 운영 시스템에서 추출하여 가공(변환, 정제)한 후 데이터 웨어하우스에 적재하는 모든 과정

Mash up
- 웹서비스 업체들이 제공하는 각종 콘텐츠와 서비스를 융합하여 새로운 웹서비스를 만들어내는 것

MRP(Matrial requirement Planning, 자재소요계획)
- 제품을 구성하는 모든 요소(원자재 / 반조립품 / 완제품)에 대한 자재의 생산과 조달계획을 산출하는 최초의 체계적인 자재관리 기술. 모든 공정의 정보를 수집하여 어떤 물건이 언제, 어느 곳에서 필요한지 예측하여 계획을 세우고, 모든 제조와 관리활동을 자재수급계획에 따라 이행하기 때문에, 기업 자원의 비능률적인 낭비를 제거

NFC(Near Field Communication)
- 근거리무선통신기술로 RFID에서 확장된 개념, 10cm 이내 거리에서 무선으로 기기끼리 통신을 할 수 있는 비접촉식 무선통신기술 규격.

O2O
- 온라인(online)과 오프라인(offline)이 결합하는 현상을 의미하는 말이며, 최근에는 주로 전자상거래 혹은 마케팅 분야에서 온라인과 오프라인이 연결되는 현상을 말하는 데 사용

O4O
- Online for Offline 오프라인을 위한 온라인의 약자로, 기업이 온라인을 통해 축적한 기술이나 데이터, 서비스를 상품 조달, 큐레이션 등에 적용해 오프라인으로 사업을 확대하는 차세대 비즈니스 모델. 온라인 기술과 데이터를 기반으로 오프라인 매장인 '아마존 고'를 운영하는 것이 대표 사례

OLTP(on-line transaction processiong)
- 주 컴퓨터와 통신회선으로 접속되어 있는 복수의 사용자 단말에서 발생한 트랜잭션을 주 컴퓨터에서 처리하여 그 결과를 즉석에서 사용자에게 되돌려 보내 주는 처리형태로서 여러 과정이 하나의 단위 프로세스로 실행되도록 하는 프로세스

OLAP(on-line analytical processiong)
- 다차원으로 이루어진 데이터로부터 통계적인 요약 정보를 제공할 수 있는 기술
- 최종사용자가 데이터베이스에 쉽게 접근하여 필요로 하는 정보를 직접 작성하고 의사결정에 활용하는 일련의 과정

OLAP의 분석기능
- 피보팅(pivoting) : 분석 차원을 분석자의 필요에 따라 변경해서 볼 수 있는 기능
- 필터링(filtering) : 원하는 자료만을 걸러서 추출하기 위해서 이용되는 기능
- 분해(slice and dice) : 다양한 관점에서 자료를 분석 가능하게 하는 기능
- 드릴링(Drilling) : 데이터 분석 차원의 깊이를 마음대로 조정해 가며 분석할 수 있는 기능
- 드릴업(Drill-Up) : 드릴다운과는 반대로 사용자가 정보를 분석하는 것
- 드릴다운(Drill-Down) : 요약자료의 상세정보를 확인하게 하는 기능
- 리포팅(Reporting) : 리포트 작성을 지원하는 기능

PG(Payment Gateway) 서비스
- 쇼핑몰 등의 온라인 중소 업체와 카드사 등의 금융권 사이에서 온라인 결제 서비스를 가능케 해주는 중개 서비스

QR code
- 360° 어느 방향에서나 빠르게 데이터를 읽을 수 있는데, 기존의 바코드는 20자 내외의 숫자 정보만 X축 한 방향으로만 저장할 수 있는 반면 QR코드는 숫자, 영자, 한자, 한글, 기호, Binary, 제어코드 등 모든 데이터를 X, Y 축으로 저장할 수 있어 바코드의 수십배 ~ 수백배의 정보를 저장

RFID(Radio Frequency IDentification)
- 물품에 붙이는 전자태그에 생산, 수·배송, 보관, 판매, 소비의 전 과정에 관한 정보를 담고, 자체 안테나를 통하여 리더로 하여금 정보를 읽고, 인공위성이나 이동통신망과 연계하여 정보를 활용하는 기술

RSS(Rich Site Summary)
- 각 사이트에서 제공하는 RSS 주소를 RSS리더에 등록하면 해당 웹 사이트를 방문할 필요 없이 변경된 내용을 읽을 수 있으며, 뉴스·날씨 등 콘텐츠가 자주 업데이트 되는 웹 사이트 방문자에게 유용

RPA(Robotic Proces Automation)
- 인간을 대신하여 수행할 수 있도록 단순 반복적인 업무를 알고리즘화하고 소프트웨어적으로 자동화하는 기술

S&OP(Sales and Operations Planing)
- 조직들이 시장의 실질적인 수요를 예측함과 동시에 비용효과적인 방법으로 대응하는 전략
- 조직들이 최소 재고를 유지하면서, 정시배송을 통한 가장 높은 수준의 소비자 만족을 가능하게 하는 것
- 단일 계획에 의한 실행으로 조직의 경영목표를 달성하기 위한 계획을 정립하고 판매, 생산, 구매, 개발 등 조직 내의 모든 실행이 동기화되어야 함

SCOR 모형(Supply Chain Operation Reference-model)
- SCC(Supply Chain Council)의 SCOR 모형은 회사 내부의 기능과 회사 간 Supply Chain 파트너 사이의 의사소통을 위한 언어로써 공통의 Supply Chain 경영 프로세스를 정의하고, '최상의 실행', 수행 데이터 비교, 최적 소프트웨어를 적용하기 위한 과정의 표준.
- 계획(Plan), 조달(Source), 제조(Make), 배송(Deliver), 반품(Return)의 다섯 가지의 경영관리 프로세스

SQL(Strucured Query Language)
- 관계형 데이터베이스 관리 시스템의 데이터를 관리하기 위해 설계된 특수 목적의 프로그래밍 언어
- 관계형 데이터베이스 관리 시스템에서 자료의 검색과 관리, 데이터베이스 스키마 생성과 수정, 데이터베이스 객체 접근 조정 관리를 위해 고안

XML(eXtensible Markup Language)
- 다른 특수한 목적을 갖는 마크업 언어를 만드는데 사용하도록 권장하는 다목적 마크업 언어.
- XML은 SGML과 HTML의 장점을 모두 가질수 있도록 W3C에서 제안하였으며, 웹상에서 구조화된 문서를 전송 가능하도록 설계된 정보 교환을 위한 웹 표준으로서 주로 다른 종류의 시스템, 특히 인터넷에 연결된 시스템끼리 데이터를 쉽게 주고 받을 수 있게 하여 HTML의 한계를 극복할 목적으로 만들어짐

XML / EDI
- XML/EDI는 EDI를 통하여 교환된 데이터를 XML기반 타 업무 프로세스에 바로 적용될 수 있는 개방적 구조를 가지기 때문에 업무 효율성의 제고 등 실질적인 EDI 도입의 효과를 기대할 수 있음

2023년 제1회 기출문제

1과목 유통물류일반관리

01 수요의 가격탄력성 크기를 결정하는 요인과 관련된 설명으로 가장 옳지 않은 것은?

① 대체재가 있는 경우의 가격탄력성은 크고, 대체재가 없으면 가격탄력성은 작다.
② 소득에서 재화의 가격이 차지하는 비중과 가격탄력성은 반비례한다.
③ 평균적으로 생활필수품인 경우 가격탄력성은 작다.
④ 평균적으로 사치품인 경우 가격탄력성은 크다.
⑤ 재화의 용도가 다양할수록 가격탄력성은 크다.

02 유통비용을 최소화시킬 수 있는 유통시스템 설계를 위한 유통경로의 길이 결정 시 파악해야 할 요소 중 상품요인과 관련된 것만으로 옳게 나열된 것은?

① 부피, 부패성, 기술적 특성, 총마진
② 고객에 대한 지식, 통제의 욕구, 재무적 능력
③ 비용, 품질, 이용가능성
④ 지리적 분산, 고객밀집도, 고객의 수준, 평균 주문량
⑤ 단위가치, 상품표준화, 비용, 품질

03 조직 내에서 일반적으로 발생할 수 있는 갈등의 순기능적 역할에 대한 설명으로 가장 옳지 않은 것은?

① 향후 발생가능한 갈등을 해결할 수 있는 표준화된 방법을 개발할 수 있다.
② 갈등해결 과정에서 동맹체가 결성되는 경우 어느 정도 경로구성원 간의 힘의 균형을 이룰 수 있다.
③ 경로구성원 간의 의사소통의 기회를 늘림으로써 정보 교환을 활발하게 해준다.
④ 고충처리와 갈등 해결의 공식창구와 표준절차를 마련하는데 도움을 준다.
⑤ 유통시스템 내의 자원을 권력 순서대로 재분배하게 해준다.

04 유통산업발전법(법률 제18310호, 2021.7. 20., 타법개정)에 의거하여 아래 글상자 괄호 안에 공통적으로 들어갈 단어로 옳은 것은?

- 점포판매란 상시 운영되는 매장을 가진 점포를 두지 아니하고 상품을 판매하는 것으로서 (   )으로 정하는 것을 말한다.
- 유통표준코드란 상품·상품포장·포장용기 또는 운반용기의 표면에 표준화된 체계에 따라 표기된 숫자와 바코드 등으로서 (   )으로 정하는 것을 말한다.

① 대통령령
② 중소벤처기업부령
③ 과학기술정보통신부장관령
④ 산업통상자원부령
⑤ 국무총리령

05 아래 글상자의 6시그마 실행 단계를 순서대로 바르게 나열한 것은?

> ㉠ 개선된 상태가 유지될 수 있도록 관리한다.
> ㉡ 핵심품질특성(CTQ)과 그에 영향을 주는 요인의 인과관계를 파악한다.
> ㉢ 현재 CTQ 충족정도를 측정한다.
> ㉣ CTQ를 파악하고 개선 프로젝트를 선정한다.
> ㉤ CTQ의 충족 정도를 높이기 위한 방법과 조건을 찾는다.

① ㉣ - ㉡ - ㉢ - ㉤ - ㉠
② ㉤ - ㉣ - ㉢ - ㉡ - ㉠
③ ㉢ - ㉠ - ㉡ - ㉣ - ㉤
④ ㉣ - ㉢ - ㉡ - ㉤ - ㉠
⑤ ㉢ - ㉡ - ㉠ - ㉣ - ㉤

06 동기부여와 관련된 여러 가지 학설에 대한 설명으로 옳지 않은 것은?

① 매슬로우는 인간의 욕구를 생리적 욕구부터 자아실현의 욕구까지 총 5단계로 구분하여 설명하였다.
② 맥클리란드는 성장, 관계, 생존의 3단계로 구분하여 설명하였다.
③ 알더퍼의 경우 한 차원 이상의 욕구가 동시에 동기부여 요인으로 사용될 수 있다고 주장하였다.
④ 허쯔버그의 동기요인에는 승진가능성과 성장가능성이 포함된다.
⑤ 허쯔버그의 위생요인에는 급여와 작업조건이 포함된다.

07 화인 표시의 종류와 설명의 연결이 옳지 않은 것은?

① 품질 표시(quality mark)는 내용품의 품질이나 등급을 표시한다.
② 주의 표시(care mark)는 내용물의 취급상 주의 사항을 표시한다.
③ 목적항 표시(destination mark)는 선적·양륙 작업을 용이하게 하고 화물이 잘못 배송되는 일이 없도록 목적항을 표시한다.
④ 수량 표시(case mark)는 포장 화물 안의 내용물의 총 수량을 표시한다.
⑤ 원산지 표시(origin mark)는 관세법규에 따라 표시하는 수출물품의 원산지를 표시한다.

08 물류합리화 방안의 하나인 포장 표준화에 관한 내용으로 옳지 않은 것은?

① 재료표준화 - 환경대응형 포장 재료의 개발
② 강도표준화 - 품목별 적정 강도 설정
③ 치수표준화 - 표준 팰릿(pallet)의 선정
④ 관리표준화 - 포장재 구매 기준 및 사후관리 기준 제정
⑤ 가격표준화 - 물류여건에 대응하는 원가 절감형 포장법 개발

09 물류비를 분류하는 다양한 기준 중에서 지급 형태별 물류비로만 옳게 나열된 것은?

① 조달물류비, 사내물류비, 역물류비
② 수송비, 보관비, 포장비
③ 자가 물류비, 위탁 물류비
④ 재료비, 노무비, 경비
⑤ 조업도별 물류비, 기타 물류비

10 제품수명주기 단계 중 성숙기에 사용할 수 있는 마케팅 믹스 전략으로 옳지 않은 것은?

① 브랜드와 모델의 다양화
② 경쟁사에 대응할 수 있는 가격
③ 브랜드 차별화와 편익을 강조한 광고
④ 기본 형태의 제품 제공
⑤ 집중적 유통의 강화

11 제품이 고객에게 인도되기 전에 품질요건이 충족되지 못함으로써 발생하는 품질관리 비용으로 옳은 것은?

① 생산준비비용
② 평가비용
③ 예방비용
④ 내부실패비용
⑤ 외부실패비용

12 소매점에서 발생할 수 있는 각종 비윤리적 행동에 대한 대처방안으로 옳지 않은 것은?

① 소매점의 경우 공적비용과 사적비용의 구분이 모호할 수 있기에 공금의 사적 이용을 방지하기 위해 엄격한 규정이 필요하다.
② 과다 재고, 재고로스 발생을 허위로 보고하지 않도록 철저하게 확인해야 한다.
③ 협력업체와의 관계에서 우월적 지위 남용을 하지 않아야 한다.
④ 회사명의의 카드를 개인적으로 사용하는 행위를 사전에 방지해야 한다.
⑤ 큰 피해가 없다면 근무 시간은 개인적으로 조정하여 활용한다.

13 아래 글상자 내용 중 글로벌 유통산업 환경 변화의 설명으로 옳은 것을 모두 고르면?

㉠ 유통시장 개방의 가속화
㉡ 주요 소매업체들의 해외 신규출점 증대 및 M&A를 통한 초대형화 추진
㉢ 선진국 시장이 포화되어감에 따라 시장 잠재성이 높은 신규시장 발굴에 노력
㉣ 대형유통업체들은 해외시장 진출확대를 통해 성장을 도모

① ㉠, ㉡
② ㉠, ㉢
③ ㉠, ㉣
④ ㉡, ㉢, ㉣
⑤ ㉠, ㉡, ㉢, ㉣

14 테일러의 기능식 조직(functional organization)에 대한 단점으로 옳지 않은 것은?

① 명령이 통일되지 않아 전체의 질서적 관리가 문란해지는 경우가 있다.
② 각 관리자가 담당하는 전문적 기능에 대한 합리적 분할이 실제상 용이하지 않다.
③ 일의 성과에 따른 보수를 산정하기 어렵다.
④ 상위자들의 마찰이 일어나기 쉽다.
⑤ 각 직원이 차지하는 직능이 지나치게 전문화되어 그 수가 많아지면 간접적 관리자가 증가된다.

15 유통기업에 종사하는 종업원의 권리로 옳지 않은 것은?

① 일할 권리
② 근무 시간 중에도 사생활을 보호받을 권리
③ 근무시간 이외의 시간은 자유의사에 따라 정치활동을 제외한 외부활동을 자유롭게 할 수 있는 권리
④ 안전한 작업장에서 근무할 수 있도록 요구할 권리
⑤ 노동조합을 결성하고 파업과 같은 단체 행동을 할 수 있는 권리

16 도매상의 혁신전략과 내용 설명이 옳지 않은 것은?

구분	혁신전략	내용
㉠	도매상의 합병과 매수	기존시장에서의 지위확보, 다각화를 위한 전후방 통합
㉡	자산의 재배치	회사의 핵심사업 강화 목적, 조직의 재설계
㉢	회사의 다각화	유통다각화를 통한 유통라인 개선
㉣	전방과 후방통합	이윤과 시장에서의 지위 강화를 위한 통합
㉤	자산가치가 높은 브랜드의 보유	창고 자동화, 향상된 재고 관리

① ㉠ ② ㉡ ③ ㉢
④ ㉣ ⑤ ㉤

17 유통경로 기능에 관한 설명으로 옳지 않은 것은?

① 교환과정의 촉진
② 소비자와 제조업체의 연결
③ 제품구색 불일치의 완화
④ 고객서비스 제공
⑤ 경로를 통한 유통기능의 제거

18 아래 글상자에서 설명하는 유통경영조직의 원칙으로 옳은 것은?

> 조직의 공통목적을 달성하기 위하여 각 부문이나 각 구성원의 충돌을 해소하고 조직제 활동의 내적 균형을 꾀하고, 조직의 느슨한 부분을 조절하려는 원칙

① 기능화의 원칙
② 권한위양의 원칙
③ 명령통일의 원칙
④ 관리한계의 원칙
⑤ 조정의 원칙

19 최상위 경영전략인 기업 수준의 경영전략으로 옳지 않은 것은?

① 새로운 시장에 기존의 제품으로 진입하여 시장을 확장하는 시장개발전략
② 기존 시장에 새로운 제품으로 진입하기 위한 제품개발전략
③ 경쟁사에 비해 우수한 품질의 제품을 제공하려는 차별화전략
④ 기존 제품의 품질 향상을 통해 시장점유율을 높이려는 시장침투전략
⑤ 기존 사업과 연관된 다른 사업을 인수하여 고객을 확보하려는 다각화전략

20 마이클 포터의 5가지 세력 모델과 관련한 설명으로 옳지 않은 것은?

① 과업 환경을 분석하는 것으로 이해관계자 분석이라 할 수 있다.
② 산업 내 기업의 경쟁강도를 파악해야 한다.
③ 신규 진입자의 위험은 잠재적 경쟁업자의 진입 가능성으로 진입장벽의 높이와 관련이 있다.
④ 구매자의 교섭력과 판매자의 교섭력이 주요 요소로 작용한다.
⑤ 상호보완재의 유무가 중요한 경쟁요소로 작용한다.

21 아래 글상자 괄호 안에 들어갈 보관 원칙 정의가 순서대로 바르게 나열된 것은?

> • 출입구가 동일한 경우 입출하 빈도가 높은 상품을 출입구에서 가까운 장소에 보관하는 것은 (㉠)의 원칙이다.
> • 표준품은 랙에 보관하고 비표준품은 특수한 보관기기 및 설비를 사용하여 보관하는 것은 (㉡)의 원칙이다.

① ㉠ 유사성,   ㉡ 명료성
② ㉠ 위치표시,   ㉡ 네트워크 보관
③ ㉠ 회전대응 보관, ㉡ 형상 특성
④ ㉠ 명료성,   ㉡ 중량 특성
⑤ ㉠ 동일성,   ㉡ 유사성

22. 도소매 물류서비스에서 고객서비스에 영향을 주는 요인에 대한 설명으로 옳지 않은 것은?

① 일반적으로 품목의 가용성은 발주량, 생산량, 재고비용 등을 측정하여 파악할 수 있다.
② 예상치 못한 특별주문에 대한 대처 능력은 비상조치능력으로 파악할 수 있다.
③ 사전 주문 수량과 일치하는 재고 보유를 통해 결품을 방지하고 서비스 수준을 높일 수 있다.
④ 신뢰성은 리드타임과 안전한 인도, 정확한 주문이행 등에 의해 결정된다.
⑤ 고객과의 커뮤니케이션을 통해 고객 서비스 수준을 파악할 수 있다.

23. 유통경영환경 분석을 위한 SWOT 분석 방법의 활용에 관한 설명으로 옳지 않은 것은?

① 기회를 최대화하고 위협을 최소화한 기업 자원의 효율적 사용이 목표이다.
② SO 상황에서는 강점을 적극적으로 활용한 시장기회선점 전략을 구사한다.
③ WT 상황에서는 약점을 보완하기 위해 투자를 대폭 강화한 공격적 전략을 구사한다.
④ WO 상황에서는 약점을 보완하여 시장의 기회를 활용할 수 있는 전략적 제휴를 실시한다.
⑤ ST 상황에서는 시장의 위협을 회피하기 위해 제품 확장 전략을 사용한다.

24. 증권이나 상품과 같은 기업의 자산을 미리 정해 놓은 기간에 정해 놓은 가격으로 사거나 파는 권리인 옵션과 관련된 설명으로 옳지 않은 것은?

① 행사 가격은 미래에 옵션을 행사할 때 주식을 구입하는 대가로 지불하는 금액이다.
② 매도자는 권리만 가지고 매입자는 의무만을 가지는 전형적인 비대칭적인 계약이다.
③ 일반적으로 무위험이자율이 커질수록 행사가격의 현재 가치는 작아진다.
④ 옵션의 종류로는 콜옵션과 풋옵션이 있다.
⑤ 배당금이 클수록 콜옵션의 가격은 낮아진다.

25. 모바일 쇼핑의 주요한 특성으로 옳지 않은 것은?

① 스마트폰이 상용화되면서 모바일 쇼핑이 증가하게 되었다.
② 기존의 유통업체들도 진출하는 추세로 경쟁이 치열해졌다.
③ 가격과 함께 쉽고 편리한 구매환경에 대한 중요성도 높아졌다.
④ 스마트폰을 통해 가격을 검색하고 오프라인 매장에서 실물을 보고 구매하는 쇼루밍(showrooming)이 증가하고 있다.
⑤ 정기적인 구매가 이루어지는 생필품은 모바일 쇼핑의 대표적인 판매 품목 중 하나이다.

2과목 상권분석

26 경쟁점포가 상권에 미치는 일반적 영향에 관한 설명으로 가장 옳은 것은?

① 인접한 경쟁점포는 편의품점의 상권을 확장시킨다.
② 인접한 경쟁점포는 편의품점의 매출을 증가시킨다.
③ 인접한 경쟁점포는 선매품점의 상권을 확장시킨다.
④ 산재성입지에 적합한 업종일 때 인접한 경쟁점포는 매출증가에 유리하다.
⑤ 집재성입지에 적합한 업종은 인접한 동일업종 점포가 없어야 유리하다.

27 상권을 규정하는 요인에 대한 설명으로 옳지 않은 것은?

① 상권이란 시장지역이라고도 할 수 있으며, 상권을 규정하는 요인에는 시간요인과 비용요인이 있다.
② 시간요인 측면에서 봤을 때, 상품가치를 좌우하는 보존성이 강한 재화일수록 오랜 운송에 견딜 수 있으므로 상권이 확대된다.
③ 재화의 이동에서 사람을 매개로 하는 소매상권은 재화의 종류에 따라 비용이나 시간사용이 달라지므로 상권의 크기가 달라진다.
④ 비용요인에는 생산비, 운송비, 판매비용 등이 포함되며 비용이 상대적으로 저렴할수록 상권은 축소된다.
⑤ 고가의 제품일수록 소비자는 많은 시간과 비용을 투입하므로 상권의 범위가 넓어진다.

28 상권에 대한 일반적인 설명으로 가장 옳지 않은 것은?

① 업종이나 취급하는 상품의 종류는 상권의 범위에 영향을 준다.
② 사회적, 행정적 요인 등의 기준에 의한 확정적 개념이기에 초기 설정이 중요하다.
③ 가격이 비교적 낮고 구매 빈도가 높은 편의품의 경우 상권이 좁은 편이다.
④ 가격이 비교적 높고 수요 빈도가 낮은 전문품의 경우 상권이 넓은 편이다.
⑤ 소자본 상권의 경우 유동인구가 많고 접근성이 높은 곳이 유리하다.

29 크기나 정도가 증가할수록 소매점포 상권을 확장시키는 요인으로서 가장 옳은 것은?

① 자연적 장애물
② 인근점포의 보완성
③ 배후지의 소득수준
④ 배후지의 인구밀도
⑤ 취급상품의 구매빈도

30 신규로 소매점포를 개점하기 위한 준비과정의 논리적 순서로서 가장 옳은 것은?

① 소매믹스설계 - 점포계획 - 상권분석 - 입지선정
② 소매믹스설계 - 상권분석 - 입지선정 - 점포계획
③ 점포계획 - 소매믹스설계 - 상권분석 - 입지선정
④ 상권분석 - 입지선정 - 소매믹스설계 - 점포계획
⑤ 상권분석 - 입지선정 - 점포계획 - 소매믹스설계

31 소매점포의 입지는 도로조건 즉, 해당 부지가 접하는 도로의 성격과 구조에 따라 영향을 받는다. 도로조건에 대한 일반적 평가로서 가장 옳지 않은 것은?

① 도로와의 접면 - 가로의 접면이 넓을수록 유리함
② 곡선형 도로 - 곡선형 도로의 커브 안쪽보다는 바깥쪽이 유리함
③ 도로의 경사 - 경사진 도로에서는 상부보다 하부가 유리함
④ 일방통행 도로 - 가시성과 접근성 면에서 유리함
⑤ 중앙분리대 - 중앙분리대가 있는 도로는 건너편 고객의 접근성이 떨어지기 때문에 불리함

32 점포를 이용하는 소비자나 점포 주변 거주자들로부터 자료를 수집하여 현재 영업 중인 점포의 상권범위를 파악하려는 조사기법으로 보기에 가장 적합하지 않은 것은?

① 점두조사
② 내점객조사
③ 체크리스트(checklist)법
④ 지역표본추출조사
⑤ CST(customer spotting techniques)

33 점포입지의 매력성에 영향을 미치는 요인들을 상권요인과 입지요인으로 구분할 수 있다. 입지요인으로 가장 옳은 것은?

① 가구 특성
② 경쟁 강도
③ 소득 수준
④ 인구 특성
⑤ 점포 면적

34 소매입지 유형과 아래 글상자 속의 입지특성의 올바르고 빠짐없는 연결로서 가장 옳은 것은?

> ㉠ 고객흡인력이 강함
> ㉡ 점포인근에 거주인구 및 사무실 근무자가 많음
> ㉢ 점포주변 유동인구가 많음
> ㉣ 대형 개발업체의 개발계획으로 조성됨

① 백화점 - ㉠, ㉢, ㉣
② 독립입지 - ㉠, ㉡, ㉣
③ 도심입지 - ㉠, ㉢, ㉣
④ 교외 대형쇼핑몰 - ㉡, ㉢, ㉣
⑤ 근린쇼핑센터 - ㉠, ㉡, ㉣

35 유통산업발전법"(법률 제18310호, 2021. 7. 20., 타법개정)이 정한 "전통상업보존구역"에 "준대규모점포"를 개설하려고 할 때 개설등록 기한으로서 옳은 것은?

① 영업 개시 전까지
② 영업 개시 30일 전까지
③ 영업 개시 60일 전까지
④ 대지나 건축물의 소유권 또는 사용권 확보 전까지
⑤ 대지나 건축물의 소유권 또는 사용권 확보 후 30일 전까지

36 소비자가 상권 내의 세 점포 중에서 하나를 골라 어떤 상품을 구매하려고 한다. 세 점포의 크기와 점포까지의 거리는 아래의 표와 같다. Huff모형을 이용할 때, 세점포에 대해 이 소비자가 느끼는 매력도의 크기가 큰 것부터 제대로 나열된 것은? (단, 소비자의 점포크기에 대한 민감도 = 1, 거리에 대한 민감도 모수 = 2로 계산)

점포	거리(km)	점포크기(제곱미터)
A	4	50,000
B	6	70,000
C	3	40,000

① A > C > B
② B > A > C
③ B > C > A
④ C > A > B
⑤ C > B > A

37 대형마트, 대형병원, 대형공연장 등 대규모 서비스업종의 입지 특성에 대한 아래의 내용 중에서 옳지 않은 것은?

① 대규모 서비스업은 나홀로 독자적인 입지선택이 가능하다.
② 상권 및 입지적 특성을 반영한 매력도와 함께 서비스나 마케팅력이 매우 중요하다.
③ 주로 차량을 이용하는 고객이 많고, 상권범위는 반경 2~3km 이상이라고 볼 수 있다.
④ 경쟁점이 몰려있으면 상호보완효과가 높아지므로 경쟁력은 입지에 의해 주로 정해진다.
⑤ 대규모 서비스업은 유동인구에 의존하는 적응형 입지보다는 목적형 입지유형에 해당한다.

38 지리학자인 크리스탈러(W. Christaller)의 중심지이론의 기본적 가정과 개념에 대한 설명으로 옳지 않은 것은?

① 중심지 활동이란 중심지에서 재화와 서비스가 제공되는 활동을 의미한다.
② 중심지에서 먼 곳은 재화와 서비스를 제공받지 못하게 된다고 가정한다.
③ 조사대상 지역은 구매력이 균등하게 분포하고 끝이 없는 등방성의 평지라고 가정한다.
④ 최소요구범위는 생산자가 정상이윤을 얻을 만큼 충분한 소비자들을 포함하는 경계까지의 거리이다.
⑤ 중심지이론은 인간의 각종 활동공간이 어떤 핵을 중심으로 배열되어 있다는 인식에서 비롯되었다.

39 대형 쇼핑센터의 주요 공간구성요소에 대한 설명으로서 가장 옳은 것은?

① 지표(landmark) - 경계선이며 건물에서 꺾이는 부분에 해당
② 선큰(sunken) - 길찾기를 위한 방향성 제공
③ 결절점(node) - 교차하는 통로의 접합점
④ 구역(district) - 지하공간의 쾌적성과 접근성을 높임
⑤ 에지(edge) - 공간과 공간을 분리하여 영역성을 부여

40 소매점의 상권분석은 점포를 신규로 개점하는 경우에도 필요하지만 기존 점포의 경영을 효율화 하려는 목적으로도 다양하게 활용될 수 있다. 상권분석의 주요 목적으로 보기에 가장 연관성이 떨어지는 것은?

① 소매점의 경영성과를 반영한 점포의 위치이동, 면적확대, 면적축소 등으로 인한 매출변화를 예측할 수 있다.
② 다점포를 운영하는 체인업체가 특정 상권 내에서 운영할 수 있는 적정 점포수를 파악할 수 있다.
③ 소매점을 이용하는 소비자들의 인구통계적 특성들을 파악하여 보다 성공적인 소매전략을 수립하는데 도움을 준다.
④ 소매점을 둘러싸고 있는 상권내외부의 소비자를 상대로 하는 촉진활동의 초점이 명확해질 수 있다.
⑤ 상품제조업체와의 공급체인관리(SCM)를 개선하여 물류비용을 절감할 수 있는 정보를 얻을 수 있다.

41 점포의 매매나 임대차시 필요한 점포 권리분석을 위해서 공부서류를 이용할 수 있다. 이들 공부서류와 확인 가능한 내용의 연결이 옳지 않은 것은?

① 지적도 - 토지의 모양과 경계, 도로 등을 확인할 수 있음
② 등기사항전부증명서 - 소유권 및 권리관계 등을 알 수 있음
③ 건축물대장 - 건물의 면적, 층수, 용도, 구조 등을 확인할 수 있음
④ 토지초본 - 토지의 소재, 지번, 지목, 면적 등을 확인할 수 있음
⑤ 토지이용계획확인서 - 토지를 규제하는 도시계획 상황을 확인할 수 있음

42 상권분석 과정에 활용도가 큰 지리정보시스템(GIS)에 관한 설명으로서 가장 옳지 않은 것은?

① 지도작성체계와 데이터베이스관리체계의 결합으로 상권분석의 유용한 도구가 되고 있다.
② 데이터베이스와 함께 활용하기 위해 수치지도보다는 디지털지도가 필요하다.
③ 지도상에 지리적인 형상을 표현하고 데이터의 값과 범위를 지리적인 형상에 할당하고 지도를 확대·축소하는 기능을 위상이라 한다.
④ 빅데이터를 활용하는 지리정보시스템(GIS)과 고객관계관리(CRM)의 합성어인 "gCRM"을 활용하기도 한다.
⑤ 속성정보를 요약하여 표현한 지도를 작성하며, 점, 선, 면의 형상으로 주제도를 작성하기도 한다.

43 상권분석 과정에서 점포의 위치와 해당 점포를 이용하는 소비자의 분포를 공간적으로 표현할 때 보편적으로 관찰되는 거리감소효과(distance decay effect)에 대한 설명으로 옳지 않은 것은?

① 고객점표(CST) 지도를 이용하면 쉽게 관찰할 수 있다.
② 거리조락현상 또는 거리체증효과라고도 한다.
③ 거리 마찰에 따른 비용과 시간의 증가 때문에 나타난다.
④ 유사점포법, 회귀분석법을 이용하여 확인할 수 있다.
⑤ 점포로부터 멀어질수록 고객의 밀도가 낮아지는 경향을 말한다.

44 아래 글상자의 내용에서 말하는 장단점은 어떤 형태의 소매점포 출점에 대한 내용인가?

장점	단점
• 직접 소유로 인한 장기간 영업 • 영업상의 신축성 확보 • 새로운 시설 확보 • 구조 및 설계 유연성	• 초기 고정투자부담이 큼 • 건설 및 인허가기간 소요 • 적당한 부지 확보 어려움 • 점포 이동 등 입지변경 어려움

① 기존건물에 속한 점포임대
② 기존건물 매입
③ 부지매입 건물신축
④ 기존건물의 점포매입
⑤ 신축건물 임대

45 확률적으로 매출액이나 상권의 범위를 예측하는 상권분석 기법들에서 이론적 근거로 이용하고 있는 Luce의 선택공리와 관련이 없는 것은?

① 공간상호작용모델(SIM)은 소매점의 상권분석과 입지의사결정에 이용하는 근거가 된다.
② 특정 선택대안의 효용이 다른 대안보다 높을수록 선택될 확률이 높다고 가정한다.
③ 어떤 대안이 선택될 확률은 그 대안이 갖는 효용을 전체 선택대안들이 가지는 효용의 총합으로 나눈 값과 같다고 본다.
④ 소비자가 어느 점포에 대해 느끼는 효용이 가장 크더라도 항상 그 점포를 선택하지 않을 수 있다고 인식한다.
⑤ Reilly의 소매중력모형, Huff모형, MNL모형은 Luce의 선택공리를 근거로 하는 대표적 상권분석 기법들이다.

3과목 유통마케팅

46 광고 매체를 선정할 때 고려해야 할 여러 가지 요인에 대한 설명으로 옳지 않은 것은?

① 도달범위(reach)란 일정기간 동안 특정 광고에 적어도 한 번 이상 노출된 청중의 수 또는 비율을 말한다.
② GRP(gross rating points)란 광고효과를 계량화하여 측정하기 위한 기준으로 보통 시청자들의 광고인지도를 중심으로 측정한다.

③ 광고스케줄링이란 일정기간 동안 광고예산을 어떻게 배분하여 집행할 것인가에 대한 결정이다.
④ 도달빈도(frequency)란 일정기간 동안 특정광고가 한 사람에게 노출된 평균 횟수를 말한다.
⑤ CPRP(cost per rating points)란 매체비용을 시청률로 나눈 비용이라 할 수 있다.

47 매장 레이아웃(layout)에 대한 설명으로 가장 옳지 않은 것은?
① 격자형 배치는 고객이 매장 전체를 둘러보고 자신이 원하는 상품을 쉽게 찾을 수 있게 한다.
② 격자형 배치는 다른 진열방식에 비해 공간효율성이 높고 비용면에서 효과적이다.
③ 경주로형 배치는 고객들이 다양한 매장의 상품을 볼 수 있게 하여 충동구매를 유발할 수 있다.
④ 자유형 배치는 규모가 작은 전문매장이나 여러 개의 소규모 전문매장이 있는 대형점포의 배치 방식이다.
⑤ 자유형 배치는 고객들이 주 통로를 지나다니면서 다양한 각도의 시선으로 상품을 살펴볼 수 있다.

48 소전략적 CRM(customer relationship management)의 적용과정으로서 가장 옳지 않은 것은?
① 정보관리과정
② 전략 개발과정
③ 투자 타당성 평가 과정
④ 가치창출 과정
⑤ 다채널 통합과정

49 도매상의 마케팅믹스전략에 관한 설명으로 가장 옳지 않은 것은?
① 소매상이나 제조업자와 마찬가지로 거래규모나 시기에 따른 가격할인 또는 매출증대를 위한 가격인하 등의 가격변화를 시도하기도 한다.
② 제조업자가 제공하는 촉진물과 촉진프로그램을 적극 활용할 뿐만 아니라 자체적인 촉진프로그램의 개발을 통해 고객인 소매상을 유인하여야 한다.
③ 도매상은 소매상에게 제공해야 할 제품구색과 서비스 수준을 결정해야 한다.
④ 도매상은 최종소비자를 대상으로 영업활동을 하는 것이기 때문에 점포와 같은 물리적인 시설에 비용투자를 해야 한다.
⑤ 일반적으로 도매상은 소요비용을 충당하기 위해 원가에 일정비율을 마진으로 가산하는 원가중심가격결정법을 사용한다.

50 소매업체들의 서비스 마케팅 관리를 위한 서비스마케팅믹스(7P)로 옳지 않은 것은?

① 장소(place)
② 가능 시간(possible time)
③ 사람(people)
④ 물리적 환경(physical evidence)
⑤ 과정(process)

51 머천다이징의 개념에 관한 설명 중 가장 옳지 않은 것은?

① 소매점포가 소비자들의 특성에 적합한 제품들을 잘 선정해서 매입하고 진열하는 것이다.
② 소매업체가 좋은 제품을 찾아서 좋은 조건에 매입해서 진열하는 것과 관련된 모든 것을 말한다.
③ 고객의 니즈를 만족시킬 뿐만 아니라 수요를 적극적으로 창출하기 위한 상품화계획을 의미한다.
④ 제품계획 혹은 상품화활동은 상품의 시장성을 향상시킬 수 있는 계획활동이다.
⑤ 제품 및 제품성과에 대한 소비자들의 지각과 느낌을 상징한다.

52 구매자들을 라이프 스타일 또는 개성과 관련된 특징들을 근거로 서로 다른 시장으로 세분화하는 것을 지칭하는 개념으로 옳은 것은?

① 지리적 세분화
② 인구통계적 세분화
③ 행동적 세분화
④ 심리묘사적 세분화
⑤ 시장형태의 세분화

53 제품믹스(product mix) 또는 제품포트폴리오(product portfolio)의 특성 중에서 "제품라인 내 제품품목(product item)의 수"를 일컫는 말로 옳은 것은?

① 제품믹스의 깊이(product mix depth)
② 제품믹스의 폭(product mix width)
③ 제품믹스의 일관성
　(product mix consistency)
④ 제품믹스의 길이(product mix length)
⑤ 제품믹스의 구성
　(product mix composition)

54 아래 글상자의 (㉠)과 (㉡)에 들어갈 용어로 가장 옳은 것은?

> 유통경로에서의 수직적 통합에는 두 가지 유형이 있다. (㉠)은(는) 제조회사가 도·소매업체를 소유하거나 도매상이 소매업체를 소유하는 것과 같이 공급망의 상류 기업이 하류의 기능을 통합하는 것이다.
> 반면 (㉡)은 도·소매업체가 제조기능을 수행하거나 소매업체가 도매기능을 수행하는 것과 같이 공급망의 하류에 위치한 기업이 상류의 기능까지 통합하는 것이다.

① ㉠ 후방통합,　㉡ 전방통합
② ㉠ 전방통합,　㉡ 후방통합
③ ㉠ 경로통합,　㉡ 전방통합
④ ㉠ 전략적 제휴,　㉡ 후방통합
⑤ ㉠ 전략적 제휴,　㉡ 경로통합

55 아래 글상자의 내용과 관련하여 가장 옳지 않은 것은?

> ㉠ 기존 자사 제품을 통해 기존 시장에서 매출액이나 시장점유율을 높이기 위한 전략이다.
> ㉡ 두 개 이상의 소매업체 간의 자원을 공동으로 이용하여 소유권, 통제권, 이익이 공유되는 새로운 회사를 설립할 때 활용하는 전략이다.
> ㉢ 기존의 제품으로 새로운 유통경로를 개척하여 시장을 확장하는 전략이다.

① ㉠은 소매업체의 성장전략 중 시장침투 전략에 대한 설명이다.
② ㉠은 자사 점포에서 쇼핑하지 않은 고객을 유인하거나 기존 고객들이 더 많은 상품을 구매하도록 유인하는 전략이다.
③ ㉡은 위험이 낮고 투자가 적게 요구되는 전략이지만, 가맹계약 해지를 통해 경쟁자가 되는 위험을 가지고 있다.
④ ㉡은 소매업체가 해외시장에 진출할 때 활용되는 진입전략 중 하나이다.
⑤ ㉢은 새로운 시장에서 기존 소매업태를 이용하는 성장전략이다.

56 로열티 프로그램으로 가장 옳지 않은 것은?

① 구매액에 따라 보너스 점수를 부여하거나 방문수에 따라 스탬프를 모으게 하는 스탬프 제도
② 상품구매자를 대상으로 여러 혜택을 얻을 수 있는 프로그램에 가입하게 하는 회원제도
③ 20%의 우량고객에 집중해 핵심고객에게 많은 혜택이 부여되는 마케팅 프로그램 기획 및 운영
④ 동일 기업 내 다수의 브랜드의 통합 또는 이종기업간의 제휴를 통한 통합 포인트 적립 프로그램
⑤ 기업의 자선활동 및 공익프로그램과의 연계를 통한 사회문제해결 및 공유가치 창출 프로그램

57 시각적 머천다이징에 대한 아래의 설명 중에서 가장 옳지 않은 것은?

① 점포 내외부 디자인도 포함하는 개념이지만 핵심개념은 매장 내 전시(display)를 중심으로 한다.
② 상품과 판매환경을 시각적으로 연출하고 관리하는 일련의 활동을 말한다.
③ 상품과 점포 이미지가 일관성을 유지할 수 있게 진열하는 것이 중요하다.
④ 시각적 머천다이징의 요소로는 색채, 재질, 선, 형태, 공간 등을 들 수 있다.
⑤ 상품의 잠재적 이윤보다는 인테리어 컨셉 및 전체적 조화 등을 고려하여 이루어진다.

58 아래 글상자의 괄호 안에 들어갈 소매업 발전이론으로 옳은 것은?

( )은 소매시스템에서 우세한 소매업태가 취급하는 상품계열수의 측면에서 현대 상업시스템의 진화를 설명하는 이론으로 소매상은 제품구색이 넓은 소매업태에서 전문화된 좁은 제품구색의 소매업태로 변화되었다가 다시 넓은 제품구색의 소매업태로 변화되는 과정을 설명하고 있다.

① 소매아코디언이론(retail accordion theory)
② 소매수명주기이론(retail life cycle theory)
③ 소매차륜이론(the wheel of retailing theory)
④ 변증법적이론(dialectic theory)
⑤ 진공지대이론(vacuum zone theory)

59 제품에 맞는 판매기법으로 가장 옳지 않은 것은?

① 편의품은 입지 조건에 따라 판매가 크게 좌우되므로 접근이 더 용이하도록 배달서비스 제공을 고려할 필요가 있다.
② 편의품은 보다 풍요로운 생활과 즐거움을 제공하는 제품으로 스타일과 디자인을 강조한다.
③ 선매품의 경우 고객의 질문에 충분히 답할 수 있는 판매원의 교육 훈련이 필요하다.
④ 선매품은 패션성이 강하기 때문에 재고가 누적되지 않도록 시의적절한 판촉을 수행한다.
⑤ 전문품은 전문적이고 충분한 설명을 통해 소비자의 구매의욕을 충분히 자극시켜야 한다.

60 옴니채널(omni-channel)의 특징으로 옳지 않은 것은?

① 독립적으로 운영되던 채널들이 유기적으로 통합되어 서로의 부족한 부분을 메워주는 보완적 관계를 갖는다.
② 채널 간의 불필요한 경쟁은 온·오프라인의 판매실적을 통합함으로써 해결한다.
③ 동일한 제품을 온라인이나 오프라인에 상관없이 동일한 가격과 프로모션으로 구매할 수 있다.
④ 온·오프라인의 재고관리 시스템을 일원화할 수 있다.
⑤ 동일한 기업으로부터 공급받은 제품을 매장별로 독특한 마케팅 프로그램을 활용하여 판매한다.

61 고객의 개인정보보호에 관한 내용으로 가장 옳지 않은 것은?

① 고객정보를 제3자에게 제공하거나 제공받은 목적 외의 용도로 이용해서는 안 된다.
② 고객은 개인정보수집, 이용, 제공 등에 대해 동의 철회 및 정정을 요구할 수 있다.
③ SMS 광고 전송 시 전송자의 명칭을 표시하고, 수신거부 의사를 표현할 수 있게 해야 한다.
④ 경품응모권을 통해 수집한 개인정보는 보유 및 이용기간의 제한이 없기 때문에 영구적인 이용이 가능하다.
⑤ 오후 9시부터 아침 8시까지는 별도의 동의 없이 광고를 전송해서는 안 된다.

62 CRM과 eCRM을 비교하여 설명한 내용으로 가장 옳은 것은?

① CRM과 달리 eCRM은 원투원마케팅(one-to-one marketing)과 데이터베이스마케팅 활용을 중시한다.
② CRM과 달리 eCRM은 고객 개개인에 대한 차별적 서비스를 실시간으로 제공한다.
③ eCRM과 달리 CRM은 고객접점과 커뮤니케이션 경로의 활용을 중시한다.
④ eCRM과 달리 CRM은 고객서비스 개선 및 거래활성화를 위한 고정고객 관리에 중점을 둔다.
⑤ CRM과 eCRM 모두 데이터마이닝 등 고객행동분석의 전사적 활용을 추구한다.

63 아래 글상자의 조사 내용 중에서 비율척도로 측정해야 하는 요소만을 나열한 것으로 옳은 것은?

> ㉠ 구매자의 성별 및 직업
> ㉡ 상품 인기 순위
> ㉢ 타겟고객의 소득구간
> ㉣ 소비자의 구매확률
> ㉤ 충성고객의 구매액
> ㉥ 매장의 시장점유율

① ㉠, ㉡, ㉢
② ㉢, ㉣, ㉤
③ ㉣, ㉤, ㉥
④ ㉡, ㉣, ㉥
⑤ ㉢, ㉤, ㉥

64 다단계 판매에 대한 설명으로 옳지 않은 것은?

① 고객과 대면접촉을 통해 상품을 판매하는 인적판매의 일종이다.
② 유통마진을 절감시킬 수 있다.
③ 고정 인건비가 발생하지 않는다.
④ 매출 증가에 따라 조직이 비대해지는 단점이 있다.
⑤ 점포 판매에 비해 훨씬 더 적극적으로 시장을 개척해 나갈 수 있다.

65 소매업체 입장에서 특정 공급자의 개별품목 또는 재고관리 단위를 평가하는 방법으로 가장 옳은 것은?

① 직접제품이익
② 경로 구성원 성과평가
③ 평당 총이익
④ 상시 종업원 당 총이익
⑤ 경로 구성원 총자산 수익률

66 아래 글상자에서 설명하는 경로 구성원들 간의 갈등이 발생하는 원인으로 가장 옳은 것은?

> 소비자 가격을 책정할 때 대규모 제조업체는 신속한 시장 침투를 위해 저가격을 원하지만, 소규모 소매업자들은 수익성 증대를 위해 고가격을 원함으로써 갈등이 발생할 수 있다.

① 경로 구성원의 목표들 간의 양립불가능성
② 마케팅 과업과 과업수행 방법에 대한 경로 구성원들간의 의견 불일치
③ 경로 구성원들 간의 현실을 지각하는 차이
④ 경로 구성원들 간의 파워 불일치
⑤ 경로 구성원들 간의 품질 요구 불일치

67 원가가산법(cost plus pricing)에 의한 가격 책정에 관한 설명으로 가장 옳지 않은 것은?

① 제품의 원가에 일정률의 판매수익률(또는 마진)을 가산하여 판매가격을 결정하는 방법을 말한다.
② 단위당 변동비, 고정비, 예상판매량, 판매수익률을 바탕으로 산출할 수 있다.
③ 예상판매량이 예측 가능한 경우 주로 사용하는 방법이다.
④ 생산자 입장에서 결정되는 가격이므로 소비자에게 최종적으로 전달되는 가격과는 차이가 있다.
⑤ 가격변화가 판매량에 큰 영향을 미치지 않거나 기업이 가격을 통제할 수 있는 경우에 효과적이다.

68 아래 글상자의 내용에 해당되는 마케팅조사 기법으로 가장 옳은 것은?

> 제품, 서비스 등의 대안들에 대한 소비자의 선호 정도로부터 소비자가 각 속성에 부여하는 상대적 중요도와 속성수준의 효용을 추정하는 분석방법

① t-검증
② 분산 분석
③ 회귀 분석
④ 컨조인트 분석
⑤ 군집 분석

69 매장의 내부 환경요소로 가장 옳지 않은 것은?

① 매장의 입출구와 주차시설
② 매장의 색채와 조명
③ 매장의 평면배치
④ 매장의 상품진열
⑤ 매장의 배경음악 및 분위기

70 종적인 공간효율을 개선시키고 진열선반의 높이가 낮을 때는 위에서 아래로 시선을 유도하는 페이싱 방법으로 가장 옳은 것은?

① 페이스 아웃(face out)
② 슬리브 아웃(sleeve out)
③ 쉘빙(shelving)
④ 행깅(hanging)
⑤ 폴디드 아웃(folded out)

4과목 유통정보

71 QR 코드에 대한 설명으로 가장 옳지 않은 것은?

① 1994년에 일본 덴소웨이브사가 개발했다.
② 숫자와 알파벳 등의 데이터를 담을 수 있다.
③ 오염이나 손상된 데이터를 복원하는 기능이 있다.
④ 국제표준이 정립되지 않아 다양한 국가에서 자체적으로 활용될 수 있다.
⑤ 모바일 쿠폰, 광고, 마케팅 등 다양한 분야에 활용되고 있다.

72 최근 유통분야에서 인공지능 기술의 활용이 증대되면서 유통업무 혁신을 위한 다양한 가능성을 보여주고 있다. 이에 대한 설명으로 가장 옳지 않은 것은?

① 인공지능 기술을 활용하여 유통업체에서 고객의 일상적인 문의사항에 대해 다양한 정보를 다양한 경로로 제공할 수 있다.
② 인공지능 기술은 주문이행 관련 배송경로, 재고파악 등 고객의 주문에 대한 업무와 관련된 최적의 대안을 신속하게 제공해주어 의사결정에 도움을 줄 수 있다.
③ 인공지능 기술을 활용하면 주문 데이터 패턴을 분석해서 정상적이지 않은 거래를 파악하는 등 이상 현상 및 이상 패턴을 추출하는 데 활용될 수 있다.
④ 인공지능 기술은 알고리즘을 이용해 학습 수준이 강화되기 때문에 이용자의 질의에 대한 응답 수준은 갈수록 정교해질 것이다.
⑤ 챗지피티는 사전에 구축된 방대한 양의 학습데이터에서 질의에 적절한 해답을 찾아 질의자에게 빠르게 제시해 주는 인공지능 기술 기반 서비스로 마이크로소프트사가 개발하였다.

73 데이터 유형 분류와 그 특성에 대한 설명으로 가장 옳지 않은 것은?

① 정형 데이터 - 관계형 데이터베이스 관리 시스템(RDBMS)의 고정된 필드에 저장되는 데이터들이 포함됨
② 정형 데이터 - 데이터의 길이와 형식이 정해져 있어 그에 맞추어 데이터를 저장하게 됨
③ 반정형 데이터 - 문서, 웹문서, HTML 등이 대표적이며, 데이터 속성인 메타데이터를 가지고 있음
④ 반정형 데이터 - JSON, 웹로그 등 데이터가 해낭되며, XML 형태의 데이터로 값과 형식이 다소 일관성이 없음
⑤ 비정형 데이터 - 형태와 구조가 복잡한 이미지, 동영상 같은 멀티미디어 데이터가 이에 해당됨

74 CRM을 통해 성공적으로 고객을 관리하고 있음을 추적하기 위해 사용할 수 있는 지표로 가장 옳지 않은 것은?

① 신규 고객 유치율
② 마케팅 캠페인 당 구매 건수
③ 마케팅 캠페인 당 반응 건수
④ 제품 당 신규 판매 기회 건수
⑤ 시스템 다운타임

75 최근 개인정보보호 문제가 중요한 이슈로 대두되고 있다. 아래 글상자는 하버드 대학교 버크만 센터에서 제시한 개인정보보호 AI윤리원칙이다. ㉠과 ㉡에 해당하는 각각의 권리로 가장 옳은 것은?

> ㉠ 데이터 컨트롤러(data controller)가 보유한 정보가 부정확하거나 불완전한 경우, 사람들이 이를 수정할 권리가 있어야 함
> ㉡ 자신의 개인정보를 삭제할 수 있는 법적 강제력이 있는 권리가 있어야 함

① ㉠ 자기 결정권, ㉡ 정보 열람권
② ㉠ 자기 결정권, ㉡ 정보 정정권
③ ㉠ 정보 삭제권, ㉡ 자기 결정권
④ ㉠ 정보 정정권, ㉡ 정보 삭제권
⑤ ㉠ 정보 열람권, ㉡ 자기 결정권

76 산업혁명에 따른 기업의 비즈니스 환경 변화에 대한 설명으로 가장 옳은 것은?

① 1차 산업혁명 시기에는 컴퓨터와 같은 전자기기 활용을 통해 업무 프로세스 개선을 달성하였다.
② 2차 산업혁명 시기에는 업무 프로세스에 대한 부분자동화가 이루어졌고, 네트워킹 기능이 프로세스 혁신을 위해 활성화되기 시작하였다.
③ 3차 산업혁명 시기에는 노동에서 분업이 이루어지기 시작하였고, 전문성이 강조되기 시작하였다.
④ 4차 산업혁명 시기에는 전화, TV, 인터넷 등과 같은 의사소통 방식이 기업에서 활성화되었다.
⑤ 4차 산업혁명 시기에는 인공지능과 사물인터넷 등 신기술 이용을 통해 비즈니스 프로세스에 혁신이 이루어졌다.

77 아래 글상자의 괄호 안에 공통적으로 들어갈 용어로 가장 옳은 것은?

> • (   )은(는) 디지털 기술을 사회전반에 적용하여 전통적인 사회구조를 혁신시키는 것이다. 일반적으로 기업에서 사물인터넷, 클라우드 컴퓨팅, 인공지능, 빅데이터 솔루션 등 정보통신기술을 플랫폼으로 구축·활용하여 기존의 전통적인 운영방식과 서비스 등을 혁신하는 것이다.
> • (   )은(는) 산업과 사회의 각 부문이 디지털화되는 현상으로 인터넷 정보화 등을 뛰어넘는 초연결(hyper-connectivity) 지능화가 경제·사회 전반에 이를 촉발시키고 있다.

① 디지타이제이션(digitization)
② 초지능화(hyper-intellectualization)
③ 디지털 컨버전스(digital convergence)
④ 디지털 전환(digital transformation)
⑤ 하이퍼인텐션(hyper-intention)

78 조직에서 의사결정을 할 때 활용되는 정보와 조직 수준과의 관계에 대한 설명 중 가장 옳지 않은 것은?

① 전략적 수준 - 주로 비구조화된 의사결정이 이루어지며, 내부 정보 외에도 외부 환경과 관련된 정보 등 외부에서 수집된 정보도 다수 활용
② 관리적 수준 - 구조화된 의사결정이 이루어지며, 새로운 공장입지 선정 및 신기술 도입 등과 같은 사항과 관련된 내외부 정보를 주로 다룸
③ 전략적 수준 - 의사결정 시 활용되는 정보의 특성은 미래지향적이며 상대적으로 추상적이고 포괄적인 정보를 주로 다룸
④ 운영적 수준 - 구조화된 의사결정이 이루어지며, 일일거래 처리와 같이 구체적이고 상세하며 시간에 민감한 정보를 주로 다룸
⑤ 운영적 수준 - 반복적이고 재발성의 특성이 높은 의사결정들이 주로 이루어지며, 효율성에 초점을 두고 활동이 이루어짐

79 아래 글상자의 괄호 안에 공통적으로 들어갈 용어로 가장 옳은 것은?

- ( )은(는) 조직의 성과목표 달성을 위해 재무, 고객, 내부프로세스, 학습 및 성장 관점에서 균형 잡힌 성과지표를 설정하고 그 성과를 측정하는 성과관리 기법을 말한다. 매우 논리적이며, 지표와 재무적 성과와의 분명한 상관관계를 보이고 있다. 다만, 외부 다른 기관의 평가와 비교하는 것은 곤란하다.
- ( )기반 성과관리시스템은 기관의 미션과 비전을 달성할 수 있도록 전략목표, 성과목표, 관리과제 등을 연계하고, 성과지표를 근거로 목표달성의 수준을 측정해서 관리할 수 있는 IT기반의 성과관리 및 평가시스템을 말한다.

① 경제적 부가가치(economic value added)
② 인적자원회계(human resource accounting)
③ 총자산이익률(return on assets)
④ 균형성과표(balanced score card)
⑤ 투자수익률(return on investment)

80 아래 글상자의 괄호 안에 들어갈 용어로 가장 옳은 것은?

> 거래처리시스템으로부터 운영데이터를 모아 주제영역으로 구축한 데이터웨어하우스는 조직 전체의 정보를 저장하고 있어 방대하다. ( )은(는) 특정한 조직이 사용하기 위해 몇몇 정보를 도출하여 사용할 수 있도록 한 사용자 맞춤데이터 서비스를 지칭한다.

① 데이터윈도우
② 데이터마트
③ 데이터스키마
④ 데이터모델
⑤ 그룹데이터모델

81 아래 글상자의 기사 내용과 관련성이 높은 정보기술용어로 가장 옳은 것은?

> B**리테일이 'C*제*토한강점'을 선보였다. 'C*제*토한강점'은 제*토월드에서 한강공원을 검색한 뒤 C*편의점에 입장하면 자체 브랜드(PB)상품뿐만 아니라 C*제**당과 협업을 통한 일반 제조사 브랜드(NB)상품을 둘러 볼 수 있다. 또한 제품 위에 떠 있는 화살표를 선택하면 해당 제품을 손에 쥐는 것도 가능하다. 아바타들은 원두커피 기기에서 커피를 내리거나 한강공원 편의점 인기 메뉴인 즉석조리 라면도 먹을 수 있다.

① 가상 에이전트
② O2O
③ BICON
④ 아바타 에이전트
⑤ 메타버스

82 산업별 표준화가 반영된 바코드에 대한 설명으로 가장 옳지 않은 것은?

① 보건복지부는 의약품 포장 단위마다 고유번호를 부여하는 '의약품 일련번호 제도'를 시행하고 있다.
② 의약품의 바코드 내에 있는 상품코드(품목코드, 포장단위)는 건강보험심사평가원의 의약품관리종합정보센터에서 부여하는 상품식별번호이다.
③ UDI란 의료기기를 고유하게 식별할 수 있는 체계로 우리나라는 2019년 7월부터 적용되어 현재는 모든 등급의 의료기기에 UDI가 적용되고 있다.
④ 의료기기에 부여되는 UDI 코드는 기본 포장(base package)을 대상으로 모두 개별적으로 부여하므로 혼선을 방지하기 위해 상위 포장(higher levels of packages)인 묶음 포장단위에는 별도로 부여하지 않는다.
⑤ GS1 DataBar(데이터바)란 상품식별 기능만 갖는 기존 바코드와 달리 상품식별코드(GTIN) 외 유통기한, 이력코드, 중량 등 다양한 부가정보를 넣을 수 있는 바코드를 지칭한다.

83. 아래 글상자의 괄호 안에 공통적으로 들어갈 용어로 가장 옳은 것은?

> ( )은 중앙 서버없이 노드(node)들이 자율적으로 연결 되는 P2P(peer-to-peer)방식을 기반으로 각 노드에 데이터를 분산 저장하는 데이터분산처리기술이다.
> 중앙시스템이 존재하지 않는 완전한 탈중앙 시스템이며, 장부에 해당되는 ( )은 누구에게나 공유·공개되어 투명성을 보장하고 독특한 구조적 특징에 기인하여 데이터의 무결성을 보장하며, 분산된 장부는 네트워크에 참여한 각 노드들의 검증과 합의 과정을 거쳐 데이터 일치에 도달하게 된다.

① 비트코인
② 비콘
③ 분산블록
④ 블록체인
⑤ 딥러닝

84. 웹 3.0과 관련된 설명으로 가장 옳지 않은 것은?

① 시맨틱 웹(Semantic Web) - 의미론적인 웹을 뜻하며 기계가 인간들이 사용하는 자연어를 이해하고 상황과 맥락에 맞는 개인 맞춤형 정보를 제공하는 웹
② 온톨로지(Ontology) - 메타데이터들의 집합, 예를 들어 사과를 떠올리면 사과의 색상, 종류 등 관련된 여러가지 정보를 컴퓨터가 이해하고 처리할 수 있는 정형화된 수단으로 표현한 것
③ 중앙집중화(centralization) - 웹 3.0에서 사용자 간 연결은 플랫폼을 중심으로 연결하여 자유롭게 소통할 수 있도록 지원, 결과적으로 플랫폼이 강력한 권한을 가지게 됨
④ 웹 3.0을 실현하기 위해서는 블록체인, 인공지능, AR·VR, 분산 스토리지, 네트워크 등의 기반 기술이 필요, 사용성을 높여야 실효성이 있을 것으로 봄
⑤ 온라인 검색과 요청들을 각 사용자들의 선호와 필요에 따라 맞춰 재단하는 것이 웹 3.0의 목표

85. 아래 글상자의 괄호 안에 들어갈 용어로 가장 옳은 것은?

> ( )은(는) 전자상거래 이용 고객이 기업에서 발송하는 광고성 메일에 대해 수신거부 의사를 전달하여 더 이상 광고성 메일을 받지 않을 수 있는 것을 말한다.

① 옵트 온(opt on)
② 옵트 오프(opt off)
③ 옵트 오버(opt over)
④ 옵트 인(opt in)
⑤ 옵트 아웃(opt out)

86 빅데이터의 핵심 특성 3가지를 바르게 나열한 것은?

① 가치, 생성 속도, 유연성
② 가치, 생성 속도, 가변성
③ 데이터 규모, 가치, 복잡성
④ 데이터 규모, 속도, 다양성
⑤ 데이터 규모, 가치, 가변성

87 아래 글상자에서 설명하는 서비스와 관련된 용어로 가장 옳은 것은?

> • 유통데이터를 활용한 다양한 비즈니스 모델을 수행할 수 있도록 지원하기 위해 온라인에서 생산과 소비 유통이 한 곳에서 이루어지는 '양면시장(two-sided market)' 개념의 장(場)을 지칭하는 용어이다.
> • 비즈니스에서 여러 사용자 또는 조직 간의 관계를 형성하고 비즈니스적인 거래를 형성할 수 있는 정보 시스템 환경으로 자신의 시스템을 개방하여 개인은 물론 기업 모두가 참여하여 원하는 일을 자유롭게 할 수 있도록 환경을 구축하여 참여자들 모두에게 새로운 가치와 혜택을 제공해줄 수 있는 시스템을 의미한다.

① 데이터베이스
② 옴니채널
③ 플랫폼
④ 클라우드 컴퓨팅
⑤ m-커머스

88 아래 글상자는 인증방식 분류에 대한 설명이다. ㉠, ㉡에 해당하는 용어로 가장 옳은 것은?

> ㉠ 전자적 형태의 문서로 어떤 사람을 특정할 수 있는 정보와 공개 키(public key), 전자서명으로 구성된다. 이 인증방식은 일단 증명서를 발급받기만 하면 주기적으로 그것을 갱신하는 것 외에는 특별히 조치할 사항이 없으므로 사용하기 편리하다는 장점이 있다.
> ㉡ 분산원장을 바탕으로 인증 대상이 스스로 신원을 확인 하고 본인과 관련된 정보의 제출 범위와 대상 등을 정할수 있도록 하는 인증방식이다 인증대상이 자신의 신원정보(credentials)에 대한 권리를 보다 적극적으로 행사할 수 있는 것이 특징이다.

① ㉠ 비밀번호, ㉡ 분산ID
② ㉠ 디지털문서, ㉡ 분산ID
③ ㉠ 비밀번호, ㉡ 디지털문서
④ ㉠ 생체정보, ㉡ 디지털문서
⑤ ㉠ 생체정보, ㉡ 분산ID

89 아래 글상자의 괄호 안에 공통적으로 들어갈 용어로 가장 옳은 것은?

> - ( )은(는) 마이론 크루거(Myron Krueger) 박사에 의해 제시된 개념으로 인조 두뇌 공간이라고도 한다.
> - ( )에서는 3차원의 가상공간에서 사용자가 원하는 방향대로 조작하거나 실행할 수 있다.
> - ( )의 특성은 영상물의 실시간 렌더링이 가능하므로 원하는 위치에 원하는 모습을 즉시 생산해낼 수 있다.

① 가상 현실
② 증강 현실
③ UI/UX
④ 사이버 물리 시스템
⑤ 브레인 컴퓨터 인터페이스

90 아래 글상자의 ㉠과 ㉡에 해당되는 용어로 가장 옳은 것은?

> - (㉠)은(는) 종종 잘못된 제품 수요정보가 공급사슬을 통해 한 파트너에서 다른 참여자들에게로 퍼져나가면서 왜곡되고 증폭되는 것을 말한다. 예를 들면 고객과의 최접점에서 어떤 제품의 수요가 약간 증가할 것이라는 정보가 공급사슬의 다음 단계마다 부풀려 전달되어 과도한 잉여재고가 발생하게 되는 현상이다.
> - e-SCM을 구축함으로서 공급사슬의 (㉡)을 확보하여 이러한 현상을 감소시키거나 제거할 수 있게 된다.

① ㉠ 풀현상, ㉡ 가시성
② ㉠ 푸시현상, ㉡ 가시성
③ ㉠ 채찍효과, ㉡ 완전성
④ ㉠ 채찍효과, ㉡ 가시성
⑤ ㉠ 채찍효과, ㉡ 확장성

2023년 제2회 기출문제

1과목 유통물류일반

01 기업윤리의 중요성을 강조하기 위해 취할 수 있는 방법으로 가장 옳지 않은 것은?

① 기업윤리와 관련된 헌장이나 강령을 만들어 발표한다.
② 기업윤리가 기업의 모든 의사결정 프로세스에 반영될 수 있게 모니터링한다.
③ 윤리경영의 지표로는 정성적인 지표가 아닌 계량적인 지표를 활용한다.
④ 조직 내의 문제점을 제기할 수 있는 제도를 활성화한다.
⑤ 윤리기준을 적용한 감사 결과를 조직원과 공유한다.

02 유통경로와 중간상이 필요한 이유에 대한 설명으로 가장 옳지 않은 것은?

① 거래의 일상화를 통해 제반 비용의 감소와 비효율을 개선할 수 있기 때문이다.
② 중간상의 개입으로 공간적, 시간적 불일치를 해소할 수 있기 때문이다.
③ 생산자의 다품종 소량생산과 소비자의 소품종 대량구매니즈로 인한 구색 및 수량 불일치를 해소할 수 있기 때문이다.
④ 생산자와 소비자 상호간의 정보의 불일치에 따른 불편을 해소해 줄 수 있기 때문이다.
⑤ 중간상을 통해 탐색과정의 효율성을 높일 수 있기 때문이다.

03 아래 글상자에서 설명하는 기업이 글로벌 시장에서 경쟁하기 위한 전략을 괄호 안에 들어갈 순서대로 옳게 나열한 것은?

- (㉠)는 둘 또는 그이상의 기업들이 맺은 파트너십으로 기술과 위험을 공유한다. 자국에서 생산된 상품만을 허용하는 국가로 진출하기 위한 전략으로 활용할 수 있다.
- (㉡)은(는) 자사의 독자적인 브랜드 이름이나 상표를 부착하여 판매하는 방식으로 제품의 생산은 다른 기업에게 의뢰한다.

① ㉠ 전략적 제휴, ㉡ 위탁제조
② ㉠ 합작투자, ㉡ 위탁제조
③ ㉠ 전략적 제휴, ㉡ 라이선싱(licensing)
④ ㉠ 합작투자, ㉡ 라이선싱(licensing)
⑤ ㉠ 해외직접투자, ㉡ 프랜차이징(franchising)

04 경제활동의 윤리적 환경과 조건을 세계 각국 공통으로 표준화하려는 것으로 비윤리적인 기업의 제품이나 서비스를 국제거래에서 제한하는 움직임을 뜻하는 것은?

① 우루과이라운드
② 부패라운드
③ 블루라운드
④ 그린라운드
⑤ 윤리라운드

05 조직에서 경영자가 목표를 설정할 때 고려해야 할 요소들에 대한 설명으로 가장 옳지 않은 것은?
① 조직의 미션과 종업원의 핵심 직무를 검토한다.
② 목표를 개별적으로 결정하거나 외부의 투입을 고려해서 정한다.
③ 목표 진척사항을 평가하기 위한 피드백 메커니즘을 구축한다.
④ 목표 달성과 보상은 철저하게 분리하여 독립적으로 실행한다.
⑤ 가용한 자원을 평가한다.

06 리더의 행동을 생산에 대한 관심과 사람에 대한 관심을 기준으로 구분하여 연구한 블레이크(Blake)와 무톤(Mouton)의 관리격자연구에 따른 리더십 유형에 대한 설명으로 가장 옳지 않은 것은?
① 중도형(5-5) - 절충에 신경을 쓰기 때문에 때로는 우유부단하게 비칠 수 있다.
② 팀형(9-9) - 팀의 업적에만 관심을 갖는 리더로 부하를 하나의 수단으로 취급할 수 있다.
③ 컨츄리클럽형(1-9) - 부하의 욕구나 동기를 충족시키면 그들이 알아서 수행할 것이라는 전제하에 나타나는 리더십이다.
④ 무관심형(1-1) - 리더는 업무에 대한 지시만 하고 어려운 문제가 생기면 회피한다.
⑤ 과업형(9-1) - 리더 혼자서 의사결정을 하고 관리의 초점도 생산성 제고에 맞춰진다.

07 기업이 자금을 조달하는 각종 원천에 대한 설명으로 옳지 않은 것은?
① 단기자금 조달을 위해 신용대출을 활용하기도 한다.
② 채권발행의 경우 기업 경영진의 지배력은 유지되는 장점이 있다.
③ 주식 매각의 장점은 주주들에게 주식배당을 할 법적의무가 없어진다는 것이다.
④ 팩토링은 대표적인 담보대출의 한 형태이다.
⑤ 채권발행은 부채의 증가로 인해 기업에 대한 인식에 악영향을 끼칠 수 있다.

08 에머슨(Emerson, H.)의 직계·참모식 조직(line and staff organization)의 단점에 대한 설명으로 옳지 않은 것은?
① 명령체계와 조언, 권고적 참여가 혼동되기 쉽다.
② 집행부문이 스태프(staff) 부문에 자료를 신속·충분하게 제공하지 않으면 참모 부문의 기능은 잘 발휘되지 못한다.
③ 집행부문의 종업원과 스태프(staff) 부문의 직원 간에 불화를 가져올 우려가 있다.
④ 라인(line)의 창의성을 결여하기 쉽다.
⑤ 명령이 통일되지 않아 전체의 질서적 관리가 혼란스러워지는 경우가 발생할 수 있다.

09 유통경로의 유형 중 가맹본부로 불리는 경로 구성원이 계약을 통해 생산-유통과정의 여러 단계를 연결시키는 형태의 수직적 마케팅 시스템(vertical marketing system)으로 가장 옳은 것은?

① 기업형 VMS
② 위탁판매 마케팅 시스템
③ 복수유통 VMS
④ 프랜차이즈 시스템
⑤ 관리형 VMS

10 유통경로 구조를 결정하는데 있어서 유통경로 커버리지(channel coverage)에 대한 설명으로 옳은 것은?

① 유통경로에서 제조업자로부터 몇 단계를 거쳐 최종소비자에게 제품이 전달되는가와 관련이 있다.
② 제품의 부피가 크고 무거울수록, 부패속도가 빠를수록 짧은 경로를 선택하는 것이 바람직하다.
③ 특정한 지역에서 하나의 중간상을 전속해 활용하는 전략을 집약적 유통(intensive distribution)이라고 한다.
④ 유통경로 커버리지란 특정지역에서 자사 제품을 취급하는 점포를 얼마나 많이 활용할 것인가를 결정하는 것이다.
⑤ 유통경로를 통제하고자 하는 통제욕구가 강할수록 유통경로는 짧아진다.

11 유통산업의 경제적 의의에 대한 설명으로 가장 옳지 않은 것은?

① 유통산업은 국민 경제적 측면에서 생산과 소비를 연결해주는 기능을 수행한다.
② 유통산업은 국민들로 하여금 상품이나 서비스 소비를 가능하게 함으로써 생활수준을 유지·향상시켜 준다.
③ 유통산업은 국가경제를 순환시키는데 중요한 역할을 담당하고 있다.
④ 우리나라 유통산업은 2010년대 후반 유통시장 개방과 자유화 정책 이후 급속히 발전하여 제조업에 이은 국가 기간산업으로 성장하였다.
⑤ 유통산업은 생산과 소비의 중개를 통해 제조업의 경쟁력을 높이고 소비자 후생의 증진에 큰 기여를 하고 있다.

12 물류의 기본적 기능과 관련한 활동에 대한 설명으로 가장 옳지 않은 것은?

① 서로 다른 두 지점 간의 물자를 이동시키는 활동은 수송활동이다.
② 보관활동은 시간적 수급조절기능, 가격조정기능을 수행한다.
③ 상품의 가치 및 상태를 보호하기 위해 적절한 재료와 용기를 사용하는 것은 유통가공활동이다.
④ 수송과 보관 사이에서 이루어지는 물품의 취급활동은 하역활동이다.
⑤ 유통을 촉진시키기 위한 무형의 물자인 정보를 유통시키는 활동은 정보유통활동이다.

13 조직의 구성원들에게 학습되고 공유되는 가치, 아이디어, 태도 및 행동규칙을 의미하는 용어로 옳은 것은?
① 조직문화(organizational culture)
② 핵심가치(core value)
③ 사명(mission)
④ 비전(vision)
⑤ 조직목표(organizational goals)

14 아래 글상자에서 전통적인 유통채널 구조가 점진적으로 변화하는 과정이 순서대로 옳게 나열된 것은?

> ㉠ 전통시장단계
> ㉡ 제조업체 우위단계
> ㉢ 소매업체 성장단계와 제조업체 국제화단계
> ㉣ 소매업체 대형화단계
> ㉤ 소매업체 국제화단계

① ㉢ - ㉣ - ㉤ - ㉠ - ㉡
② ㉡ - ㉢ - ㉣ - ㉤ - ㉠
③ ㉠ - ㉡ - ㉢ - ㉣ - ㉤
④ ㉤ - ㉠ - ㉡ - ㉢ - ㉣
⑤ ㉣ - ㉤ - ㉠ - ㉡ - ㉢

15 통경로 상 여러 경로 기관들의 유통 흐름 유형에 대한 설명으로 옳은 것은?

구분	유형	내용
㉠	물적 흐름	유통 기관으로부터 다른 기관으로의 소유권의 이전
㉡	소유권 흐름	생산자로부터 최종 소비자에 이르기까지의 제품의 이동
㉢	지급 흐름	고객이 대금을 지급하거나, 판매점이 생산자에게 송금
㉣	정보 흐름	광고, 판촉원 등 판매촉진 활동의 흐름
㉤	촉진 흐름	유통 기관 사이의 정보의 흐름

① ㉠ ② ㉡ ③ ㉢
④ ㉣ ⑤ ㉤

16 유통기업들이 물류에 대한 높은 관심을 가지고 이에 대한 합리화를 적극적으로 검토·실행하고 있는 원인으로 옳지 않은 것은?
① 물류비가 증가하는 경향이 있기 때문이다.
② 생산 부문의 합리화 즉 생산비의 절감에는 한계가 있기 때문이다.
③ 기업 간 경쟁에서 승리하기 위해 물류면에서 우위를 확보하여야 하기 때문이다.
④ 고객의 요구는 다양화, 전문화, 고도화되어 고객서비스 향상이 특히 중요시되기 때문이다.
⑤ 기술혁신에 의하여 운송, 보관, 하역, 포장기술이 발전되었고 정보면에서는 그 발전 속도가 현저하게 낮아졌기 때문이다.

17 아래 글상자에서 설명하는 소매상 유형으로 옳은 것은?

> 일반의약품은 물론 건강기능식품과 화장품, 생활용품, 음료, 다과류까지 함께 판매하는 복합형 전문점

① 상설할인매장 ② 재래시장
③ 드럭 스토어 ④ 대중양판점
⑤ 구멍가게

18 소매수명주기이론(retail life cycle theory)에서 소매기관의 상대적 취약성이 명백해지면서 시장점유율이 떨어지고 수익이 감소하여 경쟁에서 뒤처지게 되는 단계는?

① 도입기 ② 성장기
③ 성숙기 ④ 쇠퇴기
⑤ 진입기

19 유통산업발전법(법률 제19117호, 2022. 12.27., 타법개정)의 제2조 정의에서 기술하는 용어 설명이 옳지 않은 것은?

① 매장이란 상품의 판매와 이를 지원하는 용역의 제공에 직접 사용되는 장소를 말한다. 이 경우 매장에 포함되는 용역의 제공 장소의 범위는 대통령령으로 정한다.
② 임시시장이란 다수(多數)의 수요자와 공급자가 일정한 기간 동안 상품을 매매하거나 용역을 제공하는 일정한 장소를 말한다.
③ 상점가란 일정 범위의 가로(街路) 또는 지하도에 대통령령으로 정하는 수 이상의 도매점포·소매점포 또는 용역점포가 밀집하여 있는 지구를 말한다.
④ 전문상가단지란 같은 업종을 경영하는 여러 도매업자 또는 소매업자가 일정 지역에 점포 및 부대시설 등을 집단으로 설치하여 만든 상가단지를 말한다.
⑤ 공동집배송센터란 여러 유통사업자 또는 물류업자가 공동으로 사용할 수 있도록 집배송시설 및 부대업무시설이 설치되어 있는 지역 및 시설물을 말한다.

20 조직의 품질경영시스템과 관련한 ISO9000 시리즈에 대한 설명으로 가장 옳지 않은 것은?

① 제품 자체에 대한 품질을 보증하는 것이 아니라 제품생산과정의 품질시스템에 대한 신뢰성 여부를 판단하는 기준이다.
② 품질경영시스템의 국제화 추세에 능동적으로 대처할 수 있다.
③ 고객만족을 위한 품질경영시스템을 구축할 수 있다.
④ 품질관련부서의 직원을 중심으로 챔피언, 마스터블랙벨트, 블랙벨트, 그린벨트의 자격이 주어진다.
⑤ 의사결정은 자료 및 정보의 분석에 근거한다.

21 단순 이동평균법을 이용하여 아래 표의 ( ) 안에 들어갈 판매예측치를 계산한 것으로 옳은 것은? (단, 이동평균기간은 2개월로 함)

구분	1월	2월	3월	4월
판매량	17	19	21	( )

① 17 ② 18 ③ 9
④ 20 ⑤ 23

22 아래 글상자의 괄호 안에 들어갈 경로구성원 간 갈등 관련용어를 순서대로 나열한 것으로 옳은 것은?

- (㉠)은(는) 상대방에 대해 적대감이나 긴장을 감정적으로 느끼는 것이다.
- (㉡)은(는) 상대방의 목표달성을 방해할 정도의 갈등으로, 이 단계에서는 상대를 견제하고 해를 끼치기 위해 법적인 수단을 이용하며 경로를 떠나거나 상대를 쫓아 내기 위해 힘을 행사하는 것이다.

① ㉠ 잠재적 갈등, ㉡ 지각된 갈등
② ㉠ 지각된 갈등, ㉡ 갈등의 결과
③ ㉠ 감정적 갈등, ㉡ 표출된 갈등
④ ㉠ 표출된 갈등, ㉡ 감정적 갈등
⑤ ㉠ 갈등의 결과, ㉡ 지각된 갈등

23 유통 경로상에 가능하면 많은 수의 도매상을 개입시킴으로써 각 경로 구성원에 의해 보관되는 제품의 수량이 감소될 수 있다는 원칙으로 가장 옳은 것은?

① 분업의 원칙
② 변동비 우위의 원칙
③ 총거래수 최소의 원칙
④ 집중준비의 원칙
⑤ 규모의 경제 원칙

24 가맹점이 프랜차이즈에 가입할 때 고려해야 할 점으로 가장 옳지 않은 것은?

① 프랜차이즈가 갖는 투자리스크를 사전에 검토한다.
② 기존의 점포와 겹치지 않는 입지인지 검토한다.
③ 자신의 가맹점만이 개선할 수 있는 부분을 활용한 차별점을 검토한다.
④ 본사에 지불해야 할 수수료를 고려해야 한다.
⑤ 본부의 사업역량이 충분한지 검토해야 한다.

25 물류관리의 3S 1L원칙에 해당되는 용어로 옳지 않은 것은?

① Speedy ② Surely
③ Low   ④ Safely
⑤ Smart

2과목 상권분석

26 아래 글상자에서 설명하는 입지대안의 평가 원칙으로 가장 옳은 것은?

> 점포를 방문하는 고객의 심리적, 물리적 특성과 관련된 원칙이다. 지리적으로 인접해 있거나, 교통이 편리하거나, 점포 이용이 시간적으로 편리하면 입지의 매력도를 높게 평가한다고 주장한다.

① 고객차단의 원칙
② 동반유인의 원칙
③ 점포밀집의 원칙
④ 접근가능성의 원칙
⑤ 보충가능성의 원칙

27 중심상업지역(CBD : central business district)의 입지 특성에 대한 설명 중 가장 옳지 않은 것은?

① 상업활동으로도 많은 사람을 유인하지만 출퇴근을 위해서도 이곳을 통과하는 사람이 많다.
② 백화점, 전문점, 은행 등이 밀집되어 있다.
③ 주차문제, 교통혼잡 등이 교외 쇼핑객들의 진입을 방해 하기도 한다.
④ 소도시나 대도시의 전통적인 도심지역을 말한다.
⑤ 대중교통의 중심이며, 도보통행량이 매우 적다.

28 소비자 C가 이사를 하였다. 글상자의 조건을 수정허프(Huff)모델에 적용하였을 때, 이사 이전과 이후의 소비자 C의 소매지출에 대한 소매단지 A의 점유율 변화로 가장 옳은 것은?

> ㉠ 소비자 C는 오직 2개의 소매단지(A와 B)만을 이용하며, 1회 소매지출은 일정하다.
> ㉡ A와 B의 규모는 동일하다.
> ㉢ 이사 이전에는 C의 거주지와 B사이 거리가 C의거주지와 A사이 거리의 2배였다.
> ㉣ 이사 이후에는 C의거주지와 A사이 거리가 C의거주지와 B사이 거리의 2배가 되었다.

① 4배로 증가
② 5배로 증가
③ 4분의 1로 감소
④ 5분의 1로 감소
⑤ 변화 없음

29 둥지내몰림 또는 젠트리피케이션(gentrification)에 관한 내용으로 가장 옳지 않은 것은?

① 낙후된 도심 지역의 재건축·재개발·도시재생 등 대규모 도시개발에 연관된 현상
② 도시개발로 인해 지역의 부동산 가격이 급격하게 상승할 때 주로 발생하는 현상
③ 도시개발 후 지역사회의 원주민들의 재정착비율이 매우 낮은 현상을 포함
④ 상업지역의 활성화나 관광명소화로 인한 기존 유통업체의 폐점 증가 현상을 포함
⑤ 임대료 상승으로 인해 대형점포 대신 다양한 소규모 근린상점들이 입점하는 현상

30 아래 글상자에서 설명하고 있는 상권분석 기법으로서 가장 옳은 것은?

> 분석과정이 비교적 쉽고 비용이나 시간을 아낄 수 있다. 특정 점포의 상대적 매력도는 파악할 수 있지만, 상권의 공간적 경계를 추정하는데는 도움을 주지 못한다.

① CST map
② 컨버스(P.D.Converse)의 분기점 분석
③ 티센다각형(thiessen polygon)
④ 체크리스트법
⑤ 허프(Huff)모델

31 신규점포에 대한 상권분석 기법이나 이론들은 기술적, 확률적, 규범적 분석방법으로 구분하기도 한다. 다음 중 규범적 분석에 해당되는 것만을 나열한 것은?

① 체크리스트법, 유추법
② 중심지 이론, 소매인력법칙
③ 허프(Huff)모델, MNL모형
④ 유추법, 중심지 이론
⑤ 소매인력법칙, 허프(Huff)모델

32 상권범위의 결정 요인에 대한 설명으로 가장 옳지 않은 것은?

① 상권을 결정하는 요인에는 시간요인과 비용요인이 포함된다.
② 공급측면에서 비용요인 중 교통비가 저렴할수록 상권은 축소된다.
③ 수요측면에서 고가품, 고급품일수록 상권범위가 확대된다.
④ 재화의 이동에서 사람을 매개로 하는 소매상권은 재화의 종류에 따라 비용지출이나 시간 사용이 달라지므로 상권의 크기도 달라진다.
⑤ 시간요인은 상품가치를 좌우하는 보존성이 강한 재화일수록 상권범위가 확대된다.

33 소매점포의 다른 입지유형과 비교할 때 상대적으로 노면독립입지가 갖는 일반적인 특징으로 가장 옳지 않은 것은?

① 가시성이 좋다.
② 다른 점포와의 시너지 효과를 기대하기 어렵다.
③ 임대료가 낮다.
④ 주차공간이 넓다.
⑤ 마케팅 비용이 적게 든다.

34 점포의 상권을 설정하기 위한 단계에서의 지역특성 및 입지조건 관련 조사의 내용으로 가장 옳지 않은 것은?

① 유사점포의 경쟁상황
② 지역의 경제상황
③ 자연적 장애물
④ 점포의 접근성
⑤ 점포의 예상수요

35 아래 글상자에 제시된 신규점포의 개점 절차의 논리적 진행순서로 가장 옳은 것은?

> ㉠ 상권분석 및 입지선정
> ㉡ 홍보계획 작성
> ㉢ 가용 자금, 적성 등 창업자 특성 분석
> ㉣ 실내 인테리어, 점포꾸미기
> ㉤ 창업 아이템 선정

① ㉠ - ㉤ - ㉢ - ㉡ - ㉣
② ㉤ - ㉠ - ㉢ - ㉡ - ㉣
③ ㉤ - ㉢ - ㉠ - ㉡ - ㉣
④ ㉢ - ㉠ - ㉤ - ㉡ - ㉣
⑤ ㉢ - ㉤ - ㉠ - ㉣ - ㉡

36 공간균배의 원리나 소비자의 이용목적에 따라 소매점의 입지유형을 분류하기도 한다. 이들 입지유형과 특성의 연결로서 가장 옳은 것은?

① 적응형입지 - 지역 주민들이 주로 이용함
② 산재성입지 - 거리에서 통행하는 유동인구에 의해 영업이 좌우됨
③ 집재성입지 - 동일 업종끼리 모여 있으면 불리함
④ 생활형입지 - 동일 업종끼리 한곳에 집단적으로 입지하는 것이 유리함
⑤ 집심성입지 - 배후지나 도시의 중심지에 모여 입지하는 것이 유리함

37 대지면적에 대한 건축물의 연면적의 비율인 용적률을 계산할 때 연면적 산정에 포함되는 항목으로 가장 옳은 것은?

① 지하층의 면적
② 주민공동시설면적
③ 건축물의 부속용도가 아닌 지상층의 주차용 면적
④ 건축물의 경사지붕 아래에 설치하는 대피공간의 면적
⑤ 초고층 건축물과 준초고층 건축물에 설치하는 피난안전구역의 면적

38 소매업의 공간적 분포를 설명하는 중심성지수와 관련된 설명으로서 가장 옳지 않은 것은?

① 상업인구는 어떤 지역의 소매판매액을 1인당 평균구매액으로 나눈 값이다.
② 중심성지수는 상업인구를 그 지역의 거주인구로 나눈 값이다.
③ 중심성지수가 1이라는 것은 소매판매액과 그 지역 내 거주자의 소매구매액이 동일하다는 뜻이다.
④ 중심성지수가 1이라는 것은 해당 지역의 구매력 유출과 유입이 동일하다는 뜻이다.
⑤ 소매 판매액의 변화가 없어도 해당 지역의 인구가 감소하면 중심성지수는 낮아지게 된다.

39 허프(Huff)모델보다 분석과정이 단순해서 상권분석에서 실무적으로 많이 활용되는 수정허프(Huff)모델의 특성에 관한 설명으로 가장 옳지 않은 것은?

① 분석을 위해 상권 내에 거주하는 소비자의 개인별 구매행동 데이터를 수집할 필요가 없다.
② 허프(Huff)모델과 같이 점포면적과 점포까지의 거리를 통해 소비자의 점포선택확률을 계산할 수 있다.
③ 상권분석 상황에서 실무적 편의를 위해 점포면적과 거리에 대한 민감도를 따로 추정하지 않는다.
④ 허프(Huff)모델과 달리 수정허프(Huff)모델은 상권을 세부지역(zone)으로 구분하는 절차를 거치지 않는다.
⑤ 허프(Huff)모델에서 추정해야하는 점포면적과 이동거리변수에 대한 소비자의 민감도계수를 '1'과 '-2'로 고정하여 인식한다.

40 복수의 입지후보지가 있을 때는 상세하고 정밀하게 입지조건을 평가하는 과정을 거치게 된다. 가장 유리한 점포입지를 선택하기 위해 참고할 만한 일반적 기준으로 가장 옳은 것은?

① 건축선 후퇴(setback)는 상가건물의 가시성을 높이는 긍정적인 효과를 가진다.
② 점포 출입구 부근에 단차가 있으면 사람과 물품의 출입이 용이하여 좋다.
③ 점포 부지와 점포의 형태는 정사각형에 가까울수록 소비자 흡인에 좋다.
④ 점포규모가 커지면 매출도 증가하는 경향이 있으므로 점포면적이 클수록 좋다.
⑤ 평면도로 볼 때 점포가 도로에 접한 정면너비가 깊이 보다 큰 장방형 형태가 유리하다.

41 상가건물 임대차보호법(법률 제18675호, 2022.1.4., 일부개정)은 임대인은 임차인이 임대차기간이 만료되기 6개월 전부터 1개월 전까지 사이에 계약갱신을 요구할 경우 정당한 사유 없이 거절하지 못한다고 규정하면서, 예외적으로 그러하지 아니한 경우를 명시하고 있다. 이 예외적으로 그러하지 아니한 경우로서 가장 옳지 않은 것은?

① 임차인이 2기의 차임액에 해당하는 금액에 이르도록 차임을 연체한 사실이 있는 경우
② 서로 합의하여 임대인이 임차인에게 상당한 보상을 제공한 경우
③ 임차인이 임대인의 동의 없이 목적 건물의 전부 또는 일부를 전대(轉貸)한 경우
④ 임차인이 임차한 건물의 전부 또는 일부를 고의나 중대한 과실로 파손한 경우
⑤ 임차인이 거짓이나 그 밖의 부정한 방법으로 임차한 경우

42 상대적으로 광역상권인 시, 구, 동 등 특정 지역의 총량적 수요를 추정할 때 사용되는 구매력지수(BPI : buying power index)를 계산하는 수식에서 가장 가중치가 큰 변수로서 옳은 것은?

① 전체 지역 대비 특정 지역의 인구비율
② 전체 지역 대비 특정 지역의 가처분소득 비율
③ 전체 지역 대비 특정 지역의 소매업 종사자 비율
④ 전체 지역 대비 특정 지역의 소매매출액 비율
⑤ 전체 지역 대비 특정 지역의 소매점면적 비율

43 소매점포의 예상매출을 추정하는 분석방법이나 이론으로 볼 수 있는 것들이다. 가장 연관성이 떨어지는 것은?

① 유추법
② 회귀분석법
③ 허프(Huff)모델
④ 컨버스(P.D. Converse)의 분기점분석
⑤ MNL모형

44 소매포화지수(IRS)는 지역시장의 공급대비 수요수준을 총체적으로 측정하기 위해 많이 사용되는 지표의 하나이다. 소매포화지수를 구하는 공식의 분모(分母)에 포함되는 요소로 가장 적합한 것은?

① 관련 점포의 총매출액
② 관련 점포의 총매장면적
③ 관련 점포의 고객수
④ 관련 점포의 총영업이익
⑤ 관련 점포의 종업원수

45 지리정보시스템(GIS)을 이용한 상권정보시스템 구축과 관련된 내용으로 가장 옳지 않은 것은?

① 개별 상점의 위치정보는 점 데이터로, 토지이용 등의 정보는 면(面) 데이터로 지도에 수록한다.
② 지하철노선, 도로 등은 선(線) 데이터로 지도에 수록하고 데이터베이스(DB)를 구축한다.
③ 고객의 인구통계정보 등은 DB로 구축하여, 표적고객집단을 파악하고 상권경계선을 추정할 수 있게 한다.
④ 주제도 작성, 공간 조회, 버퍼링을 통해 효과적인 상권분석이 가능하다.
⑤ 지리정보시스템에 기반한 상권분석정보는 현실적으로 주로 대규모점포에 한정하여 상권분석, 입지선정, 잠재수요 예측, 매출액 추정에 활용되고 있다.

3과목 유통마케팅

46 다음 중 효과적인 시장세분화를 위한 조건으로 옳은 것을 모두 고른 것은?

> ㉠ 측정가능성　㉡ 접근가능성
> ㉢ 실행가능성　㉣ 규모의 적정성
> ㉤ 차별화 가능성

① ㉠, ㉡, ㉢, ㉣, ㉤
② ㉠, ㉢, ㉣
③ ㉡, ㉢, ㉤
④ ㉡, ㉣, ㉤
⑤ ㉢, ㉤

47 소매경영에서 공급업체에 대한 평가 시 사용하는 ABC분석에 대한 다음 내용 중에서 옳지 않은 것은?

① 개별 단품에 대해 안전재고 수준과 상품가용성 정도를 결정하는데 사용한다.
② 매출비중이 높더라도 수익성이 떨어지는 상품은 중요시 하지 않는 것이 바람직하다.
③ 소매업체들이 기여도가 높은 상품 관리에 집중해야 한다는 관점하에 활용된다.
④ 소매업체 매출의 80%는 대략 상위 20%의 상품에 의해 창출된다고 본다.
⑤ 상품성과의 척도로는 공헌이익, GMROI(마진수익률), 판매량 등이 많이 활용된다.

48 아래 글상자가 공통적으로 설명하는 소매상의 변천과정가설 및 이론으로 가장 옳은 것은?

> • 소매업태가 환경변화에 따라 일정한 주기를 두고 순환적으로 변화한다는 가설
> • 저가격, 저비용, 저서비스의 점포 운영 방식으로 시장에 진입
> • 성공적인 시장진입 이후 동일 유형의 소매점 간에 경쟁이 격화됨에 따라 경쟁우위 확보를 위해 점점 고비용, 고가격, 고서비스의 소매점으로 전환
> • 모든 유형의 소매업태 등장과 발전과정을 설명할 수 없다는 한계를 지님

① 자연도태설
② 소매수명주기 이론
③ 소매아코디언 이론
④ 변증법적 이론
⑤ 소매업 수레바퀴가설

49 다음 중 소매업체가 점포를 디자인할 때 고려해야 하는 요소로 가장 옳지 않은 것은?

① 표적시장의 니즈를 만족시키기 위한 소매업체의 전략 실행
② 효율적으로 제품을 찾고 구입할 수 있도록 쾌락적 편익제공
③ 잠재고객 방문 유도 및 방문 고객의 구매율 증가
④ 용이한 점포의 관리 및 유지 비용을 절감할 수 있도록 설계
⑤ 점포설계에 있어서 법적·사회적 요건 충족

50 다음 중 매장의 생산성을 증대시키기 위한 유통계량조사의 내용으로 가장 옳지 않은 것은?

① 매장 1평당 어느 정도의 매출액이 일어나고 있는가를 파악하기 위한 매장생산성 조사
② 투입된 종업원당 어느 정도의 매출액이 창출되는지를 업계 평균과 상호 비교
③ 현재의 재고가 어느 정도의 상품이익을 실현하는지 알기 위한 교차비율 산출
④ 고객수 및 객단가 산출 및 이전 분기 대비 객단가 증가율 비교
⑤ 채산성을 위한 목표 매출 및 달성 가능성을 분석하기 위한 손익분기 매출액 산출

51 상시저가전략(EDLP : everyday low price)과 비교한 고저 가격전략(high-low pricing)의 장점으로 가장 옳지 않은 것은?

① 고객의 가격민감도 차이에 기반한 가격차별화를 통해 수익증대가 가능하다.
② 할인행사에 대한 고객 기대를 높이는 효과가 있다.
③ 광고 및 운영비를 절감하는 효과가 있다.
④ 동일 상품을 다양한 고객층에게 판매할 수 있다.
⑤ 제품수명주기의 변화에 따른 가격설정이 용이하다.

52 다음 중 경로구성원 평가 및 관리와 관련하여 옳지 않은 것은?

① 기업은 좋은 성과를 내고 고객에게 훌륭한 가치를 제공하는 중간상을 파악하여 보상해야 한다.
② 판매 할당액의 달성 정도, 제품 배달시간, 파손품과 손실품 처리 등과 같은 기준에 관해 정기적으로 경로 구성원의 성과를 평가해야 한다.
③ 경로 구성원과의 장기적인 협력관계를 맺기 위해 성과가 좋지 못한 중간상이라도 바꾸지 말아야 한다.
④ 파트너를 소홀히 다루는 제조업자는 딜러의 지원을 잃을 뿐만 아니라 법적인 문제를 초래할 위험이 있다.
⑤ 기업은 경로 구성원이 최선을 다할 수 있도록 지속적으로 관리하고 동기를 부여해야 한다.

53 아래 글상자가 설명하는 서비스품질을 평가하는 요소로 가장 옳은 것은?

> N사는 고객의 개별적 욕구를 충족시키고자 노력하는 기업으로 포지셔닝하며 고객의 개별 선호에 맞춘 고객 응대를 실천하고 있다. 예를 들어, 양쪽 발 사이즈가 다른 고객 에게 사이즈가 각각 다른 두 켤레를 나누어 팔았다. 비록 나머지 짝이 맞지 않은 두 신발을 팔 수 없더라도 고객에게 잊지 못할 감동을 주고 있다.

① 신뢰성(reliability)
② 확신성(assurance)
③ 유형성(tangibility)
④ 공감성(empathy)
⑤ 응답성(responsiveness)

54 서비스기업의 고객관계관리 과정은 "관계구축 – 관계강화 – 관계활용 – 이탈방지 또는 관계해지"의 단계로 나누어 볼 수 있다. 관계구축 단계의 활동으로서 가장 옳지 않은 것은?

① 교차판매, 묶음판매를 통한 관계의 확대
② 고객의 요구를 파악힐 수 있는 시장의 세분화
③ 시장의 요구 수준을 충족시키는 양질의 서비스 개발
④ 기업의 핵심가치제안에 부합하는 표적 고객 선정
⑤ 고객 니즈를 충족시키는 차별화된 마케팅 전략 수립

55 아래 글상자의 괄호 안에 들어갈 용어로 가장 옳은 것은?

> 제조업체가 최종소비자들을 상대로 촉진활동을 하여 이 소비자들로 하여금 중간상(특히 소매상)에게 자사제품을 요구하도록 하는 전략을 (㉠)이라고 한다.
> 반면에 어떤 제조업체들은 중간상들을 대상으로 판매촉진활동을 하고 그들이 최종 소비자에게 적극적인 판매를 하도록 유도하는 유통전략을 사용하는데, 이를 (㉡)전략이라고 한다.

① ㉠ 풀전략,   ㉡ 푸시전략
② ㉠ 푸시전략, ㉡ 풀전략
③ ㉠ 집중적 마케팅전략,
   ㉡ 차별적 마케팅전략
④ ㉠ 풀전략,   ㉡ 차별적 마케팅전략
⑤ ㉠ 푸시전략, ㉡ 집중적 마케팅전략

56 다음은 산업 구조분석 방법인 마이클 포터의 5 force model과 시장매력도 간의 관계에 해당하는 내용이다. 가장 옳지 않은 것은?

① 기업들은 새로운 경쟁자들이 시장에 쉽게 들어오지 못하도록 높은 수준의 진입장벽을 구축하기 위해 노력한다.
② 구매자의 교섭력이 높아질수록 그 시장의 매력도는 낮아진다.
③ 산업 구조분석에서 다루어지는 시장매력도는 산업전체의 평균 수익성을 의미한다.
④ 5 force model은 누가 경쟁자이고 누가 공급자이며 누가 구매자인지 분명하게 구분된다는 것을 가정하고 있다.
⑤ 대체제가 많을수록 시장의 매력도는 높아진다.

57 마케팅투자수익률(MROI)에 대한 설명으로서 가장 옳지 않은 것은?

① 마케팅투자수익을 마케팅투자비용으로 나눈 값이다.
② 마케팅투자비용의 측정보다 마케팅투자수익의 측정이 더 어렵다.
③ 측정과 비교가 용이한 단일 마케팅성과 척도를 사용하는 것이 바람직하다.
④ 고객생애가치, 고객자산 등의 평가를 통해 마케팅투자수익을 측정할 수 있다.
⑤ 브랜드인지도, 매출, 시장점유율 등을 근거로 마케팅투자수익을 측정할 수 있다.

58 다음 중 판매촉진에 대한 설명으로 가장 옳지 않은 것은?

① 판매촉진은 고객들로 하여금 즉각적인 반응을 일으킬 수 있고 반응을 쉽게 알아낼 수 있다.
② 판매촉진은 단기적으로 고객에게 대량 또는 즉시 구매를 유도하기 때문에 다른 촉진활동보다 매출증대를 기대할 수 있다.
③ 판매촉진 예산을 결정할 때 활용하는 가용예산법(affordable method)은 과거의 매출액이나 예측된 미래의 매출액을 근거로 예산을 결정하는 방법을 말한다.
④ 소비자를 대상으로 하는 판매촉진의 유형 중 쿠폰(coupon)은 가격할인을 보장하는 일종의 증서로 지면에 표시된 가격만큼 제품가격에서 할인해 주는 방법이다.
⑤ 중간상의 판매촉진의 유형으로 협동광고는 제조업자가 협동하여 지역의 소매상들이 공동으로 시행하는 광고를 말한다.

59 고객관계관리(CRM)와 관련한 채널관리 이슈에 대한 설명으로 가장 옳지 않은 것은?

① 채널은 고객접점으로서 관리되어야 한다.
② 채널의 정보교환 기능을 활성화시켜야 한다.
③ 채널 파트너와의 협업을 관리해야 한다.
④ 채널을 차별화함으로써 발생할 수 있는 채널 간 갈등을 최소화해야한다.
⑤ CRM을 성공적으로 수행하기 위해서 다양한 채널을 독립적으로 운영해야 한다.

60 다음 중 소매업이 상품 판매를 효과적으로 전개하기 위해 제공하는 물적·기능적 서비스에 해당하지 않는 것은?

① 포장지, 선물상자의 제공 등과 같은 상품부대물품의 제공 서비스
② 할부판매, 외상 판매 등과 같은 금융적 서비스
③ 전달 카탈로그, 광고 선전 등과 같은 정보 제공 서비스
④ 고객의 선택 편의 및 구매 효율을 높이는 셀프서비스와 같은 시스템적 서비스
⑤ 상품 설명, 쇼핑 상담, 배달 등과 같은 노역 기술 제공 서비스

61 다음 중 제품별 영업조직(product sales force structure)의 장점으로 가장 옳지 않은 것은?

① 제품에 대한 지식과 전문성이 강화된다.
② 특히 다양한 제품계열을 가지고 있는 기업의 경우에 적합하다.
③ 제한된 지역을 순방하므로 상대적으로 영업비용을 줄일 수 있다.
④ 제품별 직접판매이익공헌을 평가하기가 용이하다.
⑤ 소비재 기업보다는 산업재를 취급하는 기업일수록 이런 형태의 조직이 유리하다.

62 아래 글상자의 내용이 공통적으로 설명하고 있는 CRM 분석 도구로 가장 옳은 것은?

- 사용자가 고객DB에 담겨 있는 다차원 정보에 직접 접근하여 대화식으로 정보를 분석할 수 있도록 지원하는 분석 도구
- 분석을 위해 활용되는 정보는 다차원적으로 최종사용자가 기업의 전반적인 상황을 이해할 수 있게 하여 의사결정을 지원
- 예를 들어 사용자가 자사의 매출액을 지역별/상품별/연도별로 알고 싶을 경우 활용할 수 있는 분석

① 데이터 마이닝(data mining)
② 데이터웨어하우징(data warehousing)
③ OLTP(online transaction processing)
④ OLAP(online analytical processing)
⑤ EDI(electronic data interchange)

63 아래 글상자의 내용 중 격자형 레이아웃의 장점만을 나열한 것으로 옳은 것은?

- ㉠ 원하는 상품을 쉽게 찾을 수 있다.
- ㉡ 느긋하게 자신이 원하는 상품을 둘러보기에 용이하다.
- ㉢ 충동구매를 촉진시킬 수 있다.
- ㉣ 고객이 쇼핑에 걸리는 시간을 최소화할 수 있다.
- ㉤ 쇼핑의 쾌락적 요소를 배가시킬 수 있다.
- ㉥ 통로 등의 공간이 비교적 동일한 넓이로 설계되어 공간적 효율성을 높일 수 있다.

① ㉠, ㉣, ㉤
② ㉠, ㉣, ㉥
③ ㉡, ㉣, ㉤
④ ㉢, ㉤, ㉥
⑤ ㉣, ㉤, ㉥

64 고객생애가치 이론에 관한 설명으로 가장 옳은 것은?

① 고객생애가치는 특정 고객으로부터 얻게 되는 이익흐름의 미래가치를 의미한다.
② 고객 애호도가 높다는 것은 곧 고객생애가치가 높다는 것을 가리킨다.
③ 기업은 고객생애가치를 높이기 위하여 경쟁자보다 더 높은 가치를 제공해 주어야 한다.
④ 올바른 고객생애가치를 산출하기 위해서는 기업의 수입흐름만 고려하면 된다.
⑤ 고객생애가치는 고객과의 한번의 거래에서 나오는 이익을 의미한다.

65 비주얼 머천다이징(VMD, visual merchandising)에 대한 설명으로 가장 옳지 않은 것은?

① 비주얼머천다이징은 상업공간에 적합한 특정의 상품이나 서비스를 조합하고 판매증진을 위한 시각적 연출계획으로 기획하고 상품·선전·판촉 기능을 수행한다.
② 비주얼머천다이징은 기업의 독자성을 표현하고 타 경쟁점과의 차별화를 위해 상품 진열에 관해 시각적 요소를 반영하여 연출하고 관리하는 전략적인 활동이다.
③ 비주얼머천다이징의 구성요소인 PP(point of sale presentation)는 고객의 시선이 머무르는 곳에 볼거리를 제공하여 상품에 관심을 갖도록 유도하기 위해 활용된다.
④ 비주얼머천다이징의 구성요소인 IP(interior presentation)는 실제 판매가 이루어지는 장소에서 상품구역별로 진열대에 진열하는 방식으로 주로 충동구매 상품을 배치하여 매출을 극대화하기 위해 활용된다.
⑤ 비주얼머천다이징의 구성요소인 VP(visual presentation)는 상점의 컨셉을 부각시키기 위해 쇼윈도 또는 테마 공간연출을 통해 브랜드 이미지를 표현하기 위해 활용된다.

66 아래 글상자에서 말하는 여러 효과를 모두 보유하고 있는 마케팅 활동은?

> ㉠ 가격인하 효과
> ㉡ 구매유발 효과
> ㉢ 미래수요 조기화 효과
> ㉣ 판매촉진 효과

① 쿠폰
② 프리미엄
③ 컨테스트
④ 인적 판매
⑤ 리베이트

67 아래 글상자의 설명으로 가장 옳은 것은?

> 동일한 고객층을 대상으로 하되 경쟁업체와 다르게 그들 고객이 가장 원하는 제품과 서비스에 중점을 두거나 고객에게 제시되는 가격대에 대응하는 상품이나 품질을 차별화 하는 방향을 전개하는 머천다이징 유형의 하나이다.

① 혼합식 머천다이징(scrambled merchandising)
② 선별적 머천다이징(selective merchandising)
③ 세그먼트 머천다이징(segment merchandising)
④ 계획적 머천다이징(programed merchandising)
⑤ 상징적 머천다이징(symbol merchandising)

68 아래 글상자의 괄호 안에 들어갈 용어로 가장 옳은 것은?

> (㉠)은 상품흐름이나 판매를 증진시키기 위해 정상가 보다 낮은 가격으로 결정하는 것을 말하며, (㉡)은 특정 제품의 가격에 대해 천단위, 백단위로 끝나는 것보다 특정의 홀수로 끝나는 가격을 책정함으로서 소비자로 하여금 더 저렴하다는 느낌을 주기 위한 가격전략이다.

① ㉠ 선도가격(leader pricing),
　㉡ 수량가격(quantity based pricing)
② ㉠ 단수가격(odd pricing),
　㉡ 변동가격(dynamic pricing)
③ ㉠ 선도가격(leader pricing),
　㉡ 단수가격(odd pricing)
④ ㉠ 변동가격(dynamic pricing),
　㉡ 묶음가격(price bundling)
⑤ ㉠ 묶음가격(price bundling),
　㉡ 단수가격(odd pricing)

69 소매점의 POS(point of sales)시스템에 대한 설명으로 가장 옳지 않은 것은?

① POS시스템을 통해 소매점별로 수집된 판매 제품의 품목명, 수량, 가격, 판촉 등에 관한 정보를 수집할 수 있다.
② POS시스템은 POS 단말기, 바코드 스캐너, 스토어 콘트롤러(store controller)로 구성되어 있다.
③ POS시스템을 통해 확보한 정보는 고객관계관리(CRM)를 위한 기반 데이터로 활용된다.
④ 전년도 목표 대비 판매량 분석 또는 전월 대비 매출액 변화분석과 같은 시계열 정보를 수집하고 분석하는데 한계가 있다.
⑤ POS시스템을 통해 신제품에 대한 마케팅효과, 판촉효과 등을 분석할 수 있다.

70 제품수명주기(PLC) 단계 중 성숙기에 이루어지는 판매촉진 전략으로 옳은 것은?

① 상표 전환을 유도하기 위한 판촉을 증대한다.
② 수요확대에 따라 점차적으로 판촉을 감소한다.
③ 매출증대를 위한 판매촉진 활동은 최저 수준으로 감소시킨다.
④ 제품의 인지도 향상을 위한 강력한 판촉을 전개한다.
⑤ 제품 가격을 높이는 대신 짧은 기간에 모든 판촉수단을 활용하는 전략을 실행한다.

4과목 유통정보

71. 쇼핑몰의 시스템 구성에서 프론트 오피스(front office) 요소로 가장 옳지 않은 것은?

① 상품검색
② 상품등록
③ 상품리뷰
④ 상품진열
⑤ 회원로그인

72. 라이브 커머스(live commerce)에 대한 설명으로 가장 옳지 않은 것은?

① 라이브 스트리밍(live streaming)과 커머스(commerce)의 합성어이다.
② 온라인 상에서 실시간으로 쇼호스트가 상품을 설명하고 판매하는 비즈니스 프로세스이다.
③ 온라인 상에서 소비자와 쇼호스트는 실시간으로 소통이 가능하지만 소비자간의 대화는 불가능하다.
④ 기존 이커머스(e-commerce)보다 소통과 재미를 더한 진화된 커머스 형태이다.
⑤ 최근 소비자들에게 인기를 얻으면서 급성장하고 있다.

73. 오늘날을 제4차 산업혁명 시기로 구분한다. 제4차 산업혁명에 대한 설명으로 가장 옳지 않은 것은?

① 2016 세계경제포럼에서 4차 산업혁명을 3차 산업혁명을 기반으로 디지털, 바이오와 물리학 사이의 모든 경계를 허무는 융합 기술 혁명으로 정의함
② ICT를 기반으로 하는 사물인터넷 및 만물인터넷의 진화를 통해 인간-인간, 인간-사물, 사물-사물을 대상으로 한 초연결성이 기하급수적으로 확대되는 초연결적 특성이 있음
③ 인공지능과 빅데이터의 결합과 연계를 통해 기술과 산업구조의 초지능화가 강화됨
④ 초연결성, 초지능화에 기반하여 기술간, 산업간, 사물-인간 간의 경계가 사라지는 대융합의 시대라고 볼 수 있음
⑤ 4차 산업혁명 시대의 생산요소 토지, 노동, 자본 중 노동의 가치가 토지와 자본에 비해 중요도가 커지는 특징이 있음

74. 물류의 효율적 회전을 가능하게 하는 QR 물류시스템의 긍정적 효과로 가장 옳지 않은 것은?

① 신속한 대응
② 리드타임 증가
③ 안전재고 감소
④ 예측오류 감소
⑤ 파이프라인재고 감소

75 디지털 공급망을 구현하는데 활용되는 블록체인 스마트 계약 (blockchain smart contract) 기술에 대한 설명으로 가장 옳지 않은 것은?

① 특정 요구사항이 충족되면 네트워크를 통해 실시간으로 계약이 실행된다.
② 거래 내역이 블록체인 상에 기록되기 때문에 높은 신뢰도를 형성한다.
③ 블록체인 스마트 계약은 중개자 없이 실행될 수 있기 때문에 상대적으로 거래 비용이 낮다.
④ 블록체인 기록을 뒷받침하는 높은 수준의 암호화와 분산원장 특성으로 네트워크에서 높은 보안성을 확보하고 있다.
⑤ 블록체인을 활용하기 때문에 거래 기록에 대하여 가시성을 확보할 수 없다.

76 경쟁력있는 수익창출 방안을 개발하는데 활용되는 비즈니스 모델 캔버스를 구성하는 9가지 요인 중에 ㉠ 가장 먼저 작성해야 하는 요인과 ㉡마지막으로 작성해야 하는 요인이 있다. 여기서 ㉠과 ㉡에 해당하는 내용으로 가장 옳은 것은?

① ㉠ 가치제안, ㉡ 수익원
② ㉠ 고객관계, ㉡ 고객 세분화
③ ㉠ 수익원, ㉡ 고객 세분화
④ ㉠ 고객 세분화, ㉡ 가치제안
⑤ ㉠ 고객 세분화, ㉡ 비용구조

77 데이터마이닝 기법과 CRM에서의 활용용도를 연결한 것으로 가장 옳지 않은 것은?

① 분류 규칙 - 고객이탈 수준 등급
② 군집화 규칙 - 제품 카테고리
③ 순차 패턴 - 로열티 강화 프로그램
④ 연관 규칙 - 상품 패키지 구성 정보
⑤ 일반화 규칙 - 연속 판매 프로그램

78 최근 정부에서 추진하고 있는 다양한 친환경 제품 관련 인증 제도 관련 설명으로 가장 옳지 않은 것은?

① 환경부·한국환경산업기술원에서는 같은 용도의 다른 제품에 비해 제품의 환경성을 개선한 경우 환경표지인증을 해주고 있다.
② 농림축산식품부·국립농산물품질관리원에서는 유기농산물과 유기가공식품에 대한 친환경농축산물인증제도를 운영하고 있다.
③ 국토교통부와 환경부에서는 한국건설기술연구원을 통해 건축이 환경에 영향을 미치는 요소에 대한 평가를 통해 건축물의 환경성능을 인증하는 녹색건축인증제도를 운영하고 있다.
④ 한국산업기술진흥원에서는 저탄소 녹색성장 기본법에 의거하여 유망한 녹색기술 또는 사업에 대한 녹색인증제도를 운영하고 있다.
⑤ 환경부·소비자보호원에서는 소비자들의 알권리를 위해 친환경 제품에 대한 정보를 제공하는 그린워싱(green washing) 제도를 운영하고 있다.

79 스튜어트(Stewart)의 지식 자산 특성에 대한 설명으로 가장 옳지 않은 것은?

① 지식 자산의 유형으로 고객 자산, 구조적 자산, 인적자산 등이 있다.
② 대표적인 고객 자산에는 고객브랜드 가치, 기업이미지 등이 있다.
③ 대표적인 인적 자산에는 구성원의 지식, 경험 등이 있다.
④ 대표적인 구조적 자산에는 조직의 경영 시스템, 프로세스 등이 있다.
⑤ 구조적 자산으로 외재적 존재 형태를 갖고 있는 암묵적 지식이 있다.

80 유통업체에서 고객의 데이터를 활용하여 마케팅에 활용 하는 사례로 아래 글상자의 괄호 안에 공통적으로 들어갈 용어로 가장 옳은 것은?

> - ( )은(는)국민이 자신의 데이터에 대한 통제권을 갖고 원하는 곳으로 데이터를 전송할 수 있는 서비스이다.
> - ( )이(가)구현되면, 국민은 데이터를 적극적으로 관리·통제할 수 있게 되고, 스타트업 등 기업은 혁신적인 서비스를 창출해 새로운 데이터 산업 생태계가 조성된다.

① 데이터베이스
② 빅데이터 분석
③ 데이터 댐
④ 데이터마이닝
⑤ 마이데이터

81 아래 글상자에서 설명하는 개념으로 가장 옳은 것은?

> - 걷기에는 멀고 택시나 자가용을 이용하기에는 마땅치 않은 애매한 거리를 지칭한다.
> - 이 개념은 유통업체의 상품이 고객의 목적지에 도착하는 마지막 단계를 의미한다.
> - 유통업체는 고객 만족을 위한 배송품질 향상이나 배송 서비스 차별화 측면에서 이 개념을 전략적으로 활용하고 있다.

① 엔드 투 엔드 공급사슬
② 고객만족경영
③ 배송 리드타임
④ 스마트 로지스틱
⑤ 라스트 마일

82 아래 글상자에서 설명하는 플랫폼 비즈니스의 두 가지 핵심 특성과 관련한 현상을 순서대로 바르게 나열한 것은?

> ㉠ 플랫폼에 참여하는 이용자들이 증가할수록 그 가치가 더욱 커지는 현상이 나타나고, ㉡ 일정 수준 이상의 플랫폼에 참여하는 이용자를 확보하게 될 경우, 막강한 경쟁력을 확보해서 승자독식의 비즈니스가 가능하게 되는 현상이 나타난다.

① ㉠ 메트칼프의 법칙, ㉡ 티핑 포인트
② ㉠ 팔레토의 법칙, ㉡ 롱테일의 법칙
③ ㉠ 네트워크 효과, ㉡ 무어의 법칙
④ ㉠ 규모의 경제, ㉡ 범위의 경제
⑤ ㉠ 학습효과, ㉡ 공정가치선

83 고객 수요에 기반한 데이터의 수집과 분석을 통해 고객에게 상황에 따른 다양한 가격을 제시하는 전략을 지칭 하는 용어로 가장 옳은 것은?

① 시장침투가격 전략(penetration pricing strategy)
② 초기고가 전략(skimming pricing strategy)
③ 낚시가격 전략(bait and hook pricing strategy)
④ 다이나믹 프라이싱 전략(dynamic pricing strategy)
⑤ 명성가격 전략(prestige pricing strategy)

84 아래 글상자의 OECD 개인정보 보호 8원칙 중 옳은 것만을 바르게 나열한 것은?

> ㉠ 정보 정확성의 원칙 - 개인정보는 적법하고 공정한 방법을 통해 수집되어야 한다.
> ㉡ 수집 제한의 법칙 - 이용 목적상 필요한 범위 내에서 개인정보의 정확성, 완전성, 최신성이 확보되어야 한다.
> ㉢ 목적 명시의 원칙 - 개인정보는 수집과정에서 수집 목적을 명시하고, 명시된 목적에 적합하게 이용되어야 한다.
> ㉣ 안전성 확보의 원칙 - 정보 주체의 동의가 있거나, 법 규정이 있는 경우를 제외하고 목적 외 이용되거나 공개될 수 없다.
> ㉤ 이용 제한의 원칙 - 개인정보의 침해, 누설, 도용 등을 방지하기 위한 물리적, 조직적, 기술적 안전 조치를 확보 해야 한다.
> ㉥ 공개의 원칙 - 개인정보의 처리 및 보호를 위한 정책 및 관리자에 대한 정보는 공개되어야 한다.
> ㉦ 책임의 원칙 - 정보 주체의 개인정보 열람/정정/삭제 청구권은 보장되어야 한다.
> ㉧ 개인 참가의 원칙 - 개인정보 관리자에게 원칙 준수의무 및 책임을 부과해야 한다.

① ㉠, ㉡
② ㉠, ㉧
③ ㉡, ㉣
④ ㉢, ㉥
⑤ ㉤, ㉦

85 아래 글상자의 비즈니스 애널리틱스에 대한 분석과 설명 중 옳은 것만을 고른 것은?

> ㉠ 기술분석(descriptive analytics) : 과거에 발생한 일에 대한 소급 분석함
> ㉡ 예측분석(predictive analytics) : 특정한 일이 발생한 이유를 이해하는 데 도움을 제공
> ㉢ 진단분석(diagnostic analytics) : 애널리틱스를 이용해 미래에 발생할 가능성이 있는 일을 예측함
> ㉣ 처방분석(prescriptive analytics) : 성능개선 조치에 대한 대응 방안을 제시함

① ㉠, ㉡
② ㉠, ㉢
③ ㉠, ㉣
④ ㉡, ㉢
⑤ ㉡, ㉣

86 유통업체에서 활용하는 블록체인 기술 중 하나인 대체 불가능토큰(NFT)의 장점으로 가장 옳지 않은 것은?

① 블록체인 고유의 특성을 기반으로 하기 때문에 희소성을 보장할 수 있고, 위조가 어렵다.
② 블록체인 고유의 특성으로 투명성이 보장되며, 추적 가능하다.
③ 부분에 대한 소유권이 인정되어 각각 나누어 거래가 가능하다.
④ 정부에서 가치를 보증해서 안전하게 거래할 수 있다.
⑤ NFT 시장에서 자유롭게 거래할 수 있다.

87 각국 GS1 코드관리기관의 회원업체정보 데이터베이스를 인터넷을 통해 연결하여 자국 및 타 회원국의 업체 정보를 실시간으로 검색할 수 있게 해주는 서비스로 가장 옳은 것은?

① 덴소 웨이브(DENSO WAVE)
② 코리안넷
③ 글로벌 바코드 조회서비스(Global Bar-code Party Information Registry)
④ 글로벌 기업정보 조회서비스(Global Electronic Party Information Registry)
⑤ GS1(Global Standard No.1)

88 아래 글상자의 괄호 안에 들어갈 용어를 순서대로 바르게 나열한 것은?

- (㉠)은(는) 데이터의 정확성과 일관성을 유지하고 전달과정에서 위변조가 없는 것이다.
- (㉡)은 정보를 암호화하여 인가된 사용자만이 접근할 수 있게 하는 것이다.

① ㉠ 부인방지, ㉡ 인증
② ㉠ 무결성, ㉡ 기밀성
③ ㉠ 프라이버시, ㉡ 인증
④ ㉠ 무결성, ㉡ 가용성
⑤ ㉠ 기밀성, ㉡ 무결성

89 아래 글상자의 구매-지불 프로세스를 바르게 나열한 것은?

㉠ 재화 및 용역에 대한 구매요청서 발송
㉡ 조달 확정
㉢ 구매주문서 발송
㉣ 공급업체 송장 확인
㉤ 대금 지불
㉥ 재화 및 용역 수령증 수취

① ㉥-㉤-㉣-㉢-㉡-㉠
② ㉠-㉤-㉢-㉣-㉥-㉡
③ ㉠-㉡-㉢-㉣-㉤-㉥
④ ㉠-㉢-㉡-㉥-㉣-㉤
⑤ ㉥-㉤-㉠-㉢-㉣-㉡

90 기업활동과 관련된 내·외부자료를 영역별로 각기 수집·저장관리하는 경우 자료의 활용을 위해, 목적에 맞게 적당한 형태로 변환하거나 통합하는 과정을 거쳐야 한다. 수집된 자료를 표준화시키거나 변환하여 목표 저장소에 저장할 수 있도록 도와주는 기술로 가장 옳은 것은?

① OLTP(online transaction processing)
② OLAP(online analytical processing)
③ ETL(extract, transform, load)
④ 정규화(normalization)
⑤ 플레이크(flake)

2023년 제3회 기출문제

1과목 유통물류일반

01 특정 업무를 수행하는 데 소요되는 비용이 가장 낮은 유통경로기관이 해당 업무를 수행하는 방향으로 유통경로의 구조가 결정된다고 설명하는 유통경로구조이론으로 가장 옳은 것은?

① 대리인(agency)이론
② 게임(game)이론
③ 거래비용(transaction cost)이론
④ 기능위양(functional spinoff)이론
⑤ 연기-투기(postponement-speculation)이론

02 아래 글상자의 자료를 토대로 계산한 경제적주문량(EOQ)이 200이라면 연간 단위당 재고유지 비용으로 옳은 것은?

- 연간제품수요량 : 10,000개
- 1회당 주문비용 : 200원

① 100 ② 00 ③ 300
④ 00   ⑤ 500

03 운송과 관련한 설명 중 가장 옳지 않은 것은?

① 해상운송의 경우 최종목적지까지의 운송에는 한계가 있기에 피시백(fishy back) 복합운송서비스를 제공한다.
② 트럭운송은 혼적화물운송(LTL : less than truckload) 상태의 화물도 긴급수송이 가능하고 단거리 운송에도 경제적이다.
③ 다른 수송형태에 비해 철도운송은 상대적으로 도착시간을 보증할 수 있다.
④ 항공운송은 고객이 원하는 지점까지의 운송을 위해 피기백(piggy back) 복합운송서비스를 활용한다.
⑤ COFC는 철도의 무개화차 위에 컨테이너를 싣고 수송하는 방식이다.

04 자본잉여금의 종류로 옳지 않은 것은?

① 국고보조금
② 공사부담금
③ 보험차익
④ 예수금
⑤ 자기주식처분이익

05 기업이 e-공급망 관리(e-SCM)를 통해 얻을 수 있는 효과로 가장 옳지 않은 것은?

① 고객의 욕구변화에 더욱 신속하게 대응하게 되고 고객만족도가 증가한다.
② 공급자와 구매자 간의 정보 공유로 필요한 물량을 자동으로 보충해서 재고감축이 가능하다.
③ 거래 및 투자비용을 절감할 수 있다.
④ 공급망 자동화를 통해 전체 주문 이행 사이클 타임의 단축이 가능하다.
⑤ 구매자의 데이터를 분석하여 그들의 개별니즈를 충족시킬 수 있는 표준화된 서비스 제공이 가능해졌다.

06 서비스 유통의 형태인 플랫폼 비즈니스(platform business)에 대한 설명으로 가장 옳지 않은 것은?
① 플랫폼을 통해 사람과 사람, 사람과 사물을 연결함으로써 새로운 유형의 서비스가 창출된다.
② 정보통신기술의 발달은 사람 간의 교류를 더 빠르고 효율적으로 실현시키면서 플랫폼 비즈니스 성장에 긍정적인 영향을 미치고 있다.
③ 플랫폼 비즈니스의 구성원은 크게 플랫폼 구축자와 플랫폼 사용자로 나뉜다.
④ 플랫폼은 정보, 제품, 서비스 등 다양한 유형의 거래를 가능하게 해주는 일종의 장터이다.
⑤ 플랫폼 비즈니스 사업자는 플랫폼을 제공해주는 대가를 직접적으로 취할 수 없으므로, 광고 등을 통해 간접적으로 수익을 올리는 비즈니스 모델이다.

07 아래 글상자에서 설명하는 개념으로 옳은 것은?

> 제품에 대한 최종소비자의 수요 변동 폭은 크지 많지만, 소매상, 도매상, 제조업자, 원재료 공급업자 등 공급사슬을 거슬러 올라 갈수록 변동 폭이 크게 확대되어 수요 예측치와 실제 판매량 사이의 차이가 커지게 된다.

① 블랙 스완 효과(black swan effect)
② 밴드 왜건 효과(band wagon effect)
③ 채찍 효과(bullwhip effect)
④ 베블렌 효과(Veblen effect)
⑤ 디드로 효과(Diderot effect)

08 제품/시장 확장그리드(product/market expansion grid)에서 기존제품을 가지고 새로운 세분시장을 파악해서 진출하는 방식의 기업성장전략으로 가장 옳은 것은?
① 시장침투전략(market penetration strategy)
② 시장개발전략(market development strategy)
③ 제품개발전략(product development strategy)
④ 다각화전략(diversification strategy)
⑤ 수평적 다각화전략(horizontal diversification strategy)

09 유통경로에서 발생하는 각종 힘(power)에 관한 설명으로 가장 옳지 않은 것은?
① 합법력은 법률이나 계약과 같이 정당한 권리에 의해 발생하거나 조직 내의 공식적인 지위에서 발생한다.
② 강제력의 강도는 처벌이 지닌 부정적 효과의 크기에 반비례한다.
③ 정보력은 공급업자가 중요한 정보를 가지고 있다는 인식을 할 경우 발생한다.
④ 준거력은 공급업자에 대해 일체감을 갖는 경우에 발생한다.
⑤ 보상력은 재판매업자가 자신의 보상을 조정할 수 있는 능력을 가지고 있다고 인식할수록 증가한다.

10 윤리경영에서 이해관계자가 추구하는 가치이념과 취급해야 할 문제들이 옳게 나열되지 않은 것은?

구분	이해 관계자	추구하는 가치이념	윤리경영에서 취급해야 할 문제들
㉠	지역사회	기업시민	산업재해, 산업공해, 산업폐기물 불법처리 등
㉡	종업원	인간의 존엄성	고용차별, 성차별, 프라이버시 침해, 작업장의 안전성 등
㉢	투자자	공평, 형평	내부자 거래, 인위적 시장조작, 시세조작, 분식 결산 등
㉣	고객	성실, 신의	유해상품, 결합상품, 허위 과대 광고, 정보 은폐, 가짜 상표 등
㉤	경쟁자	기업가치	환경오염, 자연파괴, 산업폐기물 수출입, 지구환 경관련 규정 위반 등

① ㉠ ② ㉡ ③ ㉢
④ ㉣ ⑤ ㉤

11 아래 글상자에서 설명하는 유통의 형태로 가장 옳은 것은?

> - 각 판매지역별로 하나 또는 극소수의 중간상에게 자사제품의 유통에 대한 독점권을 부여하는 것이다.
> - 소비자가 제품 구매를 위해 적극적인 탐색을 하고 쇼핑을 위해 기꺼이 시간과 노력을 아끼지 않는 경우에 적합하다.

① 집중적 유통   ② 개방적 유통
③ 선택적 유통   ④ 전속적 유통
⑤ 중간적 유통

12 유통산업이 합리화되는 경우에 나타나는 현상으로 가장 옳지 않은 것은?

① 업무 효율화를 통해 유통업체의 규모가 작아진다.
② 유통 경로상 제조업의 협상력이 축소된다.
③ 법률이나 정부의 규제가 늘어난다.
④ 생산지의 가격과 소비자의 구매가격의 차이가 줄어든다.
⑤ 유통경로가 단축되어 유통비용이 절감된다.

13 직무기술서와 직무명세서를 비교할 때 직무기술서에 해당되는 내용으로 가장 옳은 것은?

① 작업자의 특성을 평가하여 조직 전략을 효율적으로 달성하기 위한 것이다.
② 속직적 기준으로 직무의 내용을 요약하고 수행에 필요한 정보를 포함한다.
③ 직무명칭, 직무개요, 직무내용 등의 인적 요건을 포함한다.
④ 직무내용보다는 인적요건을 중심으로 정리한다.
⑤ 작업자의 지식, 기능, 능력 등의 요소를 포함한다.

14 유통경영전략의 수립단계를 순서대로 나열한 것으로 가장 옳은 것은?

① 사업포트폴리오분석 - 기업의 사명 정의 - 기업의 목표설정 - 성장전략의 수립
② 기업의 목표 설정 - 사업포트폴리오분석 - 성장전략의 수립 - 기업의 사명 정의
③ 사업포트폴리오분석 - 기업의 목표 설정 - 기업의 사명 정의 - 성장전략의 수립
④ 기업의 사명 정의 - 기업의 목표 설정 - 사업포트폴리오분석 - 성장전략의 수립
⑤ 성장전략의 수립 - 기업의 목표 설정 - 사업포트폴리오분석 - 기업의 사명 정의

15 보관을 위한 각종 창고의 유형에 대한 설명으로 가장 옳지 않은 것은?

① 자가 창고의 경우 기업이 자신의 목적에 맞게 맞춤형 창고 설계가 가능하다.
② 영업 창고 요금은 창고 이용에 따른 보관료를 기본으로 하며 하역료를 제외한다.
③ 임대 창고는 영업창고업자가 아닌 개인이나 법인 등이 소유하고 있는 창고를 임대료를 받고 제공하는 것이다.
④ 공공 창고는 공익을 목적으로 건설한 창고로 공립창고가 한 예이다.
⑤ 관설상옥은 정부나 지방자치단체가 해상과 육상 연결용 화물 판매용도로 제공하는 창고이다.

16 아웃소싱을 실시하는 기업이 얻을 수 있는 장점으로 가장 옳지 않은 것은?

① 다른 채널의 파트너로부터 규모의 경제 효과를 얻을 수 있다.
② 분업의 원리를 통해 이익을 얻을 수 있다.
③ 고정비용은 늘어나지만 변동비용을 줄여서 비용 절감효과를 얻을 수 있다.
④ 아웃소싱 파트너의 혁신적인 혜택을 누릴 수 있다.
⑤ 자사의 기술보다 우월한 기술을 누릴 수 있다.

17 아래 글상자가 설명하는 합작투자 유형으로 옳은 것은?

> 공여기업이 자사의 제조공정, 등록상표, 특허권 등을 수여기업에게 제공하고 로열티 혹은 수수료를 받는 형태이다. 이를 통해, 수여기업은 생산의 전문성 혹은 브랜드를 자체 개발 없이 사용할 수 있다는 이점이 있고, 공여기업은 낮은 위험부담으로 해외시장에 진출할 수 있다는 장점이 있다.

① 계약생산(contract manufacturing)
② 관리계약(management contracting)
③ 라이센싱(licensing)
④ 공동소유(joint ownership)
⑤ 간접수출(indirect exporting)

18 아래 글상자가 설명하는 리더십의 유형으로 가장 옳은 것은?

> 대인관계와 활동을 통하며 규범적으로 적합한 리더의 행동이 구성원들에게 모범으로 작용하며, 상호 간 명확한 도덕적 기준과 의사소통, 공정한 평가 등을 통해 부하들로 하여금 규범에 적합한 행동을 지속하도록 촉진하는 것이다.

① 변혁적 리더십(transformational leadership)
② 참여적 리더십(participative leadership)
③ 지원적 리더십(supportive leadership)
④ 지시적 리더십(directive leadership)
⑤ 윤리적 리더십(ethical leadership)

19 제품에 대한 소유권을 갖고 제조업자로부터 제품을 취득하여 소매상에게 바로 운송하는 한정기능도매상으로 옳은 것은?

① 우편주문도매상(mail-order wholesaler)
② 진열도매상(rack jobber)
③ 트럭도매상(truck wholesaler)
④ 직송도매상(drop shipper)
⑤ 현금무배달도매상(cash-and-carry wholesaler)

20 대리도매상 중 판매대리인(selling agent)과 제조업자의 대리인(manufacture's agent)의 차이로 옳지 않은 것은?

① 판매대리인은 모든 제품을 취급하지만 제조업자의 대리인은 일부 제품만을 취급한다.
② 판매대리인은 제조업자의 대리인보다 활동범위가 넓고 비교적 자율적인 의사결정이 가능하다.
③ 판매대리인은 제조업자의 시장지배력이 약한 지역에서만 활동하지만 제조업자의 대리인은 모든 지역에서 판매를 한다.
④ 판매대리인은 신용을 제공하지만 제조업자의 대리인은 신용을 제공하지 못한다.
⑤ 판매대리인은 기업의 마케팅 부서와 같은 기능을 수행하는 도매상인 반면 제조업자의 대리인은 장기적인 계약을 통해 제조업자의 제품을 특정 지역에서 판매대행을 하는 도매상을 말한다.

21. 불공정 거래행위에 해당되지 않는 것은?
   ① 기존재고상품을 다른 상품으로 교환하면서 기존의 재고상품을 특정매입상품으로 취급하여 반품하는 행위
   ② 직매입을 특정매입계약으로 전환하면서 기존 재고상품을 특정매입상품으로 취급하여 반품하는 행위
   ③ 대규모 유통업자가 부당하게 납품업자 등에게 배타적 거래를 하도록 강요하는 경우
   ④ 정상가격으로 매입한 주문제조상품을 할인행사를 이유로 서류상의 매입가를 낮춰 재매입하고 낮춘 매입원가로 납품대금을 주는 경우
   ⑤ 직매입 납품업체의 납품과정에서 상품에 훼손이나 하자가 발생한 경우 상품대금을 감액하는 경우

22. 샤인(Schein)이 제시한 조직 문화의 세 가지 수준에서 인식적 수준에 해당되는 것으로 가장 옳은 것은?
   ① 인지가치와 행위가치로 구분할 수 있는 가치관
   ② 개개인의 행동이나 관습
   ③ 인간성
   ④ 인간관계
   ⑤ 창작물

23. 공급업자 평가방법 중 각 평가 기준의 중요성을 정확하게 판단할 수 없는 경우에 유용한 평가방법은?
   ① 가중치 평가방법
   ② 단일기준 평가방법
   ③ 최소기준 평가방법
   ④ 주요기준 평가방법
   ⑤ 평균지수 평가방법

24. 소비자기본법(법률 제17799호, 2020.12.9., 타법개정)에 따라 국가가 광고의 내용이나 방법에 대한 기준을 제한할 수 있는 항목으로 옳지 않은 것은?
   ① 용도, 성분, 성능
   ② 소비자가 오해할 우려가 있는 특정용어나 특정 표현
   ③ 광고의 매체
   ④ 광고 시간대
   ⑤ 광고 비용

25. 상품을 품질수준에 따라 분류하거나 규격화함으로써 거래 및 물류를 원활하게 하는 유통의 기능으로 가장 옳은 것은?
   ① 보관기능
   ② 운송기능
   ③ 정보제공기능
   ④ 표준화기능
   ⑤ 위험부담기능

2과목 상권분석

26 지리정보시스템(GIS)을 이용한 상권분석과 관련한 내용으로 옳지 않은 것은?

① 각 동(洞)별 인구, 토지 용도, 평균지가 등을 겹쳐서 상권의 중첩을 표현할 수 있다.
② 주제도란 GIS소프트웨어를 사용하여 데이터베이스 조회 후 속성정보를 요약해 표현한 지도이다.
③ 버퍼는 점이나 선 또는 면으로부터 특정 거리 이내에 포함되는 영역을 의미한다.
④ 교차는 동일한 경계선을 가진 두 지도레이어를 겹쳐서 형상과 속성을 비교하는 기능이다.
⑤ 위상이란 지리적인 형상을 표현한 지도상의 상대적 위치를 알 수 있는 기능을 부여하는 역할을 한다.

27 구조적 특성에 의해 상권을 분류할 때 포켓 상권에 해당하는 것으로 옳은 것은?

① 상가의 입구를 중심으로 형성된 상권
② 고속도로나 간선도로에 인접한 상권
③ 대형소매점과 인접한 상권
④ 소형소매점들로 구성된 상권
⑤ 도로나 산, 강 등에 둘러싸인 상권

28 중심지체계나 주변환경 등에 의해 분류할 수 있는 상권의 유형에 대한 설명으로 가장 옳지 않은 것은?

① 도심상권은 중심업무지구(CBD)를 포함하며 상권의 범위가 넓고 소비자들의 평균 체류시간이 길다.
② 근린상권은 점포인근 거주자들이 주요 소비자로 생활밀착형 업종의 점포들이 입지하는 경향이 있다.
③ 부도심상권은 간선도로의 결절점이나 역세권을 중심으로 형성되는 경우가 많으며 도시 전체의 소비자를 유인한다.
④ 역세권상권은 지하철이나 철도역을 중심으로 형성되며 지상과 지하의 입체적 상권으로 고밀도 개발이 이루어지는 경우가 많다.
⑤ 아파트상권은 고정고객의 비중이 높아 안정적인 수요확보가 가능하지만 외부와 단절되는 경우가 많아 외부고객을 유치하는 상권확대가능성이 낮은 편이다.

29 소매점포의 상권범위나 상권형태는 소매점포를 이용하는 소비자의 공간적 분포를 나타낸다. 이에 대한 설명으로 가장 옳지 않은 것은?

① 소매점포의 면적이 비슷하더라도 업종이나 업태에 따라 개별점포의 상권범위는 차이가 날 수 있다.
② 동일 점포라도 소매전략에 따른 판촉활동 등의 차이에 따라 시기별로 점포의 상권범위는 변화한다.
③ 상권의 형태는 점포를 중심으로 일정한 거리 간격의 동심원 형태로 나타난다.
④ 동일한 지역에 인접하여 입지한 경우에도 점포 규모에 따라 개별점포의 상권범위는 차이가 날 수 있다.
⑤ 동일한 위치에서 입지조건의 변화가 없고 점포의 전략적 변화가 없어도 상권의 범위는 유동적으로 변화하기 마련이다.

30 상권 내의 경쟁점포 분석에 대한 설명으로 가장 옳지 않은 것은?

① 초점이 되는 조사문제를 중심으로 실시한다.
② 조사목적에 맞는 세부조사항목을 구체적으로 정해서 실시한다.
③ 상품구성분석은 상품구성기본정책, 상품계열구성, 품목구성을 포함한다.
④ 가격은 조사당시 주력상품 특매상황이라도 실제 판매가격을 분석한다.
⑤ 자사점포의 현황과 비교하여 조사결과를 분석한다.

31 크리스탈러(Christaller, W.)의 중심지이론에서 말하는 중심지 기능의 최대 도달거리(the range of goods and services)가 의미하는 것으로 가장 옳은 것은?

① 중심지의 유통서비스 기능이 지역거주자에게 제공될 수 있는 한계거리
② 소비자가 도보로 접근할 수 있는 중심지까지의 최대도달거리
③ 전문품 상권과 편의품 상권의 지리적 최대 차이
④ 상위 중심지와 하위 중심지 사이의 거리
⑤ 상업중심지의 정상이윤 확보에 필요한 수요를 충족시키는 상권범위

32 상권 내 소비자의 소비패턴이나 공간이용실태 등을 조사하기 위해 표본조사를 실시할 때 사용할 수 있는 비확률표본추출 방법에 해당하는 것으로 가장 옳은 것은?

① 층화표본추출법(stratified random sampling)
② 체계적표본추출법(systematic sampling)
③ 난순무작위표본추출법(simple random sampling)
④ 할당표본추출법(quota sampling)
⑤ 군집표본추출법(cluster sampling)

33 상권의 질(質)에 대한 설명으로 가장 옳지 않은 것은?

① 소매포화지수(IRS : index of retail saturation)와 시장확장잠재력(MEP : market expansion potentials)이 모두 높은 상권은 좋은 상권이다.
② 상권의 질을 평가하는 정량적 요소로는 통행량, 야간 인구, 연령별 인구, 남녀 비율 등이 있다.
③ 상권의 질을 평가하는 정성적 요소로는 통행객의 복장, 소지 물건, 보행 속도, 거리 분위기 등이 있다.
④ 일반적으로 특정 지역에 유사한 단일 목적으로 방문하는 통행객보다는 서로 다른 목적으로 방문하는 통행객이 많을 수록 상권의 질은 낮아진다.
⑤ 오피스형 상권은 목적성이 너무 강하므로 통행량이 많더라도 상권의 매력도가 높지 않을 수 있다.

34 도심으로부터 새로운 교통로가 발달하면 교통로를 축으로 도매, 경공업 지구가 부채꼴 모양으로 확대된다는 공간구조이론으로 가장 옳은 것은?

① 버제스(E.W. Burgess)의 동심원지대이론(concentric zone theory)
② 해리스(C.D. Harris)의 다핵심이론 (multiple nuclei theory)
③ 호이트(H. Hoyt)의 선형이론 (sector theory)
④ 리카도(D. Ricardo)의 차액지대설 (differential rent theory)
⑤ 마르크스(K.H. Marx)의 절대지대설 (absolute rent theory)

35 인구 9만명인 도시 A와 인구 1만명인 도시 B 사이의 거리는 20Km이다. 컨버스의 공식을 적용할 때 도시 B로부터 두 도시(A, B)간 상권분기점까지의 거리로 옳은 것은?

① 5Km   ② 10Km
③ 15Km   ④ 20Km
⑤ 25km

36 신규점포의 입지를 결정하는 과정에서 후보입지의 매력도 평가에 활용할 수 있는 회귀분석모형에 관한 설명으로 가장 옳지 않은 것은?

① 종속변수는 독립변수의 영향을 받는 관계이므로 종속변수와 상관관계가 있는 독립변수를 포함시켜야 한다.
② 회귀분석모형에 포함되는 독립변수들은 서로 상관관계가 높지 않고 독립적이어야 한다.
③ 성과에 영향을 미치는 독립변수로는 점포 자체의 입지적 특성과 상권 내 경쟁 수준 등을 포함시킬 수 있다.
④ 인구수, 소득수준, 성별, 연령 등 상권 내 소비자들의 특성을 독립변수로 포함시킬 수 있다.
⑤ 2~3개의 표본점포를 사용하면 실무적으로 설명력 있는 회귀모형을 도출하는 데 충분하다.

37 상품 키오스크(merchandise kiosks)에 대한 설명으로서 가장 옳지 않은 것은?

① 쇼핑몰의 공용구역에 설치되는 판매공간이다.
② 쇼핑몰 내 일반점포보다 단위면적당 임대료가 낮다.
③ 쇼핑몰 내 일반점포에 비해 임대차 계약기간이 길다.
④ 디스플레이 공간이 넓어 점포 면적에 비해 충분한 창의성을 발휘할 수 있다.
⑤ 쇼핑몰 내 다른 키오스크들과 경쟁이 심화될 가능성이 높다.

38 유통산업발전법(법률 제19117호, 2022.2.27., 타법개정)에서는 필요하다고 인정하는 경우 대형마트에 대한 영업시간 제한이나 의무휴업일 지정을 규정하고 있다. 그 내용으로 가장 옳은 것은?

① 의무휴업일은 공휴일이 아닌 날 중에서 지정하되, 이해당사자와 합의를 거쳐 공휴일을 의무휴업일로 지정할 수 있다.
② 특별자치시장·시장·군수·구청장 등은 매월 하루 이상을 의무휴업일로 지정하여야 한다.
③ 영업시간 제한 및 의무휴업일 지정에 필요한 사항은 해당 지방자치단체장의 명령으로 정한다.
④ 특별자치시장·시장·군수·구청장 등은 오후 11시부터 오전 10시까지의 범위에서 영업시간을 제한할 수 있다.
⑤ 영업시간 제한이나 의무휴업일 지정은 건전한 유통질서확립, 근로자의 건강권 및 대형점포 등과 중소유통업의 상생발전을 위한 것이다.

39 입지분석은 지역분석, 상권분석, 부지분석 등의 세 가지 수준에서 실시한다. 경쟁분석을 실시하는 분석수준으로서 가장 옳은 것은?

① 지역분석(regional analysis)
② 부지분석(site analysis)
③ 상권분석(trade area analysis)
④ 지역 및 상권분석(regional and trade area analysis)
⑤ 상권 및 부지분석(trade area and site analysis)

40 업태에 따른 소매점포의 적절한 입지유형을 설명한 페터(R. M. Fetter)의 공간균배원리를 적용한 것으로 가장 옳지 않은 것은?

① 편의품점 - 산재성 입지
② 선매품점 - 집재성 입지
③ 부피가 큰 선매품의 소매점 - 국부적집중성 입지
④ 전문품점 - 집재성 입지
⑤ 고급고가품점 - 집심성 입지

41 소비자가 원하는 시간과 장소에서 상품을 구입할 수 있게 해야 한다는 의미에서의 상품에 대한 소비자들의 물류요구와 취급하는 소매점 숫자의 관계에 대한 기술로 가장 옳은 것은?

① 물류요구가 높을수록 선택적 유통이 이루어진다.
② 물류요구가 낮을수록 집중적 유통이 이루어진다.
③ 물류요구에 상관없이 전속적 유통이 효율적이다.
④ 물류요구의 크기만으로는 취급하는 소매점 숫자를 알 수 없다.
⑤ 물류요구의 크기는 취급하는 소매점 숫자에 영향을 미치지 않는다.

42 점포개점을 위한 투자계획의 내용으로서 가장 옳지 않은 것은?

① 자금조달계획
② 자금운용계획
③ 수익계획
④ 비용계획
⑤ 상품계획

43 도시상권의 매력도에 직접적으로 영향을 미치는 특성으로서 가장 옳지 않은 것은?

① 인구
② 교통망
③ 소득수준
④ 소매단지 분포
⑤ 행정구역 구분

44 상권분석의 주요한 목적으로 가장 옳지 않은 것은?

① 상권범위 설정
② 경쟁점포 파악
③ 빅데이터 축적
④ 예상매출 추정
⑤ 적정임차료 추정

45 상가건물 임대차보호법(법률 제18675호, 2022.1.4., 일부 개정) 등의 관련 법규에서는 아래 글상자와 같이 상가임대료의 인상률 상한을 규정하고 있다. 괄호 안에 들어갈 내용으로 옳은 것은?

> 차임 또는 보증금의 증액청구는 청구당시의 차임 또는 보증금의 100분의 ( )의 금액을 초과하지 못한다.

① 3   ② 4   ③ 5
④ 8   ⑤ 10

3과목 유통마케팅

46 통합적 마케팅커뮤니케이션(IMC : integrated marketing communication)에 대한 설명으로 가장 옳지 않은 것은?

① 광고, 판매촉진, PR, 인적판매, 다이렉트 마케팅 등 다양한 촉진믹스들을 활용한다.
② 명확하고 설득력있는 메시지를 일관되게 전달하는 것이 목적이다.
③ 동일한 표적고객에 대한 커뮤니케이션은 서로 동일한 메시지를 전달한다.
④ 서로 다른 촉진믹스들이 수행하는 차별적 커뮤니케이션 역할들을 신중하게 조정한다.
⑤ 모든 마케팅 커뮤니케이션 캠페인들이 동일한 촉진 목표를 달성하도록 관리한다.

47 점포공간을 구성할 경우, 점포에서의 역할을 고려한 각각의 공간에 대한 설명으로 가장 옳지 않은 것은?

① 서비스 공간은 휴게실, 탈의실 등과 같이 소비자의 편의와 편익을 위해 설치하는 곳이다.
② 진열 판매 공간은 상품을 진열하여 주로 셀프 판매를 유도하는 곳이다.
③ 판매 예비 공간은 소비자에게 상품에 대한 정보를 전달하거나 결제를 도와주는 곳이다.
④ 판촉 공간은 판촉상품을 전시하는 곳이다.
⑤ 인적 판매 공간은 판매원이 소비자에게 상품을 보여주고 상담을 하는 곳이다.

48 마케팅믹스 요소인 4P 중 유통(place)을 구매자 관점인 4C로 표현한 것으로 가장 옳은 것은?

① 고객맞춤화(customization)
② 커뮤니케이션(communication)
③ 고객문제해결(customer solution)
④ 편의성(convenience)
⑤ 고객비용(customer cost)

49 온라인광고의 유형에 대한 설명으로 가장 옳지 않은 것은?

① 배너광고(banner advertising)는 웹페이지의 상하좌우 또는 중간에서도 볼 수 있다.
② 삽입광고(insertional advertising)는 웹사이트 화면이 바뀌고 있는 동안에 출현하는 온라인 전시광고이다.
③ 검색관련광고(search-based advertising)는 포털사이트에 검색엔진 결과와 함께 나타나는 링크와 텍스트를 기반으로 하는 광고이다.
④ 리치미디어광고(rich media advertising)는 현재 보고 있는 장 앞에 나타나는 새로운 창에 구현되는 온라인 광고이다.
⑤ 바이럴광고(viral advertising)는 인터넷 상에서 소비자가 직접 입소문을 퍼트리도록 유도하는 광고이다.

50 브랜드 관리와 관련된 설명으로 가장 옳지 않은 것은?

① 브랜드 자산(brand equity)이란 해당 브랜드를 가졌기 때문에 발생하는 차별적 브랜드 가치를 말한다.
② 브랜드 재인(brand recognition)은 브랜드가 과거에 본인에게 노출된 적이 있음을 알아차리는 것이다.
③ 브랜드 회상(brand recall)이란 브랜드 정보를 기억으로부터 인출하는 것을 말한다.
④ 브랜드 인지도(brand awareness)는 브랜드 이미지의 풍부함을 의미한다.
⑤ 브랜드 로열티(brand loyalty)가 높을수록 브랜드 자산(brand equity)이 증가한다고 볼 수 있다.

51 상품판매에 대한 설명으로 옳지 않은 것은?

① 인적판매는 개별적이고 심도 있는 쌍방향 커뮤니케이션이 가능한 것이 장점이다.
② 판매는 회사의 궁극적 목적인 수익창출을 실제로 구현하는 기능이다.
③ 전략적 관점에서 고객과의 관계를 형성하는 영업을 중요시하던 과거 방식에 비해 판매기술이 고도화되는 요즘은 판매를 빠르게 달성하는 전술적, 기술적 관점이 더욱 부각되고 있다.
④ 판매는 고객과의 커뮤니케이션을 통해 상품을 판매하고, 고객과의 관계를 구축하고자 하는 활동이다.
⑤ 판매활동은 크게 신규고객을 확보하기 위한 활동과 기존고객을 관리하는 활동으로 나눌 수 있다.

52 아래 글상자가 설명하는 머천다이징의 종류로 가장 옳은 것은?

소매업, 2차상품 제조업자, 가공업자 및 소재메이커가 수직적으로 연합하며 상품계획을 수립하는 머천다이징 방식이다. 이는 시장을 세분화하며 파악한 한정된 세분시장을 타겟고객으로 하며 이들에 알맞은 상품화 전략을 전개하는 것이다.

① 혼합식 머천다이징
② 세그먼트 머천다이징
③ 선별적 머천다이징
④ 계획적 머천다이징
⑤ 상징적 머천다이징

53 판매서비스는 거래계약의 체결 또는 완결을 지원하는 거래지원서비스 및 구매 과정에서 고객이 지각하는 가치를 향상시키는 가치증진서비스로 구분할 수 있다. 가치증진서비스에 해당되는 것으로 가장 옳은 것은?

① 상품의 구매와 사용 방법에 관한 정보 제공
② 충분한 재고 보유와 안전한 배달을 보장하는 주문처리
③ 명료하고 정확하며 이해하기 쉬운 청구서를 발행하는 대금청구
④ 친절한 접객서비스와 쾌적한 점포분위기 제공
⑤ 고객이 단순하고 편리한 방식으로 대금을 납부하게 하는 대금지불

54 전략과 연계하여 성과를 평가하기 위해 유통 기업은 균형점수표(BSC : balanced score card)를 활용하기도 한다. 균형점수표의 균형(balanced)의 의미에 대한 설명으로서 가장 옳지 않은 것은?

① 단기적 성과지표와 장기적 성과지표의 균형
② 과거 성과지표와 현재 성과지표 사이의 균형
③ 선행 성과지표와 후행 성과지표 사이의 균형
④ 내부적 성과지표와 외부적 성과지표 사이의 균형
⑤ 재무적 성과지표와 비재무적 성과지표 사이의 균형

55 사람들은 신제품이나 혁신을 수용하고 구매하는 성향에서 큰 차이를 갖는다. 자신의 커뮤니티에서 여론주도자이며 신제품이나 혁신을 조기에 수용하지만 매우 신중하게 구매하는 집단으로 가장 옳은 것은?

① 혁신자(innovator)
② 조기 수용자(early adopter)
③ 조기 다수자(early majority)
④ 후기 다수자(late majority)
⑤ 최후 수용자(laggard)

56 표적시장을 수정하거나 제품을 수정하거나 마케팅믹스를 수정하는 마케팅전략을 수행해야 하는 제품수명주기 상의 단계로서 가장 옳은 것은?

① 신제품 출시 이전(以前)
② 도입기
③ 성장기
④ 성숙기
⑤ 쇠퇴기

57 중고품을 반납하고 신제품을 구매한 고객에게 가격을 할인해 주거나 판매촉진행사에 참여한 거래처에게 구매대금의 일부를 깎아주는 형식의 할인으로 가장 옳은 것은?

① 기능 할인(functional discount)
② 중간상 할인(trade discount)
③ 공제(allowances)
④ 수량 할인(quantity discount)
⑤ 계절 할인(seasonal discount)

58 카테고리 매니지먼트에 대한 설명으로 가장 옳지 않은 것은?

① 특정 제품 카테고리의 매출과 이익을 최대화하기 위한 원료공급부터 유통까지의 공급망에 대한 통합적 관리
② 제조업체와 협력을 통해 특정 제품 카테고리를 공동경영하는 과정
③ 제품 카테고리의 효율 극대화를 위한 전반적인 머천다이징 전략과 계획
④ 소매업체와 벤더, 제조업체를 포함하는 유통경로 구성원들 간에 제품 카테고리에 대한 사전 합의 필요
⑤ 고객니즈 변화에 대한 신속한 대응뿐만 아니라 재고와 점포운영비용의 절감 효과 가능

59 아래 글상자의 성과측정 지표들 중 머천다이징에서 상품관리 성과를 측정하기 위한 지표들만을 나열한 것으로 옳은 것은?

> ㉠ 총자산수익률(return on asset)
> ㉡ 총재고투자마진수익률(gross margin return on investment)
> ㉢ 재고회전율(inventory turnover)
> ㉣ ABC분석(ABC analysis)
> ㉤ 판매추세분석(sell-through analysis)

① ㉠, ㉡
② ㉠, ㉡, ㉢
③ ㉡, ㉢, ㉣
④ ㉢, ㉣, ㉤
⑤ ㉣, ㉤

60 유통경로에 대한 촉진 전략 중 푸시 전략에 해당하는 것으로 가장 옳지 않은 것은?

① 소매상과의 협력 광고
② 신제품의 입점 및 진열비 지원
③ 진열과 판매 보조물 제공
④ 매장 내 콘테스트와 경품추첨
⑤ 판매경연대회와 인센티브 제공

61 아래 글상자에서 제품수명주기에 따른 광고 목표 중 도입기의 광고 목표와 관련된 광고만을 나열한 것으로 가장 옳은 것은?

> ㉠ 제품 성능 및 이점에 대한 인지도를 높이는 정보 제공형광고
> ㉡ 우선적으로 자사 브랜드를 시장에 알리기 위한 인지도 형성 광고
> ㉢ 제품 선호도를 증가시키고 선택적 수요를 증가시키는 설득형 광고
> ㉣ 여러 제품 또는 브랜드 중 자사 제품을 선택해야 하는 이유를 제공하는 비교 광고
> ㉤ 브랜드를 차별화하고 충성도를 높이는 강화 광고
> ㉥ 자사의 브랜드와 특정 모델, 또는 특정 색이나 사물들과의 독특한 연상을 만드는 이미지 광고
> ㉦ 소비자의 기억 속에 제품에 대한 기억이 남아있을 수 있도록 하는 회상 광고

① ㉠, ㉡
② ㉠, ㉡, ㉤
③ ㉡, ㉢
④ ㉡, ㉢, ㉣
⑤ ㉤, ㉥, ㉦

62 기업과의 관계 진화과정에 따라 분류한 고객의 유형으로 가장 옳지 않은 것은?

① 잠재고객
② 신규고객
③ 기존고객
④ 이탈고객
⑤ 불량고객

63 '주스 한 잔에 00원' 등과 같이 오랫동안 소비자에게 정착되어 있는 가격을 지칭하는 용어로 가장 옳은 것은?

① 균일가격
② 단수가격
③ 명성가격
④ 관습가격
⑤ 단계가격

64 CRM 전략을 위한 데이터웨어하우스에 대한 설명으로 가장 옳은 것은?

① 조직 내의 모든 사람이 다양하게 이용할 수 있도록 데이터들을 통합적으로 보관·저장하는 시스템이다.
② 의사결정에 필요한 정보를 생산할 수 있도록 다양한 소스로부터 모아서 임시로 정리한 데이터이다.
③ 의사결정에 필요한 데이터를 분석 가능한 형태로 변환하고 가공하여 저장한 요약형 기록 데이터이다.
④ 데이터의 신속한 입력, 지속적인 갱신, 추적 데이터의 무결성이 중시되는 실시간 상세 데이터이다.
⑤ 일정한 포맷과 형식이 없어 사용자가 원하는 작업을 수행할 수 있는 데이터들의 집합이다.

65 매장의 상품배치에 관한 제안으로 가장 옳지 않은 것은?

① 가격 저항이 낮은 상품은 고객의 출입이 잦은 곳에 배치한다.
② 충동구매 성격이 높은 상품은 고객을 유인하기 위해 매장의 안쪽에 배치한다.
③ 고객이 꼭 구매하려고 계획한 상품의 경우 위치와 상관없이 움직이는 경향이 있다.
④ 일반적으로 선매품의 경우 매장 안쪽에 배치한다.
⑤ 매장 입구에서 안쪽으로 들어갈수록 가격이 높은 상품을 배치하면 가격저항감을 줄일 수 있다.

66 고객 편리성을 높이기 위한 점포구성 방안으로서 가장 옳지 않은 것은?

① 고객 이동의 정체와 밀집을 막아 이동을 원활하게 하는 레이아웃 구성
② 자유로운 고객 흐름을 방해하지 않게 양방통행 원칙을 준수하여 통로 설계
③ 원스톱 쇼핑을 위해 다종다양의 상품을 제공하기 위한 스크램블드(scrambled) 머천다이징
④ 상품을 빨리 찾을 수 있게 연관성이 높은 상품군별로 모아 놓는 크로스(cross) 진열
⑤ 면적이 넓은 점포의 경우 휴식을 취할 수 있는 휴식시설 설치

67 CRM(customer relationship management) 실행 순서를 나열한 것으로 가장 옳은 것은?

① 고객니즈분석 - 대상고객선정 - 가치창조 - 가치제안 - 성과평가
② 가치제안 - 가치창조 - 고객니즈분석 - 대상고객선정 - 성과평가
③ 고객니즈분석 - 가치제안 - 대상고객선정 - 가치창조 - 성과평가
④ 가치창조 - 고객니즈분석 - 대상고객선정 - 가치제안 - 성과평가
⑤ 대상고객선정 - 고객니즈분석 - 가치창조 - 가치제안 - 성과평가

68 마케팅 조사에 대한 설명으로 가장 옳지 않은 것은?

① 기술조사는 표적모집단이나 시장의 특성에 관한 자료를 수집·분석하고 결과를 기술하는 조사이다.
② 2차 자료는 당면한 조사목적이 아닌 다른 목적을 위해 과거에 수집되어 이미 존재하는 자료이다.
③ 1차 자료는 당면한 조사목적을 달성하기 위하여 조사자가 직접 수집한 자료이다.
④ 마케팅조사에는 정성조사와 정량조사 모두 필수적으로 제시되어야 한다.
⑤ 탐색조사는 조사문제가 불명확할 때 기본적인 통찰과 아이디어를 얻기 위해 실시하는 조사이다.

69 점포의 비주얼 머천다이징 요소로서 가장 옳지 않은 것은?

① 점두, 출입구, 건물 외벽 등의 점포 외장
② 매장 및 후방, 고객 동선, 상품배치 등의 레이아웃
③ 매장 인테리어, 조명, 현수막 등의 점포 내부
④ 진열 집기, 트레이, 카운터 등 각종 집기
⑤ 종업원의 복장, 머리카락, 청결 상태 등의 위생

70 상품진열에 대한 설명으로 가장 옳지 않은 것은?

① 고객의 오감을 즐겁게 하면서도 찾기 쉽고 선택을 용이하게 하는 진열을 한다.
② 매장 입구에는 구매빈도가 높은 상품위주로 진열한다.
③ 오픈진열을 할 경우 경품 및 행사상품, 고회전상품, 저회전상품 순으로 진열한다.
④ 셀프서비스 판매방식 소매점에서는 소비자가 직접 상품을 선택할 수 있도록 곤돌라 또는 쇼케이스를 이용한 진열방식의 활용이 일반적이다.
⑤ 엔드진열은 신상품, 행사상품의 효율적 소구를 위해 매장의 빈 공간에 독립적으로 진열하는 방식이다.

4과목 유통정보

71 아래 글상자의 괄호 안에 들어갈 용어를 순서대로 바르게 나열한 것으로 가장 옳은 것은?

> 알파고 리(기존 버전 알파고)는 프로 바둑 기사들의 기보데이터를 대량으로 입력받아 학습하는 (㉠) 이 필요했다. 반면 알파고 제로는 바둑 규칙 이외에 아무런 사전 지식이 없는 상태에서 인공신경망 기술을 활용하며 스스로 대국하며 바둑 이치를 터득해서 이기기 위한 수를 스스로 생성해낸다. 이렇듯 수많은 시행착오를 통해 최적의 행동을 찾아내는 방식을(㉡)이라 한다.

① ㉠ 지도학습, ㉡ 비지도학습
② ㉠ 지도학습, ㉡ 준지도학습
③ ㉠ 지도학습, ㉡ 강화학습
④ ㉠ 강화학습, ㉡ 지도학습
⑤ ㉠ 강화학습, ㉡ 준지도학습

72 드론의 구성요인에 대한 설명으로 가장 옳지 않은 것은?

① 드론의 항법센서로는 전자광학센서, 초분광센서, 적외선센서 등이 있다.
② 드론 탑재 컴퓨터는 드론을 운영하는 브레인 역할을 하며 드론의 위치, 모터, 배터리 상태 등을 확인할 수 있게 한다.
③ 드론 모터는 드론의 움직임이 가능하도록 지원하고, 배터리는 모터에 에너지를 제공한다.
④ 드론 임무장비는 드론이 비행을 하면서 특정한 임무를 하도록 장착된 관련 장비를 의미한다.
⑤ 드론 프로펠러 및 프레임은 드론이 비행하도록 프레임워크를 제공한다.

73 아래 글상자에서 설명하는 용어로 가장 옳은 것은?

> 모든 디바이스가 정보의 뜻을 이해하고 논리적인 추론까지 할 수 있는 지능형 기술로 사람의 머릿 속에 있는 언어에 대한 이해를 컴퓨터 언어로 표현하고 이것을 컴퓨터가 사용할 수 있게 만드는 것이다. 이 기술은 웹페이지에 담긴 내용을 이해하고 개민 맞춤형 서비스를 제공받아 지능화된 서비스를 제공하는 웹 3.0의 기반이 된다.

① 고퍼(gopher)
② 냅스터(napster)
③ 시맨틱웹(semantic-web)
④ 오페라(opera)
⑤ 웹클리퍼(web-clipper)

74 공급사슬의 성과지표들 중 고객서비스의 신뢰성 지표로 가장 옳은 것은?

① 평균 재고 회전율
② 약속 기일 충족률
③ 신제품 및 신서비스 출시 숫자
④ 특별 및 긴급 주문을 처리하는데 걸리는 시간
⑤ 납기를 맞추기 위해 요구되는 긴급주문의 횟수

75 지식경영에 대한 설명으로 가장 옳지 않은 것은?

① 피터 드러커(Peter Drucker,1954)는 재무 지식 뿐만 아니라 비재무 지식을 활용해 경영성과를 측정하는 균형성과표를 제시하였다.
② 위그(Wigg,1986)는 지식경영을 지식 및 지식관련수익을 극대화시키는 경영활동이라고 정의하였다.
③ 노나카(Nonaka,1991)는 지식경영을 형식지와 암묵지의 순환과정을 통해 경쟁력을 확보하는 경영활동이라고 정의하였다.
④ 베크만(Bechman,1997)은 지식경영을 조직의 역량, 업무성과 및 고객가치를 제고하는 경영활동이라고 정의하였다.
⑤ 스베이비(Sveiby,1998)는 지식경영을 무형자산을 통해 가치를 창출하는 경영활동이라고 정의하였다.

76 웹 2.0을 가능하게 하고 지원하는 기술에 대한 설명으로 가장 옳지 않은 것은?

① 폭소노미(folksonomy)란 자유롭게 선택된 일종의 태그인키워드를 사용해 구성원들이 함께 정보를 체계화하는 방식이다.
② UCC(user created contents)는 사용자들이 웹 콘텐츠의 생산자인 동시에 소비자로서의 역할을 가능하게 하여 참여와 공유를 지원한다.
③ 매시업(mashup)은 웹 콘텐츠를 소프트웨어가 자동적으로 이해하고 처리할수 있도록 지원하여 정보와 지식의 공유 및 협력을 촉진한다.
④ API(application programming interface)는 응용 프로그램에서 사용할 수 있도록 컴퓨터 운영체제나 프로그래밍 언어가 제공하는 기능을 제어할 수 있도록 만든 인터페이스이다.
⑤ RSS(rich site summary)란 웹 공간에서 콘텐츠 공유를 촉진하며, 특정 사이트에서 새로운 정보가 있을 때 자동적으로 받아볼 수 있는 콘텐츠 배급방식이다.

77 스튜워트(W. M. Stewart)가 주장하는 물류의 중요성이 강조되는 이유로 가장 옳지 않은 것은?

① 재고비용절감을 위해서는 증가된 주문 횟수를 처리할 새로운 시스템의 도입이 필요하다.
② 소비자의 제품가격 인하 요구는 능률적이며 간접적인 제품 분배경로를 필요로 하게 되었다.
③ 기업은 물류 서비스 개선 및 물류비 절감을 통해 고객에 대한 서비스 수준을 높일 수 있으며, 이는 기업에게 새로운 수요 창출의 기회가 된다.
④ 소비자의 제품에 대한 다양한 요구는 재고 저장단위수의 증대를 필요로 하며, 이는 다목적 창고 재고유지, 재고 불균형 등의 문제를 발생시킨다.
⑤ 가격결정에 있어 신축성을 부여하기 위해서는 개별시장으로의 운송에 소요되는 실제 분배비용에 의존하기 보다는 전국적인 평균비용의 산출이 필요하게 되었다.

78 POS(point of sale)시스템 도입에 따른 장점으로 가장 옳지 않은 것은?

① 매상등록시간이 단축되어 고객 대기시간이 줄며 계산대의 수를 줄일 수 있다.
② 단품관리에 의해 잘 팔리는 상품과 잘 팔리지 않는 상품을 즉각 찾아낼 수 있다.
③ 적정 재고수준의 유지, 물류관리의 합리화, 판촉전략의 과학화 등의 효과를 가져올 수 있다.
④ POS터미널의 도입에 의해 판매원 교육 및 훈련시간이 짧아지고 입력오류를 방지할 수 있다.
⑤ CPFR(collaborative planning, forecasting and replenishment)과 연계하여 신속하고 적절한 구매를 할 수 있다.

79 빅데이터 분석 기술들 중 아래 글상자에서 설명하는 용어로 가장 옳은 것은?

> 관찰된 연속형 변수들에 대해 두 변수 사이의 모형을 구한 뒤 적합도를 측정해내는 방법으로, 시간에 따라 변화하는 데이터나 변수들의 어떤 영향 및 가설적 실험, 인과관계 모델링 등의 통계적 예측에 이용될 수 있다.

① 감성분석
② 기계학습
③ 회귀분석
④ 텍스트 마이닝(text mining)
⑤ 오피니언 마이닝(opinion mining)

80 EDI(electronic data interchange)에 대한 설명으로 가장 옳지 않은 것은?

① EDI는 기업 간에 교환되는 거래서식을 컴퓨터로 작성하고 통신망을 이용하여 직접 전송하는 정보교환방식을 의미한다.
② EDI가 이루어지기 위해서는 거래업체들 간에 서로 교환할 데이터의 형태와 그 데이터를 어떻게 표현할 것인가에 대한 상호합의가 필요하다.
③ EDI를 이용하면 지금까지 종이형태의 문서에 기록하고 서명한 다음, 우편을 통해 전달되던 각종 주문서, 송장, 지불명세서 등이 데이터통신망을 통해 전자적으로 전송되고 처리된다.
④ EDI는 교환되는 거래문서에 대해 통용될 수 있는 표준양식이 정해져야 하며, 이를 통해 전달되는 데이터의 형식이 통일된 후, 이러한 데이터가 일정한 통신표준에 입각해서 상호 간에 교환될 수 있어야 한다.
⑤ 전자문서의 사설표준은 특정 산업분야에서 채택되어 사용되는 표준을 말하며, 사설표준의 대표적인 것에는 국제상품 코드 관리기관인 EAN(국내의 경우 : KAN)이 개발·보급하고 있는 유통부문의 전자문서 국제표준인 EANCOM이 있다.

81 유통정보혁명의 시대에서 유통업체의 경쟁우위 확보 방안으로 가장 옳지 않은 것은?

① 마케팅 개념측면에서 유통업체는 제품 및 판매자 중심에서 고객 중심으로 변화해야 한다.
② 마케팅 개념측면에서 유통업체는 매스(mass) 마케팅에서 일대일 마케팅으로 변화해야 한다.
③ 마케팅 개념측면에서 유통업체는 기존의 다이렉트(direct) 마케팅에서 푸시(push) 마케팅으로 변화해야 한다.
④ 비즈니스 환경측면에서 유통업체는 전략적 제휴와 글로벌화(globalization)를 추진해야 한다.
⑤ 비즈니스 환경측면에서 유통업체는 제품 및 공정 기술의 보편화로 인해 도래하는 물류 경쟁 시대의 급격한 변화에 대비해야 한다.

82 유통정보시스템의 개념에 대한 설명으로 가장 옳지 않은 것은?

① 물류비용과 재고비용을 감축하여 채널 단계에 참여하는 모두가 이익을 얻을 수 있게 한다.
② 유통정보와 프로세스의 흐름을 확보해 시간차로 발생하는 가시성 문제를 최소화하여 시장수요와 공급을 조절해 주고 각 개인이 원하는 제품과 서비스 공급이 원활하도록 지원한다.
③ 유통정보시스템은 경영자가 유통과 관련된 기업의 목표를 달성하기 위한 효율적이고 효과적인 의사결정을 하는데 필요한 정보제공을 위해 설계되어야 한다.
④ 유통거래를 지원하는 정보시스템으로 관련된 기존 시스템의 정보를 추출, 변환, 저장하는 과정을 거쳐 업무담당자 목적에 맞는 정보만을 모아 관리할 수 있도록 지원해 준다.
⑤ 유통정보시스템은 기업의 유통활동 수행에 필요한 정보의 흐름을 통합하여 전사적 유통을 가능하게 하고 유통계획, 관리, 거래처리 등에 필요한 데이터를 처리하여 유통관련 의사결정에 필요한 정보를 적시에 제공하기 위한 절차, 설비, 인력을 뜻한다.

83 지식관리시스템에 대한 설명으로 가장 옳지 않은 것은?

① 기업은 고객에게 지속적이고 일관성 있는 정보를 제공하기 위해서 지식관리시스템을 활용한다.
② 기업은 지식네트워킹을 통해서 새로운 제품을 출시할 수 있고 고객에게 양질의 서비스를 제공할 수 있다.
③ 지식을 보유·활용함으로써 제품 및 서비스 가치를 향상시키고 기업의 지속적인 성장에 기여할 수 있다.
④ 기업들은 동종 산업에 있는 조직들의 우수사례(best practice)를 그들 조직에 활용하여 많은 시간을 절약할 수 있다.
⑤ 지식관리시스템은 지식관리 플랫폼으로 고객지원센터 등 기업 내부 지원을 위해 활용되고 있으며, 챗봇, 디지털 어시스 등 고객서비스와는 거리가 멀다.

84 아래 글상자의 괄호 안에 들어갈 용어가 순서대로 바르게 나열된 것은?

> 오픈AI는 대화형 인공지능 챗봇 서비스인 ChatGPT를 개발하였다. ChatGPT의 등장은 (㉠) 서비스의 대중화를 알리는 첫 시작이라는데 가장 큰 의의가 있다. 기존에는 (㉡) 서비스가 주를 이뤘으나 ChatGPT의 등장으로 이같은 방식의 서비스가 각광받을 것으로 예상된다.

① ㉠ 식별 AI(discriminative AI),
   ㉡ 생성 AI(generative AI)
② ㉠ 강한 AI(strong AI),
   ㉡ 약한 AI(weak AI)
③ ㉠ 생성 AI(generative AI),
   ㉡ 식별 AI(discriminative AI)
④ ㉠ 약한 AI(weak AI),
   ㉡ 강한 AI(strong AI)
⑤ ㉠ 논리적 AI(logical AI),
   ㉡ 물리적 AI(physical AI)

85 바코드와 관련된 용어에 대한 설명으로 가장 옳지 않은 것은?

① ITF-14 바코드는 GS1이 개발한 국제표준바코드로, 물류 단위에 부여된 식별코드를 기계가 읽을 수 있도록 막대 모양으로 표현한 것이다.
② GS1 DataMatrix는 우리나라 의약품 및 의료기기에 사용되는 유일한 의약품표준바코드로, 다양한 추가정보를 입력하면서도 작은 크기로 인쇄가 가능하다.
③ GS1 응용식별자는 바코드에 입력되는 특수 식별자로 바로 다음에 나오는 데이터의 종류, 예를 들어 GTIN, 일련번호, 유통기한 등을 나타내는 지시자를 의미한다.
④ 내부관리자코드는 GS1 식별코드 중 하나로 특정 목적을 위해 내부(국가, 기업, 산업)용으로 사용되는 코드로 주로 가변규격상품이나 쿠폰의 식별을 위해 사용된다.
⑤ 국제거래단품식별코드는 국제적으로 거래되는 단품을 식별하기 위해 GS1이 만든 코드로 여기서 거래단품(trade item)이란 공급망 상에서 가격이 매겨지거나 주문 단위가 되는 상품을 지칭한다.

86 IoT(Internet of Things)에 대한 설명으로 가장 옳지 않은 것은?

① 오늘날 5G 및 기타 유형의 네트워크 플랫폼이 거의 모든 곳에서 빠르고 안정적으로 대량의 데이터 세트를 처리해 주어 IoT 연결성을 높여 주고 있다.
② 연결싱태는 24시간 always-on 방식이다.
③ IoT는 보안 및 개인정보보호 위험, 기술 간 상호운영성, 데이터 과부하, 비용 및 복잡성 등의 이슈가 관리되어야 한다.
④ 서비스 방식은 빠르고 쉽게 찾는 Pull 방식이다.
⑤ ICT 기반으로 주위의 모든 사물에 유무선 네트워크로 연결하여 사람과 사물, 사물과 사물 간에 정보를 교류하고 상호 소통하는 지능적 환경으로 진화하고 있다.

87 아래 글상자에서 설명하는 용어로 가장 옳은 것은?

> 이 개념은 의류산업에서 도입되기 시작하였으며, 소비자 위주의 시장환경에 재고부담을 줄이고 신제품 개발에 도움을 준다. 이것의 기본 개념은 시간 기반 경쟁의 장점을 성취하기 위해 빠르게 대응하는 시스템을 개발하는 것이다. 즉, 이것은 샘 산에서 유통까지 표준화된 전자거래체제를 구축하고, 기업 간의 정보공유를 통한 신속 정확한 납품, 생산/유통기간의 단축, 재고 감축, 반품손실 감소 등을 실현하는 정보시스템이다.

① 풀필먼트(fulfillment)
② 신속대응(quick response)
③ 풀서비스(full service)
④ 푸시서비스(push service)
⑤ 최적화(optimization)

88 스미스, 밀버그, 버크(Smith, Milberg, Burke)는 '개인정보 활용에 따른 프라이버시 침해 우려에 대한 연구'를 통해 개인의 프라이버시 침해 우려 프레임워크를 제시하였다. 이 경우 유통업체의 개인정보 활용 증대에 따라 소비자들에게 발생할 수 있는 프라이버시 침해 우려에 대한 설명으로 가장 옳지 않은 것은?

① 유통업체가 지나치게 많은 개인정보를 수집하는 것에 대한 우려가 나타날 수 있다.
② 유통업체의 정보시스템에 저장된 개인정보에 권한이 없는 부적절한 접근에 대한 우려가 나타날 수 있다.
③ 유통업체에서의 인가받지 못한 개인정보에 대한 이차적 이용에 따른 우려가 나타날 수 있다.
④ 유통업체가 보유하고 있는 개인정보의 의도적 또는 사고적인 오류에 대해 적절하게 보호되고 있는지에 대한 우려가 나타날 수 있다.
⑤ 유통업체가 데이터 3법을 적용하여 개인정보를 활용함에 따라 개인이 자신의 정보에 대한 접근 권한을 차단당하는 상황이 발생할 수 있다는 우려가 나타날 수 있다.

89 빅데이터는 다양한 유형으로 존재하는 모든 데이터가 대상이 된다. 데이터 유형과 데이터 종류, 그에 따른 수집 기술의 연결이 가장 옳지 않은 것은?

① 정형데이터 - RDB - ETL
② 정형데이터 - RDB - Open API
③ 반정형데이터 - 비디오 - Open API
④ 비정형데이터 - 이미지 - Crawling
⑤ 비정형데이터 - 소셜데이터 - Crawling

90 정부는 수산물의 건강한 유통을 위해 수산물 이력제를 시행하고 있다. 이에 대한 설명으로 가장 옳지 않은 것은?

① 수산물을 수확하는 어장에서 시작하여 소비자의 식탁에 이르기까지 수산물의 유통 과정에 대한 정보를 관리하고 공개해서 소비자들이 안전하게 수산물을 선택할 수 있도록 도와주는 제도이다.
② 수산물 이력제의 등록표시는 표준화와 일관성을 위해 바코드로 된 이력추적관리번호만 사용한다.
③ 식품안전사고를 대비하기위해 소비자가 구매한 수산물의 유통과정이 투명하게 공개되도록 관리하여 신속한 사고발생 단계 파악 및 조속한 조치가 가능하다.
④ 생산자는 수산물에 대한 품질 및 위생정보를 효과적으로 관리할 수 있고 축적된 정보로 소비패턴 및 니즈파악이 가능하다.
⑤ 수산물 이력제의 활용은 위생 부분의 국제기준을 준수하여 수산물 관리의 국제 경쟁력을 높여 주는 효과가 있다.

2024년 제1회 기출문제

1과목 유통물류일반

01 도매상에 대한 설명으로 가장 옳은 것은?

① 소매상을 대신해서 고객에게 제품 설치, 제품 교환 등의 기술지원서비스를 제공한다.
② 소매상에 비해 좁은 상권을 관리하기에 거래 규모가 작다.
③ 제조업체를 대신해서 재고를 보유해 주는 기능을 한다.
④ 제조업체를 위해 신용 및 금융기능을 제공한다.
⑤ 소매상을 위해 시장 확대 기능을 수행한다.

02 유통경로(distribution channel)의 일반적 특성 설명으로 옳지 않은 것은?

① 유통경로는 생산물이 최초의 생산자로부터 최종 소비자에게 이동되는 과정에 참여하는 개인 및 조직의 집합체를 의미한다.
② 유통경로에는 제조업체, 도·소매상 등과 같은 많은 조직이 참여하고 있으며 이들은 상호 의존 관계에 있다.
③ 유통경로는 제품이나 서비스를 고객이 사용 또는 소비하기 위해 필요한 것이다.
④ 유통경로는 구매자의 수요를 충족시키기 위해 판매자가 보유한 제품과 서비스를 공급하는 과정에서 필요한 하나의 연결고리로 이해할 수 있다.
⑤ 유통경로는 개별기업이 자사의 상품을 시장에 공급하기 위해 사용하는 경로라는 점에서 모든 기업이 이용할 수 있는 각각의 판매경로의 종합체라 할 수 있으며 사회적으로 상품을 유통시키는 유통기관과 동일시된다.

03 소매업태의 유형에 대한 설명으로 옳지 않은 것은?

① 복합쇼핑몰은 쇼핑을 하면서 여가도 즐길 수 있게 구성된 대규모 상업시설이다.
② 팩토리 아울렛은 제조업체가 직영체제로 운영하는 상설 할인 매장이다.
③ 편의점은 고객의 접근성이 높은 지역에 위치하며 고마진, 저회전율을 특징으로 한다.
④ 창고형할인점은 고객서비스 수준은 최소로 제공하지만 넓은 매장에서 저렴한 가격으로 상품을 제공한다.
⑤ 전문할인점은 특정상품계열에 대해 깊이 있는 상품구색을 갖추고 있다.

04 경로성과를 측정하는 차원 중 투입 대비 산출의 비율로 측정되며, 일정한 산출을 얻기 위해 얼마나 많은 비용이 투입되었는가를 말해줄 수 있는 척도로 옳은 것은?

① 효과성
② 형평성
③ 잠재수요자극
④ 유동성
⑤ 효율성

05 기업이 소비자에게 제품을 직접 판매하는 직접유통이 발생하게 된 이유로 가장 옳지 않은 것은?

① 도매상이 부당한 이윤을 얻고 있다는 생산자의 불만 때문이다.
② 유통 관련 시설이 발달하여 제조업자와 구매자가 쉽게 만날 수 있기 때문이다.
③ 대형할인점처럼 자본력이 크고 보관시설도 충분히 갖춘 파워리테일러의 성장 때문이다.
④ 시간과 장소의 제약을 극복할 수 있는 온라인 쇼핑이 증가했기 때문이다.
⑤ 유통기관의 비용은 제조업과 달리 고정비가 크고 변동비율이 높기 때문이다.

06 우리나라 유통업체의 영향력과 역할 변화에 대한 설명으로 옳지 않은 것은?

① 유통업체 영향력 증가의 가장 중요한 요인 중 하나는 유통업계의 대형화와 집중화 현상을 들 수 있다.
② 소비자 행동이 대형매장을 찾아 원스톱 쇼핑(one-stop shopping)을 추구하는 것처럼 우리나라 유통업체의 영향력과 역할 변화는 대형 유통업체에 유리한 방향으로 발전해왔다.
③ 유통채널의 전통적 구조가 무너지면서 제조업체, 도매업체, 소매업체들은 원래 그들이 가지고 있던 고유 기능만 수행하고 있다.
④ 정보처리기술의 발달은 유통업체들의 정보 수집 능력도 키워 주었고 유통업체의 영향력 증대에도 한몫을 하고 있다.
⑤ 유통업체들은 자신들이 지닌 막강한 소비자 데이터를 기반으로 공급업체 및 소비자들과의 관계를 구축해 나감으로써 제조업체에 비해 유리한 고지를 점할 수 있게 되었다.

07 아래 글상자의 유통경영환경 내용 중 거시환경에 속하는 것만을 모두 나열한 것은?

┌─────────────────────────┐
│ ⊙ 정부의 규제 및 지원   │
│ ⓒ 정보기술의 발전   │
│ ⓒ 브랜드 인지도   │
│ ⓔ 국민소득 증가   │
│ ⓜ 우수한 직원   │
└─────────────────────────┘

① ⊙, ⓒ
② ⊙, ⓒ, ⓔ
③ ⊙, ⓒ, ⓜ
④ ⊙, ⓔ, ⓜ
⑤ ⊙, ⓒ, ⓒ, ⓔ, ⓜ

08 물류채산분석에 대한 설명으로 가장 옳은 것은?

① 물류활동의 업적 평가를 위해 실시한다.
② 물류업무의 전반을 계산 대상으로 한다.
③ 항상 일정한 계산방식을 사용한다.
④ 각 예산시기별로 실시한다.
⑤ 임시적으로 계산하며 할인계산을 한다.

09 SWOT분석의 전략적 활용에 대한 일반적인 설명으로 옳지 않은 것은?

① 전사적차원에서 활용할 수도 있고 사업단위차원에서도 활용할 수 있다.
② SO전략의 경우, 기업 내부강점을 이용하여 외부로 확장하는 전략을 활용한다.
③ ST전략의 경우, 기업 내부강점을 활용하되 외부 위협은 회피하는 안정성장전략을 활용한다.
④ WO전략의 경우, 기업 내부약점을 보완하고 외부기회를 활용하는 사업축소전략을 활용한다.
⑤ WT전략의 경우, 기업의 내부약점과 외부위협이 공존하기에 사업철수전략을 고려한다.

10 기업형 수직적 유통경로시스템에 대한 설명으로 옳지 않은 것은?

① 생산에서 판매에 이르는 시간을 단축시켜 시장환경에 신속하게 대응할 수 있다.
② 내부직원이 아웃소싱업체에 비해 경쟁의식이 떨어질 경우 실적이 저조할 수 있다.
③ 외부업체에게 돌아갈 마진을 내부화함으로써 수익성을 제고시킬 수 있다.
④ 수요가 줄어들거나 경쟁에서 뒤처질 경우 유연하게 대응할 수 있다.
⑤ 회사의 정책이나 전략을 일사불란하게 수행할 수 있다.

11 아래 글상자의 괄호 안에 알맞은 용어로 가장 옳은 것은?

> 기업 내에서 업무가 표준화되어 있는 정도를 나타내는 지표로 업무수행 절차나 방식 등이 매뉴얼이나 지침서 등으로 얼마나 명료하게 나타나 있는지에 따라 ( )의 정도가 정해진다.

① 중앙집권화 ② 부문화
③ 지휘계통 ④ 공식화
⑤ 업무특화

12 유통시장 개방에 따른 국내 유통시장의 긍정적 영향에 대한 설명으로 옳지 않은 것은?

① 선진유통기법 도입의 촉진
② 소비자의 선택폭 확대
③ 경쟁촉진에 따른 유통효율성의 제고
④ 영세유통업자의 시장점유율 확대
⑤ 고객서비스 수준의 향상

13 조달물류를 효율적으로 달성하기 위한 방안 설명으로 옳지 않은 것은?

① 포장의 표준화 추진
② 수송루트의 적정화 도출
③ 협력업체와의 공동화 추진
④ 팔레트 및 용기 등의 규격화 추진
⑤ 공차율 증대 추진과 차량회전율 감소 추진

14 기능별 물류비에 대한 설명으로 가장 옳지 않은 것은?

① 운송비는 필요에 따라서 수송비와 배송비로 분류된다.
② 영업소나 지점에서 일어나는 부품의 조립과 관련된 비용은 유통가공비다.
③ 주문처리비 중 수주에 있어서 영업이나 판매상의 계약과정에서 발생하는 비용은 제외한다.
④ 포장비의 경우 물류포장활동에 사용된 비용으로 일반적으로 생산과정에서 발생한 제품의 포장비를 포함한다.
⑤ 하역비를 별도로 구분하지 않을 경우, 물류센터에 부설된 하역설비를 이용한 상하차비는 보관 및 재고관리비에 포함한다.

15 리더십 상황이론에 대한 설명으로 옳지 않은 것은?

① 대표적인 연구자는 피들러(Fiedler)이다.
② 리더와 구성원 간의 관계가 협력적 또는 지원적인지의 정도로 측정한다.
③ 과업의 구조화 정도가 높고 낮은 정도로 측정한다.
④ 생산에 대한 관심의 높고 낮은 정도로 측정한다.
⑤ 직위가 갖는 권한의 크기로 측정한다.

16 조직문화에 대한 다양한 분류체계 중 로버트 퀸(Robert Quinn)의 경쟁가치모형에 포함되지 않는 것은?

① 관계지향문화
② 개인지향문화
③ 위계지향문화
④ 혁신지향문화
⑤ 과업/시장지향문화

17 인사고과와 관련된 설명으로 가장 옳지 않은 것은?

① 인사고과에는 업무수행능력, 근무성적, 자격, 태도 등이 포함된다.
② 근대적 고과방법으로는 평가법, 기록법, 서열법 등이 있다.
③ 서열법은 종업원의 능력과 업적에 대해 순위를 매기는 것이다.
④ 중요사건서술법은 기업의 목표달성에 영향을 주는 중요 사건을 중심으로 고과대상자를 평가하는 것이다.
⑤ 인사고과는 주관적인 판단이나 혈연, 지연, 학연과 같은 요소를 배제해야 한다.

18 기업의 사회적 책임이 요구되는 이유로 가장 옳지 않은 것은?

① 시장실패를 가져오는 원인 중 하나인 시장의 완전 경쟁성
② 기업의 경제활동으로 인해 발생하는 외부불경제효과
③ 정보통신기술과 산업고도화 등과 같은 환경요인 간의 상호작용
④ 규모의 경제를 추구하려 대형화되는 과정에서 발생하는 기업의 영향력 증대
⑤ 기업의 종업원부터 넓게는 지역사회나 정부에까지 미치는 영향력에 상응한 책임

19 아래 글상자의 재고관리비용 중 재고유지비용에 해당되는 것만을 나열한 것으로 옳은 것은?

㉠ 기회비용	㉡ 서류작성비
㉢ 통관비	㉣ 창고사용료
㉤ 이자비용	㉥ 재고감손비용

① ㉠, ㉡
② ㉠, ㉢, ㉤
③ ㉡, ㉢, ㉥
④ ㉢, ㉣, ㉤
⑤ ㉣, ㉤, ㉥

20 아래 글상자에서 유통경로 상 여러 경로기관의 유통흐름유형에 대한 설명으로 옳은 것을 모두 고르면?

㉠ 물적 흐름 : 생산자로부터 최종소비자에 이르기까지의 제품의 이동
㉡ 소유권 흐름 : 유통기관으로부터 다른 기관으로의 소유권의 이전
㉢ 지급 흐름 : 고객이 대금을 지급하거나, 판매점이 생산자에게 송금
㉣ 정보 흐름 : 유통기관 사이의 정보의 흐름
㉤ 촉진 흐름 : 광고, 판촉원 등 판매촉진 활동의 흐름

① ㉠
② ㉠, ㉡
③ ㉠, ㉡, ㉢
④ ㉠, ㉡, ㉢, ㉣
⑤ ㉠, ㉡, ㉢, ㉣, ㉤

21 해상운송 방식 중 부정기선 운송의 특징과 관련된 설명으로 옳지 않은 것은?

① 수요와 공급에 따라 운임이 결정된다.
② 항로 선택이 용이하다.
③ 컨테이너선을 이용하며 제한적으로 여객도 운송한다.
④ 선복의 공급이 물동량 변화에 탄력적이다.
⑤ 용선계약서를 사용한다.

22 물류공동화 추진을 어렵게 하는 요인으로 가장 옳지 않은 것은?

① 기업의 영업기밀 유지문제
② 표준적인 서비스 제공으로 인한 자사 고객서비스 우선의 어려움
③ 상품 특성에 따른 특수 서비스 제공 필요성 문제
④ 긴급한 상황에서의 대처능력 문제
⑤ 물류업체 측면에서 본 차량과 기사의 비효율문제

23 기업의 재무성과 분석을 나타내는 여러 가지 비율에 대한 설명으로 옳지 않은 것은?

① 유동성비율은 단기채무의 지급능력을 측정한다.
② 레버리지비율은 기업의 타인자본 의존도를 나타낸다.
③ 안정성비율은 자산의 물리적인 이용도를 나타낸다.
④ 기업이 생산활동에 사용하고 있는 각종 자원의 능률 및 업적을 평가하는 것은 생산성 비율이다.
⑤ 시장가치비율은 증권시장에서 주식가치를 나타낸다.

24 소비자기본법(법률 제19511호, 2023.6.20., 일부개정)에서 제시하고 있는 국가 및 지방자치단체가 소비자능력향상을 위해 실행하는 내용으로 옳지 않은 것은?

① 소비자의 능력을 향상시키기 위해 방송법에 따른 방송사업을 한다.
② 경제 및 사회의 발전에 따라 소비자의 능력향상을 위한 프로그램을 개발한다.
③ 소비자교육과 학교교육·평생교육을 연계하여 교육적 효과를 높이기 위한 시책을 수립·시행한다.
④ 소비자가 자신의 선택에 책임을 지는 소비생활을 할 수 있도록 교육한다.
⑤ 소비자교육의 방법 등에 관하여 필요한 사항을 산업통상자원부령으로 정한다.

25 아래 글상자 내용은 공공창고 3가지 유형에 대한 설명이다. 옳은 것을 모두 고르면?

> ㉠ 공립창고 : 창고 부족 문제를 해결하기 위해 정부와 지방자치단체가 항만지역 등에 설립하여 민간에게 그 운영을 위탁한 창고이다.
> ㉡ 관설상옥(官設上屋) : 정부나 지방자치단체가 부두 등에 설치하고 민간업자나 일반에 제공하는 창고이다.
> ㉢ 관설보세창고 : 관세법에 따라서 세관장의 허가를 받아 세관의 감독하에 수출입세를 미납한 상태의 화물을 보관하는 창고이다.

① ㉠
② ㉠, ㉡
③ ㉠, ㉡, ㉢
④ ㉠, ㉢
⑤ ㉡, ㉢

2과목 상권분석

26 점포를 중심으로 거리에 따라 상권을 구분하면 일반적으로 점포와의 거리가 증가할수록 점포의 영향력이 약화된다. 다음 중 소비자 흡인율이 가장 낮은 지역인 한계상권(fringe trading area)으로 가장 옳은 것은?

① 1차상권
② 2차상권
③ 3차상권
④ 최소수요충족거리
⑤ 상권 분기점

27 Huff모델을 통해 소비자의 점포선택확률을 계산하고자 할 때 소비자가 선택을 고려하는 점포에 대한 정보들을 활용한다. 다음 중 그 내용에 해당되지 않는 것은?

① 점포의 크기
② 점포의 크기에 대한 민감도 계수
③ 점포까지의 이동 거리 또는 시간
④ 점포들간의 이동 거리 또는 시간
⑤ 점포까지의 이동거리에 대한 민감도 계수

28 입지와 상권의 개념을 구분하여 인식할 때 아래 글상자 내용 중 입지의 개념과 평가에 해당되는 것은?

㉠ 일정한 위치를 나타내는 주소나 좌표를 가지는 점(point)으로 표시
㉡ 점포를 경영하기 위해 선택한 장소 또는 그 장소의 부지나 점포 주변의 위치적 조건
㉢ 일정한 공간적 범위(boundary)로 표현
㉣ 평가항목 – 점포의 면적, 형태, 층수, 층고, 주차장, 도로와 교통망, 임대조건 등
㉤ 평가항목 – 주변 거주인구, 유동인구의 양과 질, 경쟁점포의 수, 소비자의 분포 범위 등

① ㉠, ㉡, ㉣
② ㉠, ㉡, ㉤
③ ㉠, ㉢, ㉤
④ ㉡, ㉢, ㉣
⑤ ㉡, ㉢, ㉤

29 상권의 개념이나 일반적 특성에 대한 설명으로서 가장 옳지 않은 것은?

① 현재 기존점포를 이용하는 소비자들이 거주하는 지역인 현재상권과 신규점포를 개설할 경우 그 점포를 이용할 가능성이 있는 소비자들의 분포 지역인 잠재상권으로 구분할 수 있다.
② 점포의 소비자들이 거주하는 지역인 거주상권과 점포를 이용하는 점포주변 직장인과 학생 등 비거주 소비자의 생활공간 분포 범위인 생활상권으로 구분할 수 있다.

③ 상권의 공간적 범위는 일정하지 않고, 요일이나 계절과 같은 시간의 흐름, 교통상황, 경제상황 등 다양한 변수의 영향을 받아 유동적으로 변화한다.
④ 소비자가 점포를 선택할 때 행정구역은 중요한 고려요소가 아니기 때문에 점포의 상권범위와 행정구역이 일치하지 않는 경우가 많다.
⑤ 현실에서 특정 점포의 상권은 그 점포를 중심으로 일정한 거리를 한계로 하는 동심원의 형태로 형성되는 것이 일반적이다.

30 상권의 계층적 구조 형성에 대한 설명으로 가장 옳지 않은 것은?

① 지역상권 내의 동일업종들 간에는 고객 흡인을 위해 서로 경쟁하게 된다.
② 신규점포 입지 후보지를 선정하려면 우선 지역상권의 특성을 파악해야 한다.
③ 한 점포의 상권은 지역상권, 지구상권, 개별 점포상권을 포함하는데, 각 상권은 해당 점포로부터의 거리적 범위에 따라 명확하게 구분된다.
④ 점포상권은 1차상권, 2차상권, 3차상권으로 구분하는 것이 일반적이다.
⑤ 하나의 지역상권 내에는 여러 지구상권들이 포함된다.

31 CST(customer spotting technique) map을 통해 알 수 있는 정보로 가장 옳지 않은 것은?

① 점포별 상권의 중복상태를 파악하여 점포들 간의 경쟁정도를 측정할 수 있다.
② 상권의 규모를 파악하여 1차상권, 2차상권 및 3차 상권을 파악할 수 있다.
③ 신규점포가 기존점포 고객을 어느 정도 잠식할 것인지를 파악하여 점포 확장계획을 수립할 수 있다.
④ 상권 내 소비자의 점포선택확률을 계산할 수 있고 각 점포의 예상매출액과 적절한 점포규모를 제공한다.
⑤ 개별 고객을 나타내는 각 점(spot)에 인구통계적 특성을 속성정보로 부여하여 추가적인 분석을 할 수 있다.

32 소매점포 상권의 크기를 결정하는 요인으로서 가장 옳지 않은 것은?

① 상권 내 점포 밀집도
② 상권 내 점포들의 업종 연관성
③ 상권 배후지의 인구밀도
④ 점포의 소유 형태
⑤ 점포의 주력 판매상품

33 아래 글상자에서 설명하는 입지대안을 평가하기 위한 원칙으로 가장 옳은 것은?

> 고객이 특정 지역에서 다른 지역으로 이동할 때에 고객으로 하여금 자연스럽게 어떤 점포를 방문하도록 하는 입지적 특성과 관련된 원칙으로서, 이동경로에 상업지역, 쇼핑센터 등이 있을 때 적용된다.

① 동반유인원칙(principle of cumulative attraction)
② 접근가능성의 원칙(principle of accessibility)
③ 고객차단원칙(principle of interception)
④ 보충가능성의 원칙(principle of compatibility)
⑤ 점포밀집의 원칙(principle of store congestion)

34 신규점포를 개설할 때 시행하는 점포의 입지조건 평가와 관련한 내용들로 가장 옳지 않은 것은?

① 중앙분리대가 있는 경우 건너편 소비자의 접근성이 떨어지므로 불리하다.
② 점포의 면적이 같다면 일반적으로 정사각형의 점포보다 도로의 접면의 길이가 깊이보다 긴 장방형 형태의 점포가 유리하다.
③ 차량이 운행하는 도로가 직선이 아니고 굽은 곡선형 도로에서는 커브 안쪽보다는 커브 바깥쪽 입지가 불리하다.
④ 간선도로와 주거지를 연결하는 도로에서 출퇴근 동선이 다른 경우 퇴근 방향의 동선에 인접하는 입지가 유리하다.
⑤ 부지가 접하는 도로의 폭, 보도와 차도의 구별, 일방통행 여부 등 도로의 특성과 구조를 검토해야 한다.

35 폐업 시 반드시 지켜야 할 절차로 옳지 않은 것은?

① 직원 4대보험 상실 신고
② 폐업 후 부가가치세 신고
③ 지급명세서 제출
④ 폐업 후 소득세 신고
⑤ 점포임대차계약 종료증명서 제출

36 지역시장의 매력도를 평가하기 위해 활용하는 소매포화지수(RSI : retail saturation index)와 시장성장잠재력지수(MEP : market expansion potential)에 대한 설명으로 옳은 것은?

① 시장성장잠재력지수에는 소매포화지수의 내용이 어느 정도 내포되어 있다.
② 소매포화지수에 시장성장잠재력이 어느 정도는 반영되어 있다고 볼 수 있다.
③ 소매포화지수와 시장성장잠재력지수가 모두 높은 경우에는 좋은 신규출점후보지로 볼 수 없다.
④ 시장성장잠재력지수는 특정 지역시장 거주자들이 지역시장 이외의 타 지역에서 구매하는 지출액을 추정하여 계산한다.
⑤ 소매포화지수는 낮은데 시장성장잠재력지수가 높은 경우가 가장 이상적인 소매입지이다.

37 상권분석에 관한 주요 이론들에 대한 설명으로 가장 옳지 않은 것은?

① 라일리(Reilly)의 소매인력이론은 두 대도시 사이에 위치한 한 도시의 수요가 두 도시 각각에 유출되는 정도는 두 대도시의 상대적 규모에 비례하고 두 대도시까지의 상대적 거리의 제곱에 반비례한다고 설명한다.
② 컨버스(Converse)는 라일리(Reilly)의 소매인력이론을 수정하여 두 도시 간의 상권분기점을 설명한다.
③ 허프(Huff)의 소매인력이론은 도시 간의 상권경계를 확률적으로 분석한다.
④ 루스(Luce)의 확률적 점포선택모델은 특정 점포에 대한 소비자의 접근가능성과 매력성 평가라는 소비자행동요소를 포함하여 점포선택 행동을 설명한다.
⑤ 크리스탈러(Christaller)의 중심지이론은 소비자들이 유사점포들 가운데 가장 가까운 점포를 선택한다고 가정한다.

38 소상공인시장진흥공단은 소상공인 및 소규모 창업자를 위하여 빅데이터를 활용한 상권정보시스템을 광범위하게 운영하고 있다. 이 상권정보시스템을 통하여 제공되는 정보로 옳지 않은 것은?

① 지역 내 소득 및 소비 분석
② 유동 인구 및 경쟁 상황
③ 지역 내 부동산 정보
④ 지역 내 소비자의 라이프스타일 및 브랜드 선호도 분석
⑤ 매출 분석

39 공간균배에 의해 입지유형을 분류할 때 은행이나 가구점처럼 동일업종의 점포들이 모여 있으면 집적효과 또는 시너지효과를 거두는 입지유형으로서 가장 옳은 것은?

① 목적성 입지
② 국지적집중성 입지
③ 집심성 입지
④ 집재성 입지
⑤ 산재성 입지

40 현재시점까지 영업을 지속하고 있는 기존점포의 상권범위를 파악하기 위해 고객이나 거주자들로부터 자료를 수집하여 분석하는 조사기법으로 가장 옳지 않은 것은?

① 점두조사
② gCRM분석
③ 내점객조사
④ 체크리스트법
⑤ 지역표본추출조사

41 상권 범위 내 소비자들이 특정점포를 선택할 확률을 근거로 예상매출액을 추정할 수 있는 상권분석 기법들로 가장 옳은 것은?

① 유사점포법, Huff모델
② 체크리스트법, 유사점포법
③ 회귀분석법, 체크리스트법
④ Huff모델, MNL모델
⑤ MNL모델, 회귀분석법

42 소매점포의 상권분석이나 입지결정에 활용하는 통계분석 중 하나인 회귀분석에 대한 설명으로 가장 옳지 않은 것은?

① 다중회귀분석을 통해 상권과 관련된 많은 영향변수들을 반영하는 정교한 분석이 가능하다.
② 시간의 흐름에 따라 보다 정교하고 정확한 예측이 가능하도록 모델을 개선해 나갈 수 없다.
③ 분석대상과 유사한 상권특성을 가진 점포들의 표본을 충분히 확보하기 어렵다.
④ 매출액과 같은 소매점포의 성과에 대한 다양한 변수들의 상대적인 영향을 분석할 수 있다.
⑤ 독립변수들이 상호관련성이 없다는 가정은 현실성이 없는 경우가 많다.

43 상가건물 임대차보호법(법률 제18675호, 2022.1.4., 일부 개정)과 동법 시행령에서는 법의 보호를 받을 수 있는 보증금액의 수준을 규정하고 있다. 이러한 환산보증금을 구하는 계산식으로 옳은 것은?

① 보증금+(월임차료×10)
② 보증금+(월임차료×24)
③ 보증금+(월임차료×60)
④ 보증금+(월임차료×100)
⑤ 보증금+(월임차료×120)

44 점포개점 시 검토해야 할 점포규모와 관련된 내용으로 옳지 않은 것은?

① 상가주택의 점포는 등기부상에 전용면적만 기록된다.
② 아파트나 점포는 등기부상에 전용면적만 기록된다.
③ 업종과 업태를 결정한 다음에 점포규모를 검토한다.
④ 건축물관리대장에는 전용면적만 기록된다.
⑤ 생활정보지 등에 소개되는 점포면적은 대개 공용면적을 포함한 것이다.

45 단일점포일 때와는 달리 소매점포가 체인화되는 과정에서는 점포망 전체 차원에서 점포를 추가로 개점하거나 기존 점포를 폐점하는 등 점포망 구성이 중요한 과제가 된다. 이러한 경우 사용할 점포망 분석기법으로 가장 옳은 것은?

① 유사점포법
② 입지할당모델
③ 근접구역법
④ 체크리스트법
⑤ 점포공간매출액비율법

3과목　유통마케팅

46 가격설정 정책 중 관습가격(customary price) 정책에 대한 설명으로 옳은 것은?

① 1,000원 보다 약간 모자라게 990원으로 가격을 결정하는 것처럼 고객에게 상품의 가격이 최대한 인하된 가격이라는 인상을 주어 판매량을 증가시키는 것을 말한다.
② 가격이 높을수록 품질의 우수성이나 높은 지위를 상징하는 경우에 사용되는 가격설정 정책을 말한다.
③ 특정 제품군에 대해 오랫동안 같은 가격을 지속적으로 유지함으로써 소비자가 그 가격을 당연한 것으로 받아들이는 것을 말한다.
④ 단일 제품이 아닌 몇 개의 제품을 품질에 따라 1만원, 3만원, 5만원 등과 같이 가격을 설정하는 것을 말한다.
⑤ 고객을 모으기 위해서 특정 제품을 아주 저렴한 가격으로 판매하는 방법을 말한다.

47 아래 글상자에서 설명하는 POP(point-of-purchase)진열방식으로 가장 옳은 것은?

> 소매업자는 계절이나 특별한 이벤트에 따라서 제품을 다르게 진열한다. 발렌타인데이나 크리스마스 혹은 여름의 바캉스 시즌에 특별한 매장을 진열하는 것이 이에 해당한다.

① 구색 진열(assortment display)
② 테마별 진열(theme-setting display)
③ 패키지 진열(ensemble display)
④ 옷걸이 진열(rack display)
⑤ 케이스 진열(case display)

48 효과적인 시장세분화에 대한 설명으로 옳지 않은 것은?

① 세분화된 각각의 시장은 규모와 구매력 등을 측정할 수 있어야 한다.
② 세분화된 각각의 시장은 수익이 발생할 만큼 충분한 규모를 가져야 한다.
③ 세분화된 시장은 기업이 개발한 마케팅 프로그램을 실행할 수 있는 대상으로 구성되어야 한다.
④ 세분화된 시장은 같은 고객 집단 내에서는 차별적이지만, 서로 다른 고객 집단 간에는 동질적인 특성이 존재해야 한다.
⑤ 세분화된 시장은 기업이 효과적으로 접근할 수 있는 대상으로 구성되어야 한다.

49 수평적 마케팅 시스템(horizontal marketing system)에 대한 설명으로 옳지 않은 것은?

① 동일한 경로단계에 있는 둘 이상의 개별 기업들이 함께 협력하는 것이다.
② 효과적인 마케팅 활동을 수행하는데 필요한 자본, 노하우, 마케팅자원 등을 결합한다.
③ 경쟁관계에 있는 기업들로 인해 발생하는 경로 갈등의 문제점을 비경쟁관계에 있는 기업들과의 협력을 통해 해결하기 위한 것이다.
④ 통합을 통해 시너지 효과를 얻으려 하기 때문에 공생적 마케팅(symbiotic marketing)이라고도 한다.
⑤ 글로벌 시장에 캔커피와 캔홍차음료의 판매를 위해 코카콜라와 네슬레가 제휴한 경우가 대표적 사례이다.

50 커뮤니케이션 믹스 전략에 대한 설명으로 옳지 않은 것은?

① 광고는 신문, TV, 인터넷과 같은 비인적 대중매체를 통해 무료로 소비자들과 커뮤니케이션하는 형태이다.
② 판매촉진은 상품의 판매를 촉진시키기 위해 단기적으로 수행되는 방법을 말하며 일반적으로 광고와 인적판매를 보완하는 역할을 한다.
③ 점포분위기는 점포의 물리적 특성들의 조합이라고 할 수 있다.
④ 홍보는 고객과의 관계에서 소매업체의 이미지를 높이는 등 장기적인 효과를 발생시키는 역할을 한다.
⑤ 구전은 고객들 사이에서 주고받는 소매점포의 상품이나 고객서비스 등에 대한 고객의 경험과 평가로 소매점포 성과에 영향을 미친다.

51 디지털 마케팅에서 기업 웹사이트나 모바일 앱 등 다양한 고객과의 접점에서 직접적 상호작용을 통해 자체적으로 수집한 자사 데이터를 지칭하는 용어로 옳은 것은?

① 개인식별정보(personally identifiable information)
② 사용자 특성 정보(demographic information)
③ 고객 프로파일링(customer profiling)
④ 서비스 로그 데이터(service log data)
⑤ 제1자 데이터(first party data)

52 소매점의 성장전략 중 시장침투 전략에 대한 설명으로 옳지 않은 것은?

① 표적시장의 고객에게 더 어필하기 위해 다른 소매믹스를 가진 새로운 소매업태를 선보이는 전략이다.
② 표적고객에 해당하는 고객 중에서 자사의 점포에서 쇼핑하지 않는 고객을 유인하기 위한 전략이다.
③ 기존 고객들이 더욱 자주 점포를 방문하여 더 많은 상품을 구매하도록 유도하는 전략이다.
④ 표적시장에 더 많은 점포를 개설하거나 기존 점포의 영업시간을 보다 늘림으로써 표적고객에 해당하는 범위내에서 신규 고객을 유인하는 전략이다.

⑤ 충동구매를 유도하는 상품을 진열하여 다른 상품을 끼워팔거나 상품간 교차판매가 이루어지도록 하는 전략이다.

53 아래 글상자에서 설명하는 소매업태의 변천 과정 이론으로 가장 옳은 것은?

> 제품구색의 변화에 초점을 맞춘 소매이론으로 소매상은 제품구색이 넓은 소매업태에서 전문화된 좁은 소매업태로 변화되었다가 다시 넓은 제품구색의 소매업태로 변화되어 간다.

① 소매업의 수레바퀴가설
② 소매수명주기이론
③ 소매아코디언이론
④ 중심지이론
⑤ 소매중력법칙

54 소매점 머천다이징의 매입계획에 포함되는 내용으로 가장 옳지 않은 것은?

① 매입자금의 확보
② 공급업체의 선정
③ 매입조건의 검토
④ 영업수행방식의 준비
⑤ 판매가격의 결정

55 아래 글상자에서 설명하는 용어로 옳은 것은?

> 경쟁제품과 비교하여 소비자들의 마음속에서 차지하고 있는 자사 제품의 기존 위치를 변화시키는 것을 의미한다.

① 시장세분화
② 목표시장선정
③ 포지셔닝
④ 리포지셔닝
⑤ 지각도

56 다음 중 온라인 프로모션의 유형으로 가장 옳지 않은 것은?

① 디스플레이 광고(display advertising)
② 검색관련 광고(search-related advertising)
③ 트레이드인 광고(trade-in advertising)
④ 콘텐츠 스폰서십(content sponsorship)
⑤ 직접 반응 광고(direct-response advertising)

57 소매업체 대상 판촉프로그램에 대한 설명으로 옳지 않은 것은?

① 리베이트 : 진열위치, 판촉행사, 매출실적 등 소매상의 협력 정도에 따라 판매금액의 일정률에 해당하는 금액을 반환해 주는 것을 말한다.
② 가격할인 : 일정 기간의 구매량에 대해 가격을 할인해 주는 방법을 말한다.
③ 할증판촉 : 일정량 구매 시 동일제품을 무료로 더 제공하는 것을 말한다.
④ 진열장비의 지원 : 육가공·냉장음료 등의 보관에 필요한 쇼케이스나 진열보조용구 등을 지원하는 것을 말한다.
⑤ 판촉물지원 : 신제품 출시 시 많이 사용하는 방법으로 소비자 홍보를 통한 제품구매를 유도하기 위하여 점포내의 시식행사나 샘플배포비용을 지원하는 것을 말한다.

58 온라인상의 마케팅 퍼널 모델(funnel model)에 대한 설명으로 옳지 않은 것은?

① 온라인상의 마케팅 퍼널 모델은 고객이 웹이나 앱 서비스에 접속한 후 상품을 구매하기까지의 일련의 경로를 단계별로 나누어 시각화한 모델이다.
② 온라인상의 마케팅 퍼널이라는 용어는 상품을 인지하고 구매까지 나아가는 과정에서 단계별로 좁아지는 깔때기 같은 모양에서 비롯되었다.
③ 온라인상의 마케팅 퍼널 모델은 소비자 정보처리 이론을 바탕으로 형성되었다.
④ 온라인상의 마케팅 퍼널은 기존 소비자의 구매여정을 새롭게 설계하여, 이탈고객을 대상으로 기업이 설계한 방향대로 구매여정을 최적화하는 프로세스이다.
⑤ 온라인상에서 설계된 퍼널을 통해 기업은 각 단계마다 고객의 전환 및 이탈을 확인할 수 있기 때문에 해당 단계에 적합한 전략들을 수립하는 것이 가능하다.

59 고객관리를 위한 고객분석의 내용으로 옳지 않은 것은?

① 고객세분화 분석을 통한 구매자와 사용자, 잠재고객 파악
② 고객의 구매동기를 분석하여 제품의 특성과 추구목적 이해
③ 고객 구매동기의 변화 가능성과 잠재적 욕구의 파악
④ 미충족된 고객욕구를 파악하여 문제점 및 제품만족도 개선 사항 파악
⑤ 고객서비스 및 접객 방식의 개선 효과 분석을 통해 고객응대에 활용

60 유통마케팅 조사의 절차 중 조사설계에 해당하는 활동으로 가장 옳지 않은 것은?

① 조사의 성격 규정
② 데이터 수집방법 결정
③ 데이터 수집도구 결정
④ 표본 설정
⑤ 데이터 검증

61 소매점포의 레이아웃 중 아래 글상자의 괄호 안에 들어갈 용어로 가장 옳은 것은?

> (㉠) - 고객들의 주통로와 여러 점포들의 입구가 연결 되어 있는 형태의 레이아웃
> (㉡) - 일정한 규칙없이 상품이나 점포를 배치함으로써 고객들이 자유롭게 쇼핑할 수 있도록 만들어진 레이아웃

① ㉠ 경주형 레이아웃,
　㉡ 자유형 레이아웃
② ㉠ 격자형 레이아웃,
　㉡ 자유형 레이아웃
③ ㉠ 격자형 레이아웃,
　㉡ 경주형 레이아웃
④ ㉠ 자유형 레이아웃,
　㉡ 격자형 레이아웃
⑤ ㉠ 경주형 레이아웃,
　㉡ 격자형 레이아웃

62 다음 촉진 예산 결정 방법 중 상향식 접근방법으로 옳은 것은?

① 가용 예산법(affordable method)
② 매출액 비율법(percentage-of-sales method)
③ 단위당 고정 비용법(fixed-sum-per-unit method)
④ 경쟁자 기준법(competitive parity method)
⑤ 목표 및 과업기준법(objective and task method)

63 상품 로스(loss)의 발생원인에 대한 설명으로 옳지 않은 것은?

① 상품 로스가 발생하는 원인은 다양하지만 크게 상품 운영상의 문제, 로스 관리상의 문제, 장비 및 시설 문제로 분류할 수 있다.
② 과일과 채소 같은 신선식품의 경우 품질 관리를 위한 유통 과정에서의 폐기로 인해 일반적인 상품보다 로스가 발생할 가능성이 높다.
③ 로스 다빈도 상품에 대한 방지대책 미흡은 로스 관리상의 문제에 속한다.
④ 매입 및 반품에 대한 오류는 상품 운영상의 문제에 속한다.
⑤ 고객 및 직원으로부터 발생하는 도난사고는 장비 및 시설문제에 속한다.

64 소매점의 정량적 성과분석을 위한 관리지수로서 옳지 않은 것은?

① 전월, 전년, 또는 전분기 대비 당월, 금년, 현분기의 실적 증감을 관리하는 신장률 관리
② 매장의 단위면적(평)당 매출액 및 수익 등을 관리하는 평효율 관리
③ 상품에 투자된 자금을 신속하게 회수하여 재고 과다로 인한 자금손실을 방지하는 재고회전율 관리
④ 입점 고객에 대한 신속한 니즈 파악 및 빠른 판매 마무리를 관리하는 노동생산성 관리
⑤ 입점 고객 대비 구매 고객 수 및 고객 1인당 평균 매입액을 관리하기 위한 구매율 객단가 관리

65 플랫폼 비즈니스전략을 수립할 때 고려해야 할 사항으로 가장 옳지 않은 것은?

① 새로운 비즈니스 모델 및 양질의 콘텐츠가 성공의 핵심요인이다.
② 규모의 경제로 인해 선두주자는 반드시 성공한다.
③ 초기에 충분한 사용자를 확보하기 위해 빠른 시간 내에 네트워크 효과가 나타나게 해야 한다.
④ 제공 서비스 및 콘텐츠의 품질은 지속적으로 유지되어야 한다.
⑤ 독점적 지위를 이용하여 사용자에게 과다한 부담을 강요하는 것은 장기적으로 해가 될 수 있다.

66 서비스의 소멸성(perishability)을 극복하기 위한 서비스마케팅으로 가장 옳지 않은 것은?

① 예약 시스템을 활용한 예약제도
② 비수기 할인 등 시즌별 가격 차등화
③ 조조할인 등 시간대별 가격 차등화
④ 고객 후기 및 추천을 활용한 서비스 표준화
⑤ 피크 타임동안 가용능력의 효율성 극대화

67 상품구매와 관련하여 고관여 상황에서 제품들 사이에 차이가 거의 없다고 판단할 경우 주로 나타나는 고객 구매행동으로 옳은 것은?

① 맥락적 구매행동
② 다양성 추구 구매행동
③ 습관적 구매행동
④ 인지부조화 감소 구매행동
⑤ 체계적 구매행동

68 아래 글상자에서 설명하는 매장 혼잡성 관리 전략으로 옳은 것은?

> A백화점에서는 에스컬레이터 앞에 패션쇼를 보여주는 비디오를 설치하여 고객들의 관심을 끌고 있다.

① 시설의 재배치
② 최대용량 조절
③ 고객 수 통제
④ 직원 수 조절
⑤ 고객의 인식관리

69 CRM 채널관리 이슈 및 기대효과에 관한 내용으로 가장 옳지 않은 것은?

① 기존 고객들만을 대상으로 마케팅을 수행하여 지속적인 경쟁우위를 창출할 수 있다.
② 고객 니즈에 맞는 최적의 채널을 제공하고, 거래비용을 최소화할 수 있는 채널로 고객을 유도할 수 있다.
③ 채널의 정보교환 기능을 활성화하여 고객의 개별 니즈에 부합하는 가치를 창조해야 한다.
④ 채널을 차별화함으로써 발생할 수 있는 채널 간 갈등을 해소해야 한다.
⑤ 고객 행위에 대한 깊은 이해를 바탕으로 고객만족 및 고객 애호도를 증대시킬 수 있다.

70 경쟁 점포와는 차별적으로 자사 점포가 대상으로 하는 고객이 가장 원하는 품종에 중점을 두거나, 가격에 대응하는 상품이나 품질을 차별화하는 방향으로 전개하는 머천다이징으로 옳은 것은?

① 혼합식 머천다이징(scrambled merchandising)
② 세그먼트 머천다이징(segment merchandising)
③ 선별적 머천다이징(selective merchandising)
④ 계획적 머천다이징(programmed merchandising)
⑤ 상징적 머천다이징(symbolic merchandising)

4과목 유통정보

71 지리적, 공간적 제약을 극복하고 어디서 누구와도 연결이 가능하도록 해주는 광역컴퓨팅기술과 관련 있는 기술로 가장 옳지 않은 것은?

① 인터넷 기술
② 미들웨어 기술
③ 분산처리 기술
④ 네트워크컴퓨팅 기술
⑤ 데이터 압축복원 기술

72 유통업체가 수행하는 마케팅 활동 중 소비자가 특정 유형의 개인정보 처리에 대해 구체적이고, 명시적이며, 사전적 동의를 표시하는 별도의 조치를 취한 경우에만 개인정보를 수집해서 활용하는 유형을 의미하는 용어로 가장 옳은 것은?

① 옵트 아웃(opt out)
② 옵트 인(opt in)
③ 옵트 오버(opt over)
④ 옵트 오프(opt off)
⑤ 옵트 온(opt on)

73 유통업체에서 ERP 시스템을 도입할 때, 구축 비용에 영향을 미치는 요인으로 옳지 않은 것은?

① ERP 시스템 구축 범위
② 도입하려는 ERP 모듈 수
③ ERP 시스템 이용자 수

④ ERP 시스템 구축 프로젝트 추진 기간
⑤ ERP 데모데이 참여 기업 수

74 유통정보시스템을 구축하려 한다. 구축 단계별 설명으로 가장 옳지 않은 것은?
① 분석 - 최종사용자의 비즈니스 요구사항 분석을 수행한다.
② 설계 - 시스템을 지원하기 위해 필요한 기술적 아키텍처와 서비스 모델을 설계한다.
③ 개발 - 기술적 아키텍처, 데이터베이스, 서비스를 구현한다.
④ 테스팅 - 테스트조건을 구성하고 서비스와 시스템에 대한 테스트를 수행한다.
⑤ 구현 - 시스템 사용자를 지원하기 위한 상담창구를 개설한다.

75 고객 충성도를 강화하기 위한 우수고객우대 프로그램에 대한 설명으로 가장 옳지 않은 것은?
① 유통업체의 우수고객우대 프로그램은 금전적 혜택과 비금전적 혜택을 제공하는데, 최근에는 금전적 혜택을 강화하는 방향으로 진화하고 있다.
② 유통업체의 우수고객우대 프로그램은 자사에서 제공하는 혜택이 자사 상품과 직접적인 관련성을 갖도록 함으로써 자사 상품의 가치를 증진시키는 것이 바람직하다.
③ 유통업체의 우수고객우대 프로그램은 고객의 거래실적이 많을수록 더 많은 혜택을 제공하는 등 고객 등급에 따라 혜택을 차등 제공하는 방식을 채택한다.
④ 유통업체에서 우수고객우대 프로그램을 도입하는 이유는 우수고객의 수익창출 기여도가 매우 높기 때문이다.
⑤ 유통업체의 우수고객우대 프로그램은 우수고객의 유지 및 활성화뿐만 아니라 비우수고객을 우수고객으로 전환시키는 유력한 수단으로 활용된다.

76 오늘날 유통업체에서는 블록체인 기술을 활용해 정보시스템을 구현하고 있다. 블록체인에 대한 설명으로 가장 옳지 않은 것은?
① 퍼블릭 블록체인은 누구나 참여할 수 있고 모든 참여자의 상호검증을 거치기 때문에 상대적으로 신뢰도가 높은 반면 처리속도가 느리다.
② 프라이빗 블록체인은 서비스 제공자의 승인을 받아야만 참여할 수 있도록 구축되는 형태이다.
③ 한 번 연결된 블록은 수정하거나 삭제하기 어려워 불변성을 가진다.
④ 새로운 블록은 생성되는 동시에 모든 참여자에게 전송되어 공유되므로 참여자들 누구나 볼 수 있어 투명성을 가진다.
⑤ 블록체인은 기존의 분권화된 방식을 탈피한 중앙집중식방식으로 데이터를 보다 빠르게 처리할 수 있다.

77 고객관계관리(CRM)를 통해 수집된 자료를 분석하는 마이닝 기법과 그 설명이 가장 옳지 않은 것은?

① 텍스트 마이닝의 주요 분석 기법들로는 주제어 분석, 동시 출현 단어 분석, 토픽 모델링, 감성 분석 등이 있다.
② 오피니언 마이닝은 문서에 나타난 의견의 극성을 분석하는 감성분석이 중요하다.
③ 감성분석의 대표적 예로는 영화 리뷰 분석, 온라인 쇼핑몰의 제품에 대한 구매후기 분석 등이 있다.
④ 웹콘텐츠 마이닝은 웹상에서 사용자가 찾고자 했던 것을 기록하고 있는 웹 서버 로그에서 유용한 정보를 추출하는 과정이다.
⑤ 웹구조 마이닝은 웹사이트의 노드와 연결 구조를 분석하기 위해 그래프 이론을 사용하는 과정이다.

78 EDI(electronic data interchange)와 관련된 설명으로 가장 옳지 않은 것은?

① EDI는 합의된 표준화를 기반으로 통신망을 통해 정보를 교환하는 기술이다.
② EDI는 서류의 내용을 수동으로 옮겨 작성하는데 있어 발생할 수 있는 오류를 최소화시켜 준다.
③ EDI 구성요소의 하나인 네트워크 소프트웨어는 거래기업 간 상호 데이터의 인식이 가능하도록 변환해 주는 기능을 수행한다.
④ EDI 시스템 구축은 종이 없는 업무환경이 가능하도록 지원해 준다.
⑤ 애플리케이션 소프트웨어는 각각의 컴퓨터간 데이터의 전송을 가능하게 해주는 기능을 제공한다.

79 데이터의 전략적 활용을 위해 사용하는 비즈니스 애널리틱스(business analytics)에 대한 설명으로 가장 옳지 않은 것은?

① 비즈니스 애널리틱스는 조직에서 기존의 데이터를 기초로 최적 또는 현실적 의사결정을 위한 모델링을 이용하도록 지원해준다.
② 비즈니스 애널리틱스는 질의 및 보고와 같은 기본적인 분석 기술과 예측 모델링처럼 수학적으로 정교한 수준의 분석을 지원한다.
③ 비즈니스 애널리틱스는 리포트, 쿼리, 알림, 대시 보드, 스코어 카드뿐만 아니라, 데이터 마이닝 등의 예측모델링과 같은 진보된 형태의 분석 기능도 제공한다.
④ 비즈니스 애널리틱스는 미래 예측을 지원해주는 데이터 패턴 분석과 예측 모델을 위한 데이터 마이닝을 통해 고차원 분석 기능을 포함하고 있다.
⑤ 비즈니스 애널리틱스는 정보자원을 의사결정에 유용한 지식으로 변환하는 것을 뜻하는 바, 이의 핵심은 발생된 사건에 대해 내부 데이터, 구조화된 데이터, 히스토리컬 데이터만을 단순하게 분석하는 것이다.

80 유통업체에서 업무에 활용하고 있는 데이터 시각화에 대한 설명으로 가장 옳은 것은?

① 정보 시각화는 데이터를 활용하여 객관적인 사실을 통계표, 그래프, 이미지 등을 통해 요약적으로 표현하여 주어 직관적 통찰력을 높여 준다.
② 인포그래픽은 과학적 현상의 시각화로 컴퓨터 과학의 한 부분인 컴퓨터 그래픽의 하위 집합으로 간주한다.
③ 과학적 시각화는 다량의 정보를 차트, 지도 다이어그램, 로고, 일러스트레이션 등을 활용하여 정적으로 만들어 한눈에 파악할 수 있게 해준다.
④ 인포그래픽은 공학, 통계학, 수학 등을 이용해 데이터 분석기능을 제공하는 통계 분석도구이다.
⑤ 도수분포를 그래프로 나타낸 것은 산포도이다.

81 유통업체에서 활용하는 간편결제 방식에 대한 설명으로 가장 옳은 것은?

① 온라인과 오프라인 상거래에서 빠르고 간편하게 결제하는 전자결제 서비스이다.
② 스마트워치 기기에 저장된 생체정보, 신용카드 정보 등을 이용하여 결제되는 경우 반드시 2차 인증 수단을 추가로 인증해야 사용할 수 있다.
③ 우리나라는 간편결제 서비스에 활용되는 QR코드 발급 시 개인·신용정보를 포함할 수 있도록 규정하고 위변조 방지 기술을 반드시 적용하도록 하고 있다.
④ 다른 방식의 결제 서비스에 비해 상대적으로 접속 속도가 느리고 복잡하지만 높은 보안성을 확보하고 있다.
⑤ 간편결제 편의성과 안전성을 높이기 위해서 모바일 결제 시 QR코드 방식은 지원하지 않는다.

82 우리나라의 바코드(EAN-13) 인쇄에 대한 내용으로 가장 옳지 않은 것은?

① 바코드는 백색 바탕에 흑색 바코드를 권장하는 등 주로 밝은색 바탕에 어두운색 바를 사용할 것을 권장한다.
② 일반적인 경우 상품 뒷면 오른쪽 아래 사분면에 인쇄하도록 하며 어떠한 판독 방해물도 없도록 한다.
③ 묶음 상품인 경우 개별 상품의 바코드가 반드시 보이도록 하고, 별도의 바코드를 부착한다.
④ 구석, 접지면, 주름진 곳은 피하고, 가능한 매끄러운 면에 인쇄한다.
⑤ 형태가 원통형인 경우 제품을 똑바로 세웠을 때 측면에 인쇄하되 바코드 막대가 지면과 수평이 되도록 인쇄한다.

83 아래 글상자의 괄호 안에 들어갈 용어로 가장 옳은 것은?

> - (㉠)은(는) SCM의 생산스케줄링의 핵심 엔진 중 하나로 활용된다. 제약경영을 통해 공급 체인 전체의 최적화를 추구하는 기법이다. SCM을 통한 기업의 비용절감, 시스템 최적화의 목표를 달성하도록 한다.
> - (㉡)은(는) 제품의 생산 및 재고에 관한 의사결정을 고객이 아니라 공급자가 수행하도록 하는 방식으로 수요예측의 변동성을 감소시켜주는 효과가 있다.

① ㉠ 제약조건이론(TOC),
  ㉡ APS(advanced planning and scheduling)
② ㉠ 제약조건이론(TOC),
  ㉡ VMI(vendor managed inventory)
③ ㉠ SCC(supply chain coordinator),
  ㉡ APS(advanced planning and scheduling)
④ ㉠ SCC(supply chain coordinator),
  ㉡ VMI(vendor managed inventory)
⑤ ㉠ ECR(efficient consumer response),
  ㉡ VMI(vendor managed inventory)

84 유통정보혁명 시대에 있어서 유통업체에 요구되는 발전전략으로 가장 옳지 않은 것은?

① 특화된 고객전략에서 불특정 다수를 위한 고객전략으로의 전환
② 비용중심의 운영전략에서 시간중심의 운영전략으로의 전환
③ 개별 기업중심의 경영체제에서 통합 공급체인 경영체제로의 전환
④ 유통업의 기본개념을 제품유통 위주에서 정보유통 위주의 전략으로의 전환
⑤ 기술우위의 기본개념을 신제품 개발 위주에서 정보 시스템 및 네트워크 위주의 전략으로의 전환

85 아래 글상자의 괄호 안에 들어갈 용어로 가장 옳은 것은?

> - 온·오프라인에 관계없이 소비자가 이용가능한 모든 채널을 쇼핑의 창구로 유기적으로 연결하여 쇼핑에 불편이 없도록 채널을 통합하는 것을 (㉠), 상거래 형태를 온-오프 연계형이라고 한다.
> - 1인 가구 증가 등 개성 있는 소비자들의 다양한 요구에 맞춤형으로 서비스를 제공하는 (㉡) 서비스 수요가 증가하고 있다.

① ㉠ e-마켓플레이스, ㉡ 옴니채널
② ㉠ 오픈마켓, ㉡ 초연결화
③ ㉠ e-온디맨드, ㉡ 옴니채널
④ ㉠ 옴니채널, ㉡ 온디맨드
⑤ ㉠ 오픈마켓, ㉡ 온디맨드

86 QR(quick response)코드에 대한 설명으로 옳지 않은 것은?

① QR코드는 삼차원 바코드로, 사진, 영상 등 다양한 정보를 저장할 수 있다.
② QR코드는 바코드와 비교할 때, 많은 용량의 정보를 저장할 수 있다.
③ QR코드는 오류 복원 기능이 있어서 코드 일부가 손상되어도 데이터를 복원할 수 있다.
④ QR코드는 360° 어느 방향에서든지 판독이 가능하다.
⑤ QR코드는 1994년에 일본의 도요타 자동차의 자회사인 덴소 웨이브가 개발하였다.

87 아래 글상자에서 설명하는 용어로 가장 옳은 것은?

> 데이터값 삭제, 총계 처리, 데이터 마스킹 등을 통해 개인정보의 일부 또는 전부를 삭제하거나 대체함으로써 다른 정보와 쉽게 결합하여도 특정 개인을 식별할 수 없도록 하는 조치를 일컫는다.

① 데이터 라벨링
② 비식별화
③ 데이터 범주화
④ 실명처리
⑤ 데이터 통합화

88 아래 글상자에서 설명하는 용어로 가장 옳은 것은?

> 디지털 관련 모든 것(all things about digital)으로 인해 발생하는 다양한 변화를 동인으로 기업의 비즈니스모델, 전략, 프로세스, 시스템, 조직, 문화 등을 근본적으로 변화시키는 디지털 기반 경영전략 및 경영활동이다.

① 디지털 전환
② 4차 산업혁명
③ BPI(business process innovation)
④ IoT(internet of things)
⑤ IoE(internet of everything)

89 유통업체에서 많이 활용되고 있는 정보기술에 대한 설명으로 가장 옳지 않은 것은?

① HS(harmonized system)코드는 GS1 (global standard #1), GTIN(global trade item number) 표준과 함께 국내 또는 국외로 유통되는 상품을 식별하기 위해 사용되는 유통표준코드이다.
② POS(point of sales)시스템을 이용하면 품목별 판매실적과 단품별 판매동향을 파악할 수 있다.
③ RFID(radio frequency identification) 기술은 무선통신을 활용하는 기술이다.
④ RFID(radio frequency identification) 기술은 바코드 기술과 비교해 볼 때, 초기 구축 비용이 많이 발생하는 단점이 있다.
⑤ RFID(radio frequency identification) 기술은 데이터 변환 및 저장이 용이하다.

90 유통업체에서 마케팅을 위해 활용하고 있는 증강현실(augmented reality) 기술에 대한 설명으로 가장 옳지 않은 것은?

① 증강현실 기술은 실제로 존재하는 물리적인 장면에 컴퓨터에 의하여 생성된 가상 장면을 겹쳐 보이게 하는 기술이다.
② 증강현실 기술은 사용자가 현실 세계를 인식하도록 지원하며, 가상 요소와 현실 요소 사이에서의 실시간 상호작용을 가능하게 해준다.
③ 증강현실 기술은 현실 세계의 기반 위에 가상의 사물을 합성하는 방식이기 때문에 사용자가 여전히 현실 세계를 인식할 수 있다.
④ 증강현실 기술은 현실에는 존재하지 않는 속성을 가상 현실 기술을 통해 현실 세계에 내재시킴으로써 현실 세계에서는 얻기 어려운 부가적인 정보를 보강하여 제공할 수 있다.
⑤ 증강현실 기술은 이용자의 특정한 요구에 따라 새로운 콘텐츠와 아이디어를 결과로 생성해 내는 인공지능 기술을 지칭한다.

2024년 제2회 기출문제

1과목 유통물류일반

01 아래 글상자 괄호 안에 알맞은 유통기관이 창출하는 가치를 순서대로 바르게 나열한 것은?

> - 사과를 산지로 직접 가서 구매하는 것이 아니라 집근처 편의점에서 구매하였다면 (㉠)와 관련이 있다.
> - 1인 가구인 A씨가 묶음이 아닌 낱개로 라면을 구매하였다면 (㉡)와 관련이 있다.

① ㉠ 탐색의 가치, ㉡ 거래횟수의 감소
② ㉠ 형태의 가치, ㉡ 탐색의 가치
③ ㉠ 장소의 가치, ㉡ 형태의 가치
④ ㉠ 형태의 가치, ㉡ 거래횟수의 감소
⑤ ㉠ 장소의 가치, ㉡ 탐색의 가치

02 아래 글상자의 괄호 안에 들어갈 유통의 기능으로 가장 옳은 것은?

> ( )은 유통경로 상에서 수행되는 유통의 기능 중 거래물적 유통이 원활히 이루어지도록 보조하는 것으로 상품을 품질수준에 따라 분류하거나 규격화함으로써 거래 및 물류가 원활히 되도록 하는 기능이다.

① 운송기능
② 보관기능
③ 표준화기능
④ 정보제공기능
⑤ 위험부담기능

03 아래 글상자에서 제조업자를 위한 도매상의 기능 설명으로 옳은 것을 모두 고르면?

> ㉠ 시장확대 기능 : 제조업자는 합리적인 비용으로 필요한 시장의 커버리지를 유지하기 위해 도매상에게 의존한다.
> ㉡ 재고유지 기능 : 도매상들은 제조업자의 재무부담과 막대한 재고보유에 따른 위험을 감소시켜 준다.
> ㉢ 주문처리 기능 : 다수의 제조업자들의 제품을 구비한 도매상들이 많은 소매상들의 소량주문을 보다 효율적으로 처리한다.
> ㉣ 시장정보제공 기능 : 고객들의 제품이나 서비스에 대한 욕구를 쉽게 파악하여 제조업자에게 정보를 제공한다.
> ㉤ 고객서비스 대행 기능 : 제조업자를 대신해 소매상들에게 제품의 교환, 반환, 설치, 보수, 기술적 조언 등의 제공을 통해 생산성을 향상시킨다.

① ㉠
② ㉠, ㉡
③ ㉠, ㉡, ㉢
④ ㉠, ㉡, ㉢, ㉣
⑤ ㉠, ㉡, ㉢, ㉣, ㉤

04 아래 글상자 괄호 안에 알맞은 상품군별 유통기구를 순서대로 바르게 나열한 것은?

> - (㉠)은 대규모 생산과 소규모 소비를 하는 일반적인 소비용품인 공산품에 적합한 상품군별 유통기구이다.
> - (㉡)은 최종소비용 농산물 및 수산물과 같은 소규모 생산과 소규모 소비에 적합한 유통기구이다.

① ㉠ 분산형, ㉡ 수집·중개·분산형
② ㉠ 수집·중개·분산형, ㉡ 중개형
③ ㉠ 중개형, ㉡ 수집형
④ ㉠ 수집형, ㉡ 분산형
⑤ ㉠ 분산형, ㉡ 수집형

05 유통업이 산업전반에 가져오는 경제적 역할에 대한 설명으로 옳지 않은 것은?

① 다양한 소비자의 욕구를 충족시켜줄 수 있는 소비문화를 발전시킨다.
② 유통구조의 효율화를 통한 가격안정에 기여한다.
③ 다양한 유통업을 통해 고용창출 효과를 가져온다.
④ 생산지와 소비지를 연결시켜 주는 역할을 한다.
⑤ 제조업 전체의 경쟁력을 제고시키는 산업발전을 도모한다.

06 유통업태의 발전에 관한 이론으로 옳은 것은?

① 아코디언이론이 초점을 두고 있는 부분은 가격과 마진이다.
② 소매차륜이론은 상품믹스에만 초점을 맞추어 설명하는 한계가 있다.
③ 소매수명주기이론은 한 소매기관이 등장해서 사라지는 과정을 진입단계, 발전단계, 쇠퇴단계로 설명한다.
④ 진공지대이론은 소비자는 점포가 제공하는 서비스의 수준과 상품의 가격에 영향을 받는다고 설명한다.
⑤ 변증법적이론은 장점을 가진 새로운 경쟁자가 출현하는 경우 기존의 소매업태는 완전히 모방하는 전략을 취한다고 설명한다.

07 아래 글상자 내용 중 변혁적 리더십과 관련된 내용으로만 나열한 것을 모두 고르면?

> ㉠ 비전 제시, 자존감 고취
> ㉡ 안정지향적
> ㉢ 규정·법규를 강조하고 일탈 행위를 감시
> ㉣ 개인에 대한 관심과 조언을 제공
> ㉤ 리더와 멤버는 공동의 목표를 추구

① ㉠, ㉡, ㉢
② ㉠, ㉢, ㉣
③ ㉠, ㉣, ㉤
④ ㉡, ㉢, ㉣
⑤ ㉡, ㉢, ㉣, ㉤

08 풀(Pull) 요인 관련 유통기업들이 글로벌 신규시장으로 진입할 때의 위협요인으로 옳지 않은 것은?

① 통화의 차이가 발생한다.
② 해외정부의 제약조건이 있다.
③ 문화적 차이는 존재하지 않는다.
④ 후진국 진출 시 유통시스템과 기술이 부재하다.
⑤ 경영방식의 차이로 위협요인이 해외에서 수용이 어려울 수도 있다.

09 유통산업 구조변화 요인 중 하나인 유통정보시스템 설명으로 옳지 않은 것은?

① 협의의 POS 시스템은 판매시점에서 어떤 상품이 얼마나 판매되었는지 판매정보를 파악 및 관리하는 시스템을 말한다.
② 광의의 POS 시스템은 판매정보 뿐만 아니라 발주, 재고, 배송, 매입 등 소매점포 안에서 발생하는 모든 정보를 관리하는 시스템을 말한다.
③ 전자데이터교환은 기업 간에 주문을 하거나 대금청구 또는 결제 등의 다양한 업무를 처리할 때 컴퓨터로 처리할 수 있도록 구조화되어 있다.
④ 데이터마이닝은 데이터베이스나 데이터웨어하우스로부터 고객의 연관성, 구매패턴, 성향 등 유용한 정보들을 추출하는 역할을 한다.
⑤ ERP는 표준화된 양식으로 전자문서교환을 통해 서로 간 처리할 데이터를 교환하는 시스템을 말한다.

10 유통산업 구조변화 요인과 관련된 소비자 욕구 및 행태적 변화 설명으로 옳지 않은 것은?

① 소비자의 생활수준이 올라감에 따라 소비자의 구매패턴이 삶의 질을 중요시하고 우선시하는 방향으로 변화되었다.
② 소비자의 욕구에도 점차 다양성과 개성이 나타나게 되었다.
③ 외환위기를 거치게 되면서 낮은 가격이면서 질 좋은 제품을 추구하는 합리적인 가치중심 소비행태가 확산되었다.
④ 합리적인 가치중심 소비형태가 확산되면서 가격이 상대적으로 저렴한 인터넷 쇼핑이 각광을 받게 되었다.
⑤ 소비자가 고가의 제품을 구매하는 경향이 나타나면서 고급 소비시장이 만들어졌지만 소비시장의 양극화 현상은 발생되지 않았다.

11 조직의 집권화와 분권화를 결정하는 요소 중 분권화가 유리하게 되기 위한 조건으로 옳지 않은 것은?

① 의사결정의 중요성이 낮은 경우 분권화가 유리하다.
② 업무의 특성이 정적이고, 유동성의 정도가 낮은 경우 분권화가 유리하다.
③ 조직의 규모가 클 경우 분권화가 유리하다.
④ 소유와 경영이 분리된 기업일 경우 분권화가 유리하다.
⑤ 일관성의 필요가 낮은 경우 분권화가 유리하다.

12 아래 글상자에서 설명하는 내용으로 옳은 것은?

> 인터넷, 모바일, 오프라인 매장 등 여러 채널의 결합을 통해 고객의 편의와 기업의 실적을 극대화시키는 유통방식을 말한다.

① POS
② EDI
③ RFID
④ Omni Channel
⑤ SSU

13 아래 글상자에서 거래비용이론상 거래비용이 높아지는 경우만을 모두 고른 것은?

> ㉠ 거래자의 수가 적은 경우
> ㉡ 거래 당사자 간 정보대칭성이 높은 경우
> ㉢ 거래환경의 불확실성이 높은 경우
> ㉣ 거래특유자산이 많고 수요변동이 큰 경우
> ㉤ 수직적 계열화가 일어난 경우

① ㉡, ㉣
② ㉣, ㉤
③ ㉠, ㉢, ㉣
④ ㉡, ㉢, ㉣
⑤ ㉠, ㉡, ㉢, ㉣, ㉤

14 아래 글상자에서 공통적으로 설명하는 용어로 가장 옳은 것은?

> • 조직 내 개인성과의 타당성을 평가할 수 있는 일정한 양식의 관리시스템이다.
> • 승진, 추가훈련, 해고 등의 다양한 인사 결정의 기준이 된다.
> • 고용 결정의 정당성 및 인사 결정의 법률적 당위성을 제공한다.

① 성과평가   ② 직원보상
③ 교육훈련   ④ 고용테스트
⑤ 연공서열

15 전통적 품질관리와 대조되는 식스시그마의 특징으로 가장 옳지 않은 것은?

① 고객만족을 목표로 한다.
② 측정지표로 불량률을 사용한다.
③ 전사적 업무프로세스의 전체 최적화를 적용범위로 삼는다.
④ 외부로 표출된 문제 뿐만 아니라 잠재적 문제까지 중요시한다.
⑤ DMAIC의 실행절차를 활용한다.

16 재무통제를 유효하게 하기 위한 필요 조건으로 옳지 않은 것은?

① 책임의 소재가 명확할 것
② 시정조치를 유효하게 행할 것
③ 업적의 측정이 정확하게 행해질 것
④ 업적평가에는 적절한 기준을 선택할 것
⑤ 계획목표가 관련자 일부에 의해 지지되고 있을 것

17 아래 글상자에서 제 원가 요소를 부과하거나 배부해서 산출하는 원가가산기준법(cost plus basis method)의 계산구조 설명으로 옳은 것을 모두 고르면?

> ㉠ 직접재료비+직접노무비+직접경비=직접원가
> ㉡ 직접원가+제조간접비=제조원가
> ㉢ 제조원가+판매간접비 및 일반관리비=총원가
> ㉣ 총원가+희망(예정)이익=판매가격

① ㉠
② ㉠, ㉡
③ ㉡, ㉢
④ ㉠, ㉡, ㉢
⑤ ㉠, ㉡, ㉢, ㉣

18 물류합리화를 위한 표준화의 대상에 대한 설명으로 옳지 않은 것은?

① 트럭이나 컨테이너, 철도 같은 운송표준화
② 창고나 랙, 팔레트 같은 보관표준화
③ 하역설비인 컨베이어, 지게차 같은 관리표준화
④ 포장 치수와 같은 포장표준화
⑤ EDI, POS와 같은 정보표준화

19 아래 글상자의 사례에 해당되는 물류활동으로 가장 옳은 것은?

> A사는 배송 시 사용했던 포장재나 포장용기를 재활용하기 위해서 수거한다. 즉 과거에는 배송 후 공차(空車)로 복귀했다면 지금은 포장재, 포장용기를 채워서 복귀한다.

① 폐기물류
② 회수물류
③ 사내물류
④ 판매물류
⑤ 반품물류

20 아래 글상자의 기업 윤리와 관련된 내용 중에서 CEO가 사원에 대해 주의해야 하는 것만을 바르게 나열한 것은?

> ㉠ 사원차별대우
> ㉡ 위험한 노동의 강요
> ㉢ 부당한 인재 스카우트
> ㉣ 기술 노하우 절도
> ㉤ 자금횡령
> ㉥ 부당한 배당

① ㉠, ㉡
② ㉢, ㉣
③ ㉤, ㉥
④ ㉠, ㉡, ㉢
⑤ ㉠, ㉡, ㉢, ㉤, ㉥

21 적정한 수준의 재고관리를 위해 아래 글상자의 자료를 토대로 발주시점 수량을 계산한 것으로 옳은 것은?

> 과거 1개월(30일 기준)의 판매량 : 600개
> 리드타임 : 1주
> 발주주기 : 7일
> 안전재고 : 10개

① 100
② 190
③ 200
④ 290
⑤ 300

22 자가창고와 영업창고의 상대적 비교 설명으로 가장 옳은 것은?

구분		자가창고	영업창고
㉠	세금혜택	특정지역 세금 혜택	감가상각 허용
㉡	위험	기술적 진부화에 따른 위험 낮음	기술적 진부화에 따른 위험 높음
㉢	통제	종업원 및 절차에 대한 직접 책임 통제가 유리	종업원 및 절차에 대해 직접 책임
㉣	초기투자	설비, 창업, 장비, 교육에 대한 투자 없음	설비, 창업, 장비, 교육에 투자
㉤	영업비용	충분한 물량이면 저렴	고비용

① ㉠ ② ㉡ ③ ㉢
④ ㉣ ⑤ ㉤

23 물류채산분석에 대한 설명으로 가장 옳지 않은 것은?

① 비용상충분석은 이율배반적인 관계가 발생하는 경우 수익을 중심으로 비교하여 선택하는 방법이다.
② 일률적인 계산방식보다 상황에 맞는 계산방식을 활용한다.
③ 물류의 원가로는 미래원가, 실제원가를 사용한다.
④ 총비용접근분석법은 각 비용의 부분적인 절감이 아닌 총액의 관점에서 비용절감에 대해 분석하는 방법이다.
⑤ 개선이나 투자가 필요한 부분을 대상으로 실시한다.

24 제품에 적합한 운송방식을 선택할 때 고려해야 할 요인들 중 직접적인 특징에 해당되는 것이 아닌 것은?

① 제품의 경제적 진부화
② 제품의 가격
③ 중량, 용적비
④ 고객의 규모
⑤ 제품의 수명

25 유통산업발전법(시행 2023.6.28., 법률 제19117호, 2022. 12.27., 타법개정) 상 상점가진흥조합에 대한 지원 내용으로 옳지 않은 것은?

① 점포시설의 표준화 및 현대화
② 상품의 매매·보관·수송·검사 등을 위한 공동시설의 설치
③ 주차장·휴게소 등 공공시설의 설치
④ 판매원의 판매촉진을 위한 공동사업
⑤ 가격표시 등 상거래질서의 확립

2과목 상권분석

26 넬슨의 입지선정 8원칙에 해당하지 않는 것은?

① 상권의 잠재력
② 입지의 성장가능성
③ 누진적 흡인력
④ 점포업종간의 배타성
⑤ 부지의 경제성

27 기존 점포간의 경쟁이 치열하지 않지만 기존 거주자들의 타 지역에서의 쇼핑정도가 높아 시장확장 잠재력이 커지는 상황에 대해 가장 옳게 설명하고 있는 것은?

① 소매포화지수(IRS)와 시장성장잠재력지수(MEP)가 모두 높은 경우
② 소매포화지수(IRS)와 시장성장잠재력지수(MEP)가 모두 낮은 경우
③ 소매포화지수(IRS)는 높지만 시장성장잠재력지수(MEP)가 낮은 경우
④ 소매포화지수(IRS)는 낮지만 시장성장잠재력지수(MEP)가 높은 경우
⑤ 소매포화지수(IRS)와 시장성장잠재력지수(MEP)는 신규 점포 진출의 시장후보를 결정하는데 중요한 지표가 아님

28 신규점포에 대한 입지후보지 상권을 분석하고자 할 때, 그 상권에 대한 상권범위를 추정하는데 사용할 수 있는 기법이 아닌 것은?

① 회귀분석(regression analysis)
② 체크리스트법(check-list method)
③ 유사점포법(analog method)
④ 허프(Huff)모델
⑤ 고객분포기법(CST : customer spotting technique)

29 프랜차이즈를 통한 출점이 가맹점(franchisee)인 소매점에게 제공하는 이점으로서 가장 옳은 것은?

① 무임승차
② 규모의 경제
③ 로열티(royalty) 수입
④ 사업 확장의 용이성
⑤ 개점·운영의 용이성

30 아래 글상자의 괄호 안에 들어갈 내용으로 가장 옳은 것은?

> 유추법(analog method)은 (㉠)을 측정하는 기법으로 (㉡)을 활용하여 (㉢)을 조사할 수 있으며, (㉣)을 수립하는데 이용할 수 있고 (㉤)을 파악하는데 용이하다.

① ㉠ 상권에 영향을 미치는 요인들
② ㉡ CST(customer spotting technique) map
③ ㉢ 유사점포의 임대료 수준
④ ㉣ 점포 레이아웃 계획
⑤ ㉤ 소비자들의 점포선택확률

31 상권의 특성은 상권의 유형에 따라 서로 다르게 나타난다. 주변환경을 중심으로 상권을 분류할 때 상권의 유형과 일반적인 상권특징에 대한 설명으로 옳지 않은 것은?

① 역세권 상권 - 역세권 상권의 범위는 역을 중심으로 일정한 거리나 이동시간으로 정해져 있지 않으며 역의 규모, 시설 및 기능, 주변 개발상황, 다른 교통수단과의 연계성 등에 따라 다르게 설정될 수 있다.
② 아파트상권 - 점포 공급의 적정성을 판단하기 위해 세대당 상가면적을 검토해야 한다. 다른 단지나 인근 주택가와의 연계성이 높지 않은 경우가 많아 일반적으로 단지규모가 클수록 좋은 입지조건으로 판단한다.
③ 주택가상권 - 단독주택, 다가구 또는 다세대주택 등의 주거형태로 이루어진다. 유동인구 보다는 인근 거주자를 중심으로 소비자가 한정되는 경우가 많고 아파트상권과 달리 근린상업지역에 해당된다.
④ 사무실상권 - 사무실밀집지역에 형성된 상권을 의미하며 지역 내 거주인구가 적고 주로 직장인을 상대하므로 구매 패턴이 일정하고 매출이 점심시간이나 퇴근시간의 짧은 시간에 집중되는데 주말이나 공휴일에 매출이 급감하기도 한다.
⑤ 대학가상권 - 대학교를 중심으로 형성되는 상권으로 대학생을 비롯한 청소년층이 주요 소비자가 되기도 한다. 대학의 학생수나 기숙사의 유무, 교통연계성 등에 따라 상권의 매력도가 달라지며 주중과 주말의 매출차가 큰 경우도 있다.

32 상권설정에 비교적 간편하게 응용할 수 있는 상권구획모형인 티센다각형(Thiessen Polygon)에 대한 설명 중 옳지 않은 것은?

① 티센다각형의 크기는 경쟁수준과 비례한다.
② 시설간 경쟁정도를 쉽게 파악할 수 있다.
③ 각 매장이 차별성이 없는 상품을 판매하는 것을 가정한다.
④ 최근접상가 선택가설에 근거하여 상권을 설정한다.
⑤ 하나의 상권을 하나의 매장에만 독점적으로 할당하는 방법이다.

33 공간계획 측면에서 여러 층으로 구성된 백화점의 매장별 위치에 관한 설명으로 가장 옳은 것은?

① 대부분의 고객들이 왼쪽으로 돌기 때문에, 각 층 출입구의 왼편이 좋은 입지이다.
② 고객을 매장으로 유인하기 위해 충동구매 상품을 매장 안 깊숙한 곳에 배치한다.
③ 일반적으로 층수가 높아질수록 매장공간의 가치가 올라간다.
④ 출입구, 중심 통로, 에스컬레이터, 엘리베이터 등에서 가까울수록 유리한 위치이다.
⑤ 백화점 매장 내 입지들의 공간적 가치는 층별 매장구성 변경의 영향은 받지 않는다.

34 신규점포에 대한 상권분석에서 전통적인 규범적 모형인 중심지 이론과 관련된 내용으로 가장 옳지 않은 것은?

① 크리스탈러(W. Christaller)가 처음으로 제시하였다.
② 상업중심지의 정상이윤 확보에 필요한 최소한의 수요를 발생시키는 상권범위를 최소수요 충족거리(threshold)라고 한다.
③ 가장 이상적인 배후상권의 모형은 정육각형이다.
④ 중심지가 수행하는 유통서비스기능이 지역거주자들에게 제공될 수 있는 최대거리를 중심지기능의 최대도달거리(range)라고 한다.
⑤ 한 상권 내에서 특정점포가 끌어들일 수 있는 소비자 점유율은 점포까지의 방문거리에 반비례하고 해당점포의 매력에 비례한다는 가정에서 시작한다.

35 상권분석 과정에서 발견할 수 있는 소매점의 상권범위나 상권형태 등과 같은 일반적 상권특성에 대한 설명으로 가장 옳지 않은 것은?

① 점포 주변의 도로, 경쟁점포, 하천, 지하철역 등의 영향으로 상권의 범위는 확대, 축소, 단절되기도 한다.
② 점포의 규모가 비슷하더라도 업종이나 업태에 따라 점포들의 상권범위는 차이를 보인다.
③ 특정 지역 경쟁점포들간의 입지조건에 변화가 없어도 상권의 범위는 다양한 영향요인에 의해 유동적으로 변화하기 마련이다.
④ 기존 점포들의 상품구색이 유사해도 판촉활동이나 광고활동의 차이에 따라 점포들 간의 상권범위가 일시적으로 변화한다.
⑤ 점포를 둘러싼 상권의 형태는 대부분 점포를 중심으로 일정거리 이내를 포함하는 동심원의 형태로 나타난다.

36 상점을 신축할 때는 용적률(容積率, Floor Area Ratio)기준을 고려해야 한다. 용적률 산정에서 제외되는 면적이 아닌 것은?

① 지하층 면적
② 그 건물의 부속용도인 지상층 주차 면적
③ 경사지붕 아래에 설치하는 대피공간 면적
④ 초고층 및 준초고층 건축물의 피난안전구역 면적
⑤ 하나의 대지에 건축물이 둘 이상 있는 경우 별도 건물의 면적

37 소매점을 운영하려면 영업개시 전에 운영 업종에 대한 인허가를 취득해야 한다. 편의점, 의류매장, 문구점 등 완제품을 판매하는 일반도소매점이 취득해야 하는 인허가에 대한 설명으로서 가장 옳은 것은?

① 영업신고가 필요하다.
② 영업등록이 필요하다.
③ 영업허가가 필요하다.
④ 영업 신고와 등록이 모두 필요하다.
⑤ 사업자등록이 필요하다.

38 구체적인 입지조건을 평가하는 과정을 통해 점포의 입지결정이 이루어진다. 점포의 입지조건에 대한 일반적 평가로 그 내용이 가장 옳은 것은?

① 점포 출입구 부근에 단차가 없으면 사람과 물품의 출입이 불편해진다.
② 건축선 후퇴(setback)는 직접적으로 가시성에 부정적인 영향을 미친다.
③ 점포의 형태는 점포의 정면너비에 비해 깊이가 더 크면 바람직하다.
④ 점포면적이 커지면 매출도 증가하는 경향이 있어 규모가 클수록 좋다.
⑤ 점포의 형태는 데드 스페이스(dead space) 발생 가능성이 큰 직사각형이 좋다.

39 공간균배의 원리에서 제안하는 집심성 점포의 입지로서 가장 옳은 것은?

① 노면 독립입지
② 도시 중심 상업지역
③ 지구 중심 상업지역
④ 근린 중심 상업지역
⑤ 역세권 중심 상업지역

40 예상매출액을 추정하거나 소매상권의 범위를 파악하기 위해 활용할 수 있는 허프(D. L. Huff) 모형의 개념과 특징에 대한 설명으로 가장 옳지 않은 것은?

① 소비자가 느끼는 특정 점포의 효용은 점포크기와 점포까지의 거리 두 가지 변수만으로 결정된다고 가정한다.
② 점포면적에 대한 민감도와 점포까지의 거리에 대한 민감도는 상권에 따라 달라질 수 있다.
③ 개별 점포의 효용을 추정할 때 소비자와 점포의 물리적 거리를 시간 거리로 대체하여 계산할 수 없다.
④ 특정 점포의 효용이 경쟁점포보다 클수록 그 점포가 선택될 가능성이 높아진다고 가정한다.
⑤ 루스(Luce)의 선택공리를 바탕으로 하며 많은 상권분석 기법들 중에서 대표적인 확률적 모형이다.

41 아래 글상자에서 설명하는 입지유형으로 가장 옳은 것은?

- 도시 중심부보다 임대료가 저렴하고 가시성이 크다.
- 고객 스스로 찾아올 수 있도록 서비스와 시설규모가 갖춰진 업종이 적합하다.
- 점포확장이 용이하며 고객의 편의를 제공하는 넓은 주차 공간을 확보할 수 있다.

① 편의형 쇼핑센터
② 산재성 점포 입지
③ 도심입지
④ 노면독립입지
⑤ 복합용도 개발지역

42 아래 글상자에서 제시하고 있는 최근 이사한 소비자 C의 사례에 허프(D. L. Huff)의 수정모형을 적용하였을 때, 이사 전에서 후의 소비자 C의 소매지출에 대한 소매단지 A의 점유율 변화로 가장 옳은 것은?

- A와 B 오직 2개인 동일한 규모의 소매단지만을 이용하며, 1회 소매지출은 일정하다.
- 이사 전에는 C의 거주지와 B 사이 거리가 C의 거주지와 A 사이 거리의 2배였다.
- 이사 후에는 C의 거주지와 A 사이 거리가 C의 거주지와 B 사이 거리의 2배가 되었다.

① 5분의 1로 감소한다.
② 4분의 1로 감소한다.
③ 4배 증가한다.
④ 5배 증가한다.
⑤ 변화 없다.

43 점포개점을 위해 예상매출을 추정하는 방식으로 가장 옳지 않은 것은?

① 인근 경쟁점 또는 유사지역 점포의 평당 매출을 적용하여 추정할 수 있다.
② 자사 점포 및 경쟁점의 객단가를 기초로 한 예상고객수를 감안하여 매출을 추정할 수 있다.
③ 소비자 면접이나 실사를 통해 유사점포 상권범위를 추정한 결과를 이용하여 신규점포의 예상매출을 추정할 수 있다.
④ 유사점포의 상권 구역별 매출액을 적용하여 신규점포의 매출액을 추정한다.
⑤ 유사점포의 기간별 매출실적 추이는 시계열분석을 실시하고 체크리스트를 활용하여 예상 매출액을 추정할 수 있다.

44 가맹사업거래의 공정화에 관한 법률(약칭 : 가맹사업법)(법률 제20239호, 2024.2.6., 타법개정) 및 그 시행령에서는 상권과 관련하여 '가맹본부가 가맹계약 갱신과정에서 상권의 급격한 변화 등 대통령령으로 정하는 사유가 발생하여 기존 영업지역을 변경하기 위해서는 가맹점 사업자와 합의하여야 한다.'고 규정하고 있다. 이때 상권의 급격한 변화 등 대통령령으로 정하는 사유가 발생하는 경우에 해당하지 않는 경우는 어느 것인가?

① 재건축, 재개발 등으로 인하여 상권의 급격한 변화가 발생하는 경우
② 신도시 건설 등으로 인하여 상권의 급격한 변화가 발생하는 경우
③ 해당 상권의 거주인구가 현저히 변동되는 경우
④ 해당 상권의 유동인구가 현저히 변동되는 경우
⑤ 가맹본부의 전략변화로 인하여 해당 상품·용역에 대한 수요가 현저히 변동되는 경우

45 쇼핑몰의 소매입지로서의 상대적 장점으로 가장 옳지 않은 것은?

① 계획에 의한 입점점포 구성의 강력한 통제
② 입점점포 간 영업시간 등 영업방침의 동질성
③ 강력한 핵점포의 입점이 유발하는 높은 고객흡인력
④ 구색과 기능의 다양성이 창출하는 높은 고객흡인력
⑤ 관리를 통해 유지되는 입점점포들 사이의 낮은 경쟁

3과목　유통마케팅

46 아래 글상자에서 설명하는 시장표적화 전략으로 가장 옳은 것은?

> 이 전략을 사용하는 기업은 여러 세분시장을 표적시장으로 공략하기를 결정하고, 각 세그먼트별로 서로 다른 제품들을 설계한다. 실제로 P사는 6개의 다른 세탁세제 브랜드를 판매하여 슈퍼마켓 매대에서 서로 경쟁하고 있다.

① 대량마케팅(mass-marketing)
② 차별적 마케팅(differentiated marketing)
③ 집중적 마케팅(concentrated marketing)
④ 미시마케팅(micro marketing)
⑤ 지역마케팅(local marketing)

47 시장세분화를 위한 주요 세분화 변수 중 심리묘사적 변수로 가장 옳은 것은?

① 생활양식
② 사용상황
③ 사용률
④ 충성도 수준
⑤ 추구혜택

48 소매업체의 경쟁 우위를 창출하는 요소로 가장 옳지 않은 것은?

① 소매업체의 규모로 인한 비용우위
② 소매업체의 높은 브랜드 인지도에 기반한 공급업체와의 교섭력
③ 높은 고정비 지출에 기반한 신규투자 촉진
④ 독특한 점포 컨셉에 기반한 높은 고객 충성도
⑤ 상권 내에서의 좋은 입지의 선점

49 소셜 커머스의 한 유형으로서 관심 지역의 서비스 혹은 온라인 상의 상품 및 서비스를 일정인원 이상이 구입하면 상품가격 할인폭이 높아지는 형태의 비즈니스 모델로 옳은 것은?

① 플래시 세일(flash sale)
② 위치기반 소셜 앱(LBS social apps)
③ 공동구매(group buy)
④ 구매 공유(purchase sharing)
⑤ 소셜 큐레이션(social curation)

50 지역경제통합의 유형 중 자유무역지역에 대한 설명으로 가장 옳은 것은?

① 해당 지역 내에 있는 모든 국가 간에 각종 무역장벽을 없애는 반면, 비회원국에 대해서는 각 국가마다 독자적인 무역규제를 하는 통합유형이다.
② 회원국 간에 무역장벽을 없애는 동시에 비회원국에 대해서도 동일한 관세정책을 취하는 통합유형이다.
③ 회원국 간에 재화 뿐만 아니라 생산 요소까지 자유로운 이동을 보장하는 통합유형이다.
④ 공통의 통화를 가지고 구성 국가 간의 세율도 동일하게 적용하는 통합유형이다.
⑤ 구성 국가 간에 경제적인 면에서 통합할 뿐만 아니라 나아가 정치적인 측면도 통합하는 통합유형이다.

51 단 하나의 제품만을 출시하기보다는 여러 개의 제품들로 상품라인을 구성하는 전략의 타당성으로서 가장 옳지 않은 것은?

① 고객들의 욕구 이질성
② 고객들의 가격민감도 차이
③ 경쟁자의 시장진입 저지
④ 자기잠식 관리
⑤ 고객들의 다양성 추구 성향

52 상품기획 과정에서 상품구색을 계획할 때 직접적으로 고려해야 할 요인으로 가장 옳지 않은 것은?

① GMROI에 대한 상품구색의 영향
② 카테고리간의 상호보완성
③ 고객의 구매행동에 대한 상품구색의 영향
④ 점포의 물리적 특징
⑤ 기술적 인프라의 수준

53 아래 글상자의 괄호 안에 들어갈 용어로 가장 옳은 것은?

(㉠) - 구매자가 특정상품에 관하여 지불할 용의가 있는 최고 가격 (㉡) - 구매자들이 품질을 의심하지 않고 구매할 수 있는 가장 낮은 가격

① ㉠ 준거가격,   ㉡ 유보가격
② ㉠ 유보가격,   ㉡ 최저수용가격
③ ㉠ 최저수용가격, ㉡ 유보가격
④ ㉠ 준거가격,   ㉡ 최저수용가격
⑤ ㉠ 유보가격,   ㉡ 준거가격

54 소셜미디어에서 광고가 1,000회 노출되는데 소요되는 광고비용을 지칭하는 용어로 가장 옳은 것은?

① CTR (click-through rate)
② CVR (conversion rate)
③ CPC (cost per click)
④ CPM (cost per mille)
⑤ CPA (cost per action)

55 시장에 도입되는 초기에 제품가격을 낮게 설정하고 점진적으로 가격을 인상하는 방식의 가격설정 전략으로 옳은 것은?

① 종속가격 전략(captive pricing strategy)
② 스키밍 전략(skimming pricing strategy)
③ 침투가격 전략(penetration pricing strategy)
④ 고저가격 전략(high-low pricing strategy)
⑤ 상시저가 전략(every day low price strategy)

56 아래 글상자의 설명을 모두 포함하는 고객데이터로 가장 옳은 것은?

> 고객관계관리를 위한 이상적인 고객데이터베이스를 구성하기 위해 웹사이트 방문, 매장 내 키오스크를 통한 조사, SNS 페이지에 달린 코멘트, 업체 콜센터와의 통화 등 소매 업체와 연결된 모든 상호작용의 기록이 필요하다.

① 기래 정보
② 고객접점 정보
③ 고객선호 정보
④ 인구통계적 정보
⑤ 심리적 정보

57 검색엔진 최적화를 위한 키워드 조사에 대한 설명으로 가장 옳지 않은 것은?

① 검색엔진 최적화는 소비자가 어떤 키워드로 검색하는지를 알아내는 것이 중요하다.
② 판매하려는 제품이나 서비스와 관련하여 검색하는 유관 키워드 또한 파악해야 한다.
③ 검색한 소비자가 궁극적으로 얻고자 하는게 무엇인지 고민해야 한다.
④ 키워드는 온라인마케팅 전반에 활용되므로 불특정 다수를 중심으로 조사해야 한다.
⑤ 경쟁기업이 어떤 메시지와 키워드를 사용하는지 경쟁사 키워드 조사도 필요하다.

58 유통표준코드에 대한 설명으로 가장 옳지 않은 것은?

① 일반적으로 많이 사용되는 코드는 바코드로, 공통적으로 상품의 코드를 관리하기 위한 국제적으로 표준화 된 숫자 기호이다.
② 바코드는 유럽상품코드와 마찬가지로 13개의 숫자로 구성되는데 첫 3자리는 국가코드에 해당된다.
③ 제조업체 코드 6자리와 상품코드 3자리는 대한상공회의소 유통물류진흥원(GS1 Korea)에서 고유번호를 부여한다.
④ 상품코드는 제조업체에서 취급하는 상품에 부여하는 코드로, 편의품, 선매품, 전문품에 따라 다른 번호가 부여된다.
⑤ 마지막 한 자리는 체크숫자로 판독오류 방지를 위해 만들어진 코드이다.

59 아래 글상자에서 공통적으로 설명하는 촉진 수단으로 가장 옳은 것은?

> • 촉진의 총비용이 상대적으로 저렴한 촉진수단에 속한다.
> • 다른 촉진 믹스들보다 상대적으로 신뢰성이 높다.
> • 메시지에 대한 통제력이 거의 없다.

① 광고
② 인적판매
③ 판매촉진
④ 홍보
⑤ 직접마케팅

60 아래 글상자에서 설명하는 로그분석을 위한 측정단위로 가장 옳은 것은?

> 사이트 내에서 일정 시간동안 있었던 지속적인 움직임을 하나의 단위로 정해 그 수를 측정한 것이다. 예를 들어, 이것은 사람들이 해당 사이트에 얼마나 자주, 그리고 얼마나오래 머물렀는지를 나타내는 지표이다.

① 순방문자(unique user)
② 히트(hit)
③ 페이지뷰(page view)
④ 방문자(visitor)
⑤ 세션(session)

61 매장 환경 구성 및 관리에 대한 설명으로 가장 옳지 않은 것은?

① 잠재고객이 무리한 노력을 기울이지 않더라도 상품을 쉽게 찾을 수 있도록 구성해야 한다.
② 누구를 위한 매장이며 무엇을 판매하고 있는지 명확하게 표현하여야 한다.
③ 다층점포의 경우 수직 이동시설과 인접한 공간을 고객편의공간으로 구성하여 고객편의성을 강화해야 한다.
④ 사고에 대한 사전 예방 시설을 갖추고 사고 조치나 대책이 포함된 작업환경을 마련해야 한다.
⑤ 후방시설의 창고는 판매영역과 구분하여 구역화하고 상품 정리 시 낱개 상품이 보관되지 않도록 한다.

62 인적판매에 대한 설명으로 가장 옳지 않은 것은?

① 인적판매는 고객과 직접적인 커뮤니케이션을 통해 상품을 판매하고 고객과의 관계를 구축하는 일련의 활동이다.
② 인적판매는 광고, 홍보, 판매촉진에 비해 개별적이고심도있는 쌍방향 커뮤니케이션이 가능하다.
③ 인적판매는 회사의 궁극적인 목적인 수익창출을 실제로 구현하는 역할을 수행한다.
④ 인적판매는 고객과 직접적인 접점을 형성한다.
⑤ 제조업자가 풀(Pull) 정책을 쓸 경우 가장 적극적으로 활용하는 촉진 수단이다.

63 아래 글상자에서 설명하는 기법으로 가장 옳은 것은?

> 마케터는 특정 소비자 세분시장에 초점을 맞춰 해당 고객들을 잘 이해할 수 있는 강력한 도구가 필요한데, 이를 위해 제품 디자인과 커뮤니케이션 의사결정에 영감을 주는 핵심고객의 가상 프로필을 만드는 것이 효과적이다.

① 포지셔닝 매트릭스
② 가치 제안 캔버스
③ 포커스 그룹 인터뷰
④ 구매자 페르소나
⑤ 고객 여정 맵

64 아래 글상자에서 설명하는 용어로 가장 옳은 것은?

> 기업이 보유하고 있는 고객 데이터를 체계적으로 수집·통합·가공·분석하여, 고객 만족도를 높이고, 고객 충성도를 증진시키며, 궁극적으로는 기업의 매출과 수익성 향상을 목적으로 하는 일련의 과정을 의미한다.

① SCM(Supply Chain Management)
② ERP(Enterprise Resource Planning)
③ KMS(Knowledge Management System)
④ BPM(Business Process Management)
⑤ CRM(Customer Relationship Management)

65 유통마케팅 조사방법 중 표적집단면접법(FGI)에 대한 설명으로 가장 옳지 않은 것은?

① 소수의 응답자를 대상으로 하나의 장소에서 진행한다.
② 특정 기준에 따라 주제에 관심이 있거나 관련 경험이 있는 소수의 참가자를 선정한다.
③ 응답자들끼리 편하게 대화를 진행하게 한다.
④ 대화가 주제를 벗어나는 경우만 사회자가 최소한 개입한다.
⑤ 조사자와 응답자가 자유롭고 심도있는 질의응답을 진행한다.

66 마케팅 조사에 대한 설명으로 가장 옳지 않은 것은?

① 기술 조사(descriptive research)는 표적모집단이나 시장의 특성에 관한 자료를 수집·분석하고 결과를 기술하는 조사이다.
② 2차 자료(secondary data)는 당면한 조사목적이 아닌 다른 목적을 위해 과거에 수집되어 이미 존재하는 자료이다.
③ 1차 자료(primary data)는 당면한 조사목적을 달성하기 위하여 조사자가 직접 수집한 자료이다.
④ 모든 마케팅 조사에는 2차 자료(secondary data)가 필수적으로 제시되어야 한다.
⑤ 탐험 조사(exploratory research)는 조사문제가 불명확할 때 기본적인 통찰과 아이디어를 얻기 위해 실시되는 조사이다.

67 유통경로의 성과평가를 위한 항목 중 유통경로의 효과성에 대한 평가항목으로 가장 옳지 않은 것은?

① 고객의 전반적인 만족도
② 신시장 개척 건수 및 비율
③ 중간상의 거래 전환 건수
④ 단위당 총 물류비용
⑤ 클레임(claim) 건수

68 격자형(grid) 레이아웃에 대한 설명으로 옳지 않은 것은?

① 고객들의 주 통로와 직각을 이루고 있는 여러 단으로 구성된 선반들이 평행으로 늘어서 있는 형태의 레이아웃을 의미한다.
② 고객들의 주 통로와 여러 점포들의 입구가 연결되어 있는 형태의 레이아웃을 의미한다.
③ 대형마트, 편의점, 전문점 등 다양한 소매 업태에서 주로 활용되고 있다.
④ 상품을 쉽게 찾을 수 있고, 고객들의 질서 있는 이동을 촉진시켜 공간을 효율적으로 사용할 수 있는 장점이 있다.
⑤ 딱딱하고 사무적인 분위기를 연출하는 단점이 있다.

69 상품에 표기되는 유통기한에 대한 설명으로 옳지 않은 것은?

① 일반적으로 유통기한은 '0000년, 00월, 00일 까지'로 표시된다.
② 매장에서 판매하는 삼각김밥이나 도시락류 같은 식품은 년, 월, 일, 시까지 표시해야 한다.
③ 유통기한이 서로 다른 제품을 함께 포장했을 때는 그중 가장 짧은 유통기한을 적용하여 표시해야 한다.
④ 가공소금이나 설탕, 아이스크림 같은 빙과류는 유통기한 생략이 가능하다.
⑤ 소매점에서 소분 및 처리해 재포장한 생선, 고기류는 재포장 후 일주일까지를 유통기한으로 표시한다.

70 점포 구성요소에 관한 내용으로 가장 옳지 않은 것은?

① 점포 입지와 매장 배치의 편리성
② 점포 외관 이미지와 점포 내부 인테리어
③ 목표 소비자의 이미지와 분위기
④ 목표 고객에게 소구하는 상품 구성과 적합한 가격대
⑤ 점포의 기본 설비와 시설, 진열집기 및 디스플레이

4과목 유통정보

71 대표적인 반정형데이터로, 웹과 컴퓨터 프로그램에서 용량이 적은 데이터를 교환하기 위해 데이터 객체를 속성(attribute)과 값(value)의 쌍 형태로 나열해서 표현하는 형식을 지칭하는 용어로 가장 옳은 것은?

① JSON
② XML
③ API
④ FILES
⑤ LOG

72 아래 글상자의 괄호 안에 들어갈 정보기술로 가장 옳은 것은?

- 유통업체 K사는 자체 개발한 데이터 수집·분석시스템 '데멍이'(데이터를 물어다 주는 멍멍이)를 통해 선발주 기술을 최적화해 상품 폐기율을 1% 미만으로 유지하고 있다. '데멍이'는 기존 주문과 일별 상품 판매량, 매출, 고객 행동 데이터, 구매 이력, 성향, 날씨, 요일, 프로모션 등 일평균 수천만 건의 데이터를 기반으로 주문이 지역별로 얼마나 발생할지 예측하는 (   ) 시스템이다.
- (   )(은)는 인간이 정의한 목표의 주어진 집합에 대해 실제 또는 가상 환경에 영향을 미치는 예측, 권장 또는 결정을 내릴 수 있는 기술이다.

① 블록체인
② 무인로봇
③ 인공지능
④ 모빌리티
⑤ 메타버스

73 지식발견 접근방법을 기능에 따라 분류(Classification), 연합(Association), 배열(Sequence), 클러스터(Cluster)로 나눌 경우 아래 글상자의 내용 중에서 배열에 대한 설명을 모두 나열한 것으로 옳은 것은?

㉠ 시간적으로 사건들을 관련짓는 데 사용됨
㉡ 여러 객체를 그들 사이의 유사성 또는 근접성을 기준으로 그룹을 나눔
㉢ 미래에 대한 예측을 나타내는 다양한 감춰진 추세를 발견함
㉣ 한 항목이나 사건이 특정 부류나 집합에 속하는지를 정하는 규칙을 찾음
㉤ 한 집합의 사건이나 항목을 다른 집합의 사건이나 항목과 연관 짓는 규칙을 찾음

① ㉠, ㉡
② ㉠, ㉢
③ ㉠, ㉣
④ ㉡, ㉢, ㉣
⑤ ㉡, ㉢, ㉤

74 신규고객을 획득하기 위해 CRM시스템의 고객정보를 활용한 분석을 수행하고자 한다. 고객의 전화나 인터넷 게시판을 통한 문의, 영업소 방문 등의 내용을 바탕으로 하는 분석을 지칭하는 용어로 가장 옳은 것은?

① 고객 프로필 분석
② 하우스-홀딩 분석
③ 현재 고객 구성원 분석
④ 인바운드 고객 분석
⑤ 외부 데이터 분석

75 유통업체에서의 CRM 시스템 활용에 대한 설명으로 옳지 않은 것은?

① 유통업체에서는 CRM 시스템을 활용해서 신규고객 창출, 기존고객 유지, 충성고객 개발에 활용하고 있다.
② 유통업체에서 CRM 시스템은 장기적인 측면보다는 철저하게 단기적인 측면에서 매출 증대를 위해 활용되고 있다.
③ CRM 시스템은 고객 데이터에 대한 다양한 분석을 통해 고객에 대한 이해도를 높여준다.
④ CRM 시스템은 유통업체의 경쟁우위 창출에 도움을 제공한다.
⑤ CRM 시스템은 유통업체의 판매, 서비스, 영업 업무 수행에 도움을 제공한다.

76 판매시점관리시스템에 대한 설명으로 가장 옳지 않은 것은?

① 판매 시점의 정보를 실시간으로 취합해서 관리할 수 있도록 지원하는 시스템이다.
② 유통업체의 경우 인기제품, 비인기 제품의 신속한 파악이 가능하고, 실시간으로 재고 파악이 가능하다.
③ 판매시점에 시스템을 통한 정보 입력으로 처리속도 증진, 오타 및 오류 방지 등의 효과를 얻을 수 있다.
④ 품목별 판매실적, 판매실적 구성비 등 판매시점관리시스템에 누적된 판매정보로 다양한 분석이 가능하다.
⑤ 상품 판매 정보만 관리하기 때문에 고객분석에는 활용되지 않는다.

77 GS1 국제 표준 기구의 3대 사상의 하나인 공유 표준 중에서 아래 글상자에서 설명하는 용어로 가장 옳은 것은?

> 바코드에 입력된 상품 식별코드를 숫자들의 배열 형태가 아닌 웹 주소 형식으로 표시하여 소비자들이 온라인으로 상품정보를 확인할 수 있도록 한다.

① GS1 Digital Link
② GS1 Web Vocabulary
③ GDM (Global Data Model)
④ GS1 Mobile Ready Hero Images
⑤ GDSN (Global Data Synchronization Network)

78 아래 글상자의 신규고객 창출 과정을 순서대로 제시한 것으로 가장 옳은 것은?

> ㉠ 잠재고객
> ㉡ 선별고객
> ㉢ 가능고객
> ㉣ 최상가능고객
> ㉤ 신규고객

① ㉠ - ㉡ - ㉢ - ㉣ - ㉤
② ㉠ - ㉡ - ㉣ - ㉤ - ㉢
③ ㉠ - ㉢ - ㉡ - ㉣ - ㉤
④ ㉡ - ㉢ - ㉤ - ㉣
⑤ ㉤ - ㉡ - ㉢ - ㉠ - ㉣

79 QR코드에 대한 설명으로 가장 옳지 않은 것은?

① QR코드는 일본 도요타 자동차의 자회사 덴소 웨이브가 표준화한 기술이다.
② Micro QR코드의 가장 큰 특징은 위치찾기 심볼이 하나인 것이며, QR코드보다 더 작은 공간에 인쇄할 수 있다.
③ iQR코드는 종래의 QR코드보다 더 많은 정보량을 저장할 수 있다.
④ QR코드는 오류복원 기능을 가지고 있어서 일부 코드가 손상되더라도 데이터를 복원할 수 있다.
⑤ 데이터의 양이 증가해도 QR코드를 구성하는 셀(cell)은 정해져 있기 때문에 QR코드의 크기는 일정하다.

80 EDI 도입에 따른 효과에 대한 내용으로 가장 옳지 않은 것은?

① 업무처리 비용 절감
② 표준화와 암호화로 조직 내 또는 조직 간 연결성 낮춤
③ 고객관계의 증진
④ 문서거래시간의 단축
⑤ 업무처리 오류 감소

81 전자상거래에서의 프라이버시 보호행동에 대한 설명으로 가장 옳지 않은 것은?

① 일반적으로 전자상거래 고객들은 프라이버시에 대한 염려가 발생하면, 프라이버시를 보호하려는 행동을 한다. 전자상거래 고객들의 프라이버시 보호에 대한 반응은 정보제공 활동, 개인 활동, 공개 활동으로 구분할 수 있다.
② 전자상거래 고객의 프라이버시 보호에 대한 방어적인 태도는 마케팅 담당자가 감수해야 할 비용을 감소시키고, 기업의 고객관계관리 활동을 보다 효과적으로 촉진되도록 도움을 제공한다.
③ 전자상거래 고객들이 프라이버시에 대한 염려를 회피하기 위한 대표적인 정보제공 활동으로는 개인정보제공을 거부하는 행동이다.
④ 전자상거래 고객들이 프라이버시에 대한 염려를 회피하기 위한 대표적인 개인 활동으로는 개인정보 제공이 위험하다고 이야기하는 행동이다.
⑤ 전자상거래 고객들이 프라이버시에 대한 염려를 회피하기 위한 대표적인 공개 활동으로는 기업에 직접적으로 불평하는 행동이다.

82 ERP시스템 구축을 위한 라이프사이클을 계획 → 패키지선정 → 구현 → 유지보수로 구문할 경우 패키지 선정단계에서 이루어지는 활동으로 가장 옳지 않은 것은?

① 시장조사
② 현업 요구사항 분석
③ 레퍼런스 사이트 방문
④ 소프트웨어 데모 및 차이 분석
⑤ 컨피규레이션(configuration) 결정

83 u커머스(ubiquitous commerce)의 특징 중에서 아래 글상자의 내용에 부합하는 특성으로 가장 옳은 것은?

> 상호 호환성이 보장되어 일반적인 기기로 언제, 어디서나 네트워크에 연결이 가능하다. 즉, 이기종의 모바일 네트워크와 서로 다른 모바일 장치가 융합되어 호환이 된다.

① 보편성   ② 접근성   ③ 조화성
④ 차별성   ⑤ 편재성

84 고객이 주문한 상품이 목적지에 도착하기까지의 과정에서 고객 만족도 증대를 위해 유통업체가 활용하는 배송 품질차별화 전략으로 가장 옳은 것은?

① 푸시 전략
② 퍼스트 마일 배송 전략
③ 스마트 로지스틱 전략
④ 라스트 마일 배송 전략
⑤ 공급망 동기화 전략

85 아래 글상자 설명은 유통업체의 정보시스템 구현과 관련된 설명이다. 괄호 안에 들어갈 개념으로 가장 옳은 것은?

> - (   )은(는) 물리적인 하드웨어의 한계를 넘어, 가상 하드웨어 인프라스트럭처를 구축하는 소프트웨어 시스템 운영에 대한 기술이다.
> - (   )은(는) 한 대의 컴퓨팅 자원을 여러 대의 컴퓨터처럼 운영하거나 또는 여러 대의 컴퓨팅 자원을 한 대의 컴퓨터처럼 운영하는 기술이다.

① 서비스 수준관리
② 엣지 컴퓨팅
③ 블록체인
④ 분산 처리
⑤ 가상화 기술

86 오늘날 유통업체에서는 마케팅을 위해서 메타버스를 활용하고 있다. 메타버스에 대한 설명으로 적절하지 않은 것은?

① 가속연구재단(ASF : Acceleration Studies Foundation)은 메타버스 서비스를 정보표현 형태(외부 환경 정보와 개인/개체 중심 정보)와 공간활용 특성(현실공간과 가상공간)에 따라 4가지로 구분하였다.
② 가상현실은 현실 세계에 가상의 정보를 증강하여 서비스를 제공하는 메타버스 유형이다.
③ 라이프로깅은 개인 및 개체들에 대한 현실생활의 정보를 가상세계에 증강하여 정보를 통합 제공하는 메타버스유형이다.
④ 거울세계는 가상세계에서 외부의 환경 정보를 통합하여 서비스를 제공하는 메타버스 유형으로 실제세계의 디지털화라 할 수 있다.
⑤ 가상세계는 가상공간에서 다양한 개인 및 개체들의 정보를 제공하는 메타버스 유형이다.

87 인공지능이 비즈니스에서 필요한 이유로 가장 옳지 않은 것은?

① 인공지능은 인간 전문가가 가지는 시간적·공간적 한계를 뛰어넘을 수 있도록 전문지식을 저장하여 상황에 적절한 의사결정을 내리도록 도움을 준다.
② 생성형AI를 활용한 프롬프트 형태의 서비스는 문제해결에 도움이 되는 정보를 짧은 시간에 얻을 수 있어 업무효율을 높여주는 효과를 얻을 수 있다.
③ 강한인공지능을 활용한 사례인 알파고, 닥터와슨 등은 인간을 뛰어넘는 결정을 지원하기 때문이다.
④ 약한인공지능 기술은 특정분야에 인간의 지능을 흉내내어 신속하게 문제를 해결할 수 있는 방안을 제시해 준다.
⑤ 복잡한 상황에서 빠른 판단과 결정에 도움이 되는 결과를 받을 수 있어 의사결정에 활용할 수 있다.

88 오늘날 유통업체에서는 클라우드 컴퓨팅 이용이 증가하고 있다. 클라우드 컴퓨팅에서 제공하는 서비스 중에서 사용자가 소프트웨어를 개발할 수 있는 토대를 제공해 주는 서비스 모델로 가장 옳은 것은?

① DaaS ② IaaS
③ NaaS ④ PaaS
⑤ SaaS

89 기업들이 소셜 미디어 플랫폼에서 이루어지는 브랜드, 제품, 산업, 또는 특정 주제와 관련된 온라인 대화, 토론, 언급에 관심을 가지고 데이터 수집·분석을 통해 고객의 니즈를 파악하고 통찰력을 얻는 활동을 수행하고 있다. 이러한 활동을 가리키는 용어로 가장 옳은 것은?

① SNPS(Social Net Promoter Score)
② FGI(Focus Group Interview)
③ 소셜리스닝(Social Listening)
④ 워크숍(Workshop)
⑤ SOV(Share of Voice)

90 고객충성도 프로그램 유형의 하나로 아래 글상자에서 설명하는 서비스 제도의 종류로 가장 옳은 것은?

> 상품에 보조적인 서비스, 예를 들면, 반지 구입 시 이름을 새겨주는 서비스 등을 부가시키는 방법으로, 상품 자체에 고객의 기호에 맞는 부가가치를 첨부시키는 서비스 제도이다.

① 공동(cooperate)
② 머천다이징(merchandising)
③ 메인터넌스(maintenance)
④ 컨비니언스(convenience)
⑤ 프라이비트(private)

2024년 제3회 기출문제

1과목 유통물류일반관리

01 중간상이 필요한 이유 중 집중준비의 원리에 대한 설명으로 가장 옳은 것은?

① 제조업자는 생산을, 유통업자는 유통을 전문화함으로써 보다 효율적이고 경제적일 수 있다.
② 유통경로 상에 가능하면 많은 수의 도매상을 개입 시켜서 경로구성원에 의해 보관되는 제품의 총량을 감소시킬 수 있다.
③ 중간상에게 유통기능을 분담시키는 것이 비용면에서 훨씬 유리할 수 있다.
④ 중간상이 참여하면 생산자와 소비자 간의 거래빈도 수를 감소시켜 거래비용을 절감할 수 있다.
⑤ 소비자가 원하는 상품을 항상 준비하여 24시간 구매할 수 있는 편의점처럼 시간 효용을 제공한다.

02 유통경로 상에서 수행되는 유통의 기능 중 거래 및 물적 유통이 원활하게 이루어지도록 보조하는 조성기능에 해당 되지 않는 것은?

① 소비자 또는 생산자에게 자금을 대부함으로써 거래를 원활하게 하는 기능
② 재고유지 및 상품의 진부화를 포함한 여러 가지 위험을 부담하는 기능
③ 예상판매량, 가격정보, 소비자 정보 등을 생산자에게 제공하는 기능
④ 생산시점과 소비시점의 차이를 연결함으로써 장소 효용을 창조하는 기능
⑤ 상품을 품질 수준에 따라 분류하거나 규격화하는 기능

03 소매업 발전이론 중 아래 글상자의 괄호 안에 들어갈 이론을 순서대로 나열한 것으로 옳은 것은?

- (㉠)은 비용적인 요인들을 강조하여 설명하기에 초기에 고이윤, 고가격을 추구하는 새로운 소매상에 대해 설명하지 못한다.
- (㉡)은 저관여상품 소매업태와 고관여상품 소매업태의 발전과정을 구분하지 못한다.

① ㉠ 변증법적 이론,
   ㉡ 진공지대 이론
② ㉠ 소매상 적응행동 이론,
   ㉡ 진공지대 이론
③ ㉠ 소매상 수레바퀴 이론,
   ㉡ 변증법적 이론
④ ㉠ 소매상 수레바퀴 이론,
   ㉡ 소매점 아코디언 이론
⑤ ㉠ 소매점 아코디언 이론,
   ㉡ 소매상 적응행동 이론

04 구매의 전략적 중요성과 시장의 복잡성을 기준으로 공급 업체를 세분화하는 기법으로 옳은 것은?

① 공급업체 세분화 풍차
② Same Page 프레임워크
③ 균형성과지표
④ 크랄직 매트릭스(Kraljic Matrix)
⑤ SWOT 분석표

05 아래 글상자에서 유통구성원의 기능 중 쌍방 흐름으로만 바르게 나열한 것은?

> ㉠ 물리적 보유
> ㉡ 촉진
> ㉢ 주문
> ㉣ 금융
> ㉤ 위험부담
> ㉥ 협상
> ㉦ 대금지급

① ㉢, ㉣, ㉤
② ㉣, ㉤, ㉥
③ ㉡, ㉢, ㉣, ㉤
④ ㉡, ㉤, ㉥, ㉦
⑤ ㉠, ㉡, ㉢, ㉣, ㉤, ㉥, ㉦

06 디지털기술의 발전으로 인한 유통산업의 환경변화에 대한 설명으로 가장 옳지 않은 것은?

① 소매기술을 통해 온라인과 오프라인을 결합한 쇼핑 경험을 제공할 수 있다.
② 온라인과 오프라인의 경계 구분이 무의미할 정도로 온·오프융합시대로 접어들고 있다.
③ 경쟁도구로서 첨단기술의 중요성이 증가하고 있다.
④ 플랫폼 기반의 유통비즈니스가 주목받고 있다.
⑤ 옴니채널의 등장으로 업태 간 경쟁은 해소되었지만 업태 내 경쟁은 격화되었다.

07 환경분석을 통해 소매업체가 추구할 수 있는 다양한 성장 전략에 관한 설명으로 가장 옳지 않은 것은?

① 시장침투를 증가시키기 위해서는 표적시장에 보다 많은 점포를 개설하거나 기존 점포의 영업시간을 늘리기도 한다.
② 고객에게 드레스를 판매한 후 그에 어울릴 스카프를 판매하는 교차판매는 시장다각화전략의 예이다.
③ 관련다각화는 현재의 표적시장과 새로운 사업기회가 공통점이 있는 경우로 동일한 물류시스템을 활용하기도 한다.
④ PB를 기획하던 소매업체가 생산 공장을 소유하는 것은 일종의 수직적 통합이다.
⑤ 소매업태 개발기회는 동일한 표적시장의 고객에게 다른 소매믹스를 가진 새로운 소매업태를 제공하는 방식이다.

08 물류의 중요성이 강조되는 이유에 대한 설명으로 옳지 않은 것은?

① 물류서비스를 개선하고 물류비 절감을 통하여 기업은 고객에 대한 서비스 수준을 높일 수 있으며 이는 높은 수요를 창출할 수 있기 때문이다.
② 소비자의 제품에 대한 다양한 요구는 재고 저장단위 수의 증대를 필요로 하며 재고불균형 등의 문제를 발생 시키기 때문이다.
③ 소비자의 상품에 대한 저가 압력은 능률적이며 간접 적인 분배경로의 등장을 강요하게 되었기 때문이다.
④ 가격결정에 있어 신축성을 부여하기 위해서는 개별시장 까지 운송에 소요되는 실제 분배비용을 산출하기보다 전국적인 평균비용에 의존하게 되었기 때문이다.
⑤ 재고비용 절감을 위해 주문 횟수를 증가시킬 경우, 증가된 주문 횟수를 처리할 새로운 시스템의 도입이 필요하기 때문이다.

09 유통업체가 해외로 진출하기 위한 진입방식에 대한 설명 으로 가장 옳지 않은 것은?

① 직접투자는 높은 수준의 투자를 요구하지만 높은 통제 권을 가진다.
② 프랜차이즈의 경우 진입업체의 위험은 낮지만 통제력이 제한적일 수 있다.
③ 직접 투자를 통해 진입하지 않고 전략적 제휴를 통해 현지업체의 물류와 창고 보관활동을 이용하기도 한다.
④ 합작투자는 진입업체의 위험은 높지만 현지파트너에게 시장에 대한 정보를 제공받을 수 있다.
⑤ 해외에 프랜차이즈 회사를 설립하는 경우 가맹계약 해지, 간판 교체 등과 같이 잠재적 경쟁자가 생기게 될 위험이 있다.

10 아웃소싱과 관련된 설명으로 가장 옳지 않은 것은?

① 해외아웃소싱의 경우 국가에 따라 부정적인 원산지 효과를 얻기도 한다.
② 투자비용이 증가하기에 재무적 위험이 늘어나지만 전체 수익관점에서는 이익이 증가한다.
③ 다른 채널 파트너의 규모의 경제로부터 이익을 얻을 수 있다.
④ 분업의 원리에 의해 파트너가 특정기능을 더 효율적 으로 실행하면 그만큼의 이익을 얻을 수 있다.
⑤ 핵심기능까지 과감하게 아웃소싱하는 기업들이 등장 하고 있는 추세이다.

11 경로목표를 달성하기 위해 경로전략에서 다루는 사항들에 대한 설명으로 옳지 않은 것은?

① 특정 지역 범위 내에 얼마나 많은 중간상을 둘 것인 가에 관한 고객커버리지 정책을 다룬다.
② 유통경로를 통한 가격과 가격수준 결정을 위한 가격 결정정책을 다룬다.
③ 전속거래, 상품 묶음과 같은 상품계열 정책을 다룬다.
④ 경로구성원의 능력 평가 등과 같은 경로구성원의 선별과 결정정책을 다룬다.
⑤ 경로기능을 경로구성원간 배분하는 과정을 다룬 경로 소유권 정책이 있다.

12 전자문서 및 전자거래 기본법(법률 제18478호, 2021. 10. 19., 일부개정)에서 명시하고 있는 전자거래사업자의 일반적 준수사항으로 옳지 않은 것은?

① 소비자가 쉽게 접근·인지할 수 있도록 약관의 제공 및 보존
② 소비자가 자신의 주문을 취소 또는 변경할 수 있는 절차의 마련
③ 소비자의 불만과 요구사항을 신속하고 공정하게 처리하기 위한 절차의 마련
④ 거래의 증명 등에 필요한 거래기록의 일정 기간 보존
⑤ 정부나 기업이 소비자를 위해 마련한 각종 제도를 홍보 할 수 있는 절차의 마련

13 아래 글상자의 내용 중 국제기업 조직 관련 국제사업 부의 장점 설명으로 옳은 것을 모두 고르면?

> ㉠ 국제경영활동과 관련된 업무들이 국제사업부에 집중되기 때문에 신속한 의사결정이 가능하다.
> ㉡ 국제경영활동에 대한 책임과 권한이 분명해진다.
> ㉢ 국제사업부와 국제사업주 간에 상충적인 목표 설정으로 인한 시너지효과가 나타날 수 있다.
> ㉣ 국제사업부 내에 있는 지역별 조직을 통하여 해당국가 또는 지역의 시장정보를 효과적으로 습득할 수 있다.

① ㉠, ㉢
② ㉠, ㉣
③ ㉡, ㉢
④ ㉠, ㉡, ㉢
⑤ ㉠, ㉡, ㉣

14 프로젝트 조직에 대한 내용으로 가장 옳지 않은 것은?

① 과제 진행에 따라 인력 구성의 탄력성이 존재한다.
② 목적달성을 지향하는 조직이므로 구성원들의 과제 해결을 위한 사기를 높일 수 있다.
③ 기업 전체의 목적보다는 사업부만의 목적달성에 더 관심을 기울이게 된다.
④ 해당 조직에 파견된 사람은 선택된 사람이라는 우월 감이 조직 단결을 저해하기도 한다.
⑤ 전문가로 구성된 일시적인 조직이므로 그 조직 관리 자의 지휘능력이 중요하다.

15 아래 글상자의 주요 재무지표들 중 기업의 수익성을 측정 할 수 있는 비율들만으로 나열된 것은?

> ㉠ 순이익증가율　㉡ 주기수입비율
> ㉢ 매출액순이익률　㉣ 총자산순이익률
> ㉤ 총자산영업이익률　㉥ 유통비율

① ㉡, ㉢
② ㉠, ㉤, ㉥
③ ㉢, ㉣, ㉤
④ ㉣, ㉤, ㉥
⑤ ㉠, ㉡, ㉢, ㉣, ㉤

16 아래 글상자의 괄호 안에 들어갈 용어로 옳은 것은?

> 중간상이 여러 생산자로부터 자유롭게 제품을 구매하여 다양한 상표를 소비자에게 판매하는 방식과 달리 중간상이 특정 제조업체의 제품만을 대행하여 판매하는 형태를 ( )라고 한다.

① 사입제도
② 위탁제도
③ 위탁판매제도
④ 전속대리점제도
⑤ MWC업태

17 인사관리 패러다임의 변화로 가장 옳지 않은 것은?

① 연공중심에서 능력중심으로 변화하고 있다.
② 표준형 인재관에서 이질적 인재관으로 변화하고 있다.
③ 내부노동시장에서 외부노동시장으로 변화하고 있다.
④ 반응적 인사에서 대응적 인사로 변화하고 있다.
⑤ 인건비에 대해 수익관점에서 비용관점으로 변화하고 있다.

18 피터 드러커(Peter Drucker)의 최고경영자 자질론에 대한 내용으로 가장 옳지 않은 것은?

① 경영목표설정과 목표관리를 성공적으로 수행할 줄 알아야 한다.
② 공통의 목표를 수행하는 데 통합된 팀워크를 조직하고 활용할 줄 알아야 한다.
③ 전략적 의사 결정을 수행할 능력과 목표에 대한 성공 적인 확신과 전략을 가지고 있어야 한다.
④ 기업 내·외부 환경변화에 대한 대책은 실무자 단위에서 수립해야 하므로, 최고경영자는 이보다 환경변화에 대응하는 각종 위험부담을 신속히 파악하는 데 집중해야 한다.
⑤ 경영관리를 미시적 관리와 거시적 관리로 구분하여 수행할 줄 알아야 하는데 미시적 관리는 기업경영, 거시적 관리는 정부정책적 관리로서 이 둘을 통합하여 조화를 이룰 줄 알아야 한다.

19 아래 글상자의 괄호 안에 들어갈 보관의 원칙을 순서 대로 바르게 나열한 것은?

> - (㉠)에 따르면 출입구가 동일한 창고의 경우 입출하 빈도가 높은 경우에는 출입구에 가까운 장소에 보관하고, 낮은 경우에는 출입구에서 먼 장소에 보관한다.
> - (㉡)은 식품과 같이 제품의 부패 및 노후화를 회피하기 위해 적용한다.

① ㉠ 통로대면보관의 원칙,
　㉡ 선입선출의 법칙
② ㉠ 통로대면보관의 원칙,
　㉡ 형상특성의 원칙
③ ㉠ 동일성, 유사성의 원칙,
　㉡ 중량특성의 원칙
④ ㉠ 회전대응보관의 원칙,
　㉡ 선입선출의 원칙
⑤ ㉠ 네트워크보관의 원칙,
　㉡ 명료성의 원칙

20 도소매업체의 물류관리를 위해 필요한 의사결정내용으로 가장 옳지 않은 것은?

① 상품을 어디에 보관해야 하는가?
② 주문을 어떻게 처리해야 하는가?
③ 가격을 어떻게 설정해야 하는가?
④ 어느 정도의 물량을 보관해야 하는가?
⑤ 상품을 어떻게 보관해야 하는가?

21 복합물류단지의 여러 가지 기능 중 물류기능에 해당되지 않는 것은?

① 지역 간 화물의 수송 및 하역 거점 기능을 수행하는 환적기능
② 판매할 상품의 디자인과 기능을 잠재수요자에게 직접 보여줌으로써 구매욕구를 증진시키는 전시기능
③ 생산자가 일괄생산한 반제품을 수요자의 요구에 따라 조립 또는 가공하는 기능
④ 불특정 화주의 화물을 컨테이너에 혼재하거나 컨테이너로부터 분류하는 컨테이너 처리기능
⑤ 수출입화물의 통관업무를 수행하는 통관기능

22 풀필먼트센터에 대한 설명으로 가장 옳지 않은 것은?

① 복잡한 유출수송(outbound) 경로 관리를 위해 최신 기술을 활용한 시스템을 구축한다.
② UPC라벨이나 RFID를 통해 상품 수령과 검수가 이루어 진다.
③ 유행에 민감한 패션상품이나 부패가능성이 높은 경우는 저장보다 크로스도킹을 이용한다.
④ 플로어 레디(floor-ready)상품은 바로 판매될 수 있는 상태로 배송하는 것을 말한다.
⑤ 티케팅(ticketing)과 마킹(marking)은 시간과 장소를 많이 필요로 하므로 점포에서 수행하는 것이 효과적이다.

23 경로성과의 측정을 위한 각종 차원에 대한 설명으로 옳지 않은 것은?

① 효율성은 투입 대 산출의 비율로 정의되며 서비스 성과 제공, 잠재수요 자극으로 나누어 파악한다.
② 형평성은 해당 유통경로가 제공하는 혜택이 세분시장에 얼마나 고르게 배분되었는가를 말한다.
③ 효과성은 목표지향적인 성과측정치를 나타내는 평가 척도에 해당된다.
④ 생산성은 자원의 투입에 의해 생산되는 서비스 성과의 양을 말한다.
⑤ 수익성은 재무적 효율성을 나타내는 지표를 말한다.

24 경제적 주문량과 관련한 설명으로 가장 옳지 않은 것은?

① 재고의 보유비용과 주문비용을 최소화 하는 주문량이다.
② 주문비용은 주문을 처리하는 비용으로 주문량에 비례 한다.
③ 품절이 발생하지 않는 것으로 가정한다.
④ 수요는 변동이 없고 예측가능하다고 가정한다.
⑤ 수량할인은 없는 것으로 가정한다.

25 다양한 물류 활동을 기능에 의해 분류할 경우 기본 활동에 포함되는 것들만 바르게 나열한 것은?

① 운송기능, 유통가공기능, 관리기능
② 포장기능, 하역기능, 보관기능
③ 정보기능, 관리기능, 운송기능
④ 포장기능, 관리기능, 정보기능
⑤ 유통가공기능, 하역기능, 정보기능

2과목 상권분석

26 대표적 복합상업시설인 쇼핑센터에서는 다양한 업종과 서비스를 조합하는 테넌트 믹스(tenant mix)전략이 중요 하다. 여기서 말하는 '테넌트(tenant)'의 의미로서 가장 옳은 것은?

① 앵커스토어
② 임차점포
③ 자석점포
④ 부동산 개발업자
⑤ 상품 공급업자

27 상권은 유형에 따라 서로 다른 특성을 갖는다. 상권유형별 일반적 특성을 비교하여 설명한 내용 중에서 가장 옳지 않은 것은?

① 도심상권은 중심업무지구(CBD)를 포함하는데 부도심 또는 근린상권보다 상대적으로 상권의 범위가 넓고 소비자들의 체류시간이 길다.

② 부도심상권은 도시 내 주요 간선도로의 결절점이나 역세권을 중심으로 형성되는 경우가 많으며 도시전체의 소비자를 유인하지는 못한다.
③ 근린상권은 점포인근 거주자들을 주요 소비자로 볼 수 있으며 생활필수품을 취급하는 업종의 점포들이 입지 하는 경향이 있다.
④ 역세권상권은 지하철역이나 철도역을 중심으로 형성 되며 지상의 도로 교통망과 연결되어 지상과 지하의 입체적 상권으로 고밀도 개발이 이루어지는 경우가 많다.
⑤ 아파트상권은 단지 내 거주하는 고정고객 비중이 높아 안정적인 수요확보가 가능하고 보통 외부고객 유치가 쉬워서 상대적으로 상권확대 가능성이 높다.

28 지리정보시스템(GIS)을 활용하여 보다 깊이 있는 상권 분석이 가능해졌다. 지리정보시스템의 대표적 기능 중 아래의 글상자 내용에 해당하는 것은?

> 어떤 지도형상, 즉 점이나 선 혹은 면으로부터 특정한 거리 이내에 포함되는 영역을 의미하여, 면의 형태로 나타나 상권 혹은 영향권을 표현하는 데 사용할 수 있다.

① 위상(topology)
② 중첩(overlay)
③ 버퍼(buffer)
④ 주제도 작성
⑤ 데이터 및 공간조회

29 일정한 지리적 공간 안에서 경쟁점포들이 분산해서 입지 하는 이유를 설명하는 이론으로 가장 옳은 것은?

① 허프(D. L. Huff)의 상권분석모형
② 허프(D. L. Huff)의 수정 상권분석모형
③ 크리스탈러(W. Christaller)의 중심지 이론
④ 레일리(W. Reilly)의 소매인력법칙
⑤ 컨버스(P. D. Converse)의 분기점모형

30 아래 글상자의 괄호 안에 들어갈 항목으로 가장 옳은 것은?

> 소매포화지수 =
> 지역 시작의 총가구 수 × 가구당 특정 업태에 대한 지출
> ( )

① 특정 업태의 총매출액
② 특정 업태의 총매장면적
③ 특정 업태의 고객 수
④ 특정 업태의 총영업이익
⑤ 특정 업태의 점포 수

31 점포 입지 후보지에 대한 매력도 분석과 관련한 내용으로 가장 옳지 않은 것은?

① 소매포화지수(IRS : index of retail saturation)는 지역 시장 소매점들의 공급대비 수요잠재력을 측정할 수 있는 지표이다.
② 시장성장잠재력(MEP : market expansion potential)은 지역시장이 미래에 신규 수요를 창출할 수 있는 잠재력을 반영하는 지표이다.
③ 소매포화지수(IRS)는 특정 지역 시장의 현재 상태를 나타내지만 시장성장잠재력(MEP)을 반영하지 못하는 단점이 있다.
④ 시장성장잠재력(MEP)이 높을수록 소매포화지수(IRS)도 높게 나타난다.
⑤ 신규점포가 입지할 지역시장의 매력도를 평가할 때 기존 점포들에 의한 시장 포화 정도뿐만 아니라 시장 성장잠재력(MEP)을 함께 고려해야 한다.

32 아래 글상자의 내용 가운데 보편적으로 좋은 점포입지 만을 나열한 것으로 가장 옳은 것은?

㉠ 반경 2km 내에 대규모 아파트단지나 주택단지가 위치한 입지
㉡ 분양광고가 많고 특수목적을 가진 빌딩 내 상가
㉢ 지하철역으로부터 300m 이내에 위치한 입지
㉣ 권리금이나 임대료가 일정하게 유지되는 입지
㉤ 경쟁업종의 대규모 점포가 입점한 입지

① ㉠, ㉡, ㉢
② ㉠, ㉡, ㉤
③ ㉠, ㉢, ㉣
④ ㉡, ㉢, ㉤
⑤ ㉢, ㉣, ㉤

33 점포선택모형의 하나인 Huff모형을 이용하여 각 점포에 대한 소비자의 선택확률 또는 매출액을 추정할 수 있다. 이 과정을 구성하기 위한 정보 수집으로 가장 옳지 않은 것은?

① 점포의 매장면적에 대한 소비자의 민감도 계수 추정
② 개별소비자 또는 세분지역(zone)과 각 점포 사이의 거리 측정
③ 소비자가 방문할 가능성이 있는 각 점포의 매장면적 자료 확보
④ 상권 내 소비자들이 고려하는 점포들(분석대상 점포)의 파악
⑤ 거리에 대한 소비자의 민감도 계수의 점포별 추정

34 다음 글상자에서 설명하고 있는 출점전략으로 가장 옳은 것은?

일정지역에 다수의 점포를 동시에 출점시켜 경쟁자의 진입을 억제하는 다점포 전략으로서, 물류비 절감 및 매장구성 표준화를 통해 경쟁력을 유지하는 전략

① 특정 업태의 총매출액
② 특정 업태의 총매장면적
③ 특정 업태의 고객 수
④ 특정 업태의 총영업이익
⑤ 특정 업태의 점포 수

35 국토의 계획 및 이용에 관한 법률(법률 제 20234호, 2024.2.6., 일부개정)이 정한 "자연녹지지역" 안에 건축 할 수 있는 "유통산업발전법"(법률 제19117호, 2022. 12. 27., 타법개정) 상의 "대규모점포"로 가장 옳은 것은?

① 대규모점포는 자연녹지지역 내에 건축 할 수 없다.
② 백화점
③ 전문점
④ 쇼핑센터
⑤ 복합쇼핑몰

36 넬슨(R. L. Nelson)의 소매입지 선정원리 중에서 아래 글상자의 괄호 안에 들어갈 내용을 순서대로 나열한 것 으로 가장 옳은 것은?

> (㉠)은 동일한 점포 또는 유사업종의 점포가 집중적으로 몰려 있어 집객효과를 높일 수 있는 가능성을 말하며, 집재성 점포의 경우에 유리하다.
> (㉡)은 상이한 업종의 점포들이 인접해 있으면서 보완관계를 통해 상호 매출을 상승시키는 효과를 발휘하는 것을 의미한다.

① ㉠ 양립성, ㉡ 누적적 흡인력
② ㉠ 양립성, ㉡ 경합의 최소성
③ ㉠ 누적적 흡인력, ㉡ 양립성
④ ㉠ 상권의 잠재력, ㉡ 경합의 최소성
⑤ ㉠ 누적적 흡인력, ㉡ 경합의 최소성

37 대규모 쇼핑센터에는 다양한 공간구성요소들이 존재한다. 아래의 글상자에서 설명하는 요소들의 순서로 가장 옳은 것은?

> ㉠ 방향을 제시하여 소비자들이 길찾기에 참고하는 물리적 대상
> ㉡ 파사드(facade), 난간(parapet), 벽면, 담장 등의 경계선
> ㉢ 교차하는 통로를 연결하며, 원형의 광장이나 전시공간 또는 이벤트 장소로 사용됨

① ㉠ 통로(path), ㉡ 구역(district), ㉢ 결절점(node)
② ㉠ 에지(edge), ㉡ 지표(landmark), ㉢ 구역(district)
③ ㉠ 지표(landmark), ㉡ 에지(edge), ㉢ 결절점(node)
④ ㉠ 결절점(node), ㉡ 구역(district), ㉢ 통로(path)
⑤ ㉠ 지표(landmark), ㉡ 구역(district), ㉢ 결절점(node)

38 입지영향인자의 하나인 라이프 스타일을 파악할 수 있는 소비자 특성은 AIO 분석을 통해 파악해 볼 수 있다. 이중 AIO분석과 관련된 항목으로 가장 옳지 않은 것은?

① 활동(activities)
② 나이(age)
③ 관심사(interests)
④ 의견(opinions)
⑤ 심리도식적 특성(psychographics)

39 기존 점포를 임차하여 점포개점을 계획할 때 고려해야 할 사항으로 가장 옳지 않은 것은?

① 임차 계약 기간
② 점포 소유자의 전문성
③ 점포의 전용 면적과 형태
④ 점포의 인계 사유
⑤ 점포 임차 시 소요되는 비용

40 다양한 내·외적 환경변화에 의해 어려운 경영상황에 직면 하면 소매점은 적절한 개선책을 마련하거나 폐업을 고려 하는 등의 대책을 세울 수 있다. 다음 중 상황에 맞는 대책으로서 가장 옳지 않은 것은?

① 지역상권의 수명주기가 쇠퇴기에 접어든 경우 - 새로운 아이템 발굴로 업종변경
② 업종이 상권에 적합하지 않게 된 경우 - 업종전환 또는 점포 매각
③ 경쟁점포가 신규로 출현한 경우 - 판촉활동 등 마케팅 활동 강화
④ 상권 내 유사 점포와 비교했을 때 경쟁력이 떨어지는 경우 - 상권분석 및 벤치마킹을 통한 경쟁력 제고
⑤ 재료비 및 인건비 등 상승으로 인한 자금관리 위기 - 원가절감으로 손익분기점 낮추기

41 상업지의 입지조건과 관련된 설명으로 가장 옳지 않은 것은?

① 획지는 건축용으로 구획정리를 할 때 단위가 되는 땅으로 인위적, 자연적, 행정적 조건에 의해 다른 토지와 구별되는 토지를 말한다.
② 지하철역과 관련해서는 승차객수보다 하차객수가 중요 하며 일반적으로 출근동선보다는 퇴근동선일 경우가 더 좋은 상업지로 평가된다.
③ 상점가의 점포는 가시성이 중요하므로 도로와의 접면 넓이가 큰 편이 유리하다고 볼 수 있다.
④ 유동인구의 이동경로상 보행경로가 분기되는 지점은 교통 통행량의 감소를 보이지만 합류하는 지점은 상업 지로 유리하다.
⑤ 2개 이상의 가로각(街路角)에 접하는 토지인 획지의 형상에는 직각형, 정형, 부정형 등이 있으며 일조와 통풍이 양호하다.

42 동선과 관련한 소비자의 심리를 나타내는 대표적 원리로 가장 옳지 않은 것은?

① 최단거리실현의 법칙 : 최단거리로 목적지에 가려는 심리
② 보증실현의 법칙 : 먼저 이익을 얻는 쪽을 선택하려는 심리
③ 고차선호의 법칙 : 넓고 깨끗한 곳으로 가려는 심리
④ 집합의 법칙 : 군중심리에 의해 사람이 모여 있는 곳에 가려는 심리
⑤ 안전중시의 법칙 : 위험하거나 모르는 길은 가려고 하지 않는 심리

43 현재 영업 중인 점포의 상권범위를 파악하기 위해 점포를 이용하는 소비자나 점포 주변 거주자들로부터 자료를 수집하는 조사기법으로 가장 옳지 않은 것은?

① 점두조사
② 내점객조사
③ 지역표본추출조사
④ 체크리스트법
⑤ CST(customer spotting techniques)

44 아래 글상자의 괄호 안에 들어갈 내용으로 가장 옳은 것은?

> 소비자의 이용목적에 따라 입지 유형을 구분할 수 있는데, 고정고객보다 유동고객에 의해 영업이 좌우되는 패스트푸드점의 경우 ( )가 적합하다.

① 적응형 입지
② 생활형 입지
③ 목적형 입지
④ 집재성 입지
⑤ 산재성 입지

45 상권분석 및 입지선정과 직접적인 관련이 있는 정보기술 로서 가장 옳지 않은 것은?

① 빅데이터(big data)
② 딥러닝(deep learning)
③ 인공지능(AI)
④ 가상현실(VR)
⑤ 지리정보시스템(GIS)

3과목 유통마케팅

46 아래 글상자에서 효과적인 시장세분화 조건으로 옳은 것 만을 모두 나열한 것은?

> ㉠ 측정 가능성
> ㉡ 충분한 시장 규모
> ㉢ 접근 가능성
> ㉣ 세분시장 내 동질성과 세분시장 간 이질성

① ㉠, ㉡
② ㉡, ㉢
③ ㉠, ㉡, ㉢
④ ㉡, ㉢, ㉣
⑤ ㉠, ㉡, ㉢, ㉣

47 다음 중 상품관리에 대한 설명으로 가장 옳지 않은 것은?

① 상품믹스(product mix)란 소매상들이 고객들에게 제공 하고자 하는 모든 상품 및 서비스의 구성을 의미한다.
② 상품믹스(product mix)의 결정이란 상품의 다양성(variety), 상품의 구색(assortment), 상품의 지원(support) 등 구성요인을 결정하는 것을 의미한다.
③ 상품계열(product line)이란 상품의 품목(item) 수를 의미한다.
④ 상품믹스의 폭(width)은 서로 다른 상품계열(product line)의 수를 의미한다.
⑤ 상품지원(support)은 특정 상품 품목의 매출을 위해 소매점이 보유해야 하는 상품재고단위의 수를 의미한다.

48 아래 글상자에서 설명하는 용어로 옳은 것은?

> 새로운 세분시장에 진입할 때 주의해야 할 점으로 자사의 신제품이나 새로운 유통점이 기존에 그 기업에서 판매하고 있던 다른 제품이나 기존 유통점들로부터 매출과 고객을 빼앗아 불필요한 경쟁을 유발하는 현상을 의미한다.

① 차별화포지셔닝
② 조직시너지
③ 직접경쟁포지셔닝
④ 자기잠식
⑤ 리포지셔닝

49 아래 글상자에서 설명하는 서비스 품질 접근법으로 옳은 것은?

> 양질의 서비스 품질은 소비자가 수용 가능한 만족스러운 가격에 적합한 수준의 서비스를 제공하는 것이라 할 수 있다.

① 선험적 접근
② 상품 중심적 접근
③ 사용자 중심적 접근
④ 제조 중심적 접근
⑤ 가치 중심적 접근

50 마이클 포터의 다섯 가지 경쟁요인 모형(5 forces model)을 통한 시장 매력도 평가에 관한 내용으로 가장 옳지 않은 것은?

① 새로운 경쟁자들이 쉽게 들어올 수 있는 시장은 시장 매력도가 낮다.
② 공급자의 교섭력이 높아질수록 그 시장의 매력도는 낮아진다.
③ 경쟁자들과의 차별화가 낮아질수록 그 시장의 매력도는 높아진다.
④ 산업 구조분석에서 다루는 시장매력도는 산업 전체의 잠재적 평균 수익을 의미한다.
⑤ 5 forces model은 누가 경쟁자이고, 누가 공급자이며, 누가 구매자인지가 분명히 구분된다는 것을 가정하고 있다.

51 촉진 믹스 전략에 대한 내용으로 가장 옳지 않은 것은?

① 푸시 전략은 제조업자가 유통업자들을 대상으로 주로 판매촉진과 인적판매 수단을 동원하여 촉진활동을 하는 것이다.
② 푸시 전략은 최종 구매자들의 브랜드 애호도가 낮을 때 적합하다.
③ 풀 전략은 최종구매자를 대상으로 제품에 대한 정보를 제공하고 촉진활동을 하는 것이다.
④ 홍보는 매체비용을 지불하지 않고 회사의 활동이나 상품에 대한 정보를 언론의 기사나 뉴스 형태로 내보내는 풀 전략 활동이다.
⑤ 광고는 기업과 직·간접적으로 관련이 있는 여러 집단들과 좋은 관계를 구축하고 유지함으로써 기업이미지를 높이고 구매를 촉진하기 위해 수행하는 푸시 전략 활동이다.

52 제품수명주기(PLC) 단계 중 쇠퇴기의 특징 또는 상품 관리 전략으로 옳지 않은 것은?

① 소비자가 제품정보를 가지고 있지 않기 때문에 상품을 널리 인지시켜 판매를 늘리는 것이 목표가 된다.
② 매출이 감소하고 이익이 매우 적어지게 되므로 가능한 한 비용을 줄이고 매출을 유지하여 수익을 극대화 하여야 한다.
③ 경쟁제품들이 시장에서 철수하게 되어 경쟁사의 수는 감소한다.
④ 취약한 중간상을 제거하고 우량 중간상만 유지하며, 최소한의 이익을 유지하는 저가격 정책을 사용하게 된다.
⑤ 매출액이 적은 품목은 제거하고 기여도가 높은 품목만 남기며, 과잉설비를 제거하고 하청을 늘리게 된다.

53 인터넷을 활용한 소매점 이벤트 프로모션의 유형 중 정보 제공형 이벤트 프로모션에 대한 설명으로 옳지 않은 것은?

① 설문, 아이디어 공모전, 정보사냥 등 의견참여 기회를 제공하는 인터넷 이벤트 프로모션이다.
② 정보제공형 이벤트 프로모션을 진행하기 위해서는 표적 시장을 명확히 정하는 것이 중요하다.
③ 다른 인터넷 이벤트 프로모션의 유형에 비해 적극적인 고객참여를 유도할 수 있어 메시지 전달력이 높다.
④ 이벤트 주최자는 해당 인터넷 이벤트 프로모션을 통해 원하는 정보를 더욱 정확하게 얻을 수 있다.
⑤ 고객의 참여기회가 많으며 이벤트 응모율이 높다.

54 기업에 대해 고객이 창출해주는 모든 미래의 경제적 가치를 현재가치로 할인한 것으로 고객에 대한 장기간의 경제적 가치를 설명하는 개념의 약어로 옳은 것은?

① RFM ② CLV
③ CE   ④ NPS
⑤ RLC

55 다음 중 온라인 판매 채널을 추가함으로써 얻을 수 있는 혜택으로 가장 옳지 않은 것은?

① 지역 상권에 제한되지 않고 시장을 확장할 수 있다.
② 더 깊고 넓은 상품구색을 제공할 수 있다.
③ 소비자의 구매 결정에 도움이 되는 더 많은 양의 정보를 제공할 수 있다.
④ 채널 간 갈등을 낮춰 고객에게 통합된 경험을 제공할 수 있다.
⑤ 소비자 구매에 대한 정보를 수집하여 개인 맞춤형 제품을 제공할 수 있다.

56 검색엔진 최적화(SEO : search engine optimization)의 성과지표 중 하나로, 검색엔진을 통해 웹사이트에 유입된 방문자 수치를 의미하는 것으로 옳은 것은?

① 이탈률(bounce rate)
② 오가닉 트래픽(organic traffic)
③ 페이드 트래픽(paid traffic)

④ 평균 세션 시간(average session duration)
⑤ 페이지 로드 시간(page load time)

57 다음 중 마케팅을 위한 소셜미디어의 장점에 대한 설명으로 가장 옳지 않은 것은?

① 소셜미디어는 표적화되고 개별화되어 있다는 장점이 있다.
② 소셜미디어는 상호작용적이어서 소비자의 의견 및 피드백을 얻는 데 이상적인 도구이다.
③ 소셜미디어는 브랜드의 근황 및 활동에 관한 마케팅 콘텐츠를 시의적절하게 제공할 수 있다.
④ 소셜미디어를 활용한 마케팅은 비용이 무료라는 장점이 있다.
⑤ 소셜미디어는 고객의 경험을 형성하고 공유하는 데 적합하다.

58 아래 글상자의 설명에 해당하는 용어로 옳은 것은?

> 일반적으로 빅데이터로부터 정보를 추출하는 방법을 의미한다. 빅데이터와 같은 거대한 자료로부터 특정한 규칙을 발견해 내는 컴퓨터 처리 작업이라고 정의할 수 있다.

① 메모리 컴퓨팅
② 데이터 시각화
③ 데이터 마이닝
④ 텍스트 시각화
⑤ 연관성 분석

59 상품을 구매할 때, 자신이 고려하는 모든 속성들이 정해 놓은 최소한의 기준치를 충족시키는지 여부를 한꺼번에 평가하여 대안을 선택하는 고객 의사결정모형으로 옳은 것은?

① 사전찾기식 모형
② 순차적 제거식 모형
③ 결합식 모형
④ 분리식 모형
⑤ 다속성 선호도 모형

60 다음 중 탐색적 조사에 관한 설명으로 옳은 것은?

① 특정 이슈나 대상에 대한 사전 정보가 적을 때 전반적인 시장환경 및 문제점을 파악하기 위해 수행한다.
② 관심이 있는 특정 상황이나 응답자의 특정 행동에 대한 실태를 파악하고 예측하기 위한 조사이다.
③ 조사대상으로부터 수집한 자료를 분석하여 특정 대상 및 현상을 요약하고 묘사함으로써 드러나지 않은 특성을 구체화할 수 있다.
④ 예측하고자 하는 효과에 대한 가설을 세우고 검증하는 조사로 다양한 가설을 검증해 볼 수 있다.
⑤ 대부분 직접 자료를 수집하여 정량적 인과관계를 분석하기 때문에 상대적으로 시간과 비용을 단축할 수 있다.

61 다음 중 가격경쟁을 최소화할 수 있다는 장점과 고객 측면을 전혀 고려하지 않는다는 단점을 동시에 가지고 있는 가격결정 방법으로 가장 옳은 것은?

① 원가기준법
② 목표수익률기준법
③ 경쟁기준법
④ 지각된 가치기준법
⑤ 수요기준법

62 관계지향적 판매방식에 관한 내용으로 가장 옳지 않은 것은?

① 판매보다는 고객 요구를 이해하는 데 초점을 맞춘다.
② 설득, 화술, 가격 조건 등을 통해 신규고객을 확보하고 매출을 늘리고자 노력한다.
③ 제품에 대해 설명하는 데 치중하기보다는 고객의 욕구를 이해하고 문제를 해결하는 데 중점을 둔다.
④ 상호 신뢰와 신속한 반응을 통해 고객과 장기적인 관계를 형성하고자 한다.
⑤ 단기적인 매출은 낮아질 수 있으나, 장기적인 매출은 높아지는 것이 일반적이다.

63 점포를 구성하는 물리적 환경의 역할에 대한 설명으로 옳지 않은 것은?

① 패키지 : 제품의 패키지가 소비자의 감각적 반응에 호소 하도록 고안된 것처럼 물리적 환경은 점포의 첫인상을 만들거나 고객의 기대를 설정하는 역할을 한다.
② 편의제공 : 환경 내에서 활동하는 사람들의 성과를 돕는 역할을 한다.
③ 사회화 : 잘 갖춰진 물리적 환경은 고객과 직원으로 하여금 기대된 역할과 행동을 하도록 돕는다.
④ 차별화 : 물리적 환경을 통해서 기업은 경쟁자와 차별 화할 수 있고, 이를 통해 의도된 고객 세분화가 가능하다.
⑤ 지표화 : 이용 가능한 공간의 크기, 공간 내 사람의 수 등에 대한 객관적 평가를 제공한다.

64 아래 글상자의 설명 중 격자형 레이아웃의 특징만을 나열한 것으로 가장 옳은 것은?

> ㉠ 상품진열면적이 넓고 판매공간을 효율적으로 활용할 수 있다.
> ㉡ 비용이 적게 들며 고객이 익숙해지기 쉬운 레이아웃이다.
> ㉢ 통로를 기준으로 각 매장 입구들이 서로 연결되어 고객유인이 용이하다.
> ㉣ 쇼핑의 즐거움을 배가시킬 수 있으며 충동구매를 촉진한다.
> ㉤ 대부분의 진열기구가 직각상태로 되어 있어 딱딱하고 사무적인 분위기를 연출한다.
> ㉥ 소비자들이 원하는 상품을 찾기 위해 매장에 머무는 시간이 늘어나 전체적인 쇼핑 시간이 길어진다.
> ㉦ 제품 재고 및 안전관리를 쉽게 할 수 있다.

① ㉠, ㉡, ㉤
② ㉠, ㉡, ㉦
③ ㉠, ㉢, ㉤
④ ㉠, ㉡, ㉤, ㉦
⑤ ㉠, ㉣, ㉤, ㉥

65 매장 내부인테리어(interior) 관리에 대한 설명으로 가장 옳지 않은 것은?

① 내부인테리어는 고객의 구매욕구를 적극적으로 유발할 수 있도록 구성한다.
② 내부인테리어 중 향기와 음악은 고객의 기분에 영향을 미친다.
③ 파이프나 배관과 같은 매장의 설비물은 내부인테리어를 구성하는 데 영향을 주지 않는다.
④ 내부인테리어 중 매장의 온도는 고객의 기분에 영향을 미친다.
⑤ 내부인테리어 중 조명시설은 고객의 구매욕구에 영향을 미친다.

66 전략적 고객관리(strategic account management)의 특징으로 옳지 않은 것은?

① 전략적 고객관리는 지속가능한 경쟁우위의 원천이다.
② 전략적 고객관리의 관점에서 모든 종업원의 활동과 팀워크가 정렬되는 경우, 종업원의 만족이 증가하고 기업의 생산성과 수익성이 높아질 수 있다.
③ 전략적 고객관리를 통해 일단 성공적으로 정렬된 조직 구성원의 노력은 향후 고객의 욕구가 변화하더라도 적은 비용으로 변화시킬 수 있다.
④ 전략적 고객관리를 통해 고객충성도를 높이는 것은 매우 어렵다.
⑤ 전략적 고객관리를 통해 고객수익성을 높일 수 있다.

67 고객관계관리(CRM)를 성공적으로 적용하기 위해서 고려 해야 하는 요인으로 옳지 않은 것은?

① 판매자를 중심으로 모든 거래 데이터가 통합되어야 한다.
② 고객 분석을 위한 고객의 상세정보가 수집되어야 한다.
③ 고객의 정의와 고객그룹별 관리 방침이 수립되어야 한다.
④ 고객데이터의 분석 모형 개발 및 모형의 유효성 검증 체제가 갖추어져야 한다.
⑤ 고객 분석결과를 활용할 수 있도록 제반 업무절차가 정립되고 시행되어야 한다.

68 다음은 마케팅 조사와 관련된 내용이다. 가장 옳지 않은 것은?

① 1차자료는 당면한 조사목적을 달성하기 위하여 조사자가 직접 수집한 자료이다.
② 기술조사는 표적모집단이나 시장의 특성에 관한 자료를 수집·분석하고 결과를 기술하는 조사이다.
③ 2차자료는 당면한 조사목적이 아닌 다른 목적을 위해 과거에 수집되어 이미 존재하는 자료이다.
④ 모든 마케팅 조사에는 2차자료가 반드시 필요하다.
⑤ 심층인터뷰는 조사문제가 불명확할 때 기본적인 통찰과 아이디어를 얻기 위해 실시되는 조사이다.

69 아래 글상자에서 설명하는 평가 기법으로 가장 옳은 것은?

> 구매자 입장에서 특정 공급자의 개별품목 혹은 재고관리단위 (SKU : stock keeping unit) 각각에 관해 평가를 하는 기법

① 상시종업원당 총이익
② 평당 총이익
③ 경로구성원 총자산 수익률
④ 경로구성원 성과평가
⑤ 직접제품이익

70 다단계 판매의 특징으로 옳지 않은 것은?

① 다단계 판매의 상품구색은 다양하지만, 일반적으로 양호한 품질의 중저가 소비재를 중심으로 구성된다.
② 다단계 판매에서 판매원의 수입은 자신 및 하위 판매원의 판매액을 기초로 책정된다.
③ 다단계 판매는 신규 판매원에게 가입비, 교육비, 상품 구매비 등 과도한 가입비용을 요구한다.
④ 다단계 판매는 강제적인 재고부담이 없다.
⑤ 다단계 판매는 공제조합에 소비자피해 보상보험 가입을 의무화하고 있다.

4과목 유통정보

71 유통업체에서 활용하는 판매시점관리 시스템에 대한 설명으로 가장 옳지 않은 것은?

① 유통업체에서는 판매시점관리 시스템을 통해 영업 및 서비스 업무를 효율적으로 처리하고 있다.
② 판매시점관리 시스템은 판매와 관련된 다양한 데이터 수집을 지원해 준다.
③ 유통업체에서는 고객의 개인정보와 판매시점관리 시스템을 통해 확보한 데이터를 활용해서 보다 효율적인 마케팅을 수행할 수 있게 되었다.
④ 판매시점관리 시스템의 스캐너는 바코드로부터 상품에 대한 데이터를 확보하도록 지원하는 입력장치이다.
⑤ 유통업체에서는 판매시점관리 시스템 내의 고객 개인 정보와 구매 이력에 대한 정보를 고객의 사전 승인 없이 제조업체와 공유해서 활용할 수 있게 되었다.

72 QR코드에 대한 설명으로 가장 옳지 않은 것은?

① 바코드와 동일한 양의 자료를 표현하려면 QR코드 사각형 모양의 크기가 더 커야 한다.
② QR코드는 일부분이 손상되어도 바코드와 다르게 인식 률이 높은 편이다.
③ QR코드는 바코드에 비해 저장할 수 있는 정보의 양이 많다.
④ QR코드는 숫자, 영문자, 한글, 한자 등 다양한 데이터를 처리하는 것이 가능하다.
⑤ QR코드는 360° 어느 방향에서든지 인식이 가능하다.

73 우리나라는 데이터 이용에 관한 규제 혁신과 개인정보 보호 협치체계 정비의 문제를 해결하기 위해 관련 법을 개정하였다. 아래 글상자에서 데이터 3법에 해당되는 법률들을 모두 나열한 것으로 옳은 것은?

| ㉠ 산업재산 정보의 관리 및 활용 촉진에 관한 법률 |
| ㉡ 개인정보 보호법 |
| ㉢ 정보통신망 이용촉진 및 정보보호 등에 관한 법률 |
| ㉣ 신용정보의 이용 및 보호에 관한 법률 |
| ㉤ 전자금융거래법 |

① ㉠, ㉡, ㉢
② ㉠, ㉡, ㉣
③ ㉠, ㉢, ㉣
④ ㉡, ㉢, ㉣
⑤ ㉡, ㉣, ㉤

74 노나카의 지식변환 4가지 유형과 그 설명이 가장 옳은 것은?

① 사회화(socialization) - 생각이나 노하우를 언어나 그림 등의 형태로 표현한다.
② 외부화(externalization) - 사제관계에서의 노하우 (know-how)를 전수 받는다.
③ 형식화(normalization) - 고객분석내용을 보고 고객행태 유형을 체득한다.
④ 내면화(internalization) - 인턴을 하면서 체득한 조직에서의 바른 생활을 블로그에 올려 예비 인턴들에게 공유한다.
⑤ 종합화(combination) - 형식지에서 형식지를 얻는다.

75 유통업체에서 활용하고 있는 ERP 시스템에 대한 발전 순서를 바르게 제시한 것은?

① ERP → Extended ERP → MRP → MRP Ⅱ
② ERP → Extended ERP → MRP Ⅱ → MRP
③ MRP → MRP Ⅱ → ERP → Extended ERP
④ MRP → ERP → Extended ERP → MRP Ⅱ
⑤ ERP → MRP Ⅱ → Extended ERP → MRP

76 글로벌기업이 공급사슬관리상에서 복잡한 물류체계를 효율적으로 운영하기 위해 추진하는 글로벌 물류전략 중 하나인 지연전략에 대한 설명으로 가장 옳지 않은 것은?

① 지연전략은 재고를 일반적 수준으로 적게 보유할 수 있게 한다.
② 지연전략 이점을 최대한 활용하기 위해서는 중앙집중 화를 고려한 제품설계가 필요하다.
③ 지역적 매출량 예측이 전 세계 매출량을 예측하는 것 보다 어렵기 때문에 지연전략은 글로벌시장에서 효과 적인 전략이다.
④ 지연전략은 재고 유연성을 확보하게 되는데, 그것은 동일한 요소, 모듈 또는 플랫폼이 다양한 종류의 최종 제품에서 구현되는 것을 의미한다.
⑤ 지연전략은 공통 플랫폼, 요소 또는 모듈을 이용하여 제품을 디자인하고 최종 목적지 또는 고객 요구사항이 알려질 때까지 최종조립을 늦추는 전략이다.

77 공급사슬관리를 위한 QR시스템의 특징에 대한 설명으로 가장 옳지 않은 것은?

① QR은 제조업체 중심으로 신속한 대응을 핵심으로 한다.
② Harris et al.(1999)의 연구에 의하면 JIT에서 발전해 QR의 개념이 형성되었고, QR이 발전해 ECR의 개념이 형성되었다.
③ QR은 유통업체 및 소매업체를 중심으로 효율적인 고객 대응을 위해 1993년 식품, 잡화, 슈퍼마켓 업계에서 출현하였다.
④ QR의 핵심은 생산자 사이에 걸쳐있는 유통경로 상의 제약조건 및 재고를 줄임으로써 제품 공급사슬의 효율 성을 극대화하는 데 있다.
⑤ QR의 목적은 IT기술을 이용하여 조직의 효율성을 높이고 공급사슬파트너와의 협업과 조화를 통하여 비용을 절감하고, 수익을 창출하는 데 있다.

78 전자서식교환(EDI)은 웹, 클라우드와 결합된 형태로 진화 하고 있다. EDI에 관련된 내용으로 가장 옳지 않은 것은?

① 기업 간 전자상거래 서식 또는 공공 서식을 서로 합의된 표준에 따라 표준화된 메시지 형태로 변환해 거래 당사자끼리 통신망을 통해 교환하는 방식이다.
② 통신 링크를 통해 한 컴퓨터 애플리케이션에서 다른 컴퓨터 애플리케이션으로 사전 정의된 형식의 전자 데이터를 전송하는 방법이다.
③ 웹 EDI 서비스는 전세계 어디서나 이용 가능하다는 장점에 비해 고가의 특별한 접속 프로그램이 필요하며 보안에 취약하다는 단점이 있다.
④ EDI는 문서거래시간의 단축, 자료의 재입력 방지, 업무 처리의 오류감소 등의 직접적 효과가 있다.
⑤ EDIFACT는 여러 행정, 상업 및 운송을 위한 전자 자료 교환이라는 뜻이다.

79 아래 글상자의 신규고객 창출 프로세스를 순서대로 나열한 것으로 옳은 것은?

> ㉠ 잠재고객 특성 파악
> ㉡ 잠재고객 확보
> ㉢ 잠재고객 선별
> ㉣ 니즈파악과 가치창조
> ㉤ 가치제안
> ㉥ 신규고객의 사후관리

① ㉠-㉡-㉢-㉣-㉤-㉥
② ㉠-㉡-㉢-㉤-㉣-㉥
③ ㉠-㉡-㉣-㉢-㉤-㉥
④ ㉠-㉢-㉡-㉣-㉤-㉥
⑤ ㉠-㉢-㉣-㉡-㉤-㉥

80 아래 글상자에서 설명하는 전자지갑형 전자화폐로 가장 옳은 것은?

> • 결제방식은 메인서버 구동 전자지갑, 재충전 가능함
> • 특징으로는 다운로드하지 않는 전자지갑으로 각 사이트의 포인트를 적립하여 현금으로 사용함

① 앤캐시
② 뱅크타운
③ 아이캐시
④ 애니카드
⑤ 사이버패스

81 아래 글상자의 OECD 프라이버시 8대 원칙에 대한 설명 중 옳지 않은 것만을 나열한 것은?

> ㉠ 안전성 확보의 원칙(security safeguards principle) : 개인정보의 수집은 합법적이고 공정한 절차에 의하여 가능한 한 정보주체에게 알리거나 동의를 얻은 후에 수집되어야 한다.
> ㉡ 정보 정확성의 원칙(data quality principle) : 개인정보는 그 이용 목적에 부합하는 것이어야 하고, 이용 목적에 필요한 범위 내에서 정확하고 완전하며 최신의 상태로 유지해야 한다.
> ㉢ 목적의 명확화 원칙(purpose specification principle) : 개인정보는 수집 시 목적이 명확해야 하며, 이를 이용할 경우에도 수집 목적의 실현 또는 수집 목적과 양립되어야 하고 목적이 변경될 때마다 명확히 해야 한다.
> ㉣ 이용 제한의 원칙(use limitation principle) : 개인정보는 정보주체의 동의가 있는 경우나 법률의 규정에 의한 경우를 제외하고는 명확화된 목적 이외의 용도로 공개 되거나 이용되어서는 안 된다.
> ㉤ 수집 제한의 원칙(collection limitation principle) : 개인정보의 분실, 불법적인 접근, 훼손, 사용, 변조, 공개등의 위험에 대비하여 합리적인 안전보호장치를 마련해야 한다.

① ㉠, ㉡
② ㉠, ㉢
③ ㉠, ㉤
④ ㉢, ㉣
⑤ ㉣, ㉤

82 아래 글상자에서 설명하는 잠재고객 발굴을 위한 기존 고객에 대한 CRM 분석 방법으로 가장 옳은 것은?

> 기존 고객과 비슷한 모습을 지닌 그룹을 찾아내는 방법이다. 현 고객의 가족 상황, 프로필, 계약동기, 상품, 성향, 추세분석, 인구통계적 자료, 구매의사결정과 의견제시 등을 목적으로 이용되는 분석 방법이다.

① 아웃바운드 분석
② 인바운드 고객분석
③ 하우스 홀딩 분석
④ 현재 고객 구성원 분석
⑤ 캠페인 효과 분석과 최적 고객 추출

83 클라우드 컴퓨팅 서비스 지원 수준에 따라 구분된 유형으로 가장 옳은 것은?

① 개인용 컴퓨팅 환경, 클라이언트-서버 환경, 클라우드 컴퓨팅 환경
② IaaS(infrastructure as a service), PaaS(platform as a service), SaaS(software as a service)
③ 플랫폼, 운영체계, 디바이스
④ 운영체게, 응용 소프트웨어, 클라이언트
⑤ 클라우드, 엣지, 디바이스

84 메타버스를 구현하는 주요 기반 기술과 그 설명이 가장 옳지 않은 것은?

① XR(eXtended Reality) 기술 – 현실과 가상 세계를 연결하는 인터페이스로, 현실과 가상세계의 공존을 촉진하고 몰입감 높은 가상융합 공간과 디지털 휴먼 등을 구현하는 데 활용된다.
② 디지털트윈 기술 – 가상세계에 현실세계를 3D로 복제 하고 동기화한 뒤 시뮬레이션·가상훈련 등을 통해 지식의 확장과 효과적 의사결정을 지원하는 데 활용된다.
③ 블록체인 기술 – 메타버스 창작물에 대한 저작권 관리, 사용자 신원 확인 및 데이터 프라이버시 보호, 콘텐츠 이용 내역 모니터링 및 저작권료 정산 등을 지원하는 데 활용된다.
④ 인공지능 기술 – 이용자 요구나 수요 변화에 따라 컴퓨팅 자원을 유연하게 배분하여 활용된다.
⑤ 데이터 분석 기술 – 실세계 데이터 취득 및 유효성 검증, 데이터 저장·처리·관리 등에 활용된다.

85 아래 글상자의 융합기술 발전 2단계에 부합하는 사례만을 나열한 것으로 가장 옳은 것은?

> - 융합기술의 발전단계는 IT기반 융합의 진화수준에 따라 크게 3단계로 구분할 수 있다.
> - 1단계는 IT기술과 산업 간 결합 및 통합으로 기존 기술 및 상품과 서비스의 결합을 통한 신제품, 새로운 서비스를 창출하는 단계이다.
> - 2단계는 IT와 이종기술 산업 간 융합을 통해 기존 기술의 한계를 극복하고 새로운 시장을 창출하는 단계이다.
> - 3단계는 IT 신기술의 화학적 융합을 통해 미래 사회의 요구에 부합하는 신상품 및 새로운 서비스를 창출해 내는 융합기술로 정의할 수 있다.

① IPTV, 휴대형 PC
② IPTV, 휴대형 PC, 지능형 자동차
③ IT 융합건설, 지능형 자동차, 수중에너지 탐사로봇 시스템
④ IT 융합건설, 휴대형 PC, 수중에너지 탐사로봇 시스템
⑤ IPTV, 지능형 자동차, 수중에너지 탐사로봇 시스템

86 아래 글상자에서 설명하는 데이터베이스의 종류로 가장 옳은 것은?

> 모자(母子)집합이라는 레코드 간 구조를 가지며, 자(子)레코드가 복수의 모(母)레코드를 갖는 복잡한 표현도 가능한 데이터베이스로, 표현력은 좋으나 다소 복잡하여 사용이 어렵다.

① RDB(관계형 데이터베이스)
② HDB(계층형 데이터베이스)
③ NoSQL(비정형 데이터베이스)
④ NDB(네트워크 데이터베이스)
⑤ OODB(객체지향형 데이터베이스)

87 CRM 시스템에 대한 설명으로 가장 옳지 않은 것은?

① CRM 시스템은 신규고객 창출, 기존고객 유지, 기존 고객 강화를 위해 이용된다.
② 기업에서는 장기적 측면의 고객관계 강화보다는 단기적 측면의 고객관계 강화를 위해 CRM 시스템을 도입 하고 있다.
③ CRM 시스템은 다양한 측면의 고객 정보를 분석해 고객에 대한 이해도를 높여준다.
④ CRM 시스템은 유통업체의 경쟁우위 창출에 도움을 제공한다.
⑤ CRM 시스템은 고객유지율 개선 및 경영성과 개선을 위해 고객정보를 활용한다.

88 전사적자원관리(ERP)와 관련된 내용으로 가장 옳지 않은 것은?

① ERP의 목적은 통합관점에서의 정보자원관리이다.
② ERP는 회계, 재무, 조달, 프로젝트 관리, 공급망 관리 및 제조 같은 조직의 일상적인 비즈니스 활동을 전사적 으로 지원한다.
③ ERP는 여러 비즈니스 프로세스를 한데 묶어 각 프로세스 간 데이터의 흐름을 가능하게 해준다.
④ SaaS ERP는 온프레미스(on-premise) ERP에 비해 초기 착수 비용이 상대적으로 적게 소요된다.
⑤ 온프레미스(on-premise) ERP는 SaaS ERP에 비해 즉각 적인 확장성과 안정적 운영이 보장된다는 장점이 있다.

89 아래 글상자의 괄호 안에 들어갈 용어로 가장 옳은 것은?

( )는 클라우드상의 GenAI가 사용자 디바이스 안으로 이동한다는 것 이상의 의미를 가진다. 단기적으로는 사용자의 일상 언어를 잘 이해하는 음성 UI(user interface), 실시간 통역과 같은 기능 관점에서 GenAI를 활용할 것으로 예상되나, 중장기적으로는 개인화·맞춤화된 GenAI Agent로 진화할 것으로 전망되기 때문이다.

① 온디바이스(on-device) GenAI
② 규칙 기반(rule based) AI
③ 생성형(generative) AI
④ 딥러닝기반 AI
⑤ 영상지원 AI

90 다음 보기에 제시된 4가지 개념을 가치가 낮은 개념에서 높은 개념 순서로 바르게 나열한 것으로 옳은 것은?

① 데이터 → 지혜 → 정보 → 지식
② 데이터 → 지식 → 정보 → 지혜
③ 데이터 → 정보 → 지식 → 지혜
④ 지식 → 데이터 → 정보 → 지혜
⑤ 지혜 → 지식 → 정보 → 데이터

2023년 제1회 정답 및 해설

1	2	3	4	5	6	7	8	9	10
②	①	⑤	④	④	②	④	⑤	③	④
11	12	13	14	15	16	17	18	19	20
④	⑤	⑤	③	③	⑤	⑤	⑤	③	⑤
21	22	23	24	25	26	27	28	29	30
③	③	③	②	④	③	④	②	②	⑤
31	32	33	34	35	36	37	38	39	40
④	③	⑤	①	①	④	④	②	③	⑤
41	42	43	44	45	46	47	48	49	50
④	②	②	③	⑤	②	④	⑤	③	②
51	52	53	54	55	56	57	58	59	60
⑤	④	①	②	③	⑤	①	①	②	⑤
61	62	63	64	65	66	67	68	69	70
④	⑤	③	④	①	①	③	⑤	①	③
71	72	73	74	75	76	77	78	79	80
④	⑤	③	⑤	④	⑤	④	②	④	②
81	82	83	84	85	86	87	88	89	90
⑤	④	④	④	③	④	③	⑤	①	④

1과목 유통물류일반

01 ② 소득에서 재화의 가격이 차지하는 비중과 가격탄력성은 반비례한다.

02 ① 유통경로의 길이 결정 시 상품요인 : 부피, 부패성, 기술적 특성, 총마진

03 ⑤ 순기능적 갈등(functional conflict)은 경로성과 향상을 가져오는 갈등이다. 유통시스템 내의 자원을 권력 순서대로 재분배하게 하는 것은 순기능과 거리가 멀다.

04 ④ 공통으로 들어갈 단어는 '산업통상자원부령'이다.

05 ④ 6시그마 프로젝트를 수행하기 위해 가장 일반적으로 사용하는 방법론이 DMAIC 방법론이다. 정의(Define), 측정(Measure,), 분석(Analyze), 개선(Improvement), 관리(Control)를 거쳐 최종적으로 6시그마 기준에 도달하게 되는 것을 의미한다.

06 ② 앨더퍼(Alderfer)의 ERG이론에서는 인간의 욕구를 존재욕구, 관계욕구, 성장욕구로 구분하고 있으며, 충족-진행의 원리와 좌절-퇴행의 원리를 제시하고 있다. 맥클랜드(David McClelland)는 성취동기이론을 주장하였다. 그는 작업 환경에는 세 가지 주요한 관련된 동기 또는 욕구가 있다고 주장을 하였는데, 성취욕구, 권력욕구, 친화욕구이다.

07 ④ 수량표시는 해당되지 않는다.

08 ⑤ 포장법 개발이어서 가격표준화에 관한 내용이 아니다.

09 ③ 물류비 분류

개정	
과목	비목
영역별	조달물류비 사내물류비 판매물류비 리버스물류비(반품, 회수, 폐기)
기능별	운송비 보관비 포장비 하역비(유통가공비 포함) 물류정보·관리비
지급형태별	자가물류비 위탁물류비(2PL, 3PL)
세목별	재료비 노무비 경비 이자
조업도별	고정물류비 변동물류비

10 ④ 제품의 특성이나 스타일, 품질 등의 제품이 지니고 있는 속성을 지속적으로 수정함으로써, 새로운 소비자를 유인하고, 기존 구매자의 제품에 대한 사용률을 높이려는 전략을 취한다.

11 ④ 제품이 고객에게 인도되기 전에 품질요건이 충족되지 못함으로써 발생하는 품질관리 비용은 내부실패비용이다.

12 ⑤ 조직 구성원과 협의해야 한다.

13 ⑤ 글로벌 유통산업 환경변화에 대한 설명으로 모두 옳다.

14 ③ 기능식 조직은 분업의 원리(전문화)에 기반한 조직이다. 각 기능별로 성과를 측정할 수 있기 때문에 성과에 따라 보수를 달리 정할 수 있다.

15 ③ 근무시간 이외의 시간은 자유의사에 따라 외부활동을 자유롭게 할 수 있는 권리

16 ⑤ 혁신전략에 대한 내용과 거리가 멀다.

17 ⑤ 유통경로의 기능은 교환과정의 촉진, 제품구색의 불일치 완화, 거래의 표준화, 생산과 소비 연결, 고객에 대한 서비스 기능 등이 있다.

18 ⑤ 조직의 각 구성원이 분담하는 업무가 기업 전체의 관점에서 가장 효과적으로 수행될 수 있도록 조정·통합되어야 한다는 원칙이다.

19 ③ Ansoff의 제품-시장 매트릭스

	기존제품	신제품
기존시장	시장침투 전략	제품개발 전략
신시장	시장개발 전략	다각화 전략

20 ⑤ 마이클 포터의 산업 경쟁구조 분석 모델
① 기존 경쟁자 간의 경쟁 정도
② 대체재의 위협
③ 신규 진입자의 위협(잠재적 경쟁업자의 진입 가능성)
④ 구매자의 교섭력
⑤ 공급자의 교섭력

21 ⑤ ㉠ 회전대응 보관, ㉡ 형상 특성

22 ③ 사전 수요량과 보유 재고가 일치한다면 서비스 수준이 낮아진다.

23 ③ WT전략(약점-위협전략)은 시장의 위협을 회피하고 약점을 최소화하는 전략을 선택한다.

24 ② 매도자와 매입자는 권리와 의무를 가지고 있다.

25 ④ 쇼루밍(Showroming) : 오프라인에서 상품을 살펴본 뒤 실제 구매는 모바일이나 온라인을 통해 가격을 비교하고 구매를 하는 것

2과목 상권분석

26 ③ 소매상권의 크기는 판매하는 상품의 종류에 따라 다르게 나타나는데, 가격이 비교적 낮고 구매빈도가 높은 편의품의 상권은 좁은 것이 일반적이며, 가격이 비교적 높으며 수요빈도가 낮은 선매품·전문품·내구소비재 등의 상권은 일반적으로 넓다.
① 인접한 경쟁점포는 편의품점의 상권을 확장시키지 못한다.
② 인접한 경쟁점포는 편의품점의 매출을 감소시킨다.
④ 집재성입지에 적합한 업종일 때 인접한 경쟁점포는 매출증가에 유리하다.
⑤ 산재성입지에 적합한 업종은 인접한 동일업종 점포가 없어야 유리하다.

27 ④ ④ 비용요인에는 생산비, 운송비, 판매비용 등이 포함되며 비용이 상대적으로 저렴할수록 상권은 확대된다.

28 ② 상권은 사회적, 행정적 요인 등의 기준에 의한 확정적 개념이 아니다. 상권범위는 출점하는 업종, 업태와 밀접한 상관관계가 있으며, 고정되어 있는 개념이 아니라 확률적·변동적인 개념이다.

29 ② 유사하거나 상호보완적인 제품, 또는 관계를 가지고 있는 점포가 인접해 있으면 고객을 공유할 가능성이 높아져 상권을 확장시키는 요인이라고 할 수 있다.

30 ⑤ 상권분석 – 입지선정 – 점포계획 – 소매믹스설계

31 ④ ④ 일방통행 도로 – 가시성과 접근성 면에서 불리함

32 ③ 체크리스트(checklist)법은 상권의 규모에 영향을 미치는 다양한 요인들을 수집하여 이들에 대한 목록을 작성하고 각각에 대한 평가를 통해 시장 잠재력과 상권의 구조를 예측해 보는 방법으로서 가장 적합하지 않다.

33 ⑤ 입지요인은 점포와 관련된 요인이다. 가시성, 접근성, 점포의 위치, 점포 면적 등이 해당된다.

34 ① 백화점은 의류, 가정용 설비용품, 신변잡화류 등의 각종 상품을 부분별로 구성하여 소비자들이 일괄 구매할 수 있도록 한 대규모 소매점포이다. 고객흡인력이 강하고, 점포주변에 유동인구가 많으며, 계획적으로 개발된 중심상업지역에 입지한다.

35 ① "전통상업보존구역"에 "준대규모점포"를 개설하려고 할 때 개설등록 기한은 '영업 개시 전까지' 이다.

36 ④ A=$\frac{50,000}{4^2}$=3,125, B=$\frac{70,000}{6^2}$=1,944, C=$\frac{40,000}{3^2}$=4,444

37 ④ 경쟁점이 몰려있으면 상호보완효과가 높아지므로 경쟁력은 서비스, 차별화, 마케팅 능력에 의해 주로 정해진다.

38 ② ▶ 중심지이론의 전제조건
① 지표 공간은 균질적 표면으로 되어 있다.
② 한 지역 내의 교통수단은 오직 하나이며, 운송비는 거리에 비례한다.
③ 인구는 공간상에 균일하게 분포되어 있다.
④ 주민의 구매력과 소비행태는 동일하다.
⑤ 소비자는 합리적으로 의사결정을 하며, 최소비용과 최대의 이익을 추구하는 경제인이다.

39 ③ ① 지표(landmark) - 길찾기를 위한 방향성 제공
② 선큰(sunken) - '움푹 들어간, 가라앉은'의 뜻. 기준 지평면보다 낮은 광장을 의미하며, 지하공간의 쾌적성과 접근성을 높임
④ 구역(district) - 공간과 공간을 분리하여 영역성을 부여
⑤ 에지(edge) - 경계선이며 건물에서 꺾이는 부분에 해당

40 ⑤ ⑤는 상권분석의 목적과는 관련이 없다.

41 ④ 토지대장 - 토지의 소재, 지번, 지목, 면적 등을 확인할 수 있음

42 ②③ ② 데이터베이스와 함께 활용하기 위해 디지털지도보다는 수치지도가 필요하다.
③ 프레젠테이션 지도작업에 대한 설명이다.

43 ② ② 거리조락현상 또는 거리체감효과라고도 한다. 거리 마찰에 따른 비용과 시간의 증가 때문에 발생한다.
▶ 거리에 따라 효용이 감소하는 현상인 거리조락효과(distance decay effect)는 한 지점에서 다른 지점으로 이동할 때, 이동수단에 따라 이동하고자 하는 의지가 달라짐을 의미한다.

44 ③ 부지매입 건물신축에 관한 장단점이다.

45 ⑤ Reilly의 소매중력모형은 규범적 모형이다. 레일리의 소매중력법칙은 뉴튼의 만유인력 법칙을 상권이론에 적용한 것이다. 두 중심지 사이에 위치하는 소비자에 대하여 두 중심지가 미치는 영향력의 크기를 설명하는 이론이다.

3과목 유통마케팅

46 ② 총노출량(GRPs : Gross Rating Points)은 메시지의 도달률(노출률)과 메시지가 노출된 빈도의 곱으로 표시되는데 일반적으로 광고캠페인에서 사용된 모든 광고 매체가 전달한 메시지 노출의 총량을 의미한다. 따라서 각각의 광고 매체의 노출률과 빈도를 계산하고 이를 종합하면 총 노출량을 계산할 수 있다.
③ 광고를 시간에 따라 어떻게 배분하여 집행할 것인가를 결정하는 것
④ 특정 광고 캠페인 기간에 목표 수용자가 평균적으로 광고 메시지에 노출된 횟수
⑤ 같은 비용으로 얼마나 효율적으로 광고를 했는가를 보여주는 지표로 산출식은 광고비/시청률이다.

47 ⑤ 자유형(Free-flow Type) 레이아웃은 비품과 통로를 비대칭적으로 배치하는 방법이다. 이는 패션 지향적인 점포에서 쓰이는 유형으로서 이는 모양이 같지 않은 집기를 사용하고, 통로를 굴려 의식적으로 획일성(uniformity)을 없애려 하고 있는 배치 방법

48 ③ CRM 전략이란 특정 행동과 기술을 사용하여 고객관계를 향상시키기 위한 전사적인 계획이다. 투자 타당성 평가 과정은 사업계획과 관련 있다.

49 ④ 도매상은 상품을 대량으로 매입하거나 수집하여 다수의 소매상에게 소량으로 분산하여 판매하는 업태로, 거래수량 및 매매단위의 원칙에서 비교적 규모가 큰 유통업태를 지칭한다.

50 ② 마케팅 믹스는 PRODUCT, PRICE, PLACE, PROMOTION의 4P라고 한다. 서비스 마케팅 믹스는 서비스 재화의 특성상 여기에 PROCESS, PHYSICAL EVIDENCE, PEOPLE를 더해 확장된 서비스 마케팅 믹스(7P)로 구분하고 있다.

51 ⑤ 머천다이징이란 물리적 공간 및 디지털 플랫폼에서 제품을 판촉하고 판매를 증대시키기 위한 모든 전략을 의미한다. 머천다이징은 소매상의 중심적 업무로서 제품의 연구·개발과 시장 도입 활동을 의미한다.

52 ④ 소비자의 라이프스타일, 사회계층 등에 관한 자료를 토대로 고객들의 성격, 구매행동, 관심, 가치, 태도 등을 근거로 소비자를 서로 다른 몇 개의 집단으로 세분화시키는 것이다.

53 ① 깊이(Depth)는 동일한 상품계열내에서 이용 가능한 변화품이나 대체품과 같은 품목의 수를 말한다. 전문점은 폭은 좁으나 깊이가 깊다.

54 ② 전방통합(Forward Integration)은 기업이 유통부문에 대한 소유권과 통제능력을 갖는 것이고, 후방통합(Backward Integration)은 기업이 부품과 원료와 같은 투입요소에 대한 소유권을 갖고 통제 능력을 갖는 것이다.

55 ③ ⓒ은 수평적 통합에 해당한다.

구분	기존제품	신제품
기존시장	시장침투 전략	제품개발 전략
신시장	시장개발 전략	다각화 전략

56 ⑤ 고객관계관리(CRM)란 기업이 고객과의 관계를 관리함으로써 고객의 로열티(충성도)를 높여 마케팅의 효율을 높이려는 방법론이라고 할 수 있다.
⑤ 기업의 자선활동 및 공익프로그램과의 연계를 통한 사회문제해결 및 공유가치 창출 프로그램은 CSR이라고 할 수 있다. CSR(Corporate Social Responsibility, 기업의 사회적 책임)이란 기업활동에 의해 영향을 받거나 영향을 주는 직·간접적 이해관계자들에 대하여 발생 가능한 제반 이슈들에 대한 법적, 경제적, 윤리적 책임을 감당할 뿐 아니라, 기업의 리스크를 줄이고 기회를 포착하여 중장기적 기업가치를 제고할 수 있도록 추진하는 일련의 "이해관계자 기반 경영활동"이라고 할 수 있다.

57 ⑤ 인테리어 컨셉 및 전체적 조화 등을 고려하여 상품의 잠재적 이윤도 고려해야 한다.

58 ① 홀랜더(S.C. Hollander) 교수가 주장한 이론으로서 소매점의 진화과정을 소매점에서 취급하는 상품믹스로 설명한다.

59 ② 편의품은 고객이 제품에 대하여 완전한 지식이 있어 최소한의 노력으로 적합한 제품을 구매하려는 행동의 특성을 보이는 제품이다. 구매를 하기 위하여 사전에 계획을 세우거나 점포 안에서 여러 상표를 비교하기 위한 노력을 하지 않으므로 구매자는 대체로 습관적인 행동 양식을 나타낸다.

60 ⑤ 옴니채널(omni-channel)은 온라인과 오프라인 채널을 통합함으로써 보다 개선된 쇼핑환경을 고객들에게 제공해준다.

61 ④ 개인정보는 보유 및 이용기간의 제한이 있는 경우가 많다. 따라서, 영구적인 이용이 불가능하다.

62 ⑤ 고객관계관리(CRM)란 마케팅인식에 있어서 종전의 기업중심적인 마케팅사고에서 벗어나 database를 기초로 개별고객의 욕구를 파악하여 맞춤형 서비스를 제공함으로써 고객의 생애가치를 극대화시킬 수 있는 마케팅전략을 말한다.

63 ③ 비율척도란 수치가 크기의 차이분 아니라, 그 비율까지 나타내 주는 것이다. 이는 그 수가 '0' 일 때 그 속성이 없다는 자연스런 영점을 가지고 있기 때문에 하나의 측정치가 다른 측정치의 몇 배가 되느냐 하는 비율의 정보를 가르쳐 줄 수 있는 척도이다.

64 ④ 일반적으로 제조회사 〉 판매회사 〉 다단계판매원으로 간단한 유통구조로 볼 수 있으나, 다단계판매원은 각각의 레벨이 다른 판매원들이 존재하고, 하나의 매출로 하위의 모든 판매원들이 수당배분에 참여되기 때문에, 실질적으로 무한의 유통구조를 가지고 있다.

65 ① 제품별 직접이익(DPP:direct product profit)은 소매업체의 제품수익성을 평가하는 중요한 측정도구 중의 하나로 회계상 손익계산서를 유통기업에 맞추어 수정하는 방법으로, 각 경로대안의 제품수익성(직접제품이익)을 평가하여 직접제품 이익이 가장 높은 경로대안을 선택하게 된다.

66 ① 갈등은 경로구성원이 추구하는 목표가 서로 상이함으로 발생한다.

67 ③ 원가가산 가격결정법(markup pricing)은 제품원가에 표준이윤을 가산해 가격을 결정하는 방법이다. 예상판매량이 예측 가능한 경우 원가가산법은 사용하지 않는다.

68 ④ 컨조인트 분석(Conjoint Analysis)은 제품 및 서비스가 갖고 있는 속성에 대해 고객이 선호하는 형태를 측정함으로써 그 고객이 어떤 제품을 선택할 것인지 예측하는 기법이다.

69 ① 매장의 입출구와 주차시설은 외부 환경요소이다.

70 ③ 쉘빙(shelving)은 선반이나 곤돌라에 상품을 정리정돈하여 진열하는 방법이다.

4과목 유통정보

71 ④ 기존의 일차원 바코드를 향상하여 일본의 덴소웨이브에서 1994년에 개발한 코드 형태를 말한다. 국제 표준(ISO/IEC 18004)이 정립되어 있다.

72 ⑤ 챗GPT는 미국의 인공지능 회사인 OpenAI사에서 개발한 대화형 인공지능 서비스이다.

73 ③ 문서, 웹문서는 비정형 데이터에 해당한다.

74 ⑤ 시스템 다운타임은 관련 없다.

75 ④ ㉠ 정보 정정권, ㉡ 정보 삭제권

76 ⑤ 1차 산업은 기계장치를 통한 제품생산, 2차 산업은 전기기관의 발명으로 인한 대량생산체제 구축, 3차 산업은 정보통신기술로 인한 생산라인의 자동차, 4차 산업혁명은 AI, 빅데이터, 클라우드 등을 통한 기술 융합으로 사람·사물·공간이 초연결되거나 초지능화되는 것을 의미한다.

77 ④ 디지털 전환(Digital Transformation, DX)이란 인공지능, 클라우드, 데이터 등 디지털 기술을 기반으로 기업의 조직 문화, 비즈니스 모델 및 산업 생태계를 혁신하고 고객과 시장의 변화에 대응하여 새로운 가치를 창출할 수 있는 기업으로 변환하는 과정을 의미한다.

78 ② 새로운 공장입지 선정 및 신기술 도입 등과 같은 사항과 관련된 내외부 정보를 주로 다루는 것은 전략적 수준에 해당한다.

79 ④ 균형성과표에는 실행 결과를 나타내는 재무측정지표와 이를 보완하면서 미래의 재무성과에 영향을 주는 운영 활동인 고객만족, 내부 프로세스, 조직의 학습 및 성장능력과 관련된 세 가지 운영측정지표가 포함되어 있다.

80 ② 데이터 마트(Data Mart)는 데이터 웨어하우스의 부분집합으로 제품관리자가 항시 확인해야 하는 데이터를 요약하거나 매우 집중화시켜 제품관리자 집단을 위한 개별적인 데이터베이스를 제공한다.

81 ⑤ 메타버스(Metaverse)란 가공, 추상을 의미하는 메타(meta)와 현실 세계를 의미하는 유니버스(Universe)의 합성어로 3차원 가상세계를 의미한다.

82 ④ 상위 포장(higher levels of packages)인 묶음 포장단위에도 별도로 부여한다.

83 ④ 블록체인(block chain) : 블록체인은 관리 대상 데이터를 '블록'이라고 하는 소규모 데이터들이 P2P 방식을 기반으로 생성된 체인 형태의 연결고리 기반 분산 데이터 저장 환경에 저장하여 누구라도 임의로 수정할 수 없고 누구나 변경의 결과를 열람할 수 있는 분산 컴퓨팅 기술 기반의 원장 관리 기술이다.

84 ③ 플랫폼이 강력한 권한을 가지게 되는 것은 아니다.

85 ⑤ 옵트아웃은 정보주체의 동의를 받지 않고 개인정보를 처리하는 방식이다.
④ 옵트인은 정보주체가 동의를 해야만 개인정보를 처리할 수 있는 방식을 의미한다.

86 ④ 데이터 규모(volume), 속도(velocity), 다양성(variety)

87 ③ 플랫폼이란 구획된 땅이라는 plat과 형태라는 의미의 form의 합성어로서 경계가 없던 땅이 구획되면서 용도에 따라 다양한 형태로 활용될 수 있는 공간을 의미한다.
다양한 상품을 생산하거나 판매하기 위해 공통적으로 사용하는 기본 구조 ▶ 자동차 플랫폼, 전자제품 플랫폼
상품 거래나 응용 프로그램을 개발할 수 있는 인프라(Infra) ▶ 온라인 쇼핑몰, 앱 스토어(App Store)

88 ② 분산ID(DID, Decentralized Identity)는 온라인상에서 블록체인과 자기주권 신원모델을 기반으로 사용자가 스스로 신원 및 개인정보 등에 대한 증명관리, 신원정보 제출범위 및 제출대상 등을 통제·수행할 수 있도록 하는 '탈중앙화 신원관리 체계'이다.

89 ① 가상현실(VR ; Virtual Reality)은 컴퓨터 등을 사용한 인공적인 기술로 만들어낸 실제와 유사하지만 실제가 아닌 어떤 특정한 환경이나 상황 혹은 그 기술 자체를 의미한다.

90 ④ ㉠ 채찍효과(Bullwhip effect)란 공급사슬에서 최종 소비자로부터 멀어지는 정보는 정보가 지연되거나 왜곡되어 수요와 재고의 불안정이 확대되는 현상을 말한다.
㉡ 공급망 가시성은 원자재, 제조, 그리고 고객에 이르기까지 제품을 추적하는 것이다. 이러한 가시성을 통해 조직은 공급 및 유통망의 모든 단계에서 제품을 추적하여 오류를 줄이고 고객 만족도를 높일 수 있다.

2023년 제2회 정답 및 해설

1	2	3	4	5	6	7	8	9	10
③	③	②	⑤	④	②	④	⑤	④	④
11	12	13	14	15	16	17	18	19	20
④	③	①	③	③	⑤	③	④	⑤	④
21	22	23	24	25	26	27	28	29	30
④	③	④	③	⑤	④	⑤	③	⑤	④
31	32	33	34	35	36	37	38	39	40
②	②	⑤	⑤	⑤	③	⑤	②	④	⑤
41	42	43	44	45	46	47	48	49	50
①	②	④	②	⑤	①	②	⑤	②	⑤
51	52	53	54	55	56	57	58	59	60
③	③	④	①	①	⑤	③	③	⑤	⑤
61	62	63	64	65	66	67	68	69	70
③	④	②	④	①	③	③	④	②	①
71	72	73	74	75	76	77	78	79	80
②	③	⑤	④	⑤	⑤	⑤	⑤	⑤	⑤
81	82	83	84	85	86	87	88	89	90
⑤	①	④	④	③	④	④	②	④	③

1과목 유통물류일반

01 ③ 윤리경영의 지표로는 정성적인 지표와 계량적인 지표를 함께 활용한다.

02 ③ 생산자의 소품종 대량생산과 소비자의 다품종 소량구매로 인한 구색 및 수량 불일치를 해소할 수 있기 때문이다.

03 ② ㉠ 합작투자, ㉡ 위탁제조

04 ⑤ 윤리라운드(Ethics Round)는 윤리적 행위를 기업경영활동에 적용하려는 국제적 시도로서 경제활동의 윤리적 환경과 조건을 세계 각국 공통으로 표준화하려는 움직임을 말한다.

05 ④ 목표 달성과 보상은 연계하여 실행한다.

06 ② 블레이크와 모우튼이 말한 리더의 행동유형 5가지는 1.1형(무관심형), 1.9형(컨트리 클럽형), 9.1형(과업형), 5.5형(중도형), 9.9형(팀형)으로 나눠진다.
팀형은 인간에 대한 관심과 생산에 대한 관심의 수준이 제일 높은 리더의 행동유형으로서, 팀형의 리더는 상호의존 관계와 조직의 공동목표를 강조하고, 구성원의 참여를 강조하는 팀지향적인 유형이다. 과업과 사람을 통합하여 높은 성과를 가져오는 이상적인 리더라고 할 수 있다.

07 ④ 팩토링은 금융기관이 기업으로부터 상업어음이나 외상매출증서 등 매출채권을 매입하는 거래를 말한다.

08 ⑤ 명령일원화의 원리와 전문화의 원리를 조화시켜 경영의 대규모화, 복잡화에 대응할 수 있도록 만들어진 조직구조이다.

09 ④ 프랜차이징(Franchising)은 복수 점포 전략의 한 형태로서 제품의 판매와 서비스에 대한 특권을 가지고 있는 프랜차이즈 본사에서 시장 확대를 위해 체인망을 구성하고, 여기에 가입하는 프랜차이즈 가맹점들과 일정한 계약을 체결하여 특정지역에서 판매를 독점할 수 있는 권한을 주어 브랜드, 표준화된 상품, 서비스, 판매기술, 마케팅 노하우 등을 전수해 주고 대신 일정한 로열티, 보증금, 가입금을 포함한 대금을 받는 영업활동이다.

10 ④ 경로관리에서 핵심적인 관점 가운데 하나는 얼마나 많은 수의 점포를 특정지역에 설립해야 하고, 경로 흐름에서 어떤 유형의 경로 구성원이 필요한지를 결정하여 이를 통해 실재고객과 잠재고객의 욕구를 실현하는 것이다.

11 ④ 우리나라 유통산업은 1990년대 후반 유통시장 개방과 자유화 정책 이후 급속히 발전하여 제조업에 이은 고기 기간산업으로 성장하였다.

12 ③ 상품의 가치 및 상태를 보호하기 위해 적절한 재료와 용기를 사용하는 것은 포장활동이다.

13 ① 조직의 구성원들에게 학습되고 공유되는 가치, 아이디어, 태도 및 행동규칙을 조직문화라고 한다.

14 ③ ㉠ - ㉡ - ㉢ - ㉣ - ㉤

15 ③

유형	내용
소유권 흐름	유통 기관으로부터 다른 기관으로의 소유권의 이전
물적 흐름	생산자로부터 최종 소비자에 이르기까지의 제품의 이동
촉진 흐름	광고, 판매원 등판매촉진 활동의 흐름
정보 흐름	유통 기관 사이의 정보의 흐름

16 ⑤ 기술혁신에 의하여 운송, 보관, 하역, 포장기술이 발전되었고 정보면에서는 그 발전 속도가 현저하게 높아졌기 때문이다.

17 ③ 드럭 스토어(Drug Store)는 의약품이나 화장품·생활용품, 식품 등을 모두 취급하는 복합 점포를 일반 슈퍼마켓이나 편의점과 구분하여 말하는 것으로, 이를 건강 및 미용과 관련된 제품들을 판매한다고 하여 H&BC(Health & Beauty Care) shop이라고 부르기도한다.

18 ④ 쇠퇴기에는 수요가 경기변동에 관계없이 감퇴하는 경향을 나타낸다. 광고를 비롯한 여러 판매촉진도 거의 효과가 없으며 시장점유율은 급속히 떨어지고 손해를 보는 일이 많아진다.

19 ⑤ 공동집배송센터란 여러 유통사업자 또는 제조업자가 공동으로 사용할 수 있도록 집배송시설 및 부대업무 시설이 설치되어 있는 지역 및 시설물을 말한다.

20 ④ 6시그마 활동을 주도하는 그룹은 '벨트(Belt)'로 불리는 품질 자격증 보유자들이다. 따라서 ISO9000시리즈와 거리가 멀다.

21 ④ $\frac{19+21}{2} = 20$

22 ③ ㉠ 감정적 갈등, ㉡ 표출된 갈등

23 ④ 유통경로상에 가능하면 도매상을 개입시킴으로써 각 경로 구성원에 의해 보관되는 제품의 수량이 감소될 수 있다는 원리를 집중준비의 원리라고 한다.

24 ③ 표준화된 시스템이기 때문에 자신의 가맹점만이 개선할 수 있는 부분을 활용한 차별점을 검토하기 어렵다.

25 ⑤ Smart 는 물류관리의 3S 1L원칙에 해당되는 용어가 아니다.

2과목 상권분석

26 ④ 접근가능성의 원칙 : 어떤 위치에 도달하는데 소요되는 시간적·경제적·거리적·심리적 부담과 관련되는 개념이다. 지리적으로 인접하거나 교통이 편리하면 접근성이 용이해진다.
⑤ 보충가능성의 원칙은 유사하거나 상호보완적인 제품 또는 관계를 가지고 있는 점포가 인접해 있으면 고객을 공유할 가능성이 높아져 고객을 유인할 수 있다는 점을 설명하는 개념이다.

27 ⑤ 대중교통의 중심지이고 도보통행량이 많다. 또한 교통이 혼잡하다.

28 ③ 이사 이전 = $\frac{1}{2^2}$, 이사 이후 = $\frac{1}{2^2}$ 따라서, 4분의 1로 감소

29 ⑤ 도시의 낙후된 지역이 중상류층의 유입과 개발로 인해 고급화되면서 기존 원주민들이 밀려나는 현상을 말한다. 젠트리피케이션은 도시의 환경과 경제를 개선하는데 도움은 되지만, 임대료 상승과 사회적 분리 등의 갈등으로 부정적인 영향을 미칠 수 있다.

30 ④ 체크리스트(checklist)법은 상권의 규모에 영향을 미치는 다양한 요인들을 수집하여 이들에 대한 목록을 작성하고 각각에 대한 평가를 통해 시장 잠재력과 상권의 구조를 예측해 보는 방법이다.

31 ② ▶ 서술적 방법에 의한 상권분석 : 체크리스트법, 유추법
▶ 규범적 모형에 의한 상권분석 : 중심지이론, 소매중력(인력)법칙
▶ 확률적 모형에 의한 상권분석:허프 모형, MNL(Multinomial Logit) 모형

32 ② 급측면에서 비용요인이 상대적으로 저렴할수록 상권은 확대된다.

33 ⑤ 고객을 지속적으로 유인하기 위해서는 가격, 홍보, 상품, 서비스 등을 차별화해야 하므로 마케팅 능력이 요구되고 비용이 많이 든다.

34 ⑤ 점포의 예상수요는 입지조건이 아니라 상권분석과 관련 있다.

35 ⑤ ⓒ - ⓜ - ⓞ - ⓡ - ⓛ

36 ⑤ ① 적응형입지 – 거리에서 통행하는 유동인구에 의해 영업이 좌우됨
② 산재성입지 – 서로 분산하여 입지해야 유리함
③ 집재성입지 – 동일 업종끼리 모여 있으면 유리함
④ 생활형입지 – 지역 주민들이 주로 이용함

37 ③ ▶ (건축연면적(건물바닥면적의 합) ÷ 대지면적) ×100
용적률은 한마디로 "몇 층 높이까지 건물을 지을 수 있나"를 의미한다. 지하층의 면적, 지상층의 주차용(해당 건축물의 부속용도인 경우만 해당)으로 쓰는 면적, 건축물의 경사지붕 아래에 설치하는 대피공간의 면적, 초고층 건축물과 준초고층 건축물에 설치하는 피난안전구역의 면적은 용적률 산정 시 연면적에서 제외된다.

38 ⑤ 중심성지수는 상업인구를 그 지역의 거주인구로 나눈 값이다. 분모인 지역의 인구가 감소하면 중심성지수는 높아진다.

39 ④ 수정허프(Huff)모델은 허프모델을 개선 보완한 모델이다. 상권을 세부지역(zone)으로 구분하는 절차를 거친다.

40 ⑤ ① 건축선 후퇴(setback)는 상가건물의 가시성이 좋지 않아 부정적인 효과를 가진다.
② 점포 출입구 부근에 단차가 있으면 사람과 물품의 출입이 용이하지 않다.
③ 점포 부지와 점포의 형태는 직사각형에 가까울수록 소비자 흡인에 좋다.
④ 점포규모가 커지면 매출이 증가한다. 이에 따라 관리비용도 커지기 때문에 점포면적이 클수록 좋은 것은 아니다.

41 ① 임차인이 3기의 차임액에 해당하는 금액에 이르도록 차임을 연체한 사실이 있는 경우

42 ② 구매력 지수(BPI)=(인구비×0.2)+(소매 매출액비×0.3)+(유효구매 소득비×0.5)
인구비 : 총인구 대비 지역의 인구비율
소매 매출액비 : 전체 소매매출액 대비 지역의 소매매출액 비율
유효구매 소득비 : 지역의 가처분소득 비율

43 ④ 컨버스의 분기점분석은 경쟁도시 간에 소비자가 어느 도시로 구매하러 갈 것인가에 대한 상권분기점을 찾아내는 것으로 상권의 경계를 확정짓는 방법이다.

44 ② $IRS = \dfrac{\text{현재수요}}{\text{특정 업태의 총매장면적}}$

$= \dfrac{\text{지역시장총가구수} \times \text{가구당 특정 업태에 대한 지출비}}{\text{특정 업태 총매장면적}}$

45 ⑤ 지리정보시스템에 기반한 상권분석정보는 주로 대규모점포에 한정하지 않고, 소상공인들이 운영하는 소규모 점포에서도 상권분석, 입지선정, 잠재수요 예측, 매출액 추정에 활용되고 있다.

3과목 유통마케팅

46 ① 시장세분화 조건 : 측정가능성, 경제성(충분한 규모), 접근가능성, 실행가능성, 세분시장 내 동질성과 세분시장 간 이질성

47 ② 매출비중이 높더라도 수익성이 떨어지는 상품은 C그룹으로 분류하여 관리하는 것이 바람직하다.

48 ⑤ 이 이론은 새롭고 혁신적인 업태로 시작한 업태가 새로운 아이디어를 가진 차세대 소매업태에 의해 끝나게 된다는 것이다. 신규업태의 태동과 발전에 대해 기존업태의 반응을 무시했고, 고가격·고회전율, 저서비스 특징의 편의점(CVS)은 소매수레바퀴 가설로 설명이 어렵다.

49 ② 효율적으로 제품을 찾고 구입할 수 있도록 쾌락적 편익제공

50 ⑤ 손익분기 매출액 산출은 생산성에 해당되지 않는다. 손익분기점(BEP ; Break Even Point)이란 한 기간의 매출액이 당해 기간의 총비용과 일치하는 점을 말한다. 즉, 이익도 손실도 생기지 않는 매출액을 말한다.

51 ③ HILO(High-Low)가격 전략은 일반적으로 저가격을 지향하기 보다는 품질이나 서비스를 강조하는 가격정책이다. 가격할인행사와 소비자를 유인하기 위한 차별화정책을 사용하기 때문에 광고 및 운영비가 상시 저가전략보다 많이 든다.

52 ③ 경로 구성원과의 장기적인 협력관계를 맺기 위해 성과가 좋지 못한 중간상은 바꾸는게 바람직하다.

53 ④ 서비스 품질관리 모형에서 공감성(Empathy)은 보살핌, 고객에게 주어지는 개별적 관심, 서비스로의 접근 용이성, 원활한 의사소통(커뮤니케이션), 고객에 대한 충분한 이해 등이 서비스 품질을 평가하는 요소이다.

54 ① 교차판매, 묶음판매를 통한 관계의 확대는 '관계활용' 단계에 해당한다.

55 ① 풀 전략(pull strategy)은 제조업자의 광고를 통하여 이미지가 형성된 소비자가 스스로 특정 제품을 지명 구매하도록 하는 즉 끌어당기면서 구매하도록 하는 고차원적 정책이다. 푸시 전략(push strategy)은 제조업자가 광고에는 많은 노력을 기울이지 않고, 판매원에 의한 인적 판매를 통하여 그 제품을 소비자에게 밀어붙이면서 판매하는 정책이다.

56 ⑤ 대체재가 많을수록 시장의 매력도는 낮아진다.
▶ 마이클 포터의 산업 경쟁구조 분석 모델 : ① 존 경쟁자 간의 경쟁 정도 ② 체재의 위협 ③ 규 진입자의 위협(잠재적 경쟁업자의 진입 가능성) ④ 매자의 교섭력 ⑤ 급자의 교섭력

57 ③ 측정과 비교는 다양한 마케팅성과척도를 사용하는 것이 바람직하다.

58 ③ 과거의 매출액이나 예측된 미래의 매출액을 근거로 예산을 결정하는 방법은 매출액 비율법이다. 가용예산법은 기업의 여유 자금에 따라 예산을 결정하는 방법이다.

59 ⑤ CRM을 성공적으로 수행하기 위해서 다양한 채널을 연계하여 복합적으로 운영해야 한다.

60 ⑤ 상품 설명, 쇼핑 상담, 배달 등과 같은 노역 기술 제공 서비스는 인적 서비스에 해당한다.

61 ③ 지역별 영업조직의 장점에 해당한다.

62 ④ 온라인 분석 처리(OLAP)는 의사결정 지원 시스템 가운데 대표적인 예로, 사용자가 동일한 데이터를 여러 기준을 이용하는 다양한 방식으로 바라보면서 다차원 데이터 분석을 할 수 있도록 도와준다. 다차원정보에 직접적으로 대화 형태로 분석하는 것이 OLAP의 특징이다.

63 ② 격자형(Grid Type) 레이아웃 : 평행한 통로 양쪽으로 선반이 있고, 그 위에 상품을 진열 놓는 것으로 계산대는 상점의 출구나 입구에 위치하고 있으며, 쇼 케이스, 진열대, 계산대, 곤돌라 등 진열기구가 직각 상태로 되어 있는 배치 방법

64 ③ 고객생애가치(Customer Lifetime Value)는 한 고객이 평균적으로 기업에게 기여하는 미래수익의 현재가치로서, 한 고객이 한 기업의 고객으로 존재하는 전체기간 동안 기업에게 제공할 것으로 추정되는 잠재적이고 재무적인 공헌도의 총합계를 의미한다. 경쟁자보다 더 높은 가치를 제공해주면 고객생애가치를 높일 수 있다.

65 ④ IP(Item Presentation)는 행거, 선반, 쇼케이스 등 주로 상품이 걸려 있건 진열되어 있는 곳이다. 실제 판매가 이루어지는 곳으로 매장면적의 대부분을 차지하는 부분이다.

66 ① 쿠폰(coupon)은 소비자들이 어떤 특정상품을 구매할 때 절약할 수 있도록 해주는 하나의 징표로 소비자에게 가격혜택을 제공하기 위한 수단이다.

67 ③ 세그먼트 머천다이징은 세분시장 대응 머천다이징인데, 동일한 고객층을 대상으로 하되 경쟁점과는 달리 그들 고객이 가장 원하는 품종에 중점을 두거나, 가격대에 대응하는 상품이나 품질을 차별화하는 방향으로 전개하는 머천다이징이다. 따라서, 이를 중심으로 하는 경쟁전략은 경합점 상호 간에 양립성을 생기게 하여 직접적인 경쟁을 회피할 수 있게 하여 준다.
① 소매점이 상품의 구색, 즉 구성을 확대하여 가는 유형의 상품화가 혼합식 머천다이징이다.
④ 대규모 소매업과 선정된 주요 상품 납품회사(key merchandising resources) 사이에 계획을 조정 통합화시켜 머천다이징을 수행하는 것으로 특히 대규모 소매점의 경우에 일반화되고 있다.

68 ③ 선도가격정책은 가격을 특별히 정상가격보다 낮추어 매출을 증가하는 방법으로도 이용한다. 단수가격정책은 경제성의 가격 이미지를 제공하여 구매를 자극하기 위해 구사하는 정책으로 상품 가격이 1,000원에 비해 990원이 훨씬 싸다고 지각되게 하는 가격정책이다.

69 ④ 전년도 목표 대비 판매량 분석 또는 전월 대비 매출액 변화분석과 같은 시계열 정보를 수집하고 분석·활용할 수 있다. 시계열이란 일정한 시간간격으로 본 일련의 과거자료를 의미한다.

70 ① 성숙기에는 대량생산이 본 궤도에 오르고 원가가 크게 내림에 따라 상품단위별 이익은 정상에 달하지만, 경쟁자나 모방상품이 많이 나타나서 경쟁이 치열해진다. 따라서, 경쟁사 고객 유인을 위해 상표 전환을 유도하기 위한 판촉을 증대하는 것이 바람직하다.

4과목 유통정보

71 ② 프론트 오피스(front office) 요소 : 상품검색, 상품리뷰, 상품진열, 회원로그인
② 상품등록은 백 오피스(Back office) 요소이다.

72 ③ 소비자간의 대화가 가능하다.

73 ⑤ 4차 산업혁명 시대의 생산요소 토지, 노동, 자본 중에서 노동의 가치는 줄어들고 있다. 4차 산업혁명기술이 노동을 대신하기 때문이다.

74 ② QR은 신기술 접목을 통한 상품의 기획, 구매, 생산, 유통과정상의 재고수준 절감 및 소요기간을 단축시킨다. 리드타임 증가가 아니라 리드타임 감소이다.

75 ⑤ 블록체인은 공공거래 장부로 불리는 데이터 분산 처리 기술로서 네트워크에 참여하는 모든 사용자가 모든 거래 내역 등의 데이터를 분산·저장하는 기술을 지칭한다. 보안성이 높으며 가시성을 확보할 수 있다.

76 ⑤ ▶ 비즈니스 모델 캔버스를 구성하는 9가지 요인

7.핵심 파트너 (Key Partners)	8.핵심 활동 (Key Activities)	2.가치 제안 (Value Proposition)	4.고객 관계 (Customer Relationships)	1.고객 세분화 (Customer Segment)
	6.핵심 자원 (Key Resource)		3.채널 (Distribution Channel)	
9.비용 구조 (Cost Structure)			5.수익 흐름 (Revenue Stream)	

77 ⑤ 일반화 규칙은 데이터마이닝 기법의 활용에 해당되지 않는다.

78 ⑤ 그린워싱(Green-washing)이란 상품의 환경적 속성이나 효능에 관한 표시·광고가 허위 또는 과장되어, 친환경 이미지만으로 경제적 이익을 취하는 경우를 의미한다. 그린워시 또는 녹색분칠은 기업이 실제로는 환경에 악영향을 끼치는 제품을 생산하면서도 광고 등을 통해 친환경적인 이미지를 내세우는 행위를 말한다. 그린워싱 제도를 운영하지는 않는다.

79 ⑤ 암묵지(tacit knowledge)는 기호로 표시되기가 어렵고 주로 사람이나 조직에 체화되어 있는 지식과 머리 속에 잠재되어 있는 지식을 말한다.

80 ⑤ 마이데이터는 정보주체인 개인이 본인의 정보를 적극적으로 관리, 통제하고, 이를 신용관리, 자산관리, 나아가 건강관리까지 개인 생활에 능동적으로 활용하는 일련의 과정이다.

81 ⑤ 라스트마일(Last-mile)은 사형수가 형장으로 걸어가는 마지막 길을 뜻하는 그린마일(Green-Mile)과 같은 의미로 쓰이는 말이다. 시점으로는 풀필먼트 이후의 단계. 통신업계에서는 이를 통신 신호를 최종 수요처인 가정이나 회사까지 전달하는 마지막 과정이라는 뜻으로, 물류업계에서는 배송 상품을 고객의 손에 배달하는 순간까지의 모든 과정을 뜻하는 말로 쓰고 있다.

82 ① 멧칼프(Metcalf's Law)의 법칙 : 네트워크의 가치는 해당 네트워크 구성원수의 제곱에 비례한다.
티핑 포인트(Tipping point) : 작은 변화들이 일정 기간 동안 쌓인 상태에서 작은 변화가 하나만 더 일어나도 갑자기 큰 영향을 초래할 수 있는 상태가 되는 단계를 말한다.

83 ④ 다이나믹 프라이싱 전략(dynamic pricing strategy)은 동태적 가격전략 또는 가변적 가격전략이라고 한다. 수요에 따라 변하는 가격정책을 의미한다.

84 ④ ⓒ 목적 명시의 원칙 – 개인정보는 수집 과정에서 수집 목적을 명시하고, 명시된 목적에 적합하게 이용되어야 한다.
ⓗ 공개의 원칙 – 개인정보의 처리 및 보호를 위한 정책 및 관리자에 대한 정보는 공개되어야 한다.

85 ③ ⓒ 예측분석(predictive analytics) : 애널리틱스를 이용해 미래에 발생할 가능성이 있는 일을 예측함
ⓒ 진단분석(diagnostic analytics) : 특정한 일이 발생한 이유를 이해하는 데 도움을 제공

86 ④ 대체 불가능한 토큰(non-fungible token, NFT)은 블록체인에 저장된 데이터 단위로, 고유하면서 상호 교환할 수 없는 토큰을 뜻한다. 대체 가능(fungible)한 토큰들은 각기 동일한 가치를 지녀 서로 교환이 가능하다.

87 ④ GS1에서는 각국 GS1 코드관리기관의 회원업체정보 데이터베이스를 인터넷을 통해 연결하여 자국 및 타 회원국의 업체 정보를 실시간으로 검색할 수 있게 해주는 글로벌 기업정보 조회서비스(GEPIR : Global Electronic Party Information Registry)를 제공하고 있다.

88 ② ⓐ 무결성(Integrity)이란 전달과정에서 정보가 위변조되지 않았는지 확인하는 것이다.
ⓒ 기밀성(Confidentiality) : 전달내용을 제3자가 획득하지 못하도록 하는 것이다. 알 필요성에 근거하여 정당한 권한이 주어진 사용자, 프로세스, 시스템만 접근 가능해야 한다.

89 ④ 구매-지불 프로세스 : ㉠-㉡-㉢-㉣-㉤-㉣-㉤

90 ③ ① OLTP(on-line transaction processiong) : 주 컴퓨터와 통신회선으로 접속되어 있는 복수의 사용자 단말에서 발생한 트랜잭션을 주 컴퓨터에서 처리하여 그 결과를 즉석에서 사용자에게 되돌려 보내 주는 처리형태로서 여러 과정이 하나의 단위 프로세스로 실행되도록 하는 프로세스
② OLAP(on-line analytical processiong) : 다차원으로 이루어진 데이터로부터 통계적인 요약 정보를 제공할 수 있는 기술
④ 정규화(normalization)는 어떤 대상을 일정한 규칙이나 기준에 따르는 '정규적인' 상태로 바꾸는 것을 의미한다. 불필요하거나 중복되는 데이터(data redundancy)들을 제거하고, 이상현상(Anomly)을 방지함으로써 정규화가 가능하다

2023년 제3회 정답 및 해설

1	2	3	4	5	6	7	8	9	10
④	①	④	④	⑤	⑤	③	②	②	⑤
11	12	13	14	15	16	17	18	19	20
④	③	②	④	②	③	③	⑤	④	③
21	22	23	24	25	26	27	28	29	30
⑤	①	③	⑤	④	④	③	②	③	④
31	32	33	34	35	36	37	38	39	40
①	④	④	③	①	③	②	④	③	⑤
41	42	43	44	45	46	47	48	49	50
④	⑤	⑤	⑤	④	③	③	④	③	④
51	52	53	54	55	56	57	58	59	60
③	③	④	③	②	③	①	②	③	④
61	62	63	64	65	66	67	68	69	70
①	④	⑤	⑤	③	⑤	③	⑤	③	⑤
71	72	73	74	75	76	77	78	79	80
③	①	③	②	①	③	⑤	②	③	⑤
81	82	83	84	85	86	87	88	89	90
③	④	⑤	②	②	④	②	⑤	④	②

1과목 유통물류일반

01 ④ 기능위양 이론(Functional Spin-off Perspective) Mallen에 의하면 유통경로구조는 기능수행의 경제적 효율성 여부, 즉 기능을 얼마나 효율적으로 수행하는가 여부에 의해 결정된다.
업무를 수행하는 데 소요되는 마케팅비용 또는 유지비용을 가장 적게 필요로 하는 유통경로기관이 해당 업무를 수행하는 방향으로 유통경로의 구조가 결정된다고 본다.

02 ① $EOQ = \sqrt{\dfrac{2DS}{H}}$ Q : 1회 주문량, D : 수요량, S : 1회 주문비, H : 재고유지비

$200 = \sqrt{40,000}$, $200 = \sqrt{\dfrac{2 \times 10,000 \times 200}{H}}$,

$200 = \sqrt{\dfrac{4,000,000}{H}}$

따라서 H=100

03 ④ 피기백(Piggy-Back) 방식은 트레일러나 트럭에 의한 화물운송도중 화물열차의 대차 위에 트레일러나 트럭을 화물과 함께 실어 운송하는 방법이다.

04 ④ 예수금은 주식 거래를 위해 증권사에 입금한 금액을 말합니다.

05 ⑤ 표준화된 서비스 제공이 아니라 개별 맞춤형 서비스 제공이 가능해졌다.

06 ⑤ 플랫폼 비즈니스는 공급자가 네트워크를 구축하고 소비자가 시간과 공간의 제약을 받지 않고 참여할 수 있도록 하는 사업 형태를 말한다. 사업자는 플랫폼을 제공해주는 대가를 직접적으로 취할 수 있다.

07 ③ 공급사슬의 구성은 공급자, 생산자, 도매상, 소매상, 소비자로 볼 수 있다. 공급자로 갈수록 상류(upstream)이고 소비자 쪽으로 갈수록 하류(downstream)라고 한다. 채찍효과는 공급사슬에서 최종소비자로부터 멀어지는 정보는 정보가 지연되거나 왜곡되어 수요와 재고의 불안정이 확대되는 현상을 말한다.

08 ② 시장개발(개척) : 신시장+기존제품의 경우로 시장개척의 가능성을 고려하는 전략

09 ② 강압적 힘은 영향력 행사에 따르지 않을 때 처벌이나 제재를 가할 수 있는 능력으로서 영업에 해를 끼치거나 긍정적인 보상을 철회하는 경우가 이에 해당한다.

10 ⑤ ⓓ의 이해관계자는 환경이고 추구하는 가치이념은 환경보호이다.

11 ④ 판매처를 한정하여 자사제품만을 판매하도록 하는 것으로 자동차, 고급의류 등이 제품이 이 같은 유통방식을 택한다.

12 ③ 유통산업이 합리화 된다면, 법률이나 정부의 규제가 완화된다.

13 ② 직무기술서(job description)는 직무의 능률적 수행을 위해 직무에 관한 사실을 직무내용중심으로 간략하게 정리한 문서를 말한다. 직무내용의 요약, 수행되는 과업 등이 직무기술서에 포함된다.

14 ④ 기업의 사명 정의 → 기업의 목표 설정 → 사업포트폴리오 분석 → 성장전략의 수립

15 ② 영업창고의 창고료는 보관료와 하역료로 구성되어 있다.

16 ③ 고정비용은 줄어들고, 변동비용이 늘어나서 비용절감 효과를 얻을 수 있다.

17 ③ 라이센싱이란 특정기업이 자신의 기술, 특허, 상표권 혹은 기타 지적재산권을 다른 기업에게 사용하도록 허락하고 그 대가로 로열티를 받는 일종의 계약을 말한다.

18 ⑤ 윤리적 리더십이란 리더가 부하에게 규범적으로 적절한 행동을 보이고 윤리적 의사결정을 통해 부하들에게도 그러한 윤리적 가치와 행동을 내재화하도록 영향력을 행사하는 과정이다.

19 ④ 직송도매상 : 제품에 대한 소유권을 갖고 제조업자로부터 제품을 취득하여 소매상에게 바로 직송한다.

20 ③ 판매대리인은 모든 지역에서 판매를 하고, 제조업자의 대리인은 제조업자의 지배력이 약한 지역에서 활동한다.

21 ⑤ 직매입 납품업체의 납품과정에서 상품에 훼손이나 하자가 발생한 경우 상품대금을 감액하는 경우는 불공정거래로 볼 수 없다.

22 ① 샤인은 조직문화의 구성요소 및 항목들을 세가지 범주로 나누고 인식 수준에 따라 세 개의 계층으로 체계화해서 설명하는 데, 인공물 및 창작물, 가치관, 기본적 가정이다.

23 ③ 각 평가 기준의 중요성을 정확하게 판단할 수 없는 경우에 유용한 평가방법은 최소기준 평가방법이다.

24 ⑤ 국가는 물품등의 잘못된 소비 또는 과다한 소비로 인하여 발생할 수 있는 소비자의 생명·신체 또는 재산에 대한 위해를 방지하기 위하여 다음 각 호의 어느 하나에 해당하는 경우에는 광고의 내용 및 방법에 관한 기준을 정하여야 한다.
  • 용도·성분·성능·규격 또는 원산지 등을 광고하는 때에 허가 또는 공인된 내용만으로 광고를 제한할 필요가 있거나 특정내용을 소비자에게 반드시 알릴 필요가 있는 경우
  • 소비자가 오해할 우려가 있는 특정용어 또는 특정표현의 사용을 제한할 필요가 있는 경우
  • 광고의 매체 또는 시간대에 대하여 제한이 필요한 경우

25 ④ 수요와 공급의 품질적인 차이를 조절하여 거래과정에서 거래단위, 가격, 지불 조건 등을 표준화시킨다.

2과목 상권분석

26 ④ 중첩은 공간적으로 동일한 경계선을 가진 두 지도 레이어들에 대해 하나의 레이어에 다른 레이어를 겹쳐놓고 지도 형상과 속성들을 비교 하는 기능이다.

27 ⑤ 배후수요 및 유효수요가 주머니 속에서 맴도는 것에서 포켓상권으로 불리고 있다. 항아리 상권이라고도 하며, 유동인가 타 지역으로 빠져나가기 힘든 상권을 말합니다.

28 ③ 부도심상권은 보통 간선도로의 결절점이나 역세권을 중심으로 형성되는바, 도시 전체의 소비자를 유인하지는 못하는 경우가 많다.

29 ③ 상권의 형태는 동심원 형태부터 아메바 형태까지 다양하다.

30 ④ 가격조사 시 당시 판매가격을 분석해야 한다.

31 ① 최대 도달거리는 중심지가 수행하는 상업적 기능이 배후지에 제공될 수 있는 최대·한계거리를 말한다.

32 ④ 비확률적 표본추출 방법은 조사대상이 표본으로 추출될 확률을 모르는 상태에서 표본이 선정되는 방법으로서, 추출된 표본이 모집단을 얼마나 잘 대표하는지를 알지 못하므로 분석결과를 일반화시키는 데 한계가 있다. 편의표본추출, 판단표본추출, 할당표본추출 등이 있다.

33 ④ 특정 지역에 유사한 단일 목적으로 방문하는 통행객보다는 서로 다른 목적으로 방문하는 통행객이 많을수록 상권의 질은 높아진다.

34 ③ 호이트의 선형이론 : 도심으로부터 새로운 교통로가 발달하면 교통로를 축으로 도매·경공업 지구가 부채꼴 모양으로 확대된다. 그리고 인접하여 사회 계층이 다른 주민들의 주거 지역이 저급 → 중급 → 고급 순으로 발달함으로써 도시 교통의 축이 거주지 분화를 유도한다고 보는 것이다.
① 버제스의 동심원지대이론 : 도시의 구조를 ㉠ 중심비즈니스지대, ㉡ 추이지대, ㉢ 자립근로자 거주지대, ㉣ 중산층 거주지대, ㉤ 통근자 거주지대의 5종으로 분류하고, 이들 지대는 동심원적 구조를 이루어 제각기 외측에 인접한 지대를 잠식하면서 팽창해가는 것이다.

35 ① $D_b = \dfrac{D_{ab}}{1+\sqrt{\dfrac{P_a}{P_b}}}$, 공식에 대입하면

$D_b = \dfrac{20km}{1+\sqrt{\dfrac{90,000}{10,000}}} = 5km$

36 ⑤ 2~3개의 표본점포를 사용한다고 실무적으로 설명력 있는 회귀모형을 도출하는데 충분하지 않다.

37 ③ 키오스크란 원래 옥외에 설치된 대형 천막 등을 뜻하는 말로 간이 판매대나 소형 매점을 의미하기도 한다. 쇼핑몰 내 일반점포에 비해 임대차 계약기간이 길다고 할 수 없다. 일반점포는 계약기간이 정해지지만, 키오스크의 경우 효과가 없다면 단기간에라도 처분할 수 있다.

38 ⑤ ▶ 유통산업발전법 제12조의2(대규모점포등에 대한 영업시간의 제한 등)
  ① 특별자치시장·시장·군수·구청장은 건전한 유통질서 확립, 근로자의 건강권 및 대규모점포등과 중소유통업의 상생발전(相生發展)을 위하여 필요하다고 인정하는 경우 대형마트와 준대규모점포에 대하여 영업시간 제한을 명하거나 의무휴업일을 지정하여 의무휴업을 명할 수 있다.
  ② 특별자치시장·시장·군수·구청장은 오전 0시부터 오전 10시까지의 범위에서 영업시간을 제한할 수 있다.
  ③ 특별자치시장·시장·군수·구청장은 매월 이틀을 의무휴업일로 지정하여야 한다. 이 경우 의무휴업일은 공휴일 중에서 지정하되, 이해당사자와 합의를 거쳐 공휴일이 아닌 날을 의무휴업일로 지정할 수 있다.
  ④ 영업시간 제한 및 의무휴업일 지정에 필요한 사항은 해당 지방자치단체의 조례로 정한다.

39 ③ 경쟁분석을 실시하는 분석수준은 상권분석이다.

40 ④ 전문품점 – 집심성 입지

41 ④ 물류요구의 크기만으로 취급하는 소매점 숫자를 알 수 없다.

42 ⑤ 상품계획은 점포출점전략이다.

43 ⑤ 행정구역은 상권의 계층성과 관련 있다. 지역상권과 지구상권은 행정구역으로 구분한다.

44 ③ 빅데이터 분석은 상권분석의 주요한 목적으로 볼 수 없다.

45 ③ 대통령령인 상가건물임대차보호법 시행령 4조는 "차임 또는 보증금의 증액청구는 청구 당시의 차임 또는 보증금의 100분의 5의 금액을 초과하지 못한다"고 규정하고 있다.

3과목 유통마케팅

46 ⑤ 통합 마케팅(Integrated marketing)이란 일반적으로 제품 또는 서비스를 홍보하기 위해 서로 다른 마케팅 채널을 동시에 활용하는 전략적인 캠페인이다. 모든 마케팅 커뮤니케이션 캠페인들이 서로 다른 촉진 목표를 달성하도록 관리한다.

47 ③ 소비자에게 상품에 대한 정보를 전달하거나 결제를 도와주는 곳은 판매 공간이다.

48 ④

4P	4C
Product(제품)	Customer(고객)
Price(가격)	Cost(고객이 지불하는 비용)
Place(유통)	Convenience(편의성)
Promotion(촉진)	Communications(의사소통)

49 ④ 리치미디어광고는 배너광고의 한 종류로 JPEG, DHTML, Javascript, Shockwave, Java 프로그래밍과 같은 고급 멀티미디어 기술을 배너광고에 적용시킨 광고를 말한다. 기존의 단순한 형태의 배너광고보다 풍부한 정보를 담을 수 있는 광고이다.

50 ④ 브랜드 인지도는 고객이 브랜드를 기억하거나 인식할 수 있는지 또는 단순히 알고 있는지 여부를 나타낸다. 브랜드 이미지의 풍부함과는 관계가 없다.

51 ③ 요즘은 전략적 관점에서 고객과의 관계를 형성하는 영업을 중요시한다.

52 ③ 선별적 머천다이징(selective merchandising)소매업, 2차 상품 제조업자, 가공업자 및 소재 메이커가 수직적으로 연합하여 상품계획을 수립하는 머천다이징 방식인데, 이는 시장 세분화를 통해 파악된 한정된 세분시장을 목표고객으로 하여 이들에 알맞은 상품화 전략을 전개하는 것이다. 이는 흔히 유행상품의 상품화, 즉 패션 머천다이징(fashion merchandising)에 이용된다.

53 ④ ④ 가치증진서비스이고 나머지는 거래완결서비스에 해당한다.

54 ② 균형성과표는 재무측정지표와 운영측정지표 모두를 균형 있게 고려한 새로운 성과측정시스템으로, 과거 성과에 대한 재무적인 측정지표를 통해서 미래성과를 창출하는 측정지표이다.

55 ② 새로운 제품에 대한 정보를 다른 사람보다 먼저 알고 신제품을 구매하여 사용한 뒤, 이에 대한 평가를 주변 사람에게 알려 주는 소비자군을 이르는 말이다.

56 ④ 마케팅믹스의 수정 : 정체된 매출의 증대를 위해 가격 할인정책, 공격적인 판촉활동(경품이나 컨테스트), 비교광고 시행, 할인 유통업체와의 거래, 다양한 서비스를 제공해야 한다.

57 ③ 공제(allowance) : 재판매업자로 하여금 특별한 프로그램에 참여하도록 하기 위해 계획된 특별한 지급 방법으로 시장가격을 그대로 유지하면서 단지 일정한 조건하에서 대금 일부를 감면해 주는 가격결정

58 ① 카테고리관리란 기업의 이윤창출 및 소비자의 가치를 창출하기 위해 유통업체와 공급업체가 협업을 통하여 영업 결과를 증대시킬 수 있도록, 상품의 카테고리를 전략적 비즈니스 단위로 관리하는 프로세스를 의미한다.

59 ② ⓐ ABC분석 - 재고관리 및 판매관리, ⓑ 판매추세분석 - 판매 및 영업관리

60 ④ 매장 내 콘테스트와 경품추첨은 풀(Pull) 전략이다.

61 ① 도입기란 상품을 개발하고 도입하여 판매를 시작하는 단계로서 매출이 완만하게 증가하는 시기이다. 이는 낮은 신제품에 대한 인지도와 기존제품의 소비습관 때문이다.

62 ⑤ 불량고객은 기업의 관계 진화과정에 따라 분류한 고객의 유형이 아니다. 불량고객은 명확하게 구분하기 어렵다.

63 ④ 관습가격이란 일반적으로 사람들이 인정하는 가격을 의미한다. 소비자들이 관습적으로 느끼는 가격으로, 소비자들은 이 가격을 당연하게 생각하는 경향이 있다.

64 ③ 데이터 웨어하우스란 기간 시스템의 데이터베이스에 축적된 데이터를 공통의 형식으로 변환하여 일원적으로 관리하는 데이터베이스로 기업의 각 부분에 산재해 있는 개별 시스템의 데이터들을 활용목적별로 통합하여 유연한 분석이 가능하도록 만들어 놓은, 방대한 양의 데이터를 저장할 수 있는 대형 전자창고(Electronic Warehouse)이다.

65 ② 충동구매 성격이 높은 상품은 점두진열이 적합하다.

66 ② 고객 편리성을 높이기 위해서는 양방통해보다는 일정한 한 방향으로 흐르게 설계한다.

67 ⑤ CRM 실행 순서 : 대상고객선정 → 고객니즈분석 → 가치창조 → 가치제안 → 성과평가

68 ④ 정성조사와 정량조사 모두 필수적으로 제시되는 것은 아니다. 조사의 성격에 따라 방법을 선택한다.

69 ② 비주얼(Visual)과 머천다이징(Merchandising)의 합성어로 비주얼(Visual)은 고객이 어느 곳에서든 볼 수 있는 장소에 상품을 배치하여, 그 상품의 장점과 매력을 고객에게 시각적으로 호소하기 위한 것이다. 매장 후방시설과 고객 동선은 비주얼 머천다이징 요소와는 거리가 멀다.

70 ⑤ 엔드 매대는 마트 또는 매장의 진열 시에 맨 끝 쪽에 위치하게 되는 매대를 말한다. 엔드 진열은 매장에서 가장 눈에 잘 띄므로 항상 정리정돈이 되어 있어야 한다.

4과목 유통정보

71 ③ 지도학습(Supervised Learning)은 정답을 알려주며 학습시키는 것이다. 비지도학습(Unsupervised Learning)은 정답을 따로 알려주지 않고(label이 없다), 비슷한 데이터들을 군집화 하는 것으로서 일종의 그룹핑 알고리즘이다. 강화학습(Reinforcement Learning)은 분류할 수 있는 데이터가 존재하는 것도 아니고, 데이터가 있어도 정답이 따로 정해져 있지 않으며, 자신이 한 행동에 대해 보상(reward)을 받으며 학습하는 것을 말한다.

72 ① 드론의 구조는 드론과 지상의 원격조정자가 각종 데이터를 주고받는 '통신부', 드론의 비행을 조정하는 '제어부', 드론을 날아가게 구동시키는 '구동부', 그리고 카메라 등 각종 탑재 장비들로 구성된 '페이로드'의 네 부분으로 나뉜다.
전자 광학 센서(Electro-Optica)는 빛이나 빛의 변화를 전자 신호로 변환할 수 있는 전자 감지기이다.

73 ③ 시맨틱 웹은 컴퓨터가 사람을 대신하여 정보를 읽고 이해하고 가공하여 새로운 정보를 만들어 낼 수 있도록, 이해하기 쉬운 의미를 가진 차세대 지능형 웹이다. 예를 들면, 휴가 계획을 세우기 위하여 웹상에 있는 여행 정보를 일일이 직접 찾아서 비행기와 호텔을 예약하는 대신에 자동화된 프로그램에 대략적 휴가일정과 개인의 선호도만을 알려주면 자료의 의미가 포함된 웹상의 정보를 해독하여 손쉽게 세부 일정과 여행에 필요한 예약이 이루어지는 것과 같은 원리이다.

74 ② 공급망 관리에서 가장 표준이 되는 지표로는 SCOR 모델에서 제시한 성과측정 지표를 들 수 있다. 즉 산업에 관계없이 공급망 측면에서 널리 활용되고 있기 때문이다.
고객측면에서의 신뢰성에는 완전주문 충족과, 약속기일 충족률 등이 있다.

75 ① ①은 BSC에 관한 내용이다.

76 ③ 매시업은 무수한 여러 가지 요소들이 하나로 결합되면서 완전히 새로운 개념을 만들어내는 것을 의미한다. 이 같은 매시업은 이미 웹 서비스 분야뿐 아니라 기술이나 디자인, 문화, 라이프스타일 등 사람들의 삶이 연결된 수많은 분야에서 이뤄지고 있다.

77 ⑤ 전국적인 평균비용의 산출보다는 개별시장으로의 운송에 소요되는 실제 분배비용이 필요하게 되었다.

78 ⑤ CPFR은 소매업자 및 도매업자와 제조업자가 고객서비스를 향상하고 업자들간에 유통총공급망(SCM)에서의 정보의 흐름을 가속화하여 재고를 감소시키는 경영전략이자 기술이다.

79 ③ 회귀분석(regression)은 가장 넓은 의미로는 독립변수(x)로 종속변수(y)를 예측하는 것을 의미한다.
① 감성분석 : 감성분석은 단어와 문맥을 분석하여 텍스트가 감정을 파악하는 기술이다. 감성분석은 SNS, 상품 후기, 영화평, 뉴스 기사 등 다양한 데이터에 적용되고 있으며, 사회이슈 찬반 분석과 장소 선호도 분석 등 다양한 연구에서 사용되었다.

80 ⑤ 적용범위에 따라 전용표준(사설표준) 또는 공통표준으로 구분할 수 있다. 전용표준은 특정 개별기업만이 활용할 수 있는 표준을 말한다. 공통표준은 기업과 산업, 국가단위가 사용할 수 있도록 개발된 표준을 말한다. EANCOM은 전자적으로 전송된 정보를 상품의 물리적 흐름과 통합하는 GS1 EDI 표준의 한 종류이다.

81 ③ 유통업체는 푸시(push)마케팅에서 다이렉트(direct)마케팅으로 변화해야 한다.

82 ④ 유통과정에서 발생하는 다양한 의사결정을 지원하기 위해 구축되는 정보시스템이다.

83 ⑤ 챗봇, 디지털 어시스트 등 고객서비스와 관련 있다. 챗봇(chatbot) 혹은 채터봇(chatterbot)은 음성이나 문자를 통한 인간과의 대화를 통해서 특정한 작업을 수행하도록 제작된 컴퓨터 프로그램이다.

84 ③ 생성형 AI는 대규모 데이터 세트를 기반으로 훈련된 딥러닝 모델을 사용하여 새로운 콘텐츠를 생성하는 일종의 인공지능 기술이다. 생성 AI 등장 이전의 AI는 흔히 '판별 AI(Discriminative AI)'라 불리운다. 판별 AI는 그림에서 개과와 고양이과 동물을 식별해 내는 것 같이 입력된 데이터를 특정 기준에 따라 분류하는 역량이 뛰어나다.
※ GPT : Generative Pre-trained Transformer (사전 훈련된 생성 변환기)

85 ② RSS(Reduced Space Symbology:축소형 바코드)는 정상 크기의 바코드를 인쇄할 만한 공간이 없는 전자, 통신, 의료(의약품) 등의 소형 상품에 부착할 목적으로 개발한 축소형 바코드이다.

86 ④ 내가 원하는 무언가를 내가 찾는 것이 아니다. 내가 원하는 무언가를 주변에 있는 것들이 알아서 찾아준다. 나에게 필요한 정보를 적시에 넣어주는 방식, 즉 '푸시(Push)' 방식이다.

87 ② QR에 관한 설명이다.

88 ⑤ ⑤의 경우 소비자들에게 발생할 수 있는 프라이버시 침해 우려라고 볼 수 없다.

89 ③ 반정형 데이터(semi-structured data)는 구조에 따라 저장된 데이터이지만 데이터 내용 안에 구조에 대한 설명이 함께 존재하며, 구조를 파악하는 파싱(parsing) 과정이 필요하며, 보통 파일 형태로 저장한다. 비디오는 비정형데이터에 해당한다.

90 ② 수산물이력제(Seafood Traceability System)라 함은 어장에서 식탁에 이르기까지 수산물의 이력정보를 기록, 관리하여 소비자에게 공개함으로써 수산물을 안심하고 선택할 수 있도록 도와주는 제도이다. 수산물이력제 상품은 수산물이력제 로고와 13자리 이력번호 및 바코드가 포장재에 인쇄되어 있거나, 스티커가 부착되어 있다.

2024년 제1회 정답 및 해설

1	2	3	4	5	6	7	8	9	10
③	⑤	③	⑤	⑤	③	②	⑤	④	④
11	12	13	14	15	16	17	18	19	20
④	④	⑤	④	④	②	②	①	⑤	⑤
21	22	23	24	25	26	27	28	29	30
③	⑤	③	⑤	③	③	④	①	③	⑤
31	32	33	34	35	36	37	38	39	40
④	④	③	③	⑤	③	②	④	②	④
41	42	43	44	45	46	47	48	49	50
④	②	④	④	②	④	②	④	③	④
51	52	53	54	55	56	57	58	59	60
⑤	①	③	⑤	④	③	⑤	④	⑤	⑤
61	62	63	64	65	66	67	68	69	70
①	⑤	⑤	④	②	③	④	⑤	①	②
71	72	73	74	75	76	77	78	79	80
⑤	②	⑤	⑤	①	③	④	③	⑤	①
81	82	83	84	85	86	87	88	89	90
①	③	②	①	④	①	②	①	①	⑤

1과목 유통물류일반

01 ③ 소매업체를 대신해서 재고를 보유해 주는 기능을 한다.

02 ⑤

03 ③ 편의점은 고마진, 고회전율을 특징으로 한다.

04 ⑤
- 효과성 (Effectiveness)은 목표를 달성하는 정도를 의미한다. 즉, 의도한 결과를 얼마나 잘 이루었는지를 평가하는 척도이다. 효과성은 "올바른 일을 하는 것"과 관련이 있으며, 결과 중심적인 관점에서 성과를 측정한다. 한 마케팅 캠페인이 설정한 판매 목표를 달성하거나 초과했을 때, 이 캠페인은 효과적이었다고 평가할 수 있다. 마케팅 캠페인은 기업이 특정 기간 동안 제품 또는 목표를 홍보하고 판매 또는 인지도 제고를 위한 종합적인 전략이다.
- 효율성 (Efficiency)은 자원을 얼마나 잘 사용했는지를 의미한다. 즉, 주어진 자원으로 얼마나 생산적인 결과를 내었는지를 평가하는 척도이다. 효율성은 "일을 올바르게 하는 것"과 관련이 있으며, 과정 중심적인 관점에서 성과를 측정한다.
- 형평성 : 어느 한쪽으로 기울거나 치우치지 않고 균형을 이루는 성질
- 유동성 : 자산을 가치의 손실 없이 얼마나 쉽고 빨리 현금으로 바꿀 수 있는지를 나타내는 개념

05 ⑤ 유통기관은 제조업과 달리 고정비가 작고, 변동비율이 높다.

06 ③ 고유 기능이 사라지고 융합/변형 되었다.

07 ② ⓒ, ⓜ 은 내부환경에 해당한다. 내부환경은 조직, 핵심역량, 경험, 자원(인적, 물적), 기업문화 등이 있다. 거시환경분석 : PEST 분석은 정치적(Political), 경제적(Economic), 사회적(Social), 기술적(Technological) 요인을 평가하여 기업의 외부 환경을 분석하는 방법입니다.

08 ⑤ 물류채산분석은 현재 실시하고 있는 물류관리시스템에 대한 구조적인 문제나 업무집행상의 문제와 관련하여 제기된 개선안 등에 대해 채산성 또는 수익성의 여부를 파악하기 위하여 실시하는 것을 의미한다. 계산의 계속성면에서 임시적으로 계산하고, 원가계산은 반복적으로 계산한다.

09 ④ 약점을 극복함으로써 시장의 기회를 활용할 수 있는 전략적 제휴 전략을 실시한다. WT 상황에서는 약점을 보완하기 위해 사업축소전략을 구사한다.

10 ④ 소유의 규모가 커질수록 환경변화에 신속하고 유연하게 대응할 수 없다는 것은 기업형 수직적 경로구조의 단점이다.

11 ④
- 공식화는 조직 내의 직무가 표준화되어 있는 정도 또는 조직구성원의 형태에 대하여 조직이 규칙절차에 의존하는 정도를 말한다.
- 부문화(departmentalization)는 조직이 여러 상이한 부서나 전문화된 하위 단위를 보유하는 정도를 말한다. 조직 구조를 설계할 때 분화되어 있는 여러 활동들을 유사한 직무끼리 집단화하는 일을 의미한다.
- 중앙집권(centralization) : 정보 수집과 결정권이 본사(본부)로 일원화되는 조직을 의미

- 지휘계통 : 조직 내에서 명령과 보고가 이루어지는 경로를 의미하며, 상하 관계를 통해 조직의 각 구성원이 누구에게 명령을 받고 누구에게 보고해야 하는지를 명확히 규정하는 체계. 지휘계통은 효율적인 의사소통, 명확한 책임 분담, 업무의 조정 및 통제를 가능하게 함.

11 ④ 영세유통업자의 시장점유율 축소

12 ⑤ 공차율 감소 추진과 차량회전율 증가 추진

13 ④ 생산과정에서 발생한 제품의 포장비는 제외한다. 포장비는 제품을 운송하고 보관하는 데 필요한 운송 포장비 및 상품 판매 포장비를 의미한다.

14 ④ 피들러의 리더십 상황이론(Fiedler's Contingency Theory)은 리더십의 효과가 리더의 스타일과 상황의 적합성에 따라 달라진다는 이론이다.
과업 지향적, 관계 지향적, 과업 구조, 리더의 권한, 구성원과의 관계

15 ②

	구조 : 신축성 및 변화		
내부지향	관계지향문화 집단문화 (인간관계 모형)	혁신지향문화 발전문화 (개방체계 모형)	외부지향
	위계지향문화 위계문화 (내부과정 모형)	과업지향문화 합리문화 (합리적 목적 모형)	
	통제 및 질서		

16 ② 평가법, 기록법, 서열법 등은 전통적 고과방법이다.

17 ①
- 소비자들과 생산자들이 자유롭게 경쟁하는 시장에서는 수요와 공급의 원리에 의해 시장가격이 결정된다. 이러한 시장가격은 경제생활에서 희소한 자원을 효율적으로 배분하는 역할을 한다. 까다롭고 성립하기 어려운 조건을 갖춘 완전경쟁시장이라는 이상적인 형태의 시장이 성립하면 효율성이 담보된다는 것을 경제학자들이 증명해냈다.
- 재화와 서비스가 소비자들이 원하는 것보다 적게 생산되기도 하고, 반대로 더 많이 생산되기도 한다. 이때 적게 생산된다는 것은 희소한 자원이 필요한 곳에 충분히 배분되지 않았다는 것을 의미하며, 더 많이 생산된다는 것은 희소한 자원이 불필요하게 낭비된 것이라고 볼 수 있다. 이와 같이 시장에서 가격에 의한 자원 배분이 효율적이지 못한 현상을 '시장의 실패'라고 한다. 시장실패의 원인

은 불완전경쟁, 공공재, 외부효과, 정보의 비대칭 등이 있다.
- 외부효과란 '경제 활동에 있어 당사자가 아닌 다른 사람에 의해 의도치 않은 편익(Benefit)이나 손해(Damage)를 발생시키는 것'
- 외부경제의 예시로는 과일나무를 심는 과수원주인의 활동이 양봉업자의 꿀 생산 증가로 가져오는 경우. 외부효과로 인하여 사회적 편익이 개인적 편익보다 커지는 경우.
- 외부불경제의 예시로는 공해를 배출하는 공장 인근에 사는 주민들 경우와 같은 대기오염이나 지구온난화로 인한 피해, 공공장소에서의 흡연 등

18 ⑤ 재고유지비 - 창고사용료, 이자비용, 재고감손비용

19 ⑤ 모두 옳은 설명임.

20 ③

	정기선	부정기선
규칙성	규칙적 항해	불규칙적 항해
운송인	공중운송인	사적운송인
계약	표준화된 계약	자유로운 계약
운임	사전 공지된 운임	물동량, 선복량에 따라 그때그때 결정
화물영업	대형화된 조직	해운중개인에 의해 거래
대상화물	단위화물(컨테이너)	벌크화물
증거서류	선하증권(B/L)	용선계약서(C/P)

21 ⑤ 물류업체 측면에서 본 차량과 기사의 비효율문제는 물류공동화 추진과 가장 거리가 멀다.

22 ③
- 유동성비율(Liquidity Ratios)은 기업이 단기 채무를 상환할 능력을 평가하는 지표입니다. 기업의 유동 자산이 유동 부채를 충당할 수 있는지 여부를 판단합니다.
- 레버리지비율(Leverage Ratios)은 기업의 자본 구조를 평가하고, 부채를 얼마나 활용하고 있는지를 나타냅니다. 높은 레버리지비율은 높은 부채를 의미하며, 이는 잠재적인 금융 위험을 시사합니다.
- 안정성비율(Stability Ratios)은 기업의 장기적인 안정성과 재정 건전성을 평가하는 지표입니다. 기업이 장기적인 채무를 얼마나 잘 감당할 수 있는지 판단합니다.

- 생산성비율 (Activity Ratios)은 기업의 자산 활용 효율성을 평가하는 지표입니다. 자산이 얼마나 효율적으로 사용되고 있는지를 나타냅니다.
- 시장가치비율 (Market Value Ratios)은 주식 시장에서 평가되는 기업의 가치를 나타내는 지표입니다. 주주들에게 중요한 정보를 제공합니다.

23 ⑤ 제14조(소비자의 능력 향상) ① 국가 및 지방자치단체는 소비자의 올바른 권리행사를 이끌고, 물품등과 관련된 판단능력을 높이며, 소비자가 자신의 선택에 책임을 지는 소비생활을 할 수 있도록 필요한 교육을 하여야 한다.
② 국가 및 지방자치단체는 경제 및 사회의 발전에 따라 소비자의 능력 향상을 위한 프로그램을 개발하여야 한다.
③ 국가 및 지방자치단체는 소비자교육과 학교교육·평생교육을 연계하여 교육적 효과를 높이기 위한 시책을 수립·시행하여야 한다.
④ 국가 및 지방자치단체는 소비자의 능력을 효과적으로 향상시키기 위한 방법으로 「방송법」에 따른 방송사업을 할 수 있다.
⑤ 제1항의 규정에 따른 소비자교육의 방법 등에 관하여 필요한 사항은 **대통령령**으로 정한다.

24 ③ 공공창고는 관공서 또는 공공단체가 공익을 목적으로 소유, 운영하는 창고
- 공립창고 : 정부 및 지방자치단체가 항만지대에 건설하고 민간에게 운용을 위탁
- 관설상옥 : 정부 및 지방자치단체가 해·육 연결 화물판매용도로서 부두 또는 안벽에 상층을 설치하고 민간업체 또는 일반에 제공
- 관설보세창고 : 관세법에 의거 창고업자가 세관의 허가를 받아 세관의 감독 하에 관세 미납 화물을 보관하는 창고

2과목 상권분석

25 ③ 3차 상권(Fringe trading area)은 1차 상권과 2차 상권에 포함되지 않은 외곽상권을 둘러싼 고객지역범위를 말한다. 한계상권 내의 이용고객은 고객들이 매우 광범위하게 분산되어 있으며 점포에 미치는 영향은 미미하다. Fringe란 '언저리'로서 2차 상권의 외측범위에서 가끔 내점하는 고객의 범위를 말한다.

26 ④ 점포들간의 이동 거리 또는 시간은 해당하지 않는다. 소비자의 특정 점포에 대한 매력도는 점포의 크기와 점포까지의 거리에 좌우된다. 즉 소비자가 점포에 대해 가지는 효용은 점포의 매장면적이 클수록 증가하고, 점포까지의 거리가 멀수록 감소한다고 보았다. 허프의 상권분석모형에 따르면, 소비자가 특정 점포를 이용할 확률은 경쟁점포의 수, 점포와의 거리 또는 시간, 점포의 면적(규모), 민감도 계수에 의해 결정된다.

27 ① ⓒ - 상권, ⓓ - 상권

28 ⑤ 상권은 점포와 고객을 흡인하는 지리적 영역이며, 모든 소비자의 공간선호(space preference)의 범위를 의미하고, 일반적으로 그 모양은 아메바와 같은 부정형의 형태로 존재한다. 원형이나 동심원 형태로 존재하지 않는다.

29 ③ 상권의 계층적 구조는 지역적인 분업구조를 중심으로 하는 상권의 수직적구조를 의미한다.
서울지역 〉 강남 〉 현대백화점

30 ④ 허프의 확률모형에 대한 설명이다.
CST Map 기법의 유용성
- 상권의 규모파악이 가능함, 고객의 특성 조사가 가능함, 광고 및 판촉전략 수립에 이용가능함, 경쟁의 정도 측정이 가능함, 점포의 확장계획에 활용이 가능

31 ④ 점포의 소유 형태는 상권의 크기를 결정하는 요인과는 거리가 멀다.

32 ③
- 동반유인원칙 : 유사하거나 보충적인 소매업이 흩어진 것보다 군집해서 더 큰 유인잠재력을 갖게 한다.
- 접근가능성의 원칙 : 고객의 입장에서 점포를 방문하기 용이한 심리적, 물리적 특성이 양호하여야 한다는 원칙으로 교통이나 소요 시간과 관련된 원칙이다.
- 보충가능성의 원칙 : 유사하거나 상호보완적인 제품, 또는 관계를 가지고 있는 점포가 인접해 있으면 고객을 공유할 가능성이 높아져 고객을 유인할 수 있다는 점을 설명하는 개념이다.

- 점포밀집원칙 : 유사업종의 밀집성은 유사하고 상호보완적인 점포들이 무리지어 있다면 고객을 유인하기에 용이하다는 설명이다.

33 ③ 차량이 운행하는 도로가 직선이 아니고 굽은 곡선형 도로에서는 커브 안쪽보다 커브 바깥쪽이 유리하다.

34 ⑤ 점포임대차계약 종료증명서 제출은 폐업 시 반드시 지켜야 할 절차는 아니다.

35 ④ 시장 확장 잠재력(MEP ; Market Expansion Potential)은 지역시장이 미래에 신규수요를 창출할 수 있는 잠재력을 반영하는 지표로 거주자들이 지역 시장 외에서의 쇼핑정도를 파악할 수 있다.
MEP는 IRS의 단점을 보완하는 지표로서, 구체적으로는 거주자들이 지역시장 외에 다른 시장에서의 쇼핑 지출액을 추정하여 계산이 가능하다. 이 경우 다른 지역의 쇼핑정도가 높을수록 시장 확장 잠재력은 증가하게 된다.

36 ③ 레일리 소매인력의 법칙(Reilly's law of retail gravitation)에 대한 내용이다. 소매인력 법칙은 점포들의 밀집도가 점포의 매력도를 증가시키는 경향이 있음을 나타내는 법칙으로 이웃 도시 간의 상권 경계를 결정하는 데 주로 이용한다.

37 ④ 소비자의 라이프스타일 및 브랜드 선호도 분석은 제공되지 않는다.

38 ④ 공간균배의 원리의 따른 분류
- 집심성 점포 : 도시의 중심지에 입지해야 유리하다. 예 백화점, 고급음식점, 보석가게, 고급의류점, 대형서점, 영화관
- 집재성 점포 : 동일 업종이 서로 한 곳에 모여 있어야 유리하다. 예 먹자골목, 약재시장, 가구점, 중고서점, 기계점, 전자제품, 관공서 등
- 산재성 점포 : 서로 분산하여 입지해야 유리하다. 예 이발소, 잡화점, 세탁소, 대중목욕탕, 소매점포 등
- 국부적 집중성 점포 : 어떠한 특정 지역에 동 업종끼리 국부적 중심지에 입지해야 유리하다. 예 석재점, 비료점, 종묘점, 어구점, 농기구점 등

39 ④ 체크리스트법은 상권의 규모에 영향을 미치는 요인들을 수집하여 이들에 대한 평가를 통하여 시장잠재력을 측정하는 것이다.
상권 분석에 적용되는 gCRM의 개념은 전통적인 CRM(Customer Relationship Management)에서 파생된 것으로, Geographical Customer Relationship Management를 의미한다. gCRM은 고객 관계 관리에 지리적 데이터를 통합하여 상권 분석 및 마케팅 전략을 수립하는 데 중요한 역할을 한다. 소매업, 서비스업, 부동산 업계에서 유용하게 활용된다.

40 ④ 확률적 모형에는 Huff 모델, MNL 모델, MCI 모델이 대표적이다. MCI는 경쟁적 상호작용모델로 허프 모델을 근간으로 해서 개발된 모델이다. 점포의 효용을 측정하는 데 있어서 점포의 크기와 점포까지의 거리뿐 아니라 다양한 점포 관련 특성을 포함하고 있다.

41 ② 시간의 흐름에 따라 보다 정교하고 정확한 예측이 가능하도록 모델을 개선해 나갈 수 있다.
회귀분석은 하나 이상의 독립 변수(또는 설명 변수)가 종속 변수(또는 반응 변수)에 미치는 영향을 모델링하고 분석하는 통계 기법.
회귀분석을 통해 우리는 변수들 간의 관계를 이해하고, 이를 바탕으로 예측을 할 수 있다. 회귀분석은 특히 데이터를 기반으로 미래의 값을 예측하거나, 변수 간의 관계를 탐구하는 데 유용하다.

42 ④ 환산보증금 = 보증금 + (월임차료×100)
환산보증금이란 임대차 계약상의 차임을 보증금으로 환산한 값이다. 당해 임대차 계약상 차임에 100을 곱한 값에 보증금을 더한 금액을 말한다.

43 ④ 전용면적 외에도 양식에 포함된 표시항목을 확인해야 한다.

44 ② 입지할당모형(location-allocation model)이란 두 개 이상의 점포망(network)을 구축하려는 경우 각 점포가 동일 기업 내 점포 네트워크에 미치는 영향과 점포입지 상호작용에 대한 체계적인 평가가 필요한데, 이 경우 점포네트워크에 대한 분석기법이다. 이 모형은 소비자들의 구매 통행패턴을 기초로 소비자들을 그 점포들에 배정하게 된다.
- 활용 : 점포 네트워크의 구축은 소매점의 광고, 유통, 노동력 등을 절약할 수 있고, 가능한 넓은 지역에 흩어져 있는 소비자들을 흡수할 수 있는 장점이 있으므로 점포 확장을 계획하고 있는 소매 경영자들에게 있어 중요 고려사항이 된다.
- 적용모형 : 입지배정모형이 실제 적용되는 모형에는 ① 시설입지분석에 있어 가장 많은 논의가 있는 P-메디안모형이 있고, ② 부지선정 과정에서 경쟁자들의 입지를 고려할 목적으로 개발된 시장점유율모형, ③ 서비스센터의 네트워크를 계획하는데 특히 유요한 커버링모형 등이 있다.

3과목 유통마케팅

45 ③ ① 단수가격 ② 명성가격 ④ 단계가격
⑤ 로스리더가격 - 유명 브랜드 상품 등을 중심으로 가격을 대폭 인하하여 고객을 유인한 다음, 방문한 고객에 대한 판매를 증진시키고자 하는 가격결정 방식

46 ②
- POP(Point Of Purchase Advertsing)은 고객의 구매시점에 행하여지는 광고로서 고객의 쇼핑을 위한 상품의 정보를 점두, 점내에 게시하는 표시물을 말한다.
- 구색진열(assortment display)은 고객이 제품을 보고, 느낄 수 있도록 진열하는 것을 말한다.
- 테마별 진열(theme-setting display)은 제품을 테마별로 특별한 분위기에 맞추어 진열하는 방식이다.
- 패키지 진열(ensemble display)은 개별 카테고리별로 제품을 진열하는 것보다 하나의 전체적인 효과를 노리고 세팅되어 번들(bundle)로 진열하는 것을 말한다.
- 옷걸이 진열(rack display)은 걸어서 보여주게 되는 제품을 위한 기능적 효용을 가지고 있다. 이는 주로 의류 소매업에서 이용하는데 조심스럽게 배치되어야 한다.
- 케이스 진열(case display)은 무겁거나 쌓을 수 있는 수많은 제품들을 진열하는 방식이다. 예전부터 레코드나 책, 스웨터 등이 이 방식으로 진열되어 왔다.

47 ④ 같은 세분 시장에 속하는 고객들끼리는 최대한 비슷(동질)하여야 하고 서로 다른 세분시장에 속한 고객들끼리는 최대한 달라(이질)야 한다.

48 ③ 수평적 마케팅 시스템(HMS ; Horizontal Marketing System)은 동일한 경로단계에 있는 두 개 이상의 기업이 대등한 입장에서 자원과 프로그램을 결합하여 일종의 연맹체를 구성하고 공생, 공영하는 시스템을 의미하며 공생적 마케팅(Symbiotic Marketing)이라고도 한다.

49 ① 광고란 누구인지를 확인할 수 있는 광고주가 하는 일체의 유료형태에 의한 아이디어, 상품 또는 서비스의 비인적(Nonpersonal) 정보제공 또는 판촉활동이다.

50 ⑤ 1자 데이터(First-Party Data)는 기업이 직접 수집하고 소유하는 고객 데이터를 의미한다. 이 데이터는 고객이 기업과의 상호작용을 통해 자발적으로 제공한 정보로, 신뢰성과 정확성이 높아 마케팅 및 비즈니스 전략을 수립하는 데 중요한 자원이 된다. 제1자 데이터는 고객으로부터 직접 제공받는 형태로, 프라이버시 논란에서 비교적 자유롭다.

51 ① 다각화 전략에 가깝다.
시장침투전략은 기존 자사 제품을 통해 기존 시장에서 매출액이나 시장점유율을 높이기 위한 전략이다.

구분	기존제품	신제품
기존시장	시장침투 전략	제품개발 전략
신시장	시장개발 전략	다각화 전략

52 ③ 소매점은 다양한 상품 구색을 갖춘 점포로 시작하여 시간이 경과함에 따라 점차 전문화된 한정된 상품 계열을 취급하는 소매점 형태로 진화하며, 이는 다시 다양하고 전문적인 제품 계열을 취급하는 소매점으로 진화해 가는 것으로 보며, 그 진화과정, 즉 **상품믹스의 확대 → 수축 → 확대 과정이 아코디언과 유사**하여 이름 붙여진 이론이다.

53 ⑤ 판매가격의 결정은 매입계획에 포함되지 않는다.

54 ④
- 포지셔닝(Positioning) 전략은 소비자의 마음속에 경쟁상표와 비교하여 경쟁우위를 제공하는 위치에 자사상표를 구축하려는 노력을 말하며, 기업의 경쟁력과 관련하여 중요성이 큰 전략이다.
- 지각도(포지셔닝 맵)는 소비자의 마음속에 있는 자사제품과 경쟁제품들의 위치를 2차원 또는 3차원의 도면에 작성하는 것이다.

55 ③ 트레이드 인은 기존 제품을 중고로 매각하고 새 제품을 구입하는 프로그램으로서 온라인 프로모션 유형과 가장 거리가 멀다.

56 ⑤ 샘플링에 관한 설명이다.

57 ④ 퍼널 마케팅
① 퍼널(Funnel)은 '깔때기'를 의미한다. 고객의 어떠한 제품이나 서비스를 소비하기까지의 구매 여정은 깔때기 모양과 유사하다. 상품의 발견부터 구매, 재구매까지의 고객 행동을 세분화해서 파악하기 위해서 퍼널을 분석한다.

② TOFU(Top of Funnel) : 퍼널 상단의 브랜드 인지 단계는 브랜드에 대한 인지도를 높이고 궁극적으로 잠재 고객이 우리의 제품이나 서비스를 탐색하도록 장려하는 것이다.

③ MOFU(Middle of Funnel) : 퍼널 중간의 고려 단계는 소비자가 구매할 가능성이 더 큰 시기를 보여준다. 따라서 상세 설명이나 스토리 텔링을 통해 구체적인 관심을 끌어내는 게 중요하다.

④ BOFU(Bottom of Funnel) : 퍼널 하단의 구매와 로열티 단계는 구매를 완료하고, 제품 혹은 브랜드에 대한 로열티는 갖게 되는 단계이다. 유입 경로의 끝이기에 전 과정에 걸친 마케팅 지표를 계산해보고, 유의미했던 전략들을 피드백하는 것이 중요하다. 또한, 할인 쿠폰이나 뉴스레터 구독 등 꾸준한 상호작용으로 고객에게 우리 브랜드의 존재를 상기시키는 과정을 거치는 게 바람직하다.

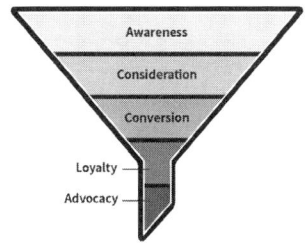

AISAS 모델은 인터넷을 통한 정보통신의 발달로 흥미를 지닌 고객들은 바로 검색을 통해 구매 정보를 획득하고 구매를 결정한 다음 구매경험을 공유하는 행동을 묘사한 것이다.
Attention(주의) → Interest(흥미) → Search(검색) → Action(구매) → Share(공유)다.

58 ⑤ 고객 접객 방식의 개선은 인적판매에 관한 내용이다. 인적판매(Personal Selling)는 판매원이 고객과 직접 대면하여 대화를 통하여 자사의 제품이나 서비스의 구매를 설득하는 촉진활동이다.

59 ⑤ 데이터 검증은 자료의 수집과 분석 단계에 해당한다.

60 ① • 격자형 배치는 평행한 통로 양쪽으로 선반이 있고, 그 위에 상품을 진열 놓는 것으로 계산대는 상점의 출구나 입구에 위치하고 있다. 또한 쇼 케이스, 진열대, 계산대, 곤돌라 등 진열기구가 직각 상태로 되어 있다.
• 자유형 배치는 고객이 자유롭게 이동하면서 모든 상품을 구경할 수 있는 백화점과 전문점, 고급 의류점 같은 점포에 적합하다.

• 경주로형 배치는 loop형 또는 부티끄형이라고도 하며, 주된 통로를 중심으로 여러 매장 입구가 연결되어 있어 고객들이 여러 매장들을 손쉽게 둘러볼 수 있도록 배려한 점포배치 방법이다.

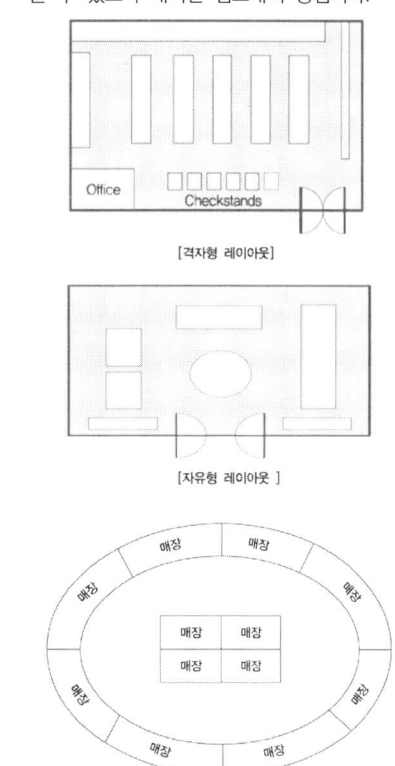

61 ⑤ 목표 및 과업기준법이 상향식 접근방법에 해당한다.

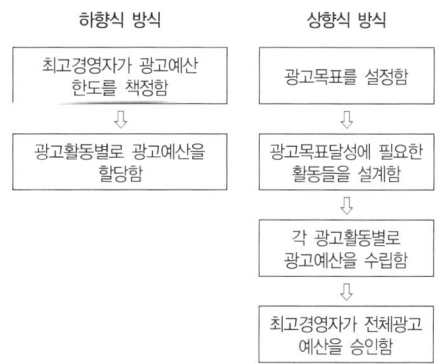

62 ⑤ 고객 및 직원으로부터 발생하는 도난 사고는 로스 관리상의 문제에 속한다.

63 ④ 입점 고객에 대한 신속한 니즈 파악은 정성적 방법에 해당한다.

64 ② 규모의 경제로 인해 선두주자가 반드시 성공하는 것은 아니다.

65 ④ 소멸성(Perishability) - 서비스는 제공시 즉시 사용되지 않으면 존재하지 않으므로, 재고형태로 저장할 수 없고, 재판매할 수도, 돌려받을 수도 없는 성질을 가지고 있다. 생산에 있어 시간적인 면에 기초하고, 저장이 어려운 관계로 소멸의 가능성이 무척 높다고 할 수 있다.

66 ④ 인지 부조화 이론이란 "아이디어나 신념, 믿음 등이 서로 조화를 이루지 못하는 것에 불편
함을 느끼고, 태도를 바꾸어서라도 이를 해소하고자 하는 경향이 있는 것"을 의미한다.

관여도 브랜드 간 차이	고관여	저관여
브랜드 간 큰 차이	복잡한 구매행동	다양한 추구 구매행동
브랜드 간 적은 차이	부조화 감소 구매행동	습관적 구매행동

67 ④

혼잡성 감소 전략	
서비스 생산관리	고객의 인식관리
시설 재배치 시설의 최대 용량 조절 고객 수 통제 종업원 수 조절	혼잡 상황을 알리는 표지 주변 요소 이용

68 ① 신규고객도 대상이 된다.

69 ② 세그먼트 머천다이징은 세분시장 대응 머천다이징인데, 동일한 고객층을 대상으로 하되 경쟁점과는 달리 그들 고객이 가장 원하는 품종에 중점을 두거나, 가격대에 대응하는 상품이나 품질을 차별화하는 방향으로 전개하는 머천다이징이다. 따라서, 이를 중심으로 하는 경쟁전략은 경합점 상호 간에 양립성을 생기게 하여 직접적인 경쟁을 회피할 수 있게 하여 준다.
① 혼합식 : 소매점이 상품의 구색, 즉 구성을 확대하여 가는 유형의 상품화가 혼합식 머천다이징이다.
④ 계획적 : 대규모 소매업과 선정된 주요 상품 납품 회사(key merchandising resources) 사이에 계획을 조정 통합화시켜 머천다이징을 수행하는 것으로 특히 대규모 소매점의 경우에 일반화되고 있다.

4과목 유통정보

70 ⑤ 압축은 데이터 크기를 줄여서 저장공간을 더욱더 잘 활용하기 위한 기술이다. 데이터 복구는 하드웨어의 결함이나 자연재해 혹은 인간의 실수로 인해 손상/손실된 데이터를 원래 상태로 복원하는 것을 의미한다.

71 ② • 옵트인은 정보주체가 동의를 해야만 개인정보를 처리할 수 있는 방식을 의미한다. 개인정보를 수집, 제공, 이용하거나 광고 메일, SMS 등을 보낼 때 정보주체가 이에 대한 동의를 한 경우에만 개인정보를 처리할 수 있다.(선택적 거부)
• 옵트아웃은 정보주체의 동의를 받지 않고 개인정보를 처리하는 방식이다. 옵트아웃 방식의 대표적인 예로는 광고를 위한 메일을 보낼 때, 수신자가 발송자에게 수신거부 의사를 밝혀야만 메일발송을 금지하고 수신거부 의사를 밝히기 전에는 모든 수신자에게 메일을 보내는 경우가 있다.(선택적 동의)

72 ⑤ 데모데이란 투자자에게 비즈니스 모델을 소개하는 행사를 말한다. 초기 단계의 스타트업이 사업 모델이나 아이디어를 발표하고 투자자와 연결되는 장이 될 수 있다.

73 ⑤ 시스템 사용자를 지원하기 위한 상담창구를 개설하는 것은 운영단계에 해당한다.

74 ① 비금전적 혜택을 강화하는 방향으로 진화하고 있다. 비금전적 혜택은 금전적 보상 없이도 고객에게 특별한 경험과 가치를 제공한다.
예 항공사의 VIP 고객은 체크인, 보안 검색, 탑승 시 우선 서비스 / 넷플릭스는 고객의 시청 기록을 분석하여 맞춤형 콘텐츠를 추천

75 ⑤ 블록체인(block chain)은 관리 대상 데이터를 '블록'이라고 하는 소규모 데이터들이 P2P 방식을 기반으로 생성된 체인 형태의 연결고리 기반 분산 데이터 저장 환경에 저장하여 누구라도 임의로 수정할 수 없고 누구나 변경의 결과를 열람할 수 있는 분산 컴퓨팅 기술기반의 원장 관리 기술이다.

76 ④ • 웹 마이닝은 웹상에서 존재하는 모든 데이터(고객 신상정보, 구매기록, 장바구니 정보 등)를 대상으로 웹 데이터간의 상관관계를 밝혀내고, 웹 사용자의 의미 있는 접속행위 패턴을 발견하는 방법이다. 웹 콘텐츠 마이닝은 웹페이지에서 유용한 데이터, 정보, 지식을 마이닝하고 추출하여 통합하는 것을 말합니다.

- 웹 서버(web server)는 인터넷을 기반으로 클라이언트에게 웹 서비스를 제공하는 컴퓨터를 의미한다. 웹로그는 특정 웹사이트에 방문한 사용자들이 언제, 어디서, 어떤 페이지를 방문했는지에 대한 정보를 기록한 파일이다.
- 웹 페이지는 온라인으로 볼 수 있는 단일 문서 또는 텍스트, 이미지, 비디오로 가득찬 페이지를 의미한다. 홈페이지는 웹 페이지에 포함되며, 블로그 포스트 페이지도 웹 페이지이다.

77 ③ 일반적으로 EDI 변환처리기로 알려져 있는 EDI 소프트웨어의 기본적인 기능은 전자문서표준에 의해 전송된 전자문서를 기업 내부의 파일형태로 변환하며, 반대로 외부로 전송하는 전자문서를 표준문서로 변환하는 일을 한다.

78 ⑤ 단순하게 분석하는 것이 핵심이 아니다.

79 ①
- 데이터 시각화는 데이터 분석 결과를 쉽게 이해할 수 있도록 도표라는 시각적 수단을 통해 정보를 효과적으로 전달하는 것을 말한다. 수많은 데이터를 한 장의 그림으로 요약한 인포그래픽과 문서에 사용된 단어의 빈도와 중요도를 시각적으로 표현한 단어 구름이 주목 받고 있다.
- 인포그래픽이란 인포메이션 그래픽(information graphics)의 줄임말로, 그래픽을 기반으로 패턴과 경향을 파악하는 사람의 시각 시스템을 이용하여 정보를 더욱 쉽고 빠르게 전달한다. 인포그래픽 기술을 사용하면, 쉽게 흥미를 유발할 수 있고, 정보 습득 시간을 절감하며 기억 지속 시간을 연장시킨다.
- 과학적 시각화는 주로 건축학, 기상학, 의학, 생물학 분야에서 시간의 흐름에 따른 변화를 입체적으로 표현하는 것을 말한다.
- 정적(static)이란 한번 정해놓으면 변하지 않고 계속해서 유지되는 성질을 말하며, **동적(dynamic)**이란 상황에 따라서 실시간으로 변하는 성질을 말합니다.

80 ① 간편결제란 결제에 필요한 신용카드 정보를 스마트폰에 저장해 두었다가 온라인이나 오프라인 가맹점에서 스마트폰 만으로 결제하는 서비스다. 온라인에서는 공인인증서 없이, 오프라인에서는 실물 카드 없이 물건을 구매할 수 있어서 편리하다.

81 ③ 묶음(번들) 상품이란 두 가지 이상의 단품을 결합해 하나의 단품처럼 함께 판매되는 상품을 말합니다. 묶음 상품에 들어 있는 단품이 한 가지 이상 추가되거나 교체되면 새로운 묶음 상품의 바코드를 부여한다. 개별상품의 바코드가 보이지 않아도 된다.

82 ② TOC는 시스템의 목적 달성을 저해하는 제약조건을 찾아내 극복하기 위한 시스템 개선기법이다.
VMI는 공급자 주도에 의한 재고관리로 소매업의 재고관리를 소매업체를 대신해서 공급자인 제조업과 도매업이 하는 것을 말한다.

83 ① 불특정 다수를 위한 고객전략에서 특화된 고객전략으로 전환되고 있다.

84 ④ '모든 것'을 뜻하는 옴니(omni)와 '유통경로'를 뜻하는 채널(channel)의 합성어인 옴니채널은 온라인과 오프라인의 채널을 아울러 고객의 소비 경험을 극대화시키는 신개념 유통 형태를 말한다.
온디맨드(On-demand) 경제란 플랫폼과 기술력을 가진 회사가 수요자의 요구에 즉각 대응하여 제품 및 서비스를 제공하는 것을 말한다. 말 그대로 수요(Demand)에 초점을 맞춘 서비스로 소비자가 원하면 언제든지 제공할 수 있는 것이 포인트이다. 카카오 택시가 대표적이다.

85 ① QR코드는 2차원 바코드이다.

86 ② 비식별화는 특정 개인을 알아볼 수 없도록 암호화 하거나 일부분을 삭제하는 방법이다.
총계처리 예시 : 데이터를 전체 평균을 내거나 합산하여 표현 → 30대 직장인 소득 평균 OOO만원)

87 ① 디지털 전환(Digital Transformation ; DX)은 디지털 기술을 활용하여 비즈니스 모델, 운영 프로세스 등을 혁신하는 전략이다.

88 ① HS CODE는 국제통일 상품분류체계에 따라 대외 무역거래 상품을 총괄적으로 분류한 품목 분류 코드를 말한다. 예 청바지 : 6204.62-1000 / 김치 : 2005.99-1000

89 ⑤ 증강현실(Aaugmented Rreality)은 가상현실의 한 분야로 실제로 존재하는 환경에 가상의 사물이나 정보를 합성하여 마치 원래의 환경에 존재하는 사물처럼 보이도록 하는 컴퓨터 그래픽 기법이다.

2024년 제2회 기출문제

1	2	3	4	5	6	7	8	9	10
③	③	⑤	①	①	④	③	③	⑤	⑤
11	12	13	14	15	16	17	18	19	20
②	④	③	①	②	⑤	⑤	③	⑤	①
21	22	23	24	25	26	27	28	29	30
④	⑤	①	④	④	④	①	②	⑤	②
31	32	33	34	35	36	37	38	39	40
③	①	④	⑤	⑤	⑤	⑤	②	④	③
41	42	43	44	45	46	47	48	49	50
④	②	⑤	⑤	④	②	①	③	⑤	①
51	52	53	54	55	56	57	58	59	60
④	⑤	②	④	③	②	④	③④	④	⑤
61	62	63	64	65	66	67	68	69	70
③	⑤	④	⑤	④	④	④	②	④	⑤
71	72	73	74	75	76	77	78	79	80
①	③	②	④	②	⑤	①	①	⑤	②
81	82	83	84	85	86	87	88	89	90
②	⑤	①	④	⑤	②	③	④	③	②

1과목 유통물류일반

01 ③ 장소 효용(Place utility)
소비자가 원하는 장소에서 상품이나 서비스의 구입이 가능하도록 해주는 것으로 생산자는 상품을 중간상에게 배급하고 소비자는 원하는 상품을 구매하기 위하여 도매상이나 소매상 같은 중간상을 접촉 할 수 있어 장소적 편의를 제공 할 수 있다는 것이다.
형태 효용(Form utility)
상품과 서비스를 고객에게 좀 더 매력 있게 보이도록 그 형태 및 모양을 변경 시키는 여러 가지 활동을 일컫는다.

02 ③ 표준화기능은 유통경로 상에서 수행되는 유통의 기능 중 거래 및 물적 유통이 원활히 이루어지도록 보조하는 것으로 상품을 품질수준에 따라 분류하거나 규격화함으로써 거래 및 물류가 원활히 되도록 하는 기능이다.

03 ⑤ 도매상은 판매를 목적으로 구매하는 사람들(소매상)과 생산자(제조업자) 사이에서 유통과 관련된 모든 활동을 하는 상인을 말한다.

04 ①
• 분산형은 대규모 생산과 소규모 소비를 하는 일반적인 소비용품인 공산품에 적합한 상품군별 유통기구이다.
• 수집·중개·분산형은 최종소비용 농산물 및 수산물과 같은 소규모 생산과 소규모 소비에 적합한 유통기구이다.

05 ① 다양한 소비자의 욕구를 충족시켜줄 수 있는 소비 문화를 발전시키는 것은 산업전반이 아니라, 소비자 욕구에 한정되는 것이다.

06 ④ ① 아코디언이론 - 상품믹스
② 소매차륜이론 - 진입, 발전, 쇠퇴
③ 소매수명주기이론 - 도입, 성장, 성숙, 쇠퇴
⑤ 변증법적이론 - 정, 반, 합

07 ③ 변혁적 리더는 부하들로 하여금 자신들의 개인적 이해관계를 초월하여 집단 또는 조직의 목적을 이해하고 달성할 수 있도록 유도하고 높은 수준의 욕구를 촉진시켜주며 과업 성과의 중요성과 가치를 잘 인식시켜 줌으로써 부하들을 동기부여시킨다고 설명하고 있다.
ⓒ, ⓒ : 변혁적 리더십보다는 거래적 리더십(Transactional Leadership)과 관련이 있다.

08 ③ 문화적 차이를 이해해야 한다.

09 ⑤ EDI(Electronic Data Interchange)는 표준화된 양식으로 전자문서교환을 통해 서로 간 처리할 데이터를 교환하는 시스템을 말한다.

10 ⑤ 소비자가 고가의 제품을 구매하는 경향이 나타나면서 고급 소비시장이 만들어졌고, 소비시장의 양극화 현상이 발생되었다.

11 ② 정적이고 변화가 적은 환경에서는 조직의 통제력과 일관성을 유지하는 집권화가 더 유리할 수 있다. 유동성이 낮다면 의사결정을 상위 조직에서 통제하는 것이 효율적일 수 있기 때문에 집권화가 유리하다.

12 ④ 유통채널(Distribution channal)
• 싱글채널 : 인터넷이 발달하기 전의 초창기 형태의 오프라인 점포
• 듀얼채널 : 싱글채널에서 지역을 확장시켜나가기 시작하는 형태의 오프라인 점포

- 멀티채널 : 인터넷의 발달로 오프라인, 온라인형태가 공존하는 초반의 유통경로 형태
- 크로스채널 : 기술 발달, 소비자 니즈 확장으로 인한 오프라인, 온라인의 구분이 모호한 상태
- 옴니채널 : 정보기술을 활용하여 고객들이 이용가능한 온오프라인의 모든 쇼핑채널을 유기적으로 통합하여 연계시켜, 고객들에게 쇼핑에 불편함이 없도록 지원하는 것

13 ③ 거래비용이론 : 시장거래에서 수반되는 비용 때문에 거래에 참여하고 있는 구성원들이 그 거래관계를 내부화한다. 수직적 통합(내부조직화)에 드는 비용과 시장거래에서 발생되는 비용간의 상대적 크기에 따라 경로길이의 범위가 결정된다는 이론이다.
   ⓒ 거래 당사자 간 정보대칭성이 낮은 경우
   ⓓ 수직적 계열화가 일어난 경우 거래비용이 낮아짐
   * 거래비용(transaction cost)이란 **물건을 사기까지 가격 외에 지불하는 모든 비용**을 말한다. 즉, **정보비용, 협상 결정 비용, 계약서 작성 및 이행 비용 등 제품을 구매하기 전 사용했던 시간과 노력까지 포함**합니다.

14 ① 성과평가는 조직 내 개인의 성과를 평가할 수 있는 일정한 양식을 가진 관리 시스템이다.

15 ② 식스시그마는 불량률뿐만 아니라 결함의 수준을 측정하는 다양한 통계적 지표를 사용하지만, 주로 결함의 발생 빈도를 ppm(백만 개당 결함 수)으로 측정한다.

16 ⑤ 재무통제에서 목표는 조직 전체에 의해 지지되고 공유되어야 한다. 목표가 일부 관련자만의 지지를 받는다면 통제와 성과 달성이 어려워질 수 있다.

17 ⑤ 〈원가의 구성〉
   ㉠ 직접재료비+직접노무비+직접경비=직접원가
   ㉡ 직접원가+제조간접비=제조원가
   ㉢ 제조원가+판매관리비 및 일반관리비=총원가
   ㉣ 총원가+희망(예정)이익=판매가격

18 ③ 컨베이어, 지게차는 하역장비의 표준화로 분류된다. 관리표준화와 직접적인 관계가 없다.

19 ② 회수 물류는 제품이나 상품의 판매물류에 부수적으로 발생하는 파렛트, 컨테이너 등과 같은 빈 물류용기를 회수하는 물류활동을 의미한다.

20 ① 사원차별대우와 위험한 노동의 강요를 하는 것은 CEO가 바람직한 윤리행위가 아니다.

21 ④ ROP = (600/30)×(7+7)+10 = 290

22 ⑤ ㉠~㉣은 자가창고와 영업창고 내용이 모두 바뀌었음.

23 ① 비용상충분석은 서로 상충되는 비용 간의 절충을 검토하는 분석 방법으로, 비용을 중심으로 분석하는 것이 핵심이다. 수익을 중심으로 비교한다는 것은 부정확한 설명이다.

24 ④ 고객의 규모는 직접적인 고려요인이 아니다.

25 ④ 판매원의 판매촉진을 위한 공동사업은 지원내용이 아니다.

2과목 상권분석

26 ④ 넬슨은 최대의 이익을 얻을 수 있는 매출고를 확보하기 위하여 점포가 어디에 위치하고 있어야 하며, 어디에 입지해야 하는지를 알기 위하여 입지 선정을 위한 8가지 평가 원칙을 제시하였다. 점포업종간의 배타성은 해당되지 않는다.

27 ① 소매포화지수(IRS)란 특정 시장내에서 주어진 제품계열에 대한 점포면적당 잠재매출액의 크기를 말하며, 이것은 상권분석에 있어서 중요한 소비자 수요와 경쟁 공급량의 비율을 의미하며, 이 지수의 값이 클수록 수요가 공급에 비해 크다는 것을 의미(즉 과소점포의 상태)하고, 따라서 잠재적으로 고객을 흡인할 기회가 있으므로 그 지역이 매력적이라는 것을 의미한다. 시장성장잠재력(MEP ; Market Expansion Potential)지수란 지역시장이 미래에 신규수요를 창출할 수 있는 잠재력을 반영하는 지표로 거주자들이 지역시장 외에서의 쇼핑정도를 파악할 수 있다.

28 ② 체크리스트법(check-list method)은 상권의 규모에 영향을 미치는 요인들을 수집하여 이들에 대한 평가를 통하여 시장잠재력을 측정하는 것으로서, 정성적 분석기법에 해당한다. 상권 범위는 예상매출액(정량적)을 의미한다.

29 ⑤ ①, ②, ③, ④는 가맹본부의 이점이다.

30 ② 유추법(Analog method)은 애플바움이 제안한 것으로 자사의 신규점포와 특성이 비슷한 기존의 유사 점포를 선정하여 그 점포의 상하 범위를 추정한 결과 자사점포의 신규입지에서의 매출액, 즉 상권규모를 측정하는 데 이용하는 방법이다. 유추법에 의한 상권규모 측정은 CST(Customer Spotting) map 기법을 이용하여 이루어진다.

31 ③ 주택가상권 – 단독주택, 다가구 또는 다세대주택 등의 주거형태로 이루어진다. 유동인구 보다는 인근 거주자를 중심으로 소비자가 한정되는 경우가 많고 주거지역에 해당된다.

32 ① 티센다각형의 크기는 각 매장이 차지하는 공간적 범위에 따라 달라지며, 이는 매장의 위치와 고객의 거리에 의해 결정된다. 경쟁 수준과 반비례(직접적인 연관이 없음)한다.

33 ④ ① 오른편이 좋은 입지이다.
② 매장 입구에 배치
③ 일반적으로 층수가 높아질수록 매장공간의 가치가 낮아진다.
⑤ 백화점 매장 내 입지들의 공간적 가치는 층별 매장구성 변경의 영향을 받는다.

34 ⑤ 한 상권 내에서 특정점포가 끌어들일 수 있는 소비자 점유율은 점포까지의 방문거리에 반비례하고 해당점포의 매력에 비례한다는 가정에서 시작한다는 '확률적 모형'과 관련 있다.

35 ⑤ 점포를 둘러싼 상권의 형태는 대부분 점포를 중심으로 일정거리 이내를 포함하는 동심원의 형태로 나타나지 않는다. 아메바형, 부정형 형태로 나타난다.

36 ⑤ 용적률이란 땅 대비 총건축 가능평수 즉, 부지면적에 대한 건축물 연면적의 비율로 산출한다. 즉, 용적률은 한마디로 "몇 층 높이까지 건물을 지을 수 있나"를 의미한다.
용적률을 산정할 때는 지하층의 면적, 지상층의 주차용으로 쓰는 면적, 초고층 건축물의 피난안전구역(대피공간)의 면적은 제외한다.

37 ⑤ 일반 도소매점(편의점, 의류매장, 문구점 등)은 영업에 특별한 허가나 등록이 필요하지 않으며 사업자등록이 필요하다.

38 ② ① 점포 출입구 부근에 단차가 있으면 사람과 물품의 출입이 불편해진다.
③ 점포의 형태는 일반적으로 정면너비가 깊이보다 넓은 것이 바람직하며, 깊이가 큰 형태는 고객 접근성을 떨어뜨릴 수 있다.
④ 점포면적이 커지면 매출이 증가한다고 볼 수 없다.
⑤ 직사각형 형태는 공간 활용이 비효율적일 수 있으며, 데드 스페이스가 발생하기 쉽다.

39 ② **공간균배의 원리의 따른 분류**
• 집심성 점포 : 도시의 중심지에 입지해야 유리하다. 예 백화점, 고급음식점, 보석가게, 고급의류점, 대형서점, 영화관
• 집재성 점포 : 동일 업종이 서로 한 곳에 모여 있어야 유리하다. 예 먹자골목, 약재시장, 가구점, 중고서점, 기계점, 전자제품, 관공서 등
• 산재성 점포 : 서로 분산하여 입지해야 유리하다. 예 이발소, 잡화점, 세탁소, 대중목욕탕, 소매점포 등
• 국부적 집중성 점포 : 어떠한 특정 지역에 동 업종끼리 국부적 중심지에 입지해야 유리하다. 예 석재점, 비료점, 종묘점, 어구점, 농기구점 등

40 ③ 개별 점포의 효용을 추정할 때 소비자와 점포의 물리적 거리를 시간 거리로 대체하여 계산할 수 있다.

41 ④ 노면독립입지(Freestanding Sites)란 여러 업종의 점포가 한곳에 모여 있는 군집입지와 달리, 전혀 점포가 없는 곳에 독립하여 점포를 운영하는 형태를 말한다.

42 ② 이사 이전 = $\frac{1}{2^2}$, 이사 이후 = $\frac{1}{2^2}$ 따라서, 4분의 1로 감소

43 ⑤ 시계열 분석 자체는 기존 데이터를 통해 미래의 흐름을 예측하는 통계 기법이지만, 체크리스트를 활용한 매출 추정은 실질적인 매출 예측 방법과는 거리가 멀다.

44 ⑤ 가맹본부의 내부 전략 변화는 외부 환경 변화가 아닌 가맹본부의 내부적인 요인이므로 상권의 급격한 변화로 볼 수 없다.

45 ⑤ 관리를 통해 유지되는 입점점포들 사이의 높은 경쟁

3과목 유통마케팅

46 ② 차별적 마케팅이란 이전에 세분시장화를 통해 나눈 시장을 대상으로 전개하는 차별화 된 마케팅 믹스 전략을 의미한다. 여러 개의 세분시장을 위해 서로 다른 시장 제공물을 개발하는 차별화 마케팅을 채택할 수 있다. 통상적으로 많은 자원과 마케팅 프로그램을 보유한 기업에게 유리하다.
집중적 마케팅(concentrated marketing)은 전략은 소매점이 자원의 제약을 받을 때 특히 유용하다. 대규모 시장에서 낮은 점유율을 추구하는 대신에 한 두 개의 세분시장에서 높은 점유율을 추구하는 전략이다.

47 ① **심리묘사적 세분화** : 소비자의 라이프스타일, 사회계층 등에 관한 자료를 토대로 고객들의 성격, 구매행동, 관심, 가치, 태도 등을 근거로 소비자를 서로 다른 몇 개의 집단으로 세분화시키는 것

48 ③ 높은 고정비 지출에 기반한 신규투자 촉진은 경쟁 우위 창출이 어렵다.

49 ③ 공동구매(group buy)란 인터넷 사용의 증가로 인한 전자 상거래의 발전된 한 형태로, 한 상품을 필요로 하는 구매자들이 주축이 되어 물건을 구입할 때 단체로 구입함으로써 대량구매를 통한 차별적인 가격 할인을 통해 기존의 가격보다 저렴하게 구입하게 되는 수단, 즉 소비자가 둘 이상 모여 필요한 물건을 함께 구매하는 것을 말한다.

50 ① 자유무역지역은 해당 지역 내에 있는 모든 국가 간에 각종 무역장벽을 없애는 반면, 비회원국에 대해서는 각 국가마다 독자 적인 무역규제를 하는 통합유형이다. 자유무역지역은 자유로운 제조, 물류, 유통 및 무역활동 등이 보장되는 지역으로써, 외국인 투자를 통해 무역의 진흥, 고용 창출, 기술의 향상을 기하여 국가 및 지역 경제 발전에 이바지함을 목적으로 지정된 지역이다.

51 ④ 여러 개의 제품들로 상품 라인을 구성하는 전략(라인 확장 전략)은 고객의 다양한 요구를 충족하고, 시장 점유율을 확대하기 위한 방법이다.
'잠식'이란 '조금씩 침략당하여 먹혀 들어간다'라는 의미인데, 여기에 '자기'가 붙으면 '제 살을 깎는' 현상이라고 할 수 있다. 실제 사례에 적용을 해보면 기업의 신제품이 기존 주력 제품의 매출을 떨어뜨리는 현상으로 해석할 수 있다.

52 ⑤ 기술적 인프라의 수준은 상품구색 계획과 직접적으로 고려해야 할 요인과는 거리가 멀다

53 ② 유보가격 – 구매자가 특정상품에 관하여 지불할 용의가 있는 최고 가격
최저수용가격 – 구매자들이 품질을 의심하지 않고 구매할 수 있는 가장 낮은 가격

54 ④ CPM(Cost Per Mille)은 웹 페이지에서 광고가 1,000번 노출됐을 때의 비용을 의미한다.
① 클릭율(Click Through Rate, CTR) : 콘텐츠의 노출 대비 클릭한 사람의 비율을 의미한다. 광고 클릭수를 노출수로 나누어 100을 곱하여 백분율로 나타낸다. 예를 들어 광고가 30,000회 노출되었고, 500번 클릭되었다면 CTR은 0.6%가 된다.
② 전환율(Conversion Rate, CVR) : 얼마나 많은 사람들이 콘텐츠를 보고 행동을 '전환'하였는지를 측정하는 지표이다. 주로 구매나 회원가입, 다운로드, 링크 클릭 같이 마케터가 유인하는 '행동'으로 이어진 정도를 측정하는 데 사용된다. 예를 들어 앱 광고를 실시하고 있다면 CVR은 광고를 보고 앱을 다운로드한 사람들의 비율을 나타낸다.
③ 클릭당 비용(Cost Per Click, CPC) : 유저가 1번 클릭 했을 때의 비용, 즉 1회 클릭당 비용을 의미한다. CPC가 낮을수록 비용 대비 많은 유입이 있었다고 볼 수 있다. 광고를 클릭한 사용자에게만 비용을 지불하므로 효율적인 마케팅 전략을 수립할 수 있지만, 경쟁이 치열한 키워드의 경우 비용이 높아질 수 있다.
⑤ 행동당 비용(Cost Per Action, CPA) : 사용자가 광고를 클릭해 광고주의 사이트로 이동한 후 광고주가 원하는 특정 액션(구매, 회원가입 등)을 한 횟수에 따라 과금된다. 광고주가 원하는 액션 한 번에 대한 광고비용, 광고 효과 측정의 지표로 활용된다.

55 ③ **시장침투 가격전략(penetration pricing policy)**이란 신제품을 시장에 도입하는 초기에 저가격을 책정하여 빠른 속도로 시장에 깊게 침투. 많은 구매자를 신속하게 끌어들여 높은 시장점유율을 확보하는 전략이다.
상층흡수가격정책(스키밍)이란 초기에 제품도입 시 고가로 설정하여 고소득층을 흡수한 후 점차 가격을 하락시켜 중류 및 하류 소득층에도 판매하는 정책이다.

56 ② 고객접점(Customer Touchpoint)은 스페인 투우에서 유래된 용어로, 고객과 접하는 모든 순간을 의미하며 MOT(Moment of Truth)라고 부르기도 한다.

57 ④ 키워드 조사는 불특정 다수를 중심으로 조사하기보다는 타겟 소비자, 즉 실제로 제품이나 서비스를 구매할 가능성이 높은 소비자 그룹을 중심으로 조사하는 것이 중요하다.

58 ③④ ③ 제조업체 코드는 대한상공회의소 유통물류진흥원(GS1 Korea)에서 고유번호를 부여한다. 상품코드는 제조업체가 부여한다.
④ 상품코드는 제조업체에서 취급하는 상품에 부여하는 코드로, 편의품, 선매품, 전문품과 같은 상품 분류에 따라 다른 번호가 부여되는 것이 아니라, 각 제조업체에서 자체적으로 관리하는 상품에 고유하게 부여되는 코드이다.

59 ④ 홍보(PR ; Public Relations)란 정부, 정당, 기업, 개인 등의 마케팅 주체가 대중(공중)과의 호의적인 관계를 위해 하는 모든 활동을 지칭한다. 기업, 단체 또는 관공서 등의 조직체가 커뮤니케이션 활동을 통하여 스스로의 생각이나 계획·활동·업적 등을 널리 알리는 활동을 말한다.

60 ⑤ ① 순방문자(unique user) : 특정 기간 동안 웹사이트를 방문한 중복되지 않은 사용자 수를 의미한다.
② 히트(hit) : 사이트 방문자가 웹사이트에서 행하는 모든 개별적 상호작용을 의미한다. 즉, '조회'를 의미한다. 페이지뷰, 이벤트, 거래 등이 히트의 대표적인 예시이다.
③ 페이지뷰(page view) : 특정 웹페이지가 사용자에 의해 조회된 횟수를 의미한다.
④ 방문자(visitor) : 특정 웹사이트에 방문한 사용자를 의미한다.
⑤ 세션(session) : 사이트 내에서 일정 시간 동안 지속적인 움직임을 하나의 단위로 측정하는 것이다.

61 ③ 다층점포의 경우 수평 이동시설과 인접한 공간을 고객 편의공간으로 구성하여 고객편의성을 강화해야 한다.

62 ⑤ 인적판매는 제조업자가 푸쉬(Push) 정책을 쓸 경우 가장 적극적으로 활용하는 촉진 수단이다.

63 ④ 페르소나(persona)란 고대 그리스에서 고대극에서 배우들이 쓰던 '가면'을 일컫는 말로 상황에 따라 가면을 쓰듯 적절할 페르소나를 쓰고 관계를 이루어 가는 현상을 말한다. 이것을 비즈니스 마케팅에 적용한 것을 '페르소나 마케팅'이라고 하는데, 고객의 대한 데이터를 분석한 후 고객 데이터에 기반한 이상향을 만들어 팔로워들이 제품을 구매하게 하는 것이 마치 배우가 가면을 써 변장하는 것 같다하여 나온 마케팅 기법이다.

64 ⑤ 고객관계관리(CRM ; Customer relationship management)란 마케팅인식에 있어서 종전의 기업중심적인 마케팅사고에서 벗어나 데이터베이스(DB)를 기초로 개별고객의 욕구를 파악하여 맞춤형 서비스를 제공함으로써 고객의 생애가치를 극대화시킬 수 있는 마케팅전략을 말한다.

65 ⑤ 표적집단면접법(Focus Group Interviews)은 탐험 조사의 일종이다. 탐험조사(Exploratory Research)란 조사 문제가 확실하지 않을 때 기본적인 아이디어를 얻기 위해 실시하는 조사 방법이다. 탐험 조사는 주로 정성적(비계량적) 방법으로 자료를 수집하고 분석한다. FGI는 사회자의 진행 아래 참여자가 주어진 주제에 대하여 토론을 하게 함으로써 자료를 수집하는 방식이다.

66 ④ 모든 마케팅 조사에는 2차 자료(secondary data)가 필수적으로 제시되어야 하는 것은 아니다.

67 ④ 단위당 총 물류비용은 효율성에 관련된 항목으로, 경로의 비용 구조와 운영 효율을 평가하는 기준이다.

68 ②
- 격자형(Grid Type) 레이아웃 : 평행한 통로 양쪽으로 선반이 있고, 그 위에 상품을 진열 놓는 것으로 계산대는 상점의 출구나 입구에 위치하고 있으며, 쇼 케이스, 진열대, 계산대, 곤돌라 등 진열기구가 직각 상태로 되어 있는 배치 방법
- 경주로형(Racetrack Type) 레이아웃 : loop형 또는 부티끄형이라고도 하며, 주된 통로를 중심으로 여러 매장 입구가 연결되어 있어 고객들이 여러 매장들을 손쉽게 둘러 볼 수 있도록 배려한 점포 배치 방법

69 모두정답

70 ③ 목표 소비자의 이미지와 분위기는 점포 구성요소에 포함되지 않는다.

4과목 유통정보

71 ① JSON (JavaScript Object Notation)은 데이터를 속성(attribute)과 값(value)의 쌍으로 표현하는 대표적인 반정형 데이터 형식이다. 웹과 컴퓨터 프로그램에서 용량이 적은 데이터를 교환할 때 자주 사용되며, 사람이 읽기 쉽고 기계가 처리하기도 쉬운 형식이다.

72 ③ 글상자 내용은 '마켓컬리'의 AI(인공지능) 기술 사례이다.

73 ② ⓒ 클러스터링 - 여러 객체를 그들 사이의 유사성 또는 근접성을 기준 으로 그룹을 나눔
ⓔ 분류 - 한 항목이나 사건이 특정 부류나 집합에 속하는지를 정하는 규칙을 찾음
ⓜ 연합 - 한 집합의 사건이나 항목을 다른 집합의 사건이나 항목과 연관 짓는 규칙을 찾음

74 ④ 고객으로부터 전화문의, 인터넷 조회, 영업소 방문 등의 내용을 바탕으로 하는 분석은 '인바운드 고객 분석'이다.

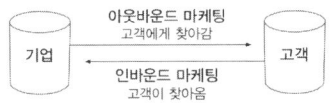

75 ② 유통업체에서 CRM 시스템은 단기적인 측면보다는 철저하게 장기적인 측면에서 매출 증대를 위해 활용되고 있다.

76 ⑤ 상품 판매 정보만 관리 뿐만 아니라 고객분석에도 활용 된다.

77 ①

GS1 식별코드와 속성데이터를 숫자들의 배열 형태가 아닌, URL 주소 형태로 표시하는 표준 방식을 디지털 링크라고 한다.

78 ① 잠재고객 → 선별고객 → 가능고객 → 최상가능고객 → 신규고객

79 ⑤ QR코드의 크기는 일정하지 않다.

80 ② 전자문서교환(EDI; Electronic Data Interchange)이란 "거래업체간에 상호 합의된 전자문서표준을 이용하여 인간의 작업을 최소화한 컴퓨터와 컴퓨터 간의 구조화된 데이터의 전송"을 의미한다. 조직 내 조직간 연결성을 높여 준다.

81 ② 전자상거래 고객의 프라이버시 보호에 대한 방어적인 태도는 마케팅 담당자가 감수해야 할 비용을 증가시키며, 고객 관계를 어렵게 만들 수 있다. 프라이버시에 대한 염려가 클 경우, 고객은 정보 제공을 거부하거나, 기업과의 상호작용을 최소화하려는 경향이 있다. 이는 고객관계관리(CRM) 활동을 촉진하기보다는 저해할 가능성이 높다.

82 ⑤ 파라미터를 변경하는 방식을 컨피규레이션이라고 한다. 컨피규레이션을 통해 기업 스스로 변경사항에 대한 재설정 등 시스템 설정이 용이하다.

83 ① U커머스(Ubiquious Commerce) : 유비쿼터스와 커머스의 합성어로 사용자가 시간과 장소에 구애받지 않고 자유롭게 네트워크에 접속할 수 있는 정보통신 환경에서 발생하는 전자상거래를 말한다. 편재성, 접근성, 차별성 등의 특징이 있다.

84 ④ 라스트 마일(Last-mile) 배송 전략은 유통·물류산업계에서는 배송 상품을 고객의 문앞 심지어 손에까지 배달하는 모든 과정을 의미하기도 한다. e-비즈니스와 모바일 비즈니스의 확대로 인해 물동량 증가가 고객이 주문한 주문상품을 문제 없이 전달하는 것이 유통업체에게는 경쟁력 요인으로 떠올랐다.

85 ⑤ 가상화(假像化, virtualization)는 하나의 실물 컴퓨팅 자원을 마치 여러 개인 것처럼 가상으로 쪼개서 사용하거나, 여러 개의 실물 컴퓨팅 자원들을 묶어서 하나의 자원인 것처럼 사용하겠다는 것이다. 이때 컴퓨팅 자원(리소스)이란, CPU, 메모리, 스토리지, 네트워크 등 컴퓨터를 구성하는 요소들을 말한다.

86 ② 가상현실(VR)은 완전히 가상으로 구성된 환경에서 사용자가 상호작용하는 것을 의미하며, 현실 세계에 가상의 정보를 증강하여 제공하는 것은 증강현실(AR)의 특징이다.

87 ③ 알파고와 닥터와슨은 강한 인공지능이 아닌 약한 인공지능(Weak AI)의 사례이다. 강한 인공지능은 아직 개발되지 않은 상태로, 인간 수준의 지능을 가지며 자율적으로 사고하고 학습하는 AI를 의미한다.
AGI(artificial general intelligence) 또는 일반 AI라고도 알려진 강한 인공지능(AI)은 AI 개발의 특정 사고방식을 설명하는 데 사용되는 이론적 형태의 AI이다. 연구자들이 강한 AI를 개발할 수 있으려면, 기계가 인간과 동등한 지능을 가져야 할 것이다. 이 기계는 자아를 인식하고 문제를 해결하고 학습하고 미래를 위한 계획을 세울 수 있어야 한다.

88 ④ PaaS(Platform as a Service) : SaaS의 개념을 개발 플랫폼에도 확장한 방식으로, 개발을 위한 플랫폼 구축을 할 필요 없이 필요한 개발 요소들을 웹에서 쉽게 빌려 쓸 수 있게 하는 모델이다.

89 ③ ① SNPS (Social Net Promoter Score) : 고객이 소셜미디어에서 브랜드를 추천할 가능성을 측정하는 지표이다. NPS(Net Promoter Score)에서 확장된 개념으로, 소셜미디어에서 브랜드에 대한 긍정적, 중립적, 부정적 언급을 분석하여 브랜드 충성도를 평가한다.
② FGI (Focus Group Interview) : 소수의 참가자(일반적으로 6-12명)를 대상으로 심층 인터뷰를 통해 특정 주제나 제품에 대한 의견을 수집하는 질적 연구 방법이다.
③ 소셜리스닝(Social Listening) : 소셜미디어에서 언급되는 특정 브랜드, 제품, 키워드 또는 주제에 대한 대화를 모니터링하고 분석하는 활동이다. 이를 통해 기업은 소비자의 의견, 트렌드, 감정 등을 실시간으로 파악하여 마케팅 전략을 세우거나 고객 서비스를 개선할 수 있다.
④ 워크숍(Workshop) : 참여자들이 협력하여 특정 주제에 대해 논의하고 학습하며 문제를 해결하는 활동이다.
⑤ SOV (Share of Voice) : SOV는 브랜드 또는 광고주가 특정 시장에서 차지하는 광고 및 미디어 점유율을 의미한다. 보통 경쟁사 대비 특정 매체나 플랫폼에서의 언급 또는 노출 비율을 측정하여, 자사 브랜드가 얼마나 많이 소비자들에게 노출되는지 파악하는 데 사용된다.

90 ② 머천다이징(Merchandising)은 소매업체가 제품을 소비자에게 효과적으로 판매하기 위해 계획하고 실행하는 모든 활동을 포함한다. 여기에는 제품의 진열, 포장, 가격 책정, 판촉 전략 등이 포함되며, 소비자의 구매 결정을 유도하는 데 중점을 둔다. 머천다이징은 제품을 매력적으로 배치하고, 소비자에게 긍정적인 쇼핑 경험을 제공하는 것이 목표이다.

2024년 제3회 정답 및 해설

1	2	3	4	5	6	7	8	9	10
②	④	④	④	②	⑤	②	④	④	②
11	12	13	14	15	16	17	18	19	20
①	⑤	⑤	③	③	④	⑤	④	④	③
21	22	23	24	25	26	27	28	29	30
②	⑤	①	②	④	②	⑤	③	③	②
31	32	33	34	35	36	37	38	39	40
④	③	⑤	④	③	③	④	②	②	①
41	42	43	44	45	46	47	48	49	50
⑤	③	④	①	③	⑤	③	④	⑤	③
51	52	53	54	55	56	57	58	59	60
⑤	①	⑤	②	④	②	④	③	③	①
61	62	63	64	65	66	67	68	69	70
③	②	⑤	②	③	④	①	③	⑤	③
71	72	73	74	75	76	77	78	79	80
⑤	①	④	③	⑤	②	③	②	①	①④⑤
81	82	83	84	85	86	87	88	89	90
③	③	②	④	③	④	②	⑤	①	③

1과목 유통물류일반

01 ② **집중준비의 원칙(Principle of massed reserve)**
유통경로과정에서 도매상이 개입하여 소매상의 대량보관기능을 분담함으로써 시장 전체적으로 상품의 보관 총량을 감소시킬 수 있으며, 소매상은 최소량만을 보관하게 된다.
유통경로상에 가능하면 도매상을 개입시킴으로써 각 경로 구성원에 의해 보관되는 제품의 수량이 감소될 수 있다는 원리를 집중준비의 원리라고 한다.

02 ④ 장소효용은 물적유통에 해당한다.
운송(transportation)을 통해 생산자와 소비자 간의 장소적 격차를 조정하여 장소적 효용을 발생시킨다.

03 ④ ㉠ **소매상 수레바퀴 이론(Wheel of Retailing)** : 하버드 경영대학원 말콤 맥나이어 교수는 1958년 '소매업 수레바퀴'(wheel of retailing)라는 가설을 발표했다. 소매시장에서 변화하는 고객들의 구매 욕구에 맞추기 위한 소매업자의 노력이 증가함에 따라 다른 소매업자에 의해 원래 **형태의 소매업이 출현하게 되는 순환 과정**이다.
㉡ **소매점 아코디언 이론**(Retail Accordion Theory) : 홀랜더(S.C. Hollander) 교수가 주장한 이론으로서 소매점의 진화과정을 소매점에서 취급하는 상품믹스로 설명한다.

04 ④ 1980년대에 피터 크랄릭이 개발한 크랄릭 매트릭스는 조달 및 공급망 관리에 사용되는 강력한 도구이다. 이 매트릭스 모형은 수익에의 영향과 공급 위험성을 두 가지 축으로 하여 구성된 모델이다. 이 모델을 사용하여 새로운 전략을 세우기 위해서는 먼저 모델에 의해서 구매 품목을 네 가지의 유형으로 구분해야 한다. 이는 Leverage Items, Strategic Items, Non-critical Items, Bottleneck Items이다.

05 ② **양방기능 흐름** : 거래를 협상하거나 금융·위험부담과 같은 기능

06 ⑤ 옴니채널은 업태 간 경계를 허물었지만, 경쟁 자체가 해소되지 않았다. 옴니채널의 등장으로 업태간, 업태 내 경쟁이 격화되었다.

07 ② 교차판매는 기존 고객에게 관련 상품을 추가로 판매하는 전략으로, 이는 시장다각화전략이 아니라 제품 확장 또는 CRM 전략에 해당한다.

08 ④ 가격결정에 있어서 신축성을 부여하기 위해서는 전국적인 평균비용에 의존하기보다는 개별시장으로의 운송에 소요되는 실제 분배비용의 산출이 필요하게 되었다.

09 ④ 합작투자(Joint Venture)는 2개국 이상의 기업·개인·정부기관이 영구적인 기반 아래 특정기업체 운영에 공동으로 참여하는 국제경영방식으로 전체 참여자가 공동으로 소유권을 갖는다. 합작투자는 진입업체의 위험이 높지 않다.

10 ② 아웃소싱은 보통 투자비용을 줄이고 고정비를 가변비로 전환하여 재무적 위험을 감소시키는 데 목적이 있다. 투자비용 증가와 재무적 위험 증가는 아웃소싱의 일반적인 특징이 아니다.

11 ① 고객커버리지정책은 특정 지역에서 고객을 얼마나 효과적으로 커버할 것인지 결정하는 전략이다.

12 ⑤ 전자거래사업자의 일반적 준수사항
① 상호(법인인 경우에는 대표자의 성명을 포함한다)와 그 밖에 자신에 관한 정보와 재화, 용역, 계약 조건 등에 관한 정확한 정보의 제공

② 소비자가 쉽게 접근·인지할 수 있도록 약관의 제공 및 보존
③ 소비자가 자신의 주문을 취소 또는 변경할 수 있는 절차의 마련
④ 청약의 철회, 계약의 해제 또는 해지, 교환, 반품 및 대금환급 등을 쉽게 할 수 있는 절차의 마련
⑤ 소비자의 불만과 요구사항을 신속하고 공정하게 처리하기 위한 절차의 마련
⑥ 거래의 증명 등에 필요한 거래기록의 일정기간 보존

13 ⑤ ⓒ 상충적인 목표 설정은 시너지효과를 방해하며, 종종 갈등을 초래할 가능성이 높다.

14 ③ 프로젝트 조직은 기업 전체의 목표를 달성하기 위해 설계된 것이지, 특정 사업부의 목표에만 치중하지 않는다.

15 ③ 수익성 비율 : 매출액순이익률, 총자산순이익률, 총자산영업이익률

16 ④ 중간상이 여러 생산자로부터 자유롭게 제품을 구매하여 다양한 상표를 소비자에게 판매하는 방식과 달리 중간상이 특정 제조업체의 제품만을 대행해서 판매하는 형태를 "전속대리점제도"라고 한다.

17 ⑤ 인건비에 대해 비용관점에서 수익관점으로 변화하고 있다.

18 ④ 최고경영자는 기업 내·외부 환경 변화에 대한 대책을 직접 수립하고 주도하는 역할을 해야 한다.

19 ④ ⓐ 회전대응보관의 원칙 : 출입구가 동일한 창고의 경우 입출하 빈도가 높은 경우에는 출입구에 가까운 장소에 보관하고, 낮은 경우에는 출입구에서 먼 장소에 보관한다.
ⓑ 선입선출의 원칙 : 식품과 같이 제품의 부패 및 노후화를 회피 하기 위해 적용한다.

20 ③ ③은 마케팅 믹스 전략의 가격정책에 해당한다.

21 ② 판매할 상품의 디자인과 기능을 잠재수요자에게 직접 보여줌으로써 구매욕구를 증진시키는 전시기능은 물류기능에 해당되지 않는다. 전시기능은 마케팅과 판매 촉진을 위한 활동에 가깝다.

22 ⑤ 티케팅(ticketing)과 마킹(marking)은 시간과 장소를 많이 필요로 하므로 물류센터에서 수행하는 것이 효과적 이다.

23 ① 효율성(efficiency)은 일정한 비용으로 가능한 한 많은 산출물을 획득하거나, 일정한 산출량을 얻기 위해 소요되는 비용을 가능한 한 줄이는 것을 말한다. "서비스 성과 제공과 "잠재수요 자극"은 효과성과 관련된 요소이다.

24 ② **경제적 주문량 기본가정(전제조건)**
• 단일품목에 대해서만 고려한다.
• 주문량은 전부 동시에 도착한다.
• 연간수요량은 알려져 있다.
• 수요는 일정하며 연속적이다.
• 주문량이 다량일 경우에도 할인이 인정되지 않는다.
• 조달기간이 일정하고, 재고부족현상이 일어나지 않는다.
• 재고유지비는 평균재고량에 비례한다. (단위당 재고유지비용 일정)

25 ② 물류의 기본 활동 : 운송, 보관, 포장, 하역, 유통가공

2과목 상권분석

26 ② 테넌트 믹스(tenant mix) : 최적의 테넌트(임차점포)를 선택하여 계획한 규모, 위치, 콘셉트에 맞게 적정하게 배치하는 노하우를 말한다. 테넌트 믹스는 임차인의 최적 조합이며, 임차인의 특성을 고려하여 전체 상가 수익을 극대화 전략을 추구한다.

27 ⑤ 아파트상권은 단지 내 거주하는 고정고객 비중이 높아 안정적인 수요확보가 가능하고 보통 외부고객 유치가 어려워서 상대적으로 상권확대 가능성이 낮다.

28 ③ 버퍼(buffer)에 대한 설명이다.

29 ③ 크리스탈러의 중심지이론은 상업적인 중심지들이 일정한 간격으로 분포하는 이유를 설명하며, 각 중심지의 서비스 범위와 역할에 대해 다룬다. 이 이론은 점포들이 분산하는 이유를 설명하는 데 적합하다.
중심지 이론에 의하면 한 지역의 중심지 기능의 수행 정도는 일반적으로 그 지역의 인구 규모에 비례하며, 중심 지역을 둘러싼 배후 지역에 대해 다양한 상품과 서비스를 제공하고 교환의 편의를 도모해 주는 장소를 말하며, 일반적으로 모든 도시는 중심지 기능을 수행한다.

30 ②
$$IRS = \frac{수요}{특정\ 업태의\ 총매장\ 면적}$$

$$= \frac{지역시장\ 총가구수\ TIMES\ 가구당\ 특정\ 업태에\ 대한\ 지출비}{특정\ 업태의\ 총매장면적}$$

31 ④ 시장성장잠재력(MEP)이 높다고 해서 소매포화지수(IRS)가 반드시 높아지는 것은 아니다. MEP는 미래 성장 가능성에 관련된 지표이고, IRS는 현재의 시장 상태를 나타내기 때문에 두 지표는 독립적인 관계를 가지고 있다.

32 ③ ⓒ, ⑩은 좋은 점포입지가 아니다.

33 ⑤ 거리와 관련된 민감도 계수는 일반적으로 전체 시장에서 공통적으로 추정되는 값으로 사용되며, 점포별로 민감도 계수를 다르게 추정하지 않는다.

34 ④ **도미넌트 전략** : 일정지역에 다수의 점포를 동시에 출점시켜서 경쟁자의 진입을 억제하는 다점포 전략으로서, 물류비 절감과 매장구성을 표준화를 통해 경쟁력을 유지하는 전략에 해당한다.

35 ③

36 ③ • 누적적 흡인력 : 동일한 점포 또는 유사업종의 점포가 집중적으로 몰려 있어 집객효과를 높일 수 있는 가능성을 말하며, 집재성 점포의 경우에 유리하다.
• 양립성 : 상이한 업종의 점포들이 인접해 있으면서 보완 관계를 통해 상호 매출을 상승시키는 효과를 발휘하는 것을 의미한다.

37 ③ ㉠ 지표(landmark) : 방향을 제시하여 소비자들이 길찾기에 참고하는 물리적 대상
㉡ 에지(edge) : 파사드(facade), 난간(parapet), 벽면, 담장 등의 경계선
㉢ 결절점(node) : 교차하는 통로를 연결하며, 원형의 광장이나 전시공간 또는 이벤트 장소로 사용됨

38 ② 라이프스타일은 흔히 활동(Activity)과 관심(Interest), 의견(Opinion)을 기준으로 분류되는데, 그 머리글자를 따서 AIO분석이라고 한다. 즉, 소비자가 어떻게 시간 보내고 어떤 일을 중시하며 어떤 견해를 갖고 있는가를 척도로 나타내어 수치화하는 것이다.

39 ② 점포 소유자의 전문성과 기존 점포를 임차하여 점포 개점을 계획하는 것과는 무관하다.

40 ① 새로운 아이템을 발굴하여 업종을 전환하는 방법은 쇠퇴하는 시장에서 활로를 찾기 위한 전략으로 보기 어렵다. 유효할 수 있습니다. 옳은 대책입니다.

41 ⑤ 각지란 두(2) 개 이상의 가로각(街路角)에 접면하는 획지(비슷한 가격대로 묶여있는 토지)를 말한다. 접면하는 각의 수에 따라 2면각지, 3면각지, 4면각지 등으로 일컫는다.
이 각지는 2이상의 가로에 접하므로 접근성이 양호해지고, 이로 인해 토지의 가치가 상승하기도 한다. 소음, 도난, 교통, 재해를 받기 쉽고, 담장 등의 건설 비용이 높은 것은 단점으로 지적되고 있다.

42 ③ 고차선호의 법칙은 동선과 관련한 소비자 심리와 거리가 멀다.

43 ④ **체크리스트(checklist)법** : 상권의 규모에 영향을 미치는 다양한 요인들을 수집하여 이들에 대한 목록을 작성하고 각각에 대한 평가를 통해 시장 잠재력과 상권의 구조를 예측해 보는 방법

44 ① 적응형 입지 : 해당 위치(location)를 통행하는 유동인구에 의해 영업이 좌우되는 입지를 의미한다.

45 ④ 가상현실은 상권분석 및 입지선정과 직접적인 관련 있는 정보기술이라고 할 수 없다.

3과목 　유통마케팅

46 ⑤ 시장세분화 요건 : 측정 가능성, 경제성(충분한 규모), 접근 가능성, 세분시장 내 동질성과 세분시장 간 이질성, 실행가능성

47 ③ 상품계열은 유사한 성능을 가지거나 동일한 고객층이나 용도를 가지거나 동일한 가격대에 속하는 등 서로 관련성이 있는 상품군으로서 소매업자의 상품믹스 개발을 쉽게 하기 위해 관련성의 정도에 따라 세분화할 수 있다.

48 ④ 자기잠식 효과 : 신제품 출시를 통해 얻은 새로운 시장 점유율이 기존 제품의 시장 점유율의 하락으로 이루어지게 되는 효과를 말한다.

49 ⑤ ① 선험적 접근 : 품질은 정신도 물질도 아닌 타고난 우월성. 경험을 통해서만 알 수 있는 분석

② 상품 중심적 접근 : 품질은 정밀하고 측정가능한 변수. 완전한 객관성·개인적 취향과 욕구 선호는 무시
③ 사용자 중심적 접근 : 품질은 보는 눈에 따라 달라진다. 고객의 다양한 욕구를 반영, 서비스품질 연구에 이용
④ 제조 중심적 접근 : 품질은 요구에 대한 합치(conformance to requirement). 공학적 접근
⑤ 가치 중심적 접근 : 품질은 만족스러운 가격에서 적합성을 제공하는 상품. 가치와 가격으로 정의

50 ③ 경쟁자들과의 차별화가 낮아질수록 그 시장의 매력도는 낮아진다.

51 ⑤ 홍보는 기업과 직·간접적으로 관련이 있는 여러 집단들과 좋은 관계를 구축하고 유지함으로써 기업이미지를 높이는 마케팅 믹스 전략이다.
푸시 전략(push strategy)은 제조업자가 광고에는 많은 노력을 기울이지 않고, 판매원에 의한 인적 판매를 통하여 그 제품을 소비자에게 밀어붙이면서 판매하는 정책이다. 광고 활동보다는 인적 판매를 통한 밀어붙이기 판매 정책, product-out strategy라고도 한다.

52 ① 소비자가 제품정보를 가지고 있지 않기 때문에 상품을 널리 인지시켜 판매를 늘리는 것이 목표가 되는 주기는 "도입기"이다.

53 ⑤ 이벤트 프로모션의 주된 특징은 타겟 고객을 대상으로 단기간 고객들에게 다양한 혜택을 제공해 기업이 원하는 고객의 반응을 유도하는데 있다. 고객의 참여 기회가 많으며 이벤트 응모율이 높다고 할 수 없다.

54 ② 고객생애가치(LTV) : 한 고객이 한 기업의 고객으로 존재하는 전체기간 동안 기업에게 제공할 것으로 추정되는 잠재적이고 재무적인 공헌도의 총합계를 말한다.

55 ④ 온라인과 오프라인 채널 간에는 갈등이 발생할 수 있다.

56 ② 오가닉 트래픽(organic traffic) : 광고나 소셜미디어, 리퍼럴 사이트와 같은 채널을 통해 사이트로 유도되는 트래픽을 제외하고 검색 엔진을 통해 곧바로 유입되거나 동일한 도메인 안에서 유입되는 트래픽을 말한다. 간단하게 말하면 네이버, 구글, 다음과 같은 검색엔진의 자연 검색 결과 상위에 노출된 웹페이지 링크를 타고 들어온 웹사이트 방문자 수라 할 수 있다.

57 ④ 소셜미디어를 활용한 마케팅은 비용을 지불한다.

58 ③ 데이터 마이닝(Data Mining) : 거대 규모의 데이터로부터 가치 있는 정보를 찾아내는 탐색 과정 및 방법을 의미한다. 즉, 데이터베이스로부터 과거에는 알지 못했지만 데이터 속에서 유도된 새로운 데이터 모델을 발견하여 미래에 실행 가능한 정보를 추출해 내어 의사결정에 이용하는 과정을 말한다.

59 ③ 결합방식(Conjunctive Model, 접속규칙)
• 모든 속성에 최소치를 두고 탈락여부 결정, 속성 중 하나라도 미달되면 탈락
• 상표 수용을 위한 최소 수용 기준을 모든 속성에 관해 마련하고, 각 속성별로 모든 속성의 수준이 최소한의 수용기준을 만족시키는가에 따라 평가하는 모델
• 한개의 대안도 조건을 만족시키지 못하면 모두 탈락

60 ① **탐색조사**는 기업의 마케팅 문제와 현재의 상황을 보다 더 잘 이해하기 위해서, 조사목적을 명확히 정의하기 위해서, 필요한 정보를 분명히 파악하기 위해서 시행하는 예비조사이다. 특정 문제가 잘 알려져 있지 않은 경우에 적합한 조사방법. 즉, 문제의 규명이 목적이다.

61 ③ 경쟁사 모방 가격결정법(going-rate pricing) : 가격 결정의 기초를 주로 경쟁사 가격에 두는 것이다. 기업은 주요 경쟁사의 가격과 동일하게 가격을 책정하거나, 경우에 따라서 높게 또는 낮게 책정할 수 있다.

62 ② ②는 전통적인 판매방식에 가깝다. 관계지향적 판매는 단기적인 매출을 중시하기보다는 고객과의 장기적인 관계를 중시한다.

63 ⑤ 지표화는 물리적 환경을 평가하는 지표로, 공간의 크기, 사람 수 등을 평가하는 역할을 할 수 있지만, 물리적 환경의 주된 역할로 보기 어렵다.

64 ④ **격자형(Grid Type) 레이아웃** : 평행한 통로 양쪽으로 선반이 있고, 그 위에 상품을 진열 놓는 것으로 계산대는 상점의 출구나 입구에 위치하고 있다. 또한 쇼 케이스, 진열대, 계산대, 곤돌라 등 진열기구가 직각 상태로 되어 있다. 고객의 동일 제품에 대한 반복 구매 빈도가 높은 소매점, 즉 슈퍼마켓의 경우에 주로 사용되는 유형이다.

65 ③ 파이프나 배관과 같은 매장의 설비물은 내부인테리어를 구성하는 데 영향을 준다.

66 ④ 전략적 고객관리를 통해 고객충성도를 높일 수 있다.

67 ① CRM은 고객 중심으로 데이터가 통합되어야 한다.

68 ④ 모든 마케팅 조사에는 2차자료가 반드시 필요한 것은 아니다.

69 ⑤ 직접제품이익(DPP ; direct product profit) : 소매업체의 제품수익성을 평가하는 중요한 측정도구 중의 하나로 회계상 손익계산서를 유통기업에 맞추어 수정하는 방법으로, 각 경로대안의 제품수익성을 평가하여 직접제품 이익이 가장 높은 경로대안을 선택하게 된다. 구매자 입장에서 특정 공급자의 개별품목 혹은 재고관리단위(SKU) 각각에 대해 평가하는 기법이다.

70 ③ 다단계 판매는 신규 판매원에게 가입비, 교육비, 상품구매비 등 과도한 가입비용을 요구하지 않는다. 과도한 비용을 요구하는 것은 법적으로 제한되어 있다.

4과목 유통정보

71 ⑤ 유통업체에서는 판매시점관리 시스템 내의 고객 개인정보와 구매 이력에 대한 정보를 고객의 사전 승인 없이 제조업체와 공유해서 활용할 수 없다. 개인정보보호법에 따라 고객의 동의를 받지 않고는 그 정보를 제3자와 공유할 수 없다.

72 ① QR코드는 바코드에 비해 같은 양의 자료를 저장할 때 더 작은 크기로도 충분히 표현할 수 있다.

73 ④ 데이터 3법은 개인정보보호법, 정보통신망법, 신용정보법 등 데이터 이용을 활성화하는 3가지 법률을 통칭하는 것이다.

74 ⑤ **노나카 이쿠지로의 SECI 모델**
- 사회화 : 암묵지가 또 다른 암묵지로 변하는 과정
- 표출화 : 암묵지가 형식지로 변환하는 과정
- 종합화 : 형식지가 또 다른 형식지로 변하는 과정
- 내면화 : 형식지가 암묵지로 변환하는 과정

75 ③ ERP 시스템 발전 순서

MRP → MRPⅡ → ERP → Extended ERP

76 ② 지연전략은 지역적 매출량 예측의 어려움과는 직접적인 연관이 없다.

77 ③ QR은 1980년대 중반 미국의 섬유산업에서 등장한 것으로 정보기술을 이용하여 제품의 납기를 단축시키고 상품을 적시에 적량만큼 공급하기 위한 시스템으로 ECR(Efficient Consumer Response)의 모태가 되었다.

78 ③ 폐쇄적으로 이용되어 오던 전용선 기반이나 텍스트 기반의 전자 자료 교환(EDI) 서비스를 웹 기반으로 포팅(porting)한 것. 전자 자료 교환(EDI) 서비스에 웹을 도입함으로써 세계 어느 지역에서도 EDI 서비스를 이용할 수 있으며, 전용선 서비스에 비해 저렴하고 특별한 접속 프로그램 없이 쉽고 간편하게 사용할 수 있는 장점이 있으나 개방적인 인터넷 환경을 사용하기 때문에 생기는 정보 보안의 단점이 있다.

79 ① ㉠-㉡-㉢-㉣-㉤-㉥

80 ①④⑤

81 ③
- 안전성 확보의 원칙(security safeguards principle) : 개인 정보의 분실, 불법적인 접근, 훼손, 사용, 변조, 공개 등의 위험에 대비하여 합리적인 안전보호장치를 마련 해야 한다.
- 수집 제한의 원칙(collection limitation principle) : 개인정보의 수집은 합법적이고 공정한 절차에 의하여 가능한 한 정보주체에게 알리거나 동의를 얻은 후에 수집되어야 한다.

82 ③ 하우스-홀딩 분석은 현재의 고객과 유사한 특성을 가진 대상을 찾아내는 방법이다. 현 고객의 가족, 혹은 단체 구성원 중 향후 잠재성이 높은 고객 발굴에 활용한다.

83 ② **클라우드 컴퓨팅의 유형**
- SaaS(Software as a Service) : "on-demand software"로도 불리며, 소프트웨어 및 관련 데이터는 중앙에 호스팅되고 사용자는 웹 브라우저 등의 클라이언트를 통해 접속하는 형태의 소프트웨어 전달 모델이다.
- PaaS(Platform as a Service) : SaaS의 개념을 개발 플랫폼에도 확장한 방식으로, 개발을 위한 플랫폼 구축을 할 필요 없이 필요한 개발 요소들을 웹에서 쉽게 빌려 쓸 수 있게 하는 모델이다.

- IaaS(Infrastructure as a Service) : 서버, 스토리지, 네트워크를 가상화 환경으로 만들어, 필요에 따라 인프라 자원을 사용할 수 있게 서비스를 제공하는 형태이다.

84 ④ ④는 인공지능(AI) 기술에 대한 설명이 아니라, 클라우드 컴퓨팅 기술과 관련된 내용이다.

85 ③

구분	주요 사례
1단계	휴대형 PC, IPTV
2단계	IT 융합건설(설계, 시공, 관리 등), 지능형 자동차, 수중에너지탐사로봇시스템
3단계	미래 TV기술, MIT의 RFID 기술 등

86 ④ Object-Oriented Database(OODB)
세상에 존재하는 모든 정보를 객체 지향 프로그래밍(OOP) 기술을 도입하여 저장한 데이터베이스.
모든 정보를 2차원 형태의 도표에 의해 서로 관련 지어 표현하는 관계 데이터베이스(RDB)와는 달리, 모든 정보를 객체라는 형태로 표현하는 것이 특징이다. 같은 영역의 각 객체(정보)를 한데 묶어 하나의 객체 집합의 성격을 정의하고 다시 각 객체 집합의 내부 계층 구도 및 객체 집합 간의 연결 구조를 확립시켜 어떠한 복잡한 사건(event)을 즉각적으로 표현할 수 있도록 하는 시스템이다.

87 ② 기업에서는 단기적 측면의 고객관계 강화보다는 장기적 측면의 고객관계 강화를 위해 CRM 시스템을 도입하고 있다.

88 ⑤
- 온프레미스(on-premise) ERP는 물리적 공간에 설치하는 ERP이다. 즉, 회사 자체의 컴퓨터 및 서버에 호스팅 되며, 전체 시스템에 대한 제어 및 소유권을 제공한다.
- 클라우드 ERP(Cloud-based ERP)는 온프레미스와 달리 클라우드 기반 ERP는 인터넷을 통해 클라우드 업체가 제공하는 서버에 호스팅 하는 방식이다. 하드웨어 및 소프트웨어를 구매할 필요가 없기 때문에 접근이 편리하고, 확장성 또한 높으며, 비용도 저렴한 편이다.

89 ① 클라우드 상의 GenAI가 갖지 못한 온디바이스 GenAI의 가장 큰 장점은 사용자 가까이에서 사용자의 행동·감정·선택을 학습할 수 있는 기회를 갖게 된다는 점이다.

GenAI와 같은 초거대 모델은 인터넷 등을 통해 수집된 대규모 데이터를 학습시켜 '기초모델(Foundation Model)'을 만들고, 사용 목적에 따라 특정 영역 데이터를 추가 학습시키는 '미세조정(Fine-tuning)'을 거쳐 완성된다.
온디바이스 GenAI는 사용자 데이터를 추가 학습하는 미세조정을 지속하며 개인화·맞춤화 수준을 높여 나가게 된다.

90 ③ DIKW 피라미드 : "데이터 → 정보 → 지식 → 지혜"로 올라가는 계층구조 DIKW 피라미드는 데이터에서 정보, 정보에서 지식, 지식에서 지혜로 이어지는 계층적 지식 피라미드를 말한다.

www.epasskorea.com

|저|자|소|개|

김 대 윤

약력
現)
- 이패스코리아 '유통관리사' 강사
- 해커스원격평생교육원 '마케팅원론' 강사
- 에듀윌평생교육원 '경영학개론' 강사

前)
- 중소기업유통센터 '마케팅사업 평가위원' 위촉
- 메인에듀 '유통관리사, 손해평가사' 강사
- 삼육대학교 '유통컨설팅' 강사

학력
- 명지대학교 유통학 석사
- 동국대학교 식품마케팅 박사 수료

자격증
- 유통관리사 2급, 물류관리사
- 사회조사분석사 2급
- ERP정보관리사 2급(물류)
- 국가공인 CS Leaders

저서
- 물류관리사 한권으로 끝내기(2011)
- 최신 유통관리론(2013)
- 종합물류관리론(2014)
- 유통관리사 2급 한권으로 끝내기(2021)
- 손해평가사 한권으로 끝내기(2021)
- 이패스 완전必 유통관리사 2급(2023)
- 이패스 유통관리사 2급 합격예감(2024~2025)

2025 이패스 유통관리사2급 합격예감

개정1판 1쇄 인쇄 | 2025년 1월 24일
개정1판 1쇄 발행 | 2025년 2월 14일

지 은 이 | 김 대 윤
발 행 인 | 이 재 남
발 행 처 | (주)이패스코리아
　　　　　　서울시 영등포구 경인로 775 에이스하이테크시티 2동 10층
　　　　　　전화 1600-0522　팩스 02-6345-6701
　　　　　　홈페이지 www.epasskorea.com
　　　　　　이메일 edu@epasskorea.com
등록번호 | 제318-2003-000119호(2003년 10월 15일)

※ 잘못된 책은 교환해 드립니다.
※ 이책은 저작권법에 의해 보호를 받는 저작물이므로 무단전재와 복제를 금합니다.
　 본 교재의 저작권은 이패스코리아에 있습니다.